金融
数学模型
与计算

Mathematical Modeling
and Computation in Finance

[荷] 科内利斯·W. 欧思德礼　　[波] 莱赫·A. 格瑞兹拉科　梁进　著

中国科学技术出版社
·北 京·

内容提要

本书综合了当今金融领域最先进的数学理论、模型和计算技术，以及它们在实务中的应用和各种金融问题的解决方案。这些问题包括优化控制、模型市场校验、金融衍生品定价和各种风险管理方法。本书既为学术界展现了一个全方位的最新理论结果和发展方向，也为业界提供了包括数据处理、计算方法和应用程序在内的丰富适用的工具包，可以作为金融数学相关专业学生和研究生学习的教科书或参考书。

图书在版编目（CIP）数据

金融数学模型与计算 / (荷) 科内利斯·W. 欧思德礼，(波) 莱赫·A. 格瑞兹拉科, 梁进著. -- 北京: 中国科学技术出版社, 2023.10

ISBN 978-7-5046-9876-6

Ⅰ. ①金… Ⅱ. ①科… ②莱… ③梁… Ⅲ. ① 金融 – 经济数学 – 数学模型 – 研究 Ⅳ. ①F830

中国版本图书馆 CIP 数据核字（2022）第 210843 号

著作权登记号：01-2023-5481

策划编辑	张敬一
责任编辑	杨丽　张敬一
图书审校	刘帅强　关晓飞
正文设计	杭州为尔学术网络科技有限公司
封面设计	北京潜龙
责任校对	焦宁　吕传新　邓雪梅　张晓莉
责任印刷	李晓霖

出　　版	中国科学技术出版社
发　　行	中国科学技术出版社有限公司发行部
地　　址	北京市海淀区中关村南大街 16 号
邮　　编	100081
发行电话	010-62173865
传　　真	010-62173081
网　　址	http://www.cspbooks.com.cn

开　　本	787 mm × 1092 mm　　1/16
字　　数	617 千字
印　　张	33
版　　次	2023 年 10 月第 1 版
印　　次	2023 年 10 月第 1 次印刷
印　　刷	北京瑞禾彩色印刷有限公司
书　　号	ISBN 978-7-5046-9876-6/F·1079
定　　价	196.00 元

前言

数学是科学的基础. 数学的应用不仅在工程技术、自然科学等领域发挥着越来越重要的作用, 而且以空前的广度和深度向经济、管理、金融、生物、医学、环境、地质、人口、交通等新的领域渗透, 特别地, 数学已经成为当代高新技术的重要组成部分. 随着计算机技术的迅速发展, 数学的应用更是插上了翅膀.

一般来说, 数学是通过数学模型和其他领域建立桥梁. 在经济决策科学化、定量化呼声日渐高涨的今天, 数学各种模型的建立和计算在科学管理、预测和估计中不可或缺. 从诺贝尔经济学奖的主要成果中, 可以清楚地看到数学建模在经济学科发展中的作用, 如 1969 年 (建立了动态模型来分析经济过程)、1980 年 (以经济学说为基础, 根据现实经济中实有数据所作的经验性估计, 建立起经济体制的数学模型)、1981 年 (创立宏观经济模型, 对金融市场及其与支出决策、就业、生产和物价的关系进行分析)、1989 年 (数理统计方法应用于经济理论的估计、检验及经济预测)、1997 年 (Black-Scholes 期权定价理论) 的诺贝尔经济学奖. 近年来, 诺贝尔经济学奖授予那些从事数理统计分析的经济学家, 诺贝尔经济学奖越来越趋向于数学奖, 更显而易见地体现出数学建模在经济领域的价值. 于是出现了数学、金融、计算机和全球经济的融合.

金融是经济的血液, 是现代社会最活跃的经济活动之一. 一个强大、健康而有活力的市场在国民经济中所起的重要作用是毋庸置疑的. 然而市场又是充满风险的, 金融问题的本质和不确定性有关, 这就给管理、定价和评估带来了巨大挑战. 解决这些问题就要涉及大量的数学、模型和计算问题. 数学在这里显示出其强大优势, 对如股票、利率和外汇等金融资产衍生品的定价、投资和管理的优化控制, 以及风险评估中, 数学起到了关键作用. 数学一般通过数学模型去刻画金融中的各种随机问题, 而研究这些数学模型要用到诸多艰深的数学理论. Black-Scholes 理论问世后, 金融界以前所未有的速度应用着数学模型和数学工具. 在当今计算机时代, 如何应用计算机去计算金融问题也成了一个重要课题.

我国的金融起步较晚, 无论是在理论研究还是在实践操作上都很年轻, 和国际水平有一定距离. 因为金融的国际性, 我们又不得不应对和迎战诡谲多变的国际市场. 所以我们迫切需要尽快地成长, 学习掌握国际先进技术, 从而在国际风云中立于不败之地.

本书综合了当今金融领域最先进的数学理论、模型和计算技术, 以及它们在实务中的应用和各种金融问题的解决方案. 这些问题包括优化控制、模型市场校验、金融衍生品定价和各种风险管理方法. 本书着力于用数学方法研究金融问题, 主要讨论了数量金融领域的随机过程和偏微分方程的著名模型及其数值分析和计算方法, 包括各种金融资产模型的建立、校验、修正、比较和计算, 部分问题给出了实用的数值计算程序. 本书既为学术界展现了关于金融数学的模型和计算的一个全方位的最新理论结果和发展方向, 也为业界提供了实用而丰富的包括数据处理、数值算法和应用程序的工具包, 同时也可以作为金融数学相关专业学生和研究生学习的教科书或参考书. 本书从基本的随机过程和理论的引进开始, 建模各种金融资产的动态过程, 介绍了依赖于不确定的标的物, 如股票、利率和外汇等金融资产的衍生品的定价. 期权定价方法在数学模型的基础上有两种等价的基本形式, 一种是偏微分 (积分) 方程形式, 另一种是基于概率的数学期望形式. 这两种形式由 Feynman-Kac 公式联系起来. 为有效、精确和高效处理定价问题, 这两种形式很不一样却各有利弊. 由偏微分方程决定的期权价值最基本的就是著名的 Black-Scholes 模型. 然后模型进一步扩展到非常数系数的、有期限结构的, 特别是随机的利率和波动率, 还有带跳过程、高维等问题. 对来自随机多资产, 随机微分方程可转化成一组相关和混合的随机微分方程组. 如何处理这些方程及校验它们的参数书中都有详细叙述. 不同模型之间的关系在本书中也进行了讨论. 对于风险管理, 本书考虑了资产违约、交易对手违约以及信用等级变换等信用风险的评估模型. 本书特别关注隐含波动率及其相应的动态、模型和衍生品的描述和应用, 这恰是金融界很重要而国内相关文献比较缺乏的内容. 作为这些金融衍生工具价值的计算方法, 书中对通用的三大方法, 即基于偏微分方程数值解、基于 Fourier 技术和 Monte Carlo 模拟的定价方法都有介绍. 其中偏微分方程数值方法有着坚实的理论基础和大量的算法研究, Fourier 技术在定价和校验基本期权合约时很有用, 而 Monte Carlo 方法通常在考虑涉及多期权和多资产动态价格时特别有优势. 综上所述, 本书介绍了各种随机数学模型、数值估值技术和计算方法, 以及它们如何应用在金融产品定价和风险管理方面.

书中有大量的数值实验, 实验结果通过表格和图片等形式表示. 对实验所用的模型和计算方法也进行了理论分析和比较, 书中还附有相应 Matlab 和 Python 代码, 这对实际工作者非常有用, 这也是本书令人注目的特点之一. 这些算例结果和图片的展示的背后是一支强大的专业团队的支持工作, 在此对他们出色而辛劳的工作深表谢意. 附有下列图标的就表示该算法提供程序.

本书的主题主要是金融的数学理论、数学模型和计算方法, 与相关专业的硕士生、博士生、学术研究人员的研究方向以及量化金融机构的工作有关. 先期知识有概率论、随机分析、常微分方程和偏微分方程以及数值计算. 还要求读者有金融的基本知识, 熟悉资产、价格、期权等基本概念.

在金融业界有大量的专有名词和缩写词, 这些被称为 "行业黑话", 这常常让初学者望而却步. 而由于金融的国际化, 了解行业通用的英文专有名词和缩写词对进入业界是很重要的. 在本书的正文中, 也出现了大量的英文缩写词, 对应的中文意思只是在第一次出现时有所解释, 以后就直接使用. 外文人名及以其命名的专业术语部分都没有翻译而直接用原文. 为了方便中文阅读, 同时避免外来词的不同中文译法所带来的困扰, 本书还附有中英文名词对照和英文缩写词注释, 希望对读者有所帮助.

本书基于两位顶尖的金融数学学者科内利斯·W. 欧思德礼 (Cornelis W. Oosterlee) 教授和莱赫·A. 格瑞兹拉科 (Lech A. Grzelak) 高级研究员的英文版图书 *Mathematical Modeling and Computation in Finance*, 这是一本金融模型和计算的权威书籍, 在原作者的授权下, 梁进教授将英文版书翻译成中文, 刘帅强博士和关晓飞教授进行了校对. 为符合中国的阅读习惯, 部分章节进行了重组, 又加了信用风险模型的内容, 最后形成了现在大家手中中文版的模样. 最后, 对所有为这本书做出贡献的人们表示由衷的感谢!

英文版序

本书讨论了随机性 (应用概率论) 和数值分析在量化金融领域的相互作用. 这些内容不仅对那些在金融行业工作和以后想在那里工作的人非常有用, 甚至对任何对量化金融感兴趣的人也会有所帮助.

我们还讨论了在各种各样金融资产种类中使用的随机过程和复杂性不断增加的随机微分方程, 以及由此产生的已在金融机构使用的模型随机过程和增加复杂性的随机微分方程, 只有在特殊情况下方程才能得到封闭解.

金融机构使用的经典模型随着时间的推移会发生变化. 基本上, 每当金融市场参与者的行为发生变化时, 描述其价格行为的数学随机模型也会相应地改变. 与此同时, 金融监管也将对这些改变承担自己的监管责任. 因此, 在本书中, 我们讨论了股票价格、利率以及外汇汇率的各种模型. 对这种多样性, 一个基本的忠告是 "不要执着于你最喜欢的模型".

作为一种金融资产, 金融衍生品建立在另外一种具有不确定性的资产 (称为标的物, 如股票、利率或外汇) 的价值表现之上. 除了对这些金融衍生品进行数学建模, 为了销售, 我们还需要给它们进行定价, 并评估销售这些产品所带来的相关风险. 金融行业在资产模型校验 (拟合主导模型的随机微分方程中的参数, 使得模型产生的期权价格与市场观察到的期权价格相匹配) 过程中需要期权定价的模型, 这在处理交易对手信用风险时进行风险管理中也不可避免.

现代先进的风险管理包括考虑金融合同的交易对手可能的违约 (CCR, 交易对手信用风险) 的风险. 由于这种风险, 需要调整期权价格的公平值, 即所谓的估值调整. 我们还讨论了风险管理背景下的信用价值调整 (CVA) 并推出其控制方程.

期权价值通过求解偏微分方程决定, 也可以通过有效、精确和可靠地计算价值期望值而得. 我们对随机波动率特别感兴趣, 著名的 Heston 模型为这个方向的基准模型.

对于定价这些金融衍生品时的计算方法, 我们提出了基于 Fourier 的定价方法和基于 Monte Carlo 的定价方法. Fourier 技术在定价如欧式期权的基本期权合约时常会用到. 在考虑涉及多期权和多资产动态价格时, 模型校验过程中常使用 Monte Carlo 方法.

在本书的章节中, 随机模型的复杂度逐步增加, 我们的目的是介绍必要的数学工具, 用来建立合适模型和高效定价欧式期权, 而其方法可以用于处理更广泛的衍生品. 基于前 10 章的股票模型, 随后呈现了短期利率和市场利率模型. 我们把这些利率模型转入 Heath-Jarrow-Morton 框架, 展示了不同模型之间的关系, 另外还解释了一些利率产品及其定价.

有时要将不同资产类别如股票和利率结合起来, 将它们的模型转化成相关的随机微分方程组或系统是很有用的. 这就是我们讨论的包含随机股票与随机利率模型的混合资产价格模型.

综上所述, 读者会遇到多种随机模型、定价计算技术、数值分析, 以及其在金融产品和风险管理中的应用, 以应对计算金融领域的挑战.

本书讨论的话题与相应专业的硕士生、博士生相关, 与学术研究人员以及量化金融机构中的“宽客”(金融行业中对量化分析人员的通称) 有关. 先期要求读者具备的知识有应用概率论 (Brown 运动、Poisson 过程、鞅、Girsanov 定理等) 和偏微分方程 (热方程、边界条件). 还要求读者熟悉迭代求解方法, 如 Newton-Raphson 方法, 以及金融、资产、价格、期权的基本概念.

希望读者愉快阅读!

英文版致谢

在这里, 我们要感谢对本书的出版给予帮助的人们.

首先, 要感谢我们的雇主对我们两个团队的支持, 他们分别是荷兰国家数学与计算机研究中心 (CWI, 位于阿姆斯特丹) 和代尔夫特理工大学的应用数学研究所 (DIAM). 我们感谢 CWI、DIAM, 以及 Rabobank 银行同事的友善. 特别是 Nada Mitrovic 提供的所有帮助. 对我们而言至关重要的是许多富有成果的讨论, 我们小组成员如博士研究生、博士后还有几位访问学者的合作与投入. 特别地感谢我们亲爱的同事 Peter Forsyth, Luis Ortiz Gracia, Mike Staunton, Carlos Vazquez, Andrea Pascucci, Yuying Li 和 Karel In't Hout 提供的独到见解和讨论.

提出详细意见和改进建议的书稿校对对我们来说非常宝贵, 为此, 我们要特别感谢 Natalia Borovykh, Tim Dijkstra, Clarissa Elli, Irfan Ilgin, Marko Iskra, Fabien Le Floc'h, Patrik Karlsson, Erik van Raaij, Sacha van Weeren, Felix Wolf, Thomas van der Zwaard.

我们小组里的博士和博士后都对本书成稿做出了贡献, 按字母顺序排列如下: Kristoffer Andersson, Anastasia Borovykh, Ki Wai Chau, Bin Chen, Fei Cong, Fang Fang, Qian Feng, Andrea Fontanari, Xinzheng Huang, Shashi Jain, Prashant Kumar, Coen Leentvaar, Shuaiqiang Liu, Alvaro Leito-Rodriguez, Peiyao Luo, Marta Pou, Marjon Ruijter, Beatriz Salvador Mancho, Luis Souto, Anton van der Stoep, Maria Suarez, Bowen Zhang, Jing Zhao, Hisham bin Zubair.

我们要感谢世界科学出版社（World Scientific Publishing）的 Shreya Gopi 以及她的团队和出版商 Jane Sayers 的大力合作.

我们对家人的感激之情无法用言语表述.

英文版使用说明

本书可作为应用数学、数量金融和类似领域的硕士、博士研究生的教科书. 我们自己使用本书的内容在大学教授了两门课程. 一门为 "金融计算", 这是一门属于应用数学专业金融工程方向的硕士课程, 在课程里, 我们讨论了前 10 章的大部分内容. 另一门课程是 "金融工程专题", 这门课程涉及利率模型和产品以及交易对手信用风险和信用估值调整的风险管理. 在其他大学, 这些课程也被称为 "金融工程" 或 "量化金融".

本书每个章节都附有习题, 还提供了获得表格和图片所用的程序源代码.

在大多数表格和图片下面有 Matlab 和 Python 的标识包含着对应的 Matlab 和 Python 计算代码. 这些代码在指定的网站上可以找到.

> 在网站 www.QuantFinanceBook.com, 对所有奇数标号的习题提供解答.
>
> Python 和 Matlab 计算代码也可以在那里找到.

对程序源代码的免责声明.

> **无保免责声明** 本书中提供的计算机代码由作者 "按原样" 提供, 旨在支持本书中的理论和数值结果. 不提供任何形式的保证. 我们不能保证这些代码没有错误. 它们不是按照某些标准编写的, 而且不适用于任何通用用途.
>
> 本书代码仅用于验证本书中特定问题的结果, 任何其他用处带来的风险和责任由用户本人承担. 作者和出版商不承担任何由于程序的使用而产生的直接或间接损害的责任.

希望您阅读愉快!

目录

第 1 章 随机过程基础 1

  1.1 随机变量 1

  1.2 随机过程, 鞅性质 7

  1.3 随机积分, Itô 积分 11

第 2 章 金融资产动态简介 23

  2.1 资产价格的几何 Brown 运动 23

  2.2 第一推广 32

  2.3 鞅和资产价格 34

第 3 章 Black-Scholes 期权方程 45

  3.1 期权合同定义 45

  3.2 Feynman-Kac 定理和 Black-Scholes 模型 53

  3.3 Black-Scholes 模型下的 Delta 对冲 64

第 4 章 局部波动率模型 71

  4.1 Black-Scholes 隐含波动率 71

  4.2 期权价格和密度 78

  4.3 非参数局部波动率模型 88

第 5 章 跳跃过程 105

  5.1 跳扩散过程 105

  5.2 跳扩散过程的 Feynman-Kac 定理 112

  5.3 指数 Lévy 过程 120

  5.4 无穷活动的 Lévy 过程 126

  5.5 关于资产价格动态中跳跃的讨论 135

第 6 章 欧式期权定价的 COS 方法 143

  6.1 数值期权定价的引入 143

  6.2 用 COS 方法定价欧式期权 148

  6.3 数值 COS 方法结果 159

第 7 章　高维, 测度变换和仿射过程 171

　　7.1　高维 SDE 系统预备知识 171

　　7.2　测度变换和 Girsanov 定理 178

　　7.3　仿射过程 186

第 8 章　随机波动率模型 197

　　8.1　随机波动率模型的引入 197

　　8.2　Heston 随机波动率模型 204

　　8.3　Heston SV 贴现特征函数 213

　　8.4　Heston PDE 的数值解 218

第 9 章　Monte Carlo 模拟 227

　　9.1　Monte Carlo 基础 227

　　9.2　随机 Euler 和 Milstein 格式 234

　　9.3　CIR 过程的模拟 241

　　9.4　Heston 模型的 Monte Carlo 格式 248

　　9.5　计算 Monte Carlo 希腊字母 257

第 10 章　远期启动期权: 随机局部波动率模型 271

　　10.1　远期启动期权 271

　　10.2　随机局部波动率模型的简介 279

第 11 章　短期利率模型 297

　　11.1　利率简介 297

　　11.2　Heath-Jarrow-Morton 框架下的利率 299

　　11.3　Hull-White 模型 308

　　11.4　T 远期曲线下的 HJM 模型 314

第 12 章　利率衍生品 323

　　12.1　基本利率衍生品和 Libor 率 323

　　12.2　更多的利率衍生品 332

第 13 章　混合资产模型 345

　　13.1　混合资产的仿射模型的引入 345

　　13.2　混合 Heston 模型 356

第 14 章　高级利率模型及其推广 375

　　14.1　Libor 市场模型 375

　　14.2　对数 Libor 市场模型 380

　　14.3　参数局部波动率模型 388

　　14.4　负利率与多曲线设定 401

第 15 章　汇率模型 413

　15.1　FX 世界及其交易的介绍 413

　15.2　短期利率下的多币种 FX 模型 418

　15.3　具利率微笑的多币种 FX 模型 429

第 16 章　风险管理 445

　16.1　信用价值调整和风险管理 445

　16.2　混合模型下的 CVA 和风险敞口 456

第 17 章　信用风险评估模型 465

　17.1　违约模型 465

　17.2　信用等级迁移模型 469

　17.3　具信用等级迁移风险的信用衍生品的定价 480

索引 485

中英文名词对照 503

缩写词注释 509

第 1 章 | 随机过程基础

本章梗概

　　本章介绍一些有关随机变量和随机过程的基础知识, 例如概率密度函数、期望和方差. 有关随机过程的基本信息见**节 1.1**. 鞅和鞅性质在**节 1.2** 中说明. 随机 *Itô* 积分将在**节 1.3** 详细讨论.

　　概率论中的这些基本事实是金融数学的基础.

本章关键词

　　随机过程, 随机 Itô 积分, 鞅.

1.1 随机变量

　　我们首先讨论概率理论的一些已知结果, 然后阐明一些有关随机变量和随机过程的事实.

1.1.1 密度函数, 期望, 变量

　　一个实值的随机变量 X 经常用累积分布函数 (CDF) 描述为

$$F_X(x) := \mathbb{P}[X \leqslant x],$$

而其概率密度函数 (PDF) 为

$$f_X(x) := \mathrm{d}F_X(x)/\mathrm{d}x.$$

　　设 X 是具有 PDF 为 $f_X(x)$ 的连续实值随机变量. X 的期望值 $\mathbb{E}[X]$ 定义为

$$\mathbb{E}[X] = \int_{-\infty}^{+\infty} x f_X(x)\mathrm{d}x = \int_{-\infty}^{+\infty} x \frac{\mathrm{d}F_X(x)}{\mathrm{d}x}\mathrm{d}x = \int_{-\infty}^{+\infty} x \mathrm{d}F_X(x),$$

如果积分 $\int_{-\infty}^{+\infty} |x| f_X(x)\mathrm{d}x$ 有限.

　　X 的变差 $\mathbb{V}\mathrm{ar}[X]$ 定义为

$$\mathbb{V}\mathrm{ar}[X] = \int_{-\infty}^{+\infty} (x - \mathbb{E}[X])^2 f_X(x)\mathrm{d}x,$$

如果其积分存在.

对连续的随机变量 X 和某常数 $a \in \mathbb{R}$, 示性函数的期望是关于 X 的 CDF, 如下:

$$\mathbb{E}[\mathbb{1}_{X \leqslant a}] = \int_{\mathbb{R}} \mathbb{1}_{x \leqslant a} f_X(x) \mathrm{d}x = \int_{-\infty}^{a} f_X(x) \mathrm{d}x =: F_X(a),$$

这里 $F_X(\cdot)$ 是 X 的 CDF, 而 $\mathbb{1}_{X \in \Omega}$ 表示 Ω 的示性函数, 定义为

$$\mathbb{1}_{X \in \Omega} = \begin{cases} 1, & X \in \Omega, \\ 0, & X \notin \Omega. \end{cases} \tag{1.1}$$

定义 1.1.1 (生存概率) 生存概率与 CDF 直接相关. 如果 X 是表示生命期的随机变量, 例如人口, 则 $\mathbb{P}[X \leqslant x]$ 表示不能超过年龄 x 的概率. 生存概率定义为

$$\mathbb{P}[X > x] = 1 - \mathbb{P}[X \leqslant x] = 1 - F_X(x),$$

这表示了生存时间长度大于 x 的概率.

> 一个基本的并众所周知的随机变量的例子是正态分布的随机变量. 正态分布的随机变量 X 的期望值为 μ, 方差为 σ^2, 由以下概率分布函数决定:
>
> $$F_{\mathcal{N}(\mu, \sigma^2)}(x) = \mathbb{P}[X \leqslant x] = \frac{1}{\sigma\sqrt{2\pi}} \int_{-\infty}^{x} \exp\left(\frac{-(z - \mu)^2}{2\sigma^2}\right) \mathrm{d}z. \tag{1.2}$$
>
> 变量 X 则被称为具有 $\mathcal{N}(\mu, \sigma^2)$ 的正态分布. 对应的概率密度函数为
>
> $$f_{\mathcal{N}(\mu, \sigma^2)}(x) = \frac{\mathrm{d}}{\mathrm{d}x} F_{\mathcal{N}(\mu, \sigma^2)}(x) = \frac{1}{\sigma\sqrt{2\pi}} \exp\left(\frac{-(x - \mu)^2}{2\sigma^2}\right). \tag{1.3}$$

例 1.1.1 (期望, 正态分布的随机变量) 考虑 $X \sim \mathcal{N}(\mu, 1)$. 由期望的定义, 有

$$\begin{aligned} \mathbb{E}[X] &= \int_{\mathbb{R}} x f_X(x) \mathrm{d}x = \frac{1}{\sqrt{2\pi}} \int_{\mathbb{R}} x \exp\left(-\frac{(x - \mu)^2}{2}\right) \mathrm{d}x \\ &= \frac{1}{\sqrt{2\pi}} \int_{\mathbb{R}} (z + \mu) \exp\left(-\frac{z^2}{2}\right) \mathrm{d}z \\ &= \frac{1}{\sqrt{2\pi}} \int_{\mathbb{R}} z \exp\left(-\frac{z^2}{2}\right) \mathrm{d}z + \frac{\mu}{\sqrt{2\pi}} \int_{\mathbb{R}} \exp\left(-\frac{z^2}{2}\right) \mathrm{d}z, \end{aligned}$$

这里用了 $z = x - \mu$. 第一个积分中的函数是一个奇函数, 即 $g(-x) = -g(x)$, 因此它在 $\mathbb{R}$ 上的积分等于零. 第二个积分可表为 $\mathcal{N}(0, 1)$ 的 PDF 上的积分, 从而等于 $\sqrt{2\pi}$. 因此, $\mathcal{N}(\mu, 1)$ 的期望值等于 μ, 也就是 $\mathbb{E}[X] = \mu$. $\diamond$

1.1.2 特征函数

在计算金融领域, 通常使用像股票价格或利率这样的特定随机变量的密度函数, 因为它构建了计算变量期望值或方差的基础. 对于一些基本随机变量, 密度函数是有封闭形式的 (这是我们希望的), 但是, 有不少与金融相关的随机过程, 我们不知道其对应的

密度. 有趣的是, 在本书第 5、7 和 8 章中, 对于其中的某些过程, 我们可以得出包含关于期望和其他量的其他重要函数表达式. 这些函数之一就是特征函数, 另一个是矩量母函数. 所以, 我们还要在此处介绍这些函数.

对 $u \in \mathbb{R}$, 随机变量 X 的特征函数 (ChF) $\phi_X(u)$, 是累积分布函数 $F_X(x)$ 的 Fourier-Stieltjes 变换, 这里 i 是虚单位, 即

$$\boxed{\phi_X(u) := \mathbb{E}[\mathrm{e}^{iuX}] = \int_{-\infty}^{+\infty} \mathrm{e}^{iux}\mathrm{d}F_X(x) = \int_{-\infty}^{+\infty} \mathrm{e}^{iux}f_X(x)\mathrm{d}x.} \tag{1.4}$$

一个关于 $\phi_X(u)$ 的有用的事实是, 它唯一地确定 X 的分布函数. 此外, 随机变量 X 的矩也可以由 $\phi_X(u)$ 导出, 如下:

$$\mathbb{E}[X^k] = \frac{1}{i^k}\frac{\mathrm{d}^k}{\mathrm{d}u^k}\phi_X(u)\Big|_{u=0},$$

这里 i 还是虚单位, 对 $k \in \{0, 1, \cdots\}$, 假定 $\mathbb{E}[|X|^k] < \infty$.

特征函数和矩量母函数 $\mathcal{M}_X(u)$ 存在这样的关系:

$$\mathbb{E}[X^k] = \frac{1}{i^k}\frac{\mathrm{d}^k}{\mathrm{d}u^k}\phi_X(u)\Big|_{u=0} \stackrel{\mathrm{def}}{=} \frac{1}{i^k}\frac{\mathrm{d}^k}{\mathrm{d}u^k}\int_{-\infty}^{+\infty} \mathrm{e}^{iux}\mathrm{d}F_X(x)\Big|_{u=0} = \frac{\mathrm{d}^k}{\mathrm{d}u^k}\phi_X(-iu)\Big|_{u=0},$$

等式的右边表示的是矩量母函数的定义:

$$\mathcal{M}_X(u) := \phi_X(-iu) = \mathbb{E}[\mathrm{e}^{uX}]. \tag{1.5}$$

一个正随机变量 Y 的矩和其对数转换的特征函数 $\phi_{\log Y}(u)$ 之间存在如下关系. 对于 $X = \log Y$, 相应的特征函数为

$$\phi_{\log Y}(u) = \mathbb{E}[\mathrm{e}^{iu\log Y}] = \int_0^\infty \mathrm{e}^{iu\log y}f_Y(y)\mathrm{d}y$$
$$= \int_0^\infty y^{iu}f_Y(y)\mathrm{d}y. \tag{1.6}$$

注意, 我们用记号 $\log Y \equiv \log_e Y \equiv \ln Y$. 令 $u = -ik$, 有

$$\phi_{\log Y}(-ik) = \int_0^\infty y^k f_Y(y)\mathrm{d}y \stackrel{\mathrm{def}}{=} \mathbb{E}[Y^k]. \tag{1.7}$$

上面的推导也适用于那些对数转换变量的特征函数.

例 1.1.2 (正态分布的密度和特征函数) 图 1-1 表示正态分布 $\mathcal{N}(10, 1)$ 的 CDF、PDF (左图) 和特征函数 (右图). PDF 和 CDF 是非常光滑的函数. 而特征函数 ("密度函数的 Fourier 变换") 是复平面的振荡函数. ◊

另一个有用的函数是累积特征函数 $\zeta_X(u)$, 定义为特征函数 $\phi_X(u)$ 的对数形式:

$$\zeta_X(u) = \log\mathbb{E}[\mathrm{e}^{iuX}] = \log\phi_X(u).$$

k 阶矩 $m_k(\cdot)$ 和 k 阶累积 $\zeta_k(\cdot)$, 由下式确定:

$$m_k(\cdot) = (-i)^k\frac{\mathrm{d}^k}{\mathrm{d}u^k}\phi_X(u)\Big|_{u=0}, \quad \zeta_k(\cdot) = (-i)^k\frac{\mathrm{d}^k}{\mathrm{d}u^k}\log\phi_X(u)\Big|_{u=0}, \tag{1.8}$$

这里 $(-i)^k \equiv i^{-k}$ 对所有 $k \in \mathcal{N}$, 而 $\phi_X(u)$ 由 (1.4) 定义.

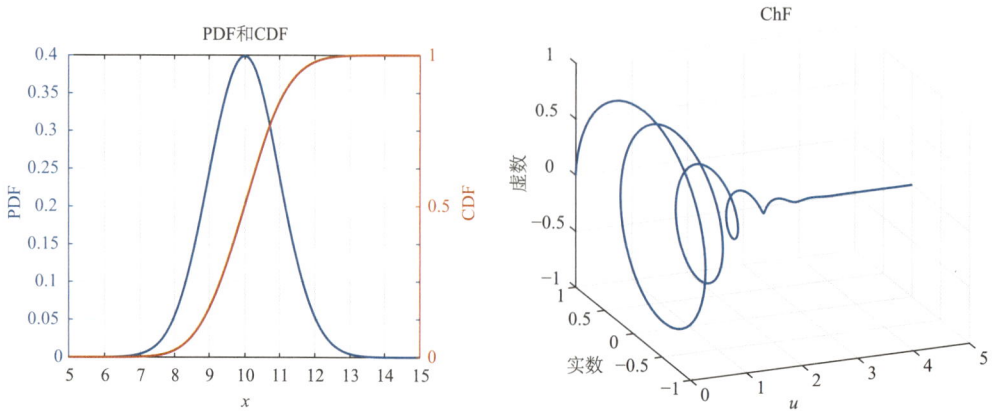

图 1-1　$\mathcal{N}(10,1)$ 随机变量的 CDF、PDF(左) 和特征函数 (右).

1.1.3　累积和矩

某些性质直接由特征函数的定义得到, 如

$$\phi_X(0) = 1, \quad \phi_X(-i) = \mathbb{E}[e^X].$$

由矩量母函数的定义, 还有

$$\mathcal{M}_X(u) \equiv \int_{\mathbb{R}} e^{ux} f_X(x) \mathrm{d}x. \tag{1.9}$$

假定所有 X 的矩是有限的, 矩量母函数 (1.9) 满足 MacLaurin 级数方程:

$$\begin{aligned} \mathcal{M}_X(u) &= \int_{\mathbb{R}} e^{ux} f_X(x) \mathrm{d}x \\ &= \sum_{k=0}^{\infty} \frac{u^k}{k!} \int_{\mathbb{R}} x^k f_X(x) \mathrm{d}x =: \sum_{k=0}^{\infty} m_k \frac{u^k}{k!}, \end{aligned} \tag{1.10}$$

这里 $m_k = \int_{\mathbb{R}} x^k f_X(x) \mathrm{d}x$, $k = 0, 1, \cdots$ 为原生矩.

另一方面, 累积母函数定义为

$$\zeta_X(u) \equiv \log \mathcal{M}_X(u). \tag{1.11}$$

再次应用 MacLaurin 方程, 得到

$$\zeta_X(u) = \sum_{k=0}^{\infty} \left. \frac{\partial^k \zeta_X(u)}{\partial u^k} \right|_{u=0} \frac{u^k}{k!} =: \sum_{k=0}^{\infty} \zeta_k \frac{u^k}{k!}, \tag{1.12}$$

这里 $\zeta_k \equiv \left. \frac{\partial^k \zeta_X(u)}{\partial u^k} \right|_{u=0}$ 是 k 次积累.

由 (1.11) 得到原生矩和累积的关系为

$$\mathcal{M}_X(u) = \sum_{k=0}^{\infty} m_k \frac{u^k}{k!} = \exp \left(\sum_{k=0}^{\infty} \zeta_k \frac{u^k}{k!} \right).$$

应用 (1.11) 的结果, 累积母函数的前四次导数可表为

$$\frac{\mathrm{d}\zeta_X(t)}{\mathrm{d}t} = \frac{1}{\phi_X(-it)}\frac{\mathrm{d}\phi_X(-it)}{\mathrm{d}t},$$

$$\frac{\mathrm{d}^2\zeta_X(t)}{\mathrm{d}t^2} = -\frac{1}{(\phi_X(-it))^2}\left(\frac{\mathrm{d}\phi_X(-it)}{\mathrm{d}t}\right)^2 + \frac{1}{\phi_X(-it)}\frac{\mathrm{d}^2\phi_X(-it)}{\mathrm{d}t^2},$$

$$\frac{\mathrm{d}^3\zeta_X(t)}{\mathrm{d}t^3} = \frac{2}{(\phi_X(-it))^3}\left(\frac{\mathrm{d}\phi_X(-it)}{\mathrm{d}t}\right)^3 - \frac{3}{(\phi_X(-it))^2}\frac{\mathrm{d}\phi_X(-it)}{\mathrm{d}t}\frac{\mathrm{d}^2\phi_X(-it)}{\mathrm{d}t^2}$$
$$+ \frac{1}{\phi_X(-it)}\frac{\mathrm{d}^3\phi_X(-it)}{\mathrm{d}t^3},$$

$$\frac{\mathrm{d}^4\zeta_X(t)}{\mathrm{d}t^4} = -\frac{6}{(\phi_X(-it))^4}\left(\frac{\mathrm{d}\phi_X(-it)}{\mathrm{d}t}\right)^4 + \frac{12}{(\phi_X(-it))^3}\left(\frac{\mathrm{d}\phi_X(-it)}{\mathrm{d}t}\right)^2\frac{\mathrm{d}^2\phi_X(-it)}{\mathrm{d}t^2}$$
$$- \frac{3}{(\phi_X(-it))^2}\left(\frac{\mathrm{d}^2\phi_X(-it)}{\mathrm{d}t^2}\right)^2 - \frac{4}{(\phi_X(-it))^2}\frac{\mathrm{d}\phi_X(-it)}{\mathrm{d}t}\frac{\mathrm{d}^3\phi_X(-it)}{\mathrm{d}t^3}$$
$$+ \frac{1}{\phi_X(-it)}\frac{\mathrm{d}^4\phi_X(-it)}{\mathrm{d}t^4}.$$

有了这些累积母函数的导数和 $\phi_X(0)=1$ 的事实, 前四个累积量可表为

$$\zeta_1 = \left.\frac{\mathrm{d}\zeta_X(t)}{\mathrm{d}t}\right|_{t=0}, \quad \zeta_2 = \left.\frac{\mathrm{d}^2\zeta_X(t)}{\mathrm{d}t^2}\right|_{t=0},$$

$$\zeta_3 = \left.\frac{\mathrm{d}^3\zeta_X(t)}{\mathrm{d}t^3}\right|_{t=0}, \quad \zeta_4 = \left.\frac{\mathrm{d}^4\zeta_X(t)}{\mathrm{d}t^4}\right|_{t=0}.$$

对一个均值为 μ, 方差为 σ^2 的随机变量 X. γ_3 是偏度, γ_4 是峰度, 由累积和矩的关系有下面的等式:

$$\zeta_1 = m_1 = \mu,$$
$$\zeta_2 = m_2 - m_1^2 = \sigma^2,$$
$$\zeta_3 = 2m_1^3 - 3m_1 m_2 + m_3 = \gamma_3 \sigma^3,$$
$$\zeta_4 = -6m_1^4 + 12m_1^2 m_2 - 3m_2^2 - 4m_1 m_3 + m_4 = \gamma_4 \sigma^4, \tag{1.13}$$

回顾一下, 偏度和峰度分别测量围绕分布均值的非对称性和分布的尾部性.

有了矩或累积, 相关的密度至少在形式上可以复原. 基于方程 (1.4), 概率密度函数可以写为特征函数的逆 Fourier 变换:

$$\boxed{f_X(x) = \frac{1}{2\pi}\int_{\mathbb{R}}\phi_X(u)\mathrm{e}^{-iux}\mathrm{d}u.} \tag{1.14}$$

将特征函数的定义和指数函数在零附近 MacLaurin 级数展开, 得到

$$\phi_X(u) = \mathbb{E}[\mathrm{e}^{iuX}] = \sum_{k=0}^{\infty}\frac{(iu)^k}{k!}\mathbb{E}[X^k] = \sum_{k=0}^{\infty}\frac{(iu)^k}{k!}m_k, \tag{1.15}$$

这里 m_k 由 (1.10) 定义. 这样, 方程 (1.14) 等于:

$$f_X(x) = \frac{1}{2\pi} \sum_{k=0}^{\infty} \frac{m_k}{k!} \int_{\mathbb{R}} (iu)^k e^{-iux} du. \tag{1.16}$$

回顾 $Dirac\ \delta$ 函数和其 k 阶导数的如下定义:

$$\delta(x) = \begin{cases} +\infty, & x = 0, \\ 0, & x \neq 0. \end{cases} \tag{1.17}$$

以及

$$\delta(x) = \frac{1}{2\pi} \int_{\mathbb{R}} e^{-iux} du, \quad \delta^{(k)}(x) = \frac{d^k}{dx^k} \delta(x) = \frac{1}{2\pi} \int_{\mathbb{R}} (-iu)^k e^{-iux} du.$$

现在, 方程 (1.16) 也可以写成

$$f_X(x) = \sum_{k=0}^{\infty} (-1)^k \frac{m_k}{k!} \delta^{(k)}(x). \tag{1.18}$$

二维密度

两个随机变量 X 和 Y 的联合 CDF 是函数 $F_{X,Y}(\cdot,\cdot) : \mathbb{R}^2 \to [0,1]$, 定义为

$$F_{X,Y}(x,y) = \mathbb{P}[X \leqslant x, Y \leqslant y].$$

如果 X 和 Y 是连续变量, 则 X 和 Y 的联合 PDF 是函数 $f_{X,Y}(\cdot,\cdot) : \mathbb{R}^2 \to \mathbb{R}^+ \cup \{0\}$, 满足

$$f_{X,Y}(x,y) = \frac{\partial^2 F_{X,Y}(x,y)}{\partial x \partial y}.$$

对任意事件 A, 由此得出

$$\mathbb{P}[(X,Y) \in A] = \iint_A f_{X,Y}(x,y) dx dy.$$

在这本书里我们也用向量符号, 特别从第 7 章以后, 我们分别用记号 $\boldsymbol{X} = [X,Y]^T$ 和 $F_{\boldsymbol{X}}, f_{\boldsymbol{X}}$.

由于联合 PDF 是一个真正的概率函数, 对任意 $x, y \in \mathbb{R}$, 我们有 $f_{X,Y}(x,y) \geqslant 0$, 而且

$$\int_{-\infty}^{+\infty} \int_{-\infty}^{+\infty} f_{X,Y}(x,y) dx dy = 1.$$

给定 (X,Y) 的联合分布, 函数 $h(X,Y)$ 的期望可计算如下:

$$\mathbb{E}[h(X,Y)] = \int_{-\infty}^{+\infty} \int_{-\infty}^{+\infty} h(x,y) f_{X,Y}(x,y) dx dy.$$

给定 $X = x$ 时, Y 的条件 PDF 定义为

$$f_{Y|X}(y|x) = \frac{f_{X,Y}(x,y)}{f_X(x)}, \quad -\infty < y < \infty.$$

进一步, 给定 $Y = y$, X 的条件期望定义为给定 $Y = y$ 时 X 的条件 PDF 的均值, 即

$$\mathbb{E}[X|Y = y] = \int_{-\infty}^{+\infty} x f_{X|Y}(x|y)\mathrm{d}x = \int_{-\infty}^{+\infty} x \frac{f_{X,Y}(x,y)}{f_Y(y)}\mathrm{d}y.$$

基于联合 PDF, 我们也确定边际密度如下:

$$\begin{aligned}
f_X(x) &= \frac{\mathrm{d}}{\mathrm{d}x}F_X(x) = \frac{\mathrm{d}}{\mathrm{d}x}\mathbb{P}[X \leqslant x] \\
&= \frac{\mathrm{d}}{\mathrm{d}x}\int_{-\infty}^{x}\left(\int_{-\infty}^{+\infty} f_{X,Y}(u,y)\mathrm{d}y\right)\mathrm{d}u \\
&= \int_{-\infty}^{+\infty} f_{X,Y}(x,y)\mathrm{d}y,
\end{aligned}$$

类似可以定义 $f_Y(y)$.

例 1.1.3 (双变量正态密度函数) 此例中, 我们展示三个双变量正态密度和分布函数, $\boldsymbol{X} = [X,Y]^{\mathrm{T}}$, 以及

$$\boldsymbol{X} \sim \mathcal{N}\left(\begin{bmatrix} 0 \\ 0 \end{bmatrix}, \begin{bmatrix} 1, \rho \\ \rho, 1 \end{bmatrix}\right),$$

其中相关系数取不同的值. 图 1-2 展现了 $\rho = 0$ (左), $\rho = 0.8$ (中) 和 $\rho = -0.8$ (右) 时对应的函数.

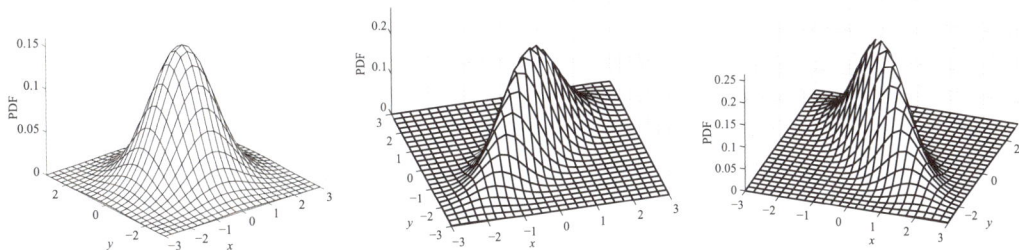

图 1-2　二维正态概率密度函数的例子, 其中 $\rho = 0$ (左), $\rho = 0.8$ (中) 和 $\rho = -0.8$ (右).

显然, 在这些函数中, 相关系数影响着这三个函数的方向. ◇

1.2　随机过程, 鞅性质

我们通常会采用随机过程处理金融资产价格, 在这里, 我们给它们一些基本的定义.

随机过程 $X(t)$ 是由时间变量 t 标记的随机变量的集合.

假设有一组日历日期的集合, $T_1, T_2, \cdots, T_m$. 直到今天, 我们已经观察到随机过程 $X(t)$ 某些状态值, 见图 1-3. 过去是已知的, 因此我们"看到"历史资产的路径. 对于未来, 我们不知道确切的路径, 但可以根据某些资产价格分布模拟未来.

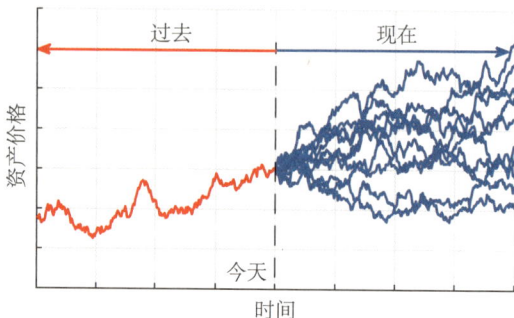

图 1-3 过去和现在的资产价格设定. 我们不能确切地知道未来的资产路径, 但可以根据某些资产价格的分布进行模拟.

帮助我们对某时刻 T_i 的随机过程进行描述的数学工具是 σ 域, 也称为 σ 代数. σ 域的有序序列称为域流, $\mathcal{F}(T_i) := \sigma(X(T_j) : 1 \leqslant j \leqslant i)$, 由序列 $X(T_j)$, $1 \leqslant j \leqslant i$ 生成. 因此, 在时刻 T_i 处可用的信息通过域流来描述, 另请参见图 1-4. 考虑到观察日期序列 $T_1, \cdots, T_i$, 我们实际处理的是域流序列 $\mathcal{F}(T_1) \subseteq \cdots \subseteq \mathcal{F}(T_i)$.

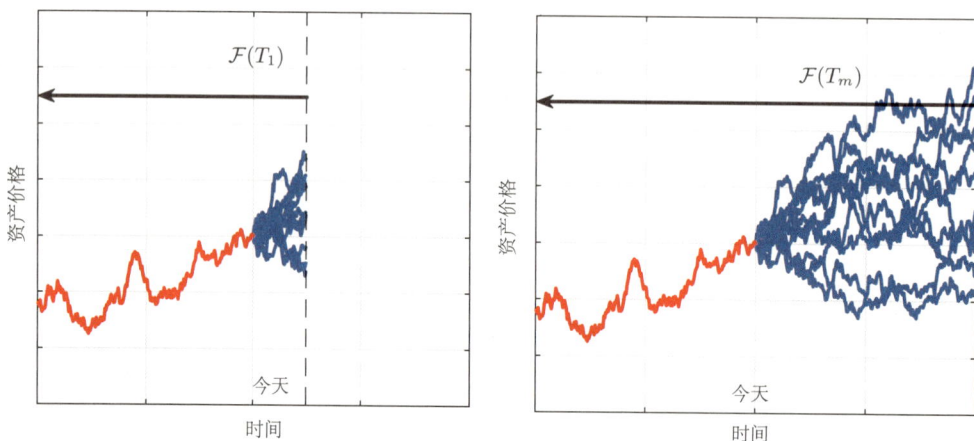

图 1-4 域流图, 其中 $\mathcal{F}(t_0) \subseteq \mathcal{F}(T_1) \subseteq \mathcal{F}(T_2) \cdots \subseteq \mathcal{F}(T_m)$. 当 $X(t)$ 是 $\mathcal{F}(t_0)$ 可测时就意味着在时间 t_0 时 $X(t)$ 的值已知. $X(T_1)$ 是 $\mathcal{F}(T_1)$ 可测, 但 $X(T_1)$ 是"未来实现", 其在时间 t_0 ("今天") 是未知的, 从而不是 $\mathcal{F}(t_0)$ 可测.

如果我们说一个过程是 $\mathcal{F}(T)$ 可测的, 则意味着在任何时候 $t \leqslant T$, 该过程的实现都是已知的. 一个简单的例子可能是股票的市场价及其历史价格, 也就是说, 我们确切地知道到今天为止的股票价格, 但是不知道任何未来价格. 然后我们说"股价是今天可测的". 但是当我们使用 SDE 模型处理股票时, 其价格可能是 T 可测的, 因为我们知

道金融合同价格在 T 期间的分布.

随机过程 $X(t)$, $t \geqslant 0$ 被称为域流 $\mathcal{F}(t)$, 如果

$$\sigma(X(t)) \subseteq \mathcal{F}(t).$$

术语 "适应过程" 是指随机过程 "无法展望未来". 换句话说, 在 $0 \leqslant s < t$, 对于一个随机过程 $X(t)$ 的实现 (路径)$X(s)$, 在时间 s 时是已知的, 但还到不了 t 时.

1.2.1　Wiener 过程

> **定义 1.2.1 (Wiener 过程)** Wiener 过程 (也称为 Brown 运动) 是一种基本的随机过程, 通常也用于构造随机微分方程 (SDE) 以描述资产价格的变动. 在数学上, Wiener 过程 $W(t)$ 具有以下特性:
> a. $W(t_0) = 0$, (严格上说是: $\mathbb{P}[W(t_0) = 0] = 1$).
> b. $W(t)$ 几乎必然连续[a].
> c. $W(t)$ 具独立增量, 即 $\forall\, t_1 \leqslant t_2 \leqslant t_3 \leqslant t_4$, $W(t_2) - W(t_1) \perp\!\!\!\perp W(t_4) - W(t_3)$, 并对 $0 = t_0 \leqslant s < t$, $W(t) - W(s) \sim \mathcal{N}(0, t - s)$, 即其分布是均值为 0, 方差为 $t - s$ 的正态分布.
>
> ────────────
> [a]几乎必然收敛是指一个随机变量序列 X_m 满足 $\mathbb{P}[\lim_{m \to \infty} X_m = X] = 1$.

例 1.2.1 对 $W(t)$ 是 Wiener 过程, 适应域流 $\mathcal{F}(t)$ 过程的例子是:

- $W(t)$ 和 $W^2(t) - t$, 其中 $W(t)$ 是 Wiener 过程.
- $\max\limits_{0 \leqslant s \leqslant t} W(s)$ 和 $\max\limits_{0 \leqslant s \leqslant t} W^2(s)$.

不适应域流 $\mathcal{F}(t)$ 过程的例子是:

- $W(t + 1)$.
- 对 $T > t$, $W(t) + W(T)$. 　　　　　　　　　　　　　　　　　　$\Diamond$

1.2.2　鞅

在处理随机过程中一个重要的观念是鞅性质.

> **定义 1.2.2 (鞅)** 考虑一个概率空间 $(\Omega, \mathcal{F}, \mathbb{Q})$, 其中 Ω 是所有可能事件的集合, $\mathcal{F}(t)$ 是 σ 域, $\mathbb{Q}$ 是概率测度. 对 $t \in [0, T]$, 具有右连左极过程 (就是所谓的 cádlág 过程)[a]$X(t)$ 被称为测度 $\mathbb{Q}$ 下的关于域流 $\mathcal{F}(t)$ 的鞅, 如果对于所有 $t < \infty$, 下式成立:
>
> $$\mathbb{E}[|X(t)| < \infty,$$
>
> 和
>
> $$\mathbb{E}[X(t)|\mathcal{F}(s)] = X(s), \text{ 对所有} s < t,$$

这里 $\mathbb{E}[\cdot|\mathcal{F}]$ 是在测度 $\mathbb{Q}$ 下的条件期望.

---

[a]càdlàg: continue à droite, limite à gauche, 法语, 意为右连续左极限.

该定义意味着对一个鞅未来价值期望的最佳预测是它的现值, 并且对某时间段 $\Delta t > 0$,

$$\mathbb{E}[X(t + \Delta t) - X(t)|\mathcal{F}(t)] = \mathbb{E}[X(t + \Delta t)|\mathcal{F}(t)] - \mathbb{E}[X(t)|\mathcal{F}(t)]$$
$$= X(t) - X(t) = 0. \tag{1.19}$$

命题 1.2.1 Wiener 过程 $W(t), t \in [0, T]$ 是个鞅.

证明 我们验证鞅性质. 首先, $\mathbb{E}[|W(t)|] < \infty$, 由于

$$\mathbb{E}[|W(t)|] = \int_{-\infty}^{+\infty} |x| \frac{1}{\sqrt{2\pi t}} e^{-\frac{x^2}{2t}} dx = \frac{2}{\sqrt{2\pi t}} \int_{0}^{+\infty} x e^{-\frac{x^2}{2t}} dx.$$

令 $z = \frac{x^2}{2t}$, 从而 $t dz = x dx$, 我们得到对有限的 t,

$$\mathbb{E}[|W(t)|] = \frac{2t}{\sqrt{2\pi t}} \int_{0}^{+\infty} e^{-z} dz = \frac{2t}{\sqrt{2\pi t}} < \infty.$$

关于 Wiener 过程 $W(t), t \in [0, T]$, 我们还发现, 应用 (1.19), 有

$$\mathbb{E}[W(t)|\mathcal{F}(s)] = \mathbb{E}[W(s) + [W(t) - W(s)]|\mathcal{F}(s)]$$
$$= \mathbb{E}[W(s)|\mathcal{F}(s)] + \mathbb{E}[W(t) - W(s)|\mathcal{F}(s)]$$
$$= W(s) + 0 = W(s), \ \forall\, s, t > 0. \qquad \square$$

1.2.3 重期望 (望远性质)

另一个重要且有用的概念是重期望. 重期望定律也被称为望远性质, 表明对于定义在概率空间 $(\Omega, \mathcal{F}, \mathbb{Q})$ 上任何给定的随机变量 $X \in L^2$ (其中 L^2 表示的是具 $\mathbb{E}[X^2(t)] < \infty$ 的 Hilbert 空间), 对于任何 σ 域, $\mathcal{G} \subseteq \mathcal{F}$, 以下等式成立:

$$\mathbb{E}[X|\mathcal{G}] = \mathbb{E}[\mathbb{E}[X|\mathcal{F}]|\mathcal{G}], \ \text{对} \ \mathcal{G} \subseteq \mathcal{F}.$$

如果考虑另一个定义在 σ 域的 $\mathcal{G}$ 随机变量 Y, 且 $\mathcal{G} \subseteq \mathcal{F}$, 上面的等式可写成

$$\mathbb{E}[Y] = \mathbb{E}[\mathbb{E}[Y|X]], \ \text{对} \ \sigma(Y) \subseteq \sigma(X).$$

假定两个随机变量 X 和 Y 在 $\mathbb{R}$ 上连续, 并定义在同一个 σ 域中, 可以证明上面的等式如下:

$$\mathbb{E}[\mathbb{E}[Y|X]] = \int_{\mathbb{R}} \mathbb{E}[Y|X = x] f_X(x) dx$$
$$= \int_{\mathbb{R}} \left(\int_{\mathbb{R}} y f_{Y|X}(y|x) dy \right) f_X(x) dx.$$

由条件密度定义, 即 $f_{Y|X}(y|x) = f_{Y,X}(y,x)/f_X(x)$, 我们有

$$
\begin{aligned}
\mathbb{E}[\mathbb{E}[Y|X]] &= \int_{\mathbb{R}} \left(\int_{\mathbb{R}} y \frac{f_{Y,X}(y,x)}{f_X(x)} \mathrm{d}y \right) f_X(x) \mathrm{d}x \\
&= \int_{\mathbb{R}} y (\int_{\mathbb{R}} f_{Y,X}(y,x)\mathrm{d}x)\mathrm{d}y \\
&= \int_{\mathbb{R}} y f_Y(y)\mathrm{d}y \stackrel{\text{def}}{=} \mathbb{E}[Y].
\end{aligned}
\tag{1.20}
$$

在处理连续分布时, 条件期望是便利的. 让我们取两个互相独立的随机变量 X 和 Y. 用条件期望我们可以展示下面的等式:

$$
\mathbb{P}[X < Y] = \int_{\mathbb{R}} \mathbb{P}[X < y] f_Y(y)\mathrm{d}y = \int_{\mathbb{R}} F_X(y) f_Y(y)\mathrm{d}y,
$$

该式可证明如下:

$$
\begin{aligned}
\mathbb{P}[X < Y] &= \mathbb{E}[\mathbb{1}_{X<Y}] \\
&= \mathbb{E}[\mathbb{E}[\mathbb{1}_{X<Y}|Y=y]] = \int_{\mathbb{R}} \mathbb{P}[X < y|Y=y] f_Y(y)\mathrm{d}y.
\end{aligned}
$$

由于 X 和 Y 独立, 我们有

$$
\mathbb{P}[X < Y] = \int_{\mathbb{R}} \mathbb{P}[X < y] f_Y(y)\mathrm{d}y = \int_{\mathbb{R}} F_X(y) f_Y(y)\mathrm{d}y.
$$

上面给出的结果可用于被称为卷积的例子, 对常数 $c \in \mathbb{R}$ 和两个随机变量 X 和 Y, 其定义为:

$$
\mathbb{P}[X + Y < c] = \int_{\mathbb{R}} F_Y(c-x) f_X(x)\mathrm{d}x = \int_{\mathbb{R}} F_X(c-y) f_Y(y)\mathrm{d}y.
$$

这些积分可看成两个期望, $\mathbb{E}[F_Y(c-X)]$ 和 $\mathbb{E}[F_X(c-Y)]$.

1.3　随机积分, Itô 积分

对任意的可微函数 $\xi(t)$, 下面的关系式是可用的:

$$
\int_0^T g(t)\mathrm{d}\xi(t) = \int_0^T g(t) \left(\frac{\mathrm{d}\xi(t)}{\mathrm{d}t} \right) \mathrm{d}t.
\tag{1.21}
$$

然而, 当 $\xi(t)$ 是一个 Wiener 过程, 即 $\xi(t) \equiv W(t)$, 等式 (1.21) 就不对了, 因为 Brown 运动是处处不可导的.

当被积函数是基于 Wiener 过程时, Riemann-Stieltjes 积分是不可用的, 而需要用随机积分, 这是日本数学家 Kiyoshi Itô (1915—2008) 的贡献.

我们考虑下面的随机微分方程,

$$\mathrm{d}I(t) = g(t)\mathrm{d}W(t), \text{ 对 } t \geqslant 0. \tag{1.22}$$

它等价于下面的 $It\hat{o}$ 积分:

$$I(T) = \int_0^T g(t)\mathrm{d}W(t), \text{ 对 } T \geqslant 0, \tag{1.23}$$

这里, 区间 $[0,T]$ 上的定积分, 函数 $g(t)$ 可表为一个随机过程 $g(t) := g(t,\omega)$. 变量 ω 可描述随机性, 即在给定域流 $\mathcal{F}(t)$, $\omega \in \Omega$. 函数 $g(t)$ 需要满足下列条件:

1. 对任意时间 t, $g(t)$ 是 $\mathcal{F}(t)$ 可测的 (换句话说, "过程" $g(t)$ 是一个适应过程).
2. $g(t)$ 是平方可积的, 即 $\mathbb{E}\left[\int_0^T g^2(t)\mathrm{d}t\right] < \infty, \forall\, T \geqslant 0.$

1.3.1 基本过程

对于时间间隔 $[0,T]$ 中的给定的划分, $0 = t_0 < t_1 < \cdots < t_m = T$, 我们利用基本过程 $\{g_m(t)\}_{m=0}^{\infty}$, 其中 $g_m(t)$ 是分段常量函数. 借助这些基本过程, 我们可以形式地定义 Itô 积分如下.

定义 1.3.1 对任意平方可积的适应过程 $g(t) = g(t,\omega)$, 具有连续的采样路径, 则 Itô 积分由下式给出:

$$I(T) \stackrel{\text{def}}{=\!=} \int_0^T g(t)\mathrm{d}W(t) = \lim_{m\to\infty} I_m(T), \text{ 在 } L^2. \tag{1.24}$$

这里, $I_m(T) = \int_0^T g_m(t)\mathrm{d}W(t)$ 对某基本过程 $\{g_m(t)\}_{m=0}^{\infty}$, 并满足

$$\lim_{m\to\infty} \mathbb{E}\left[\int_0^T (g_m(t) - g(t))^2\mathrm{d}t\right] = 0. \tag{1.25}$$

基本过程序列的存在性可以借助下面的定理得到.

定理 1.3.1 (L^p **的控制收敛定理**) 令 $\{\xi_m\}_{m\in\mathbb{N}}$ 是 L^p, $p > 0$ 空间的函数序列, 存在一个实值函数 $\overline{\xi} \in L^p$ 并且对所有的 $m \in \mathbb{N}$, $|\xi_m| < \overline{\xi}$. 假定 $\{\xi_m\}_{m\in\mathbb{N}} \to \xi$, 具逐点形式. 则

$$\|\xi_m - \xi\|_{L^p} = \lim_{m\to\infty} (\mathbb{E}[|\xi_m - \xi|^p])^{\frac{1}{p}} = 0.$$

这个定理的证明可从随机分析的教科书中找到. 我们下面将用 $p = 1$ 和 $p = 2$ 的情形.

定理 **1.3.2**　一个基本过程序列 $\{g_m(t)\}_{m=0}^{\infty}$ 有

$$\lim_{m \to \infty} \mathbb{E}\left[\int_0^T |g_m(t) - g(t)|^2 \mathrm{d}t\right] = 0. \tag{1.26}$$

为简单起见, 假设 $T \in \mathcal{N}$. 证明定理 1.3.2 的目的是要找到基本过程序列 $g_1(t)$, $g_2(t)$, $\cdots$, 使得等式 (1.26) 成立. 为此, 我们定义以下的基本过程:

$$g_m(t) = \begin{cases} m \int_{\frac{k-1}{m}}^{\frac{k}{m}} g(s)\mathrm{d}s, & \text{如果 } t \in \left[\frac{k-1}{m}, \frac{k}{m}\right) \text{ 对 } k = 1, 2, \cdots, mT, \\ 0, & \text{其他}. \end{cases} \tag{1.27}$$

这个构造隐含 $g_m(t)$ 实际上是一个阶梯函数, 即它在每个间隔 $t \in \left[\frac{k-1}{m}, \frac{k}{m}\right)$ 上是常数. 但是因为 $g(t)$ 是随机的, $g(t)$ 的每个路径产生不同的常数来完成 $g_m(t)$ 的实现. 因而 (1.27) 里的函数就通常被称为随机阶梯函数. 我们在图 1-5 中提供一个示例.

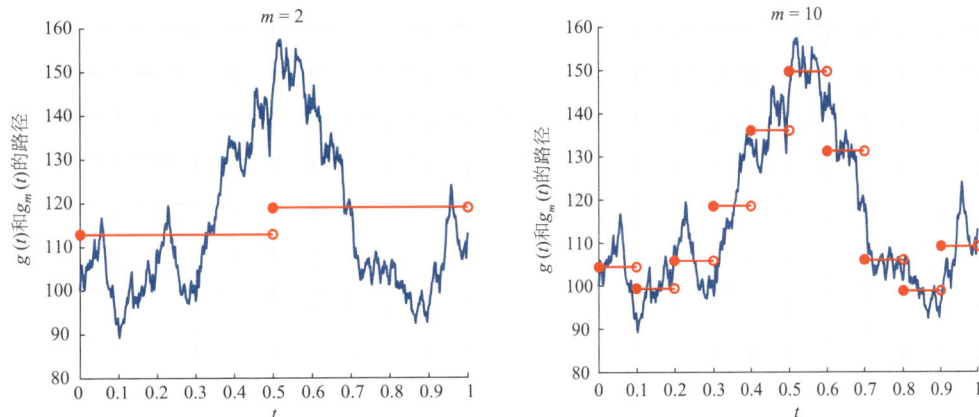

图 1-5　随机阶梯函数, 近似一个随机函数 $g(t)$, 其中有 $m = 2$ (左) 和 $m = 10$ (右).

应用 Cauchy-Schwartz 不等式, 我们得到下面的关系式:

$$\int_{\frac{k-1}{m}}^{\frac{k}{m}} |g_m(t)|^2 \mathrm{d}t = \int_{\frac{k-1}{m}}^{\frac{k}{m}} \left| m \int_{\frac{k-1}{m}}^{\frac{k}{m}} g(z)\mathrm{d}z \right|^2 \mathrm{d}t = \left(\frac{k}{m} - \frac{k-1}{m}\right) \left| m \int_{\frac{k-1}{m}}^{\frac{k}{m}} g(z)\mathrm{d}z \right|^2$$

$$\leqslant m\left(\frac{k}{m} - \frac{k-1}{m}\right) \int_{\frac{k-1}{m}}^{\frac{k}{m}} g^2(z)\mathrm{d}z = \int_{\frac{k-1}{m}}^{\frac{k}{m}} g^2(z)\mathrm{d}z \quad \text{a.s.} \tag{1.28}$$

这里缩写 "a.s." 意思是几乎必然的, 实际上它意味着这个不等式对所有实现函数 $g(t)$ 都成立.

我们现在转到主要的证明部分, 即证明等式 (1.26).

在 $g(t)$ 几乎必然的连续简单路径的假定下, 我们有

$$\lim_{m \to \infty} \int_0^T |g_m(t) - g(t)|^2 \mathrm{d}t = 0 \quad \text{a.s.} \tag{1.29}$$

定义 $\xi_m := \int_0^T |g_m(t) - g(t)|^2 \mathrm{d}t$, 我们就有 $\lim_{m\to\infty} \xi_m = 0$.

基于不等式 $(a + b)^2 \leqslant 2(a^2 + b^2)$, 下式成立:

$$\xi_m \equiv \int_0^T |g_m(t) - g(t)|^2 \mathrm{d}t \leqslant 2 \int_0^T |g_m(t)|^2 \mathrm{d}t + 2 \int_0^T |g(t)|^2 \mathrm{d}t.$$

我们用不等式 (1.28), 得到

$$\xi_m \leqslant 4 \int_0^T |g(t)|^2 \mathrm{d}t =: \bar{\xi}. \tag{1.30}$$

由于当 $m \to \infty$ (1.29) 时, $\xi_m \to 0$ a.s., $|\xi_m| < \bar{\xi}$ a.s. (1.30), 以及 $\mathbb{E}[\bar{\xi}] < \infty$, 由定理 1.3.1, 我们有

$$\|\xi_m - \xi\|_{L^1} = \lim_{m\to\infty} \mathbb{E}[(\xi_m - 0)^1] = \lim_{m\to\infty} \mathbb{E}\left[\int_0^T |g_m(t) - g(t)|^2 \mathrm{d}t\right] = 0.$$

1.3.2 Itô 同构

现在我们来看看 Itô 积分的离散形式及其一些细节:

$$I(T) := \int_0^T g(t)\mathrm{d}W(t) = \lim_{m\to\infty} \sum_{i=0}^{m-1} g(t_i)(W(t_{i+1}) - W(t_i)), \tag{1.31}$$

这里 $t_i = i\frac{T}{m}$.

式 (1.31) 右极限存在的证明可以在定理 1.3.3 中找到, 更多有关唯一性的信息可以在通常的文献中找到, 例如 [Shreve, 2004].

对 $g(t)$ 在 $[t_i, t_{i+1}]$ 左端点取值的特定选择是 Itô 分析的特别之处, 如果将函数取值点选在中间点 (即使用 $g((t_{i+1} + t_i)/2)$) 则成为 Stratonovich 积分. 金融方面比较偏爱 Itô 积分, 因为左侧时间点表示当前时间, 而股票的中间点价格则依赖于未来的时间点.

我们可以利用性质 $\mathbb{E}[I(T)] \equiv \mathbb{E}[I(T)|\mathcal{F}(t_0)] = 0$ (在本章中, 我们会常碰到该性质), 它可以从下面的推导中得到,

$$\begin{aligned}
\mathbb{E}[I(T)] &= \mathbb{E}\left[\lim_{m\to\infty} \sum_{i=0}^{m-1} g(t_i)(W(t_{i+1}) - W(t_i))\right] \\
&= \lim_{m\to\infty} \sum_{i=0}^{m-1} \mathbb{E}[g(t_i)(W(t_{i+1}) - W(t_i))] \\
&= \lim_{m\to\infty} \sum_{i=0}^{m-1} \mathbb{E}[g(t_i)|\mathcal{F}(t_0)]\mathbb{E}[W(t_{i+1}) - W(t_i)]. \tag{1.32}
\end{aligned}$$

由于 Brown 运动的增量关于直到时间 t_i 的随机变量和函数是独立的, 又由于增量 $W(t_{i+1}) - W(t_i)$ 是以零均值的正态分布, (1.32) 的第二个期望等于零, 对所有指标 i, 都有 $\mathbb{E}[W(t_{i+1}) - W(t_i)] = 0$, 因此 $\mathbb{E}[I(T)] = 0$.

这不同于 Stratonovich 微积分, 后者的项 $\mathbb{E}[g(t_{i+\frac{1}{2}})(W(t_{i+1}) - W(t_i))]$ 不等于 0.

Itô 同构是指对所有满足通常正则条件的随机过程 $g(t)$, 下列等式成立:

$$\mathbb{E}\left[\left(\int_0^T g(t)\mathrm{d}W(t)\right)^2\right] = \int_0^T \mathbb{E}[g^2(t)]\mathrm{d}t. \tag{1.33}$$

要证明这个等式, 我们再次等分时间段, $0 = t_0 < t_1 < \cdots < T = t_m$, 并写成

$$\int_0^T g(t)\mathrm{d}W(t) = \lim_{m\to\infty} \sum_{i=0}^{m-1} g(t_i)(W(t_{i+1}) - W(t_i))$$

$$= \lim_{m\to\infty} \sum_{i=0}^{m-1} g(t_i)\Delta W_i, \tag{1.34}$$

这里 $\Delta W_i := W(t_{i+1}) - W(t_i)$. 积分的平方表为

$$\left[\int_0^T g(t)\mathrm{d}W(t)\right]^2 = \lim_{m\to\infty}\left[\sum_{i=0}^{m-1} g(t_i)\Delta W_i\right]^2$$

$$= \lim_{m\to\infty}\left[\sum_{i=0}^{m-1} g^2(t_i)\Delta W_i^2 + 2\sum_{i=0}^{m-1}\sum_{j=i+1}^{m-1} g(t_i)g(t_j)\Delta W_i\Delta W_j\right].$$

上面的等式两边取期望, 由于 $i \neq j$, ΔW_i 独立于 ΔW_j(独立增量), 它们的二重和的期望为零, 即

$$\mathbb{E}\left[\int_0^T g(t)\mathrm{d}W(t)\right]^2 = \lim_{m\to\infty} \sum_{i=0}^{m-1} \mathbb{E}[g^2(t_i)\Delta W_i^2].$$

现在, 我们用期望的望远性质, 即

$$\mathbb{E}[X|\mathcal{F}(s)] = \mathbb{E}[\mathbb{E}[X|\mathcal{F}(t)]|\mathcal{F}(s)], \quad s < t.$$

在上面的表达式中, 设 $s = t_0 \equiv 0$ 和 $t = t_i$, 我们有

$$\mathbb{E}\left[\int_0^T g(t)\mathrm{d}W(t)\right]^2 = \lim_{m\to\infty} \sum_{i=0}^{m-1} \mathbb{E}[\mathbb{E}[g^2(t_i)\Delta W_i^2|\mathcal{F}(t_i)]|\mathcal{F}(0)]$$

$$= \lim_{m\to\infty} \sum_{i=0}^{m-1} \mathbb{E}[g^2(t_i)\mathbb{E}[\Delta W_i^2|\mathcal{F}(t_i)]|\mathcal{F}(0)]. \tag{1.35}$$

由于 Brown 运动的增量是独立的, 并且 $W(t_{i+1}) - W(t_i)$ 的方差为 $t_{i+1} - t_i$. 我们得到

$$\mathbb{E}[(W(t_{i+1}) - W(t_i))^2|\mathcal{F}(t_i)] = \mathbb{E}[(W(t_{i+1}) - W(t_i))^2] = t_{i+1} - t_i, \tag{1.36}$$

所以方程 (1.35) 可写成

$$\mathbb{E}\left[\int_0^T g(t)\mathrm{d}W(t)\right]^2 = \lim_{m\to\infty} \sum_{i=0}^{m-1} \mathbb{E}[g^2(t_i)|\mathcal{F}(0)](t_{i+1} - t_i) = \int_0^T \mathbb{E}[g^2(t)]\mathrm{d}t.$$

这就证实了 Itô 同构.

基于 Itô 同构, 下面的定理表明了Itô 积分的存在性.[1]

定理 1.3.3 (Itô 积分的存在性) 定义于等式 (1.24) 的 Itô 积分存在.

证明 要证明积分的存在性, 只要证明

$$I_m(T) = \int_0^T g_m(t)\mathrm{d}W(t),$$

在 L^2 中收敛. 由基本过程 $g_m(t)$, 一个定义在每个时间划分上的 (随机) 阶梯函数, 我们可以写成

$$I_m(T) = \sum_{i=0}^{m-1} g_m(t_i)(W(t_{i+1}) - W(t_i)).$$

要证明等式 (1.24) 中的这个极限存在, 我们考虑下面的极限:

$$\lim_{n,m\to\infty} (I_n(T) - I_m(T)) = 0, \quad 在\ L^2. \tag{1.37}$$

如果可以证明极限 (1.37) 在 L^2 中等于 0, 这就意味着极限 $I_m(T)$ 的存在.

对任意 $n > 0$ 和 $m > 0$, 我们有

$$\mathbb{E}[I_n(T) - I_m(T)]^2 = \mathbb{E}\left[\int_0^T (g_n(t) - g_m(t))\mathrm{d}W(t)\right]^2$$
$$= \int_0^T \mathbb{E}[g_n(t) - g_m(t)]^2\mathrm{d}t, \tag{1.38}$$

这里第二步来自 Itô 同构. 等式 (1.38) 可以重写为

$$\int_0^T \mathbb{E}[g_n(t) - g_m(t)]^2\mathrm{d}t = \int_0^T \mathbb{E}[(g_n(t) - g(t)) + (g(t) - g_m(t))]^2\mathrm{d}t. \tag{1.39}$$

再次利用不等式 $(a + b)^2 \leqslant 2a^2 + 2b^2$, 我们有

$$\int_0^T \mathbb{E}[g_n(t) - g_m(t)]^2\mathrm{d}t \leqslant 2\int_0^T \mathbb{E}[g_n(t) - g(t)]^2\mathrm{d}t + 2\int_0^T \mathbb{E}[g_m(t) - g(t)]^2\mathrm{d}t.$$

应用定理 1.3.2 的结果, 我们得到

$$\lim_{n\to\infty} \mathbb{E}[g_n(t) - g(t)]^2\mathrm{d}t = 0, \quad 和 \lim_{m\to\infty} \mathbb{E}[g_m(t) - g(t)]^2\mathrm{d}t = 0,$$

从而

$$0 \leqslant \lim_{n,m\to\infty} \mathbb{E}[I_n(T) - I_m(T)]^2 \leqslant 0, \tag{1.40}$$

这就由序列的夹逼定理推出极限 $I_m(T)$ 存在. 也就完成了证明. $\qquad\square$

---

[1]关于唯一性, 我们再次引用标准的文献参考.

定理 1.3.4（Itô 积分是个鞅）　对任意 $g(t) \in L^2$, 随机积分 $I(T) := \int_0^T g(t)\mathrm{d}W(t)$ 是关于域流 $\mathcal{F}(T), T \geqslant 0$ 的鞅.

证明　如定理 1.3.3 显示的, $I(T)$ 存在, 所以 $\mathbb{E}[I(T)] < \infty$. 对任意 L^2 中的随机过程 $g(t)$, 我们有

$$\mathbb{E}[I(t + \Delta t)|\mathcal{F}(t)] = \mathbb{E}[I(t + \Delta t) - I(t) + I(t)|\mathcal{F}(t)]$$
$$= \mathbb{E}[I(t + \Delta t) - I(t)|\mathcal{F}(t)] + \mathbb{E}[I(t)|\mathcal{F}(t)] = 0 + I(t),$$

这里用到了增量独立性和可测性. □

1.3.3　鞅表示定理

定理 1.3.5（鞅表示定理）　对 $t_0 \leqslant t \leqslant T$, 令 $W(t)$, 具 $W(t_0) = W_0$, 是 $(\Omega, \mathcal{F}, \mathbb{P})$ 上的 Brown 运动, 而且 $\mathcal{F}(t)$ 是该 Brown 运动生成的域流. $X(t)$ 是这个域流相关的鞅, 则有一个适应过程 $g(t)$, 使得

$$\mathrm{d}X(t) = g(t)\mathrm{d}W(t), \quad \text{或 } X(t) = X_0 + \int_0^t g(z)\mathrm{d}W(z).$$

证明见 [Øksendal, 2000].

上面的定理指出, 如果过程 $X(t)$ 是个鞅, 适应于 Brown 运动 $W^{\mathbb{P}}(t)$ 产生的域流, 那么 $X(t)$ 需要对某过程 $g(t)$ 有以下形式:

$$\boxed{\mathrm{d}X(t) = g(t)\mathrm{d}W^{\mathbb{P}}(t).}$$

由于 (1.23) 中的积分公式等价于 (1.22) 中的 SDE, 我们可以得出结论, 没有任何漂移项的 SDE 就是鞅.

例 1.3.1（Itô 积分的解）　在这个例子中, 我们要解下面的随机积分

$$I(T) = \int_0^T W(t)\mathrm{d}W(t). \tag{1.41}$$

根据定义 1.3.1, 有 $g(t) := W(t)$, 考虑一个等间距时间划分 $0 = t_0 < t_1 < \cdots < t_m = T$, 这里 $t_i = i\frac{T}{m}$, 从而有相等的时间增量 $\Delta t = (t_{i+1} - t_i)$ 并定义一个基本函数序列满足 (1.25), 于是有

$$g_m(t) = \begin{cases} W(0), & \text{对 } 0 \leqslant t < t_1, \\ W(t_1), & \text{对 } t_1 \leqslant t < t_2, \\ \cdots \\ W(t_m), & \text{对 } t_{m-1} \leqslant t < t_m. \end{cases} \tag{1.42}$$

金融数学模型与计算

让我们验证这个基本函数序列满足条件 (1.25), 即

$$\lim_{m \to \infty} \mathbb{E}\left[\int_0^T (g_m(t) - g(t))^2 \mathrm{d}t\right] = \lim_{m \to \infty} \mathbb{E}\left[\int_0^T (g_m(t) - W(t))^2 \mathrm{d}t\right]$$

$$= \lim_{m \to \infty} \sum_{i=0}^{m-1} \int_{t_i}^{t_{i+1}} \mathbb{E}[W(t_i) - W(t)]^2 \mathrm{d}t.$$

由于 $t_i < t$, 最后一项可以写成

$$\lim_{m \to \infty} \sum_{i=0}^{m-1} \int_{t_i}^{t_{i+1}} \mathbb{E}[W(t_i) - W(t)]^2 \mathrm{d}t = \lim_{m \to \infty} \sum_{i=0}^{m-1} \int_{t_i}^{t_{i+1}} (t - t_i) \mathrm{d}t$$

$$= \lim_{m \to \infty} \sum_{i=0}^{m-1} \frac{1}{2}(t_{i+1} - t_i)^2.$$

利用 $\Delta t = t_{i+1} - t_i$ 的事实, 我们有

$$\lim_{m \to \infty} \sum_{i=0}^{m-1} \frac{1}{2}(\Delta t)^2 = 0. \tag{1.43}$$

这是因为

$$\lim_{m \to \infty} \sum_{i=0}^{m-1} \frac{1}{2}(\Delta t)^2 = \lim_{m \to \infty} \sum_{i=0}^{m-1} \frac{1}{2}\left[(i+1)\frac{T}{m} - i\frac{T}{m}\right]^2 = \lim_{m \to \infty} \frac{1}{2}\sum_{i=0}^{m-1} \frac{T^2}{m^2},$$

在 $m \to \infty$ 时, 它收敛到 0.

于是, 条件 (1.25) 得以验证, 我们继续 (1.41) 中积分的离散模型:

$$\int_0^T W(t)\mathrm{d}W(t) = \lim_{m \to \infty} \sum_{i=0}^{m-1} W(t_i)(W(t_{i+1}) - W(t_i)). \tag{1.44}$$

由基本代数式[2], (1.44) 的左端可以简化成

$$\sum_{i=0}^{m-1} W(t_i)(W(t_{i+1}) - W(t_i)) = \frac{1}{2}\sum_{i=0}^{m-1}(W^2(t_{i+1}) - W^2(t_i))$$

$$- \frac{1}{2}\sum_{i=0}^{m-1}(W(t_{i+1}) - W(t_i))^2.$$

上面表达式右端的第一项实际上是一个嵌套和 (望远和), 即

$$\sum_{i=0}^{m-1}(W^2(t_{i+1}) - W^2(t_i)) = \cancel{W^2(t_1)} - W^2(t_0) + \cancel{W^2(t_2)} - \cancel{W^2(t_1)} + \cdots$$

$$= W^2(t_m) - W^2(t_0),$$

---

[2] $x(y - x) = \frac{1}{2}(y^2 - x^2) - \frac{1}{2}(y - x)^2$.

式中 $t_m = T$, $t_0 = 0$ 以及 $W^2(t_0) \equiv 0$, 得到下面的化简式:

$$\lim_{m \to \infty} \sum_{i=0}^{m-1} W(t_i)(W(t_{i+1}) - W(t_i)) = \frac{1}{2} W^2(T) - \frac{1}{2} \lim_{m \to \infty} \sum_{i=0}^{m-1} (W(t_{i+1}) - W(t_i))^2.$$

$$(1.45)$$

要完成计算 (1.41) 的任务, 我们要求 (1.45) 右端的和, 为此取期望

$$\lim_{m \to \infty} \mathbb{E}\left[\sum_{i=0}^{m-1} (W(t_{i+1}) - W(t_i))^2\right] = \lim_{m \to \infty} \sum_{i=0}^{m-1} \mathbb{E}[W(t_{i+1}) - W(t_i)]^2$$

$$= \lim_{m \to \infty} \sum_{i=0}^{m-1} (t_{i+1} - t_i) = T. \qquad (1.46)$$

我们需要验证 T 是否是级数和的 L^2 极限, 由定义, 这可以由如下期望验证:

$$\lim_{m \to \infty} \mathbb{E}\left[\sum_{i=0}^{m-1} (W(t_{i+1}) - W(t_i))^2 - T\right]^2$$

$$= \lim_{m \to \infty} \mathbb{E}\left[\sum_{i=0}^{m-1} (W(t_{i+1}) - W(t_i))^2\right]^2 - 2T \lim_{m \to \infty} \mathbb{E}\left[\sum_{i=0}^{m-1} (W(t_{i+1}) - W(t_i))^2\right] + T^2.$$

应用 (1.46), 我们得到

$$\lim_{m \to \infty} \mathbb{E}\left[\sum_{i=0}^{m-1} (W(t_{i+1}) - W(t_i))^2 - T\right]^2 = \lim_{m \to \infty} \mathbb{E}\left[\sum_{i=0}^{m-1} (W(t_{i+1}) - W(t_i))^2\right]^2 - T^2.$$

右端的期望可进一步简化如下:

$$\mathbb{E}\left[\sum_{i=0}^{m-1} (W(t_{i+1}) - W(t_i))^2\right]^2 = \mathbb{E}\left[\sum_{i=0}^{m-1} (\Delta t)^2 Z_i^4 + 2 \sum_{i=0}^{m-1} \sum_{j=i+1}^{m-1} (\Delta t)^2 Z_i^2 Z_j^2\right].$$

这里 $Z_i \sim \mathcal{N}(0, 1)$. 由于标准的正态随机变量的四阶矩等于 3, 即 $\mathbb{E}[Z_i^4] = 3$, 对任意的 $i \neq j$, Z_i 和 Z_j 是互相独立的, 我们得到

$$\mathbb{E}\left[\sum_{i=0}^{m-1} (\Delta t)^2 Z_i^4 + 2 \sum_{i=0}^{m-1} \sum_{j=i+1}^{m-1} (\Delta t)^2 Z_i^2 Z_j^2\right] = 3 \sum_{i=0}^{m-1} (\Delta t)^2 + 2 \sum_{i=0}^{m-1} \sum_{j=i+1}^{m-1} (\Delta t)^2$$

$$= 3(\Delta t)^2 m + (\Delta t)^2 (m^2 - m)$$

$$= T^2 + 2T \frac{1}{m}.$$

$m \to \infty$, 极限情形下, 我们得到

$$\lim_{m \to \infty} \mathbb{E}\left[\sum_{i=0}^{m-1} (W(t_{i+1}) - W(t_i))^2 - T\right]^2 = \lim_{m \to \infty} \left[T^2 + 2T \frac{1}{m} - T^2\right] = 0,$$

这隐含着 L^2 下, 到 T 的级数和 (1.46) 的收敛性.

这个结果导出下列级数和 (1.45) 的解:

$$\lim_{m \to \infty} \sum_{i=0}^{m-1} W(t_i)(W(t_{i+1}) - W(t_i)) = \frac{1}{2}W^2(T) - \frac{1}{2}T. \tag{1.47}$$

而积分 (1.41) 也就有了:

$$\boxed{\int_0^T W(t)\mathrm{d}W(t) = \frac{1}{2}W^2(T) - \frac{1}{2}T.} \tag{1.48}$$

◇

我们将这部分的介绍内容总结在下面的小结里.

由 (1.23) 定义的 Itô 积分有一些重要的性质, 如

a. 对任意时间 $t \geqslant 0$, $I(t)$ 是 $\mathcal{F}(t)$ 可测的.

b. $\mathbb{E}[I(t)|\mathcal{F}(0)] = 0$.

c. 对所有 $s < t$, $\mathbb{E}[I(t)|\mathcal{F}(s)] = I(s)$, 这就是鞅性质, 并且动态 $\mathrm{d}I(t)$ 不包含漂移项.

d. Itô 同构:

$$\mathbb{E}\left[\int_0^T g(t)\mathrm{d}W(t)\right]^2 = \int_0^T \mathbb{E}[g^2(t)]\mathrm{d}t.$$

e. 对 $0 \leqslant a < b < c$, 有

$$\int_a^c g(t)\mathrm{d}W(t) = \int_a^b g(t)\mathrm{d}W(t) + \int_b^c g(t)\mathrm{d}W(t).$$

f. 另一个等式也是对的:

$$\int_a^c (\alpha \cdot g(t) + h(t))\mathrm{d}W(t) = \alpha \int_a^c g(t)\mathrm{d}W(t) + \int_a^c h(t)\mathrm{d}W(t),$$

这里 $a < c$, $\alpha \in \mathbb{R}$, 以及 $h(t) \in \mathcal{F}(t)$.

这些结论的证明在随机分析的教科书里给出, 例如 [Shreve, 2004].

习 题

习题 1.1 设

$$F_{\mathcal{N}(0,1)}(x) = \frac{1}{\sqrt{2\pi}} \int_{-\infty}^x \mathrm{e}^{-\frac{z^2}{2}}\mathrm{d}z,$$

证明

$$F_{\mathcal{N}(0,1)}(x) + F_{\mathcal{N}(0,1)}(-x) = 1.$$

习题 1.2 用 $\mathbb{E}[X+Y] = \mathbb{E}[X] + \mathbb{E}[Y]$, 以及 $\mathbb{E}[\alpha X] = \alpha\mathbb{E}[X]$ $(\alpha \in \mathbb{R})$, 证明

$$\mathbb{E}[(X - \mathbb{E}[X])^2] = \mathbb{E}[X^2] - (\mathbb{E}[X])^2;$$

并由此结果证明

$$\mathbb{V}\mathrm{ar}[\alpha X] = \alpha^2 \mathbb{V}\mathrm{ar}[X], \text{其中 } \alpha \in \mathbb{R}$$

习题 1.3 假设 $X \sim \mathcal{N}(\mu, \sigma^2)$ 以及 $Y = a + bX$ $(b \neq 0)$. 求 $\mathbb{E}[Y]$, $\mathbb{V}\mathrm{ar}[Y]$ 和 Y 的分布函数. 并求 $\mathbb{E}[\mathrm{e}^X]$.

习题 1.4 证明标准的正态分布函数 $F_{\mathcal{N}(0,1)}(x)$ 可以通过误差函数

$$\mathrm{erf}(x) = \frac{2}{\sqrt{\pi}} \int_0^x \mathrm{e}^{-s^2}\mathrm{d}s$$

来推导, 由上式可得

$$F_{\mathcal{N}(0,1)}(x) = \frac{1 + \mathrm{erf}\left(\frac{x}{\sqrt{2}}\right)}{2}.$$

习题 1.5 设 $X_1, \cdots, X_n$ 是独立同分布的随机变量, 期望 μ 和方差 σ^2. 随机变量 $\bar{X}$ 定义为这些变量的算术平均, 这就是样本平均,

$$\bar{X} = \frac{1}{n}\sum_{k=1}^n X_k.$$

a. 证明 $\mathbb{E}[\bar{X}] = \mu$.
b. 证明 $\mathbb{V}\mathrm{ar}[\bar{X}] = \sigma^2/n$. 定义为

$$\bar{v}_N^2 := \frac{\sum_{k=1}^N (X_k - \bar{X})^2}{N-1}$$

的随机变量 $\bar{v}_N^2$ 是样本方差.
c. 证明 $\sum_{k=1}^N (X_k - \bar{X})^2 = \sum_{k=1}^N X_k^2 - N\bar{X}^2$.
d. 证明 $\mathbb{E}[\bar{v}_N^2] = \sigma^2$.

习题 1.6 对一个给定的 Brown 运动 $W(t)$:
a. 解析地求解期望

$$\mathbb{E}[W^4(t) - \frac{1}{2}W^3(t)].$$

b. 解析地求解 $\mathbb{V}\mathrm{ar}[Z(t)]$, 这里

$$Z(t) = W(t) - \frac{t}{T}W(T-t), \text{对 } 0 \leqslant t \leqslant T.$$

习题 1.7 从理论上证明

$$\int_0^t W(z)\mathrm{d}z = \int_0^t (t-z)\mathrm{d}W(z).$$

习题 1.8 对标准的 Brown 运动 $W(t)$, $t \geqslant 0$, 计算积分

$$\int_{z=0}^{T} \int_{s=0}^{z} \mathrm{d}W(s)\mathrm{d}W(z).$$

习题 1.9 证明, 对一个连续可导函数 $g(t)$, 过程

$$X(t) = g(t)W(t) - \int_0^t \frac{\mathrm{d}g(z)}{\mathrm{d}z}W(z)\mathrm{d}z$$

是一个鞅, 然后证明

$$\mathbb{E}[\mathrm{e}^{2t}W(t)] = \mathbb{E}\left[\int_0^t 2\mathrm{e}^{2z}W(z)\mathrm{d}z\right].$$

习题 1.10 时间连续的随机过程 $\{X(t); t \in \mathcal{T}\}$ 叫作 Gauss 过程, 如果对任意的时间指标集 $t_1, \cdots, t_m$, 所有的线性组合 $(X(t_1), \cdots, X(t_m))$ 被一个单变量的正态分布控制.

给出一个 Gauss 过程 $X(t)$, $t > 0$, $X(0) = 0$. 求证下面的协方差:

$$2\mathbb{C}\mathrm{ov}[X(s), X(t)] = \mathbb{E}[X^2(s)] + \mathbb{E}[X^2(t)] - \mathbb{E}[(X(t) - X(s))^2], \ 0 < s < t.$$

习题 1.11 对某常数 μ 和 σ, 考虑下面的 SDE:

$$\mathrm{d}X(t) = \mu\mathrm{d}t + \sigma\mathrm{d}W(t), \quad X(t_0) = x_0, \tag{1.49}$$

证明, 通过选择 $t_0 = 0$, 积分过程 $X(t)$ 服从下面的分布:

$$\int_0^T X(t)\mathrm{d}t \sim \mathcal{N}\left(x_0 T + \frac{1}{2}\mu T^2, \frac{1}{3}\sigma^2 T^3\right).$$

参考文献

ØKSENDAL B, 2000. Stochastic differential equations: an introduction with applications[M]. 5th ed. New York: Springer Verlag.

SHREVE S, 2004. Stochastic calculus for finance II: continuous-time models[M]. New York: Springer.

第 2 章 金融资产动态简介

本章梗概

在节 **2.1** 中, 我们介绍金融资产价格随机模型的数学基础. 特别地, 我们着重于股票价格的几何 *Brown* 运动模型. 在本章中还讨论了在许多衍生品中起着重要作用的 *Itô* 引理.

在节 **2.2** 中, 介绍了基本几何 Brown 运动过程的一些初步变体. 关于金融资产价格的鞅性质, 在节 **2.3** 中进行了阐述.

本章关键词

资产价格模型, 几何 Brown 运动, 鞅.

2.1 资产价格的几何 Brown 运动

股票是一种金融资产, 它代表着公司的一小部分所有权, 并在金融市场上交易. 根据有效市场假设, 股价由公司的现值加上对公司未来业绩的期望确定. 这些期望增加了资产价格的不确定性, 正如我们看到的金融市场的参与者所提供的出价和竞价的方式. 资产价格因此具有随机的元素, 通常由随机微分方程 (SDE) 建模. 这些 SDE 的封闭解仅在特殊情况下才有. 而解还可以用来验证数值技术结果或者用作建立更复杂的 SDE 资产价格模型的部件.

最常见的金融资产价格模型是几何 Brown 运动 (GBM) 模型, 这里资产价格的对数服从由 Wiener 过程 $W(t)$ 决定的算术 Brown 运动 (ABM).

资产价格 $S(t)$ 称为服从GBM 过程, 如果它满足下面的 SDE:

$$\mathrm{d}S(t) = \mu S(t)\mathrm{d}t + \sigma S(t)\mathrm{d}W^{\mathbb{P}}(t), \ \text{且} \ S(t_0) = S_0, \tag{2.1}$$

这里 Brown 运动 $W^{\mathbb{P}}(t)$ 是在被叫作物理[a]测度 $\mathbb{P}$ 之下, $\mu = \mu^{\mathbb{P}}$ 记为漂移参数, 即一个决定股票增长率的常数, σ 是波动率参数 (常数). 模型 (2.1) 也被称为*Samuelson*模型. 下式是其积分形式的表达:

---

[a]这里的物理世界就是指现实世界, 这是相对于风险中性世界这个人造世界而言的. 由于 GBM 来源于物理模型, 又由于 "现实" 的含义太广泛, 我们仍然沿用 "物理" 的说法.

$$S(t) = S_0 + \int_{t_0}^{t} \mu S(z)\mathrm{d}z + \int_{t_0}^{t} \sigma S(z)\mathrm{d}W^{\mathbb{P}}(z). \qquad (2.2)$$

资产价格与预期价格之间的差异通过波动率参数 σ 来刻画. 因此, 波动率是资产在一定时间里显著升降趋势的统计量. 它可以计算, 例如通过计算资产价格在一定时间段的方差来得出. 高波动的市场意味着在短时间内价格相对于均值有相当大的偏差. 尽管 (2.1) 中 μ 和 σ 被假定为常数, 但可以将其扩展到对时间依赖的函数. 还应注意, 这些参数值是用来估计未来的增长率和波动率, 即 $t > t_0$ 时的情形.

定义 2.1.1 (Markov 过程) 一个随机过程被称为 Markov 过程, 如果未来状态的条件概率分布仅取决于当前而不是历史的状态. 在金融意义下, 这意味着我们假定了当前股价包含了过去资产价格的所有信息, 一个适应于域流概率空间的股价过程 $S(t)$ 具有 Markov 性质, 如果对于每个有界可测的函数 $g: \mathbb{R}^N \to \mathbb{R}$,

$$\mathbb{E}[g(S(t))|\mathcal{F}(s)] = \mathbb{E}[g(S(t))|S(s)], \quad s \leqslant t. \qquad (2.3)$$

定义 2.1.2 (现金储蓄账户) 在深入研究初步的金融资产随机过程前, 我们先来看看 (确定性) 现金储蓄账户 $M(t)$. 这是金融中最简单的金钱时间价值的概念. 假如现金账户今天有一个单位的货币, 当利率为正时, 其金钱价值一年以后将超过一个单位, 而在负利率的情况下, 它会少于一个单位. 特别是, 我们将关注复利, 其定义为较早支付的利息 (关于初始名义本金) 的利息. 这种利息可以是离散的, 也可以是复合连续的. 以每年 r/m 的利率接收 m 次离散利息支付, 初始名义本金 $M(0) = 1$, $T = 1$, 即在一年后, 金额为

$$M(T) = \left(1 + \frac{r}{m}\right)^m.$$

当利息支付的时间间隔越来越小时, 利率按比例也越来越小 (取极限 $m \to \infty$), 这就定义了连续利率. 通过基本演算可以看出,

$$\lim_{m \to \infty} \left(1 + \frac{r}{m}\right)^m = \lim_{m \to \infty} \mathrm{e}^{m \log\left(1 + \frac{r}{m}\right)} = \mathrm{e}^r.$$

在时间点 t, 我们的银行账户上有量为 e^{rt} 的金额. 这被称为现金储蓄账户.

在时间 t 时在现金储蓄账户上具有 $M(t)$ 的金额, 对 $M(t + \Delta t)$ 进行 Taylor 展开, 则金额增量为

$$M(t + \Delta t) - M(t) \approx \frac{\mathrm{d}M}{\mathrm{d}t}\Delta t + \cdots.$$

金额的变化由初始金额、利率 r 和金额在账户上的时间决定, 给出下式:

$$\frac{\mathrm{d}M(t)}{\mathrm{d}t} = rM(t). \qquad (2.4)$$

如果开始在 $t_0 = 0$ 时设定 $M(0) = 1$, 那么在时间点 t, 我们的银行账户上有 $M(t) = \mathrm{e}^{rt}$.

另一方面, 如果我们希望在未来的时间点 $t = T$ 收到 $M(T) = 1$, 则需要在 $t_0 = 0$ 时将 $\mathrm{e}^{-r(T-t)}$ 的金额存入我们的现金储蓄账户. 显然, 金钱在一段连续的时间内以一个很小 (正) 的利率 r 呈指数增长, 其增长量在很长一段时间里还是有限的.

对比式 (2.1) 的随机 GBM 资产动态, 我们发现式 (2.4) 中确定利率动态的漂移项 $\mu = r$, 而且 $\sigma = 0$. 随机利率, 被称为短期利率和 Libor 率, 将从本书第 11 章开始进行讨论. 这些是期权关于利率的重要的随机模型.

2.1.1　Itô 过程

Itô 引理是随机过程的基础, 因为它使我们能够处理当 $\mathrm{d}t \to 0$ 时, 像 (2.1) 里那样的 Winner 增量 $\mathrm{d}W(t)$ (就像确定变量和函数的 Taylor 展开). 利用 Itô 引理, 我们可以得到 SDE 的解, 也可以得到后续章节里涉及的为金融衍生品定价的偏微分方程 (PDE). 我们首先讨论被称为 Itô 过程的相关问题.

定义 2.1.3 (Itô 过程)　考虑下面关于 Itô 过程 $X(t)$ 的 SDE,

$$\mathrm{d}X(t) = \bar{\mu}(t, X(t))\mathrm{d}t + \bar{\sigma}(t, X(t))\mathrm{d}W(t), \quad \text{且 } X(t_0) = X_0, \tag{2.5}$$

其中带有两个一般的漂移函数 $\bar{\mu}(t, x)$ 和波动率函数 $\bar{\sigma}(t, x)$. 这两个函数不能 "只是任意", 而需要满足下面两个 Lipschitz 条件:

$$|\bar{\mu}(t, x) - \bar{\mu}(t, y)|^2 + |\bar{\sigma}(t, x) - \bar{\sigma}(t, y)|^2 \leqslant K_1 |x - y|^2,$$

$$|\bar{\mu}(t, x)|^2 + |\bar{\sigma}(t, x)|^2 \leqslant K_2 (1 + |x|^2),$$

这里常数 $K_1, K_2 \in \mathbb{R}^+$, x 和 y 属于 $\mathbb{R}$. 上面两个条件说明漂移项和波动率项不能增长得太快. 当这两个条件满足时, 在概率为 1 的意义下, (2.5) 连续随机的适应解存在, 并满足 $\sup_{0 \leqslant t \leqslant T} \mathbb{E}[X^2(t)] < \infty$.

2.1.2　Itô 引理

由 (2.5) 确定了随机过程 $X(t)$, 另一个过程 $Y(t)$ 可以定义为 t 和 $X(t)$ 的函数, 即 $Y(t) := g(t, X)$[1]. $Y(t)$ 是一个随机过程, 而它的 SDE 也可以被确定, 这个确定的过程由下面的 Itô 引理给出.

在展示 Itô 引理之前, 我们先给一些启示. 要得到 $Y(t) = g(t, X)$ 的动态微分 $\mathrm{d}Y(t)$, 我们看一下在点 (t_0, X_0) 附近的二维的 Taylor 展开, 即

$$g(t, X) = g(t_0, X_0) + \left.\frac{\partial g(t, X)}{\partial t}\right|_{t=t_0} \Delta t + \frac{1}{2} \left.\frac{\partial^2 g(t, X)}{\partial t^2}\right|_{t=t_0} (\Delta t)^2$$

$$+ \left.\frac{\partial g(t, X)}{\partial X}\right|_{X=X_0} \Delta X + \frac{1}{2} \left.\frac{\partial^2 g(t, X)}{\partial X^2}\right|_{X=X_0} (\Delta X)^2$$

---

[1] 这里 $X = X(t)$ 作为一个独立变量.

$$+ \left.\frac{\partial^2 g(t, X)}{\partial t \partial X}\right|_{X=X_0, t=t_0} \Delta X \Delta t + \cdots, \tag{2.6}$$

这里 $\Delta t = t - t_0$, $\Delta X = X - X_0$. 对 $t \to t_0$ 和 $X \to X_0$ 时, $\mathrm{d}t \sim \lim_{t \to t_0} t - t_0$, $\mathrm{d}X \sim \lim_{X \to X_0} X - X_0$, 我们可将 (2.6) 写成下式:

$$\mathrm{d}g(t, X) = \frac{\partial g}{\partial t}\mathrm{d}t + \frac{1}{2}\frac{\partial^2 g}{\partial t^2}(\mathrm{d}t)^2 + \frac{\partial g}{\partial X}\mathrm{d}X + \frac{1}{2}\frac{\partial^2 g}{\partial X^2}\mathrm{d}X^2$$
$$+ \frac{\partial^2 g}{\partial t \partial X}\mathrm{d}X\mathrm{d}t + \cdots. \tag{2.7}$$

在 (2.7) 中, 我们碰到无穷多项, 其中很多当极限 $\mathrm{d}t \to 0$ 时可以被忽略. 当时间增量 $\mathrm{d}t$ 趋于 0 时, $(\mathrm{d}t)^2$ 趋于 0 的速度比 $\mathrm{d}t$ 快得多. 这对所有 $n > 1$ 的项 $(\mathrm{d}t)^n$ 都成立. 为方便起见, 这种收敛性能被描述为小 o 记号, 即 $(\mathrm{d}t)^2 = o(\mathrm{d}t)$.

一般就记 $(\mathrm{d}t)^2 = 0$, 然而我们需要记住这个等式的意思实际是 "高阶 $\mathrm{d}t \to 0$".

注释 2.1.1 (记号小 o 和大 O) 通过定义,

$$g(x) = O(h(x)), \text{ 如果 } |g(x)| < c \cdot h(x),$$

这里 "c" 是某常数, x 充分大. 小 o 描述了下列假定的极限:

$$g(x) = o(h(x)), \text{ 如果 } \lim_{x \to \infty} \frac{g(x)}{h(x)} = 0.$$

非正式地说, 大 O 可被认为是 "$g(x)$ 增长不会快于 $h(x)$", 而小 o 则是 "$g(x)$ 增长比 $h(x)$ 慢很多".

例 2.1.1 (小 o 和大 O) 举一个例子, 函数 $g(x) = 5x^2 - 1x + 9$ 是 $O(x^2)$, 但它不是 $o(x^2)$, 因为 $\lim_{x \to \infty} \frac{g(x)}{x^2} = 5$.

关于小 o, 我们可以得到以下结论:

$$x^2 = o(x^3), \quad x^2 = o(x!), \quad \log(x^2) = o(x).$$

下面关于大 O 的陈述也是对的:

$$x^2 = O(x^2), \quad x^2 = O(x^2 + x), \quad x^2 = O(100x^2),$$

但这些式子改为小 o 就不对了. $\Diamond$

Itô 乘积表

通过忽略高阶的 $\mathrm{d}t$ 项, 等式 (2.7) 可以被简化写成

$$\mathrm{d}g(t, X) = \frac{\partial g}{\partial t}\mathrm{d}t + \frac{\partial g}{\partial X}\mathrm{d}X + \frac{1}{2}\frac{\partial^2 g}{\partial X^2}(\mathrm{d}X)^2. \tag{2.8}$$

我们需要表明 $\mathrm{d}X\mathrm{d}X$ 项, 通过方程 (2.5), 有

$$(\mathrm{d}X)^2 = \bar{\mu}^2(t, X)(\mathrm{d}t)^2 + \bar{\sigma}^2(t, X)(\mathrm{d}W)^2 + 2\bar{\mu}(t, X)\bar{\sigma}(t, X)\mathrm{d}W\mathrm{d}t. \tag{2.9}$$

两个特别项 $\mathrm{d}t\mathrm{d}W$ 和 $\mathrm{d}W\mathrm{d}W$ 需要确定. $\mathrm{d}t\mathrm{d}W$ 的期望等于 0 (因为 Brown 增量的期望, 加权一个常数, 等于零), 而其标准差等于 $\mathrm{d}t^{\frac{3}{2}}$ (因为 $\mathrm{d}W$ 的标准差等于 $\sqrt{\mathrm{d}t}$). 我们有 $(\mathrm{d}t)^{\frac{3}{2}}$, 这隐含着 $\mathrm{d}t\mathrm{d}W$ 比 $\mathrm{d}t$ 以更快的速度趋于 0. 考虑到其他项, $\mathrm{d}W\mathrm{d}W$ 的期望等于 $\mathrm{d}t$ 隐含着当 $\mathrm{d}t \to 0$ 时, $\mathrm{d}W\mathrm{d}W$ 和 $\mathrm{d}t$ 同阶.

所以, 有了 Itô 动态微分, 我们可以做一个 Itô 乘积表, 这里包含 Wiener 过程的交叉项在表 2-1 中呈现, 这个讨论也可参见 [Privault, 1998].

表 2-1　Wiener 过程的 Itô 乘积表.

	$\mathrm{d}t$	$\mathrm{d}W(t)$
$\mathrm{d}t$	0	0
$\mathrm{d}W(t)$	0	$\mathrm{d}t$

注释 2.1.2　近似估计 $(\mathrm{d}W)^2 = \mathrm{d}t$.

让我们考虑期望 $\mathbb{E}\left[(\mathrm{d}W)^2\right]$. 和得到 Itô 同构同样的步骤, 见 (1.36), 我们有

$$\mathbb{E}\left[(\mathrm{d}W)^2\right] = \lim_{\Delta t \to 0} \mathbb{E}\left[(W(t+\Delta t) - W(t))^2\right] = \lim_{\Delta t \to 0} \Delta t = \mathrm{d}t, \tag{2.10}$$

其方差等于:

$$\begin{aligned}
\mathbb{V}\mathrm{ar}\left[(\mathrm{d}W)^2\right] &= \lim_{\Delta t \to 0} \mathbb{V}\mathrm{ar}\left[(W(t+\Delta t) - W(t))^2\right] \\
&= \lim_{\Delta t \to 0} \mathbb{E}\left[(W(t+\Delta t) - W(t))^4\right] \\
&\quad - \lim_{\Delta t \to 0} \left(\mathbb{E}\left[(W(t+\Delta t) - W(t))^2\right]\right)^2 \\
&= \lim_{\Delta t \to 0} 3(\Delta t)^2 - \lim_{\Delta t \to 0} (\Delta t)^2 = \lim_{\Delta t \to 0} 2(\Delta t)^2 \\
&= 2(\mathrm{d}t)^2.
\end{aligned}$$

我们得到当 $\Delta t \to 0$ 时, $(\mathrm{d}W)^2$ 的方差收敛于零的速度比期望更快. 因此, 我们有了一个随机算法法则,

$$(\mathrm{d}W)^2 = \mathrm{d}t,$$

在于其方差在极限中很快趋于零.

于是 (2.9) 可写为

$$\boxed{(\mathrm{d}X)^2 \approx \bar{\sigma}^2(t, X)\mathrm{d}t.}$$

将所有部分集中起来, 我们写出 $g(t, X)$ 的动态微分如下:

$$\mathrm{d}g(t, X) = \frac{\partial g}{\partial t}\mathrm{d}t + \left(\bar{\mu}(t, X)\frac{\partial g}{\partial X} + \frac{1}{2}\bar{\sigma}^2(t, X)\frac{\partial^2 g}{\partial X^2}\right)\mathrm{d}t + \frac{\partial g}{\partial X}\bar{\sigma}(t, X)\mathrm{d}W(t).$$

我们现在有了下面的引理:

定理 2.1.1（Itô 引理） 假定过程 $X(t)$ 服从下列 Itô 动态:

$$\mathrm{d}X(t) = \bar{\mu}(t, X(t))\mathrm{d}t + \bar{\sigma}(t, X(t))\mathrm{d}W(t), \text{且} X(t_0) = X_0,$$

这里漂移项 $\bar{\mu}(t, X(t))$ 和扩散项 $\bar{\sigma}(t, X(t))$ 的函数增长满足标准的 Lipschitz 条件（如定义 2.1.3）.

设 $g(t, X)$ 是 $X = X(t)$ 和时间 t 的函数, 并具有连续的偏导函数 $\partial g/\partial X$, $\partial g^2/\partial X^2$, $\partial g/\partial t$. 随机变量 $Y(t) := g(t, X)$ 则服从由同样的 Wiener 过程 $W(t)$ 主导的 Itô 过程, 即

$$\mathrm{d}Y(t) = \left(\frac{\partial g}{\partial t} + \bar{\mu}(t, X)\frac{\partial g}{\partial X} + \frac{1}{2}\frac{\partial^2 g}{\partial X^2}\bar{\sigma}^2(t, X)\right)\mathrm{d}t + \frac{\partial g}{\partial X}\bar{\sigma}(t, X)\mathrm{d}W(t).$$

这个定理的正式证明可在一些随机过程的教科书上找到, 如 [Shreve, 2004].

再次, 上面的 Itô 引理是下面积分形式的缩写,

$$Y(t) = Y_0 + \int_{t_0}^{t} \left(\frac{\partial g}{\partial z} + \bar{\mu}(z, X)\frac{\partial g}{\partial X} + \frac{1}{2}\frac{\partial^2 g}{\partial X^2}\bar{\sigma}^2(z, X)\right)\mathrm{d}z$$

$$+ \int_{t_0}^{t} \frac{\partial g}{\partial X}\bar{\sigma}(z, X)\mathrm{d}W(z). \tag{2.11}$$

Itô 引理可以用来给一些有意思的积分和 SDE 求解.

例 2.1.2（通过 Itô 算法求解 Itô 积分） 回想例 1.3.1 中 (1.41) 里的积分 $\int_0^T W(t)\mathrm{d}W(t)$, 这个积分可以通过 Itô 算法求得解. 考虑基本随机过程 $X(t) = W(t)$, 该过程没有漂移项, 并且波动率系数为 1, 从而 $\mathrm{d}X(t) = 0 \cdot \mathrm{d}t + 1 \cdot \mathrm{d}W(t)$.

如果对 $g(X(t)) = X^2(t)$ 应用 Itô 引理, 我们得到

$$\mathrm{d}g(X) = \frac{\partial g}{\partial X}\mathrm{d}X(t) + \frac{1}{2}\frac{\partial^2 g}{\partial X^2}(\mathrm{d}X(t))^2$$

$$= 2X(t)\mathrm{d}X(t) + (\mathrm{d}X(t))^2.$$

将 $W(t) = X(t)$ 代入后, 我们得到 $g(X(t)) = W^2(t)$ 的动态:

$$\mathrm{d}W^2(t) = 2W(t)\mathrm{d}W(t) + (\mathrm{d}W(t))^2.$$

这里 $\mathrm{d}W(t)\mathrm{d}W(t) = \mathrm{d}t$, 两边积分, 我们就有

$$\int_0^T \mathrm{d}W^2(t) = 2\int_0^T W(t)\mathrm{d}W(t) + \int_0^T \mathrm{d}t,$$

而这等价于

$$\int_0^T W(t)\mathrm{d}W(t) = \frac{1}{2}\int_0^T \mathrm{d}W^2(t) - \frac{1}{2}\int_0^T \mathrm{d}t = \frac{1}{2}W^2(T) - \frac{1}{2}T,$$

只要所关心的积分项可积.

尽管上面介绍的技巧是优雅的, 而且比 (1.42) 那样划分区域的处理方式来得简短, 但是该方法不是总能容易地找到一个可以应用 Itô 引理的函数 $g(\cdot)$. ◇

例 2.1.3 (随机积分 $\int_0^T W(t)\mathrm{d}t$)　我们在这里证明

$$I(T) = \int_0^T W(t)\mathrm{d}t = \int_0^T (T-t)\mathrm{d}W(t).$$

令 $X(t) = W(t)$, 对 $g(t, X(t)) = (T-t)X(t)$ 应用 Itô 引理, 我们得到

$$\begin{aligned}
\mathrm{d}g(X) &= \frac{\partial g}{\partial t}\mathrm{d}t + \frac{\partial g}{\partial X}\mathrm{d}X(t) \\
&= -X(t)\mathrm{d}t + (T-t)\mathrm{d}X(t).
\end{aligned}$$

两边积分, 由 $X(t) = W(t)$ 得到

$$\int_0^T \mathrm{d}((T-t)W(t)) = -\int_0^T W(t)\mathrm{d}t + \int_0^T (T-t)\mathrm{d}W(t).$$

明显地, $\int_0^T \mathrm{d}((T-t)W(t)) = (T-T)W(T) - W(T-0)W(0) = 0$, 因此

$$\int_0^T W(t)\mathrm{d}t = \int_0^T (T-t)\mathrm{d}W(t). \tag{2.12}$$

◇

在图 2-1 中, 我们展示了一个 Brown 运动 $W(t)$ 的路径, 以及两个积分值, 一个来自例 2.1.2, 而另一个来自上面的例子.

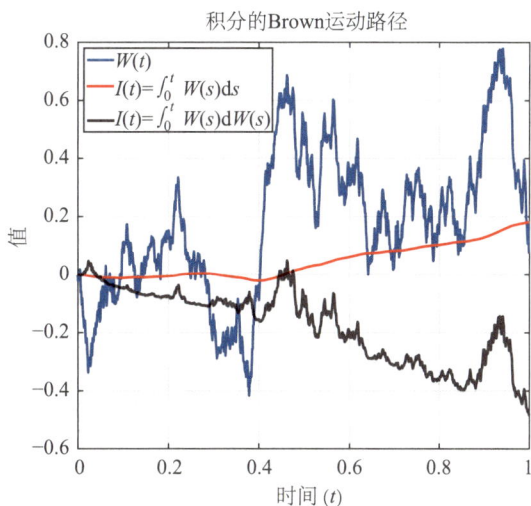

图 2-1　时间 t 的函数 $W(t)$, $\int_0^t W(s)\mathrm{d}s$ 和 $\int_0^t W(s)\mathrm{d}W(s)$ 的随机路径.

2.1.3 $S(t)$ 和 $\log S(t)$ 的分布

有了 Itô 引理, 我们可以证明 (2.1) 中的随机变量 $S := S(t)$ 是服从一个对数正态分布的, 即 $\log S$ 是正态分布的. 设 $g(t, S) = X(t) = \log S$, 我们得到 $\mathrm{d}g/\mathrm{d}S = 1/S$ 和 $\mathrm{d}^2g/\mathrm{d}S^2 = -1/S^2$, 由 Itô 引理给出

$$\mathrm{d}g(t, S) = \mathrm{d}X(t) = \left(\mu - \frac{1}{2}\sigma^2\right)\mathrm{d}t + \sigma\mathrm{d}W^{\mathbb{P}}(t), \quad g(t_0) = \log S_0. \tag{2.13}$$

由于 Wiener 增量 $\mathrm{d}W(t)$ 是期望为 0, 方差为 $\mathrm{d}t$ 的正态分布, 等式 (2.13) 确定 $\mathrm{d}g(t, S)$ 是期望为 $(\mu - \frac{\sigma^2}{2})\mathrm{d}t$, 方差为 $\sigma^2\mathrm{d}t$ 的正态分布. 随机变量 $Y(t) = g(t, S)$ 表示了增量 $\mathrm{d}g$ 的和 (无穷和的极限可表示成一个积分), 所以 $Y(t) = g(t, S)$ 是期望为 $\log S_0 + (\mu - \frac{\sigma^2}{2})(t - t_0)$, 方差为 $\sigma^2(t - t_0)$ 的正态分布.

例 2.1.4 (BM 和 GBM 在时间上的分布) 利用对数变换, $X(t) = \log S(t)$, SDE (2.13) 的右端不依赖于 $X(t)$, 所以我们可以简单地对 SDE 两边进行积分,

$$\int_{t_0}^T \mathrm{d}X(t) = \int_{t_0}^T \left(\mu - \frac{1}{2}\sigma^2\right)\mathrm{d}t + \int_{t_0}^T \sigma\mathrm{d}W^{\mathbb{P}}(t), \tag{2.14}$$

从而得到下面的解:

$$X(T) = X(t_0) + \left(\mu - \frac{1}{2}\sigma^2\right)(T - t_0) + \sigma W^{\mathbb{P}}(T - t_0). \tag{2.15}$$

在对数变换下, $X(T)$ 是正态分布的随机变量, 具有下面的参数:

$$X(T) \sim \mathcal{N}\left(X(t_0) + \left(\mu - \frac{1}{2}\sigma^2\right)(T - t_0), \sigma^2(T - t_0)\right).$$

再变回来, $S(T)$ 就是一个对数正态分布的随机变量, 由下式给出:

$$S(T) \sim \exp(X(T)).$$

进一步, 对 $Z \sim \mathcal{N}(\mu, \sigma^2)$, 下列等式成立:

$$\mathbb{E}\left[\mathrm{e}^Z\right] = \mathrm{e}^{\mu + \frac{1}{2}\sigma^2}, \quad \mathbb{V}\mathrm{ar}\left[\mathrm{e}^Z\right] = \left(\mathrm{e}^{\sigma^2} - 1\right)\mathrm{e}^{2\mu + \sigma^2}. \tag{2.16}$$

$\diamond$

利用 Itô 公式, 我们可以确定 (2.1) 中 $S(t)$ 的解如下:

$$S(t) = S_0 \exp\left(\left(\mu - \frac{1}{2}\sigma^2\right)(t - t_0) + \sigma(W^{\mathbb{P}}(t) - W^{\mathbb{P}}(t_0))\right). \tag{2.17}$$

对 $X(t) := \log S(t)$, 可见, 基于例 2.1.4 所得, 有

$$F_{X(t)}(x) = \mathbb{P}[X(t) \leqslant x] \tag{2.18}$$

$$:= \frac{1}{\sigma\sqrt{2\pi(t - t_0)}} \int_{-\infty}^x \exp\left(-\frac{(z - \log S_0 - (\mu - \frac{\sigma^2}{2})(t - t_0))^2}{2\sigma^2(t - t_0)}\right)\mathrm{d}z,$$

其对应的概率密度函数 $f_X(x) := f_{X(t)}(x)$ 可写成

$$f_X(x) = \frac{\mathrm{d}}{\mathrm{d}x} F_X(x) = \frac{1}{\sigma\sqrt{2\pi(t - t_0)}} \exp\left(-\frac{(x - \log S_0 - (\mu - \frac{\sigma^2}{2})(t - t_0))^2}{2\sigma^2(t - t_0)}\right). \tag{2.19}$$

$S(t)$ 的概率分布函数现在可通过变换 $S(t) = \exp(X(t))$ 求得, 对 $x > 0$:

$$F_{S(t)}(x) = \mathbb{P}[S(t) \leqslant x] = \mathbb{P}[\mathrm{e}^{X(t)} \leqslant x] = \mathbb{P}[X(t) \leqslant \log x] = F_{X(t)}(\log x)$$

$$= \frac{1}{\sigma\sqrt{2\pi(t - t_0)}} \int_{-\infty}^{\log x} \exp\left(-\frac{(z - \log S_0 - (\mu - \frac{\sigma^2}{2})(t - t_0))^2}{2\sigma^2(t - t_0)}\right) \mathrm{d}z,$$

它是对数正态的. $S(t)$ 的概率密度函数 $f_S(x) := f_{S(t)}(x)$ 可表为

$$f_S(x) = \frac{1}{\sigma x \sqrt{2\pi(t - t_0)}} \exp\left(-\frac{(\log \frac{x}{S_0} - (\mu - \frac{\sigma^2}{2})(t - t_0))^2}{2\sigma^2(t - t_0)}\right), \; x > 0. \tag{2.20}$$

图 2-2 展示了随机过程 $X(t)$ 和 $S(t)$ 的概率密度函数随时间的演化. 参数值详见图题.

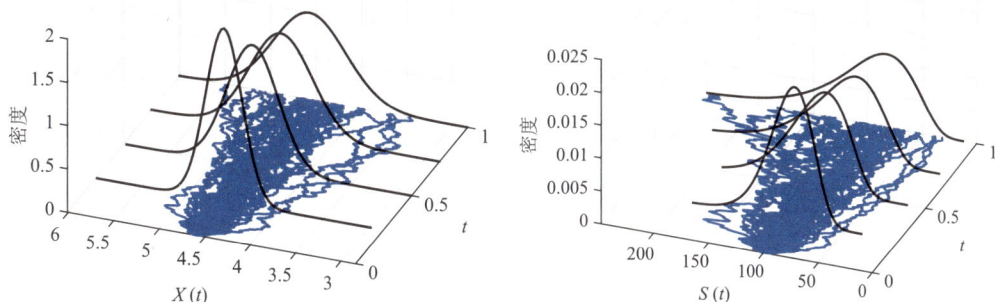

图 2-2　**路径和对应的密度**. 左: $X(t) = \log S(t)$; 右: $S(t)$. 其中配置如下: $S_0 = 100$, $\mu = 0.05$, $\sigma = 0.4$; $T = 1$.

从图 2-2 中的图像可以看出, 在一个短时间段, $X(t)$ 和 $S(t)$ 的密度很相似. 这可以从如下正态分布与对数正态分布之间的关系来解释. 如果 $X \sim \mathcal{N}(0, 1)$, 则 $Y = \exp(X)$ 是对数正态分布, 由著名的 MacLaurin 展开, 见等式 (1.10), 变量 Y 在 0 点附近, 有 $Y \approx 1 + X \sim \mathcal{N}(1, 1)$. 这个近似在 $T \to 0$ 时是有意义的.

例 2.1.5（正态和对数正态的图像）　在图 2-3 和 2-4 中, 展示了在不同参数值组下正态和对数正态的概率密度函数. ◇

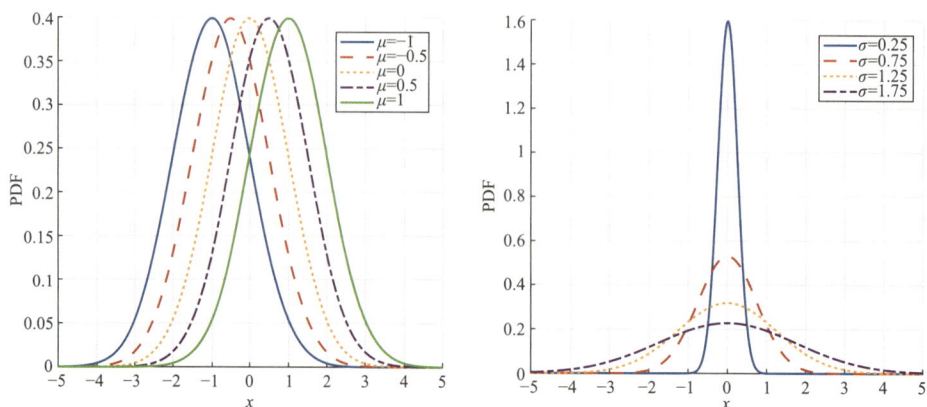

图 2-3　正态分布的概率密度函数. 左: 参数 μ 的影响, 其中 $\sigma = 1$; 右: σ 的影响, 其中 $\mu = 0$.

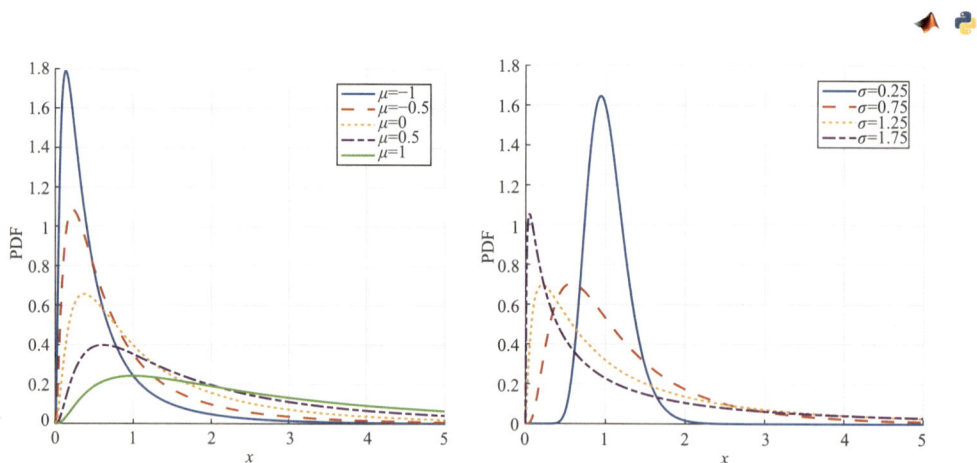

图 2-4　对数正态分布的概率密度函数. 左: 参数 μ 的影响, 其中 $\sigma = 1$; 右: 参数 σ 的影响, 其中 $\mu = 0$.

2.2　第一推广

在这节, 我们介绍基本 GBM 资产价格过程的扩展. 我们首先修改 GBM 漂移项, 研究股票按比例分红的模型, 然后修改 GBM 波动率项, 推广 GBM 模型处理随时间变化的波动率函数.

2.2.1　比例分红模型

在 (2.1) 一般的 GBM 股价模型中, 没有对分红进行建模. 然而, 通常一家公司每年支付一到两次股息. 股息的确切数额和支付时间每年可能有所不同. 分红派发股息时, 股票的价值会下降.

分红有不同的数学模型, 如确定的或随机的, 连续或离散时间的模型.

一个连续的并具常数股息率的分红收益 $q \cdot S(t)$, 这里常数因子 $q < 1$, 经常被使用,

它表示在时间段 $\mathrm{d}t$, 标的资产付出一个量为 $qS(t)\mathrm{d}t$ 的比例股息. 特别是对股票指数 (代表了多个股票[2]), 这被认为是一个适合连续分红的模型. 套利的考虑表明了资产价格一定会下降付出的分红量, 即在比例分红的情况下, 我们有

$$\mathrm{d}S(t) = (\mu - q)S(t)\mathrm{d}t + \sigma S(t)\mathrm{d}W^{\mathbb{P}}(t), \tag{2.21}$$

为股息连续分红的模型.

2.2.2　波动率变化

在 GBM 模型中, 股票的动态包括波动率参数 σ. 人们可能想知道为什么波动率通常写为 σ, 为什么它不被设置为 $\sigma S(t)$, 这是因为项 $\sigma S(t)$ 位于随机驱动项 $\mathrm{d}W(t)$ 之前. 当我们使用波动率这个词时, 实际上是指 "股票收益的波动率". 在时间段 $[t, t+\Delta t]$ 内, 股票的表现是由比率 $\frac{S(t+\Delta t)-S(t)}{S(t)}$ 决定的. 对于瞬时小时间 $\Delta t \to 0$, 这个比率由下式给出:

$$\lim_{\Delta t \to 0} \frac{S(t+\Delta t)-S(t)}{S(t)} = \frac{\mathrm{d}S(t)}{S(t)} = \mu\mathrm{d}t + \boxed{\sigma}\mathrm{d}W^{\mathbb{P}}(t). \tag{2.22}$$

由此股票的收益表明了为什么 σ 是过程 $S(t)$ 的波动率参数.

在其他资产模型中, 有将 $\mathrm{d}S(t)/S(t)$ 的波动率写成 $S(t)$ 的函数, 这被称为参数化局部模型. 两个知名的参数化局部模型是二次模型, 其资产动态微分如下:

$$\frac{\mathrm{d}S(t)}{S(t)} = \mu\mathrm{d}t + \boxed{\sigma S(t)}\mathrm{d}W^{\mathbb{P}}(t),$$

以及被称为 3/2 模型的

$$\frac{\mathrm{d}S(t)}{S(t)} = \mu\mathrm{d}t + \boxed{\sigma\sqrt{S(t)}}\mathrm{d}W^{\mathbb{P}}(t).$$

这些模型的构建特别可用于一些随机利率过程. 其他一些参数局部波动率模型将在后续章节中讨论.

2.2.3　依赖时间的波动率

另一个资产价格 GBM 模型的推广不同于常数波动率, 或许是依赖时间的波动率, 记为 $\sigma(t)$, 即

$$\mathrm{d}S(t) = \mu S(t)\mathrm{d}t + \sigma(t)S(t)\mathrm{d}W^{\mathbb{P}}(t), \quad S(t_0) = S_0, \tag{2.23}$$

这里 $\sigma(t)$ 是一个确定函数. 在下面的例子中, 我们将常数波动率和依赖时间的波动率模型的矩进行匹配.

例 2.2.1 (依赖时间的波动率及其矩匹配)　作为一个说明性的矩匹配例子, 我们考虑下面两个随机过程, $X(t)$ 和 $Y(t)$, 它们由下面的 SDE 主导:

$$\mathrm{d}X(t) = \left(\mu - \frac{1}{2}\sigma^2(t)\right)\mathrm{d}t + \sigma(t)\mathrm{d}W^{\mathbb{P}}(t),$$

---

[2]译者注: 股票池里大量个股不同时间的分红流可近似看成池子的连续分红.

$$\mathrm{d}Y(t) = \left(\mu - \frac{1}{2}\sigma_*^2\right)\mathrm{d}t + \sigma_*\mathrm{d}W^{\mathbb{P}}(t),$$

式中过程 $X(t)$ 具有依赖时间的波动率 $\sigma(t)$, 而过程 $Y(t)$ 具有常数波动率系数 σ_*. $X(T)$ 和 $Y(T)$ 的期望由下式决定:

$$\mathbb{E}[X(T)] = X_0 + \int_0^T \left(\mu - \frac{1}{2}\sigma^2(t)\right)\mathrm{d}t, \quad \mathbb{E}[Y(T)] = Y_0 + \left(\mu - \frac{1}{2}\sigma_*^2\right)T. \quad (2.24)$$

过程 $X(t)$ 的方差是

$$\mathbb{V}\mathrm{ar}[X(T)] = \mathbb{E}[X^2(T)] - (\mathbb{E}[X(T)])^2 = \mathbb{E}\left[\int_0^T \sigma(t)\mathrm{d}W^{\mathbb{P}}(t)\right]^2 = \int_0^T \sigma^2(t)\mathrm{d}t,$$

这里最后一步基于 Itô 同构 (见节 1.3.2). 过程 $Y(t)$ 的方差等于 $\mathbb{V}\mathrm{ar}[Y(T)] = \sigma_*^2 T$. 让过程 X 和 Y 的方差相等, 即 $\mathbb{V}\mathrm{ar}[X(T)] = \mathbb{V}\mathrm{ar}[Y(T)]$, 我们得到

$$\boxed{\sigma_* = \sqrt{\frac{1}{T}\int_0^T \sigma^2(t)\mathrm{d}t.}} \quad (2.25)$$

特别选择 σ_*, 并如 (2.24) 取 $X(T)$ 和 $Y(T)$ (具 $X_0 = Y_0$) 的期望, 它们也相等, 我们将有

$$\begin{aligned}
\mathbb{E}[Y(T)] &= Y_0 + \left(\mu - \frac{1}{2}(\sigma_*)^2\right)T \\
&= X_0 + \left(\mu - \frac{1}{2}\frac{1}{T}\int_0^T \sigma^2(t)\mathrm{d}t\right)T = \mathbb{E}[X(T)].
\end{aligned}$$

过程 X 和 Y 是对数变换的 GBM 资产价格, 而且它们是正态分布的. 在这种情况下, 仅有前两个矩必须匹配以保证同等的分布. ◇

使用矩匹配技术, 两个过程将具有完全相同的边缘分布, 但是它们的过渡分布不同.

2.3 鞅和资产价格

所讨论的资产价格模型将满足条件 $\mathbb{E}[|S(t)|] < \infty$. 如同金融期权, 金融衍生品的定价在很大程度上取决于计算关于一个标的过程的某种收益的期望. 因此, 矩的存在是非常重要的条件.

鞅的性质意味着金融产品的数学模型是无套利的, 即所考虑和展示的关于随机量的数学模型没有无风险的利润. 这个具有鞅性质的概率测度经常被叫作风险中性测度, 用 $\mathbb{Q}$ 表示. 特别地, 贴现可交易的资产在风险中性测度下是鞅.

2.3.1 $\mathbb{P}$ 测度价格

在证券交易所观察到的金融股票价格过程通常不是鞅 (即它们不是完全不可预测的).

例 2.3.1（$\mathbb{P}$ 测度之下 $S(t)$ 的期望）　由式 (2.23)（波动率依赖时间的情形），我们有

$$S(t) = S_0 e^{\int_{t_0}^{t} (\mu - \frac{1}{2}\sigma^2(z))\mathrm{d}z + \int_{t_0}^{t} \sigma(z)\mathrm{d}W^{\mathbb{P}}(z)},$$

而其期望由下式给出:

$$\mathbb{E}^{\mathbb{P}}[S(t)|\mathcal{F}(t_0)] = \mathbb{E}^{\mathbb{P}}\left[S_0 e^{\int_{t_0}^{t}(\mu - \frac{1}{2}\sigma^2(z))\mathrm{d}z + \int_{t_0}^{t}\sigma(z)\mathrm{d}W^{\mathbb{P}}(z)} \middle| \mathcal{F}(t_0)\right]$$

$$= S_0 e^{\mu(t-t_0) - \frac{1}{2}\int_{t_0}^{t}\sigma^2(z)\mathrm{d}z} \mathbb{E}^{\mathbb{P}}\left[e^{\int_{t_0}^{t}\sigma(z)\mathrm{d}W^{\mathbb{P}}(z)} \middle| \mathcal{F}(t_0)\right].$$

对正态分布 $X \sim \mathcal{N}(0,1)$, 可得 $\mathbb{E}[e^{aX}] = e^{\frac{1}{2}a^2}$, 并且

$$\int_{t_0}^{t} \sigma(z)\mathrm{d}W^{\mathbb{P}}(z) \sim \mathcal{N}\left(0, \int_{t_0}^{t}\sigma^2(z)\mathrm{d}z\right).$$

所以

$$\mathbb{E}^{\mathbb{P}}\left[e^{\int_{t_0}^{t}\sigma(z)\mathrm{d}W^{\mathbb{P}}(z)} \middle| \mathcal{F}(t_0)\right] = e^{\frac{1}{2}\int_{t_0}^{t}\sigma^2(z)\mathrm{d}z},$$

从而

$$\mathbb{E}^{\mathbb{P}}[S(t)|\mathcal{F}(t_0)] = S_0 e^{\mu(t-t_0) - \frac{1}{2}\int_{t_0}^{t}\sigma^2(z)\mathrm{d}z} \mathbb{E}^{\mathbb{P}}\left[e^{\int_{t_0}^{t}\sigma(z)\mathrm{d}W^{\mathbb{P}}(z)} \middle| \mathcal{F}(t_0)\right]$$

$$= S_0 e^{\mu(t-t_0) - \frac{1}{2}\int_{t_0}^{t}\sigma^2(z)\mathrm{d}z} e^{\frac{1}{2}\int_{t_0}^{t}\sigma^2(z)\mathrm{d}z}$$

$$= S_0 e^{\mu(t-t_0)}. \qquad\qquad \diamond$$

在一个时间段 Δt 里, 如同等式 (2.1) 的定义, 我们取 $S(t)$ 的期望, 其在物理概率测度 $\mathbb{P}$ 下以某正率 μ 增长. 股价由对数正态分布主导, 其期望为

$$\boxed{\mathbb{E}^{\mathbb{P}}[S(t)|\mathcal{F}(t_0)] = S_0 e^{\mu(t-t_0)},}$$

因此 $\mathbb{E}^{\mathbb{P}}[S(t+\Delta t)|\mathcal{F}(t)] > S(t)$, 即 $S(t)$ 不是鞅[3]. 特别地, 我们可以假定 $\mu > r$, 这里 r 是无风险利率 (不然的话, 这种资产不会有人投资), 因而对贴现资产价格过程, 我们有

$$\mathbb{E}^{\mathbb{P}}[e^{-r\Delta t}S(t+\Delta t)|\mathcal{F}(t)] > S(t).$$

让我们考虑另一测度 $\mathbb{Q}$ 下的股票过程 $S(t)$, 如下:

$$\mathrm{d}S(t) = rS(t)\mathrm{d}t + \sigma S(t)\mathrm{d}W^{\mathbb{Q}}(t), \quad S(t_0) = S_0, \qquad (2.26)$$

漂移率 μ 被换成无风险利率 r. 等式 (2.26) 的解为

$$S(t) = S_0 \exp\left((r - \frac{1}{2}\sigma^2)(t-t_0) + \sigma(W^{\mathbb{Q}}(t) - W^{\mathbb{Q}}(t_0))\right).$$

测度变换的概念在计算金融学中是非常基本的. 第 7 章中, 特别是节 7.2 专门讨论了这个概念, 在本书的几乎所有后续章节中都会用到这个概念.

---

[3]它被称为下鞅.

2.3.2 ℚ 测度价格

股价 $S(t)$ 也可以被测度 ℚ 下的对数正态分布主导, 然而其期望变成了

$$\boxed{\mathbb{E}^{\mathbb{Q}}[S(t)|\mathcal{F}(t_0)] = S_0 \mathrm{e}^{r(t-t_0)}.}$$

在时间 $s, s < t$ 下, $S(t)$ 的期望是

$$\mathbb{E}^{\mathbb{Q}}[S(t)|\mathcal{F}(s)] = \mathrm{e}^{\log S(s)+r(t-s)} = S(s)\mathrm{e}^{r(t-s)} \neq S(s),$$

这隐含着对时间段 $t \in [t_0, T]$, 过程 $S(t)$ 在测度 ℚ 下并不是个鞅.

对一个现金储蓄账户, 即

$$M(t) = M(s)\mathrm{e}^{r(t-s)}, \tag{2.27}$$

我们有

$$\mathbb{E}^{\mathbb{Q}}\left[\frac{S(t)}{M(t)}|\mathcal{F}(s)\right] = \frac{\mathrm{e}^{-r(t-s)}}{M(s)}\mathbb{E}^{\mathbb{Q}}[S(t)|\mathcal{F}(s)]$$

$$= \frac{\mathrm{e}^{-r(t-s)}}{M(s)}S(s)\mathrm{e}^{r(t-s)} = \frac{S(s)}{M(s)}.$$

在贴现过程的定义中, 补偿项是与现金储蓄账户 $M(t)$ 相关的, 即

$$S(t)\mathrm{e}^{-r(t-t_0)} \stackrel{\mathrm{def}}{=} \frac{S(t)}{M(t)},$$

这里 $\mathrm{d}M(t) = rM(t)\mathrm{d}t, M(t_0) = 1$.

现金储蓄账户 $M(t)$ 被叫作 numéraire, 表示所有价格中的一个测度单位. Numéraire 是个法语词, 意思是所有价值测量中的基本标准.

这样, 我们有了一个概率测度 ℚ (风险中性测度), 其下的股价由无风险利率 r 贴现, 成为一个鞅, 即

$$\mathbb{E}^{\mathbb{Q}}\left[\mathrm{e}^{-r\Delta t}S(t+\Delta t)|\mathcal{F}(t)\right] = \mathbb{E}^{\mathbb{Q}}\left[\frac{M(t)}{M(t+\Delta t)}S(t+\Delta t)\Big|\mathcal{F}(t)\right]$$

$$= M(t)\mathbb{E}^{\mathbb{Q}}\left[\frac{S(t+\Delta t)}{M(t+\Delta t)}\Big|\mathcal{F}(t)\right]$$

$$= M(t)\frac{S(t)}{M(t)} = S(t). \tag{2.28}$$

满足关系 (2.28) 的资产价格则是 GBM 资产价格过程, 比较 (2.1) 和 (2.26), 其中的漂移参数等于无风险利率 $\mu = r$.

例 2.3.2 (资产价格路径) 在图 2-5 中, 我们展示了一些由 $\mu = 0.15, r = 0.05, \sigma = 0.1$ 的 GBM 过程生成的离散路径. 图 2-5 中的左图显示了贴现的股票过程 $S(t)/M(t)$, 这

里 $S(t)$ 定义在物理测度 $\mathbb{P}$ 上, 这里, 漂移参数 $\mu = 0.15$. 而右图展示了 $S(t)/M(t)$ 的路径, 这里 $S(t)$ 的漂移参数 $r = 0.05$. 由于 $\mu > r$, 物理测度的贴现股价比风险中性测度下的股价增长得快很多. 换句话说, 在物理测度下 $S(t)/M(t)$ 是一个下鞅.　　　　　$\diamond$

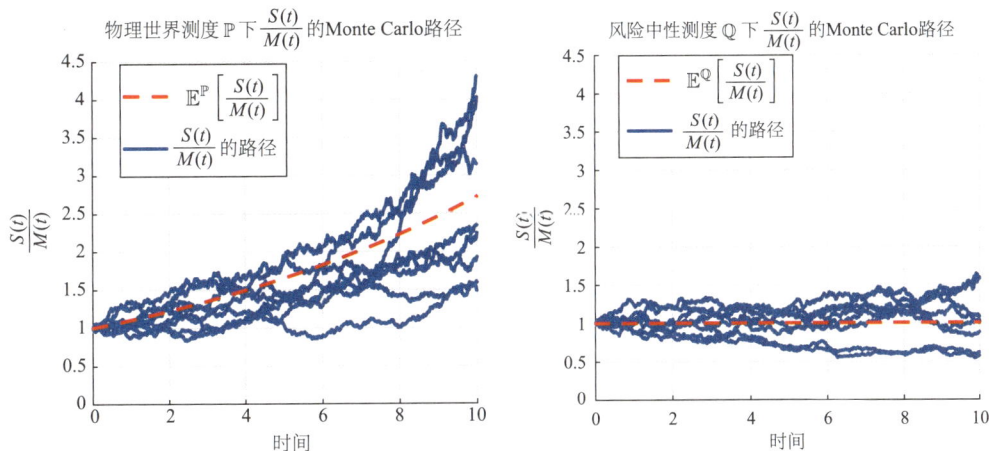

图 2-5　贴现的股票过程 $S(t)/M(t)$ 的路径, 其中 $S(t)$ 在物理测度 $\mathbb{P}$ 下 (左) 和 $S(t)$ 在风险中性测度 $\mathbb{Q}$ 下 (右), 其参数为 $r = 0.05$, $\mu = 0.15$ 和 $\sigma = 0.1$.

正如我们稍后将会看到的, 金融期权的定价与计算期望密切相关. 记号 $\mathbb{E}^{\mathbb{Q}}[g(T,S)]$ 和 $\mathbb{E}^{\mathbb{P}}[g(T,S)]$ 表示我们取某个函数 $g(T,S)$ 的期望, 它依赖于随机资产价格过程 $S(t)$. 资产价格 $S(t)$ 可以在某特定测度下定义, 如 $\mathbb{P}$ 或 $\mathbb{Q}$, 其中 $\mathbb{P}[\cdot]$ 和 $\mathbb{Q}[\cdot]$ 表示相关的概率. 例如, 如果我们取 $g(T,S) = \mathbb{1}_{S(T)>0}$, 则以下等式成立:

$$\mathbb{E}^{\mathbb{P}}[\mathbb{1}_{S(T)>0}] = \int_{\Omega} \mathbb{1}_{S(T)>0}\mathrm{d}\mathbb{P} = \mathbb{P}[S(T) > 0], \tag{2.29}$$

$$\mathbb{E}^{\mathbb{Q}}[\mathbb{1}_{S(T)>0}] = \int_{\Omega} \mathbb{1}_{S(T)>0}\mathrm{d}\mathbb{Q} = \mathbb{Q}[S(T) > 0], \tag{2.30}$$

这里记号 $\mathbb{1}_{X \in \Omega}$ 表示集合 Ω 的示性函数, 如同 (1.1).

上标 $\mathbb{Q}$ 和 $\mathbb{P}$ 表示期望运算符中使用哪个过程来计算相应的积分. 换句话说, 它指示所使用的标的动态.

2.3.3　物理测度 $\mathbb{P}$ 下的参数估计

在本节中, 我们将关注物理测度 $\mathbb{P}$ 下的随机过程参数估计. 在物理测度下的估计意味着随机过程的模型参数是通过校验历史股价来获得. 在风险中性测度 $\mathbb{Q}$ 下, 校验将完全不同, 我们将在下一章中进行讨论. 这里的参数将通过使用非常流行的统计技术来估计, 称为 "最大似然估计方法" (MLE) [Harris et al., 1998] . 该方法背后的思想是在给定数据集找到标的概率分布的参数估计.

作为第一个随机过程的例子, 让我们取算术 Brown 运动过程, 这个过程由 Louis

Bachelier [Bachelier, 1900] 引入, 如下式给出:

$$dX(t) = \mu dt + \sigma dW^{\mathbb{P}}(t), \tag{2.31}$$

它有解:

$$X(t) = X(t_0) + \mu(t - t_0) + \sigma(W^{\mathbb{P}}(t) - W^{\mathbb{P}}(t_0)), \quad \text{或}$$

$$X(t) \sim \mathcal{N}\left(X(t_0) + \mu(t - t_0), \sigma^2(t - t_0)\right). \tag{2.32}$$

在我们观察的值到目前为止 (这里 "目前" 是时间 t) 的情形下, 为了预测 "明天的" (时间 $t + \Delta t$) 价值, 可以计算条件期望如下:

$$\mathbb{E}^{\mathbb{P}}\left[X(t + \Delta t)|\mathcal{F}(t)\right] = \mathbb{E}^{\mathbb{P}}\left[X(t) + \mu(t + \Delta t - t) + \sigma(W^{\mathbb{P}}(t + \Delta t) - W^{\mathbb{P}}(t))|\mathcal{F}(t)\right]$$

$$= \mu\Delta t + \mathbb{E}^{\mathbb{P}}\left[X(t)|\mathcal{F}(t)\right] + \mathbb{E}^{\mathbb{P}}\left[\sigma(W^{\mathbb{P}}(t + \Delta t) - W^{\mathbb{P}}(t))|\mathcal{F}(t)\right].$$

由于可测性原则, $\mathbb{E}^{\mathbb{P}}\left[X(t)|\mathcal{F}(t)\right] = X(t)$, 再由增量独立的性质, 上式右端第二项等于零, 即

$$\mathbb{E}^{\mathbb{P}}\left[X(t + \Delta t)|\mathcal{F}(t)\right] = X(t) + \mu\Delta t.$$

关于方差, 我们得到

$$\mathbb{V}\text{ar}^{\mathbb{P}}\left[X(t + \Delta t)|\mathcal{F}(t)\right] = \mathbb{V}\text{ar}^{\mathbb{P}}\left[X(t) + \mu(t + \Delta t - t) + \sigma(W^{\mathbb{P}}(t + \Delta t) - W^{\mathbb{P}}(t))|\mathcal{F}(t)\right]$$

$$= \mathbb{V}\text{ar}^{\mathbb{P}}\left[X(t)|\mathcal{F}(t)\right] + \mathbb{V}\text{ar}^{\mathbb{P}}\left[\sigma\sqrt{\Delta t}\widetilde{Z}\Big|\mathcal{F}(t)\right],$$

这里 $\widetilde{Z} \sim \mathcal{N}(0, 1)$. 由等式 (2.32) 和可测性事实[4] $\mathbb{V}\text{ar}^{\mathbb{P}}\left[X(t)|\mathcal{F}(t)\right] = 0$, 有

$$\mathbb{V}\text{ar}^{\mathbb{P}}\left[X(t + \Delta t)|\mathcal{F}(t)\right] = \sigma^2\Delta t.$$

所以, 我们推出时间点 $t + \Delta t$ 的预测值, 在时间 t 信息[5]已知的情况下, 即为条件随机变量:

$$X(t + \Delta t)|X(t) \sim \mathcal{N}\left(X(t) + \mu\Delta t, \sigma^2\Delta t\right), \tag{2.33}$$

它是一个正态随机变量, 其参数 μ 和 σ 必须估计.

算术 Brown 运动的参数估计

由于条件分布是正态分布, 因此对数似然函数的形式是已知的. 假设观察值是独立的, 通过设置观察值 (通常是某些资产的回报或其对数价值的历史数据) $X(t_0), X(t_1), \cdots,$ $X(t_m)$, 似然函数 $L(\hat{\mu}, \hat{\sigma}^2|X(t_0), X(t_1), \cdots, X(t_m))$ 由下式给出:

$$L(\hat{\mu}, \hat{\sigma}^2|X(t_0), X(t_1), \cdots, X(t_m)) = \prod_{k=0}^{m-1} f_{X(t_{k+1})|X(t_k)}(X(t_{k+1})), \tag{2.34}$$

---

[4]注意因为可测性, 我们得到

$$\mathbb{V}\text{ar}^{\mathbb{P}}\left[X(t)|\mathcal{F}(t)\right] = \mathbb{E}^{\mathbb{P}}\left[X(t)^2\Big|\mathcal{F}(t)\right] - \left(\mathbb{E}^{\mathbb{P}}[X(t)|\mathcal{F}(t)]\right)^2 = X^2(t) - X^2(t) = 0.$$

[5]用记号 $|X(t)$, 我们意指 "直到时间 t 的信息", 就像用 $\mathcal{F}(t)$.

这里 $\hat{\mu}$ 和 $\hat{\sigma}$ 是要估计的. 由等式 (2.33) 得到

$$f_{X(t_{k+1})|X(t_k)}(x) = f_{\mathcal{N}(X(t_k)+\hat{\mu}\Delta t,\,\hat{\sigma}^2\Delta t)}(x), \tag{2.35}$$

而等式 (2.34) 可写成

$$
\begin{aligned}
& L(\hat{\mu}, \hat{\sigma}^2 | X(t_0), X(t_1), \cdots, X(t_m)) \\
&= \prod_{k=0}^{m-1} f_{\mathcal{N}(X(t_k)+\hat{\mu}\Delta t,\,\hat{\sigma}^2\Delta t)}(X(t_{k+1})) \\
&= \prod_{k=0}^{m-1} \frac{1}{\sqrt{2\pi\hat{\sigma}^2\Delta t}} \exp\left(-\frac{(X(t_{k+1}) - X(t_k) - \hat{\mu}\Delta t)^2}{2\hat{\sigma}^2\Delta t}\right).
\end{aligned}
$$

为了对最大值进行简化, 我们用对数变换, 即

$$\log L(\hat{\mu}, \hat{\sigma}^2 | \cdots) = \log\left(\frac{1}{\sqrt{2\pi\hat{\sigma}^2\Delta t}}\right)^m - \sum_{k=0}^{m-1} \frac{(X(t_{k+1}) - X(t_k) - \hat{\mu}\Delta t)^2}{2\hat{\sigma}^2\Delta t}.$$

现在,

$$\log\left(\frac{1}{\sqrt{2\pi\hat{\sigma}^2\Delta t}}\right)^m = \log\left(2\pi\hat{\sigma}^2\Delta t\right)^{-m/2} = -\frac{m}{2}\log\left(2\pi\hat{\sigma}^2\Delta t\right),$$

由此, 得到

$$\log L(\hat{\mu}, \hat{\sigma}^2 | \cdots) = -\frac{m}{2}\log\left(2\pi\hat{\sigma}^2\Delta t\right) - \sum_{k=0}^{m-1} \frac{(X(t_{k+1}) - X(t_k) - \hat{\mu}\Delta t)^2}{2\hat{\sigma}^2\Delta t}.$$

为了确定对数似然的最大值, 两个参数对应的一阶导数必须满足

$$\frac{\partial}{\partial\hat{\mu}}\log L(\hat{\mu}, \hat{\sigma}^2 | \cdots) = 0, \qquad \frac{\partial}{\partial\hat{\sigma}^2}\log L(\hat{\mu}, \hat{\sigma}^2 | \cdots) = 0.$$

这给了我们下面的估计:

$$\hat{\mu} = \frac{1}{m\Delta t}(X(t_m) - X(t_0)), \quad \hat{\sigma}^2 = \frac{1}{m\Delta t}\sum_{k=0}^{m-1}(X(t_{k+1}) - X(t_k) - \hat{\mu}\Delta t)^2. \tag{2.36}$$

　　基于这些估计 $\hat{\mu}$, $\hat{\sigma}^2$, 对已有的历史数据 $X(t_0), X(t_1), \cdots, X(t_m)$, 我们可以确定过程 $X(t)$ "历史的" 参数.

对数正态分布

　　运用上述方法, 在本次数值实验中, 我们来预测一家电动汽车公司的股票价值. 前面讨论的 ABM 过程可能导致负股票价值, 所以它并不是最合适的随机过程模型. 另一种选择是 GBM, 它可能与 ABM 密切相关. 在物理测度 $\mathbb{P}$ 下, 考虑股票的以下过程:

$$\mathrm{d}S(t) = \left(\mu + \frac{1}{2}\sigma^2\right)S(t)\mathrm{d}t + \sigma S(t)\mathrm{d}W^{\mathbb{P}}(t). \tag{2.37}$$

利用对数变换和 Itô 引理, 我们找到

$$dX(t) := d\log S(t) = \mu dt + \sigma dW^{\mathbb{P}}(t). \tag{2.38}$$

所以, 在 (2.37) 里的过程 $S(t)$ 的对数变换下, 我们从 (2.36) 的 ABM 获得了估计.

现在, 考虑电动汽车公司股票价格 $S(t_i)$ (图 2-6), 首先我们实施对数变换得到 $X(t) := \log S(t)$, 接下来估计 (2.36) 中的参数 $\hat{\mu}$ 和 $\hat{\sigma}$. 数据组包含了 2010 到 2018 年间股票的闭市价, 给了我们估计 $\hat{\mu} = 0.0014$ 和 $\hat{\sigma} = 0.0318$.

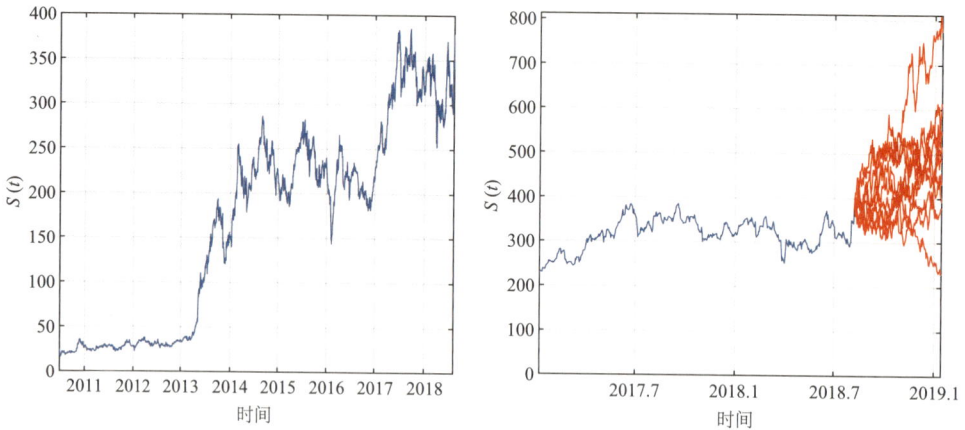

图 2-6　左: 电动汽车公司的历史股价; 右: 股价未来表现的预期.

有了 $\hat{\mu}$ 和 $\hat{\sigma}$, 可确定 (2.37) 中的 μ, σ, 我们可以模拟股票价格的 "未来" 实现. 在图 2-6 (左) 中, 显示了历史股价, 而在右图中, 显示了对未来价格的预测. 在实验中, 对未来价格的这种预测完全基于历史股价. 这是在 $\mathbb{P}$ 物理测度内工作的本质. 注意, 假设采用了 GBM 过程, 则股价预计会随着时间增长. 但是, 通过更改假定的随机过程, 我们可能获得不同的预测.

在测度 $\mathbb{P}$ 下估计参数 μ 实际上是将 (2.1) 中的过程拟合到历史股票价格上. 请注意, 图 2-5 中的路径说明在物理测度下, 贴现股票的预期收益通常高于风险中性测度下的预期收益. 这在一定程度上解释了为什么某些对冲基金在 $\mathbb{P}$ 测度下工作, 他们的目标是使用计量经济学工具预测股票价格. 市场投机行为也通常是在这一测度下进行的. 风险管理, 即分析物理世界中资产的未来行为, 常常由金融机构的监管者来做, 通常也在 $\mathbb{P}$ 测度下进行. 在这种情况下, 特定的资产场景 (回测), 甚至压力测试时, 应评估公司在极端资产场景的资产负债表.

然而, 当我们在接下来的章节中讨论金融期权估价时, 我们需要将参数值拟合在所谓的风险中性测度 $\mathbb{Q}$ 下. 然后, 我们主要对未来时间段的参数值感兴趣, 并希望从金融产品中提取相关信息, 这些信息可以让我们了解市场参与者对金融资产未来表现的预期.

> 这意味着我们的目标是从无套利的期权合约和其他金融衍生品中提取相关的隐含资产信息. 金融机构在为客户定价金融衍生产品时遵循 $\mathbb{Q}$ 测度.

养老基金应该关心 $\mathbb{P}$ 测度值 (负债及其表现和物理世界的风险管理), 而当衍生品合约是养老金投资组合的一部分时, 也要考虑 $\mathbb{Q}$ 测度. 从本质上讲, 对冲基金可以 "押注" 未来, 而银行和养老基金则会提前获得溢价, 对冲头寸以保持溢价不变.

习 题

习题 2.1 应用 Itô 引理, 求:

a. 过程 $g(t) = S^2(t)$ 的动态, 这里 $S(t)$ 服从对数正态 Brown 运动, 由下式给出:

$$\frac{\mathrm{d}S(t)}{S(t)} = \mu\mathrm{d}t + \sigma\mathrm{d}W(t),$$

这里参数 μ, σ 是常数, $W(t)$ 是 Wiener 过程.

b. 过程 $g(t) = 2^{W(t)}$ 的动态, 这里 $W(t)$ 是标准的 Brown 运动. 它是鞅吗?

习题 2.2 应用 Itô 引理证明:

a. $X(t) = \exp(W(t) - \frac{1}{2}t)$ 是 $\mathrm{d}X(t) = X(t)\mathrm{d}W(t)$ 的解.

b. $X(t) = \exp(2W(t) - t)$ 是 $\mathrm{d}X(t) = X(t)\mathrm{d}t + 2X(t)\mathrm{d}W(t)$ 的解.

习题 2.3 推出下列 Itô 积分的分部积分规则:

$$\int_0^T \mathrm{d}X(t)\mathrm{d}Y(t) = (X(t)Y(t))\big|_{t=0}^{t=T} - \int_0^T X(t)\mathrm{d}Y(t) - \int_0^T Y(t)\mathrm{d}X(t). \quad (2.39)$$

这也可以写成下列的微分形式:

$$\mathrm{d}(X(t) \cdot Y(t)) = Y(t) \cdot \mathrm{d}X(t) + X(t) \cdot \mathrm{d}Y(t) + \mathrm{d}X(t) \cdot \mathrm{d}Y(t). \quad (2.40)$$

这里的新增项 $\mathrm{d}X(t)\mathrm{d}Y(t)$ 并不会出现在确定性的分部积分规则中.

利用下列的离散和式推出这个规则,

$$\sum_{k=1}^N (X(t_{k+1}) - X(t_k))(Y(t_{i+k}) - Y(t_k)).$$

习题 2.4 对于这个习题, 需要从网上下载一些可免费获取的股票价格.

a. 查找两个不同的每日股票价格数据集 S_1 和 S_2, 它们 "尽可能互相独立". 通过每日收益散点图检查独立性.

b. 查找两个不同的每日股票价格数据集 S_3 和 S_4, 它们 "尽可能互相依赖". 通过每日收益散点图检查依赖性.

习题 2.5 资产价格过程 $S(t)$ 由下列几何 Brown 运动主导:

$$S(t) = S_0\mathrm{e}^{(\mu-\frac{1}{2}\sigma^2)t+\sigma\sqrt{t}Z}, \text{这里} Z \sim \mathcal{N}(0,1)$$

具对数密度函数

$$f(x) = \frac{1}{x\sigma\sqrt{2\pi t}} \exp\left(\frac{-(\log(x/S_0) - (\mu - \sigma^2/2)t)^2}{2\sigma^2 t}\right), \text{对 } x > 0.$$

确定 $\mathbb{E}[S(t)]$ 和 $\mathbb{V}\mathrm{ar}[S(t)]$.

习题 2.6 选择两个实值: $0.1 \leqslant \sigma \leqslant 0.75$, $0.01 \leqslant \mu \leqslant 0.1$.

a. 对 $T = 3$, $S_0 = 0.7$, $\Delta t = 10^{-2}$ 生成 10 个由具上述参数的几何 Brown 运动主导的资产路径.

b. 画出这些路径的"累积平方增量", 即

$$\sum_{k=1}^{m} (\Delta S(t_k))^2.$$

c. 利用资产的市场价 (习题 2.4 中的那些数据) 画出资产收益路径和累积平方增量.

习题 2.7 考虑一个股票价格过程 $S(t) = \exp(X(t))$, 确定 $S(t)$ 和 $X(t)$ 的密度函数之间的关系. 提示: 证明

$$f_{S(t)}(x) = \frac{1}{x} f_{X(t)}(\log(x)), \quad x > 0.$$

习题 2.8 运用 Itô 引理证明

$$\int_0^T W^2(t)\mathrm{d}W(t) = \frac{1}{3}W^3(T) - \int_0^T W(t)\mathrm{d}t.$$

习题 2.9 假定 $X(t)$ 满足下列 SDE:

$$\mathrm{d}X(t) = 0.04X(t)\mathrm{d}t + \sigma X(t)\mathrm{d}W^{\mathbb{P}}(t).$$

而 $Y(t)$ 满足

$$\mathrm{d}Y(t) = \beta Y(t)\mathrm{d}t + 0.15Y(t)\mathrm{d}W^{\mathbb{P}}(t).$$

参数 β, σ 是正常数, 而两个过程都由同样的 Wiener 过程 $W^{\mathbb{P}}(t)$ 主导.

对一个给定过程

$$Z(t) = 2\frac{X(t)}{Y(t)} - \lambda t,$$

这里 $\lambda \in \mathbb{R}^+$.

a. 找到 $Z(t)$ 的动态.

b. 对哪些 β 和 λ 的值, 过程 $Z(t)$ 是一个鞅?

参考文献

BACHELIER L, 1900. The theory of speculation[J]. Annales scientifiques de l'Ecole Normale Superieure, 3(17): 21-86.

HARRIS J, STOCKER H, 1998. Maximum likelihood method[M]. New York: Verlag.

PRIVAULT N, 1998. An extension of the quantum Itô table and its matrix representation[J]. Quantum Probability Communications, 10: 311-320.

SHREVE S, 2004. Stochastic calculus for finance II: continuous-time models[M]. New York: Springer.

第 3 章 | Black-Scholes 期权方程

本章梗概

金融衍生产品是基于某些标的资产表现的产品, 这些标的资产包括股票、利率、外汇汇率或大宗商品价. 在节 3.1 中将介绍这些内容, 并得出欧式期权的基本定价偏微分方程. 这就是关于股票期权著名的 *Black-Scholes* 方程.

在节 3.2 中, 我们还将讨论基于 *Feynman-Kac* 定理的期权定价的解决方案. 该定理在风险中性测度下, 将 Black-Scholes 方程的解联系到了计算贴现的收益函数的期望. 期权价格的这种公式为我们提供了 Black-Scholes 方程的半解析解. 随后在节 3.3 里描述了对冲实验.

本章关键词

期权定价的 Black-Scholes 偏微分方程, Itô 引理, Feynman-Kac 定理, 贴现的收益期望方法, 鞅方法, 对冲.

3.1 期权合同定义

期权合约是一种金融合约, 它赋予持有人一种权利, 使之将来可以以约定的价格进行在标的资产的交易 (买或卖). 实际上, 期权合约向其持有人提供一种购买或出售资产的选择权, 但没有执行合约的义务.

如果标的资产表现不佳, 则期权持有人不必行权 (实施权利), 因此不必交易资产. 但是, 当持有人使用期权合约中的权利时, 期权合约的对手方, 即期权卖方 (也称为期权写方) 必须进行资产交易. 期权也称为金融衍生品, 因为其价值是依赖于其标的资产的表现. 期权合约有很多不同的类型. 自 1973 年以来, 标准化的期权合约已在受监管的交易所进行交易. 其他期权合约由金融公司直接出售给客户.

3.1.1 期权基础知识

关于金融期权合约, 一般有看涨期权和看跌期权的区别.

在将来的某个时间 $t = T$, 一个看涨期权赋予期权持有人以规定的金额购买资产的权利, 而一个看跌期权赋予持有人以规定的金额出售资产的权利, 这个规定的金额, 敲定价, 以 K 表示.

在所谓的欧式期权情况下, 期权合约中有一个规定的未来的时间点, 称为期满时间或到期日 (记为 $t = T$), 期权持有人可以在该时刻决定是否以敲定价交易资产.

例 3.1.1 (看涨期权的例子) 让我们考虑一个看涨期权持有人的特定情形, 该买权人在 $t = t_0 = 0$ 时购买了到期日 $T = 1$ 且敲定价 $K = 150$ 的看涨期权, 此时初始资产价格为 $S_0 = 100$, 参见图 3-1 (左). 假设我们现在在时间点 $t = t_0$, 图 3-1 的左图绘制了两个未来资产价格可能的路径. 当碰上蓝色资产路径时, 看涨期权的持有人将在时间 $t = T$ 实施期权. 这时, 期权持有人将支付 K 来获得价值 $S(T) = 250$ 的资产. 然后持有人可在市场上立即出售该资产以获得正量收益 $250 - 150 = 100$.

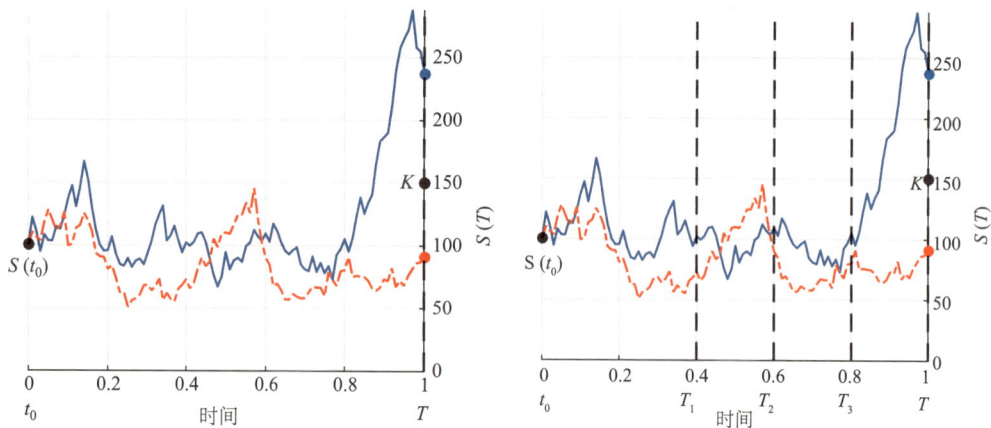

图 3-1 一个资产随机路径的示意图. 左: 只有一个决策点的合同; 右: 有多个决策点 $T_i, i = 1, \cdots$ 的合同.

在红色资产路径发生的情形下, 持有人将不会实施看涨期权, 因为该资产在金融市场中的价值低于 K. 由于看涨期权合约具有实施的选择权, 因此当 $S(T) < K$ 时就不必实施期权 (既然市场上该资产价格低于 K, 为什么还要以 K 的价格买这样东西?) ◇

通常, 欧式看涨期权的持有人在到期日 $t = T$ 的资产价格大于敲定价, 即 $S(T) > K$ 时, 将理性地实施看涨期权. 因此, 在实施的情况下, 期权持有人将向期权写方支付 K 的金额, 以获得价值 $S(T)$ 的资产. 在这种情况下, 利润为 $S(T) - K$, 因为可以立即在金融市场上出售该资产.

如果 $S(T) < K$, 则持有人将不会实施欧式看涨期权, 因而该期权无价值. 在这种情况下, 期权持有人能够以低于敲定价 K 的价格在金融市场中购得该资产, 因此使用期权合约中的这项权利没有任何意义.

对记为 $H(T, S)$ 的收益函数, 我们得到一个看涨期权, 见图 3-2 (左图),

$$V_c(T, S) = H(T, S) := \max(S(T) - K, 0), \tag{3.1}$$

这里, 对于某一资产 $S = S(t)$, 看涨期权在 t 时刻的价值记为 $V_c(t, S)$, 而 $H(T, \cdot)$ 是期权的收益函数.

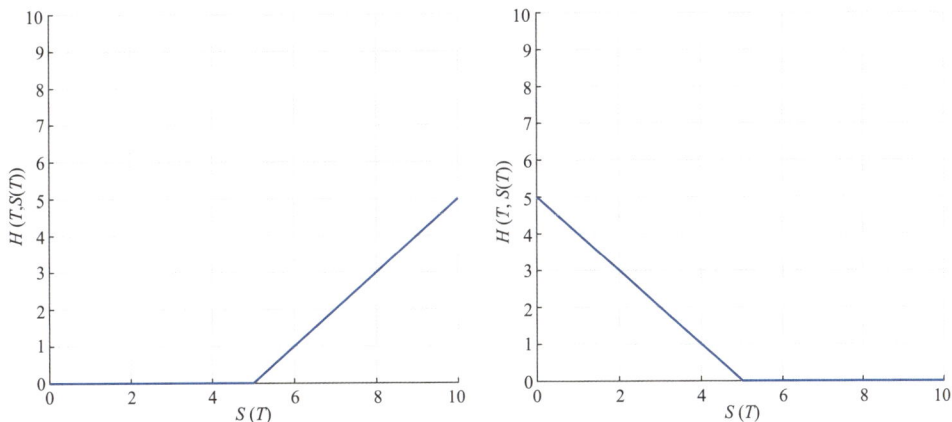

图 3-2　具敲定价 K 的欧式期权在到期日 T 的收益函数 $H(T, S(T))$. 左: **看涨期权**; 右: **看跌期权**.

看跌期权则记为 $V_p(t, S)$. 没有特别指出看涨或看跌的性质, 期权一般写成 $V(t, S)$. 然而, 我们有时也用 $V(t, S; K, T)$, 来强调对敲定价 K 和到期日 T 的依赖性. 在那些处理关于利率的期权的章节, 我们简单地用记号 $V(t)$, 因为此时期权价可能依赖很多的自变量 (不再赘述).

欧式看跌期权赋予持有人以敲定价 K 在到期日 T 出售资产的权利. 然后, 如果持有人决定出售, 期权写方必须购买其资产.

在到期日 $t = T$, 若 $S(T) < K$, 一个欧式看跌期权具有价值 $K - S(T)$. 但如果 $S(T) > K$, 看跌期权合约就成了废纸, 见图 3-2 (右图), 即

$$V_p(T, S(T)) = H(T, S(T)) := \max(K - S(T), 0), \tag{3.2}$$

这里看跌期权记为 $V_p(t, S(t))$.

定义 3.1.1　*看跌和看涨的收益函数是凸函数.*

让我们回顾凸函数的定义, $g(x)$ 被称为是凸的, 如果

$$g(\theta x_1 + (1 - \theta)x_2) \leqslant \theta \cdot g(x_1) + (1 - \theta) \cdot g(x_2), \ \forall x_1, x_2 \in \mathcal{C}, \forall \theta \in [0, 1],$$

这里 $\mathcal{C}$ 是 $\mathbb{R}$ 中的凸集. 我们有

$$\max(\theta x_1 + (1 - \theta)x_2, 0) \leqslant \theta \cdot \max(x_1, 0) + (1 - \theta) \cdot \max(x_2, 0), \ \forall x_1, x_2 \in \mathcal{C}, \forall \theta \in [0, 1].$$

收益的函数 max 是凸算子, 而 0, $x - K$ 和 $K - x$ 都是凸的.

> **定义 3.1.2（ITM, OTM, ATM）** 对标的资产价值 $S(t)$ 在时间点 $t < T$ 时, 如果相应的期权的收益等于零 (以看跌期权为例, $\max(K - S(t), 0) = 0$), 我们说期权是 "虚值"(OTM). 其期权的内在价值 (以看跌期权为例是 $K - S(t)$) 则为零. 当期权的内在价值为正时, 期权被称为是实值 (ITM). 当内在价值接近于零 (以看跌期权为例, $K - S(t) \approx 0$), 我们称这个期权是平值 (ATM).
>
> 看跌期权和看涨期权的推理类似, 考察其收益函数相应的状态.

其他一些金融衍生品合约还包括所谓的提前实施条款, 这意味着不只 $t = T$ 可以行使其选择权. 例如, 在美式看涨期权的情况下, 允许期权在期权有效期 $t_0 \leqslant t \leqslant T$ 中任何时候行使买权, 即支付 K 以购买价值 $S(t)$ 的资产. 而百慕大期权可以在直到到期时间 $T_m = T$ 前的某些日期 T_i, $i = 1, \cdots, m$, 行权 (参见图 3-1 右图).

因此, 假设行权日越来越多, $m \to \infty$, 并且间隔越来越短, 则当 $\Delta t = \frac{T}{m} \to 0$ 时, 连续时间的美式期权就等价于离散时间的百慕大期权.

另一类期权定义为奇异期权, 这是因为它们的收益函数中有所谓奇异条款. 这些条款可以是路径依赖股票价格的, 这时, 收益不仅取决于股票价格 $S(t)$ 或 $S(T)$, 而且依赖于股票在不同时间点的某函数值. 这些期权不在正规的交易所交易, 而是在场外交易 (OTC) 叫卖, 这意味着它们由银行和其他金融公司直接出售给交易对手. 在接下来的几章中, 我们将遇到其中一些合同以及相应有用的定价技巧. 关于金融衍生品, 包括奇异期权和美式期权, 用 PDE 为主的处理方式, 可参考 [Wilmott, 1998], [Wilmott et al., 1995], [Hull, 2012] 里的出色概述.

涨跌平价公式

欧式期权的涨跌平价公式是数量金融的一个基本结果. 它基于下面的推导. 假定我们有两个投资组合, 一个是一份欧式看跌期权和一份股票, 即 $\Pi_1(t, S) = V_p(t, S) + S(t)$, 另一个投资组合是一份欧式看涨期权和现金 K 的现值, 即 $\Pi_2(t, S) = V_c(t, S) + Ke^{-r(T-t)}$. 其中的 $e^{-r(T-t)}$ 表示贴现因子, 也就是在时间 T 时的 €1 在连续复利利率 r 下今天具有的价值.

在到期日 T, 我们发现

$$\Pi_1(T, S) = \max(K - S(T), 0) + S(T),$$

如果 $S(T) < K$, 则第一个投资组合此时等于 K; 如果 $S(T) > K$, 则等于 $S(T)$. 换句话说, 这就是 $\Pi_1(T, S) = \max(K, S(T))$. 第二个投资组合在 $t = T$ 具有完全相同的价值, 即 $\Pi_2(T, S) = \max(K, S(T))$.

如果 $\Pi_1(T, S) = \Pi_2(T, S)$, 那么这个相等关系在到期日 T 之前的任何时候都满足. 不然的话, 一个明显的套利机会将产生, 也就是买入便宜的投资组合而卖出另一个贵点的. 因此, 在 $t < T$ 时, 此策略会产生正现金量. 在 $t = T$ 时, 两个投资组合具有相同的价值, 于是, 此时购买其中一个投资组合并出售另一个将不会产生损益, 而在 $t < T$ 处获得的利润将保持不变. 所谓套利, 就是获得的无风险利润大于仅仅将钱存入银行账

户. 这是不可能的. 从而对于任何 $t < T$, 涨跌平价公式

$$\boxed{V_c(t,S) = V_p(t,S) + S(t) - Ke^{-r(T-t)}} \tag{3.3}$$

应该满足. 这里利率 r 假定为常数.

在股票分红的情况下, 连续分红的涨跌平价公式也是成立的, 但需要做一点小的修正. 对 $S(t)$ 还要考虑分红流, 即 $S(t)e^{-q(T-t)}$, 以此导出下列修正的涨跌平价关系:

$$\boxed{V_c(t,S) = V_p(t,S) + S(t)e^{-q(T-t)} - Ke^{-r(T-t)}.} \tag{3.4}$$

3.1.2　偏微分方程的推导

数量金融中的一个重要问题是, 在出售期权时, 即 $t = t_0$ 时, 期权的公平价是多少. 换句话说, 如何确定 $V(t_0, S_0)$. 或者更一般地, 对于任何 $t \geqslant t_0$, 确定 $V(t, S)$ 的价值. 另一个问题是, 对于固定敲定价 K, 期权写方如何降低在时间 $t = T$ 时资产 $S(T)$ 的交易风险. 也就是说, 如何来管理期权写方的风险.

基于几何 Brown 运动对资产价格 $S(t)$ 的假设, Fisher Black 和 Myron Scholes 得出了他们著名的用于欧式期权定价的偏微分方程 (PDE), 发表在 1973 年 *Journal of Political Economy* 上 [Black et al., 1973], Black-Scholes 模型是金融衍生产品定价中最重要的模型之一.

下面的推导是基于利率 r 和波动率 σ 是常数或者是时间的已知函数的假设. 此外, 假定存在一个流动性好的金融市场, 这意味着这里可以随时买卖任意量的资产. 允许卖空, 以便资产为负数也可以交易, 且不包括交易成本 (在期权有效期内也不支付股息). 在模型中, 股票价格和期权价格都没有买卖差价.

在本节中, 我们将介绍 Fisher Black 和 Myron Scholes 的主要思想. 推导定价 PDE 是基于复制投资组合的概念, 其在每个时间步骤都会调整资产配置. 这是一个由期权写方设立的投资组合, 实质上它具有与由期权写方出售的期权合约相同价值的现金流 (支付). 复制投资组合可以是静态的或动态的, 这取决于是否需要及时更新 (重新平衡) 财务状况. 一个静态投资组合只在卖出金融合约后建立一次, 从而投资组合在合同有效期内就不会更改. 而一个动态的投资组合要根据最新可用的市场信息进行定期更新. 这里, 我们遵循具动态改变 (重新平衡) 的复制投资组合的动态 Delta 对冲策略.

让我们从股票价格过程 $S \equiv S(t)$ 开始, 这是金融衍生品合约的基础, $V \equiv V(t, S)$ 表示欧式期权的价值 (有时也称为 "平凡香草未定权益"). 假设标的股价过程为 GBM, 其中动态在物理测度 $\mathbb{P}$ 下, 如 (2.1) 中, 即

$$dS(t) = \mu S(t)dt + \sigma S(t)dW^{\mathbb{P}}(t).$$

由于期权价 $V(t, S)$ 是时间 t 和随机过程 $S(t)$ 的函数, 我们借助 Itô 引理推导其动态微分如下:

$$dV(t,S) = \frac{\partial V}{\partial t}dt + \frac{\partial V}{\partial S}dS + \frac{1}{2}\frac{\partial^2 V}{\partial S^2}(dS)^2$$

$$= \left(\frac{\partial V}{\partial t} + \mu S \frac{\partial V}{\partial S} + \frac{1}{2} \sigma^2 S^2 \frac{\partial^2 V}{\partial S^2} \right) \mathrm{d}t + \sigma S \frac{\partial V}{\partial S} \mathrm{d}W^{\mathbb{P}}. \tag{3.5}$$

我们构造一个投资组合 $\Pi(t, S)$, 其包含一个价值为 $V(t, S)$ 的期权和 $-\Delta$ 份的价值为 $S(t)$ 的股票,

$$\boxed{\Pi(t, S) = V(t, S) - \Delta S(t).} \tag{3.6}$$

这个投资组合也就包含了期权的多头和 Δ 份标的股票 $S(t)$ 的空头.

注释 3.1.1 (股票的卖空) 当交易者持有负数股票时, 这意味着他卖空了股票. 凭直觉, 拥有负数的东西有点令人困惑. 但如果您借了钱, 那么原则上您拥有负数的钱, 因为这笔钱必须在将来某个时间偿还.

类似地, 在金融活动中, 卖空意味着交易者在某时 t 以一定费用从中间商那里借入一些股票. 股票随后被出售, 但是交易者必须在以后的某个时间将股票还给中间商.

由 Itô 引理, 基于资产动态微分的方程 (2.1), 我们得到投资组合价值 $\Pi(t, S)$ 微小变化的动态微分:

$$
\begin{aligned}
\mathrm{d}\Pi &= \mathrm{d}V - \Delta \mathrm{d}S \\
&= \left(\frac{\partial V}{\partial t} + \mu S \frac{\partial V}{\partial S} + \frac{1}{2} \sigma^2 S^2 \frac{\partial^2 V}{\partial S^2} \right) \mathrm{d}t + \sigma S \frac{\partial V}{\partial S} \mathrm{d}W^{\mathbb{P}} - \Delta \left[\mu S \mathrm{d}t + \sigma S \mathrm{d}W^{\mathbb{P}} \right] \\
&= \left[\frac{\partial V}{\partial t} + \mu S \left(\frac{\partial V}{\partial S} - \Delta \right) + \frac{1}{2} \sigma^2 S^2 \frac{\partial^2 V}{\partial S^2} \right] \mathrm{d}t + \sigma S \left(\frac{\partial V}{\partial S} - \Delta \right) \mathrm{d}W^{\mathbb{P}}. \quad (3.7)
\end{aligned}
$$

尽管投资组合都是由股票和期权定义, 但被 Brown 运动 $W^{\mathbb{P}}$ 主导, 具有随机波动性. 通过选择

$$\boxed{\Delta = \frac{\partial V}{\partial S},} \tag{3.8}$$

投资组合 $\Pi(t, S)$ 关于时间微元 $\mathrm{d}t$ 的微小变化由下式给出:

$$\mathrm{d}\Pi = \left(\frac{\partial V}{\partial t} + \frac{1}{2} \sigma^2 S^2 \frac{\partial^2 V}{\partial S^2} \right) \mathrm{d}t, \tag{3.9}$$

通过控制 Δ, 上式成为确定性的[1], 这是因为 $\mathrm{d}W^{\mathbb{P}}$ 一项被消除. 更进一步, 在用 (3.8) 定义 Δ 的情况下, 投资组合的动态结果不再包含在 (2.1) 中物理测度 $\mathbb{P}$ 下驱动股票 $S(t)$ 的漂移参数 μ. 投资组合的价值仍然依赖于描述股票价格未来行为的不确定性的波动率参数 σ.

这个投资组合的价值, 在平均意义下, 以同样的速度增长 (即产生同样的回报), 就像现金放在一个无风险的现金储蓄账户. 银行账户 $M(t) = M(t_0)\mathrm{e}^{r(t-t_0)}$ 通过 $\mathrm{d}M = rM\mathrm{d}t$ 建模, 从而 $\Pi \equiv \Pi(t, S)$ 可表成

$$\mathrm{d}\Pi = r\Pi\mathrm{d}t.$$

---

[1] "确定性的" 意思是其值被其他的变量定义, 注意它不是随机的也没有另外的随机源.

这里, r 对应现金储蓄账户的常数利率. 从等式 (3.6) 的定义和等式 (3.8) 中 Δ 的定义, 投资组合的价值变化可写成

$$\mathrm{d}\Pi = r\left(V - S\frac{\partial V}{\partial S}\right)\mathrm{d}t. \tag{3.10}$$

让等式 (3.10) 和 (3.9) 相等, 并且两边同除以 $\mathrm{d}t$, 就有了关于期权价值 $V(t, S)$ 的 Black-Scholes 偏微分方程:

$$\boxed{\frac{\partial V}{\partial t} + rS\frac{\partial V}{\partial S} + \frac{1}{2}\sigma^2 S^2\frac{\partial^2 V}{\partial S^2} - rV = 0.} \tag{3.11}$$

Black-Scholes 方程 (3.11) 是一个抛物型 PDE. 在扩散项 $\frac{1}{2}\sigma^2 S^2\frac{\partial^2 V}{\partial S^2}$ 前面是 "+" 号, 而其适定的抛物型 PDE 问题是要具备终值条件. Black-Scholes PDE 的自然条件确实是终值条件, 即我们知道,

$$V(T, S) = H(T, S),$$

这里 $H(T, S)$ 是收益函数, 对一个看涨期权这个函数是 (3.1), 对一个看跌期权它就是 (3.2).

请注意, 除此终值条件外, 到目前为止, 我们在 Black-Scholes 方程的推导中未指定期权的类型. 该等式适用于看涨期权、看跌期权, 甚至其他一些期权类型.

PDE (3.11) 是定义在一个半无界空间 $(t, S) = [t_0 = 0, \cdots, T) \cup [0, S \to \infty)$ 上, 而且外边界没有自然条件. 当我们用数值方法解这个 PDE 时, 需要把计算限制在一个有限的计算区域, 于是我们定义有限区域 $(t, S) = [t_0 = 0, \cdots, T) \cup [0, S_{max}]$. 然后, 我们在 $S = S_{max}$ 以及 $S = 0$ 处给出适当的边界条件, 这容易从经济意义上得到 (因为我们有关于看涨或看跌期权价值在 $S(t) = 0$ 或者 $S(t)$ 很大时的信息).

通过解 Black-Scholes 方程, 我们可以知道任何时间 $t \in [0, T]$, 任何未来价格 $S(t) \in [0, S_{max}]$ 时的期权公平价. Black-Scholes PDE 的解将在介绍 Feynman-Kac 定理后详细讨论.

对冲参数

除了这些期权价值, 期权写方还要找的重要信息是所谓的对冲参数或期权的希腊字母[2]. 这是关于问题参数或自变量, 如资产 S 或波动率 σ, 在微小变化时期权价值的敏感性.

我们已经在 (3.8) 中碰到了期权 Delta, $\Delta = \partial V/\partial S$, 其表示期权价值相对于 S 变动的变化率. 在一个复制投资组合中, 用股票来覆盖期权, Δ 给出了期权写方在每一次发行期权时, 为了应付合约持有人在 $t = T$ 时可能行使权利而持有的股票数量. 负数意味着股票应该卖空的份额.

---

[2]这里的希腊字母, 英文是 Greek, 在金融中有特定的含义, 指风险管理的几个量, 它们都是用希腊字母表示, 如 Δ, Γ 等, 下同.

期权 *Delta* 的敏感性被称为期权 *Gamma*,

$$\Gamma := \frac{\partial^2 V}{\partial S^2} = \frac{\partial \Delta}{\partial S}.$$

Delta 的变化是一个对冲投资组合稳定性的指标. 对于较小的 Gamma 值, 期权写方可能还不需要频繁地调整投资组合, 因为改变股票数量 (Δ) 的影响看起来很小. 然而, 当期权 Gamma 很大时, 对冲投资组合只在很短时间内是无风险的. 在本书后面, 我们还会遇到其他几个重要的对冲参数.

分红

在推导 Black-Scholes 方程时股票不分红的假设可以放宽. 如前所述, 当支付红利时, 股票价值会下降, 参见等式 (2.21). 带分红的资产的期权价值也会受到这些分红的影响, 因此必须修改 Black-Scholes 讨论以考虑分红. 常数比例股息率收益为 $qS(t)$, $q < 1$, 如 (2.21), 被认为是欧式股票指数期权的一个令人满意的模型. 分红对对冲投资组合也有影响. 由于我们持有的每份资产都会在小时间段收到 $qS(t)\mathrm{d}t$ 红利, 而我们持有标的资产的 $-\Delta$ 份, 因此投资组合发生的小变化量为 $-qS(t)\Delta\mathrm{d}t$, 即我们必须用以下方式替换 (3.7):

$$\mathrm{d}\Pi = \mathrm{d}V - \Delta\mathrm{d}S - qS\Delta\mathrm{d}t.$$

基于前面相同的讨论, 我们可以得到一个连续分红的 Black-Scholes PDE 模型如下:

$$\frac{\partial V}{\partial t} + \frac{1}{2}\sigma^2 S^2 \frac{\partial^2 V}{\partial S^2} + (r-q)S\frac{\partial V}{\partial S} - rV = 0. \tag{3.12}$$

3.1.3 鞅方法和期权定价

基于鞅的性质, 我们给出 Black-Scholes 期权定价 PDE 的另一种推导.

下面的定价问题, 在由 (2.1) 定义的风险中性 GBM 模型下, 是和满足鞅性质相关的, 对贴现的期权价:

$$\frac{V(t_0, S)}{M(t_0)} = \mathbb{E}^{\mathbb{Q}}\left[\frac{V(T, S)}{M(T)}\bigg| \mathcal{F}(t_0)\right], \tag{3.13}$$

这里 $M(t_0)$ 是在时间 t_0 时的现金储蓄账户, $M(t_0) = 1$, 且 $\mathcal{F}(t_0) = \sigma(S(s); s \leqslant t_0)$.

由于金融期权是交易产品, 方程 (3.13) 将贴现期权合同定义为鞅, 其中应满足典型的鞅性质. 这些属性相当于鞅的期望值应该等于当前值, 从而导致这些金融合同的无套利价值的定价.

我们假定函数 $\frac{V(t_0, S)}{M(t_0)}$ 存在并可导, 于是

$$\mathbb{E}^{\mathbb{Q}}\left[\frac{V(T, S)}{M(T)}\bigg| \mathcal{F}(t)\right] = \frac{V(t, S)}{M(t)}. \tag{3.14}$$

利用 $M \equiv M(t)$ 和 $V \equiv V(t,S)$, 贴现的期权价 V/M 应该是个鞅, 而且其动态微分如下:

$$\mathrm{d}\left(\frac{V}{M}\right) = \frac{1}{M}\mathrm{d}V - \frac{V}{M^2}\mathrm{d}M = \frac{1}{M}\mathrm{d}V - r\frac{V}{M}\mathrm{d}t. \tag{3.15}$$

(3.15) 中如 $(\mathrm{d}M)^2 = O(\mathrm{d}t^2)$ 的高阶项已经被忽略, 因为它们随着时间间隔的无穷小量更快地趋于零.

对 $V(t,S)$ 的无穷小变量 $\mathrm{d}V$, 在测度 $\mathbb{Q}$ 下运用 Itô 引理 (3.5),

$$\mathrm{d}V = \left(\frac{\partial V}{\partial t} + rS\frac{\partial V}{\partial S} + \frac{1}{2}\sigma^2 S^2 \frac{\partial^2 V}{\partial S^2}\right)\mathrm{d}t + \sigma S\frac{\partial V}{\partial S}\mathrm{d}W^{\mathbb{Q}}. \tag{3.16}$$

由于 $\frac{V(t,S)}{M(t)}$ 应为鞅, 定理 1.3.5 表明 $\frac{V(t,S)}{M(t)}$ 的动态微分应该不包含关于时间 $\mathrm{d}t$ 的漂移项. 将方程 (3.16) 代入 (3.15), 将 $\mathrm{d}t$ 的系数变为零, 此情况下得到

$$\frac{1}{M}\left(\frac{\partial V}{\partial t} + rS\frac{\partial V}{\partial S} + \frac{1}{2}\sigma^2 S^2 \frac{\partial^2 V}{\partial S^2}\right) - r\frac{V}{M} = 0, \tag{3.17}$$

以保证 $\mathrm{d}t$ 项系数是零. (3.17) 两边乘以 M, 基于鞅性质成立的前提, 我们就得到 (3.11) 的 Black–Scholes 定价 PDE. 更多鞅方法的信息可在 [Pascucci, 2011] 中找到.

3.2 Feynman-Kac 定理和 Black-Scholes 模型

求解 Black–Scholes PDE (3.11) 有几种不同的解法. 我们对用 Feynman–Kac 公式的解决方案特别感兴趣, 如下面的定理中所给出的, 它构成了期权价值封闭解表达式的基础. 它也可以推广到基于其他资产价格动态的衍生产品定价, 还形成了以后用 Fourier 方法 (第 6 章) 以及 Monte Carlo 方法 (第 9 章) 处理期权定价的基础.

Feynman–Kac 定理有不同的版本, 这是因为这个定理最初是在物理应用的背景下发展起来的. 我们先从该定理相关期权定价的一个版本开始, 此时利率 r 是确定的.

定理 3.2.1 (Feynman-Kac 定理) 给定用 $\mathrm{d}M(t) = rM(t)\mathrm{d}t$ 建模的现金储蓄账户, 其利率是常数 r, 设 $V(t,S)$ 是一个关于时间 t 和股价 $S = S(t)$ 足够光滑的函数, 满足下列具通用的漂移项 $\bar{\mu}(t,S)$ 和波动率项 $\bar{\sigma}(t,S)$ 的偏微分方程:

$$\frac{\partial V}{\partial t} + \bar{\mu}(t,S)\frac{\partial V}{\partial S} + \frac{1}{2}\bar{\sigma}^2(t,S)\frac{\partial^2 V}{\partial S^2} - rV = 0, \tag{3.18}$$

和终值条件 $V(T,S) = H(T,S)$. 则其解 $V(t,S)$ 在任何 $t < T$ 的时间有

$$V(t,S) = \mathrm{e}^{-r(T-t)}\mathbb{E}^{\mathbb{Q}}\left[H(T,S)\big|\mathcal{F}(t)\right] =: M(t)\mathbb{E}^{\mathbb{Q}}\left[\frac{H(T,S)}{M(T)}\bigg|\mathcal{F}(t)\right],$$

这里关于过程 S 的期望是在测度 $\mathbb{Q}$ 的意义下, 而 S 由下式定义:

$$\mathrm{d}S(t) = \bar{\mu}(t,S)\mathrm{d}t + \bar{\sigma}(t,S)\mathrm{d}W^{\mathbb{Q}}(t), \quad t > t_0. \tag{3.19}$$

证明 我们展示一个简洁的证明概要. 考虑项

$$\frac{V(t,S)}{M(t)} = \mathrm{e}^{-r(t-t_0)}V(t,S),$$

以此我们找到动态:

$$\mathrm{d}(\mathrm{e}^{-r(t-t_0)}V(t,S)) = V(t,S)\mathrm{d}(\mathrm{e}^{-r(t-t_0)}) + \mathrm{e}^{-r(t-t_0)}\mathrm{d}V(t,S). \tag{3.20}$$

记 $V := V(t,S)$, $S := S(t)$, $\bar{\mu} := \bar{\mu}(t,S)$, $\bar{\sigma} := \bar{\sigma}(t,S)$ 和 $W^{\mathbb{Q}} := W^{\mathbb{Q}}(t)$, 并运用 Itô 引理到 $V := V(t,S)$ 上, 我们得到

$$\mathrm{d}V = \left(\frac{\partial V}{\partial t} + \bar{\mu}\frac{\partial V}{\partial S} + \frac{1}{2}\bar{\sigma}^2\frac{\partial^2 V}{\partial S^2}\right)\mathrm{d}t + \bar{\sigma}\frac{\partial V}{\partial S}\mathrm{d}W^{\mathbb{Q}}.$$

(3.20) 两边同乘以 $\mathrm{e}^{r(t-t_0)}$ 并带入上面的表达式, 我们有

$$\mathrm{e}^{r(t-t_0)}\mathrm{d}(\mathrm{e}^{-r(t-t_0)}V) = \underbrace{\left(\frac{\partial V}{\partial t} + \bar{\mu}\frac{\partial V}{\partial S} + \frac{1}{2}\bar{\sigma}^2\frac{\partial^2 V}{\partial S^2} - rV\right)}_{=0}\mathrm{d}t + \bar{\sigma}\frac{\partial V}{\partial S}\mathrm{d}W^{\mathbb{Q}},$$

式中 $\mathrm{d}t$ 项等于零, 这是因为定理中原始的 PDE (3.18) 为零. 两边积分得

$$\int_{t_0}^{T}\mathrm{d}(\mathrm{e}^{-r(t-t_0)}V(t,S)) = \int_{t_0}^{T}\mathrm{e}^{-r(t-t_0)}\bar{\sigma}\frac{\partial V}{\partial S}\,\mathrm{d}W^{\mathbb{Q}}(t) \quad\Leftrightarrow$$

$$\mathrm{e}^{-r(T-t_0)}V(T,S) - V(t_0,S) = \int_{t_0}^{T}\mathrm{e}^{-r(t-t_0)}\bar{\sigma}\frac{\partial V}{\partial S}\,\mathrm{d}W^{\mathbb{Q}}(t).$$

现在我们在这个等式两边在 $\mathbb{Q}$ 测度下取期望, 式子重写成

$$V(t_0,S) = \mathbb{E}^{\mathbb{Q}}\left[\mathrm{e}^{-r(T-t_0)}V(T,S)\Big|\mathcal{F}(t_0)\right] - \mathbb{E}^{\mathbb{Q}}\left[\int_{t_0}^{T}\mathrm{e}^{-r(t-t_0)}\bar{\sigma}\frac{\partial V}{\partial S}\,\mathrm{d}W^{\mathbb{Q}}(t)\Big|\mathcal{F}(t_0)\right].$$

根据如 (1.23) 定义的 Itô 积分的性质, $I(t_0) = 0$ 且 $I(t) = \int_0^t g(s)\mathrm{d}W^{\mathbb{Q}}(s)$ 是个鞅, 所以我们对所有 $t \geqslant t_0$ 有 $\mathbb{E}^{\mathbb{Q}}[I(t)|\mathcal{F}(t_0)] = 0$.

基于 Wiener 过程 $W^{\mathbb{Q}}(t)$ 的 Itô 积分的期望为零, 从而

$$V(t_0,S) = \mathbb{E}^{\mathbb{Q}}\left[\mathrm{e}^{-r(T-t_0)}V(T,S)\big|\mathcal{F}(t_0)\right] = \mathbb{E}^{\mathbb{Q}}\left[\mathrm{e}^{-r(T-t_0)}H(T,S)\big|\mathcal{F}(t_0)\right].$$

这就结束了证明的概要. □

根据 Feynman-Kac 定理, 在测度 $\mathbb{Q}$ 下计算贴现的收益函数的期望时, 我们就可以通过选择漂移项 $\bar{\mu}(t,S) = rS$ 和扩散项 $\bar{\sigma}(t,S) = \sigma S$ 来把问题转化为求解 Black-Scholes PDE.

关于 Feynman-Kac 定理和它不同的性质的深入讨论也有不少结果, 例如可以参见文献 [Pelsser, 2000].

注释 3.2.1（GBM 模型的对数坐标）　在定理 3.2.1 中所示的 Feynman-Kac 定理, 在对数坐标系统里也成立, 即当 $X(t) = \log S(t)$. 通过这样的变量变换, 对数变换后的 Black-Scholes PDE 写成

$$\frac{\partial V}{\partial t} + r\frac{\partial V}{\partial X} + \frac{1}{2}\sigma^2\left(-\frac{\partial V}{\partial X} + \frac{\partial^2 V}{\partial X^2}\right) - rV = 0, \tag{3.21}$$

其具备变换后的收益函数 $V(T, X) = H(T, X)$. 在特别选择 $\bar{\mu} = (r - \frac{1}{2}\sigma^2)$ 和 $\bar{\sigma} = \sigma$ 下, Feynman-Kac 定理给出下列的期权价值:

$$V(t, X) = \mathrm{e}^{-r(T-t)}\mathbb{E}^{\mathbb{Q}}\left[H(T, X)\big|\mathcal{F}(t)\right],$$

这里 $H(T, X)$ 表示对数坐标 $X(t) = \log S(t)$ 下的终值条件, 以及

$$\mathrm{d}X(t) = \left(r - \frac{1}{2}\sigma^2\right)\mathrm{d}t + \sigma\mathrm{d}W^{\mathbb{Q}}(t). \tag{3.22}$$

请注意, 当资产价格为自变量时, 我们对期权价值使用了基本相同的记号 $V(\cdot, \cdot)$, 这与使用对数资产价格作为自变量时相同, 即 $V(t, X)$. 从上下文中可以清楚地看到期权是如何定义的.

关于终值条件, 我们还是在对数坐标下用 $H(\cdot, \cdot)$ 来表示看涨和看跌期权的收益函数, 即分别为 $H(T, X) = H_c(T, X) = \max\left(\mathrm{e}^X - K, 0\right)$, $H(T, X) = H_p(T, X) = \max\left(K - \mathrm{e}^X, 0\right)$.

在整本书中, 我们通常使用 $\tau = T - t$, 这是一种常见的做法, 这与人们习惯于"时间向前跑"有关, 事实上, 我们知道 $\tau = 0$ 的收益函数, 却并不知道 $\tau = T - t_0$ 时的值. 当然, 对于 $\mathrm{d}\tau = -\mathrm{d}t$, 在对 τ 的导数上要加一个负号.

3.2.1　期权价的封闭解

接下来将得到一些通过 Feynman-Kac 定理得到的结果, 其展示了对于某些收益函数在 Black-Scholes 动态下的解析解, 它们可用于欧式期权.

定理 3.2.2（欧式看涨和看跌期权）　关于常数敲定价 K 和收益函数为 $H_c(T, S) = \max\{S(T) - K, 0\}$ 的欧式看涨期权的 Black-Scholes PDE (3.11) 具有封闭解. 即在 Black-Scholes 模型下, 在任何时间 t (特别目前 $t = t_0$), 该期权价值可写成

$$\begin{aligned}
V_c(t, S) &= \mathrm{e}^{-r(T-t)}\mathbb{E}^{\mathbb{Q}}\left[\max(S(T) - K, 0)\big|\mathcal{F}(t)\right]\\
&= \mathrm{e}^{-r(T-t)}\mathbb{E}^{\mathbb{Q}}\left[S(T)\mathbb{1}_{S(T)>K}\big|\mathcal{F}(t)\right] - \mathrm{e}^{-r(T-t)}\mathbb{E}^{\mathbb{Q}}\left[K\mathbb{1}_{S(T)>K}\big|\mathcal{F}(t)\right],
\end{aligned}$$

其解为

$$V_c(t, S) = S(t)F_{\mathcal{N}(0,1)}(d_1) - K\mathrm{e}^{-r(T-t)}F_{\mathcal{N}(0,1)}(d_2), \tag{3.23}$$

其中

$$d_1 = \frac{\log \frac{S(t)}{K} + (r + \frac{1}{2}\sigma^2)(T-t)}{\sigma\sqrt{T-t}},$$

$$d_2 = \frac{\log \frac{S(t)}{K} + (r - \frac{1}{2}\sigma^2)(T-t)}{\sigma\sqrt{T-t}} = d_1 - \sigma\sqrt{T-t},$$

而 $F_{\mathcal{N}(0,1)}(\cdot)$ 是标准正态变量的累积分布函数.

通过代入容易证明它确实是 Black-Scholes PDE 的解.

类似地, 对欧式看跌期权, 我们有

$$V_p(t,S) = Ke^{-r(T-t)}F_{\mathcal{N}(0,1)}(-d_2) - S(t)F_{\mathcal{N}(0,1)}(-d_1),$$

这里 d_1 和 d_2 如上定义. 从对数变换的资产过程, 这个解也可以通过写出 (3.22) 的积分形式而直接找到.

定义 3.2.1 (Δ 封闭形式的表示) 希腊字母 Delta 由 $\Delta := \frac{\partial V}{\partial S}$ 给出, 所以通过定理 3.2.2 提供的期权价值的微分, 我们得到

- 对看涨期权,

$$\Delta = \frac{\partial}{\partial S}V_c(t,S) = F_{\mathcal{N}(0,1)}(d_1). \tag{3.24}$$

其中 d_1 如同定理 3.2.2.
- 对看跌期权,

$$\Delta = \frac{\partial}{\partial S}V_p(t,S)$$
$$= -F_{\mathcal{N}(0,1)}(-d_1) = F_{\mathcal{N}(0,1)}(d_1) - 1, \tag{3.25}$$

特别地, 我们对在 $t = t_0$, 即 $S = S_0$ 时希腊字母的值感兴趣.

例 3.2.1 (Black-Scholes 解) 此例中, 我们将展现一个典型的期权价值的曲面. 为此我们用一个看涨期权, 其具有下面的参数组:

$$S_0 = 10, r = 0.05, \sigma = 0.4, T = 1, K = 10.$$

一旦确定了问题中的参数, 我们可以通过 (3.23) 中的解计算任何时间 t 和股价 $S(t)$ 时的期权价值. 图 3-3 中的曲面展示了在 (t, S) 平面上这些期权价值的变化. 从封闭式解中, 由 Black-Scholes 公式, 我们还可以很容易地确定关于期权价值关于标的价格的一阶和二阶导数, 即期权 Delta 和 Gamma. 它们显示在同一个图形里. 当股票价格在某些时间移动时, $t > t_0$, 我们可以"读取"相应的期权价值和期权希腊字母, 参见图 3-3.

首先, 计算期权价曲面, 然后观察股价投射在这个曲面之上.

我们还在图 3-4 中展现了 (t, S) 平面上对应的看跌期权曲面 $V_p(t, S)$. $\quad\diamond$

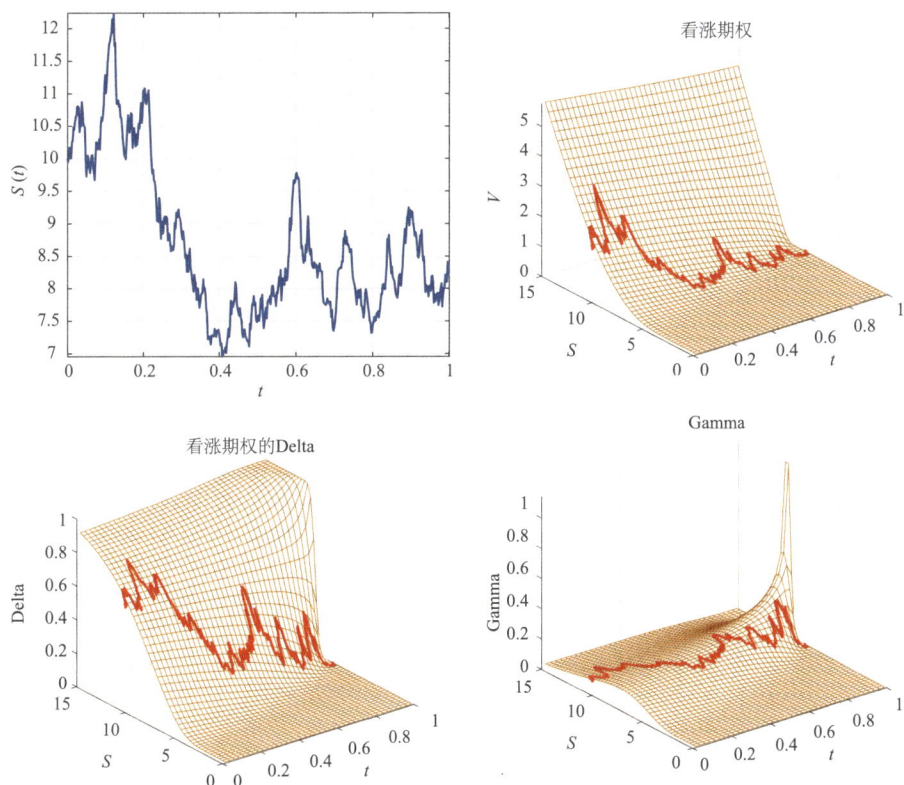

图 3-3　行权日为 $T = 1$ 的看涨期权例子, 计算了在 (t, S) 平面的期权曲面 $V_c(t, S)$. 一个资产路径与曲面形成交集, 从而在每个点 (t, S) 上, 对应的期权价值 $V_c(t, S)$ 可以读取. 对应股价的投影对冲参数 Delta 和 Gamma 的曲面也得以展示.

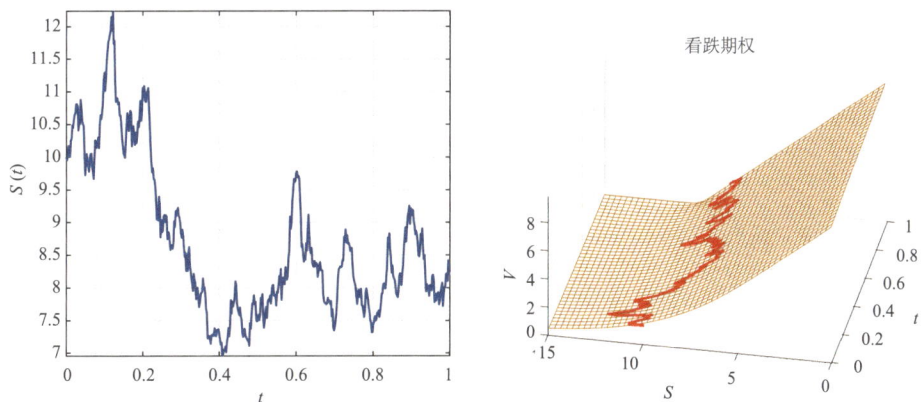

图 3-4　看跌期权之例, 期权曲面 $V_p(t, S)$ 在 (t, S) 平面的展示, 有个资产路径与曲面的交集.

两值期权

作为第一个非标准看涨看跌期权, 我们讨论两值期权, 它们也被称为现金或空值期权. 两值期权在对冲和投机中很受欢迎. 对于更复杂的期权合约来说, 它们很有用. 考虑一个现金或空值看涨期权的收益函数, 当 $S(T) \leqslant K$ 时其值为零, 而当 $S(T) > K$ 时其值等于 K, 见图 3-5 (左). 在时间 t 时其价值由下式给出:

$$\begin{aligned} V(t, S) &= \mathrm{e}^{-r(T-t)} \mathbb{E}^{\mathbb{Q}} \left[K \mathbb{1}_{S(T)>K} \big| \mathcal{F}(t) \right] \\ &= \mathrm{e}^{-r(T-t)} K \mathbb{Q} \left[S(T) > K \right], \end{aligned}$$

这是由于 $\mathbb{E}^{\mathbb{Q}} \left[\mathbb{1}_{S(T)>K} \right] := \mathbb{Q} \left[S(T) > K \right]$. 因此, 一个现金或空值看涨期权的价值在 Black-Scholes 动态框架下为

$$V(t, S) = K \mathrm{e}^{-r(T-t)} F_{\mathcal{N}(0,1)}(d_2), \tag{3.26}$$

这里 d_2 在定理 3.2.2 中定义. 类似地, 我们可以得到资产或空值期权的解的表达式, 其收益函数如图 3-5 (右).

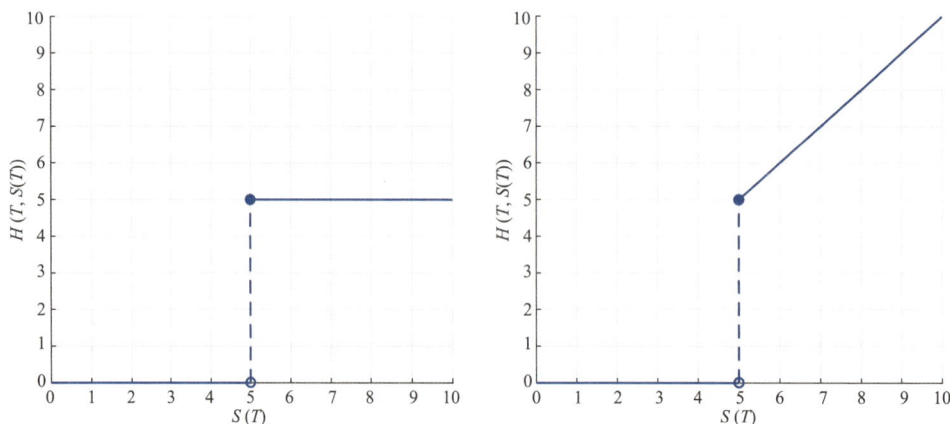

图 3-5　**现金或空值两值期权的收益函数** (左), 其中 $K \mathbb{1}_{S(T) \geqslant K}$, $K = 5$, **以及资产或空值** (右), 其中 $S(T) \mathbb{1}_{S(T) \geqslant K}$, $K = 5$, **看涨期权.**

3.2.2　Green 函数和特征函数

基于 Feynman-Kac 定理, 利用一个对终值条件 $H(\cdot, \cdot)$ [Heston, 1993] 巧妙的选择, 我们得到有意思的结果和解. 例如, 如果选择[3]

$$H(T, X) := \mathbb{1}_{X(T) \geqslant \log K},$$

对应的 PDE 的解是 $X(T)$ 大于 $\log K$ 的条件概率.

---

[3]当然, $\mathbb{1}_{X(T) \geqslant \log K} = \mathbb{1}_{S(T) \geqslant K}$ 成立.

作为另一个例子, 我们考虑下面终值条件的形式[a]:

$$\phi_X(u; T, T) = H(T, X) = \mathrm{e}^{iuX(T)}.$$

运用 Feynman-Kac 定理, 给出 $\phi_X := \phi_X(u; t, T)$ 的解如下:

$$\phi_X(u; t, T) = \mathrm{e}^{-r(T-t)} \mathbb{E}^{\mathbb{Q}} \left[\mathrm{e}^{iuX(T)} \big| \mathcal{F}(t) \right], \tag{3.27}$$

其定义了贴现的特征函数 $X(t)$. 于是我们知道 $\phi_X(u; t, T)$ 是相应的 PDE

$$\frac{\partial \phi_X}{\partial t} + \left(r - \frac{1}{2}\sigma^2 \right) \frac{\partial \phi_X}{\partial X} + \frac{1}{2}\sigma^2 \frac{\partial^2 \phi_X}{\partial X^2} - r\phi_X = 0, \tag{3.28}$$

具备终值条件 $\phi_X(u; T, T) = \mathrm{e}^{iuX(T)}$ 的解.

---
[a] 为了强调我们将处理特征函数, 我们用 $\phi_X(u; t, T)$ 取代 H.

在第 6 章中, 我们在对数变换后的 GBM 资产过程之下使用贴现的特征函数, 得到

$$\phi_X(u; t, T) = \exp\left[\left(r - \frac{\sigma^2}{2} \right) iu\tau - \frac{1}{2}\sigma^2 u^2 \tau - r\tau + iuX \right], \tag{3.29}$$

这里 $\tau = T - t$. 对随机过程 $X(t), t > 0$, 我们记其特征函数为 $\phi_X(u; t, T)$ 或在 $\tau = T - t$ 时简记 $\phi_X(u, X, \tau)$.

对于大量的密度未知的随机标的资产模型, 特征函数 (见等式 (1.4) 中的定义) 或贴现特征函数是已知的, 并且该函数也唯一地确定转移密度函数.

Green 函数

利用 Feynman-Kac 定理, 我们可以将偏微分方程与解的积分形式联系起来. 由此, 我们涉及众所周知的 PDE 术语, 例如, 我们可以确定与偏微分方程解的积分形式有关的 Green 函数. 事实上, 我们将看到, 它是与资产价格的密度函数相关的. 进一步, 利用 Feynman-Kac 定理, 可以推导出特征函数, 在接下来的章节中, 我们将需要这些特征函数用 Fourier 技术来进行期权定价.

基于 Feynman-Kac 定理, 在常数利率的假设下, 我们可以写出欧式期权值如下:

$$V(t_0, x) = \mathrm{e}^{-r(T-t_0)} \int_{\mathbb{R}} H(T, y) f_X(T, y; t_0, x) \mathrm{d}y, \tag{3.30}$$

这里 $f_X(T, y; t_0, x)$ 表示在对数变换后的坐标系统下的转移概率密度函数, t_0 时为 $\log S(t_0) = X(t_0) = x$, 而时间 T 时为 $\log S(T) = X(T) =: y$.

事实上, 如果取 $t_0 = 0$ 和初值 x, 我们就有了边际概率密度函数. 仔细看等式 (3.30), 我们认出记为 $G_X(T, y; t_0, x) := \mathrm{e}^{-r(T-t_0)} f_X(T, y; t_0, x)$ 的函数是 PDE (3.21) 的基本解, 其以卷积形式乘以终值条件 $V(T, y) \equiv H(T, y)$. PDE 的解则可以通过这个基本解并利用 Feynman-Kac 定理得到. 基本解 $\mathrm{e}^{-r(T-t_0)} f_X(T, y; t_0, x)$ 可以解释成 *Green* 函

数, 其关联下列的抛物型方程的终值问题:

$$-\frac{\partial f_X}{\partial \tau} + r\frac{\partial f_X}{\partial x} + \frac{1}{2}\sigma^2\left(-\frac{\partial f_X}{\partial x} + \frac{\partial^2 f_X}{\partial x^2}\right) - rf_X = 0, \tag{3.31}$$

$$f_X(T, y; T, y) = \delta\,(y = \log K),$$

这里 $\delta(y = \log K)$ 是 Dirac delta 函数, 其在 $y := X(T) = \log K$ 时非零, 而在其他地方为 0, 并且积分为 1, 见 (1.17).

相关对数空间 Black-Scholes PDE 的 Green 函数, 等于一个贴现的正态概率密度函数, 即

$$G_X(T, X(T); t_0, x) = \frac{\mathrm{e}^{-r(T-t_0)}}{\sigma\sqrt{2\pi(T-t_0)}}\exp\left(-\frac{(X(T) - x - (\mu - \frac{1}{2}\sigma^2)(T-t_0))^2}{2\sigma^2(T-t_0)}\right). \tag{3.32}$$

衍生品定价中的 Green 函数, 即贴现的风险中性概率密度, 在金融中的名字是 *Arrow-Debreu* 证券. 我们可以在最初的 (S, t) 坐标系里对 Black-Scholes 算子显式地写出 Green 函数, 即对 $y = S(T), x = S(t_0)$, 有

$$G_S(T, y; t_0, x) = \frac{\mathrm{e}^{-r(T-t_0)}}{\sigma y\sqrt{2\pi(T-t_0)}}\exp\left(-\frac{\left(\log\left(\frac{y}{x}\right) - (r - \frac{1}{2}\sigma^2)(T-t_0)\right)^2}{2\sigma^2(T-t_0)}\right), \tag{3.33}$$

参见等式 (2.20). 密度函数和 Green 函数只对某些基于基本标的动态的随机过程模型是知道有封闭形式的.

Arrow-Debreu 证券和市场隐含密度

蝶式期权是一个期权策略, 当股价在一定范围内波动时, 它可以给持有者一个预期的利润. 设 $S(t_0) = K$, 蝶式期权包含两个看涨期权多头, 一个具有敲定价 $K_1 = K - \Delta K$, 另一个具有敲定价 $K_3 = K + \Delta K$, 这里 $\Delta K > 0$, 然后同时包含两个看涨期权空头, 具敲定价 $K_2 = K$. 所有的期权都有同样的到期日 $t = T$, 从而收益函数为

$$V_B(T, S; K_2, T) = V_c(T, S; K_1, T) + V_c(T, S; K_3, T) - 2V_c(T, S; K_2, T), \tag{3.34}$$

见图 3-6. 在到期日 $t = T$, 当资产 $S(T) \in [K - \Delta K, K + \Delta K]$ 时, 这样的结构可获利; 但如果 $S(T) < K - \Delta K$ 或 $S(T) > K + \Delta K$, 蝶式期权无价值. 由于蝶式期权是一些期权收益函数的线性组合, 当我们假定股价 $S(t)$ 由一个 GBM[4] 建模时, 它满足 Black-Scholes PDE.

---

[4]实际上, 这个结果对任何 S 的动态都对, 不仅仅限于 GBM.

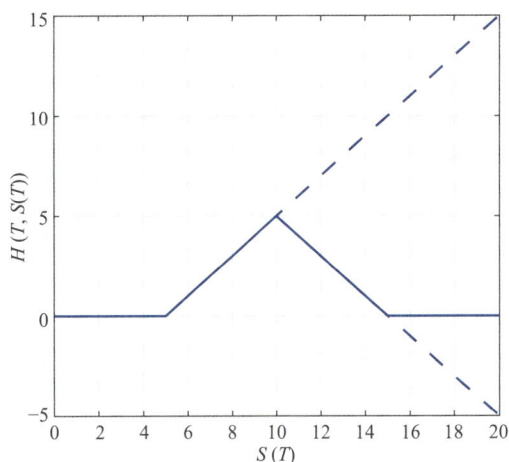

图 3-6　**蝶式期权的收益函数**, 其中 $K_1 = 5$, $K_2 = 10$, $K_3 = 15$.

蝶式期权在时间 $t = t_0$ 时可以计算成[5]

$$V_B(t_0, S; K, T) = \mathrm{e}^{-r(T-t_0)} \mathbb{E}^{\mathbb{Q}}\big[V_B(T, S; K, T) | \mathcal{F}(t_0)\big], \tag{3.35}$$

这基于 Feynman-Kac 定理.

这个蝶式期权可以与 *Arrow-Debreu* 证券 $V_{AD}(t, S)$ 关联起来, 这种证券是一个虚构的证券, 在到期日 $t = T$, 如果 $S(T) \equiv K$, 收益只有一个单位, 否则为零, 即 $V_{AD}(T, S) = \delta(S(T) - K)$.

Arrow-Debreu 证券可以像蝶式期权 V_B 那样通过三种欧式看涨期权构造,

$$V_{AD}(T, S; K, T) := \frac{1}{\Delta K^2}[V_c(T, S; K - \Delta K, T) + V_c(T, S; K + \Delta K, T)$$
$$- 2V_c(T, S; K, T)],$$

对很小的 $\Delta K > 0$, 这里 $V_c(t, S; K, T)$ 表示敲定价为 K, 到期日为 T 的欧式看涨期权在时间 t 的期权价值.

注意当 $\Delta K \to 0$ 时, 我们有

$$V_{AD}(T, S; K, T) = \frac{\partial^2 V_c(T, S; K, T)}{\partial K^2}.$$

另一方面, 极限 $\Delta K \to 0$, 我们还有

$$\lim_{\Delta K \to 0} V_{AD}(t_0, S; K, T) = \lim_{\Delta K \to 0} \mathrm{e}^{-r(T-t_0)} \mathbb{E}^{\mathbb{Q}}\big[V_{AD}(T, S; K, T) | \mathcal{F}(t_0)\big]$$
$$= \mathrm{e}^{-r(T-t_0)} \mathbb{E}^{\mathbb{Q}}\big[\delta(S(T) - K) | \mathcal{F}(t_0)\big]$$
$$= \mathrm{e}^{-r(T-t_0)} \int_0^\infty f_S(T, S(T); t_0, S_0) \cdot \delta(S(T) - K)\mathrm{d}S(T)$$

---

[5]我们在期权的自变量组里显式地加上期权对敲定价 K 的依赖.

$$= \mathrm{e}^{-r(T-t_0)} f_S(T, K; t_0, S_0), \tag{3.36}$$

这里 $\delta(S(T) - K)$ 是 Dirac delta 函数, 它只在 $S(T) = K$ 处非零, $f_S(T, K; t_0, S_0)$ 是 $S(T) \equiv K$ 时的风险中性概率转移密度. 转移密度模拟了概率密度沿时间, 例如从时间点 s 到 t 的演化. 这里我们设时间点 $s = t_0$, 这实际上产生了边际分布 (边际分布的密度是对于 $s = t_0$ 的一种特殊的边际密度).

上面的表达式显示了密度和蝶式期权之间的直接关系. 通过这种联系, 我们可以检验, 例如金融市场观察到的期权价格, 密度函数的已知性质 (非负性, 积分为 1) 是否满足. 此性质将在第 4 章中进行检查, 那里将引入局部波动率资产模型.

3.2.3　波动率变化

Black-Scholes 模型的一个推广模型, 已在等式 (2.23) 中介绍, 那是用时间依赖的波动率系数 $\sigma(t)$ 来代替常数波动率的模型.

对数变换后的 GBM 资产价格是正态分布的, 并且这种情况下, 只有最先的两个矩必须匹配以保证分布相同. 通过匹配 GBM 过程的矩和具有时间依赖波动率的 GBM 过程的矩, 如例 2.2.1 所示, 在这种情况下, 波动率随时间变化的模型和波动率恒定的模型具有相同的前两个矩 (一阶和二阶矩). 事实上, 这意味着具有时间依赖波动率函数的 Black-Scholes 模型下的欧式期权价值与基于时间平均的常数波动率函数

$$\sigma_* = \sqrt{\frac{1}{T} \int_0^T \sigma^2(t) \mathrm{d}t}$$

的对数变换模型获得的相应期权价值相同.

因此, 对于波动率依赖时间的 GBM 资产模型下的欧式期权的估值, 也可以通过使用常数波动率系数 σ_* 计算, 如 (2.25) 中推导的, 因为前两个矩是相同的. 这两个模型之间的差异是微小的, 只有在考虑定价奇异期权 (例如, 对于路径依赖期权) 时才能观察到.

重期望和随机波动率

我们介绍金融中望远性质的另一个基本的和常用的应用. 此例中, 我们假定股价满足下列的 SDE:

$$\mathrm{d}S(t) = rS(t)\mathrm{d}t + Y(t)S(t)\mathrm{d}W^{\mathbb{Q}}(t),$$

这里 $Y(t)$ 表示某个随机波动过程, 其具有对数正态的分布. 通过通常计算, 我们得到解 $S(T)$ 的下列表示:

$$S(T) = S_0 \exp\left(\int_{t_0}^T \left(r - \frac{1}{2} Y^2(t) \right) \mathrm{d}t + \int_{t_0}^T Y(t)\mathrm{d}W^{\mathbb{Q}}(t) \right). \tag{3.37}$$

由于表达式 (3.37) 包含过程 $Y(t)$ 的积分, 对定价欧式期权[6]确定其一个封闭解并不容易. 这个定价问题的一个可能的解法是用重期望的望远性质, 确定欧式期权的价值依赖于波动过程 $Y(t)$ 的 "实现".

应用期望的望远性质, 记 $\mathbb{E} = \mathbb{E}^{\mathbb{Q}}$, 欧式看涨期权价值可以重写成贴现的期望[7]:

$$\mathbb{E}\left[\max\left(S(T) - K, 0\right) \middle| \mathcal{F}(t_0)\right] = \mathbb{E}\left[\mathbb{E}\left[\max\left(S(T) - K, 0\right) \middle| Y(t), t_0 \leqslant t \leqslant T\right] \middle| \mathcal{F}(t_0)\right].$$

(3.38)

在实现不同过程的条件下, 内部期望的计算等价于求解具时间依赖波动率的 Black-Scholes 模型, 即给定 $Y(t)$, $t_0 \leqslant t \leqslant T$ 的实现, (3.37) 里的资产价值 $S(T)$ 由下式给出:

$$S(T) = S(t_0) \exp\left(\left(\left(r - \frac{1}{2}\sigma_*^2\right)(T - t_0) + \sigma_*(W^{\mathbb{Q}}(T) - W^{\mathbb{Q}}(t_0))\right)\right),$$

其中

$$\sigma_*^2 = \frac{1}{T - t_0}\int_{t_0}^{T} Y^2(t)\mathrm{d}t.$$

内部期望的解为

$$\mathbb{E}\left[\max\left(S(T) - K, 0\right) \middle| \{Y(t)\}_{t_0}^{T}\right] = S(t_0)\mathrm{e}^{r(T - t_0)}F_{\mathcal{N}(0,1)}(d_1) - KF_{\mathcal{N}(0,1)}(d_2),$$

其中

$$d_1 = \frac{\log\frac{S(t_0)}{K} + (r + \frac{1}{2}\sigma_*^2)(T - t_0)}{\sigma_*\sqrt{T - t_0}}, \quad d_2 = d_1 - \sigma_*\sqrt{T - t_0},$$

$F_{\mathcal{N}(0,1)}$ 是标准的正态的累积分布函数.

我们可以把这些结果代入等式 (3.38), 就有

$$\mathbb{E}\left[\max\left(S(T) - K, 0\right)\right] = \mathbb{E}\left[S(t_0)\mathrm{e}^{r(T - t_0)}F_{\mathcal{N}(0,1)}(d_1) - KF_{\mathcal{N}(0,1)}(d_2)\right]$$
$$= S(t_0)\mathrm{e}^{r(T - t_0)}\mathbb{E}\left[F_{\mathcal{N}(0,1)}(d_1)\right] - K\mathbb{E}\left[F_{\mathcal{N}(0,1)}(d_2)\right].$$

这些非平凡资产动态下的期权定价问题已转化为正态 CDF 的期望的计算. 这种期望的求解困难之处在于 CDF 的变量, d_1 和 d_2, 是 σ_* 的函数, 而它本身是过程 $Y(t)$ 的函数. 处理期望的一种可能性是使用 Monte Carlo 模拟, 这将在第 9 章中讨论, 另一种是引入一种近似, 例如, $F_{\mathcal{N}(0,1)}(x) \approx g(x)$ (就像 [Piterbarg, 2005] 中所建议的, 其中 $g(x)$ 是一个函数, 如 $g(x) = a + be^{-cx}$.

---

[6]如果 $Y(t)$ 是正态分布, 模型叫作 Schöbel-Zhu 模型, 而如果 $Y(t)$ 服从 Cox-Ingersol-Ross (CIR) 平方根过程, 系统被称为 Heston 模型. 它们在第 8 章里介绍.

[7]贴现项 $M(T)$ 被忽略, 为了节省空间只展示了期望. 这个模型的利率是常数而且不影响最终结果.

3.3 Black-Scholes 模型下的 Delta 对冲

在本节中, 我们将讨论 Delta 对冲策略和金融投资组合的重新平衡, 对冲的主要概念是消除风险, 或者在不可能完全消除时尽量降低风险.

消除风险最简单的方法是抵消交易. 所谓的背对背交易就消除了市场变动相关的风险. 这种交易的主要思想可描述为: 假设一个金融机构向交易对手出售一些金融衍生品, 其价值会因市场变动而变动; 消除这种变动的一种方法是购买 "完全相同" 或非常相似的, 来自其他交易对手的衍生品. 人们可能会对同时买卖相同的衍生品感到疑惑, 但出售衍生品时, 在已支付的价格上加上一些额外费用就有可能获利.

在 3.1.2 小节中, 我们讨论了复制投资组合, 在 Black-Scholes 模型下, 欧式期权的不确定性被 Δ 对冲消除.

基于同样的策略, 考虑下列投资组合:

$$\Pi(t, S) = V(t, S) - \Delta S. \tag{3.39}$$

Delta 对冲的目的是当标的资产变动时投资组合的价值不变, 所以投资组合 $\Pi(t, S)$ 关于 S 的导数需要为 0, 即

$$\frac{\partial \Pi(t, S)}{\partial S} = \frac{\partial V(t, S)}{\partial S} - \Delta = 0 \Rightarrow \Delta = \frac{\partial V}{\partial S}, \tag{3.40}$$

这里 $V = V(t, S)$, 而 Δ 由等式 (3.24) 给出.

假设我们在时刻 t_0 卖出了一个看涨期权 $V_c(t_0, S)$, 其到期日为 T, 执行价为 K. 通过出售, 我们获得了金额等于 $V_c(t_0, S)$ 的现金和在 T 前都要执行一个动态对冲策略. 在初始时刻, 我们有

$$\Pi(t_0, S) := V_c(t_0, S) - \Delta(t_0)S_0.$$

这个价值在当 $\Delta(t_0)S_0 > V_c(t_0, S)$ 时也许是负的. 如果需要资金购买 $\Delta(t)$ 份股票, 我们利用一个基金账户, $\mathrm{PnL}(t) \equiv \mathrm{P\&L}(t)$. $\mathrm{PnL}(t)$ 表示卖出的期权和对冲的总价值, 它紧跟资产价值 $S(t)$ 的变化.

通常情况下, 基金账户的金额 $\Delta(t_0)S_0$ 是从财务部门的交易平台上获得的.

我们可能要每天重新平衡投资组合的份额. 在某时 $t_1 > t_0$, 我们需要收获 (或支付) $[t_0, t_1]$ 时间段的利息, 其量为 $\mathrm{P\&L}(t_0)\mathrm{e}^{r(t_1-t_0)}$. 在时刻 t_1 我们需要更新对冲投资组合. 我们可能通过卖出获得 $\Delta(t_0)S(t_1)$ 的金额, 并且还要购买 $\Delta(t_1)$ 份股票, 耗费 $-\Delta(t_1)S(t_1)$ 的金额. $\mathrm{P\&L}(t_1)$ 账户总量变成

$$\mathrm{P\&L}(t_1) = \underbrace{\mathrm{P\&L}(t_0)\mathrm{e}^{r(t_1-t_0)}}_{\text{利息}} - \underbrace{(\Delta(t_1) - \Delta(t_0))\,S(t_1)}_{\text{借贷}}. \tag{3.41}$$

假定一个离散时间节点 $t_i = i\frac{T}{m}$, 可得下面的关于 m 时间步的递归公式:

$$\mathrm{P\&L}(t_0) = V_c(t_0, S) - \Delta(t_0)S(t_0), \tag{3.42}$$

$$\text{P\&L}(t_i) = \text{P\&L}(t_{i-1})\mathrm{e}^{r(t_i-t_{i-1})} - (\Delta(t_i) - \Delta(t_{i-1}))\,S(t_i), \quad i = 1, \cdots, m-1.$$

在期权的到期日 T, 期权持有人可能行使期权或者放弃期权. 作为期权写方, 我们要支付的费用等于期权在 $t_m = T$ 时的收益, 即 $\max(S(T)-K, 0)$. 另一方面, 在到期日, 我们拥有 $\Delta(t_m)$ 份股票可在市场上售出. 投资组合的价值在到期日 $t_m = T$ 为

$$\text{P\&L}(t_m) = \text{P\&L}(t_{m-1})\mathrm{e}^{r(t_m-t_{m-1})}$$
$$- \underbrace{\max(S(t_m)-K, 0)}_{\text{期权收益}} + \underbrace{\Delta(t_{m-1})S(t_m)}_{\text{出售股票}}. \tag{3.43}$$

在理想世界里, 在连续的重新平衡中, P&L(T) 在平均意义下等于零, 也就是说 $\mathbb{E}[\text{P\&L}(T)] = 0$. 如果期权写方平均获得的利润等于零, 那么人们可能会质疑这种动态对冲背后的原因. 期权交易的获利, 特别是 OTC 交易合约的初始, 是要收取额外费用的 [通常被称为 "价差" ($spread$)]. 在 t_0 时, 客户的成本不是 $V_c(t_0, S)$, 而是 $V_c(t_0, S) + spread$, 其中 $spread > 0$ 将是期权写方的利润.

例 3.3.1 (P&L(T) 的期望)　我们给一个 $\mathbb{E}[\text{P\&L}(T)|\mathcal{F}(t_0)] = 0$ 的例子. 考虑一个三阶段 $t_0, t_1, t_2 := T$ 的情况, $\Delta(t_i)$ 是一个确定函数, 就像 Black-Scholes 对冲情况. 在 t_0 时刻, 一份期权卖出, 到期日是 t_2 而敲定价是 K. 由于三阶段的设置, 初始对冲、重新平衡和最终对冲相对应的 P&L(t) 分别为

$$\text{P\&L}(t_0) = V_c(t_0, S) - \Delta(t_0)S(t_0),$$
$$\text{P\&L}(t_1) = \text{P\&L}(t_0)\mathrm{e}^{r(t_1-t_0)} - (\Delta(t_1) - \Delta(t_0))\,S(t_1),$$
$$\text{P\&L}(t_2) = \text{P\&L}(t_1)\mathrm{e}^{r(t_2-t_1)} - \max(S(t_2)-K, 0) + \Delta(t_1)S(t_2).$$

收集所有项, 我们有

$$\text{P\&L}(t_2) = \big[(V_c(t_0, S) - \Delta(t_0)S(t_0))\,\mathrm{e}^{r(t_2-t_0)}$$
$$- (\Delta(t_1) - \Delta(t_0))\,S(t_1)\mathrm{e}^{r(t_2-t_1)}\big] - \max(S(t_2)-K, 0) + \Delta(t_1)S(t_2).$$

由看涨期权的定义, 我们还有

$$\mathbb{E}\left[\max(S(t_2)-K, 0)\,\middle|\,\mathcal{F}(t_0)\right] = \mathrm{e}^{r(t_2-t_0)}V_c(t_0, S), \tag{3.44}$$

因为贴现的股价在风险中性测度下是个鞅, $\mathbb{E}[S(t)|\mathcal{F}(s)] = S(s)\mathrm{e}^{r(t-s)}$, P&L 的期望为

$$\mathbb{E}[\text{P\&L}(t_2)|\mathcal{F}(t_0)] = \big(V_c(t_0, S) - \mathbb{E}[\max(S(t_2)-K, 0)|\mathcal{F}(t_0)]$$
$$+ \Delta(t_1)\mathbb{E}[S(t_2)|\mathcal{F}(t_0)] - \Delta(t_0)S(t_0)\big) \cdot \mathrm{e}^{r(t_2-t_0)}$$
$$- (\Delta(t_1) - \Delta(t_0))\,\mathbb{E}[S(t_1)|\mathcal{F}(t_0)]\mathrm{e}^{r(t_2-t_1)}.$$

利用关系

$$\mathbb{E}[S(t_1)|\mathcal{F}(t_0)]\mathrm{e}^{r(t_2-t_1)} = \mathbb{E}[S(t_2)|\mathcal{F}(t_0)] = S(t_0)\mathrm{e}^{r(t_2-t_0)},$$

以及 (3.44), 上述表达式简化成

$$\mathbb{E}[\text{P\&L}(t_2)|\mathcal{F}(t_0)] = -\Delta(t_1)S(t_0)e^{r(t_2-t_0)} + \Delta(t_1)\mathbb{E}[S(t_2)|\mathcal{F}(t_0)] = 0. \qquad \diamondsuit$$

例 3.3.2（动态对冲实验, Black-Scholes 模型） 在这个实验中, 我们运行一个 Black-Scholes 模型的看涨期权的动态对冲. 对资产价格, 模型参数组为 $S(t_0) = 1$, $r = 0.1$, $\sigma = 0.2$. 期权到期日 $T = 1$ 以及敲定价 $K = 0.95$. 在时间网格上, 股票路径 $S(t_i)$ 被模拟. 基于这些路径, 根据等式 (3.42) 和 (3.43), 我们执行对冲策略. 在图 3-7 中, 展示了三种股价 $S(t)$ 的路径, 在 T 时, 其中之一期权应该是实值 (上左), 另一个是虚值 (上右), 还有一个是平值 (下). 三个图 $\Delta(t_i)$ (绿色线) 表现得像股票过程 $S(t)$, 然而当股票 $S(t)$ 使期权价 (粉色线) 为深度实值或虚值时, $\Delta(t_i)$ 不是 0 就是 1. 表 3-1 对三种路径的结果进行了总结. 对这三种情况, 最初的对冲量是一样的, 然而, 它们随着股价的路径

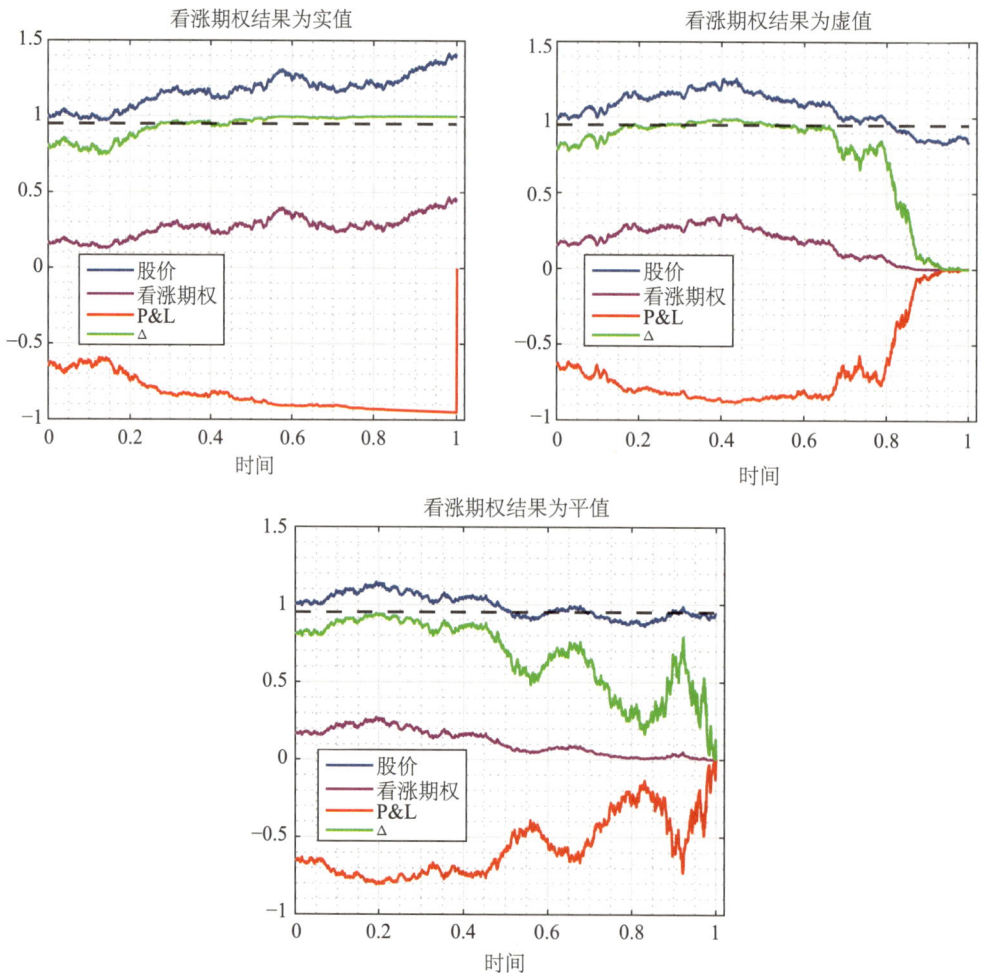

图 3-7　Delta 对冲一个看涨期权. 蓝色: 股价路径; 粉色: 看涨期权的价值; 红色: P&L(t) 投资组合; 绿色: Δ.

而变化. 三种情况的最终 P&L(t_m) 都接近于零, 见表 3-1. ◇

表 3-1　三种股票路径的对冲结果.

路径号	$S(t_0)$	P&L(t_0)	P&L(t_{m-1})	$S(t_m)$	$(S(t_m) - K)^+$	P&L(t_m)
路径 1 (ITM)	1	-0.64	-0.95	1.40	0.45	$2.4 \cdot 10^{-4}$
路径 2 (OTM)	1	-0.64	0.002	-0.08	0	$2.0 \cdot 10^{-4}$
路径 3 (ATM)	1	-0.64	-0.010	0.96	0.01	$-2.0 \cdot 10^{-3}$

例 3.3.3（重新平衡的频率）　Black-Scholes 模型中的一个重要假设是交易成本为零. 这基本上意味着可以在任何时候免费地进行重新平衡. 但实际上这是不现实的. 根据金融衍生品的详细信息, 可以做到的是每天、每周甚至每月进行重新平衡. 当重新平衡发生时, 可能需要支付交易成本. 因此, 对于每一个衍生品, 对冲频率将基于对冲的成本和收益之间的平衡.

图 3-8 展现了对冲组合更新频率对 P&L(T) 分布的影响. 在期权的生命期里进行了两个模拟实验, 一个做了 10 次重新平衡, 而另一个做了 2000 次. 很明显, 频繁的重新平衡会使投资组合 P&L(T) 的方差降到几乎为 0. ◇

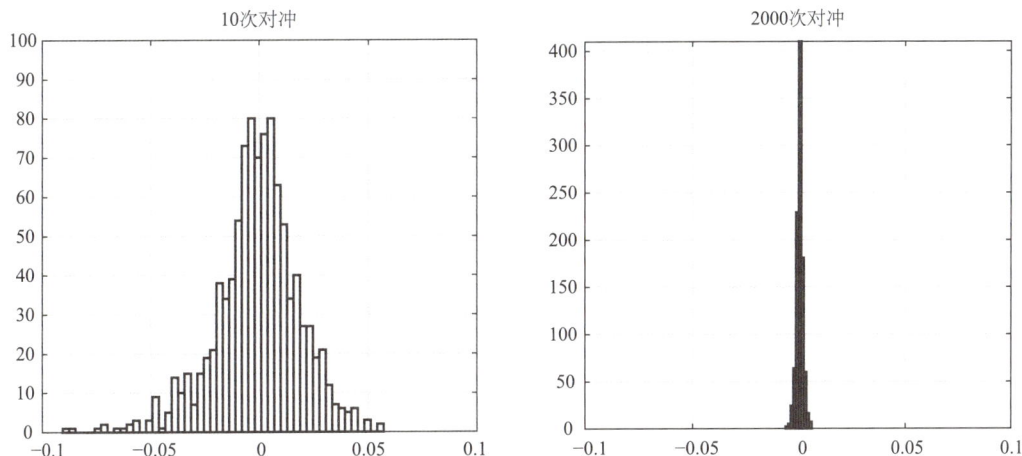

图 3-8　重新平衡频率对 P&L(T) 投资组合方差的影响.

习　题

习题 3.1　假设股票当前价格是 $S_0 = €10$. 该股票为标的的一个 60 天内到期并且敲定价为 $K = €10$ 的看涨期权价格为 $V_c(t_0, S_0) = €1$. 假定我们买了股票或者买了看涨期权.

填写下表. 第一行包含可能的资产价格 $S(T)$, 范围显示从 €8.5 到 €11.5. 如果我们买的是股票, 以百分比填写第二行股票的损益; 如果我们在 t_0 买进期权, 以百分比填写第三行的损益. 比较单纯地买股票或买期权的损益情况.

	$t=T$ 时的股价						
	€8.5	€9	€9.5	€10	€10.5	€11	€11.5
损益 $S(T)$							
损益 $V_c(T, S(T))$							

习题 3.2 给出构成 Black-Scholes 方程推导基础的六个假设.

习题 3.3 画出一个看涨期权关于敲定价 K 的收益函数图像, 在某时间 $t < T$ 画出同样的看涨期权关于 K 的图像.

习题 3.4 假设我们有一个欧式看涨期权和一个看跌期权 (具有同样的到期日 $T = 1/4$, 即三个月后可以实施, 以及敲定价 $K = 10$€). 目前的股价是 11€, 假定连续复利率 $r = 6\%$. 当两个期权价都是 2.5 € 时设计一个套利机会.

习题 3.5 考虑一个投资组合 Π, 其包含一个价值为 $V(S, t)$ 的欧式期权以及负份, $-\Delta$, 的标的股票, 即

$$\Pi(t) = V(S, t) - \Delta \cdot S(t).$$

通过选择 $\Delta = \partial V/\partial S$, 这个投资组合超过无风险利率 r 收益部分的变化表示为

$$d\Pi(t) - r\Pi(t)dt = \left(\frac{\partial V}{\partial t} + \frac{1}{2}\sigma^2 S^2\frac{\partial^2 V}{\partial S^2} + rS\frac{\partial V}{\partial S} - rV\right)dt.$$

在欧式期权的 Black-Scholes 论点里, 这个表达式应该为零, 因为套利的可能性被排除.

如果等式 $d\Pi(t) = r\Pi(t)dt$ 不成立, 通过在时间点 t 和 $t + \Delta t$ 分别买卖投资组合, 给出一个欧式期权的套利交易.

习题 3.6 推出欧式期权的定价方程, 假定标的服从下面的算术 Brown 运动:

$$dS(t) = \mu dt + \sigma dW^{\mathbb{P}}(t).$$

习题 3.7 利用随机表达结果 (Feynman-Kac 定理) 求解下列在区域 $[0, T] \times \mathbb{R}$ 上的终值问题.

$$\frac{\partial V}{\partial t} + \mu X\frac{\partial V}{\partial X} + \frac{1}{2}\sigma^2 X^2\frac{\partial^2 V}{\partial X^2} = 0,$$
$$V(T, X) = \log(X^2),$$

这里 μ 和 σ 是已知常数.

习题 3.8 考虑 Black-Scholes 期权定价方程

$$\frac{\partial V}{\partial t} + rS\frac{\partial V}{\partial S} + \frac{1}{2}\sigma^2 S^2\frac{\partial^2 V}{\partial S^2} - rV = 0.$$

a. 给出一个欧式看跌期权边值条件 (即在 $S = 0$ 和 S 足够 "大" 时给值) 以及终值条件 (即 $t = T$ 时的值).

b. 验证表达式

$$V_p(t, S) = -SF_{\mathcal{N}(0,1)}(-d_1) + Ke^{-r(T-t)}F_{\mathcal{N}(0,1)}(-d_2),$$

这里

$$d_{1,2} = \frac{\log(S/K) + (r \pm \frac{1}{2}\sigma^2)(T-t)}{\sigma\sqrt{T-t}},$$

(对 d_1 用正号, 对 d_2 用负号), 其中 $F_{\mathcal{N}(0,1)}(\cdot)$ 是标准的正态分布的 CDF, 满足 Black-Scholes 方程且的确是一个看跌期权的解. (你可以用两个恒等式 $F_{\mathcal{N}(0,1)}(x)$ $+F_{\mathcal{N}(0,1)}(-x) = 1$ 和

$$SF'_{\mathcal{N}(0,1)}(d_1) - e^{-r(T-t)}KF'_{\mathcal{N}(0,1)}(d_2) = 0,$$

这里 $F'_{\mathcal{N}(0,1)}(\cdot)$ 是 $F_{\mathcal{N}(0,1)}(\cdot)$ 的导数.)

c. 通过涨跌平价公式找出欧式看涨期权的解.

习题 3.9 验证下列解析解:

a. 定理 3.2.2 给出的平凡香草看涨期权.

b. 等式 (3.26) 的两值看涨期权.

习题 3.10 考虑两个投资组合: π_A, 包含一个看涨期权加上 Ke^{-rT} 现金; π_B, 包含一份资产 S_0.

a. 基于这两个投资组合, 在 $t=0$ 时确定下列欧式看涨期权价值的界:

$$\max(S_0 - Ke^{-rT}, 0) \leqslant V_c(0, S_0) \leqslant S_0.$$

b. 通过涨跌平价公式得到欧式看跌期权 $V_p(0, S_0)$ 在零时刻的对应界.

c. 推出

$$\Delta = \frac{\partial V_c(t, S)}{\partial S},$$

以及当 $t \to T^-$ 时 Δ 的极限表现.

d. 再次应用平价公式得出看跌期权的 Delta.

e. 解释 $\partial V_p(t, S)/\partial S$ 在到期日 $t=T$ 时实值和虚值期权的金融意义.

习题 3.11 宽跨式是一种期权, 其投资者同时持有同样标的股票 S 和到期日 T 的一个看涨期权和一个看跌期权的多头, 但它们的敲定价不一样 (对看涨期权是 K_1, 对看跌期权是 K_2, 并且 $K_1 > K_2$).

a. 画出宽跨式期权的收益函数. 给出到期日不同支付可能性的概况. 区别其三种不同的股价 $S(T)$ 可能性.

b. 宽跨式期权可以用 Black-Scholes 方程估价吗? 确定其合适的终边值条件, 即宽跨式期权在 $S=0$ 和 S "很大" 时的值, 以及终值条件 ($t=T$ 的值).

c. 什么时候投资者要买一个宽跨式期权, 其 $K_2 \ll K_1$, 以及 $K_2 < S_0 < K_1$?

习题 3.12 考虑一个现金或空值看涨期权的 Black-Scholes 方程, 在 $t = T$ 时其具有 "实值" $V^{\text{cash}}(T, S(T)) = A$.

    a. 当 $0 \leqslant t \leqslant T$ 时, 这个期权合适的边值条件是什么, 即在 $S(t) = 0$ 和 $S(t)$ "很大" 时?

    b. 它的解析解为 $V_c^{\text{cash}}(t, S) = A\mathrm{e}^{-r(T-t)} F_{\mathcal{N}(0,1)}(d_2)$. 对所有 $t \leqslant T$, 推出现金或空值期权的平价公式, 并且确定现金或空值看跌期权的价值 (同样的参数组).

    c. 给出现金或空值看涨期权的 Delta 值, 并画出其在很接近到期日 $t = T^-$ 的函数图像.

参考文献

BLACK F, SCHOLES M, 1973. The pricing of options and corporate liabilities[J]. Journal of Political Economy, 81: 637-654.

HESTON S, 1993. A closed-form solution for options with stochastic volatility with applications to bond and currency options[J]. Review of Financial Studies, 6: 327-343.

HULL J, 2012. Options, futures and other derivatives[M]. 8th ed. Prentice Hall.

PASCUCCI A, 2011. PDE and martingale methods in option pricing[M]. Springer Science & Business Media.

PELSSER A, 2000. Efficient methods for valuing interest rate derivatives[M]. Springer Science & Business Media.

PITERBARG V, 2005. Stochastic volatility model with time dependent skew[J]. Applied Mathematical Finance, 12(2): 147-185.

WILMOTT P, 1998. Derivatives: The theory and practice of financial engineering[M]. Wiley Frontiers in Finance Series.

WILMOTT P, DEWYNNE J, HOWISON S, 1995. Option pricing: mathematical models and computation[M]. Oxford: Oxford Financial Press.

第 4 章 | 局部波动率模型

本章梗概

  Black-Scholes 模型无法描述金融市场里常见的隐含波动率微笑, 见节 4.1, 于是我们有必要引入其他的资产定价模型. 在节 4.1.3 替代模型将予以简短概括. 本章, 我们介绍基于非参数局部波动率模型的资产定价. 这些模型的基础是市场期权价格和隐含的概率密度函数之间的关系, 这些内容将在节 4.2 中描述. 非参数局部波动率模型的推导将在节 4.3 中找到. 在这些资产价格过程中, 期权价值的定价方程可以写成参数依赖时间的偏微分方程.

本章关键词

  隐含波动率, 微笑曲线和倾斜曲线, 资产价格替代模型, 隐含资产密度函数, 局部波动率, 套利条件, 无套利插值.

4.1   Black-Scholes 隐含波动率

  当资产价格由常数波动率 σ 的几何布朗运动 (GBM) 建模时, Black-Scholes 模型给出了该标的资产上期权合约的唯一的公平价. 期权价格是股价波动率的单调递增函数. 高波动率意味着在到期日期权实值 (ITM, 请参见定义 3.1.2) 的概率更高, 这样, 期权就变得相对昂贵.

4.1.1   隐含波动率的概念

  金融市场上的欧式期权有时以所谓的隐含波动率来报价, 而不是用众所周知的买卖期权价格. 换言之, Black-Scholes 隐含波动率可以被认为是一种能传达期权价格的语言.

  计算隐含波动率有不同的方法, 而我们讨论一种通用的计算方式.

  对于给定利率 r 和到期日 T, 关于股价 S 和敲定价 K 的看跌和看涨期权市场价格可分别记为 $V_p^{mkt}(K, T)$, $V_c^{mkt}(K, T)$.

  这里关注看涨期权, Black-Scholes 隐含波动率是 σ_{imp}, 即

$$V_c(t_0, S; K, T, \sigma_{\mathrm{imp}}, r) = V_c^{mkt}(K, T), \tag{4.1}$$

其中 $t_0 = 0$.

隐含波动率 σ_{imp} 定义成波动率来取代 Black-Scholes 解中的参数, 以此来呈现在 $t_0 = 0$ 时的市场期权价 $V_c^{mkt}(K, T)$.

如无特别说明, 本书中隐含波动率就是 "Black-Scholes 隐含波动率"!

Newton-Raphson 迭代法

在期权价格方面, 隐含波动率没有通用的封闭表达式, 因而要用数值技术来确定它的价值. 一种常用的方法是 Newton-Raphson 求根迭代格式. (4.1) 所述问题可以重表为下列求根问题:

$$g(\sigma_{\text{imp}}) := V_c^{mkt}(K, T) - V_c(t_0 = 0, S_0; K, T, \sigma_{\text{imp}}, r) = 0. \tag{4.2}$$

给定一个初始的猜测[1], 对隐含波动率, 即 $\sigma_{\text{imp}}^{(0)}$, 以及 $g(\sigma_{\text{imp}})$ 关于 σ_{imp} 的导数, 通过 *Newton-Raphson* 迭代过程, 我们可以找到下一个近似值 $\sigma_{\text{imp}}^{(k)}, k = 1, 2, \cdots$ 如下:

$$\sigma_{\text{imp}}^{(k+1)} = \sigma_{\text{imp}}^{(k)} - \frac{g(\sigma_{\text{imp}}^{(k)})}{g'(\sigma_{\text{imp}}^{(k)})}, \qquad \text{对 } k \geqslant 0. \tag{4.3}$$

众所周知, 在 Black-Scholes 模型的环境下, 欧式的看涨和看跌价以及它们的导数是有封闭形式的, 所以表达式 (4.3) 里的导数也可解析地表达, 如

$$g'(\sigma) = -\frac{\partial V(t_0, S_0; K, T, \sigma, r)}{\partial \sigma} = -Ke^{-r(T-t_0)} f_{\mathcal{N}(0,1)}(d_2)\sqrt{T-t_0},$$

其中 $f_{\mathcal{N}(0,1)}(\cdot)$ 是 $t_0 = 0$ 时的标准正态概率密度函数, 且

$$d_2 = \frac{\log(\frac{S_0}{K}) + (r - \frac{1}{2}\sigma^2)(T-t_0)}{\sigma\sqrt{T-t_0}}.$$

在 $g'(\sigma)$ 中的导数 $\frac{\partial V}{\partial \sigma}$ 实际上是另一个期权敏感度的希腊字母, 叫作 *Vega*, 它表示期权关于波动率变化的敏感度. 它是另一个重要的对冲参数. 在导数不知道解析表达式的情形下, 就要求进一步的近似.

例 4.1.1 我们回到第 3 章 3.2.1 节中的例子, 其展示了所有时间点的可能资产价值, 那里期权价值有两个对冲参数 Delta 和 Gamma. 这里, 在图 4-1 中, 我们在 (t, S) 平面上展示了 Vega 值, 可以看到在资产路径的每个点上期权 Vega 的相应值. 图所使用的是下列参数:

$$S_0 = 10, r = 0.05, \sigma = 0.4, T = 1, K = 10.$$

$\Diamond$

---

[1] 迭代过程中的迭代次数用括号中的上角标表示.

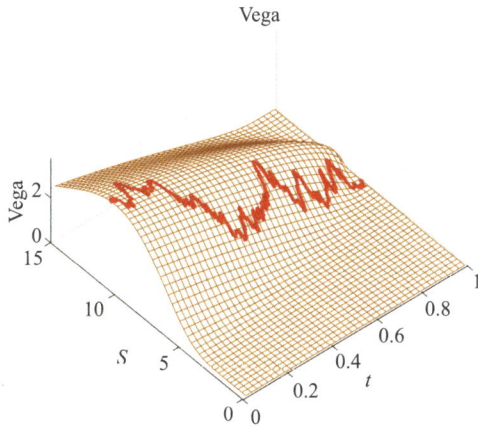

图 4-1　一个具 $T = 1$ 的看涨期权关于 (t, S) 平面的 Vega 值曲面. 一个资产路径与曲面的交集使得 Vega 在每个 $(t, S(t))$ 的值都可以看到.

例 4.1.2（Black-Scholes隐含波动率）　考虑一个以不分红股票 $S(t)$为标的的看涨期权. 目前股价是 $S_0 = 100$, 利率为 $r = 5\%$, 期权在一年后到期, 敲定价 $K = 120$, 而它以 $V_c^{mkt}(K, T) = 2$ 交易. 任务是找到期权的隐含波动率 σ_{imp}, 即

$$g(\sigma_{\text{imp}}) = 2 - V_c(0, 100; 120, 1y, \sigma_{\text{imp}}, 5\%) = 0.$$

结果是 $\sigma_{\text{imp}} = 0.161482728841394\cdots$. 将这个值插入 Black-Scholes 方程, 得到看涨期权价值为 1.999999999999996. ◇

组合求根法

当初始猜测在根的附近, Newton-Raphson 算法二次收敛. 所以重要的是初始猜测 $\sigma_{\text{imp}}^{(0)}$, 要选得充分接近那个根. 当表达式 (4.3) 的分母接近于零, 确切说在计算隐含波动率的环境中, 期权的 Vega 接近于零, 这种方法会有收敛问题. 期权的 Vega 很小, 例如对深度的实值期权 (deep ITM)和深度的虚值期权 (deep OTM), 就会产生 Newton-Raphson 迭代法的收敛问题.

一个基本的求根程序, 如二分法, 有助于得到充分接近 Newton-Raphson 迭代的初始值, 或者要求严格收敛的情形. 这样, 这两项技术形成一个组合的求根程序.

组合求根法结合了 Newton-Raphson 方法的有效性和二分法的鲁棒性. 与二分法类似, 组合求根法基于根应该位于一个区间的事实, 这里是 $[\sigma_l, \sigma_r]$. 该方法的目的是用 Newton-Raphson 迭代法求根. 但是, 如果近似值不在 $[\sigma_l, \sigma_r]$ 的范围内, 则使用二分法来减小区间的大小. 经过一定的步骤后, 二分法将充分缩小区间, 从而 Newton-Raphson 的步骤将收敛. 算法如下所示.

算法 4.1.1 组合求根法

给出函数 $g(\sigma) = 0$, 找出根 $\sigma = \sigma_{\text{imp}}$, 使得 $g(\sigma_{\text{imp}}) = 0$.

决定初始区间 $[\sigma_{\text{imp}}^l, \sigma_{\text{imp}}^r]$:

如果 $g(\sigma_{\text{imp}}^l) \cdot g(\sigma_{\text{imp}}^r) > 0$ 则停止 (这个区间无根)

如果 $g(\sigma_{\text{imp}}^l) \cdot g(\sigma_{\text{imp}}^r) < 0$ 则

    $k = 1$

    $\sigma_{\text{imp}}^{(k)} = \frac{1}{2}(\sigma_{\text{imp}}^l + \sigma_{\text{imp}}^r)$

    $\delta = -g(\sigma_{\text{imp}}^{(k)})/g'(\sigma_{\text{imp}}^{(k)})$

    当 $\delta/\sigma_{\text{imp}}^{(k)} > \text{tol}$

        $\sigma_{\text{imp}}^{(k+1)} = \sigma_{\text{imp}}^{(k)} + \delta$

        如果 $\sigma_{\text{imp}}^{(k+1)} \notin [\sigma_{\text{imp}}^l, \sigma_{\text{imp}}^r]$, 则

            如果 $g(\sigma_{\text{imp}}^l) \cdot g(\sigma_{\text{imp}}^{(k+1)}) > 0$, 则 $\sigma_{\text{imp}}^l = \sigma_{\text{imp}}^{(k)}$

            如果 $g(\sigma_{\text{imp}}^l) \cdot g(\sigma_{\text{imp}}^{(k+1)}) < 0$, 则 $\sigma_{\text{imp}}^r = \sigma_{\text{imp}}^{(k)}$

            $\sigma_{\text{imp}}^{(k+1)} = (\sigma_{\text{imp}}^l + \sigma_{\text{imp}}^r)/2$

        $\delta = -g(\sigma_{\text{imp}}^{(k+1)})/g'(\sigma_{\text{imp}}^{(k+1)})$

        $k = k + 1$

继续

对 Newton-Raphson 方法不能收敛的深度的实值期权和深度的虚值期权, 组合方法却保持收敛, 尽管其收敛速率有点慢. 在上面的组合求根法中, 在 Newton-Raphson 步骤中构造期权 Vega 时包含了导数信息.

注释 4.1.1（Brent 法） 20 世纪 60 年代, van Wijngaarden、Dekker 等人 [Dekker, 1969], [Brent, 2013] 开发了一种无导数、黑箱鲁棒和有效的组合求根算法, 以后又被 Brent [Brent, 1971] 改进. 这个方法, 被称为 Brent 法, 保证了收敛性, 只要函数在初始的有根的区间里就可以求值. Brent 法组合了二分技术和逆二次插值技术. 逆二次插值技术是基于三个之前的迭代, $\sigma^{(k)}, \sigma^{(k-1)}, \sigma^{(k-2)}$, 通过它们确定逆二次函数. 迭代 $\sigma^{(k+1)}$ 是一个 y 的二次函数, 而 $\sigma^{(k+1)}$ 在 $y = 0$ 时的值是根 σ_{imp} 的近似. 设三点组 $[\sigma^{(k)}, g(\sigma^{(k)})], [\sigma^{(k-1)}, g(\sigma^{(k-1)})], [\sigma^{(k-2)}, g(\sigma^{(k-2)})]$, 则迭代公式为

$$\sigma^{(k+1)} = \frac{g(\sigma^{(k-1)})g(\sigma^{(k-2)})\sigma^{(k)}}{(g(\sigma^{(k)}) - g(\sigma^{(k-1)}))(g(\sigma^{(k)}) - g(\sigma^{(k-2)}))}$$
$$+ \frac{g(\sigma^{(k-2)})g(\sigma^{(k)})\sigma^{(k-1)}}{(g(\sigma^{(k-1)}) - g(\sigma^{(k-2)}))(g(\sigma^{(k-1)}) - g(\sigma^{(k)}))}$$
$$+ \frac{g(\sigma^{(k-1)})g(\sigma^{(k)})\sigma^{(k-2)}}{(g(\sigma^{(k-2)}) - g(\sigma^{(k-1)}))(g(\sigma^{(k-2)}) - g(\sigma^{(k)}))} \tag{4.4}$$

然而, 当估计值在二分区间的外面, 则它会被拒绝, 并将会使用二分法.

当相邻的两次迭代值完全相同时, 例如 $g(\sigma^{(k)}) = g(\sigma^{(k-1)})$, 二次插值法就会由割线法代替,

$$\sigma^{(k+1)} = \sigma^{(k-1)} - g(\sigma^{(k-1)})\frac{\sigma^{(k-1)} - \sigma^{(k-2)}}{g(\sigma^{(k-1)}) - g(\sigma^{(k-2)})}. \tag{4.5}$$

4.1.2　隐含波动率的含义

Black-Scholes 解里规定的波动率假定为常数或者是一个时间的确定函数. 这是 Black-Scholes 理论的基本假设, 据此推出了 Black-Scholes 方程. 然而, 这和观察到的金融市场不一致, 这是因为对固定的到期日和不同的敲定价的市场期权报价所反求出来的值, 表现出所谓的隐含波动率微笑和倾斜. 图 4-2 展示了我们从金融市场报价数据得到的经典的隐含波动率形状. 这里展示了隐含波动率关于敲定价 K 的变化. 图 4-3 展现了两个隐含波动率曲面在敲定价和时间维度的形状, 这里很明显曲面在时间方向也有变化. 这被称为隐含波动率曲面的期限结构.

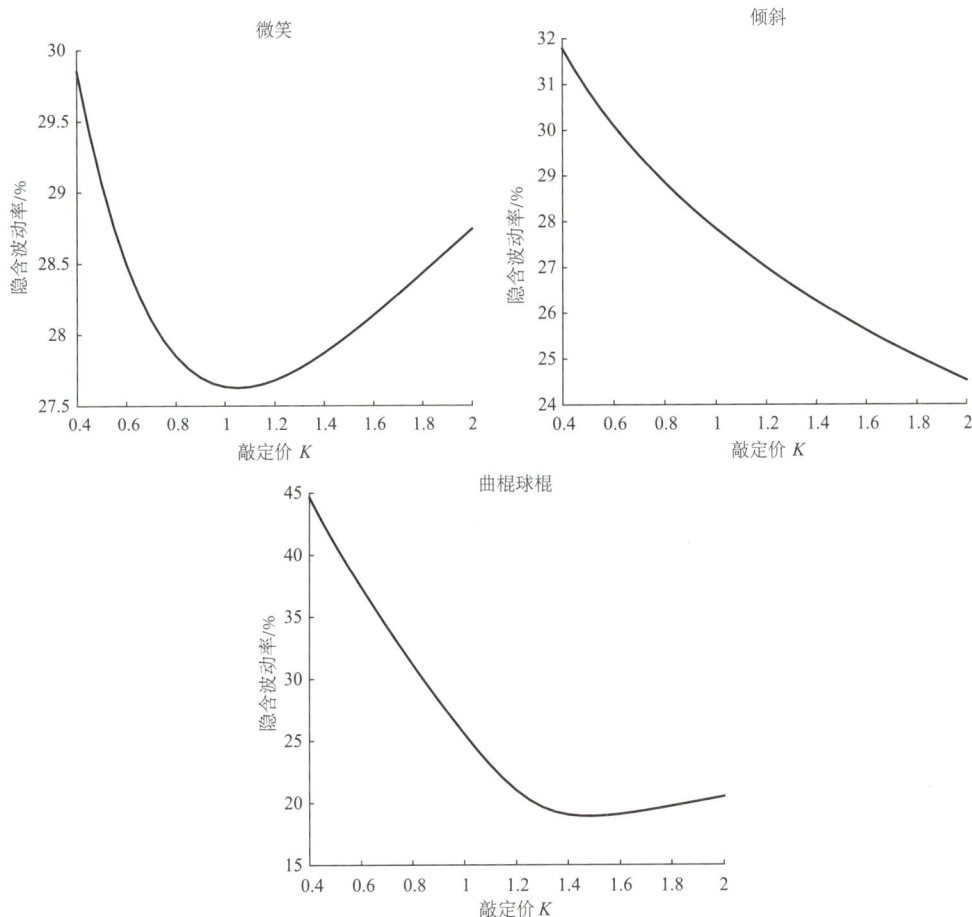

图 4-2　典型的隐含波动率形状: 微笑、倾斜以及曲棍球棍. 曲棍球棍曲线可以看作隐含波动率微笑和倾斜曲线的组合.

毫无疑问, Black-Scholes 模型及其通过股票和现金对冲期权合约的概念, 形成了现代金融的基础. 然而, 在实际的市场应用中, 某些假设是有问题的. 举几个例子, 在 Black-Scholes 的世界里, Delta 对冲是连续的过程, 但在实际中, 这是一个离散过程 (根据金融衍生品的类型, 一个对冲的投资组合一般一周左右更新一次), 而投资组合重

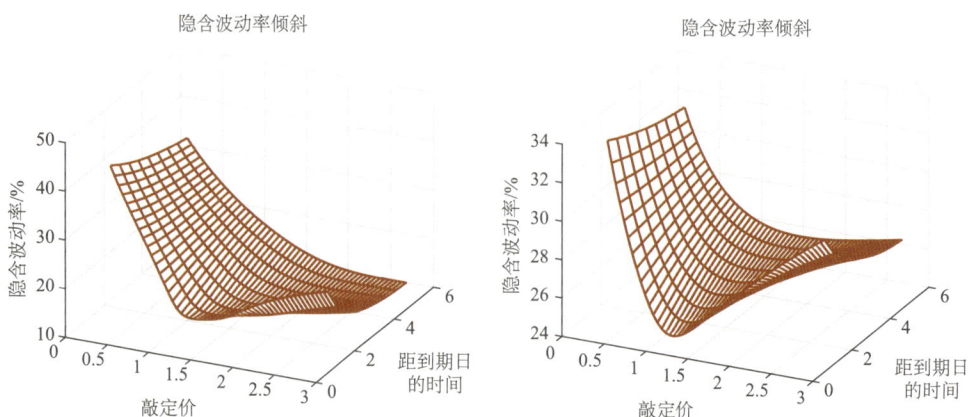

隐含波动率倾斜　　　　　　　　　　隐含波动率倾斜

图 4-3　隐含波动率曲面. 对短期到期日表现出明显的微笑, 而对较长到期日 T 表现是明显的倾斜 (左), 对所有到期日都表现微笑 (右).

新平衡的交易费用没有考虑进来. 对金融时间序列数据的实证研究表明, 金融市场报价的对数资产收益呈现厚尾和不对称性, 而 Black-Scholes 理论的正态资产收益假设 $dS(t)/S(t)$ 无法捕捉这些特征 [Rubinstein, 1994]. 经验密度通常比正态密度尖峭, 这就是大家熟知的超额峰度现象.

　　然而 Black-Scholes 模型的主要问题是无法再现上述的隐含波动率倾斜或微笑, 这些在许多金融市场是常见的. 这个事实是人们研究和使用其他的数学资产模型的重要动机.

　　在本章中, 将详细讨论作为股票价格动态的第一个替代模型的局部波动率过程.

4.1.3　资产价格替代模型的讨论

　　为了解决 Black-Scholes 动态带来的问题, 金融文献里提出了许多替代模型. 这些模型包括局部波动率模型 [Dupire, 1994], [Derman et al., 1998] 和 [Coleman et al., 1999]; 随机波动率模型 [Hull et al., 1987], [Heston, 1993]; 跳扩散模型 [Merton, 1976], [Kou, 2002], [Kou et al., 2004]; 以及更一般地, 还有有限和无穷活动的 Lévy 模型 [Barndorff, 1998], [Raible, 2000], [Eberlein, 2001], [Carr et al., 2002] 和 [Matache et al., 2004]. 这些进一步的模型, 至少在一定程度上可以产生所观察到的市场波动率的微笑和倾斜.

　　尽管上面提到的许多模型可以拟合期权市场数据, 但有一个缺点是需要通过校验来确定标的股票过程中未标定的参数, 从而使模型和市场价相符. 一个例外是被称为局部波动率 (LV) 的模型. 由于输入 LV 模型的是市场观察到的隐含波动率的值, LV 模型可以精确地校验任何给出的无套利欧式香草期权价组. 因此, 局部波动率模型在寻找最优模型参数的意义上不需要校验, 因为波动率函数可以用看涨期权和/或看跌期权的市场报价来表示. 通过局部波动率框架, 我们可以准确地再现市场波动率微笑和倾斜.

　　多年以来, 由 [Dupire, 1994] 和 [Derman et al., 1998] 引入的 LV 模型被认为是定价和管理金融衍生品风险的标准模型.

LV 模型因可以对一些期权产品精确定价而被金融从业者广泛采用, 但是其局限性也很明显. 例如, 它需要一个期权价的完整矩阵 (意即许多敲定价和许多到期日) 来确定隐含波动率. 如果数据组不完整, 这在实际中常发生, 就不得不用插值法和外推法, 它们可能使期权价格不准确. 还有其他缺点, 像由局部波动率模型产生的奇异期权的非精确价.

对 LV 模型一个可能的质疑是它仅仅通过恰当地拟合来确定参数不能反映 "市场因素的动态". 对于那些不同的期权产品、不同的合同期限以及因此而产生的波动性, 就应该当心在其校验框架之外使用这种模型.

该模型还有一个很大的缺陷是对定价较长到期日的产品不利, 如会在第 10 章中涉及的远期启动期权 [Rebonato, 1999].

例 4.1.3　这里我们重新考虑例 2.2.1 中的两个资产模型, 一个具时间依赖波动率, 而另一个具时间平均的常数波动率. 在那个例子里, 我们证明了通过这两个不同资产动态模型可以得到相同的欧式期权价.

在图 4-4 中, 我们考虑这两个模型的隐含波动率期限结构, 一个是 (时间平均) 常数波动率参数 σ_*, 而另一个是时间依赖波动率函数 $\sigma(t)$.

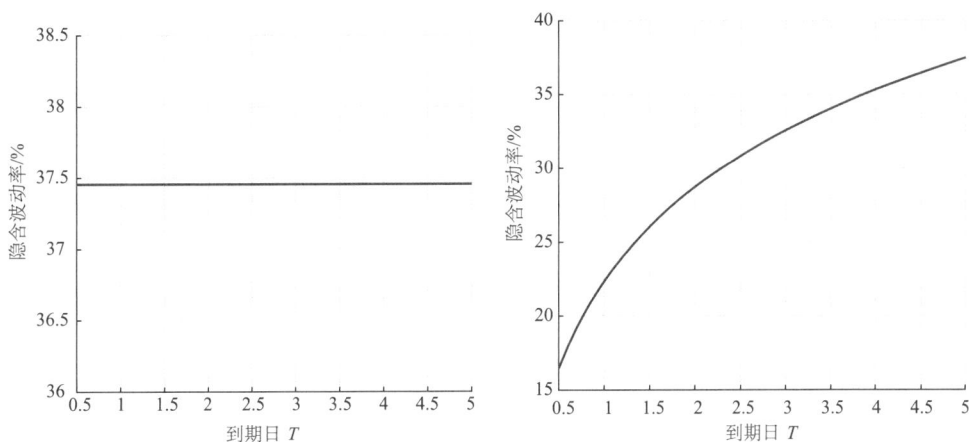

图 4-4　Black-Scholes 模型波动率期限结构 (对 ATM 波动率) 关于常数波动率 σ_* (左) 和时间依赖波动率 $\sigma(t)$ (右) 的比较.

借助时间依赖波动率模型, 我们可以描述 ATM 波动率的期限结构 (基于平值期权的时间依赖波动率结构), 而对于模型是常数波动率, 波动率的期限结构也是常数. 特别地, 在对冲的环境中, 波动率可以建模为时间依赖函数. 对冲成本通常通过解释期权的任何模型的实际准确定价来降低. 然而我们一般事先不知道波动率函数具体的时间依赖形式. 隐含波动率 $\sigma_{\mathrm{imp}}(T)$ 可以直接从时间依赖波动率函数 $\sigma(t)$ 中, 通过

$$\sigma_{\mathrm{imp}}(T) = \sqrt{\frac{1}{T}\int_0^T \sigma^2(t)\mathrm{d}t},$$

由方差可加性的性质得到.　　　　　　　　　　　　　　　　　　　　　　　　　◇

4.2 期权价格和密度

局部波动率模型的建立有赖于期权价格之间及其和隐含密度函数、Arrow-Debreu 证券之间的关联, 如 3.2.2 节中所介绍的. 在本节中这种关系将变得明显.

4.2.1 市场隐含波动率微笑和收益

在本节中, 我们将介绍一种基本但强大的技术, 它由 [Breeden et al., 1978] 为定价具有市场隐含波动率微笑或倾斜的欧式类期权而引入的. 这项技术其实比局部波动率模型早了 20 年, 它基于从欧式看涨期权和看跌期权的市场报价可以直接得到标的资产风险中性密度. 前面说过, 见方程 (3.36), 从期权价格中计算风险中性密度要求期权关于敲定价的二阶微分. 而使用这种方法可以避免这种情况, 因它建议去微分收益函数而不是对期权价格微分. 对收益微分通常更稳定, 那是因为它不涉及任何市场期权价格的插值.

由于 Breeden-Litzenberger 框架与股价 $S(T)$ 在到期时间 T 的边际密度有关, 我们不能对任何依赖于多个到期日的收益函数进行定价. 因此, 这个框架不适用路径依赖收益函数的期权定价.

为了表示期权价格依赖敲定价 K 和到期日 T, 我们在参数中显示它们, 从而本节中价格函数的记号变成了 $V(t_0, S_0; K, T)$.

假设我们想要定价一个基本欧式期权, 它具有众所周知的看涨或看跌收益函数 $H(T, S)$, 被称为平凡香草收益函数. 由于收益函数只依赖于 $S(T)$, 其今天的价值为

$$V(t_0, S_0; K, T) = \mathrm{e}^{-r(T-t_0)} \int_0^\infty H(T, y) f_{S(T)}(y) \mathrm{d}y, \tag{4.6}$$

这里 $f_{S(T)}(y) \equiv f_S(T, y; t_0, S_0)$ 为资产价格过程在时间 T 的风险中性密度. $H(T, y)$ 是时间 T 时的收益函数.

推导的起点是关于 K 的微分具有收益函数 $\max(S - K, 0)$ 的期权价格 $V_c(t_0, S_0; K, T)$, 如下:

$$\begin{aligned}
\frac{\partial V_c(t_0, S_0; K, T)}{\partial K} &= \mathrm{e}^{-r(T-t_0)} \frac{\partial}{\partial K} \int_K^{+\infty} (y - K) f_{S(T)}(y) \mathrm{d}y \\
&= -\mathrm{e}^{-r(T-t_0)} \int_K^{+\infty} f_{S(T)}(y) \mathrm{d}y,
\end{aligned} \tag{4.7}$$

所以我们找到关于 K 的二阶导数:

$$\frac{\partial^2 V_c(t_0, S_0; K, T)}{\partial K^2} = \mathrm{e}^{-r(T-t_0)} f_{S(T)}(K). \tag{4.8}$$

如前所述, 隐含股价密度可以从 (市场) 期权价格推导出来, 通过对看涨期权价格求微分得到 (见等式 (3.36)), 如

$$f_{S(T)}(y) = \mathrm{e}^{r(T-t_0)} \frac{\partial^2}{\partial y^2} V_c(t_0, S_0; y, T). \tag{4.9}$$

借助于涨跌平价公式 (3.3), 这个密度也可以通过市场看跌价格得到, 即

$$f_{S(T)}(y) = e^{r(T-t_0)} \frac{\partial^2}{\partial y^2} \left(V_p(t_0, S_0; y, T) + S_0 - e^{-r(T-t_0)}y \right)$$
$$= e^{r(T-t_0)} \frac{\partial^2 V_p(t_0, S_0; y, T)}{\partial y^2}.$$

这些关于 $f_{S(T)}(y)$ 的表达式可以带入等式 (4.6).

通过看涨或看跌期权两种方法来表明股价的密度, 人们可能想知道哪种选择最合适. 这个问题与 "市场上可流动的" 有哪些期权有关. 大流动性意味着大量交易, 从而买卖价差很小, 这导致更好地估计股价密度. 实际上, 我们不能说看涨期权或看跌期权哪个流动性更强, 但众所周知, 虚值 (OTM)期权, 见定义 3.1.2, 通常比实值 (ITM)期权更具流动性. 确定市场股价的隐含密度, 人们最好选择 OTM 看涨和看跌期权.

例 4.2.1 (Black-Scholes 股价关于敲定价的导数)　我们考虑在前几个例子中使用的 Black-Scholes 解, 其参数选择如下:

$$S_0 = 10,\ r = 0.05,\ \sigma = 0.4,\ T = 1,\ K = 10.$$

在这个例子里, 我们展示了看涨期权价值作为 t 和 K 的函数, 从而在 (t, K) 平面上展示函数 V_c, 见图 4-5. 注意, 当绘制不同的敲定价 K 时, 看涨期权曲面看起来很不同. 在这节里, 在局部波动率模型中, 也常碰到期权价值关于敲定价 K 的导数. 在图 4-5, 我们于是在 (t, K) 平面上展现这些导数. 请注意, 实际上, 期权关于敲定价的二阶导数给出了密度函数随时间的演化过程.　　　　　　　　　　　　　　◊

我们现在将 (4.6) 中的积分分为两部分:

$$V(t_0, S_0; K, T) = e^{-r(T-t_0)} \left(\int_0^{S_F} H(T, y) f_{S(T)}(y) \mathrm{d}y \right.$$
$$\left. + \int_{S_F}^{\infty} H(T, y) f_{S(T)}(y) \mathrm{d}y \right), \qquad (4.10)$$

这里

$$S_F \equiv S_F(t_0, T) := e^{r(T-t_0)} S(t_0),$$

表示远期价 (即标的物价格在未来时刻的期望).

对 $S > K$ 我们有 OTM 看跌期权, 而对于 $S < K$ 我们有 OTM 看涨期权, 因此我们通过看跌价格计算第一个积分, 而通过看涨价格计算第二个积分, 即

$$V(t_0, S_0; K, T) = \int_0^{S_F} \underbrace{H(T, y) \frac{\partial^2 V_p(t_0, S_0; y, T)}{\partial y^2}}_{I_1(y)} \mathrm{d}y$$

$$+ \int_{S_F}^{\infty} \underbrace{H(T,y) \frac{\partial^2 V_c(t_0, S_0; y, T)}{\partial y^2}}_{I_2(y)} \mathrm{d}y, \tag{4.11}$$

这里 $\mathrm{e}^{r(T-t_0)}$ 被消掉了.

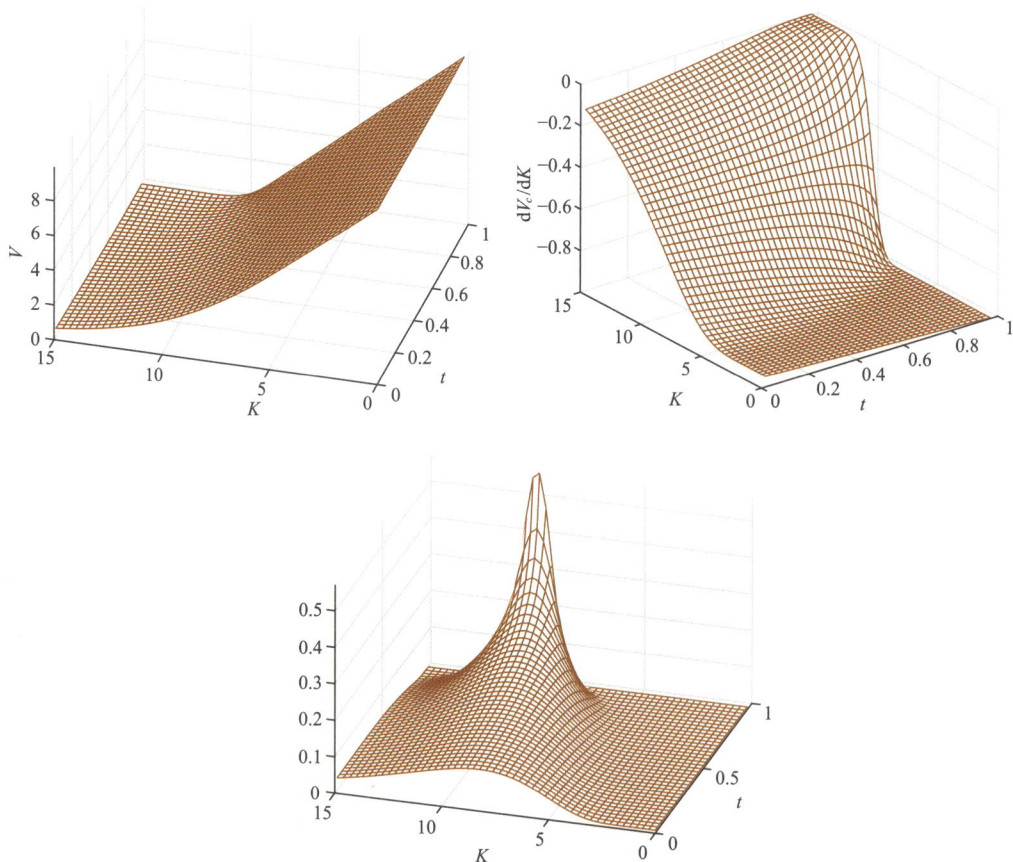

图 4-5 **看涨期权价值作为时间 t 和敲定价 K 的函数 (左上), 其关于敲定价 K 的一阶导数即 $\partial V_c/\partial K$ (右上) 和对应的二阶导数 $\partial^2 V_c/\partial K^2$ (下).**

为了获得 $V(t_0, S_0; K, T)$ 的精确估计, 我们需要计算在时间 t_0 的看跌和看涨期权的二阶导数. 然而, 在实际操作中, 这些期权的市场报价很少, 并且计算结果很可能对求导很敏感. 借助分部积分的技巧, 我们可以用对收益函数的微分来取代对期权的微分. 假设收益函数 $H(T,y)$ 关于 y 是两次可微的, 通过对 (4.11) 中的 $I_1(y)$ 分部积分, 我们发现

$$\int_0^{S_F} I_1(y)\mathrm{d}y = \left[H(T,y)\frac{\partial V_p(t_0, S_0; y, T)}{\partial y} \right]_{y=0}^{y=S_F}$$
$$- \int_0^{S_F} \frac{\partial H(T,y)}{\partial y} \frac{\partial V_p(t_0, S_0; y, T)}{\partial y} \mathrm{d}y. \tag{4.12}$$

再次对 (4.12) 最后一个积分应用分部积分, 我们有

$$\int_0^{S_F} I_1(y)\mathrm{d}y = \underbrace{\left[H(T,y)\frac{\partial V_p(t_0,S_0;y,T)}{\partial y}\right]_{y=0}^{y=S_F}}_{I_{1,1}(S_F)} - \underbrace{\frac{\partial H(T,y)}{\partial y}V_p(t_0,S_0;y,T)\bigg|_{y=0}^{y=S_F}}_{I_{1,2}(S_F)}$$

$$+ \int_0^{S_F} \frac{\partial^2 H(T,y)}{\partial y^2}V_p(t_0,S_0;y,T)\mathrm{d}y, \tag{4.13}$$

对 (4.11) 式中的第二个积分, 我们同样发现

$$\int_{S_F}^\infty I_2(y)\mathrm{d}y = \underbrace{\left[H(T,y)\frac{\partial V_c(t_0,S_0;y,T)}{\partial y}\right]_{y=S_F}^{y=\infty}}_{I_{2,1}(S_F)} - \underbrace{\frac{\partial H(T,y)}{\partial y}V_c(t_0,S_0;y,T)\bigg|_{y=S_F}^{y=\infty}}_{I_{2,2}(S_F)}$$

$$+ \int_{S_F}^\infty \frac{\partial^2 H(T,y)}{\partial y^2}V_c(t_0,S_0;y,T)\mathrm{d}y.$$

所以期权价值 $V(t_0,S_0;K,T)$ 可以表成

$$V(t_0,S_0;K,T) = I_{1,1}(S_F) - I_{1,2}(S_F) + I_{2,1}(S_F) - I_{2,2}(S_F)$$

$$+ \int_0^{S_F} \frac{\partial^2 H(T,y)}{\partial y^2}V_p(t_0,S_0;y,T)\mathrm{d}y$$

$$+ \int_{S_F}^\infty \frac{\partial^2 H(T,y)}{\partial y^2}V_c(t_0,S_0;y,T)\mathrm{d}y.$$

我们重新审视涨跌平价公式. 对涨跌平价公式关于敲定价 $y = K$ 求导, 得到

$$\boxed{\frac{\partial V_c(t_0,S_0;y,T)}{\partial y} + \mathrm{e}^{-r(T-t_0)} = \frac{\partial V_p(t_0,S_0;y,T)}{\partial y}.} \tag{4.14}$$

另外, 对原始的涨跌平价公式 (3.3) 在 $K = S_F \equiv S_F(t_0,T)$ 的价值, 我们发现 $V_c(t_0,S_0;K,T) + \mathrm{e}^{-r(T-t_0)}S_F = V_p(t_0,S_0;K,T) + S_0$, 从而平值看涨和看跌期权应该满足关系

$$V_c(t_0,S_0;S_F,T) = V_p(t_0,S_0;S_F,T). \tag{4.15}$$

由于对敲定价 $K = 0$, 一份看跌期权价值为零, 而一份看涨期权对 "$K \to \infty$" 时价值为零, 由 (4.15), 我们得到

$$I_{1,2} + I_{2,2} = \frac{\partial H(T,y)}{\partial y}\bigg|_{y=S_F} V_p(t_0,S_0;y,T)$$

$$- \frac{\partial H(T,y)}{\partial y}\bigg|_{y=S_F} V_c(t_0,S_0;y,T) = 0. \tag{4.16}$$

借助 (4.14), 我们还得到

$$I_{1,1} + I_{2,1} = \left[H(T,y)\frac{\partial V_p(t_0,S_0;y,T)}{\partial y}\right]_{y=0}^{y=S_F} + \left[H(T,y)\frac{\partial V_c(t_0,S_0;y,T)}{\partial y}\right]_{y=S_F}^{y=\infty}$$

$$= \left[H(T,y)\frac{\partial V_c(t_0,S_0;y,T)}{\partial y}\right]_{y=0}^{y=\infty} + \mathrm{e}^{-r(T-t_0)}\left(H(T,S_F) - H(T,0)\right).$$

对看涨期权关于敲定价求偏导, 得到下列表达式:

$$\frac{\partial V_c(t_0, S_0; K, T)}{\partial K} = -\mathrm{e}^{-r(T-t_0)} \int_K^\infty f_{S(T)}(y) \mathrm{d}y,$$

$$= -\mathrm{e}^{-r(T-t_0)} \left(1 - F_{S(T)}(K)\right), \qquad (4.17)$$

这里 $F_{S(T)}(\cdot)$ 是股价 $S(T)$ 在时间 T 的 CDF. 也就是说,

$$\left[H(T, y) \frac{\partial V_c(t_0, S_0; y, T)}{\partial y}\right]_{y=0}^{y=\infty} = -\mathrm{e}^{-r(T-t_0)} \left[H(T, \infty)\left(1 - F_{S(T)}(\infty)\right)\right.$$

$$\left. - H(T, 0)\left(1 - F_{S(T)}(0)\right)\right].$$

由于股价是非负的, $F_{S(T)}(0) = 0$. 假定对 $y \to \infty$, CDF $F_{S(T)}(y)$ 收敛到 1 比 $H(T, y)$ 发散到无穷更快, 则有

$$\left[H(T, y) \frac{\partial V_c(t_0, S_0; K, T)}{\partial K}\right]_{y=0}^{y=\infty} = -\mathrm{e}^{-r(T-t_0)} \left[0 - H(T, 0)\left(1 - 0\right)\right]$$

$$= \mathrm{e}^{-r(T-t_0)} H(T, 0). \qquad (4.18)$$

这意味着项 $I_{1,1} + I_{2,1}$ 的表达式为

$$I_{1,1} + I_{2,1} = \mathrm{e}^{-r(T-t_0)} H(T, 0) + \mathrm{e}^{-r(T-t_0)} \left(H(T, S_F) - H(T, 0)\right)$$

$$= \mathrm{e}^{-r(T-t_0)} H(T, S_F). \qquad (4.19)$$

定价方程于是可以写成

$$V(t_0, S_0; K, T) = \mathrm{e}^{-r(T-t_0)} H(T, S_F) + \int_0^{S_F} V_p(t_0, S_0; y, T) \frac{\partial^2 H(T, y)}{\partial y^2} \mathrm{d}y$$

$$+ \int_{S_F}^\infty V_c(t_0, S_0; y, T) \frac{\partial^2 H(T, y)}{\partial y^2} \mathrm{d}y. \qquad (4.20)$$

这个方程由两部分组成, 可以直观地解释 [Carr et al., 1998]. 我们遇到了今天已知的合约的远期价值, 其有波动率微笑修正, 这由两个积分给出. 由于最后的表达式不涉及看涨价格关于敲定价的微分, 这种表示比等式 (4.11) 中的形式在计算方面更稳定.

例 4.2.2 (欧式期权) Breeden-Litzenberger 技术在这里用来定价欧式看涨和看跌期权, 这里我们期望等式 (4.20) 回到标准的期权定价结果. 对 $H(T, y) = \max(y - K, 0)$, 方程 (4.20) 写成

$$V(t_0, S_0; K, T) = \mathrm{e}^{-r(T-t_0)} \max(S_F - K, 0)$$

$$+ \int_0^{S_F} V_p(t_0, S_0; y, T) \frac{\partial^2 \max(y - K, 0)}{\partial y^2} \mathrm{d}y$$

$$+ \int_{S_F}^\infty V_c(t_0, S_0; y, T) \frac{\partial^2 \max(y - K, 0)}{\partial y^2} \mathrm{d}y, \qquad (4.21)$$

这里 $S_F \equiv S_F(t_0, T) = \mathrm{e}^{r(T-t_0)} S(t_0)$. 最大算子不是处处可导的. 应用示性函数

$$\max(y - K, 0) = (y - K)\mathbb{1}_{y-K>0}(y),$$

我们有

$$\frac{\partial \left((y-K)\mathbb{1}_{y-K>0}(y)\right)}{\partial y} = \mathbb{1}_{y-K>0}(y) + (y-K)\delta(y-K),$$

其中 $\delta(y)$ 是 Dirac delta 函数, 见 (1.17). 求导两次, 得

$$\frac{\partial^2 \left((y-K)\mathbb{1}_{y-K>0}(y)\right)}{\partial y^2} = \delta(y-K) + \delta(y-K) + (y-K)\delta'(y-K)$$

$$= \delta(y-K),$$

其中用到 $y\delta'(y) = -\delta(y)$. 有了这些结果, 利用平价公式 (3.3), 方程 (4.21) 变成

$$V(t_0, S_0; K, T) = \mathrm{e}^{-r(T-t_0)} \max(S_F - K, 0) + \int_0^\infty V_c(t_0, S_0; y, T)\delta(y-K)\mathrm{d}y$$

$$+ \int_0^{S_F} \left(\mathrm{e}^{-r(T-t_0)}y - S_0\right)\delta(y-K)\mathrm{d}y.$$

上面表达式的最后一个积分可进一步简化如下:

$$\int_0^{S_F} \left(\mathrm{e}^{-r(T-t_0)}y - S_0\right)\delta(y-K)\mathrm{d}y = \mathrm{e}^{-r(T-t_0)} \int_0^{S_F} (y - S_F)\delta(y-K)\mathrm{d}y,$$

其中, 右端的积分只在 $K < S_F(t_0, T)$ 时不为零, 而且 $\int_{-\infty}^{+\infty} g(y)\delta(y-a)\mathrm{d}y = g(a)$ 对任何连续函数 $g(y)$, 我们有

$$\int_0^{S_F} \left(\mathrm{e}^{-r(T-t_0)}y - S_0\right)\delta(y-K)\mathrm{d}y = -\mathrm{e}^{-r(T-t_0)} (S_F - K)\,\mathbb{1}_{K<S_F}$$

$$= -\mathrm{e}^{-r(T-t_0)} \max(S_F - K, 0).$$

所以定价方程产生:

$$V(t_0, S_0; K, T) = \int_0^\infty V_c(t_0, S_0; y, T)\delta(y-K)\mathrm{d}y \equiv V_c(t_0, S_0; K, T).$$

这就完成了推导.　　　　　　　　　　　　　　　　　　　　　　　　　　　◊

4.2.2　方差互换

到目前为止, 讨论了特定情形下的标的物价格模型. 波动率作为模型中的一个参数, 主要用于改善与市场隐含波动率微笑或倾斜的拟合. 在本小节中, 我们进一步通过波动率模型关注波动率本身. 我们实际上可以用名为方差互换的金融产品, 像其他股票或商品一样, 进行波动率交易.

> 方差互换是一种远期合约, 在到期日 T 支付已实现的方差与预定敲定价 (乘以一定的名义金额) 之间的差额. 一般来说, 远期合约的合同不在受监管的交易所交易, 而是交易双方直接在场外交易.

交易双方同意在未来的预定时间以约定的价格买卖资产. 实现的方差, 将以量 K 进行 "互换", 由于没有一般意义上的市场惯例, 可以用不同的方式来度量.

例如波动率可以通过连续观察股票的表现来间接地度量. 一个方差互换的收益则可定义成

$$H(T, S) = \frac{252}{m} \sum_{i=1}^{m} \left(\log \frac{S(t_i)}{S(t_{i-1})} \right)^2 - K \tag{4.22}$$

$$=: \sigma_v^2(T) - K,$$

对于资产 $S(t)$, 在给定的时间网格 $t_0 < t_1 < \cdots < t_m = T$ 上, 敲定水平为 K, 而 σ_v^2 是在互换的生命期中股票实现的方差, 252 表示给定年内的工作日数. 通常, 将敲定价 K 设置为在最初合同价等于 0.

在利率 r 确定的情况下, 互换合同在 t_0 时的价值为

$$V(t_0, S_0; K, T) = \mathrm{e}^{-r(T-t_0)} \mathbb{E}^{\mathbb{Q}} \left[\sigma_v^2(T) - K | \mathcal{F}(t_0) \right], \tag{4.23}$$

为使互换合同价值在这个初始时间等于零, 其敲定价 K 满足

$$\mathrm{e}^{-r(T-t_0)} \mathbb{E}^{\mathbb{Q}} \left[\sigma_v^2(T) - K | \mathcal{F}(t_0) \right] = 0, \tag{4.24}$$

从而 $K = \mathbb{E}^{\mathbb{Q}} \left[\sigma_v^2(T) | \mathcal{F}(t_0) \right]$.

随着时间网格的细化, 即 $\Delta t = t_i - t_{i-1} \to 0$, 在 (4.22) 中的对数项的极限可写成

$$\log \frac{S(t_i)}{S(t_{i-1})} = \log S(t_i) - \log S(t_{i-1}) \xrightarrow{\Delta t \to 0} \mathrm{d} \log S(t),$$

这里的 $S(t)$ 由下面的随机过程控制:

$$\mathrm{d}S(t) = rS(t)\mathrm{d}t + \sigma(t)S(t)\mathrm{d}W(t), \tag{4.25}$$

其中 r 是常数, 波动率是随机过程 $\sigma(t)$, 在对数变换下的动态为

$$\mathrm{d} \log S(t) = \left(r - \frac{1}{2}\sigma^2(t) \right) \mathrm{d}t + \sigma(t)\mathrm{d}W(t). \tag{4.26}$$

Itô 表给出主项, $(\mathrm{d} \log S(t))^2 = \sigma^2(t)\mathrm{d}t$, 从而

$$\int_{t_0}^{T} (\mathrm{d} \log S(t))^2 = \int_{t_0}^{T} \sigma^2(t)\mathrm{d}t. \tag{4.27}$$

相应推导的严格证明可以在 [Barndorff-Nielsen et al., 2006] 中找到.

有了 (4.25) 和 (4.26), 我们有

$$\frac{\mathrm{d}S(t)}{S(t)} - \mathrm{d}\log S(t) = \frac{1}{2}\sigma^2(t)\mathrm{d}t. \tag{4.28}$$

(4.22) 中 $252/m$ 一项是按年计算的实现的方差 (年回报的百分比). 对于连续的情况建模为 $1/(T-t_0)$.

在连续的情形下, 方差互换合同也就可写为

$$H(T,S) = \frac{1}{T-t_0}\int_{t_0}^{T}\sigma^2(t)\mathrm{d}t - K =: \sigma_v^2(T) - K. \tag{4.29}$$

用 (4.28), 互换中应该交易的敲定价 K 则为

$$
\begin{aligned}
K &= \mathbb{E}^{\mathbb{Q}}\left[\frac{1}{T-t_0}\int_{t_0}^{T}\sigma^2(t)\mathrm{d}t\,\middle|\,\mathcal{F}(t_0)\right]\\
&= \frac{2}{T-t_0}\mathbb{E}^{\mathbb{Q}}\left[\int_{t_0}^{T}\frac{\mathrm{d}S(t)}{S(t)} - \mathrm{d}\log S(t)\,\middle|\,\mathcal{F}(t_0)\right]\\
&= \frac{2}{T-t_0}\mathbb{E}^{\mathbb{Q}}\left[\int_{t_0}^{T}\frac{\mathrm{d}S(t)}{S(t)}\,\middle|\,\mathcal{F}(t_0)\right] - \frac{2}{T-t_0}\mathbb{E}^{\mathbb{Q}}\left[\log\frac{S(T)}{S(t_0)}\,\middle|\,\mathcal{F}(t_0)\right].
\end{aligned}
\tag{4.30}
$$

经过简化和积分内交换, 然后取期望, 我们得到:

> 使得在初始时间 t_0 时方差互换价值为零的敲定价 K 由下式给出:
>
> $$K = \frac{2}{T-t_0}\left(r(T-t_0) - \mathbb{E}^{\mathbb{Q}}\left[\log\frac{S(T)}{S(t_0)}\,\middle|\,\mathcal{F}(t_0)\right]\right), \tag{4.31}$$
>
> 这里 $S(T)/S(t_0)$ 表示标的股票的回报率.

方差互换的定价方程

VIX 指数是一个已知的指数, 它可以度量 S&P500 指数的隐含波动率. 它的价值基于 S&P500 指数的期权, 到期时间从 23 天到 37 天. 隐含波动率的平均值是计算 S&P500 指数 30 天期权. VIX 指数也被称为恐慌指数, 因为它代表了市场对股市波动率的预期. 与 VIX 指数相对应的是 VSTOXX 波动率指数, 其标的指数是 Euro Stoxx 50 指数.

我们抽出 S&P500 的看涨和看跌的市场价格. 从 4.2.1 一节的推导, 我们得到方差互换的定价方程. 为了确定敲定价 K, 我们借助市场期权报价来计算 (4.31) 中的期望.

定价下列合同:

$$V(t_0, S_0; K, T) = \mathrm{e}^{-r(T-t_0)}\mathbb{E}^{\mathbb{Q}}\left[H(T,S)\,\middle|\,\mathcal{F}(t_0)\right]. \tag{4.32}$$

这里某收益函数 $H(T,S)$, 考虑波动率微笑, 这个价格可以通过方程 (4.20) 来确定, 即

$$V(t_0, S_0; K, T) = \mathrm{e}^{-r(T-t_0)}H(T, S_F)$$

$$+ \int_0^{S_F} V_p(t_0, S_0; y, T) \frac{\partial^2 H(T, y)}{\partial y^2} \mathrm{d}y$$

$$+ \int_{S_F}^{\infty} V_c(t_0, S_0; y, T) \frac{\partial^2 H(T, y)}{\partial y^2} \mathrm{d}y, \tag{4.33}$$

其中远期股价 $S_F \equiv S_F(t_0, T) := S(t_0)\mathrm{e}^{r(T-t_0)}$, 而 $V_c(t_0, S_0; y, T)$ 和 $V_p(t_0, S_0; y, T)$ 分别是看涨和看跌期权价格.

方差互换交易中的敲定价 K 由 (4.31) 给出. 该表达式可以用远期股价进行修正,

$$K = -\frac{2}{T-t_0}\mathbb{E}^{\mathbb{Q}}\left[\log\frac{S(T)}{S(t_0)} - \log\mathrm{e}^{r(T-t_0)}\Big|\mathcal{F}(t_0)\right]$$

$$= -\frac{2}{T-t_0}\mathbb{E}^{\mathbb{Q}}\left[\log\frac{S(T)}{S_F}\Big|\mathcal{F}(t_0)\right]. \tag{4.34}$$

对 $H(T, y) = \log\frac{y}{S_F}$, 我们发现

$$\frac{\partial}{\partial y}H(T, y) = \frac{1}{y}, \qquad \frac{\partial^2}{\partial y^2}H(T, y) = -\frac{1}{y^2},$$

而 (4.34) 中的期望可以用方程 (4.32) 和 (4.33) 来计算, 如下:

$$\mathbb{E}^{\mathbb{Q}}\left[\log\frac{S(T)}{S_F}\Big|\mathcal{F}(t_0)\right] = \mathrm{e}^{r(T-t_0)}V(t_0, S_0; K, T)$$

$$= \log\frac{S_F}{S_F} - \mathrm{e}^{r(T-t_0)}\int_0^{S_F}\frac{1}{y^2}V_p(t_0, S_0; y, T)\mathrm{d}y$$

$$- \mathrm{e}^{r(T-t_0)}\int_{S_F}^{\infty}\frac{1}{y^2}V_c(t_0, S_0; y, T)\mathrm{d}y$$

$$= -\mathrm{e}^{r(T-t_0)}\left[\int_0^{S_F}\frac{1}{y^2}V_p(t_0, S_0; y, T)\mathrm{d}y + \int_{S_F}^{\infty}\frac{1}{y^2}V_c(t_0, S_0; y, T)\mathrm{d}y\right].$$

所以,

$$K = -\frac{2}{T-t_0}\mathbb{E}^{\mathbb{Q}}\left[\log\frac{S(T)}{S_F}\Big|\mathcal{F}(t_0)\right] \tag{4.35}$$

$$= \frac{2}{T-t_0}\mathrm{e}^{r(T-t_0)}\left[\int_0^{S_F}\frac{1}{y^2}V_p(t_0, S_0; y, T)\mathrm{d}y + \int_{S_F}^{\infty}\frac{1}{y^2}V_c(t_0, S_0; y, T)\mathrm{d}y\right].$$

例如, 可以通过 Gauss 求积积分技术有效地计算该表达式. 所得结果使我们能够计算出欧式看涨和看跌期权价格在给定市场报价下的方差互换价值. 一旦方差互换的市场报价与市场看涨和看跌期权的隐含价值有显著差异, 见 (4.35), 我们有可能找到波动率套利的可能性.

注释 4.2.1 (**Black-Scholes 模型中的** $\mathbb{E}^{\mathbb{Q}}[\log S(T)|\mathcal{F}(t_0)]$) 可能有人怀疑 $\mathbb{E}^{\mathbb{Q}}[\log S(T)|\mathcal{F}(t_0)]$ 能够很容易地在 Black-Scholes 模型下确定, 因为 $\log S(T)$ 由下式给出:

$$\log S(T) = \left(r - \frac{1}{2}\sigma^2\right)(T-t_0) + \sigma(W(T) - W(t_0)),$$

而其期望为

$$\mathbb{E}^{\mathbb{Q}}\left[\log S(T)|\mathcal{F}(t_0)\right] = \left(r - \frac{1}{2}\sigma^2\right)(T - t_0),$$

这个定价公式仅仅用利率 r 和波动率 σ 来表示, 却没有说明使用什么样的波动率. 这与欧式期权定价非常不同, 欧式期权在金融市场上的报价是可以确定隐含波动率的. 而对于 $\mathbb{E}[\log S(T)]$, 情况就很复杂, 因为没有可用于确定波动率 σ 的流动性产品.

解决方案是用 "所有可用的市场报价" 来得到期望, 这就是 Breeden-Litzenberger 方法背后的思想.

方差互换和 VIX 指数之间的关系

借助于 Breeden-Litzenberger 技术, 方程 (4.35) 提供了方差互换和隐含分布之间的一个直接的联系. 等式的关键之处是方法在本质上是无模型的. 积分基于市场看涨和看跌期权的报价.

我们将 (4.35) 与 VIX 波动率指数联系起来, 从某些敲定价[2] 开始, 对 $K_f < S_F(t_0, T)$, 我们将积分 (4.35) 分开如下:

$$K = \frac{2}{T - t_0}\mathrm{e}^{r(T-t_0)}\left[\int_0^{K_f}\frac{1}{y^2}V_p(t_0, S_0; y, T)\mathrm{d}y + \int_{K_f}^{\infty}\frac{1}{y^2}V_c(t_0, S_0; y, T)\mathrm{d}y\right]$$
$$+ \frac{2}{T - t_0}\mathrm{e}^{r(T-t_0)}\int_{K_f}^{S_F}\frac{1}{y^2}\left(V_p(t_0, S_0; y, T) - V_c(t_0, S_0; y, T)\right)\mathrm{d}y. \tag{4.36}$$

对 $y = K$, 由涨跌平价公式, 我们有

$$V_p(t_0, S_0; y, T) - V_c(t_0, S_0; y, T) = \mathrm{e}^{-r(T-t_0)}y - S_0,$$

所以我们可以将 (4.36) 中最后的表达式写成

$$\frac{2}{T - t_0}\mathrm{e}^{r(T-t_0)} \times \int_{K_f}^{S_F}\frac{1}{y^2}(\mathrm{e}^{-r(T-t_0)}y - S_0)\mathrm{d}y$$
$$= \frac{2}{T - t_0}\mathrm{e}^{r(T-t_0)}\left(\mathrm{e}^{-r(T-t_0)}\left(\log S_F - \log K_f\right) + S(t_0)\left(\frac{1}{S_F} - \frac{1}{K_f}\right)\right)$$
$$= \frac{2}{T - t_0}\left(\log\frac{S_F}{K_f} + \left(1 - \frac{S_F}{K_f}\right)\right). \tag{4.37}$$

将对数项应用 Taylor 展开, 忽略高于二阶的项, 结果为

$$\log\frac{S_F}{K_f} \approx \left(\frac{S_F}{K_f} - 1\right) - \frac{1}{2}\left(\frac{S_F}{K_f} - 1\right)^2. \tag{4.38}$$

有了这个, 表达式 (4.37) 变成

$$\frac{2}{T - t_0}\mathrm{e}^{r(T-t_0)}\int_{K_f}^{S_F}\frac{1}{y^2}\left(V_p(t_0, S_0; y, T) - V_c(t_0, S_0; y, T)\right)\mathrm{d}y \approx -\frac{1}{T - t_0}\left(\frac{S_F}{K_f} - 1\right)^2.$$

---

[2]敲定价 K_f 应该是低于远期 S_F 的最高的敲定价.

于是 (4.36) 可写成

$$K \approx \frac{2}{T-t_0} e^{r(T-t_0)} \left[\int_0^{K_f} \frac{1}{y^2} V_p(t_0, S_0; y, T) \mathrm{d}y + \int_{K_f}^{\infty} \frac{1}{y^2} V_c(t_0, S_0; y, T) \mathrm{d}y \right]$$
$$- \frac{1}{T-t_0} \left(\frac{S_F}{K_f} - 1 \right)^2.$$

将上式积分离散化, 以通常的方式用 N_K 及其增量 ΔK 离散 K 的维度, 得

$$K \approx \frac{2}{T-t_0} e^{r(T-t_0)} \left[\sum_{i=1}^{f-1} \frac{1}{K_i^2} V_p(t_0, S_0; K_i, T) \Delta K + \sum_{i=f}^{N_K} \frac{1}{K_i^2} V_c(t_0, S_0; K_i, T) \Delta K \right]$$
$$- \frac{1}{T-t_0} \left(\frac{S_F}{K_f} - 1 \right)^2.$$

这个表达式可以被认为是 VIX 指数的平方 (记为 VIX^2), 它由芝加哥期权交易所 (CBOE)在其白皮书 [CBOE White Paper] 中定义, 如下所示:

$$\mathrm{VIX}^2 = \frac{2}{T-t_0} \sum_{i=1}^{N_K} \frac{\Delta K}{K_i^2} e^{r(T-t_0)} Q(K_i) - \frac{1}{T-t_0} \left[\frac{S_F}{K_f} - 1 \right]^2. \tag{4.39}$$

这里, $Q(K_i)$ 表示敲定价为 K_i 的虚值看涨和看跌期权价值, 而 K_f 是低于远期价格 $S_F = S_F(t_0, T) := S_0 e^{r(T-t_0)}$ 的最高的敲定价.

4.3 非参数局部波动率模型

尽管 Breeden-Litzenberger 技术是有用的, 但其适用性基本上局限于平凡香草的欧式看跌和看涨期权. 接下来我们将讨论适用范围更广的局部波动率模型.

基于一维随机股价过程, 我们研究了局部波动率模型下看涨期权的定价问题. 术语"局部波动率"表示波动率是股票 $S(t)$ 的函数. 此时股价不是由一个额外的随机过程驱动的. 而用额外的随机过程来描述的随机波动率模型的情况将在第 8 章中讨论.

传统的局部波动率模型由下式给出:

$$\mathrm{d}S(t) = rS(t)\mathrm{d}t + \sigma_{LV}(t, S)S(t)\mathrm{d}W(t), \quad S(t_0) = S_0, \tag{4.40}$$

其中利率 r 是常数 (或者是确定性的).

对给定的期权价 $V(t, S)$, 无套利假设下, 用 Itô 引理, 如第 2 章所描述的, 有下列 PDE:

$$\begin{cases} \frac{\partial V}{\partial t} + \frac{1}{2} \sigma_{LV}^2(t, S) S^2 \frac{\partial^2 V}{\partial S^2} + rS \frac{\partial V}{\partial S} - rV = 0, \\ V(T, S) = \max(S(T) - K, 0). \end{cases} \tag{4.41}$$

PDE (4.41) 是一个倒向 *Kolmogorov* 偏微分方程.

我们可以通过 Fokker-Planck PDE 描述一个概率密度函数 (PDF) 的演化, 其描述的是向前的时间演化. 在这种情况下, 初始条件在 t_0 时, PDF 由一个在时间为 t_0 的 Dirac delta 函数给出.

定理 4.3.1 (Fokker-Planck PDE 和 SDE) 转移密度 $f_{S(t)}(y) \equiv f_S(t, y; t_0, S_0)$ 与 $S(t)$, $t_0 \leqslant t \leqslant T$, 一般的 SDE

$$\mathrm{d}S(t) = \bar{\mu}(t, S)\mathrm{d}t + \bar{\sigma}(t, S)\mathrm{d}W(t), \quad S(t_0) = S_0,$$

相关, 它满足 Fokker-Planck (也叫作 "正向 Kolmogorov") PDE:

$$\begin{cases} \dfrac{\partial}{\partial t} f_{S(t)}(y) + \dfrac{\partial}{\partial y}[\bar{\mu}(t, y) f_{S(t)}(y)] - \dfrac{1}{2}\dfrac{\partial^2}{\partial y^2}[\bar{\sigma}^2(t, y) f_{S(t)}(y)] = 0, \\ f_{S(t_0)}(y) = \delta(y = S_0). \end{cases} \tag{4.42}$$

局部波动率模型基于 Fokker-Planck 向前方程. 在局部波动率框架中, 股价密度又与看涨和看跌期权的市场报价直接相关. 经过一定的计算, 状态相关的波动率函数 $\bar{\sigma}(t, S) = S \cdot \sigma_{LV}(t, S)$, 可以用金融市场报价来描述.

可惜的是, 由于某股票在市场上只有有限数量的期权报价, 因此很难从这几个市场报价中准确地反求出股价密度 (需要 "敲定维度" $K \in [0, \infty)$ 中无限数量的期权). 我们将讨论与无套利期权价格和相关密度有关的重要条件, 以提高 4.3.1 一节中近似值的精确度.

期权价关于到期日 T 的导数由下式给出:

$$\frac{\partial V_c(t_0, S_0; K, T)}{\partial T} = \frac{\partial}{\partial T}\left(\mathrm{e}^{-r(T-t_0)}\int_K^{+\infty}(y - K)f_{S(T)}(y)\mathrm{d}y\right) \tag{4.43}$$

$$= -rV_c(t_0, S_0; K, T) + \mathrm{e}^{-r(T-t_0)}\int_K^{+\infty}(y - K)\frac{\partial f_{S(T)}(y)}{\partial T}\mathrm{d}y.$$

对式 (4.43) 中积分的偏导数, 我们应用 Fokker-Planck 方程 (4.42), 具备 $\bar{\mu}(t, S(t)) = rS$ 和 $\bar{\sigma}(t, S) = \sigma_{LV}(t, S) \cdot S$, 由此积分可写成

$$\int_K^{+\infty}(y - K)\frac{\partial f_{S(T)}(y)}{\partial T}\mathrm{d}y = -r\int_K^{+\infty}(y - K)\frac{\partial\left(y f_{S(T)}(y)\right)}{\partial y}\mathrm{d}y \tag{4.44}$$

$$+ \frac{1}{2}\int_K^{+\infty}(y - K)\frac{\partial^2\left(\sigma_{LV}^2(T, y)y^2 f_{S(T)}(y)\right)}{\partial y^2}\mathrm{d}y.$$

右端的第一个积分等于[3]

$$\int_K^{+\infty}(y - K)\frac{\partial\left(y f_{S(T)}(y)\right)}{\partial y}\mathrm{d}y = (y - K)y f_{S(T)}(y)\Big|_{y=K}^{+\infty} - \int_K^{+\infty}y f_{S(T)}(y)\mathrm{d}y$$

$$= -\int_K^{+\infty}y f_{S(T)}(y)\mathrm{d}y.$$

---

[3]假定 $y \to +\infty$, 密度 $f_{S(T)}(y)$ 消减到零快于 y^2 趋于无穷.

由方程 (4.8) 和 (4.17), 这个积分可以以看涨期权价表示, 即

$$
\begin{aligned}
-\int_{K}^{+\infty} y f_{S(T)}(y)\mathrm{d}y &= -\mathrm{e}^{r(T-t_0)}\int_{K}^{+\infty} y\frac{\partial^2 V_c(t_0,S_0;y,T)}{\partial y^2}\mathrm{d}y \\
&= -\mathrm{e}^{r(T-t_0)}\left[y\frac{\partial V_c(t_0,S_0;y,T)}{\partial y}\bigg|_{K}^{+\infty} - \int_{K}^{+\infty}\frac{\partial V_c(t_0,S_0;y,T)}{\partial y}\mathrm{d}y \right] \\
&= -\mathrm{e}^{r(T-t_0)}\left[-y\mathrm{e}^{-r(T-t_0)}\left(1-F_{S(T)}(y)\right)\bigg|_{K}^{+\infty} \right. \\
&\qquad \left. -\int_{K}^{+\infty}\frac{\partial V_c(t_0,S_0;y,T)}{\partial y}\mathrm{d}y \right],
\end{aligned}
\tag{4.45}
$$

由于 $F_{S(T)}(+\infty)=1$, 而在 $F_{S(T)}(y)$ 收敛到 1 快于 y 趋于 $+\infty$ 的假设下, 我们有

$$
y\mathrm{e}^{-r(T-t_0)}\left(1-F_{S(T)}(y)\right)\bigg|_{K}^{+\infty} = -K\mathrm{e}^{-r(T-t_0)}\left(1-F_{S(T)}(K)\right).
\tag{4.46}
$$

看涨期权价当 $K\to\infty$ 时收敛到 0, 从而

$$
\int_{K}^{+\infty}\frac{\partial V_c(t_0,S_0;y,T)}{\partial y}\mathrm{d}y = -V_c(t_0,S_0;K,T).
\tag{4.47}
$$

由方程 (4.17), 这给出

$$
\begin{aligned}
-\int_{K}^{+\infty} y f_{S(T)}(y)\mathrm{d}y &= -\mathrm{e}^{r(T-t_0)}K\mathrm{e}^{-r(T-t_0)}\left(-\mathrm{e}^{r(T-t_0)}\frac{\partial V_c(t_0,S_0;K,T)}{\partial K}\right)\cdot \\
&\qquad + \mathrm{e}^{r(T-t_0)}V_c(t_0,S_0;K,T) \\
&= \mathrm{e}^{r(T-t_0)}\left[K\frac{\partial V_c(t_0,S_0;K,T)}{\partial K} - V_c(t_0,S_0;K,T) \right].
\end{aligned}
$$

以类似的方式, (4.44) 的第二个积分可确定如下:

$$
\begin{aligned}
\int_{K}^{+\infty}(y-K)\frac{\partial^2\left(\sigma_{LV}^2(T,y)y^2 f_{S(T)}(y)\right)}{\partial y^2}\mathrm{d}y &= \sigma_{LV}^2(T,K)K^2 f_{S(T)}(K) \\
&= \mathrm{e}^{r(T-t_0)}\sigma_{LV}^2(T,K)K^2\frac{\partial^2 V_c(t_0,S_0;K,T)}{\partial K^2}.
\end{aligned}
$$

集中所有这些项, 对 (4.43), 我们发现

$$
\frac{\partial}{\partial T}V_c = -rV_c - rK\frac{\partial V_c}{\partial K} + rV_c + \frac{1}{2}\sigma_{LV}^2(T,K)K^2\frac{\partial^2 V_c}{\partial K^2}.
\tag{4.48}
$$

局部波动率函数 $\sigma_{LV}(T,K)$ 的表达式可从下式得到:

$$
\boxed{\sigma_{LV}^2(T,K) = \frac{\dfrac{\partial V_c(t_0,S_0;K,T)}{\partial T} + rK\dfrac{\partial V_c(t_0,S_0;K,T)}{\partial K}}{\dfrac{1}{2}K^2\dfrac{\partial^2 V_c(t_0,S_0;K,T)}{\partial K^2}}.}
\tag{4.49}
$$

这里 $V_c(t_0, S_0; K, T)$ 表示市场看涨期权在 t_0 时的报价, 初始股价为 S_0, 敲定价为 K, 到期日为 T.

在局部波动率模型中, 波动率 $\sigma_{LV}(T, K)$ 可以用期权的市场报价来描述, 因此局部波动率模型可以与市场期权报价完全吻合, 而模型可以不需要参数标定. 换句话说, 不需要进行参数校验程序.

4.3.1 隐含波动率表示的局部波动率

从方程 (4.49) 很明显看出, 局部波动率 $\sigma_{LV}(T, K)$ 可以以欧式期权价格表示. 于是一个期权价格的曲面可以用来计算所谓的 *Dupire* 局部波动率项. 基于局部波动率模型, 我们又可以接着对期权定价, 例如用有限差分法求解期权定价的偏微分方程.

然而在实际中, 不是方程 (4.49) 中所有的导数都可以直接从市场报价中得到, 而导数需要从市场数据由有限差分近似来计算. 计算每一个局部波动率时, 我们需要四个期权价才能用有限差分法逼近公式中的偏导数项.

在 (4.49) 中的分母中, 我们需要近似地求解股票价格密度, 见方程 (4.9). 对于高敲定价, 有限差分近似可能导致显著的数值误差. 这样, 当股价密度接近 0 时, 误差可能特别大. 因此, 局部波动率函数 $\sigma_{LV}(T, K)$ 也将大到远离实际.

注释 4.3.1 有些文献对局部波动率的准确性提出了一些改进. 一种方法是用二维 (多项式) 函数 $h(T, K)$, 参数化期权曲面, 并将其拟合到市场数据 $V_c^{mkt}(K, T)$. 在这种情况下, 可以解析地找到 $h(T, K)$ 关于时间和敲定价的偏导数. 该方法的主要问题是, 在保持无套利假设的同时, 很难确定一个参数函数 $h(T, K)$ 符合所有市场报价.

在 Black-Scholes 反求程序中, 用多项式拟合期权价格的一个问题出在虚值期权, 它价格上的一个小扰动会引起隐含波动率的巨大不同.

以对应的隐含波动率重写 LV 模型是有用的. 然而, 看涨期权价格关于敲定价的偏导数不等于关于隐含波动率的偏导. 于是我们得到以隐含 (Black-Scholes) 波动率 $\sigma_{\text{imp}}(T, K)$ 表示的局部波动率 $\sigma_{LV}(T, K)$, $\sigma_{\text{imp}}(T, K)$ 表示[4] 隐含波动率在时间 T 和敲定价 K 的值. 从方程 (3.23) , 我们知道无套利欧式看涨期权价格由下式给出:

$$V_c(t_0, S_0; K, T) = S_0 F_{\mathcal{N}(0,1)}(d_1) - K e^{-r(T-t_0)} F_{\mathcal{N}(0,1)}(d_2),$$

这里

$$d_1 = \frac{\log\left(\frac{S_0}{K}\right) + \left(r + \frac{1}{2}\sigma_{\text{imp}}^2(T, K)\right)(T - t_0)}{\sigma_{\text{imp}}(T, K)\sqrt{T - t_0}}, \quad d_2 = d_1 - \sigma_{\text{imp}}(T, K)\sqrt{T - t_0}.$$

下面令

$$y := \log\left(\frac{K}{S_F}\right) = \log\left(\frac{K}{S_0}\right) - r(T - t_0), \quad w := \sigma_{\text{imp}}^2(T, K)(T - t_0), \tag{4.50}$$

这里 S_F 是远期价, 定义为 $S_F = S_F(t_0, T) := S_0 e^{r(T-t_0)}$.

---

[4]这里我们用附加的变量 T 和 K 来表示隐含波动率对到期日和敲定价的依赖性.

借助变量 y 和 w, 我们定义看涨期权价格 $c(y, w)$ 如下:

$$\boxed{V_c(t_0, S_0; K, T) = S_0\left[F_{\mathcal{N}(0,1)}(d_1) - \mathrm{e}^y F_{\mathcal{N}(0,1)}(d_2)\right] =: c(y, w),} \tag{4.51}$$

这里 $d_1 = \frac{1}{2}\sqrt{w} - \frac{y}{\sqrt{w}}$, $d_2 = d_1 - \sqrt{w}$.

为了简化, 用记号 $V_c := V_c(t_0, S_0; K, T)$ 和 $c := c(y, w)$, 以及 $\tau := T - t_0$, 我们得到

$$\frac{\partial V_c}{\partial K} = \frac{\partial c}{\partial y}\frac{1}{K} + \frac{\partial c}{\partial w}\frac{\partial w}{\partial K}, \tag{4.52}$$

于是

$$\frac{\partial^2 V_c}{\partial K^2} = \frac{1}{K^2}\left(\frac{\partial^2 c}{\partial y^2} - \frac{\partial c}{\partial y}\right) + \frac{2}{K}\frac{\partial w}{\partial K}\frac{\partial^2 c}{\partial w \partial y} + \frac{\partial^2 w}{\partial K^2}\frac{\partial c}{\partial w} + \left(\frac{\partial w}{\partial K}\right)^2\frac{\partial^2 c}{\partial w^2}, \tag{4.53}$$

以及

$$\frac{\partial V_c}{\partial T} = -r\frac{\partial c}{\partial y} + \frac{\partial c}{\partial w}\frac{\partial w}{\partial T}. \tag{4.54}$$

将这些导数代入局部波动率, 方程 (4.49) 给出:

$$\sigma_{LV}^2(T, K) = \frac{\frac{\partial c}{\partial w}\frac{\partial w}{\partial T} + rK\frac{\partial c}{\partial w}\frac{\partial w}{\partial K}}{\frac{1}{2}\left(\frac{\partial^2 c}{\partial y^2} - \frac{\partial c}{\partial y}\right) + K\frac{\partial w}{\partial K}\frac{\partial^2 c}{\partial w \partial y} + \frac{1}{2}K^2\left[\frac{\partial^2 w}{\partial K^2}\frac{\partial c}{\partial w} + \left(\frac{\partial w}{\partial K}\right)^2\frac{\partial^2 c}{\partial w^2}\right]}. \tag{4.55}$$

上面的表达式可以用下列恒等式简化:

$$\frac{\partial^2 c}{\partial w^2} = \frac{\partial c}{\partial w}\left(-\frac{1}{8} - \frac{1}{2w} + \frac{y^2}{2w^2}\right), \qquad \frac{\partial^2 c}{\partial w \partial y} = \frac{\partial c}{\partial w}\left(\frac{1}{2} - \frac{y}{w}\right), \qquad \frac{\partial^2 c}{\partial y^2} = \frac{\partial c}{\partial y} + 2\frac{\partial c}{\partial w}.$$

这些等式的证明基于通常的求导. 局部波动率表达式 (4.55) 现在变成了

$$\sigma_{LV}^2(T, K) = \frac{\frac{\partial w}{\partial T} + rK\frac{\partial w}{\partial K}}{1 + K\frac{\partial w}{\partial K}\left(\frac{1}{2} - \frac{y}{w}\right) + \frac{1}{2}K^2\frac{\partial^2 w}{\partial K^2} + \frac{1}{2}K^2\left(\frac{\partial w}{\partial K}\right)^2\left(-\frac{1}{8} - \frac{1}{2w} + \frac{y^2}{2w^2}\right)}. \tag{4.56}$$

我们可以用方程 (4.50) 来确定余下的导数, 这推出了函数 w 和隐含波动率 $\sigma_{\mathrm{imp}} := \sigma_{\mathrm{imp}}(T, k)$ 之间的关系:

$$\frac{\partial w}{\partial T} = \sigma_{\mathrm{imp}}^2 + 2(T - t_0)\sigma_{\mathrm{imp}}\frac{\partial \sigma_{\mathrm{imp}}}{\partial T},$$

$$\frac{\partial w}{\partial K} = 2(T - t_0)\sigma_{\mathrm{imp}}\frac{\partial \sigma_{\mathrm{imp}}}{\partial K},$$

$$\frac{\partial^2 w}{\partial K^2} = 2(T - t_0)\left(\frac{\partial \sigma_{\mathrm{imp}}}{\partial K}\right)^2 + 2(T - t_0)\sigma_{\mathrm{imp}}\frac{\partial^2 \sigma_{\mathrm{imp}}}{\partial K^2}.$$

局部波动率函数 $\sigma_{LV}(T, K)$ 于是可以以隐含波动率 σ_{imp} 来表示. 本质上, 方程 (4.56) 分母的主项是一阶导数, 而在方程 (4.49) 中, 它是二阶导数项. 一般地, 一阶导数的数值计算比二阶导数的计算更稳定. 我们将在节 4.3.4 给出一个例子.

4.3.2 期权价的无套利条件

如前所述, 在金融市场中, 通常没有足够的具不同敲定价和不同到期日的市场期权报价来较精确地计算金融衍生品价格, 常要用到市场期权报价的插值和外推. 故需要引入在可用的市场数据之间的无套利插值. 套利既可以发生在时间上, 也可以发生在敲定价方向上, 请参见图 4-6 中的期权价值 (t, S_t) 曲面.

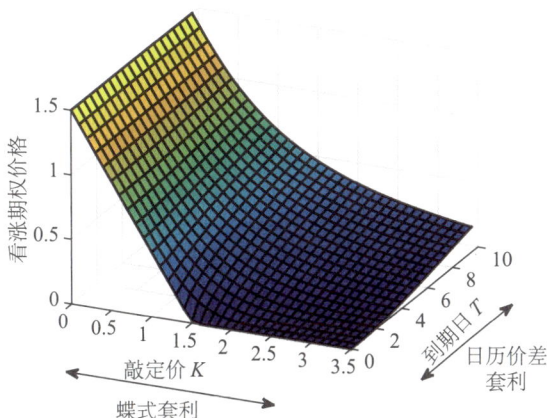

图 4-6 看涨价格和可能发生在两个方向的套利.

在不同到期日和敲定价之间的插值满足下列条件:

1. 所谓的日历价差条件:

$$V_c(t_0, S_0; K, T + \Delta T) - V_c(t_0, S_0; K, T) > 0.$$

如果我们在这个不等式左边除以 ΔT 并让 $\Delta T \to 0$, 就有

$$\lim_{\Delta T \to 0} \frac{1}{\Delta T} \left[V_c(t_0, S_0; K, T + \Delta T) - V_c(t_0, S_0; K, T) \right]$$
$$= \frac{\partial}{\partial T} V_c(t_0, S_0; K, T).$$

这个条件可以表述成: 对任意两个到期日 T 不同而其他合同细节相同的欧式类的期权, 那个先到到期日的合同会便宜些. 这是由于对更远的到期 $T - t_0$, 期权更有机会获得实值.

2. 敲定价方向的单调性:

$$V_c(t_0, S_0; K + \Delta K, T) - V_c(t_0, S_0; K, T) < 0, \quad 看涨,$$
$$V_p(t_0, S_0; K + \Delta K, T) - V_p(t_0, S_0; K, T) > 0, \quad 看跌.$$

如前, 其极限为

$$\lim_{\Delta K \to 0} \frac{1}{\Delta K} \left(V_c(t_0, S_0; K + \Delta K, T) - V_c(t_0, S_0; K, T) \right)$$
$$= \frac{\partial}{\partial K} V_c(t_0, S_0; K, T).$$

换句话说, 最贵的看涨期权是其敲定价 $K = 0$. 由于看涨的收益价值 $\max(S(T) - K, 0)$ 关于敲定价 K 单调下降, 任何具 $K \neq 0$ 的欧式看涨期权价格也必然关于 K 而单调下降. 看跌期权的情况正好相反, 用涨跌平价公式的关系得到.

3. 所谓的蝶式条件状态,

$$V_c(t_0, S_0; K + \Delta K, T) - 2V_c(t_0, S_0; K, T) + V_c(t_0, S_0; K - \Delta K, T) \geqslant 0. \quad (4.57)$$

上面表达式的非负可从下列论据中理解. 如果我们分别以敲定价 $K + \Delta K$ 和 $K - \Delta K$ 持有两份看涨期权多头, 并以敲定价 K 持有两份看涨期权空头, 这个资产组合的收益函数是非负的 (此处不考虑交易费). 对所有非负值的贴现仍然非负, 方程 (4.57) 必定满足.

如同方程 (3.36) 所表述的, 看涨期权价格关于敲定价 K 的二阶导数等价于股价的概率密度函数, 而密度函数不可能为负, 所以看涨期权价格关于敲定价的二阶导数具有非负性.

例 4.3.1 (利用日历价差套利) 考虑下面的欧式看涨期权, $V_c(t_0, S_0; K, T_1)$ 和 $V_c(t_0, S_0; K, T_2)$, 这里 $t_0 < T_1 < T_2$, 且零利率无分红.

由 Jensen 不等式, 其表明对任意的凸函数 $g(\cdot)$, 下列不等式成立:

$$g(\mathbb{E}[X]) \leqslant \mathbb{E}[g(X)].$$

对任意随机变量 X (也见定义 3.1.1), 我们将证明 $V_c(t_0, S_0; K, T_1) < V_c(t_0, S_0; K, T_2)$. 从时间 $t = T_1$ 看, 到期日为 T_2, 看涨期权的价值由下式给出:

$$
\begin{aligned}
V_c(T_1, S(T_1); K, T_2) &= \mathbb{E}^{\mathbb{Q}}\left[\max(S(T_2) - K, 0) \big| \mathcal{F}(T_1)\right] \\
&\geqslant \max(\mathbb{E}^{\mathbb{Q}}\left[S(T_2) \big| \mathcal{F}(T_1)\right] - K, 0). \quad (4.58)
\end{aligned}
$$

由于零利率, $S(t)$ 是鞅, 从而 $\mathbb{E}^{\mathbb{Q}}\left[S(T_2) \big| \mathcal{F}(T_1)\right] = S(T_1)$. 于是, (4.58) 给出:

$$V_c(T_1, S(T_1); K, T_2) \geqslant \max(S(T_1) - K, 0) = V_c(T_1, S(T_1); K, T_1). \qquad \diamond$$

一个 "晚些到期" 的看涨期权[5]应该比另一个 "早些到期" 的更贵, 这可以推广到任意的到期日 T.

例 4.3.2 三种套利的例子在图 4-7 中展示. 上左图表示了日历价差套利. 对某些敲定价, 对应的具有较长到期日的看涨期权价格比到期日较短的便宜. 上右图展示了一个价差套利的例子, 而下图展示了蝶式套利的例子. $\qquad \diamond$

价差和蝶式套利可能与股价 $S(T)$ 的 PDF 和 CDF 相关,

$$\frac{\partial}{\partial K} V_c(t_0, S_0; K, T) = \mathrm{e}^{-r(T-t_0)}\left(F_{S(T)}(K) - 1\right), \quad (4.59)$$

---

[5]译者注: 看跌期权没有日历价差的性质.

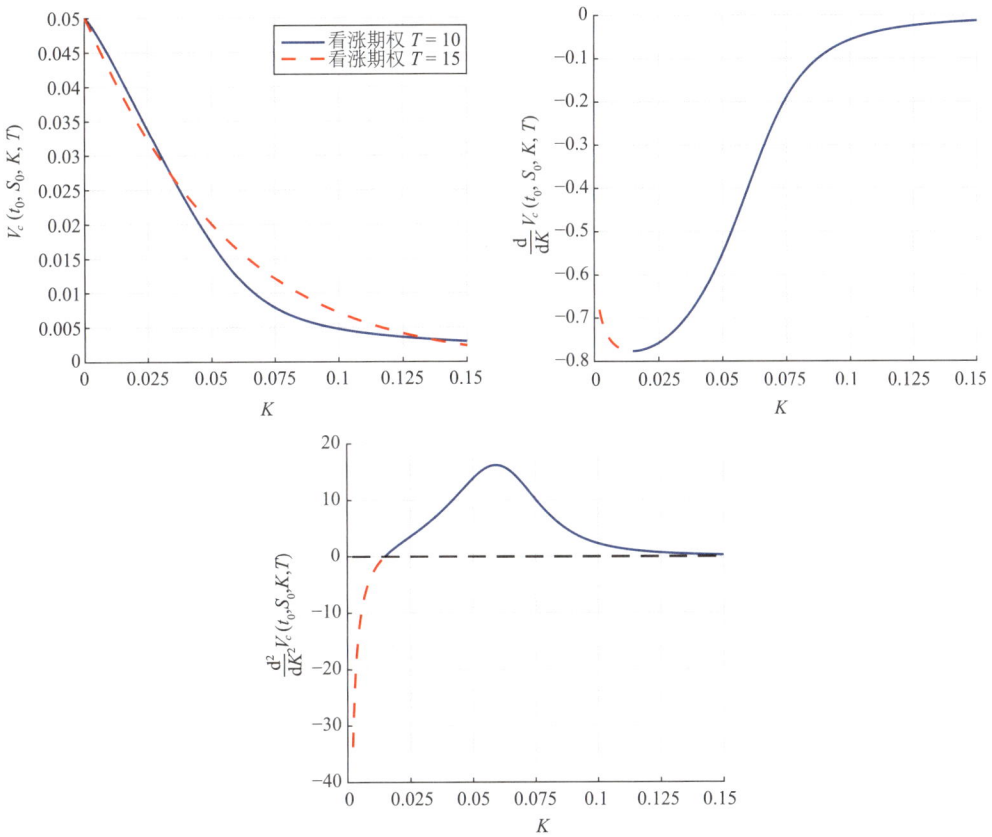

图 4-7　三种形式的套利. 上左: 日历价差套利. 上右: 价差套利. 下: 蝶式套利.

以及

$$\frac{\partial^2}{\partial K^2} V_c(t_0, S_0; K, T) = \mathrm{e}^{-r(T-t_0)} f_{S(T)}(K). \tag{4.60}$$

因此, 通过绘制看涨期权价格的一阶和二阶导数, 套利机会可以立即识别. 股价的 CDF, $F_{S(T)}(K)$, 应该是单调的, 而股价的 PDF, $f_{S(T)}(K)$, 应该是非负的, 并且积分须为 1.

4.3.3　高级隐含波动率插值

对于每个到期日 T_i, 隐含波动率的市场报价数量对不同的市场和资产类是不同的. 甚至有一些股票几乎没有隐含波动率市场报价, 而另一些则只有很少. 市场报价的数量取决于市场的流动性和特定的市场惯例. 例如, 在外汇 (FX) 市场 (这将在第 15 章中讨论), 每个到期日可观察 3 ~ 7 个隐含波动率外汇市场报价. 市场报价的数量依赖于特定的货币对. 在表 4-1 中, 给出了外汇市场隐含波动率的一个例子. 其提供了 ATM 水平 (字体加粗) 以及 ITM 和 OTM 期权的四个报价.

表 4-1 FX (USD/JPY) 的隐含波动率对 $T = 1$ 和远期 $S_F(t_0, T) = 131.5$.
字体加粗表示 ATM 水平.

$T = 1y$	$K = 110.0$	$K = 121.3$	$\boldsymbol{K = 131.5}$	$K = 140.9$	$K = 151.4$
$\sigma_{\mathrm{imp}}(T, K)$ /%	14.2	11.8	**10.3**	10.0	10.7

现在, 想象一个金融机构需要给出一个期权价, 但其敲定价并不在外汇市场的报价中, 例如, 对 $K = 145$, 这并不在表 4-1 中. 为此就需要插值技术将所求插在已有的波动率之间. 同样当定价一个非标准的欧式类衍生品, 用 LV 模型或 Breeden-Litzenberger 方法时也是这样的. 这两个模型基于连续的交易敲定价和它们的隐含波动率.

在大多数实际的市场报价中有不同的插值技术, 如线性、样条曲线或切线样条插值. 基于论文 [Hagan et al., 2002] 的是隐含波动率的一种常用的插值方法. 因为该插值是建立在一种特定的隐含波动率参数化方法的基础上的. 这种方法流行是因为其插值与无套利 SDE 和随机 Alpha Beta Rho (SABR) 这两个模型[6]直接相关.

参数化获得了普及是因为隐含波动率是分析变量, 如所展示的隐含波动率的一个渐近展开公式. 这个 SABR 模型[7]对 Black-Scholes 隐含波动率的近似表达式如下:

$$\hat{\sigma}(T, K) = \frac{\hat{a}(K)\hat{c}(K)}{g(\hat{c}(K))} \tag{4.61}$$
$$\times \left[1 + \left(\frac{(1-\beta)^2}{24}\frac{\alpha^2}{(S_F(t_0)K)^{1-\beta}} + \frac{1}{4}\frac{\rho\beta\gamma\alpha}{(S_F(t_0)K)^{\frac{1-\beta}{2}}} + \frac{2-3\rho^2}{24}\gamma^2\right)T\right],$$

这里

$$\hat{a}(K) = \frac{\alpha}{(S_F(t_0)\cdot K)^{\frac{1-\beta}{2}}\left(1 + \frac{(1-\beta)^2}{24}\log^2\left(\frac{S_F(t_0)}{K}\right) + \frac{(1-\beta)^4}{1920}\log^4\left(\frac{S_F(t_0)}{K}\right)\right)},$$

$$\hat{c}(K) = \frac{\gamma}{\alpha}(S_F(t_0)K)^{\frac{1-\beta}{2}}\log\frac{S_F(t_0)}{K}, \qquad g(x) = \log\left(\frac{\sqrt{1-2\rho x + x^2} + x - \rho}{1-\rho}\right).$$

在平值期权的情形下, 即对 $S_F(t_0) = K$, 公式变成

$$\hat{\sigma}(T, K) \approx \frac{\alpha}{(S_F(t_0))^{1-\beta}}$$
$$\times \left(1 + \left[\frac{(1-\beta)^2}{24}\frac{\alpha^2}{(S_F(t_0))^{2-2\beta}} + \frac{1}{4}\frac{\rho\beta\alpha\gamma}{(S_F(t_0))^{1-\beta}} + \frac{2-3\rho^2}{24}\gamma^2\right]T\right).$$

---

[6]SABR 模型由以下 SDE 组定义:

$$dS_F(t, T) = \sigma(t)(S_F(t, T))^\beta dW_F(t), \quad S_F(t_0, T) = S_{F,0},$$
$$d\sigma(t) = \gamma\sigma(t)dW_\sigma(t), \quad \sigma(t_0) = \alpha.$$

这里 $dW_F(t)dW_\sigma(t) = \rho dt$, 且这个过程定义在 T 远期测度 $\mathbb{Q}^T$ 下. 方差过程 $\sigma(t)$ 是一个对数正态分布. 进一步, 由于对常数 $\sigma := \sigma(t)$, 远期 $S_F(t, T)$ 服从一个 CEV 过程, 可以期待条件 SABR 过程, $S(T)$ 在 $0 \leqslant t \leqslant T$ 上给出了 $\sigma(t)$ 路径, 也是一个 CEV 过程. SDE 组将在第 7 章中讨论, 而 CEV 过程见第 14 章.

[7]请注意这是 Black-Scholes 隐含波动率而不是 SABR 隐含波动率.

因为 Hagan 公式是从一个高级的二维结构的模型中得到 (该模型属于随机局部波动率模型的一类, 将在第 10 章中讨论), 于是它可以对各种不同的隐含波动率形状进行建模. 图 4-8 中, 展现了不同模型参数对隐含波动率形状的影响. 请注意, 参数 β 和 ρ 对隐含波动率倾斜都有影响. 在实际中, β 通常是固定的, 而 ρ 则通常用于校验. 参数 α 和 γ 分别控制隐含波动率微笑的水平和微笑的弯度.

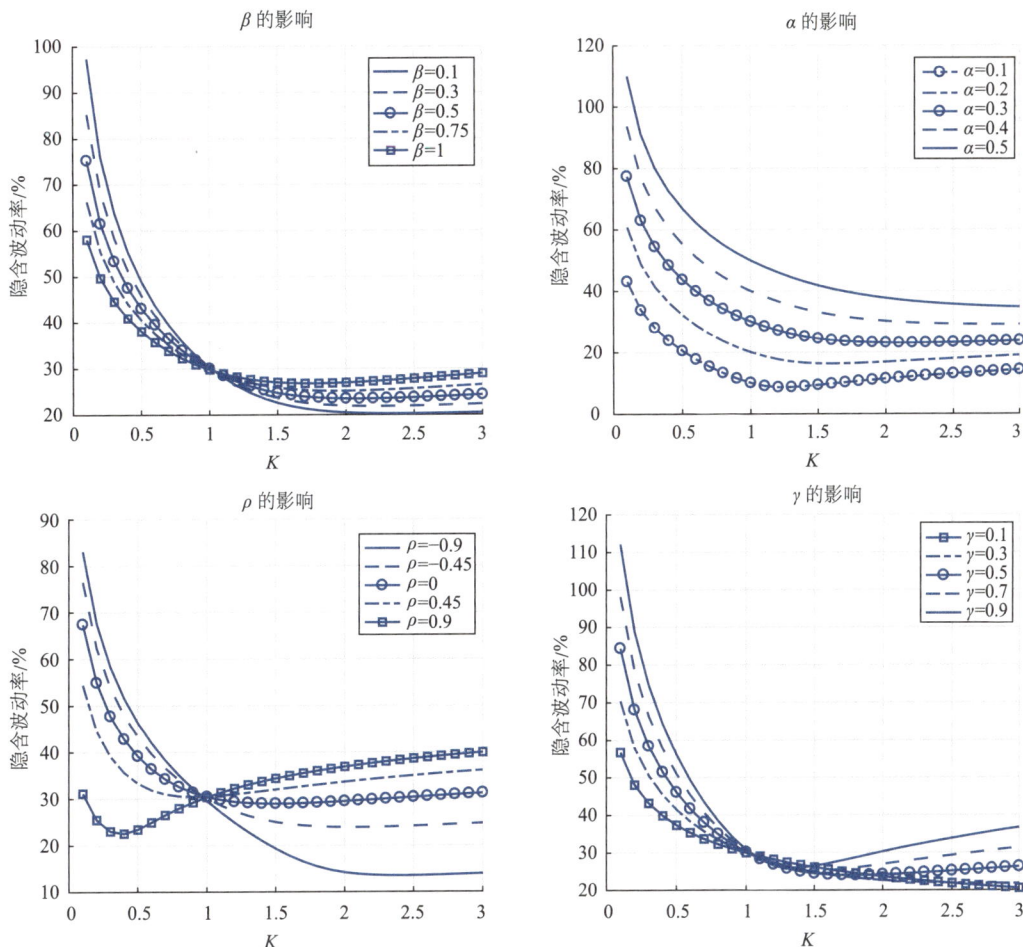

图 4-8　在隐含波动率 Hagan 参数化下的依赖于不同模型参数的不同的隐含波动率形状.

例 4.3.3 (隐含波动率的插值)　在本例中, 我们将使用表 4-1 中的市场隐含波动率报价. 对于给定的报价组, 我们比较两种隐含波动率的插值技术: 线性插值和 Hagan 插值. 线性插值是直接插值, 因为它可直接插值在任何两个市场隐含波动率之间. 对于 Hagan 插值, 程序更为复杂. 首先, 需要标定模型参数 $\alpha, \beta, \rho, \gamma$, 使参数化符合最接近市场报价, 即对所有的 K_i, 将差别 $|\hat{\sigma}(T, K_i) - \sigma_{\text{imp}}(T, K_i)|$ 最小化.

在图 4-9 中, 两种插值方法的结果得以展示. 左图展示了用线性插值和 Hagan 插值的市场隐含波动率. 两条插值曲线看起来和市场报价都很相符. 我们还讨论了有看涨

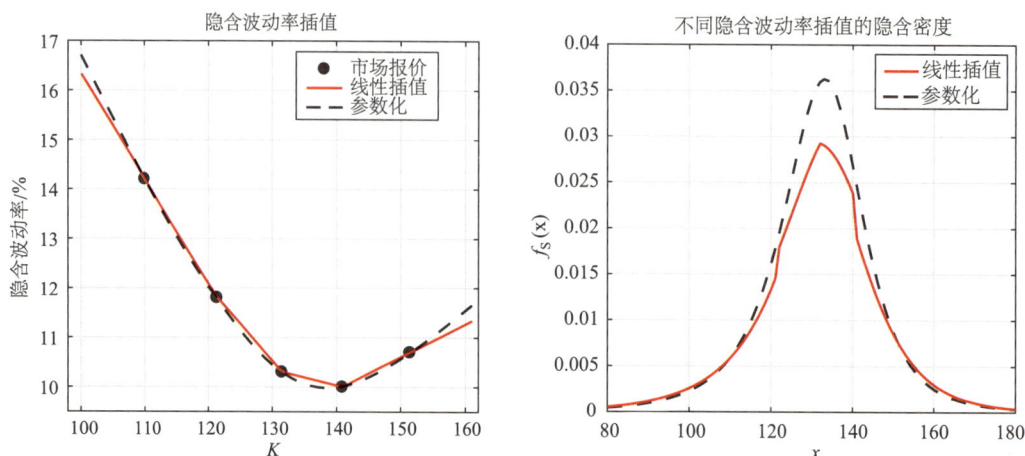

图 4-9 **不同的插值技术应用于 FX 市场报价**. 左: 隐含波动率插值; 右: 对应的隐含密度.

和看跌期权市场报价时的隐含波动率. 基于这些报价, 容易近似标的密度函数

$$f_{S(T)}(K) = \mathrm{e}^{r(T-t_0)} \frac{\partial^2 V_c(t_0, S_0; K, T)}{\partial K^2}.$$

右图展示了两种插值技术相应的 "隐含密度". 注意基于线性插值的密度非光滑性质. 积分这些密度函数产生,

$$\text{Hagan}: \int_{\mathbb{R}} f_{S(T)}(z)\mathrm{d}z = 0.9969, \ \text{线性}: \int_{\mathbb{R}} f_{S(T)}(z)\mathrm{d}z = 0.8701.$$

事实上, 线性插值导致 "蝶式价差套利", 这不令人满意. 另一方面, Hagan 插值技术产生更好的结果. 然而, 这个插值也不完美, 它在极端的市场设置中产生的结果可能无法令人满意, 由于参数设定, 渐近的波动率公式不再精确, 就像负利率的例子. 插值程序可以改进, 如在 [Grzelak et al., 2016] 中讨论的那样.

SABR 参数化常比标准线性或样条插值更受人们的青睐. 因为这个参数化是从无套利模型得到的. 它符合插值市场隐含波动率的目的.

> 当插值隐含波动率时, 重要的是要避免插值引起的套利机会. 从一个无套利资产价格模型得到隐含波动率参数化优于可在数值软件包里调用的标准的插值技术.

$\Diamond$

4.3.4 局部波动率模型的模拟

局部波动率的表达式用在下列 SDE:

$$\mathrm{d}S(t) = rS(t)\mathrm{d}t + \sigma_{LV}(t, S(t))S(t)\mathrm{d}W(t).$$

所以, 局部波动率项 (4.49) 在 $K = S(t)$ 中的每个时间节点 $T = t$ 上被确定.

　　局部波动率框架依赖于每个到期日 T 和敲定价 K 的可用的隐含波动率曲面 $\sigma_{\mathrm{imp}}(T, K)$. 由于每种标的只有少数市场期权报价可用, 从而行业标准是用一个二维连续函数 $\hat{\sigma}(T, K)$ 的参数化隐含波动率曲面, 它根据市场报价 $\sigma_{\mathrm{imp}}(T_i, K_j)$, 在可用到期日和敲定价的集合中进行校验. 波动率参数化 $\hat{\sigma}(T, K)$ 需要满足无套利条件.

　　让我们考虑 Hagan 插值 (4.61), 用 $\rho = 0, \beta = 1$, 这样隐含波动率由下式给出:

$$\hat{\sigma}(T, K) = \frac{\gamma \log(S_F(t_0)/K)\left(1 + \frac{\gamma^2}{12}T\right)}{\log\left(\sqrt{1 + (\frac{\gamma}{\alpha}\log(S_F(t_0)/K))^2} + \frac{\gamma}{\alpha}\log(S_F(t_0)/K)\right)}, \tag{4.62}$$

以及

$$\hat{\sigma}(T, S_F(t_0)) = \alpha\left(1 + \frac{\gamma^2}{12}T\right),$$

函数形式 (4.62) 通常在业界使用 [Grzelak et al., 2016].

　　我们开始从 (4.40) 模拟局部波动率模型, 其中 $\sigma_{LV}(t, S)$ 由 (4.56) 定义, 在 (4.62) 中, $\sigma_{\mathrm{imp}}(t, S(t)) = \hat{\sigma}(t, S(t))$.

　　方程 (4.40) 的模拟可以通过 Euler 离散来执行, 这将在第 9 章中讨论, 即

$$s_{i+1} = s_i + r s_i \Delta t + \sigma_{LV}(t_i, s_i) s_i\left(W(t_{i+1}) - W(t_i)\right), \tag{4.63}$$

其中 $\sigma_{LV}(t_i, s_i)$ 由 (4.56) 给出, 即

$$\sigma_{LV}^2(t_i, s_i) = \frac{\dfrac{\partial w}{\partial t_i} + r s_i \dfrac{\partial w}{\partial s_i}}{1 + s_i \dfrac{\partial w}{\partial s_i}\left(\dfrac{1}{2} - \dfrac{y}{w}\right) + \dfrac{1}{2}s_i^2\dfrac{\partial^2 w}{\partial s_i^2} + \dfrac{1}{2}s_i^2\left(\dfrac{\partial w}{\partial s_i}\right)^2\left(-\dfrac{1}{8} - \dfrac{1}{2w} + \dfrac{y^2}{2w^2}\right)}, \tag{4.64}$$

对 $t_0 = 0$ 以及 $w := t_i \hat{\sigma}^2(t_i, s_i)$,

$$\frac{\partial w}{\partial t_i} = \hat{\sigma}(t_i, s_i)^2 + 2t\hat{\sigma}(t_i, s_i)\frac{\partial \hat{\sigma}(t_i, s_i)}{\partial t_i}, \quad \frac{\partial w}{\partial s_i} = 2t_i\hat{\sigma}(t_i, s_i)\frac{\partial \hat{\sigma}(t_i, s_i)}{\partial s_i},$$

$$\frac{\partial^2 w}{\partial s_i^2} = 2t_i\left(\frac{\partial \hat{\sigma}(t_i, s_i)}{\partial s_i}\right)^2 + 2t_i\hat{\sigma}(t_i, s_i)\frac{\partial^2 \hat{\sigma}(t_i, s_i)}{\partial s_i^2}.$$

(4.64) 中局部波动率的部分 $\sigma_{LV}(t_i, s_i)$ 需要对每个实现的 s_i 进行估值. 对 Monte Carlo 模拟的情形, 当成千上万的资产路径生成时, (4.64) 的估计计算量可能很大.

　　作为正确性检查, 当模型正确执行时, 输入的波动率 $\hat{\sigma}(T, K)$ 应该类似于 $\sigma_{\mathrm{imp}}(T, K)$.

　　在图 4-10 的左图中, 我们将局部波动率密度与 Black-Scholes 对数正态密度函数进行比较, 这里代入的是 ATM 波动率. 在右侧的图中, 展示了输入的局部波动率 $\hat{\sigma}(T, K)$ 和输出的隐含波动率 $\sigma_{\mathrm{imp}}(T, K)$, 如从 Monte Carlo 模拟中得到的那样. 局部波动率模型生成的隐含波动率与 $\sigma_{LV}(T, K)$ 参数化的输入非常相似.

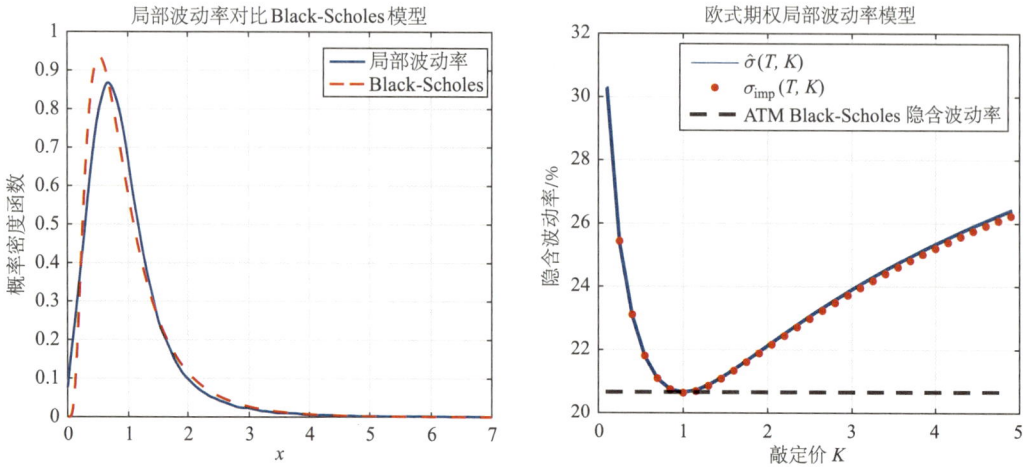

图 4-10 局部波动率对比 Black-Scholes 模型. 左: Black-Scholes 的股价密度和局部波动率模型. 右: 局部波动率模型得到的波动率 $\hat{\sigma}(T, K)$ 和 $\sigma_{\text{imp}}(T, K)$, 其中 $T = 10$, $\gamma = 0.2$, $S_0 = 1$, $\alpha = 0.2$.

> 关于 LV 模型, 我们作出下面的一般性陈述.
>
> 局部波动率模型与我们在市场期权报价中观察到的隐含波动率非常相似, 它们被用作 LV 模型的输入. 因此, 具这些输入的欧式期权的校验非常精确, 而且模型是根据这些可用的期权报价 "量身定做" 的. 然而, 当处理依赖于波动率路径, 或更一般地, 依赖于转移密度函数的金融衍生品时, LV 模型可能会遭遇严重的定价错误. 在 LV 模型框架中, 这些信息并不是 "编码" 的. 我们将在第 10 章中进一步详细讨论这个问题.

习　题

习题 4.1　应用 Newton-Raphson 迭代、组合求根方法和 Brent 方法找出下列问题的根,

  a. 计算非线性方程

$$g(x) = \frac{\mathrm{e}^x + \mathrm{e}^{-x}}{2} - 2x = 0$$

的两个解. 对这两个解的每次迭代展示其相应的近似 (关于收敛性).

  b. 通过报纸或网络获取一个公司的一些期权市场数据, 其公司的第一个字母是你名字或姓氏的首字母. 确定期权数据包含隐含波动率微笑或倾斜. 绘图并讨论作为敲定价函数的隐含波动率.

习题 4.2　选一组深度实值期权的参数. 确定 Newton-Raphson 迭代有收敛问题, 而组合求根法收敛更稳健.

习题 4.3　对两个独立的变量,

$$X_F := \log\left(\frac{S\mathrm{e}^{r(T-t)}}{K}\right) \ \text{和} \ t_* := \sigma\sqrt{T-t},$$

a. 在 Black-Scholes 解中重写变量 $d_{1,2}$, 使其仅依赖于 X_F 和 t_*.

b. 给出不等式 $X_F \leqslant 0$ 的一个解释.

c. 证明对标量的看跌期权价值 $p = V_p(t, S(t))/S(t)$, 我们有

$$p(X_F, t_*) = e^{-X_F} F_{\mathcal{N}(0,1)}(-d_2) - F_{\mathcal{N}(0,1)}(-d_1).$$

d. 求

$$\frac{\partial p(X_F, t_*)}{\partial t_*}$$

并给出这个导数的解释.

习题 4.4　对 $c(y, \omega) := S_0 \left[F_{\mathcal{N}(0,1)}(d_1) - e^y F_{\mathcal{N}(0,1)}(d_2) \right]$, 其中

$$d_1 = -\frac{y}{\sqrt{\omega}} + \frac{1}{2}\sqrt{\omega},$$

$d_2 = d_1 - \sqrt{\omega}$, 且 y 和 ω 由 (4.50) 定义, 证明下列等式:

$$\frac{\partial^2 c}{\partial w^2} = \frac{\partial c}{\partial w} \left(-\frac{1}{8} - \frac{1}{2w} + \frac{y^2}{2w^2} \right).$$

习题 4.5　利用习题 4.4 的结果证明:

$$\frac{\partial^2 c}{\partial w \partial y} = \frac{\partial c}{\partial w} \left(\frac{1}{2} - \frac{y}{w} \right) \quad \text{和} \quad \frac{\partial^2 c}{\partial y^2} = \frac{\partial c}{\partial y} + 2\frac{\partial c}{\partial w}.$$

习题 4.6　对下列收益函数, 能否用 Breeden-Litzenberger 框架进行期权定价?

a. 两值期权, 其收益函数基于 $\mathbb{1}_{S(T)>K}$.

b. 基于两个股票表现的价差期权, 其收益函数为 $\max(S_1(T) - S_2(T), K)$.

c. 业绩期权, 其收益函数为 $\max(S(T_2)/S(T_1) - K, 0)$.

d. 棘轮类期权, 其收益函数为 $\min(\max(\frac{S(T)}{S(t_0)} - K_1, 0), K_2)$.

习题 4.7　假设 $r = 0$, $S(t_0) = 1$ 而隐含波动率对 $T = 4$ 由下列公式给出:

$$\hat{\sigma}(K) = 0.510 - 0.591K + 0.376K^2 - 0.105K^3 + 0.011K^4, \tag{4.65}$$

在上极限意义下, 对 $K > 3$, $\hat{\sigma}(K) = \hat{\sigma}(3)$.

在 Breeden-Litzenberger 框架下, $r = 0$ 时, 任何欧式类的收益函数可用下式定价:

$$V(t_0, S_0) = V(T, S_0) + \int_0^{S_0} V_p(t_0, x) \frac{\partial^2 V(T, x)}{\partial x^2} \mathrm{d}x + \int_{S_0}^\infty V_c(t_0, x) \frac{\partial^2 V(T, x)}{\partial x^2} \mathrm{d}x, \tag{4.66}$$

这里 $V(T, x)$ 是在 T 时的一个收益函数, 在下面给出. $V_p(t_0, x)$ 和 $V_c(t_0, x)$ 是具敲定价为 x 的看跌和看涨价格. 这些价格可以通过等式 (4.65) 中的 Black-Scholes 公式的波动率得到.

用方程 (4.66) 数值计算在 $t = 0$ 的期权价格, 其具有下列收益函数:

a. $V(T, S(T)) = \max(S^2(T) - 1.2S(T), 0)$

b. $V(T, S(T)) = \max(S(T) - 1.5, 0)$

c. $V(T, S(T)) = \max(1.7 - S(T), 0) + \max(S(T) - 1.4, 0)$

d. $V(T, S(T)) = \max(4 - S^3(T), 0) + \max(S(T) - 2, 0)$

提示: 用有限差分近似收益函数 $V(T, x)$ 的导数. 注意 $V(T, x + \delta)$ 中的增量 δ 由于数值精确性的原因不能设得太小.

上面哪些收益函数, 在 $t = 0$ 处的期权定价可以不用 Breeden-Litzenberger 模型?

习题 4.8 对 Black-Scholes 隐含波动率, 考虑 SABR 公式, 即具备下列参数组的方程 (4.61), 用 $S_F(t_0) = S(t_0)e^{r(T-t_0)}$, $T = 2.5$, $\beta = 0.5$, $S(t_0) = 5.6$, $r = 0.015$, $\alpha = 0.2$, $\rho = -0.7$, $\gamma = 0.35$. 基于期权价格和股价密度函数的关系,

$$
f_{S(T)}(x) = e^{r(T-t_0)} \frac{\partial^2 V_c(t_0, S_0; x, T)}{\partial x^2} \tag{4.67}
$$
$$
\approx e^{r(T-t_0)} \frac{V_c(t_0, S_0; x + \Delta x, T) - 2V_c(t_0, S_0; x, T) + V_c(t_0, S_0; x - \Delta x, T)}{\Delta x^2},
$$

计算概率密度函数 $f_{S(T)}(x)$. 这个概率密度函数是无套利的吗? 阐明 Δx 对 PDF 特性的影响.

习题 4.9 具备参数 $T = 1$, $S_0 = 10.5$, $r = 0.04$, 我们观察表 4-2 中市场的隐含波动率组.

表 4-2 隐含波动率和对应的敲定价

K	3.28	5.46	8.2	10.93	13.66	16.39	19.12	21.86
$\sigma_{\text{imp}}(T, K)/\%$	31.37	22.49	14.91	9.09	6.85	8.09	9.45	10.63

考虑下列插值程序:

a) 线性;

b) 三次样条;

c) 最近邻.

这些插值法中哪一个会给出最小的蝶式套利? 解释是套利值是如何产生的. 提示: 假定平面外推先于第一个和后于最后一个敲定价.

习题 4.10 考虑两个到期日 $T_1 = 1$ 年和 $T_2 = 2$ 年, 取参数 $r = 0.1$, $S_0 = 10.93$ 和表 4-3 隐含波动率.

表 4-3 隐含波动率和对应的敲定价

K	3.28	5.46	8.2	10.93	13.66	16.39	19.12	21.86
$\sigma_{\text{imp}}(T_1, K)/\%$	31.37	22.49	14.91	9.09	6.85	8.09	9.45	10.63
$\sigma_{\text{imp}}(T_2, K)/\%$	15.68	11.25	7.45	4.54	3.42	4.04	4.72	5.31

检查基于这些值的日历套利.

习题 4.11 考虑两个独立的股价 $S_1(t)$ 和 $S_2(t)$, 用 Breeden-Litzenberger 模型求解下列期望:

$$\mathbb{E}^{\mathbb{Q}}\left[\log\left(S_1(T)^{S_2(T)}\right)\middle|\mathcal{F}(t_0)\right], \quad \mathbb{E}^{\mathbb{Q}}\left[\log\prod_{i=1}^{N}\frac{S_1(t_{i+1})}{S_1(t_i)}\frac{S_2(t_{i+1})}{S_2(t_i)}\middle|\mathcal{F}(t_0)\right].$$

习题 4.12 当基于市场概率密度函数定价金融期权时, 可能会用到方程 (4.11) 或 (4.20). 对收益函数 $V(T,S)=\max(S^2-K,0)$ 和习题 4.9 中的数据, 哪一个表达式更加数值稳定? 给出理由, 并且展示相应的数值结果.

参考文献

BARNDORFF O, 1998. Processes of normal inverse Gaussian type[J]. Finance and Stochastics, 2: 41-68.

BARNDORFF-NIELSEN O, JACOD J, GRAVERSEN S, et al., 2006. A central limit theorem for realised power and bipower variations of continuous semimartingales[M]. Berlin, Heidelberg: Springer, 33-68.

BREEDEN D, LITZENBERGER R, 1978. Prices of state-contingent claims implicid in option prices[J]. Journal of Business, (51): 621-651.

BRENT R, 1971. An algorithm with guaranteed convergence for finding a zero of a function[J]. The Computer Journal, 14(4): 422-425.

BRENT R, 2013. Algorithms for minimization without derivatives[M]. Courier Corporation.

CARR P, MADAN D, 1998. Towards a theory of volatility trading, volatility: new estimation techniques for pricing derivatives[Z]. 417-427.

CARR P, GEMAN H, MADAN D, et al., 2002. The fine structure of asset returns: An empirical investigation[J]. Journal of Business, 75: 305-332.

CBOE WHITE PAPER C B O E. The CBOE volatility index - VIX[Z].

COLEMAN T, LI Y, VERMA A, 1999. Reconstructing the unknown local volatility function[J]. Journal of Computational Finance, 2(3): 77-102.

DEKKER T, 1969. Finding a zero by means of successive linear interpolation[J]. Constructive Aspects of the Fundamental Theorem of Algebra: 37-51.

DERMAN E, KANI I, 1998. Stochastic implied trees: Arbitrage pricing with stochastic term and strike structure of volatility[J]. International Journal Theoretical Applied Finance, 1(1): 61-110.

DUPIRE B, 1994. Pricing with a smile[J]. Risk, 7: 18-20.

EBERLEIN E, 2001. Application of generalized hyperbolic Lévy motions to finance[M]//Lévy processes. Boston, MA: Birkhäuser Boston: 319-336.

GRZELAK L, OOSTERLEE C, 2016. From arbitrage to arbitrage-free implied volatilities[J]. Journal of Computational Finance, 20(3): 31-49.

HAGAN P, KUMAR D, LESNIEWSKI A, et al., 2002. Managing smile risk[J]. Wilmott Magazine, 3: 84-108.

HESTON S, 1993. A closed-form solution for options with stochastic volatility with applications to bond and currency options[J]. Review of Financial Studies, 6: 327-343.

HULL J, WHITE A, 1987. The pricing of options on assets with stochastic volatilities[J]. Journal of Finance, 42(2): 281-300.

KOU S, 2002. A jump diffusion model for option pricing[J]. Management Science, 48: 1086-1101.

KOU S, WANG H, 2004. Option pricing under a double exponential jump-diffusion model[J]. Management Science, 50: 1178-1192.

MATACHE A M, VON PETERSDORFF T, SCHWAB C, 2004. Fast deterministic pricing of options on Lévy driven assets[J]. ESAIM: Mathematical Modelling and Numerical Analysis, 38 (1): 37-71.

MERTON R, 1976. Option pricing when the underlying stocks are discontinuous[J]. Journal of Financial Economics, 5: 125-144.

RAIBLE S, 2000. Lévy processes in finance: theory, numerics and empirical facts[D]. Freiburg: Inst. für Math. Stochastik, Albert-Ludwigs-Univ.

REBONATO R, 1999. Volatility and Correlation in the Pricing of Equity, FX, and Interest-rate Options[M]. Chichester UK: Wiley.

RUBINSTEIN M, 1994. Implied binomial trees[J]. Journal of Finance, 49: 771-818.

第 5 章 | 跳跃过程

本章梗概

处理市场观察到的隐含波动率微笑现象的一种方法是考虑资产价格满足跳跃过程. 我们在**节 5.1** 中解释跳扩散过程和 Itô 引理推广到跳跃过程的细节. 在这些带跳的资产价格过程下得到的期权定价转变成偏微分积分方程 (PIDE) 的求解. 借助于 Feynman-Kac 定理, 其解析解可以得到, 见**节 5.2**. 跳扩散模型可以放进经典的指数 Lévy 资产价格过程. 这在**节 5.3** 中讨论. 我们分别在**节 5.3.1** 和**节 5.4** 中讨论有限和无穷次跳的 Lévy 跳跃模型. 对某些特别的 Lévy 资产模型, 数值例子给出了不同模型参数对资产价格密度和隐含波动率的影响的观察. 跳在资产价格模型中使用的一般性讨论放在了**节 5.5** 中并在此结束本章. 本章中重要的部分是得到资产模型的特征函数. 特征函数将构成高效的 Fourier 期权定价技术的基础, 而这将是第 6 章的内容.

本章关键词

资产价格替代模型, 跳扩散过程, Poisson 过程, Lévy 跳模型, 对期权定价 PDE 的影响, 特征函数, Itô 引理.

5.1 跳扩散过程

我们分析一下将 Black-Scholes 模型推广到独立跳的情形, 这种跳由 Poisson 过程驱动, 称为跳扩散过程, 并且考虑对数股价过程 $X(t) = \log S(t)$ 在物理测度 $\mathbb{P}$ 下的动态:

$$\mathrm{d}X(t) = \mu\mathrm{d}t + \sigma\mathrm{d}W^{\mathbb{P}}(t) + J\mathrm{d}X_{\mathcal{P}}(t), \tag{5.1}$$

这里 μ 是漂移系数, σ 是波动率, $X_{\mathcal{P}}(t)$ 是 Poisson 过程, 而变量 J 给出由分布 F_J 控制的跳量. 过程 $W^{\mathbb{P}}(t)$ 和 $X_{\mathcal{P}}(t)$ 假定为互相独立.

在我们开始研究这些动态之前, 要先看看一些跳过程的细节, 特别对于 Poisson 过程, 以及相关的 Itô 引理的版本.

定义 5.1.1 (Poisson 随机变量) Poisson 随机变量, 记为 $X_{\mathcal{P}}$, 指在给定的时间段对

事件的发生计数. 观察到其发生次数为 $k \geqslant 0$ 的可能性为

$$\mathbb{P}[X_{\mathcal{P}} = k] = \frac{\xi_p^k \mathrm{e}^{-\xi_p}}{k!}.$$

$X_{\mathcal{P}}$ 的均值 $\mathbb{E}[X_{\mathcal{P}}] = \xi_p$, 给出了平均的发生次数, 其方差为 $\mathbb{Var}[X_{\mathcal{P}}] = \xi_p$.

定义 5.1.2 (Poisson 过程) 具参数 $\xi_p > 0$ 的 Poisson 过程 $\{X_{\mathcal{P}}(t), t \geqslant t_0 = 0\}$, 是一个整数值的随机过程且具有下列性质:

- $X_{\mathcal{P}}(0) = 0$;
- $\forall\, t_0 = 0 < t_1 < \cdots < t_n$, 增量 $X_{\mathcal{P}}(t_1) - X_{\mathcal{P}}(t_0), X_{\mathcal{P}}(t_2) - X_{\mathcal{P}}(t_1), \cdots, X_{\mathcal{P}}(t_n) - X_{\mathcal{P}}(t_{n-1})$ 是独立的随机变量;
- 对 $s \geqslant 0, t > 0$ 和整数 $k \geqslant 0$, 增量具有 Poisson 分布:

$$\mathbb{P}[X_{\mathcal{P}}(s+t) - X_{\mathcal{P}}(s) = k] = \frac{(\xi_p t)^k \mathrm{e}^{-\xi_p t}}{k!}. \tag{5.2}$$

Poisson 过程 $X_{\mathcal{P}}(t)$ 是一个计数过程, 在通过 (5.2) 指定的长度为 t 的任何时间段内计跳跃的次数. 方程 (5.2) 证实了其为平稳增量, 因为增量只取决于间隔的长度, 而不取决于初始时间 s.

参数 ξ_p 是 Poisson 过程的强度, 即它指明在一个时间段里跳的次数. 在一个小的时间区间 $\mathrm{d}t$ 里, 事件仅仅发生一次的概率服从 (5.2) 如下:

$$\mathbb{P}[X_{\mathcal{P}}(s+\mathrm{d}t) - X_{\mathcal{P}}(s) = 1] = \frac{(\xi_p \mathrm{d}t)\mathrm{e}^{-\xi_p \mathrm{d}t}}{1!} = \xi_p \mathrm{d}t + o(\mathrm{d}t),$$

而在 $\mathrm{d}t$ 内事件不发生的概率是

$$\mathbb{P}[X_{\mathcal{P}}(s+\mathrm{d}t) - X_{\mathcal{P}}(s) = 0] = \mathrm{e}^{-\xi_p \mathrm{d}t} = 1 - \xi_p \mathrm{d}t + o(\mathrm{d}t).$$

在时间区间 $\mathrm{d}t$ 内, 一次跳以 $\xi_p \mathrm{d}t$ 的概率到达, 其结果为

$$\mathbb{E}[\mathrm{d}X_{\mathcal{P}}(t)] = 1 \cdot \xi_p \mathrm{d}t + 0 \cdot (1 - \xi_p \mathrm{d}t) = \xi_p \mathrm{d}t,$$

这里 $\mathrm{d}X_{\mathcal{P}}(t) = X_{\mathcal{P}}(s+\mathrm{d}t) - X_{\mathcal{P}}(s)$. 将 $\mathrm{d}t$ 换成 t, 就有期望

$$\mathbb{E}[X_{\mathcal{P}}(s+t) - X_{\mathcal{P}}(s)] = \xi_p t.$$

当 $X_{\mathcal{P}}(0) = 0$, 设定 $s = 0$, 事件在时间长度为 t 的区间里的期望次数等于

$$\mathbb{E}[X_{\mathcal{P}}(t)] = \xi_p t. \tag{5.3}$$

如果我们定义另一个过程 $\bar{X}_{\mathcal{P}}(t) := X_{\mathcal{P}}(t) - \xi_p t$, 则 $\mathbb{E}[\mathrm{d}\bar{X}_{\mathcal{P}}(t)] = 0$, 所以被称为补偿的 Poisson 过程的 $\bar{X}_{\mathcal{P}}(t)$ 是个鞅.

例 5.1.1 (Poisson 过程的路径) 我们展示了一些由一个 Poisson 过程生成的离散的路径, 其 $\xi_p = 1$. 图 5-1 中的左图展现了 $\mathrm{d}X_{\mathcal{P}}(t)$ 的路径, 而右图展示了补偿的 Poisson 过程 $-\xi_p \mathrm{d}t + \mathrm{d}X_{\mathcal{P}}(t)$ 同样的路径. ◇

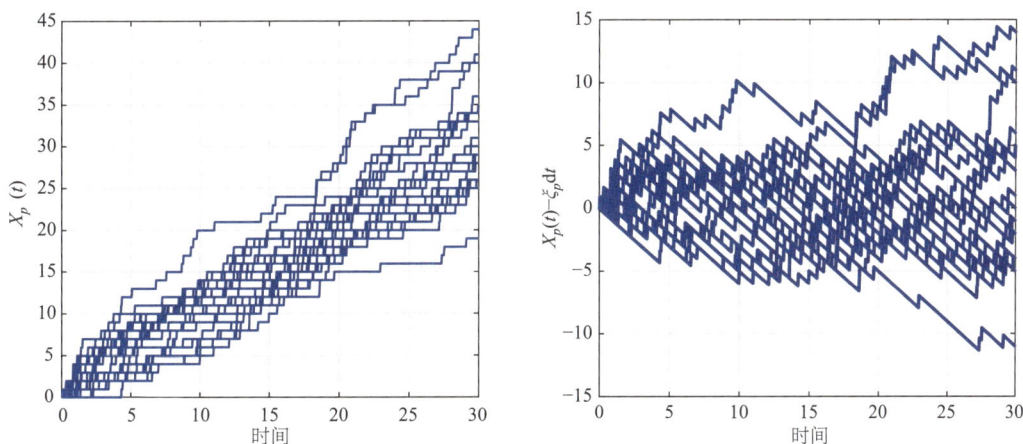

图 5-1　Poisson 过程 (左) 和补偿的 Poisson 过程 (右) 的 Monte Carlo 路径, $\xi_p = 1$.

给出下列 SDE:

$$\mathrm{d}X(t) = J(t)\mathrm{d}X_{\mathcal{P}}(t),\tag{5.4}$$

我们可以定义关于 Poisson 过程 $X_{\mathcal{P}}(t)$ 的随机积分如下:

$$X(T) - X(t_0) = \int_{t_0}^{T} J(t)\mathrm{d}X_{\mathcal{P}}(t) := \sum_{k=1}^{X_{\mathcal{P}}(T)} J_k.\tag{5.5}$$

变量 J_k, $k \geqslant 1$ 是一个独立同分布 (i.i.d.) 的随机变量序列, 跳跃大小的概率分布为 F_J, 从而 $\mathbb{E}[J_k] = \mu_J < \infty$.

5.1.1　Itô 引理和跳跃

在第 2 章中, 我们讨论了在风险中性定价测度下, 对交易的资产, 其贴现的资产价格 $S(t)/M(t)$ 应该满足鞅性质, 见节 2.3. 仅仅让 (5.1) 里 $\mu = r$ 不足以实现这一点, 因为跳跃对漂移项也有影响. 需要漂移调整来补偿平均跳跃大小.

为了得到 $S(t) = \exp(X(t))$ 的动态, 其中 $X(t)$ 由 (5.1) 定义, 需要一个 Itô 引理的变体来用于 Poisson 过程. 我们在下面给出了具有独立 Poisson 跳的模型的一般结果.

结果 5.1.1 (对 Poisson 过程的 Itô 引理)　我们考虑一个 càdlàg 过程 (见定义 1.2.2 的注释) $X(t)$, 定义为

$$\mathrm{d}X(t) = \bar{\mu}(t, X(t))\mathrm{d}t + \bar{J}(t, X(t_-))\mathrm{d}X_{\mathcal{P}}(t),\quad \text{其中}\, X(t_0) \in \mathbb{R},\tag{5.6}$$

这里 $\bar{\mu}, \bar{J} : [0, \infty) \times \mathbb{R} \to \mathbb{R}$ 是确定的连续函数, 且 $X_{\mathcal{P}}(t)$ 是一个始于 $t_0 = 0$ 的 Poisson 过程.

> 对一个可微函数 $g:[0,\infty)\times\mathbb{R}\to\mathbb{R}$, Itô 微分由下式给出:
>
> $$\mathrm{d}g(t,X(t)) = \left[\frac{\partial g(t,X(t))}{\partial t} + \bar{\mu}(t,X(t))\frac{\partial g(t,X(t))}{\partial X}\right]\mathrm{d}t \qquad (5.7)$$
> $$+ \left[g\left(t,X(t_-)+\bar{J}(t,X(t_-))\right) - g(t,X(t_-))\right]\mathrm{d}X_{\mathcal{P}}(t),$$
>
> 这里左极限记为 $X(t_-) := \lim_{s\to t}X(s), s<t$, 所以, 由 $\bar{J}(\cdot)$ 的连续性, 其左极限等于 $\bar{J}(t,X(t_-))$.

带跳的 Itô 公式的直观解释是, 当跳跃发生时, 即 $\mathrm{d}X_{\mathcal{P}}(t)=1$, 过程 $X(t_-)$ 跳到 $X(t)$, 跳跃大小由函数 $\bar{J}(t,X(t))$ 决定 [Sennewald et al., 2006], 这就有以下关系:

$$g(t,X(t)) = g\left(t,X(t_-)+\bar{J}(t,X(t_-))\right).$$

在时间 t 跳跃后, 函数 $g(\cdot)$ 根据跳跃的大小进行调整, 这个大小在时间 t_- 就确定了.

在实际应用中, 会遇到同时包含 Brown 运动和 Poisson 过程的随机过程, 如方程 (5.1) 所示. 该组合过程的一般动态由以下等式给出:

$$\mathrm{d}X(t) = \bar{\mu}(t,X(t))\mathrm{d}t + \bar{J}(t,X(t_-))\mathrm{d}X_{\mathcal{P}}(t) + \bar{\sigma}(t,X(t))\mathrm{d}W(t), \quad \text{其中 } X(t_0)\in\mathbb{R},$$
$$(5.8)$$

其中 $\bar{\mu}(\cdot,\cdot)$ 是漂移项, $\bar{\sigma}(\cdot,\cdot)$ 是扩散项, 而 $\bar{J}(\cdot,\cdot)$ 是跳量函数. 对 (5.7) 中的函数 $g(t,X(t))$, 需要推广结果 5.1.1. 假定 Poisson 过程 $X_{\mathcal{P}}(t)$ 是和 Brown 运动 $W(t)$ 互相独立的, $g(t,X(t))$ 的动态由下式给出:

> $$\mathrm{d}g(t,X(t)) = \left[\frac{\partial g(t,X(t))}{\partial t} + \bar{\mu}(t,X(t))\frac{\partial g(t,X(t))}{\partial X}\right.$$
> $$\left.+ \frac{1}{2}\bar{\sigma}^2(t,X(t))\frac{\partial^2 g(t,X(t))}{\partial X^2}\right]\mathrm{d}t$$
> $$+ \left[g\left(t,X(t_-)+\bar{J}(t,X(t_-))\right) - g(t,X(t_-))\right]\mathrm{d}X_{\mathcal{P}}(t)$$
> $$+ \bar{\sigma}(t,X(t))\frac{\partial g(t,X(t))}{\partial X}\mathrm{d}W(t), \qquad (5.9)$$

这里我们要用 Itô 乘法表 5-1, 表中包含 Poisson 过程的交叉项也涉及了. 理解表 5-1 中 Poisson 过程原则的直接方式是弄明白 $\mathrm{d}X_{\mathcal{P}}=1$ 的概率为 $\xi_p\mathrm{d}t$, 而 $\mathrm{d}X_{\mathcal{P}}=0$ 的概率为 $(1-\xi_p\mathrm{d}t)$, 这隐含着

$$(\mathrm{d}X_{\mathcal{P}})^2 = \begin{cases} 1^2, & \text{具概率 } \xi_p\mathrm{d}t \\ 0^2, & \text{具概率 } (1-\xi_p\mathrm{d}t) \end{cases}$$
$$= \mathrm{d}X_{\mathcal{P}}.$$

表 5-1　Poisson 过程的 Itô 乘法表.

	$\mathrm{d}t$	$\mathrm{d}W(t)$	$\mathrm{d}X_{\mathcal{P}}(t)$
$\mathrm{d}t$	0	0	0
$\mathrm{d}W(t)$	0	$\mathrm{d}t$	0
$\mathrm{d}X_{\mathcal{P}}(t)$	0	0	$\mathrm{d}X_{\mathcal{P}}(t)$

对 (5.1) 里的 $X(t)$, 为了应用 Itô 引理到函数 $S(t) = \mathrm{e}^{X(t)}$ 上, 我们在 (5.9) 中代入 $\bar{\mu}(t, X(t)) = \mu$, $\bar{\sigma}(t, X(t)) = \sigma$ 和 $\bar{J}(t, X(t_{-})) = J$, 得到

$$\mathrm{de}^{X(t)} = \left(\mu \mathrm{e}^{X(t)} + \frac{1}{2}\sigma^2 \mathrm{e}^{X(t)} \right) \mathrm{d}t + \sigma \mathrm{e}^{X(t)} \mathrm{d}W(t) + \left(\mathrm{e}^{X(t)+J} - \mathrm{e}^{X(t)} \right) \mathrm{d}X_{\mathcal{P}}(t),$$

所以我们有

$$\frac{\mathrm{d}S(t)}{S(t)} = \left(\mu + \frac{1}{2}\sigma^2 \right) \mathrm{d}t + \sigma \mathrm{d}W(t) + \left(\mathrm{e}^J - 1 \right) \mathrm{d}X_{\mathcal{P}}(t).$$

到这里我们都是在物理测度 $\mathbb{P}$ 下推导股价 $S(t)$ 的动态, 下一步是找到在风险中性测度 $\mathbb{Q}$ 下股价的动态.

为此, 我们检查在什么样的条件下过程 $Y(t) := S(t)/M(t)$ 是个鞅, 或者换句话说, 具 $\mathrm{d}Y(t) = Y(t + \mathrm{d}t) - Y(t)$ 的动态 $\mathrm{d}Y(t) = \frac{\mathrm{d}S(t)}{M(t)} - \frac{rS(t)\mathrm{d}t}{M(t)}$ 应该有等于零的期望:

$$\mathbb{E}\left[\mathrm{d}Y(t) \right] = \mathbb{E}\left[\mu S(t) + \frac{1}{2}\sigma^2 S(t) - rS(t) \right] \mathrm{d}t + \mathbb{E}\left[\sigma S(t)\mathrm{d}W(t) \right]$$
$$+ \mathbb{E}\left[\left(\mathrm{e}^J - 1 \right) S(t)\mathrm{d}X_{\mathcal{P}}(t) \right].$$

由 Brown 运动和 Poisson 过程的性质, 以及上面表达式中所有随机变量成分都互相独立[1], 我们有

$$\mathbb{E}\left[\mathrm{d}Y(t) \right] = \mathbb{E}\left[\mu S(t) + \frac{1}{2}\sigma^2 S(t) - rS(t) \right] \mathrm{d}t + \mathbb{E}\left[\left(\mathrm{e}^J - 1 \right) S(t) \right] \xi_p \mathrm{d}t$$
$$= \left(\mu - r + \frac{1}{2}\sigma^2 + \mathbb{E}\left[\xi_p(\mathrm{e}^J - 1) \right] \right) \mathbb{E}[S(t)]\mathrm{d}t.$$

代入 $\mu = r - \frac{1}{2}\sigma^2 - \xi_p \mathbb{E}\left[\mathrm{e}^J - 1 \right]$, 我们得到 $\mathbb{E}[\mathrm{d}Y(t)] = 0$.

项 $\bar{\omega} := \xi_p \mathbb{E}\left[\mathrm{e}^J - 1 \right]$ 被叫作漂移修正项, 调整它可让 $\mathrm{d}Y$ 过程是个鞅.

在风险中性测度 $\mathbb{Q}$ 下, 股价 $S(t)$ 的动态由下式给出:

$$\boxed{\frac{\mathrm{d}S(t)}{S(t)} = \left(r - \xi_p \mathbb{E}\left[\mathrm{e}^J - 1 \right] \right) \mathrm{d}t + \sigma \mathrm{d}W^{\mathbb{Q}}(t) + \left(\mathrm{e}^J - 1 \right) \mathrm{d}X_{\mathcal{P}}^{\mathbb{Q}}(t).} \quad (5.10)$$

(5.10) 的过程常常在文献里表成标准跳扩散模型.

---

[1]可以证明如果 $W(t)$ 是 Brown 运动而 $X_{\mathcal{P}}(t)$ 是强度为 ξ_p 的 Poisson 过程, 两个过程都定义在同一个概率空间 $(\Omega, \mathcal{F}(t), \mathbb{P})$, 则过程 $W(t)$ 和 $X_{\mathcal{P}}(t)$ 互相独立.

标准跳扩散模型与下面 $\mathrm{d}X(t)$ 的动态直接相联:

$$\mathrm{d}X(t) = \left(r - \xi_p \mathbb{E}\left[\mathrm{e}^J - 1 \right] - \frac{1}{2}\sigma^2 \right)\mathrm{d}t + \sigma\mathrm{d}W^{\mathbb{Q}}(t) + J\mathrm{d}X^{\mathbb{Q}}_{\mathcal{P}}(t). \tag{5.11}$$

5.1.2 跳扩散过程的 PIDE 推导

我们将确定在标的价格动态由跳扩散过程驱动的情况下定价的 PDE. 我们分解下列的 SDE:

$$\mathrm{d}S(t) = \bar{\mu}(t, S(t))\mathrm{d}t + \bar{\sigma}(t, S(t))\mathrm{d}W^{\mathbb{Q}}(t) + \bar{J}(t, S(t))\mathrm{d}X^{\mathbb{Q}}_{\mathcal{P}}(t), \tag{5.12}$$

这里, 在方程 (5.10) 中, 函数 $\bar{\mu}(t, S(t))$, $\bar{J}(t, S(t))$ 和 $\bar{\sigma}(t, S(t))$ 等于

$$\bar{\mu}(t, S(t)) := \left(r - \xi_p \mathbb{E}\left[\mathrm{e}^J - 1 \right] \right) S(t), \quad \bar{\sigma}(t, S(t)) := \sigma S(t),$$
$$\bar{J}(t, S(t)) := (\mathrm{e}^J - 1)S(t). \tag{5.13}$$

动态过程 (5.12) 是在风险中性测度 $\mathbb{Q}$ 之下, 因此我们可以将鞅方法用在跳扩散资产价的动态上而得到期权定价方程. 这意味着, 对某收益函数 $V(T, S)$, 下列等式成立:

$$\frac{V(t, S)}{M(t)} = \mathbb{E}^{\mathbb{Q}}\left[\frac{V(T, S)}{M(T)} \middle| \mathcal{F}(t) \right]. \tag{5.14}$$

式 (5.14) 中的 $V(t, S)/M(t)$ 可认定其在 $\mathbb{Q}$ 测度下是个鞅, 所以该动态不应该包含漂移项. 应用 Itô 引理, 以及设 $M \equiv M(t), V \equiv V(t, S)$, V/M 的动态由下式给出:

$$\mathrm{d}\frac{V}{M} = \frac{1}{M}\mathrm{d}V - r\frac{V}{M}\mathrm{d}t.$$

对 Poisson 过程应用 Itô 引理后得到了 V 的动态, 如等式 (5.9) 所展示. 这样, 令 $g(t, S(t)) := V(t, S)$ 和 $\bar{J}(t, S(t)) := (\mathrm{e}^J - 1)S$, 其隐含下列动态:

$$\mathrm{d}V = \left(\frac{\partial V}{\partial t} + \bar{\mu}(t, S)\frac{\partial V}{\partial S} + \frac{1}{2}\bar{\sigma}^2(t, S)\frac{\partial^2 V}{\partial S^2} \right)\mathrm{d}t + \bar{\sigma}(t, S)\frac{\partial V}{\partial S}\mathrm{d}W^{\mathbb{Q}}(t)$$
$$+ \left(V(t, S\mathrm{e}^J) - V(t, S) \right)\mathrm{d}X^{\mathbb{Q}}_{\mathcal{P}}(t).$$

代入上式, V/M 的动态成为

$$\mathrm{d}\frac{V}{M} = \frac{1}{M}\left(\frac{\partial V}{\partial t} + \bar{\mu}(t, S)\frac{\partial V}{\partial S} + \frac{1}{2}\bar{\sigma}^2(t, S)\frac{\partial^2 V}{\partial S^2} \right)\mathrm{d}t + \frac{\bar{\sigma}(t, S)}{M}\frac{\partial V}{\partial S}\mathrm{d}W^{\mathbb{Q}}$$
$$+ \frac{1}{M}\left(V(t, S\mathrm{e}^J) - V(t, S) \right)\mathrm{d}X^{\mathbb{Q}}_{\mathcal{P}} - r\frac{V(t, S)}{M}\mathrm{d}t.$$

跳跃独立于 Poisson 过程 $X^{\mathbb{Q}}_{\mathcal{P}}$ 和 Brown 运动 $W^{\mathbb{Q}}$ 这两个随机过程. 因为 V/M 是个鞅, 就有

$$\left(\frac{\partial V}{\partial t} + \bar{\mu}(t, S)\frac{\partial V}{\partial S} + \frac{1}{2}\bar{\sigma}^2(t, S)\frac{\partial^2 V}{\partial S^2} - rV \right)\mathrm{d}t + \mathbb{E}\left[\left(V(t, S\mathrm{e}^J) - V(t, S) \right) \right]\mathbb{E}\left[\mathrm{d}X^{\mathbb{Q}}_{\mathcal{P}} \right] = 0. \tag{5.15}$$

基于方程 (5.3), 将表达式 (5.13) 代入 (5.15), 得到下面的定价方程:

$$\frac{\partial V}{\partial t} + \left(r - \xi_p \mathbb{E}\left[e^J - 1\right]\right) S \frac{\partial V}{\partial S} + \frac{1}{2}\sigma^2 S^2 \frac{\partial^2 V}{\partial S^2} - (r + \xi_p)V + \xi_p \mathbb{E}\left[V(t, Se^J)\right] = 0,$$
(5.16)

这是一个偏微分积分方程 (PIDE), 方程中包含我们曾处理过的偏导数, 但这次期望产生了一个积分项.

由于多出来的积分项, PIDE 求解通常比 PDE 更困难. 只有对很少的模型, 解析解存在. 对于 Merton 模型和 Kou 模型, 可以找到 (5.16) 的一个解析解, 这个解析解以一个无穷级数的形式给出 [Kou, 2002], [Merton, 1976], 参见节 5.2.1. 然而, 求解 PIDE 的一些数值技术可在文献中找到, 例如 [He et al., 2006], [Kennedy et al., 2009].

例 5.1.2 在测度 $\mathbb{Q}$ 下, 对跳扩散过程, 我们得到下列关于股价 S 的期权定价的 PIDE:

$$\begin{cases} -\frac{\partial V}{\partial t} = \frac{1}{2}\sigma^2 S^2 \frac{\partial^2 V}{\partial S^2} + (r - \xi_p \mathbb{E}[e^J - 1])S\frac{\partial V}{\partial S} - (r + \xi_p)V \\ \qquad + \xi_p \int_0^\infty V(t, Se^y)\mathrm{d}F_J(y), & \forall (t, S) \in [0, T] \times \mathbb{R}_+, \\ V(T, S) = \max(\bar{\alpha}(S(T) - K), 0), & \forall S \in \mathbb{R}_+, \end{cases}$$

其中 $\bar{\alpha} = \pm 1$ (分别看涨或看跌), $\mathrm{d}F_J(y) = f_J(y)\mathrm{d}y$.

在对数坐标下 $X(t) = \log(S(t))$, 对应的 $V(t, X)$ 的 PIDE 如下:

$$\begin{cases} -\frac{\partial V}{\partial t} = \frac{1}{2}\sigma^2 \frac{\partial^2 V}{\partial X^2} + (r - \frac{1}{2}\sigma^2 - \xi_p \mathbb{E}[e^J - 1])\frac{\partial V}{\partial X} - (r + \xi_p)V \\ \qquad + \xi_p \int_{\mathbb{R}} V(t, X + y)\mathrm{d}F_J(y), & \forall (t, X) \in [0, T] \times \mathbb{R}, \\ V(T, X) = \max(\bar{\alpha}(\exp(X(T)) - K), 0), & \forall X \in \mathbb{R}. \end{cases}$$

注意上面两个 PIDE 的积分项的差别. ◇

5.1.3 跳分布的特例

根据跳量 $F_J(x)$ 的累积分布函数, 可定义一些跳模型.

两个通常的选择是:

⇒ 经典 *Merton* 模型 [Merton, 1976]: 跳量 J 是正态分布, 其均值为 μ_J 而标准差为 σ_J. 所以 $\mathrm{d}F_J(x) = f_J(x)\mathrm{d}x$, 这里

$$f_J(x) = \frac{1}{\sigma_J \sqrt{2\pi}} \exp\left(-\frac{(x - \mu_J)^2}{2\sigma_J^2}\right).$$
(5.17)

⇒ 非对称双指数 (Kou 模型 [Kou, 2002], [Kou et al., 2004])

$$f_J(x) = p_1 \alpha_1 e^{-\alpha_1 x} \mathbb{1}_{\{x \geqslant 0\}} + p_2 \alpha_2 e^{\alpha_2 x} \mathbb{1}_{\{x < 0\}},$$
(5.18)

这里 p_1, p_2 是正实数, 且 $p_1 + p_2 = 1$. 为了能对 e^x 在整个实轴上积分, 要求有

$\alpha_1 > 1$ 和 $\alpha_2 > 0$, 于是我们得到表达式

$$\mathbb{E}[\mathrm{e}^{J_k}] = p_1 \frac{\alpha_1}{\alpha_1 - 1} + p_2 \frac{\alpha_2}{\alpha_2 + 1}. \tag{5.19}$$

例 5.1.3 (跳扩散的路径) 图 5-2 展示了 (5.11) 中 $X(t)$ 和 $S(t) = \mathrm{e}^{X(t)}$ 如 (5.10) 的模拟路径. 该例用了经典的 Merton 模型, 其中的跳如 (5.17) 所描述的那样是对称的, $J \sim \mathcal{N}(\mu_J, \sigma_J^2)$. ◇

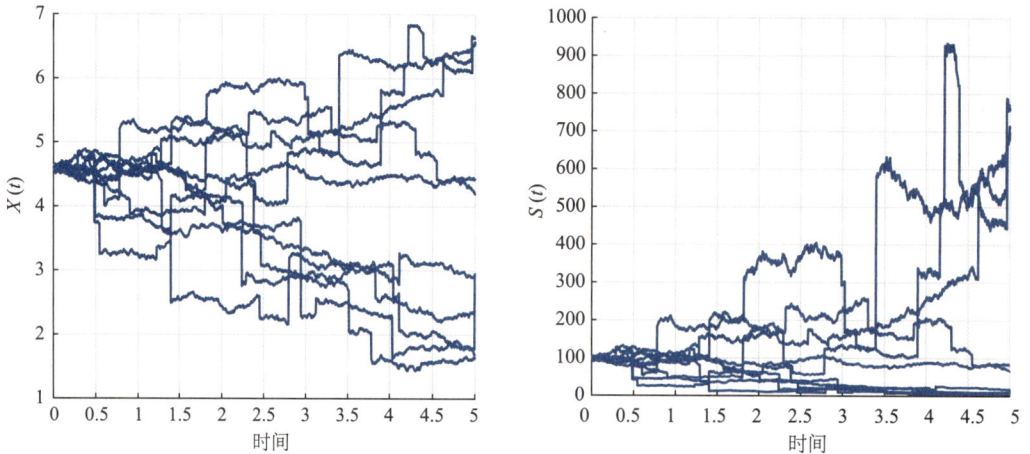

图 5-2 左: 过程 $X(t)$ (5.11) 的路径; 右: 过程 $S(t)$ (5.10) 的路径, 其中 $S(t_0) = 100$, $r = 0.05$, $\sigma = 0.2$, $\sigma_J = 0.5$, $\mu_J = 0$, $\xi_p = 1$, $T = 5$.

5.2 跳扩散过程的 Feynman-Kac 定理

PDE 的解和计算贴现的收益函数的期望值之间通过 Feynman-Kac 定理关联 (节 3.2), 这种关系可以推广到解 PIDE, 其起源于带跳的资产过程 $S(t)$. 我们通过一个例子详解 Merton 跳扩散模型.

设 r 为常数, $S(t)$ 服从下列 SDE:

$$\frac{\mathrm{d}S(t)}{S(t)} = \left(r - \xi_p \mathbb{E}\left[\mathrm{e}^J - 1\right] \right) \mathrm{d}t + \sigma \mathrm{d}W^{\mathbb{Q}}(t) + \left(\mathrm{e}^J - 1\right) \mathrm{d}X_{\mathcal{P}}^{\mathbb{Q}}(t).$$

而期权价值 $V(t, S)$ 满足下列 PIDE:

$$\frac{\partial V}{\partial t} + \left(r - \xi_p \mathbb{E}\left[\mathrm{e}^J - 1\right] \right) S \frac{\partial V}{\partial S} + \frac{1}{2}\sigma^2 S^2 \frac{\partial^2 V}{\partial S^2} - (r + \xi_p)V + \xi_p \mathbb{E}\left[V(t, S\mathrm{e}^J)\right] = 0,$$

其中 $V(T, S) = H(T, S)$, 而项 $(\mathrm{e}^J - 1)$ 表示比例跳跃的大小, 风险中性的定价公式确定了期权价值, 即

$$V(t,S) = M(t)\mathbb{E}^{\mathbb{Q}}\left[\frac{1}{M(T)}H(T,S)\bigg|\mathcal{F}(t)\right] = \mathbb{E}^{\mathbb{Q}}\left[\mathrm{e}^{-r(T-t)}H(T,S)|\mathcal{F}(t)\right].$$

如果我们考虑 $\frac{V(t,S)}{M(t)}$, 那么由熟知的鞅性质, 贴现的期望收益公式不应该包含漂移项, 即 $\mathbb{E}^{\mathbb{Q}}[\mathrm{d}(V(t,S)/M(t))|\mathcal{F}(t)] = 0$. 跳扩散下的方程 (5.15) 具体呈现了这种情况, 这就证实了它应该满足 PIDE (5.16). 所以, 在这种跳过程的情况下, 我们也可以根据著名的 Feynman-Kac 定理通过计算收益函数的贴现值来解定价的 PIDE.

我们将推导跳扩散过程的特征函数以及对应期权价格的解析解. 在推导之前, 我们展示期望望远性质对离散随机变量的一个应用, 因为这在后面的推导中会用到.

例 5.2.1 (望远性质, 离散随机变量) 作为使用条件期望有多方便的示例, 我们考虑以下问题. 假设 $X_1, X_2, \cdots$ 是具有相同均值 μ 的独立随机变量, 而 N_J 是独立于所有 X_i 的非负整数值随机变量. 则下列等式成立:

$$\mathbb{E}\left[\sum_{i=1}^{N_J}X_i\right] = \mu\mathbb{E}\left[N_J\right]. \tag{5.20}$$

这个等式也被称为 *Wald* 等式.

对离散随机变量 z_1 和 z_2 应用望远性质 (1.20), 得

$$\mathbb{E}\left[\mathbb{E}\left[z_1|z_2\right]\right] = \sum_z \mathbb{E}[z_1|z_2 = z]\,\mathbb{P}[z_2 = z],$$

从而

$$\begin{aligned}\mathbb{E}\left[\sum_{k=1}^{N_J}X_k\right] &= \mathbb{E}\left[\mathbb{E}\left[\sum_{k=1}^{N_J}X_k\bigg|N_J\right]\right]\\ &= \sum_{n=1}^{\infty}\mathbb{E}\left[\sum_{k=1}^{n}X_k\bigg|N_J = n\right]\mathbb{P}[N_J = n]\\ &= \sum_{n=1}^{\infty}\mathbb{P}[N_J = n]\sum_{k=1}^{n}\mathbb{E}\left[X_k\right].\end{aligned} \tag{5.21}$$

由于每个 X_k 的期望等于 μ, 我们有

$$\begin{aligned}\mathbb{E}\left[\sum_{k=1}^{N_J}X_k\right] &= \sum_{n=1}^{\infty}\mathbb{P}[N_J = n]\sum_{k=1}^{n}\mu\\ &= \mu\sum_{n=1}^{\infty}n\mathbb{P}[N_J = n] \stackrel{\mathrm{def}}{=} \mu\mathbb{E}[N_J],\end{aligned} \tag{5.22}$$

这就证实了 (5.20). ◇

5.2.1 解析期权价

在本节中, 我们将对标准跳扩散模型导出定义于 (5.10) 的风险中性资产的看涨期权价格的解. 对对数变换后的资产价格过程, 即等式 (5.11) 进行积分, 我们有

$$X(T) = X(t_0) + \int_{t_0}^T \left(r - \xi_p \mathbb{E}[\mathrm{e}^J - 1] - \frac{1}{2}\sigma^2 \right) \mathrm{d}t + \int_{t_0}^T \sigma \mathrm{d}W(t) + \int_{t_0}^T J(t)\mathrm{d}X_{\mathcal{P}}(t)$$

$$= X(t_0) + \left(r - \xi_p \mathbb{E}[\mathrm{e}^J - 1] - \frac{1}{2}\sigma^2 \right)(T - t_0) + \sigma\left(W(T) - W(t_0)\right) + \sum_{k=1}^{X_{\mathcal{P}}(T)} J_k,$$

这里 $S(t) = \mathrm{e}^{X(t)}$.

跳扩散过程的欧式期权价由下式给出:

$$V(t_0, S_0) = \mathrm{e}^{-r(T-t_0)}\mathbb{E}^{\mathbb{Q}}\left[\max(S(T) - K, 0)\big|\mathcal{F}(t_0)\right], \tag{5.23}$$

这里

$$S(T) = \exp\left(\mu_X + \sigma\left(W(T) - W(t_0)\right) + \sum_{k=1}^{X_{\mathcal{P}}(T)} J_k\right), \tag{5.24}$$

其中 $\mu_X := X(t_0) + \left(r - \xi_p \mathbb{E}[\mathrm{e}^J - 1] - \frac{1}{2}\sigma^2\right)(T - t_0)$.

对 (5.23) 关于 $X_{\mathcal{P}}(t)$ 在时间 t 的跳数取条件期望, 我们发现

$$V(t_0, S_0) = \mathrm{e}^{-r(T-t_0)}$$

$$\times \sum_{n \geqslant 0}(\mathbb{E}^{\mathbb{Q}}[\max(\exp\left(\mu_X + \sigma(W(T) - W(t_0)) + \sum_{k=1}^n J_k\right) - K, 0)\big|\mathcal{F}(t_0)]$$

$$\times \mathbb{P}[X_{\mathcal{P}}(t) = n]. \tag{5.25}$$

由于跳量 J_k 假定为 i.i.d. 正态分布, $J_k \sim \mathcal{N}(\mu_J, \sigma_J^2)$, 这推出

$$\mu_X + \sigma\left(W(T) - W(t_0)\right) + \sum_{k=1}^n J_k \stackrel{\mathrm{d}}{=} \mu_X + n\mu_J + \sqrt{\sigma^2 + \frac{n\sigma_J^2}{T - t_0}}\left(W(T) - W(t_0)\right),$$

所以期权价为

$$V(t_0, S_0) = \mathrm{e}^{-r(T-t_0)}\sum_{n \geqslant 0}\mathbb{E}^{\mathbb{Q}}\left[\max\left(\exp\left(\hat{\mu}_X(n) + \hat{\sigma}_X(n)\left(W(T) - W(t_0)\right)\right) - K, 0\right)\big|\mathcal{F}(t_0)\right]$$

$$\times \mathbb{P}\left[X_{\mathcal{P}}(t) = n\right], \tag{5.26}$$

其中

$$\hat{\mu}_X(n) := X(t_0) + \left(r - \xi_p\mathbb{E}[\mathrm{e}^J - 1] - \frac{1}{2}\sigma^2\right)(T - t_0) + n\mu_J, \quad \hat{\sigma}_X(n) := \sqrt{\sigma^2 + \frac{n\sigma_J^2}{T - t_0}}.$$

请注意 (5.26) 中的期望类似于对数正态分布股价过程下的看涨期权价格. 只不过其漂移和波动率项还依赖跳跃次数 n.

进一步简化, 我们有

$$\bar{V}(n) := \mathbb{E}^{\mathbb{Q}}\left[\max\left(\exp\left(\hat{\mu}_X(n) + \hat{\sigma}_X(n)\left(W(T) - W(t_0)\right)\right) - K, 0\right) \middle| \mathcal{F}(t_0)\right]$$

$$= \exp\left(\hat{\mu}_X(n) + \frac{1}{2}\hat{\sigma}_X^2(n)(T - t_0)\right) \cdot F_{\mathcal{N}(0,1)}(d_1) - K \cdot F_{\mathcal{N}(0,1)}(d_2), \quad (5.27)$$

其中

$$d_1 = \frac{\log\frac{S(t_0)}{K} + \left[r - \xi_p\mathbb{E}[e^J - 1] - \frac{1}{2}\sigma^2 + \hat{\sigma}_X^2(n)\right](T - t_0) + n\mu_J}{\hat{\sigma}_X(n)\sqrt{T - t_0}},$$

$$d_2 = \frac{\log\frac{S(t_0)}{K} + \left[r - \xi_p\mathbb{E}[e^J - 1] - \frac{1}{2}\sigma^2\right](T - t_0) + n\mu_J}{\hat{\sigma}_X(n)\sqrt{T - t_0}} = d_1 - \hat{\sigma}_X(n)\sqrt{T - t_0},$$

且当 $J \sim \mathcal{N}(\mu_J, \sigma_J^2)$ 时, $\mathbb{E}[e^J - 1] = e^{\mu_J + \frac{1}{2}\sigma_J^2} - 1$.

利用关于 Poisson 分布的定义 5.1.2, 带跳的看涨期权价就有

$$V(t_0, S_0) = e^{-r(T-t_0)} \sum_{k \geqslant 0} \frac{(\xi_p(T - t_0))^k e^{-\xi_p(T-t_0)}}{k!} \bar{V}(k), \quad (5.28)$$

其中 $\bar{V}(k)$ 如 (5.27).

等式 (5.28) 表明对带 Merton 跳的资产 $S(t)$ 的动态过程, 看涨期权的价值是一个带参数修正的 *Black-Scholes* 看涨期权价的无穷级数.

在下面的推导中, 我们还需要期望的望远性质.

5.2.2 Merton 模型的特征函数

测度 $\mathbb{Q}$ 下的 Merton 跳扩散模型包含一个 Brown 运动和一个复合的 Poisson 过程, 在 $t_0 = 0$ 时, 定义为

$$X(t) = X(t_0) + \bar{\mu}t + \sigma W(t) + \sum_{k=1}^{X_{\mathcal{P}}(t)} J_k. \quad (5.29)$$

这里, $\bar{\mu} = r - \frac{1}{2}\sigma^2 - \xi_p\mathbb{E}\left[e^J - 1\right]$, $\sigma > 0$, Brown 运动 $W(t)$, 带参数 ξ_p 的 Poisson 过程 $X_{\mathcal{P}}(t), t \geqslant 0$, 也就是 $\mathbb{E}[X_{\mathcal{P}}(t)|\mathcal{F}(0)] = \xi_p t$. 上面的等式也可表为不同的形式, 如

$$dX(t) = \bar{\mu}dt + \sigma dW(t) + J(t)dX_{\mathcal{P}}(t), \quad \text{其中 } X(t_0) \in \mathbb{R}. \quad (5.30)$$

在 Poisson 过程设置中, 跳跃的到达与前一次跳跃相互独立, 以及两次跳跃同时的概率等于零. 如前所述, 变量 $J_k, k \geqslant 1$, 是一个 i.i.d. 的随机变量序列, 其跳跃大小的概率分布为 F_J, 因此 $\mathbb{E}[J_k] = \mu_J < \infty$.

所有的随机性来源都是互相独立的, 我们可以确定 $X(t)$ 的特征函数, 即

$$\phi_X(u) := \mathbb{E}\left[e^{iuX(t)}\right] \tag{5.31}$$

$$= e^{iuX(0)}e^{iu\bar{\mu}t}\mathbb{E}\left[e^{iu\sigma W(t)}\right] \cdot \mathbb{E}\left[\exp\left(iu\sum_{k=1}^{X_\mathcal{P}(t)} J_k\right)\right].$$

等式 (5.31) 中的两个期望很容易确定. 由于 $W(t) \sim \mathcal{N}(0, t)$, 就有 $\mathbb{E}\left[e^{iu\sigma W(t)}\right] = e^{-\frac{1}{2}\sigma^2 u^2 t}$. 对 (5.31) 中第二个期望, 我们首先考虑和:

$$\mathbb{E}\left[\exp\left(iu\sum_{k=1}^{X_\mathcal{P}(t)} J_k\right)\right] = \sum_{n\geqslant 0}\mathbb{E}\left[\exp\left(iu\sum_{k=1}^{X_\mathcal{P}(t)} J_k\right)\Bigg| X_\mathcal{P}(t) = n\right]\mathbb{P}[X_\mathcal{P}(t) = n],$$

这是从期望的望远性质, 即 $\mathbb{E}[\mathbb{E}[X|Y]] = \mathbb{E}[X]$ 导出的结果. $X_\mathcal{P}(t)$ 是一个 Poisson 过程, 用 (5.2), 我们有

$$\mathbb{E}\left[\exp\left(iu\sum_{k=1}^{X_\mathcal{P}(t)} J_k\right)\right] = \sum_{n\geqslant 0}\mathbb{E}\left[\exp\left(iu\sum_{k=1}^{n} J_k\right)\right]\frac{e^{-\xi_p t}(\xi_p t)^n}{n!}$$

$$= \sum_{n\geqslant 0}\frac{e^{-\xi_p t}(\xi_p t)^n}{n!}\left(\int_\mathbb{R} e^{iux} f_J(x)dx\right)^n. \tag{5.32}$$

(5.32) 中右端的两个 n 次幂可被认为是一个指数函数的 Taylor 展开, 展开式的结果如下:

$$\mathbb{E}\left[\exp\left(iu\sum_{k=1}^{X_\mathcal{P}(t)} J_k\right)\right] = e^{-\xi_p t}\sum_{n\geqslant 0}\frac{1}{n!}\left(\xi_p t\int_\mathbb{R} e^{iux} f_J(x)dx\right)^n$$

$$= \exp\left(\xi_p t\int_\mathbb{R}\left(e^{iux} f_J(x)dx - 1\right)\right)$$

$$= \exp\left(\xi_p t\int_\mathbb{R}\left(e^{iux} - 1\right) f_J(x)dx\right)$$

$$= \exp\left(\xi_p t\mathbb{E}[e^{iuJ} - 1]\right),$$

这里我们用到 $\int_\mathbb{R} f_J(x)dx = 1$, 且 $J = J_k$ 是一个 i.i.d. 随机变量序列, 它们的 CDF 和 PDF 分别是 $F_J(x)$ 和 $f_J(x)$. 从而等式 (5.31) 可写成

$$\phi_X(u) = \mathbb{E}\left[e^{iuX(t)}\right] \tag{5.33}$$

$$= \exp\left(iu(X(0) + \bar{\mu}t) - \frac{1}{2}\sigma^2 u^2 t\right)\exp\left(\xi_p t\left(\mathbb{E}[e^{iuJ} - 1]\right)\right)$$

$$= \exp\left(iu(X(0) + \bar{\mu}t) - \frac{1}{2}\sigma^2 u^2 t + \xi_p t\int_\mathbb{R}\left(e^{iux} - 1\right) f_J(x)dx\right),$$

其中 $\bar{\mu} = r - \frac{1}{2}\sigma^2 - \xi_p\mathbb{E}\left[e^J - 1\right].$

对 Merton 模型, 我们有

$$\mathbb{E}[e^{iuJ} - 1] = e^{iu\mu_J - \frac{1}{2}u^2\sigma_J^2} - 1, \ \mathbb{E}[e^J - 1] = e^{\mu_J + \frac{1}{2}\sigma_J^2} - 1.$$

注释 5.2.1（Kou 模型的特征函数） 跳扩散模型生成的特征函数可在等式 (5.33) 中找到. 对 Kou 跳扩散模型, 我们有

$$\mathbb{E}[e^J] = p_1\frac{\alpha_1}{\alpha_1 - 1} + p_2\frac{\alpha_2}{\alpha_2 + 1},$$

和

$$\mathbb{E}[e^{iuJ}] = \frac{p_1\alpha_1}{\alpha_1 - iu} + \frac{p_2\alpha_2}{iu + \alpha_2}.$$

所以 Kou 模型的特征函数为

$$\phi_{X_{\mathcal{P}}}(u) = \exp\left(iu\bar{\mu}t - \frac{1}{2}\sigma^2 u^2 t + \xi_p t\left[\frac{p_1\alpha_1}{\alpha_1 - iu} + \frac{p_2\alpha_2}{iu + \alpha_2} - 1\right]\right), \tag{5.34}$$

其中

$$\bar{\mu} = r - \frac{1}{2}\sigma^2 - \xi_p\left[p_1\frac{\alpha_1}{\alpha_1 - 1} + p_2\frac{\alpha_2}{\alpha_2 + 1} - 1\right].$$

例 5.2.2（跳扩散过程的密度） 图 5-3 展示了一些 (5.11) 中 $X(t)$ 和 (5.10) 中 $S(t) = e^{X(t)}$ 的跳扩散过程路径及其对应的密度函数. 用的是 Merton 跳扩散模型. 这些密度是用跳扩散特征函数和 COS 方法来计算的, 计算过程将在第 6 章中介绍. ◊

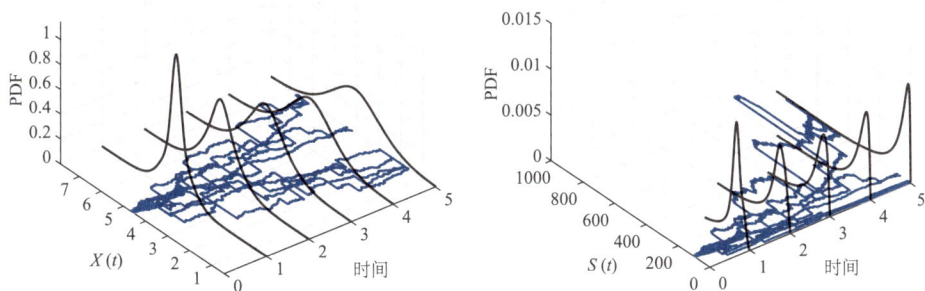

图 5-3 $X(t)$（左）和 $S(t)$（右）的跳扩散过程的路径, 其中 $S(t_0) = 100$, $r = 0.05$, $\sigma = 0.2$, $\sigma_J = 0.5$, $\mu_J = 0$, $\xi_p = 1$, $T = 5$.

在图 5-4 中, 对跳扩散动态 (5.10), 我们研究了参数 σ_J 对相应的分布函数的影响. 图中的曲线表明, 随着 σ_J 增加, 股价过程 $S(t)$ 分布得到更厚的尾部. 跳量 J 是一个对称的随机变量 (Merton 跳扩散), 这隐含着股票可能在一个小的时间段里剧烈增减. 请注意, 对 $\sigma_J = 0$, 模型是一个标准的 GBM.

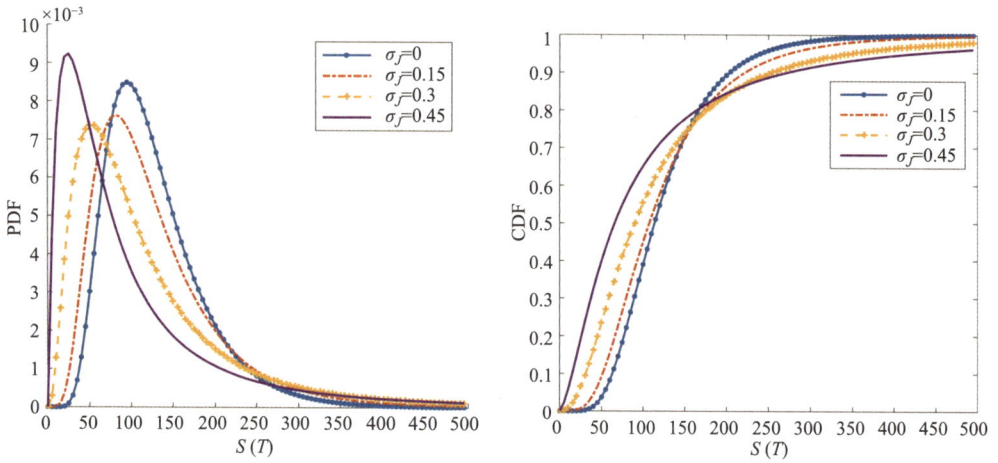

图 5-4　(5.10) 中 $S(t)$ 对不同的 σ_J 的 PDF (左) 和 CDF (右), 其中 $S(t_0) = 100$, $r = 0.05$, $\sigma = 0.2$, $\mu_J = 0$, $\xi_p = 1$, $T = 5$.

例 5.2.3 (跳扩散模型的隐含波动率)　我们展示了 Merton 跳扩散模型中跳参数对隐含波动率的影响. 跳量 J 是正态分布的, $J \sim \mathcal{N}(\mu_J, \sigma_J^2)$.

　　我们分析了三个参数的影响, ξ_p, σ_J 和 μ_J. 在实验中, 我们每次只变化一个模型参数, 而其他参数大小保持不变. 图 5-5 展示了在跳扩散过程中的跳参数对隐含波动率形状的影响.

　　每个跳参数对隐含波动率曲线形状有不同的影响, 即 σ_J 对曲率有很大影响, ξ_p 控制了隐含波动率的整体大小水平, 而 μ_J 影响了隐含波动率的斜率 (波动率倾斜情形).

◊

5.2.3　带跳的 Black-Scholes 模型的动态对冲

　　本节实验聚焦于资产动态有跳跃情形的 Delta 对冲. 请读者回顾一下节 3.3 中对 Black-Scholes 动态的 Delta 对冲实验.

　　由带跳的几何 Brown 运动驱动的股价过程由等式 (5.10) 定义. 跳跃是对称的, 因此向上和向下跳跃的概率相等. 当资产动态的随机过程明确后, 我们就可以确定相应的期权价格. 定价一个看涨期权可以使用公式 (5.28), 或者可以使用 COS 方法 (将在第 6 章里介绍), 它依赖于跳跃扩散过程的特征函数, 见等式 (5.33). 对于期权价格, 也可以计算希腊字母 $\Delta(t)$, 例如通过使用下一章的等式 (6.36).

　　如果价格过程包含跳跃, 对冲看涨期权的一些结果如图 5-6 所示. 从图中可以清楚地看出, 股价过程中发生的跳跃对期权的 Δ 和相应的 P&L(t) 投资组合的价值有直接的影响. 在图 5-7 中展示了不同的对冲频率对 P&L 方差的影响. 左图显示了对冲 10 次后的 P&L 分布, 而在右图中, 我们看到了 2000 个对冲状态的影响. 显然, 增加对冲频率不会影响 P&L 的分布. 在这两种情况下, 人们都可能会因为股价过程中跳跃的发

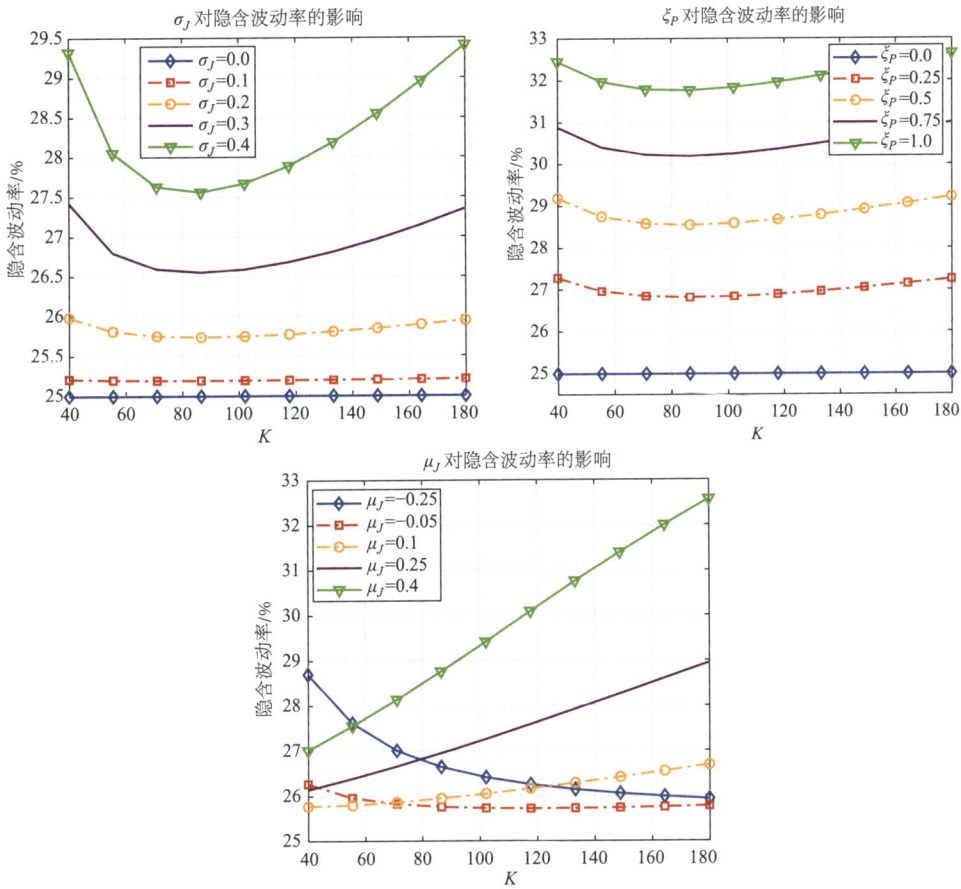

图 5-5 不同的跳参数对 Merton 跳扩散模型隐含波动率形状的影响.

生而蒙受巨大损失. 换言之, 可以证明仅仅是 Delta 对冲不足以减少 (可能是巨大的) 损失.

有文献记载, 在发生跳跃的情况下, 对冲问题有时被重新表述为寻找一种策略, 这个策略是个最优控制问题, 即最小化对冲投资组合与期权收益之差的期望的方差. 在实践中, 人们在跳扩散下通过使用投资组合中的其他期权来对冲, 以降低与期权头寸相关的风险.

请注意, 这里方差的最小化是在测度 $\mathbb{Q}$ 的意义下实现的, 但在实际问题中, 我们的目标是在物理测度下最小化这个方差. 但是, 只要两个测度具有相同的零测度集 (这应该是真的), 物理测度的方差也应该趋于零, 前提是对冲投资组合中有足够的其他期权.

然而, 在文献 [He et al., 2006] 和 [Kennedy et al., 2009] 中, 作者证明了这个对冲投资组合除了 $-\Delta$ 的股票只要还包含几个期权就可以大大减少在跳过程下的方差.

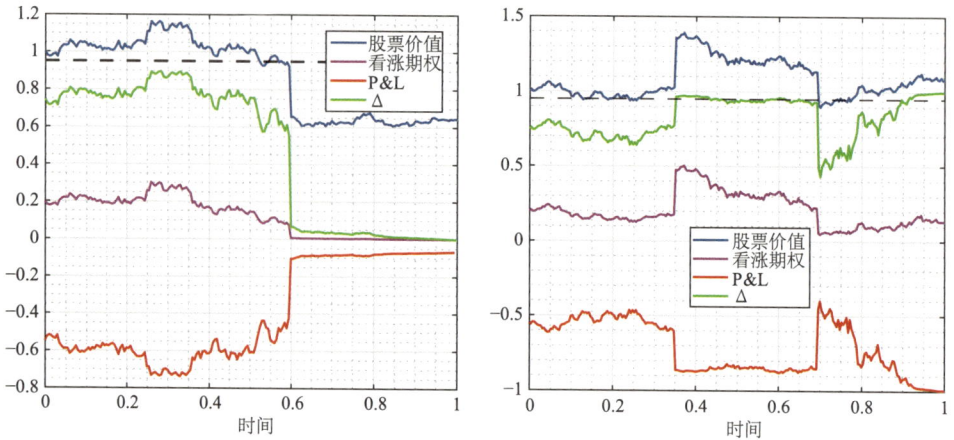

图 5-6　Delta 对冲一个股票带跳的看涨期权, 这里我们用了 Black-Scholes Delta. 蓝: 股票路径; 粉:看涨期权价值; 红: P&L(t) 投资组合; 绿: Δ. 左: 发生一次跳的路径; 右: 发生两次跳的路径.

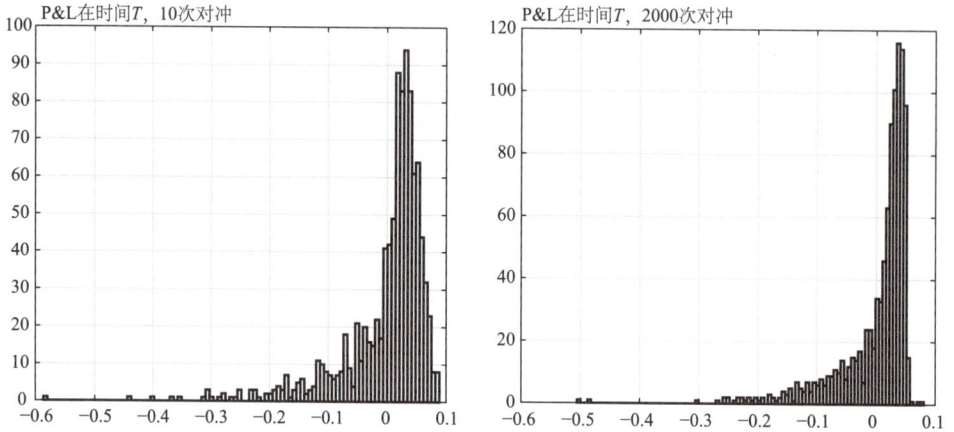

图 5-7　对冲频率对 P&L(T) 投资组合方差的影响, 其中股票服从跳扩散过程. 在期权生命期, 左: 10 次对冲, 右: 2000 次对冲.

5.3　指数 Lévy 过程

我们可以把前面讨论的跳跃过程扩展到更一般的情形, 即指数 Lévy 过程. 然而我们需要借助于参数 ξ_p 指明跳扩散过程一个时间段中的期望跳数, 这对于某些其他的 Lévy 过程是不需要的.

我们再次考虑股价 $S(t)$ 和一个银行账户 $M(t)$, 其利率 r 是确定的. 基于 Lévy 过程的定义 $X_{\mathcal{L}}(t)$, 我们用以下指数 Lévy 过程对资产过程建模:

$$S(t) = S_0 \mathrm{e}^{X_{\mathcal{L}}(t)}. \tag{5.35}$$

定义 5.3.1（Lévy 过程） 由对 $t \geqslant t_0 = 0$ 的 Lévy 过程 $X_{\mathcal{L}}(t)$, 我们意指任何始于原点的过程 $X_{\mathcal{L}}(0) = 0$, 从而在 $(\Omega, \mathcal{F}(t), \mathbb{P})$ 上下列条件成立, 其中 $\mathcal{F}(t)$ 域流由 Lévy 过程生成:

- 独立增量: 对任何 $0 \leqslant s_1 < t_1 < s_2 < t_2$, 随机变量 $X_{\mathcal{L}}(t_1) - X_{\mathcal{L}}(s_1)$ 和 $X_{\mathcal{L}}(t_2) - X_{\mathcal{L}}(s_2)$ 是独立的;
- 平稳增量: 对任何 $0 \leqslant s < t < \infty$, 增量 $X_{\mathcal{L}}(t) - X_{\mathcal{L}}(s)$ 仅依赖于时间差 $t - s$;
- 随机连续性: 对任意 $\epsilon > 0$ 和 $s, t > 0$, 我们有

$$\lim_{s \to t} \mathbb{P}[|X_{\mathcal{L}}(t) - X_{\mathcal{L}}(s)| > \epsilon] = 0; \tag{5.36}$$

- 样本路径对左极限是右连续的, 几乎必然.

每个 Lévy 过程可以以一个三值组 $(\sigma_{\mathcal{L}}^2, F_{\mathcal{L}}, \mu_{\mathcal{L}})$ 为特征. 这个三参数组被称为生成 *Lévy 三要素*. 第一个参数, $\sigma_{\mathcal{L}}^2$, 是 *Gauss 方差*, 因为它相关 Lévy 过程的 Brown 部分; 第二个量, $F_{\mathcal{L}}$, 是 *Lévy 测度*; 而第三个参数, $\mu_{\mathcal{L}}$, 对应漂移参数. 如果 $F_{\mathcal{L}} \equiv 0$, $X_{\mathcal{L}}(t)$ 表示一个带漂移的 Brown 运动. 当 $\sigma_{\mathcal{L}}^2 = 0$ 时, $X_{\mathcal{L}}(t)$ 是一个纯粹的非 Gauss 跳过程. Lévy 测度相关于在时间区间长度为 1 内一定高度的跳的期望次数 [Papapantoleon, 2005].

Lévy 测度满足

$$F_{\mathcal{L}}(0) = 0, \quad \text{并且} \int_{\mathbb{R}} \min\left(1, x^2\right) F_{\mathcal{L}}(\mathrm{d}x) < \infty, \tag{5.37}$$

测度的均值 $F_{\mathcal{L}}(\mathrm{d}x)$ 在原点没有任何聚集, 然而无穷多的 (小) 跳可能在零点附近发生.

定义 5.3.2 设 $X_{\mathcal{L}}$ 是一个具三要素 $(\sigma_{\mathcal{L}}^2, F_{\mathcal{L}}, \mu_{\mathcal{L}})$ 的 Lévy 过程. 则

- 如果 $F_{\mathcal{L}}(\mathbb{R}) < \infty$, $X_{\mathcal{L}}$ 是一个有限活动过程, 因为在这种情况下, 几乎所有路径都包含一个有限次数的跳跃.
- 如果 $F_{\mathcal{L}}(\mathbb{R}) = \infty$, $X_{\mathcal{L}}$ 是一个无穷活动过程, 这时几乎所有路径都包含一个无穷次的跳跃. (见 [Sato, 2001]).

注释 5.3.1（记号 $F(\mathrm{d}x)$） 测度基本上是用来衡量一个特定集合大小的. 我们已经熟悉 Lebesgue 测度, 对维数 d 等于 1, 2 和 3 的情形, 分别对应的是长度、面积和体积, 等等.

记号 $F_{\mathcal{L}}(\mathrm{d}x)$ 对一个测度来说是需要解释的. 这里, $\mathrm{d}x$ 表示一个无穷小的区间 $\mathrm{d}x := [x, x + \mathrm{d}x)$.

在 Lebesgue 测度里, 我们可以简写成

$$F(\mathrm{d}x) = f(x)\mathrm{d}x, \text{ 或} \int g(x)F(\mathrm{d}x) = \int g(x)f(x)\mathrm{d}x.$$

然而, 在我们处理可数集 N 时, 测度是一个可数测度, 在这种情况下, 我们写

$$g(x)F_{\mathcal{L}}(\mathrm{d}x) := g(x)\delta_N(\mathrm{d}x).$$

由于对 $p \in [x, x + \mathrm{d}x)$, $\delta(x = p) = 1$, 否则 $\delta(x = p) = 0$, 我们有

$$\int g(x)\delta_p(\mathrm{d}x) = g(p).$$

N 是一个可数集, 对任意函数 $g(x)$, 我们对 N 定义可数测度如下:

$$\int g(x)\delta_N(\mathrm{d}x) = \sum_{k=1}^{N} g(k).$$

这个关于测度的记号在这种情况下表示一个简单的和. 请注意, 我们已经在等式 (5.5) 里碰到了这种情况.

于是记号 $F_{\mathcal{L}}(\mathrm{d}x)$ 意味着结合了 Lebesgue 和可数测度.

Brown 运动、Poisson 过程、(复合)Poisson 过程和跳扩散过程都属于有限活动的 Lévy 过程, 它们的路径通常是由一个连续的 Brown 运动分量和一个跳跃分量组成. 在每一个有限区间内, 跳跃发生的次数是有限的.

我们把路径在有限区间里具有无穷多次跳的 Lévy 过程称为无穷活动的 Lévy 跳过程, 该模型有 Variance Gamma (VG) 模型 [Madan et al., 1998]、CGMY 模型 [Carr et al., 2002] 和正态逆 Gauss 模型 [Barndorff-Nielsen, 1997].

Lévy 过程的家族由 [Sato, 2001] 进一步描述下列基本结果:

定理 5.3.1 (Lévy-Khintchine 表示) 对所有的 $u \in \mathbb{R}$ 和 $t \geqslant 0$,

$$\phi_{X_{\mathcal{L}}}(u) = \mathbb{E}\left[\mathrm{e}^{iuX_{\mathcal{L}}(t)}\big|\mathcal{F}(0)\right] = \mathrm{e}^{t\Psi(u)}, \qquad (5.38)$$

其中 $t_0 = 0$, 且

$$\Psi(u) = -\frac{\sigma_{\mathcal{L}}^2}{2}u^2 + i\mu_{\mathcal{L}}u + \int_{\mathbb{R}}(\mathrm{e}^{iux} - 1 - iux\mathbb{1}_{|x|\leqslant 1}(x))F_{\mathcal{L}}(\mathrm{d}x),$$

这里 $\sigma_{\mathcal{L}}$ 是一个非负实数, $\mu_{\mathcal{L}}$ 是实数, 而 $F_{\mathcal{L}}$ 是 $\mathbb{R}$ 上的测度, 满足 $F_{\mathcal{L}}(0) = 0$ 和 $\int_{\mathbb{R}} \min(1, x^2)\mathrm{d}F_{\mathcal{L}}(x) < \infty$.

换句话说, 对 Lévy 过程, 我们可以得到特征函数.

更进一步, 当 Lévy 测度满足附加条件

$$\int_{|x|\geqslant 1} |x|F_{\mathcal{L}}(\mathrm{d}x) < \infty,$$

就不需要截断大幅跳跃, 如同上面的陈述, 我们有

$$\Psi(u) = -\frac{\sigma_{\mathcal{L}}^2}{2}u^2 + i\mu_{\mathcal{L}}u + \int_{\mathbb{R}}(\mathrm{e}^{iux} - 1 - iux)F_{\mathcal{L}}(\mathrm{d}x).$$

在 Lévy 过程的情况下, 另一个区别是基于有限或无限方差的概念.

定义 5.3.3　带三要素 $(\sigma_{\mathcal{L}}^2, F_{\mathcal{L}}, \mu_{\mathcal{L}})$ 的 $X_{\mathcal{L}}$ 是一个有限方差过程 [Sato, 2001], 如果 $\sigma_{\mathcal{L}}^2 = 0$ 和 $\int_{|x|<1} |x| F_{\mathcal{L}}(\mathrm{d}x) < \infty$. 它被称为无限方差过程, 如果 $\sigma_{\mathcal{L}}^2 \neq 0$ 或 $\int_{|x| \leqslant 1} |x| F_{\mathcal{L}}(\mathrm{d}x) = \infty$.

Lévy 过程相关于无限可分分布. 如果我们考虑一个随机变量 $X_{\mathcal{L}}$, 其具有累积分布函数 $F_{\mathcal{L}}$, 我们称 $X_{\mathcal{L}}$ 是无穷可分的, 当且仅当 $X_{\mathcal{L}}$ 可以分解成一列独立同分布的随机变量 X_i, $i = 1, 2, \cdots$,

$$X_{\mathcal{L}} = X_1 + X_2 + \cdots.$$

这些 Lévy 过程的增量也是无限可分的, 因为在某时间区间上的增量可以再次被分解成一些更小的增量和. 从 Lévy 过程的独立性和平稳性质, 得到这些更小的增量也是独立同分布的. 以此类推, 见 [Sato, 2001].

关于 Lévy 过程更进一步的基本信息可以在 [Bertoin, 1996] 中找到. 读者也可以从参考文献 [Cont et al., 2004], [Schoutens, 2003] 中找到 Lévy 过程关于金融内容的更多信息.

5.3.1　有限活动的指数 Lévy 过程

如果 $F_{\mathcal{L}}$ 是一个有限测度, 即如果

$$\int_{\mathbb{R}} F_{\mathcal{L}}(\mathrm{d}x) < \infty, \tag{5.39}$$

我们可以写

$$F_{\mathcal{L}}(\mathrm{d}x) =: \xi_p f_{X_{\mathcal{L}}}(x)\mathrm{d}x,$$

这里 $f_{X_{\mathcal{L}}}(x)$ 是概率密度函数, 而 ξ_p 是期望的跳数 (见注释 5.3.1). 对应的过程称为有限活动过程. 有限活动 Lévy 过程的例子是以前讨论过的 Brown 运动、Poisson 过程及其推广复合 Poisson 过程.

例 5.3.1（**带漂移 Brown 运动**）　带漂移 Brown 运动(经典 Samuelson 模型 [Samuelson, 1965]) 也是基于 Lévy 过程的:

$$X(t) = \left(r - \frac{\sigma^2}{2}\right)t + \sigma W^{\mathbb{Q}}(t).$$

众所周知 [Karatzas et al., 1998], 在仅有一个鞅测度的情形下, 对 $t \geqslant 0$, 过程 $\exp(-\frac{\sigma^2}{2}t + \sigma W^{\mathbb{Q}}(t))$ 是一个鞅. (5.38) 中的 Lévy-Khintchine 指数则可写作

$$\psi(u) = -\frac{\sigma^2}{2}u^2 + \left(r - \frac{\sigma^2}{2}\right)iu,$$

从而 Lévy 三要素等于 $(\sigma^2, 0, r - \frac{\sigma^2}{2})$.

请注意, 在跳扩散的情形中, Lévy 三要素由 $(\sigma^2, \xi_p f_J, \mu)$ 给出.　　　　◇

5.3.2 PIDE 和 Lévy 三要素

在定价期权时, 标的价格的随机过程定义在风险中性测度 $\mathbb{Q}$ 下. 在有限活动跳过程的情形, 其 $F_{\mathcal{L}}$ 满足 $\int_{\mathbb{R}} |x| \mathrm{d} F_{\mathcal{L}}(x) < \infty$, 等式 (5.38) 可以写成

$$\mathbb{E}\left[e^{iuX_{\mathcal{L}}(t)}\right] = \exp\left[t\left(-\frac{\sigma_{\mathcal{L}}^2}{2}u^2 + i\mu_{\mathcal{L}}u + \int_{\mathbb{R}}(e^{iux} - 1 - iux)F_{\mathcal{L}}(\mathrm{d}x)\right)\right], \qquad (5.40)$$

这里 $(\sigma_{\mathcal{L}}^2, F_{\mathcal{L}}, \mu_{\mathcal{L}})$ 是简约的 Lévy 三要素, 而 (5.40) 中的函数

$$\psi_{X_{\mathcal{L}}}(u) := -\frac{\sigma_{\mathcal{L}}^2}{2}u^2 + i\mu_{\mathcal{L}}u + \int_{\mathbb{R}}(e^{iux} - 1 - iux)F_{\mathcal{L}}(\mathrm{d}x), \qquad (5.41)$$

是简约的 Lévy-Khintchine 指数. 这是一个方便的变形, 因为它给出了期权定价的 PIDE 的系数和简约的三要素之间的直接联系.

设 $V(t, S)$ 是平凡香草期权在资产 $S(t)$ 上的价值. 如果假定贴现过程 $e^{-rT}V(T, S)$ 是一个鞅, 则应该有 $e^{-rt}V(t, S) = \mathbb{E}^{\mathbb{Q}}\left[e^{-rT}V(T, S)|\mathcal{F}(t)\right]$, 其可得到我们熟知的期权表达式:

$$V(t, S) = e^{-r(T-t)}\mathbb{E}^{\mathbb{Q}}\left[V(T, S(T))|\mathcal{F}(t)\right]. \qquad (5.42)$$

为了找到期权定价方程的完全特征, 我们做变量替换, 即 $X_{\mathcal{L}}(t) := \log S(t)$, 并考虑期权价值 $V(t, X)$, 从而

$$V(t, X) = e^{-r(T-t)}\mathbb{E}^{\mathbb{Q}}\left[V(T, X_{\mathcal{L}}(T))\right]. \qquad (5.43)$$

这样我们可依靠下列定理 (比如见 [Raible, 2000]):

定理 5.3.2 设 $V(t, X) \in C^{1,2}([0, T] \times \mathbb{R}) \cap C^0([0, T] \times \mathbb{R})$ 并假设 (5.39). 则 $V(t, X)$ 满足下列 PIDE:

$$\frac{\partial V}{\partial t} + \frac{1}{2}\sigma^2 \frac{\partial^2 V}{\partial X^2} + \left(r - \frac{1}{2}\sigma^2\right)\frac{\partial V}{\partial X} - rV$$
$$+ \int_{\mathbb{R}}\left(V(t, X+y) - V(t, X) - (e^y - 1)\frac{\partial V(t, X)}{\partial X}\right)F_{\mathcal{L}}(\mathrm{d}y) = 0,$$

$\forall (t, X) \in [0, T] \times \mathbb{R}$ 以及终值条件 $V(T, X)$. 简约的 Lévy 三要素在风险中性测度 $\mathbb{Q}$ 下由 $(\sigma^2, F_{\mathcal{L}}, r - \frac{1}{2}\sigma^2)$ 给出.

不完全市场和等价鞅测度

在 Black-Scholes 世界, 我们有一个唯一的鞅测度, 它将几何 Brown 运动从测度 $\mathbb{P}$ 转换到另一个测度 $\mathbb{Q}$, 其具有不同的漂移参数 (以 r 取代 μ). 风险中性测度 $\mathbb{Q}$ 的唯一性保证了唯一的无套利定价原则及其唯一的期权价格. 我们把这个市场叫作完全市场. Black-Scholes 模型的风险是 Brown 运动驱动对数正态股价动态带来的. 如同例 3.3.1 ~ 例 3.3.3 中的展示, 一个动态的连续的对冲策略, 基于股票和现金在无穷小的时间步长

里的 Delta 对冲, 才可以完全消除这种风险, 当然在比无穷小稍大点的时间步长进行近似对冲也是可以接受的.

Lévy 市场一般是不完全的, 标的价格是由更复杂的随机过程驱动, 这意味着不是每个金融期权合同都可以用股票和现金的投资组合进行复制来对冲风险, 或者换句话说, 一个完美的对冲策略一般是没有的. 这样的例子可在节 5.2.3 中找到. 对比经典的 Black-Scholes 模型, 在指数 Lévy 过程下的期权价格一般不能通过基于 Delta 对冲的复制论证得到. 然而基于无套利假设, 期权价格还是可以确定的.

在所谓的不完全市场, 如包含指数 Lévy 跳过程建模的资产的市场, 对冲策略应该不同于 Black-Scholes 的方式. 股价的突然跳跃会导致用股票和现金构成期权价值的完美复制策略失败. 如果跳跃发生, 由于期权的凸性, 无论股价的运动方向如何, Delta 对冲写方几乎肯定要赔钱 (Merton, 1976). 而由 Brown 运动产生的风险还是可以被动态的 Delta 所对冲.

等式 (5.28) 证实了当标的价跳跃时, 对应的期权价由欧式期权的无穷级数和给出. 整个跳跃过程可能被无数多个不同跳量所左右, 而如果要完全对冲所谓的跳跃风险, 就需要无穷多个对冲工具. 如见 [Naik et al., 1990]. 然而, 这种方式通常可以由有限次数的跳量很好地近似, 参见文献 [He et al., 2006] 和 [Kennedy et al., 2009].

有很多不同的跳量的情况下, 跳风险是不能完美对冲的, 甚至用持续重新平衡也不可能做到, 见节 5.2.3 的例子.

5.3.3 等价鞅测度

在 Lévy 框架中, 风险中性测度不是唯一的, 事实上它们有无穷多个. 原因在于 Lévy 框架里允许价格发生跳跃. 由此, 我们面临在股价中跳的风险从而不能完美地复制期权价格, 这隐含着有很多方式定价无套利期权.

通常的方法是假定在 Lévy 过程下, 期权价值基于一个方便的概率测度的变换, 并且取贴现的期望.

这与将测度从物理测度 $\mathbb{P}$ 变换到风险中性测度 $\mathbb{Q}$ 相关. 概率测度 $\mathbb{Q}$ 在 Lévy 文献里被称为等价鞅测度 (EMM). 它和市场测度具有相同的零测集, 而贴现过程 $e^{-rt}S(t)$, 对 $t \geqslant 0$ 应该是个鞅. 这个测度的存在性在某种意义上等价于无套利的假定, 参见文献 [Delbaen et al., 1994], 而更早的相关工作见 [Harrison et al., 1979], [Harrison et al., 1981].

因此, Lévy 资产价格过程环境下的主要问题是找到合适的 EMM. 文献中提供了一些找到 EMM 的技巧. 这里, 我们简短介绍一个来自精算科学的方法, 它基于 Esscher 变换 [Gerber et al., 1995], [Raible, 2000].

在上述语境中, *EMM* 条件由下式给出:

$$e^{-rt}\mathbb{E}^{\mathbb{Q}}[S(t)|\mathcal{F}(0)] = S_0. \tag{5.44}$$

我们将等式 (5.35) 分为两部分, 设 $t_0 = 0$, 然后取条件期望, 即

$$\mathbb{E}^{\mathbb{Q}}[S(t)|\mathcal{F}(0)] = S_0 \mathbb{E}^{\mathbb{Q}}\left[e^{X_{\mathcal{L}}(t)}|\mathcal{F}(0)\right]. \tag{5.45}$$

将这个结果和 (5.44) 联系起来, 得出下面的条件需要满足:

$$\mathbb{E}^{\mathbb{Q}}\left[e^{X_{\mathcal{L}}(t)}|\mathcal{F}(0)\right] = e^{rt}. \tag{5.46}$$

由 Lévy-Khintchine 表式, (5.35) 中 $X_{\mathcal{L}}(t)$ 的特征函数由 [Cont et al., 2004] 给出, 当 $t_0 = 0$ 时,

$$\begin{aligned}
\phi_{X_{\mathcal{L}}}(u) &= \mathbb{E}^{\mathbb{Q}}\left[e^{iuX_{\mathcal{L}}(t)}\big|\mathcal{F}(0)\right] \\
&= \exp\left[t\left(-\frac{\sigma_{\mathcal{L}}^2}{2}u^2 + i\mu_{\mathcal{L}}u + \int_{\mathbb{R}}(e^{iux} - 1 - iux\mathbb{1}_{|x|\leqslant 1})F_{\mathcal{L}}(\mathrm{d}x)\right)\right].
\end{aligned}$$

替代 $u = -i$, 我们得到

$$\begin{aligned}
\phi_{X_{\mathcal{L}}}(-i) &= \mathbb{E}^{\mathbb{Q}}\left[e^{X_{\mathcal{L}}(t)}\big|\mathcal{F}(t_0)\right] \\
&= \exp\left[t\left(\frac{\sigma_{\mathcal{L}}^2}{2} + \mu_{\mathcal{L}} + \int_{\mathbb{R}}(e^x - 1 - x\mathbb{1}_{|x|\leqslant 1})F_{\mathcal{L}}(\mathrm{d}x)\right)\right].
\end{aligned}$$

通常的做法是, 假设 (5.35) 是风险中性测度下得到的. 为了保证相对价 $S(t)/M(t)$ 在风险中性测度下是个鞅, 我们于是需要保证 (见等式 (5.46)):

$$\phi_{X_{\mathcal{L}}}(-i) = e^{rt}, \tag{5.47}$$

如果我们选择漂移参数 $\mu_{\mathcal{L}} = r$, 它就要满足

$$\frac{\sigma_{\mathcal{L}}^2}{2} + \int_{\mathbb{R}}(e^x - 1 - x\mathbb{1}_{|x|\leqslant 1})F_{\mathcal{L}}(\mathrm{d}x) = 0. \tag{5.48}$$

5.4 无穷活动的 Lévy 过程

我们现在讨论一些无穷活动的 Lévy 跳过程. 无穷活动意味着资产路径可能在每个有限区间里跳无穷多次. 更进一步, 那些跳量大于给定量的跳只有有限多次. 不像经典的 Samuelson 模型, 或者跳扩散模型, 无穷活动的模型没有连续的部分.

在对有限活动的情形的讨论中, 受益于 PIDE 和 Lévy 三要素的关系. 我们可以精简讨论.

5.4.1 方差 Gamma 过程

方差 Gamma (VG) 过程是 Madan 和 Seneta 为克服 Black-Scholes 模型的短板而将其作为一个替代的模型引入金融建模的 [Madan et al., 1990]. VG 过程是一个纯跳过程, 它通过评估由 Gamma 过程驱动的具有随机次数漂移的 Brown 运动而得到. 在详述 VG 过程前, 先简短解释下 Gamma 过程.

定义 5.4.1（Gamma 过程） Gamma 过程 $\Gamma(t;a,b)$ 是一个随机过程, 其增量 $\Gamma(t+\Delta t,a,b)-\Gamma(t,a,b)$ 是独立的 Gamma 分布的随机变量, 在区间 Δt 上具均值 $a\Delta t$ 和方差 $b\Delta t$. 更精确地,

$$\Gamma(t+\Delta t,a,b)-\Gamma(t,a,b) \sim f_{\Gamma(a^2\Delta t/b,b/a)}(x).$$

对应的密度函数 $f_{\Gamma(c,d)}(x)$, 具尺度参数 c 和形状参数 d, 由下式给出:

$$f_{\Gamma(c,d)}(x) = \frac{1}{d^c\Gamma(c)}x^{c-1}\mathrm{e}^{-x/d}, \ x>0; \tag{5.49}$$

其中 $\Gamma(c)$ 是如下 Gamma 函数:

$$\Gamma(c) = \int_0^\infty t^{c-1}\mathrm{e}^{-t}\mathrm{d}t. \tag{5.50}$$

进一步, 对应的特征函数是

$$\phi_{\Gamma(c,d)}(u) = (1-idu)^{-c},$$

带尺度和形状参数.

定义 5.4.2 VG 过程是用 Gamma 过程 $\Gamma(t,1,\beta)$ 去取代 Brown 运动中的时间变量 t, 该 Brown 运动的漂移参数为 $\theta\in\mathbb{R}$, 波动率为 $\sigma_{\mathrm{VG}}>0$ 以及Wiener 过程 $W(t)$, $t\geqslant 0$. 这就有了从属过程:

$$\boxed{\bar{X}_{\mathrm{VG}}(t;\sigma_{\mathrm{VG}},\beta,\theta) := \theta\Gamma(t;1,\beta)+\sigma_{\mathrm{VG}}W(\Gamma(t;1,\beta)),} \tag{5.51}$$

这里 Gamma 和 Wiener 过程假定是互相独立的.

过程 $\Gamma(t;1,\beta)$ 对应一个单位均值速率时间变化, 它的概率密度函数和特征函数由下式给出:

$$f_{\Gamma(t/\beta,\beta)}(x) = \frac{1}{\beta^{\frac{t}{\beta}}\Gamma\left(\frac{t}{\beta}\right)}x^{\frac{t}{\beta}-1}\exp\left(-\frac{x}{\beta}\right), \quad \phi_{\Gamma(t/\beta,\beta)}(u) = (1-i\beta u)^{-\frac{t}{\beta}}. \tag{5.52}$$

定义 VG 过程 $\bar{X}_{\mathrm{VG}}$ 的三个参数是波动率 σ_{VG}, Gamma 分布时间的方差 β 和漂移参数 θ. 在这里, 参数 θ 度量了分布的倾斜程度, 而 β 则控制了关于正态分布的超额峰度 [Carr et al., 1998]. 在对称的情形下, $\theta=0$, 对 $t=1$, 峰度值由 $3(1+\beta)$ 给出, 见 [Madan et al., 1990]. 由于正态分布的峰度等于 3, 这表明 β 反映了关于正态分布的 "尖峭" 的程度. 大值的 β 实际产生概率密度函数的厚尾, 而这在实际对数收益中可以观察到. 尝试让 $\beta\to 0$, 时间变化接近于线性变化, 所以 VG 过程近似带漂移的 Brown 运动.

VG 资产价格过程

> **定义 5.4.3（指数 VG 资产动态）** 在包含一个无风险利率为 r 的银行账户 $M(t)$ 和一个由指数 VG 动态驱动的资产 $S(t)$ 的市场，当
>
> $$S(t) = S(t_0)\mathrm{e}^{X_{\mathrm{VG}}(t)}, \tag{5.53}$$
>
> 这里
>
> $$X_{\mathrm{VG}}(t) = \mu_{\mathrm{VG}}t + \bar{X}_{\mathrm{VG}}(t; \sigma_{\mathrm{VG}}, \beta, \theta),$$
>
> 其中 μ_{VG} 是对数资产价格的漂移. 过程 $X_{\mathrm{VG}}, t \geqslant 0$ 是一个 Lévy 过程, 即一个具有平稳和独立增量的过程.

VG 特征函数

通过定义特征函数并应用等式 (5.53), 我们有

$$\phi_{\log S(t)}(u) \overset{\mathrm{def}}{=\!=} \mathbb{E}\left[\mathrm{e}^{iu \log S(t)} | \mathcal{F}(0)\right] = \mathrm{e}^{iu \log S(0)} \mathbb{E}\left[\mathrm{e}^{iu X_{\mathrm{VG}}(t)} | \mathcal{F}(0)\right].$$

利用记号

$$\varphi_{\mathrm{VG}}(u, t) := \mathbb{E}\left[\mathrm{e}^{iu X_{\mathrm{VG}}(t)} | \mathcal{F}(0)\right], \tag{5.54}$$

我们将得到上述期望.

由于 $X_{\mathrm{VG}}(t)$ 依赖于过程 $\bar{X}_{\mathrm{VG}}(t; \sigma_{\mathrm{VG}}, \beta, \theta)$, 下列关系成立:

$$\mathbb{E}\left[\mathrm{e}^{iu X_{\mathrm{VG}}(t)}\right] = \mathrm{e}^{iu \mu_{\mathrm{VG}} t} \mathbb{E}\left[\mathrm{e}^{\bar{X}_{\mathrm{VG}}(t; \sigma_{\mathrm{VG}}, \beta, \theta)}\right]. \tag{5.55}$$

应用期望的望远性质, 我们可以写[2]

$$\mathbb{E}\left[\mathrm{e}^{iu X_{\mathrm{VG}}(t)}\right] = \mathbb{E}\left[\mathbb{E}\left[\mathrm{e}^{iu X_{\mathrm{VG}}(t)} | \Gamma(t; 1, \beta)\right]\right]. \tag{5.56}$$

Brown 运动独立于 Gamma 过程 $\Gamma(t; 1, \beta)$, 从而我们发现:

$$\begin{aligned} \mathbb{E}\left[\mathrm{e}^{iu X_{\mathrm{VG}}(t)}\right] &= \mathbb{E}\left[\mathbb{E}\left[\mathrm{e}^{iu(\mu_{\mathrm{VG}} t + \theta\Gamma(t;1,\beta) + \sigma_{\mathrm{VG}} W(\Gamma(t;1,\beta)))} | \Gamma(t; 1, \beta)\right]\right] \\ &= \mathbb{E}\left[\mathrm{e}^{iu(\mu_{\mathrm{VG}} t + \theta\Gamma(t;1,\beta))} \mathbb{E}\left[\mathrm{e}^{iu\sigma_{\mathrm{VG}} W(\Gamma(t;1,\beta))} | \Gamma(t; 1, \beta)\right]\right]. \end{aligned}$$

赋加 $\Gamma(t; 1, \beta)$ 的条件意味着上面的期望具有形式 $\mathbb{E}[XY|X] = X\mathbb{E}[Y|X]$. 从而赋予条件 $\Gamma(t; 1, \beta)$ 使之得到量在期望算子下具有 "局部常数" 的形式, 即

$$\mathbb{E}\left[\mathrm{e}^{iu\sigma_{\mathrm{VG}} W(\Gamma(t;1,\beta))} | \Gamma(t; 1, \beta)\right] = \mathbb{E}\left[\mathrm{e}^{iu\sigma_{\mathrm{VG}} W(z)} | \Gamma(t; 1, \beta) = z\right],$$

其中右边期望中的 z 可以考虑成常数. 里面的条件期望, 实际上是一个正态分布的随机变量的期望, 因此可以写成

---

[2] 为了可读性, 域流 $\mathcal{F}(0)$ 的条件不包含在记号里.

$$\mathbb{E}\left[e^{iu\sigma_{\mathrm{VG}}W(\Gamma(t;1,\beta))}|\Gamma(t;1,\beta)\right] = \mathbb{E}\left[e^{W((iu)^2\sigma_{\mathrm{VG}}^2\Gamma(t;1,\beta))}|\Gamma(t;1,\beta)\right]$$
$$= e^{-\frac{1}{2}u^2\sigma_{\mathrm{VG}}^2\Gamma(t;1,\beta)},$$

这里我们用到了对数正态随机变量的均值和方差的计算, 如 (2.16). 从而, 我们得到

$$\mathbb{E}\left[e^{iuX_{\mathrm{VG}}(t)}\right] = \mathbb{E}\left[e^{iu(\mu_{\mathrm{VG}}t+\theta\Gamma(t;1,\beta))}e^{-\frac{1}{2}u^2\sigma_{\mathrm{VG}}^2\Gamma(t;1,\beta)}\right]$$
$$= e^{iu\mu_{\mathrm{VG}}t}\mathbb{E}\left[e^{i\left(u\theta+i\frac{1}{2}u^2\sigma_{\mathrm{VG}}^2\right)\Gamma(t;1,\beta)}\right]. \tag{5.57}$$

有了 (5.52) 中 Gamma 过程的特征函数, 期望可进一步简化为

$$\varphi_{\mathrm{VG}}(u,t) = \mathbb{E}\left[e^{iuX_{\mathrm{VG}}(t)}\right]$$
$$= e^{iu\mu_{\mathrm{VG}}t}\phi_{\Gamma(\frac{t}{\beta},\beta)}\left(u\theta+i\frac{1}{2}u^2\sigma_{\mathrm{VG}}^2\right)$$
$$\stackrel{\text{def}}{=} e^{iu\mu_{\mathrm{VG}}t}\left(1-i\beta\theta u+\frac{1}{2}\beta\sigma_{\mathrm{VG}}^2u^2\right)^{-\frac{t}{\beta}}. \tag{5.58}$$

方差 Gamma 漂移调整

在 5.3.3 节中讨论的 Lévy 框架, 我们无法通过期权复制的策略合理地定价, 这点不同于经典的完全市场框架. 从而我们必须依赖无套利假设, 并假定风险中性的概率测度的存在性, 就是通常所知的等价鞅 (EMM) $\mathbb{Q}$, 所以对 $t \geqslant t_0 = 0$, 贴现过程 $e^{-rt}S(t)$ 变成一个鞅. 我们假设参数组 $\sigma_{\mathrm{VG}}, \beta$ 和 θ 规定了这些风险中性资产动态, 例如见 [Cont et al., 2004].

在风险中性的世界里, 是有可能确定调整的漂移项 μ_{VG} 的, 通过在 (5.58) 中代入 $u = -i$, 得

$$\varphi_{\mathrm{VG}}(-i,t) = \mathbb{E}\left[e^{X_{\mathrm{VG}}(t)}\right] = e^{\mu_{\mathrm{VG}}t}\left(1-\beta\theta-\frac{1}{2}\beta\sigma_{\mathrm{VG}}^2\right)^{-\frac{t}{\beta}},$$

并比较这个结果和等式 (5.47) 中解释的风险中性条件

$$\mathbb{E}^{\mathbb{Q}}\left[S(t)|\mathcal{F}(0)\right] = S_0\mathbb{E}^{\mathbb{Q}}\left[e^{X_{\mathrm{VG}}(t)}|\mathcal{F}(0)\right] = S_0e^{rt}.$$

可以得到

$$\mu_{\mathrm{VG}}t - \frac{t}{\beta}\log\left(1-\beta\theta-\frac{1}{2}\beta\sigma_{\mathrm{VG}}^2\right) = rt,$$

这可以写成 $\mu_{\mathrm{VG}} = r + \bar{\omega}$, 这里漂移修正项写为

$$\boxed{\bar{\omega} = \frac{1}{\beta}\log\left(1-\beta\theta-\frac{1}{2}\beta\sigma_{\mathrm{VG}}^2\right),} \tag{5.59}$$

要求具备明显的条件 $\theta + \sigma_{\mathrm{VG}}^2/2 < 1/\beta$.

注释 5.4.1 在文献中, 如 [Carr et al., 2002], 另一种常用的表示 "凸系数" $\bar{\omega}$ 的方式, 应用了如下事实:

$$\varphi_{\mathrm{VG}}(u,t) = \mathrm{e}^{iu\mu_{\mathrm{VG}}t}\phi_{\bar{X}_{\mathrm{VG}}}(u).$$

见等式 (5.55), 具 (5.51) 中的 $\bar{X}_{\mathrm{VG}}$, 给出 $\bar{\omega}$ 的表达式:

$$\bar{\omega} = -\frac{1}{t}\log\left(\phi_{\bar{X}_{\mathrm{VG}}}(-i)\right).$$

VG 过程的一个重要性质是它可以被分解成两个 Gamma 过程的差, 其中第一个表示盈利而第二个表示损失. 这个性质可便利地通过因式分解等式 (5.58) 中 u 的平方表达而得到. 每个因子可以确认为尺度 Gamma 过程的特征函数. 从这个因式分解得到下列 Lévy 密度函数 $f_{\mathrm{VG}}(y)$:

$$f_{\mathrm{VG}}(y) = \begin{cases} \dfrac{1}{\beta}\dfrac{\exp(-M|y|)}{|y|}, & \text{如果 } y > 0, \\[2mm] \dfrac{1}{\beta}\dfrac{\exp(-G|y|)}{|y|}, & \text{如果 } y < 0, \end{cases} \tag{5.60}$$

其中正参数 M 和 G 由下式给出:

$$M = \left(\sqrt{\frac{\theta^2\beta^2}{4} + \frac{\beta\sigma_{\mathrm{VG}}^2}{2}} + \frac{\theta\beta}{2}\right)^{-1}, \quad G = \left(\sqrt{\frac{\theta^2\beta^2}{4} + \frac{\beta\sigma_{\mathrm{VG}}^2}{2}} - \frac{\theta\beta}{2}\right)^{-1}. \tag{5.61}$$

这里为适定定义, 在漂移修正项 $\bar{\omega}$ 中的正指数 M 应该大于 1.

应用 Itô 引理, 当 $X(t) = \log(S(t))$, 欧式看跌期权在 VG 模型下的价值满足下列 PIDE [Cont et al., 2004]:

$$\frac{\partial V}{\partial \tau} - (r + \bar{\omega})\frac{\partial V}{\partial X} + rV = \int_{\mathbb{R}}(V(t, X + y) - V(t, X))f_{\mathrm{VG}}(y)\mathrm{d}y,$$

$$H(\tau = 0, X) = \max\left(K - \mathrm{e}^{X(T)}, 0\right), \tag{5.62}$$

这里 τ 记为到期时间, $f_{\mathrm{VG}}(y)$ 是 VG 的密度函数, 其相关于 VG 过程的 Lévy 测度.

5.4.2 CGMY 过程

这里, 我们将讨论 *CGMY* 模型, 它是 VG 模型的推广. 标的的 Lévy 过程在这种情况下以 Lévy 三要素 $(0, F_{\mathrm{CGMY}}, \mu_{\mathrm{CGMY}})$ 为特征, 其中 CGMY Lévy 密度由下式确定:

$$f_{\mathrm{CGMY}}(y) = C\left[\frac{\mathrm{e}^{-M|y|}}{|y|^{1+Y}}\mathbb{1}_{y>0} + \frac{\mathrm{e}^{-G|y|}}{|y|^{1+Y}}\mathbb{1}_{y<0}\right]. \tag{5.63}$$

参数组 (C, G, M, Y) 对跳过程的特殊性质有一个直接的描述. 常数 C 表达了跳的强度, G 和 M 分别对正的和负的衰减率进行了刻画, 即较大值的 C 对应了较活跃的跳. 从 (5.63) 中 Lévy 密度的指数衰减, 我们可以推出对较大值的 G, 就是大的正跳的可能性变小, 因而增加了较小正跳的发生.

这些参数需要满足 $C \geqslant 0$, $G \geqslant 0$, $M \geqslant 0$ 和 $Y < 2$. 引入条件 $Y < 2$ 是因为 Lévy 密度要求在 0 的领域对 x^2 进行积分. 对参数 $Y < 0$, 我们处理有限活动过程; 对 $Y \in [0,1]$, 则为有限方差的无穷活动过程, 这是因为 $\int_{|x|<1} x f_{\mathrm{CGMY}}(x)\mathrm{d}x < \infty$, 而对 $Y \in (1,2)$, 过程是无穷活动和无限方差.

有时, 上面的 CGMY 模型会增加一个扩散项. 所以, 一个附加的随机项, 即独立的 Brown 运动, 加在了模型的定义中. 这个纯跳的 CGMY 框架的拓展版本就被叫作 CGMYB (CGMY-Brown 运动) 模型. 对应的 Lévy 的三要素是 $(\sigma^2_{\mathrm{CGMYB}}, F_{\mathrm{CGMYB}}, \mu_{\mathrm{CGMYB}})$. 这个 CGMYB 模型就有五个开放的参数要用市场报价进行校验, 而 CGMY 模型有四个. CGMY 模型包含了几个模型.

- 当 $\sigma_{\mathrm{CGMYB}} = 0$ 以及 $Y = 0$, 得到的是 VG 模型.
- 当 $C = 0$, 模型则是 GBM 模型.

CGMY 过程的特征函数

如前所述, 当 $\int_{\mathbb{R}} |x| \mathbb{1}_{|x| \leqslant 1}(x) f_{\mathcal{L}}(x) < \infty$ 时, Lévy-Khintchine 定理的有限方差表示为

$$\psi_{X_{\mathcal{L}}}(u) = -\frac{\sigma^2_{\mathcal{L}}}{2}u^2 + iu\mu_{\mathcal{L}} + \int_{\mathbb{R}} (\mathrm{e}^{iux} - 1) f_{\mathcal{L}}(x)\mathrm{d}x.$$

在这种情况下, 我们将提供 CGMY 模型的特征函数的推导.

$$\psi_{X_{\mathrm{CGMYB}}}(u) = iu\mu_{\mathrm{CGMYB}} - \frac{\sigma^2_{\mathrm{CGMYB}}}{2}u^2 + \int_{\mathbb{R}} (\mathrm{e}^{iux} - 1) f_{\mathrm{CGMY}}(x)\mathrm{d}x.$$

我们先计算从 $f_{\mathrm{CGMY}}(y)$ 来的第一项:

$$C \int_0^{\infty} \frac{\mathrm{e}^{-Mx}}{x^{Y+1}} \left(\mathrm{e}^{iux} - 1\right) \mathrm{d}x = C \int_0^{\infty} \mathrm{e}^y y^{-Y-1} (M - iu)^Y \mathrm{d}y - C \int_0^{\infty} \mathrm{e}^y y^{-Y-1} M^Y \mathrm{d}y,$$

这里, 右端的第一项用了变量替换 $y = x(M - iu)$, 而第二项用了 $y = Mx$. 人们很容易认出积分表达式就是 Gamma 函数,

$$C \int_0^{\infty} \frac{\mathrm{e}^{-Mx}}{x^{Y+1}} \left(\mathrm{e}^{iux} - 1\right) \mathrm{d}x = C\Gamma(-Y)((M - iu)^Y - M^Y).$$

密度的其他部分表示如下:

$$C \int_{-\infty}^{0} \frac{\mathrm{e}^{-G|x|}}{|x|^{Y+1}} \left(\mathrm{e}^{iux} - 1\right) \mathrm{d}x = -C \int_{\infty}^{0} \frac{\mathrm{e}^{-G|x|}}{|x|^{Y+1}} \left(\mathrm{e}^{-iux} - 1\right) \mathrm{d}x$$

$$= C \int_{0}^{\infty} \frac{\mathrm{e}^{-G|x|}}{|x|^{Y+1}} \left(\mathrm{e}^{-iux} - 1\right) \mathrm{d}x,$$

除了 $u \to -u$ 时, 其具有前面积分的同样形式. 所以

$$\psi_{X_{\mathrm{CGMYB}}}(u) = iu\mu_{\mathrm{CGMYB}} - \frac{\sigma^2_{\mathrm{CGMYB}}}{2}u^2$$
$$+ C\Gamma(-Y)((M-iu)^Y - M^Y + (G+iu)^Y - G^Y).$$

在 EMM 下, 过程是个鞅,

$$\mathbb{E}\left[e^{X_{\mathrm{CGMYB}}}|\mathcal{F}(0)\right] = e^{rt},$$

这就对 $u = -i$, 有

$$\log(\phi_{X_{\mathrm{CGMYB}}}(-i)) = \mu_{\mathrm{CGMYB}}t - \frac{\sigma^2_{\mathrm{CGMYB}}}{2}t$$
$$+ Ct\Gamma(-Y)((M-iu)^Y - M^Y + (G+iu)^Y - G^Y)$$
$$= rt.$$

通过定义 $\mu_{\mathrm{CGMYB}} - \frac{\sigma^2_{\mathrm{CGMYB}}}{2} + \bar{\omega} = r$, 可以找到漂移修正项.

为方便起见, CGMYB 对数资产价格的特征函数可以找到封闭解:

$$\phi_{\log S(t)}(u) = e^{iu\log S(0)}\mathbb{E}\left[e^{iuX_{\mathrm{CGMY}}(t)}|\mathcal{F}(0)\right]$$
$$= \exp\left[iu\left(\frac{1}{t}\log S(0) + r + \bar{\omega} - \frac{1}{2}\sigma^2_{\mathrm{CGMYB}}\right)t - \frac{1}{2}\sigma^2_{\mathrm{CGMYB}}u^2t\right]$$
$$\times \varphi_{\mathrm{CGMY}}(u,t), \tag{5.64}$$

其中

$$\varphi_{\mathrm{CGMY}}(u,t) := \exp\left(tC\Gamma(-Y)\left((M-iu)^Y - M^Y + (G+iu)^Y - G^Y\right)\right),$$

这里 $\Gamma(x)$ 是 Gamma 函数 (5.50), 且如同 VG 模型,

$$\bar{\omega} = -\frac{1}{t}\log\left(\phi_{X_{\mathrm{CGMYB}}}(-i)\right).$$

大家可以验证参数 G 和 M 分别表示模型的最小的和最大的有限矩, 由于当 $u < -G$ 和 $u > M$ 时,

$$\mathbb{E}[S^u(t)] := \phi_{\log S(t)}(-iu)$$

是无穷的.

例 5.4.1（CGMYB 参数和隐含波动率微笑） 对 CGMYB 模型, 我们也进行一组资产的数值实验来看不同的 CGMYB 参数对隐含波动率曲面的影响. 这里选择基础的实验参数组 $C = 1$, $G = 1$, $M = 5$, $Y = 0.5$, $\sigma_{\mathrm{CGMYB}} = 0.2$ 和 $r = 0.1$. 在图 5-8 中演示了 C, G, M 和 Y 参数系统的方差, 并展示了对应的隐含波动率. 我们知道参数 C 是所

有活动总体水平的度量, G 和 M 是偏度的度量, 而 Y 是精细结构的度量, 但其在隐含波动率曲线里不是清晰可见的. ◇

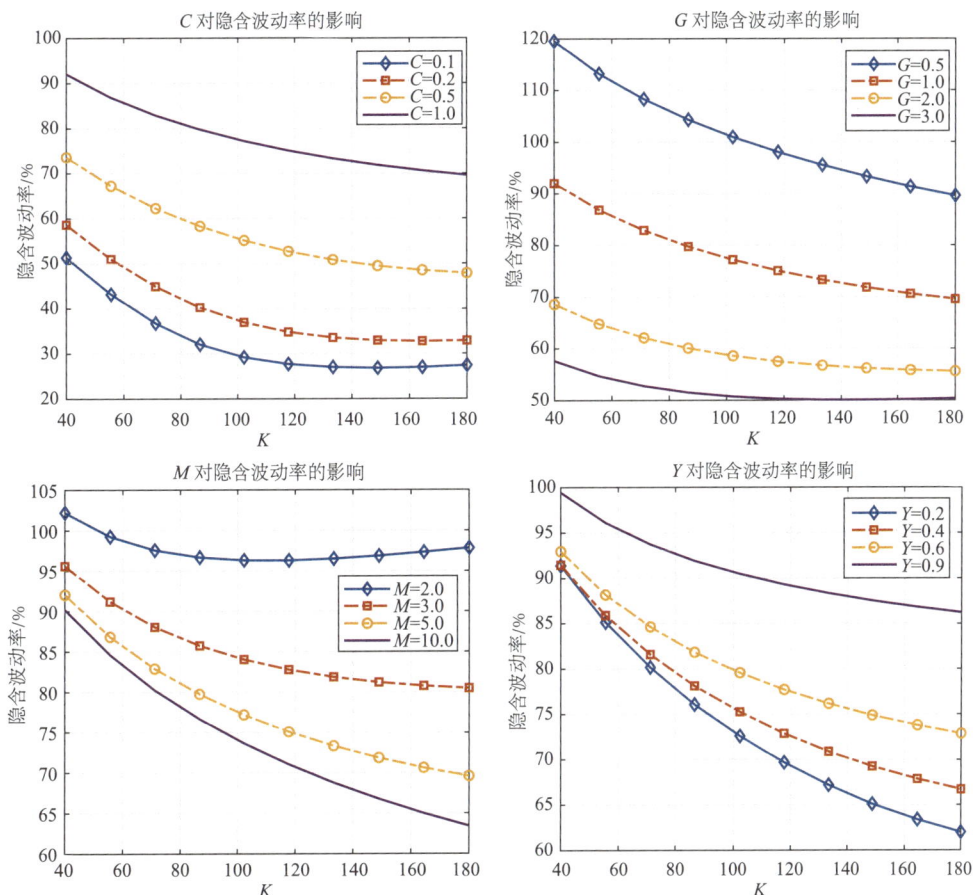

图 5-8 CGMYB 模型的隐含波动率. 参考参数为 $C=1$, $G=1$, $M=5$, $Y=0.5$, $\sigma_{\mathrm{CGMYB}}=0.2$ 和 $r=0.1$.

VG 过程和 CGMY 过程的联系

回到 VG 过程, 我们可以写 $X_{\mathrm{VG}}(t)$ 的 Lévy-Khintchine 表式如下[3] :

$$\mathbb{E}^{\mathbb{Q}}\big[\mathrm{e}^{iuX_{\mathrm{VG}}(t)}\big] = \exp\left[t\left(i\mu_{\mathrm{VG}}u + \int_{\mathbb{R}}(\mathrm{e}^{iux}-1)f_{\mathrm{VG}}(x)\mathrm{d}x\right)\right]. \tag{5.65}$$

考虑 Lévy 测度有密度函数的情况, 所以有 $F_{\mathrm{VG}}(\mathrm{d}x) = f_{\mathrm{VG}}(x)\mathrm{d}x$.

类似地, 在风险中性的世界里, $\mu_{\mathrm{VG}} = -r + \bar{\omega}$, 这里 $\bar{\omega}$ 是漂移修正项 (5.59), 由下式给出, 也可参考 [Hirsa et al., 2004],

---

[3]在这个表式里, $-iux\mathbb{1}_{x\leqslant 1}$ 一项在积分下消失了. 这是由于 VG 过程的有限方差. 消失的项包含在漂移 μ_{VG} 里 [Poirot et al., 2006].

$$\bar{\omega} = \int_{\mathbb{R}} (e^y - 1) f_{\mathrm{VG}}(y) \mathrm{d}y. \tag{5.66}$$

上面的这个表式要求有明确的 Lévy 测度 $F_{\mathrm{VG}}(y)$. 在文献 [Carr et al., 2002] 中, Lévy 密度为

$$f_{\mathrm{VG}}(y) = C \left[\frac{e^{-M|y|}}{|y|} \mathbb{1}_{y>0} + \frac{e^{-G|y|}}{|y|} \mathbb{1}_{y<0} \right], \tag{5.67}$$

其中 C, G 和 M 定义为

$$C = \frac{1}{\beta}, \quad G = \left(\sqrt{\frac{1}{4}\theta^2\beta^2 + \frac{1}{2}\sigma_{\mathrm{VG}}^2\beta} - \frac{1}{2}\theta\beta \right)^{-1},$$

$$M = \left(\sqrt{\frac{1}{4}\theta^2\beta^2 + \frac{1}{2}\sigma_{\mathrm{VG}}^2\beta} + \frac{1}{2}\theta\beta \right)^{-1}. \tag{5.68}$$

利用大写字母 C, G 和 M, 这说明了 VG 过程是更一般的 CGMY 模型的一个特例, 参见 [Carr et al., 2002].

有了这样的参数化, 漂移修正项 $\bar{\omega}$ 有下列表达式:

$$\bar{\omega} := \int_{\mathbb{R}} (1 - e^y) F_{\mathrm{VG}}(\mathrm{d}y) = C \log \left[\left(1 + \frac{1}{G} \right) \left(1 - \frac{1}{M} \right) \right]. \tag{5.69}$$

为了看到这种关系, 我们观察

$$\int_0^\infty \frac{e^{xy} - 1}{y} e^{-y} \mathrm{d}y = \sum_{k=1}^\infty \frac{x^k}{k!} \int_0^\infty y^{k-1} e^{-y} \mathrm{d}y = \sum_{k=1}^\infty \frac{x^k}{k} = -\log(1 - x).$$

为了 $\bar{\omega}$ 适定, 在 (5.69) 中, $M > 1$ 必须要满足.

合适的代换后, 表达式 (5.59) 和 (5.69) 实际上是等价的.

5.4.3 正态逆 Gauss 过程

在本节里, 我们讨论另一个著名的 Lévy 过程, 即正态逆 Gauss 过程 (NIG), 其由 [Barndorff-Nielsen, 1997] 引入, 且基于逆 Gauss 过程. 这个过程属于双曲型 Lévy 过程的类 [Barndorff-Nielsen, 1978], 也造成比标准正态过程较厚的尾的分布.

NIG 过程是一个方差-均值混合的具有逆 Gauss 型的 Gauss 分布.

NIG 过程的密度函数具有封闭形式如下:

$$f_{\mathrm{NIG}}(x) = \frac{K_{3,1}\left(\alpha\delta\sqrt{1 + (\frac{x}{\delta})^2}\right)}{\sqrt{1 + (\frac{x}{\delta})^2}} \frac{\alpha}{\pi} \exp\left(\delta\sqrt{\alpha^2 - \beta^2} - \beta\right) \exp(\beta x), \tag{5.70}$$

其中 $x \in \mathbb{R}$, 参数 $\alpha > 0$, $0 < |\beta| < \alpha$, $\delta > 0$. 函数 $K_{3,\gamma}$ 是修正的第三类 Bessel 函数, 具有指数 γ, 其定义为

$$K_{3,\gamma}(x) = \frac{1}{2} \int_0^\infty u^{(\gamma-1)} \exp\left(-\frac{1}{2}x\left(z + \frac{1}{z}\right)\right) \mathrm{d}z, \quad x > 0. \tag{5.71}$$

NIG 过程的矩是可求的.

参数 α 控制密度的陡度, 其意义为密度的陡度随着 α 的增加而单调增加. 这也暗示着尾部的表现: 越大值的 α 就有越薄的尾, 反之, 越小值的 α 就有越厚的尾. 如果 $\alpha \to \infty$, 就得到 Gauss 分布.

参数 β 是偏度或对称参数, $\beta > 0$ 使得密度向右倾斜, 而 $\beta < 0$ 让密度向左倾斜. 当 $\beta = 0$ 时, 我们会得到一个关于 0 对称的密度函数. 参数 δ 是一个尺度参数, 其意义是变尺度的参数 $\alpha \to \alpha\delta$ 和 $\beta \to \beta\delta$ 在 x 的尺度变化时不变, 如 [Barndorff-Nielsen, 1997] 所描述的.

NIG 过程的 *Lévy* 三要素 $(\sigma_{\mathrm{NIG}}^2, F_{\mathrm{NIG}}, \mu_{\mathrm{NIG}})$, 定义如下:

$$\sigma_{\mathrm{NIG}}^2 = 0,$$
$$F_{\mathrm{NIG}} = \frac{\alpha\delta}{\pi} \frac{\exp(\beta x) K_{3,1}(\alpha|x|)}{|x|} \mathrm{d}x,$$
$$\mu_{\mathrm{NIG}} = \frac{2\alpha\delta}{\pi} \int_0^1 \sinh(\beta x) K_{1,3}(\alpha x) \mathrm{d}x.$$

NIG 模型的纯跳特征函数写成

$$\varphi_{\mathrm{NIG}}(u,t) = \exp\left(t\delta\left(\sqrt{\alpha^2 - \beta^2} - \sqrt{\alpha^2 - (\beta+iu)^2}\right)\right),$$

其中参数 $\alpha, \delta > 0$, $\beta \in (-\alpha, \alpha-1)$.

为了构造鞅过程, $\exp(-\bar{\omega}t) = \varphi_{\mathrm{NIG}}(-i, t)$ 的漂移修正项 $\bar{\omega}$ 要满足

$$\bar{\omega} = \delta\left(\sqrt{\alpha^2 - (\beta+1)^2} - \sqrt{\alpha^2 - \beta^2}\right).$$

有时, 也会给 NIG 模型加一个扩散部分, 这样过程就由四个参数管理, 类似 CGMY 过程 (没有扩散项). 我们将记 NIG 模型的扩展版为 NIGB (带 Brown 运动的正态逆 Gauss 过程). 结果, NIGB 模型的动态由参数 $(\sigma_{\mathrm{NIGB}}, \alpha, \beta, \delta)$ 驱动, 这里 σ_{NIGB} 是扩散项的波动率, 而特征函数为

$$\varphi_{\mathrm{NIGB}}(u,t) = \exp\left(t\delta\left(\sqrt{\alpha^2 - \beta^2} - \sqrt{\alpha^2 - (\beta+iu)^2}\right) - \frac{\sigma_{\mathrm{NIGB}}^2 u^2}{2}t\right).$$

5.5　关于资产价格动态中跳跃的讨论

跳扩散模型和基于 *Lévy* 的模型具有吸引力是因为根据定义它们可以解释一些股价展现的跳跃模式 [Sepp et al., 2003]. 图 5-9 展示了一些 Unilever 和 Heineken 公司的

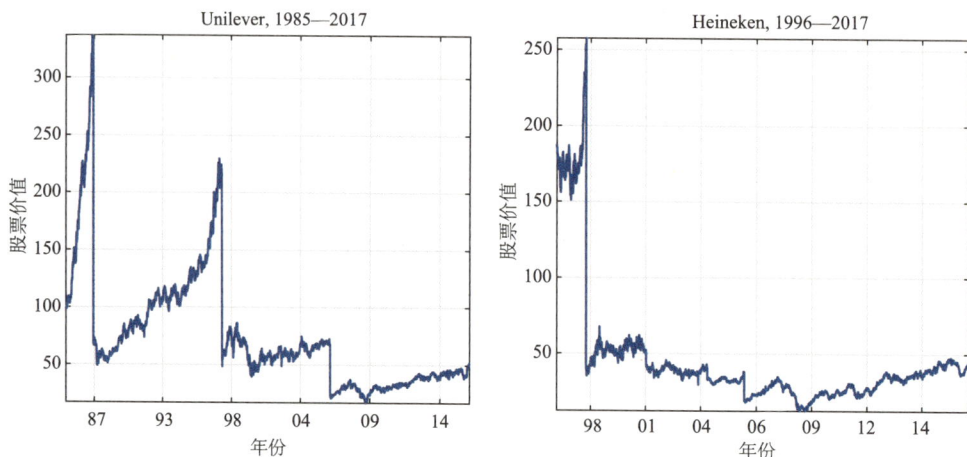

图 5-9　两公司的股票价值, Unilever (左) 和 Heineken (右).

历史股票价值. 明显地, 股票展现了一些跳跃的形态. 然而, 仔细观察实际价格, 我们会发现 Heineken 的实际股价确实与跳跃有关, 而 Unilever 的股价的上涨主要是由于所谓的分股 (当一家公司决定增加股票数量时, 单个股票的价值会因为分股而下降), 这与预期的股价下跌有关. 市场上观察到了跳跃的存在, 特别是在像 1987 年、2000 年或 2008 年那样的金融风暴中. 当日常对数回报率的尾部很厚时, 带跳的模型比 Black-Scholes 模型具有优越性, 而且在较长的时间段内跳跃过程会接近正态性, 这与实证研究一致.

带跳的模型可以很好地捕获超额峰度. 通过引进额外的参数, 可以控制对数回报密度的峰度和不对称, 也可以拟合隐含波动率中的微笑. 一些研究揭示了 Lévy 模型对定价期权在接近到期日时是符合实际的 [Das et al., 1996].

> 然而, 跳跃模型有一个缺点, 它增加了实值期权的隐含波动率. 这是由于跳跃单向影响波动率, 即跳跃只能增加而不能减少波动率. 另外, 跳跃是不可交易的量, 因此, 一个完美复制任何金融期权的投资组合是无法构建的. 与 Black-Scholes 模型不同, 对于期权写方来说可以完全消除卖出期权的风险的对冲策略是不存在的.

对于跳过程, 我们必须仰仗无套利假设, 也就是等价鞅测度 (EMM) 的存在. 假设选择了这样的测度, 有可能得到一个满足期权价格的偏微分积分方程. 但由于积分项的出现, 确定期权价格的相应数值处理可能会有所涉及.

然而, 这章所有的跳过程的讨论, 我们可以确定对应的特征函数. 特征函数将有利于通过 Fourier 定价技术高效地定价欧式期权, 这将在下面的章节里体现.

习　题

习题 5.1　由于两个互相独立的 Poisson 过程, 强度分别为 $\xi_{p,1}$ 和 $\xi_{p,2}$, 这两个含跳的资产产生一个跳跃的股票指数过程.

    a. 确定资产 S_1 先跳的概率.

    b. 确定到股票指数过程第一跳发生的时间的概率密度函数.

    c. 每年选择 $\xi_{p,1} = 0.3$ 和 $\xi_{p,2} = 0.5$. 确定以后 4 年至少两跳的概率.

    d. 今后 2 年无跳的概率是多少?

习题 5.2　假定资产价格大跳导致金融危机, 在一种特定的股票中发生, 强度为每 10 年 $\xi_p = 0.5$.

    a. 从现在起, 第一次大跳发生的预计年限和标准差是多少?

    b. 头 15 年没有发生大跳的概率是多少?

    c. 头 4 年内发生大跳的概率是多少? 头 6 年呢?

习题 5.3　不同时间区间的同长度间段的增量 $X_{\mathcal{P}}(t_j) - X_{\mathcal{P}}(t_i)$, $t_i < t_j$, 具有同分布, 不管哪个时间点 t_i.

$$\begin{aligned}
\mathbb{P}[X_{\mathcal{P}}(t_j) - X_{\mathcal{P}}(t_i) = k] &= \mathbb{P}[X_{\mathcal{P}}(t_j - t_i) - X_{\mathcal{P}}(0) = k] \\
&= \mathbb{P}[X_{\mathcal{P}}(t_j - t_i)] = k] \\
&= \mathrm{e}^{-\xi_p(t_j - t_i)} \frac{(\xi_p(t_j - t_i))^k}{k!}, \quad k = 0, 1, \cdots.
\end{aligned}$$

这里的第二步是因为 $X_{\mathcal{P}}(0) = 0$.

    给出 Poisson 过程 $X_{\mathcal{P}}(t)$, $t \in [0, \infty)$, 其强度为 ξ_p. 确定被称为概率质量函数的二维联合分布具有形式 $(X_{\mathcal{P}}(t), X_{\mathcal{P}}(s))$, $0 < s < t$.

习题 5.4　在一个股票指数中的两个股票在它们的股价 S_1, S_2 中表现了跳. 这些跳以 Poisson 过程分别以每 5 年均值 1 次和 3 次的方式发生. 两个股价过程是独立的. 确定在 S_2 中观察到 2 次跳跃之前, 在 S_1 中发生 2 次跳跃的概率.

习题 5.5　考虑一个资产在区间 $[0, T]$ 里正好发生一次跳的事件. 确定这个事件发生的概率.

    这个事件和下面的事件相同: 在区间 $[0, \frac{T}{2})$ 正好发生一跳而在区间 $[\frac{T}{2}, T]$ 中不跳, 或者在区间 $[0, \frac{T}{2})$ 里不跳而在 $[\frac{T}{2}, T]$ 里正好发生一跳. 确定它们具有完全相同的概率.

习题 5.6　资产跳以每 5 年 2 次的强度的 Poisson 过程到达. 找出在 15 年内头 2 年跳 1 次, 后来的 3 年跳 1 次的概率.

    t_k 是对应第 k 次事件, $k = 1, 2, \cdots$ 发生的随机时间. 记 τ_k 为 i.i.d. 指数到达间隔时间, 则 $\tau_k = t_k - t_{k-1}$ 且 $t_0 = 0$. T_k 是一个 Poisson 过程第 k 次跳跃发生时间, 由 $\tau_1 + \tau_2 + \cdots + \tau_k$ 给出. 对每 5 年 $\xi_p = 1$ 跳跃, 确定第 3 次跳跃抵达时间的均值和方差.

习题 5.7 在 Kou 模型下, 跳跃密度由下式给出:

$$f_J(x) = p_1\alpha_1 e^{-\alpha_1 x}1_{x\geqslant 0} + p_2\alpha_2 e^{\alpha_2 x}1_{x<0},$$

确定当 $p_1 + p_2 = 1$ 和 $\alpha_1 > 1$ 以及 $\alpha_2 > 0$ 时的 $\mathbb{E}[e^{iuJ}]$.

习题 5.8 在 5.2.1 一节中, 得到在 Merton 模型下看涨期权价格的封闭表达式. 推出相应的看跌期权价格表达式 (不用涨跌平价公式).

习题 5.9 考虑亚式期权的定价问题, 其收益函数为

$$V(T, S) = \max(A(T) - K, 0), \tag{5.72}$$

其中离散平均 $A(T)$ 由下式给出:

$$A(T) = \frac{1}{m}\sum_{i=1}^{m} S(T_i). \tag{5.73}$$

定义量

$$R(T_i) = \log\left(\frac{S(T_i)}{S(T_{i-1})}\right) = \log(S(T_i)) - \log(S(T_{i-1})),$$

证明下列等式成立:

$$\begin{aligned}A(T) &= \frac{1}{m}S(T_0)e^{B_m} \\ &= \frac{1}{m}S(T_0)e^{R(T_1)+\log(1+\exp(B_{m-1}))},\end{aligned}$$

这里,

$$B_i = R(T_{m-i+1}) + \log(1 + \exp(B_{i-1})). \tag{5.74}$$

习题 5.10 对跳量服从 Merton 模型 (5.17) 的跳扩散过程, 考虑什么样的模型参数范围产生一个 "集中的罕见跳型", 什么范围产生频繁的小跳.

对 Kou 跳扩散模型 (5.18) 作同样的区分, 这里可区分为小正跳和大负跳以及大正跳和小负跳.

习题 5.11 对 Merton 跳扩散模型 (5.17) 如同 5.2.1 一节, 确定欧式看涨和看跌期权价格, 用等式 (5.28) 及参数 $S_0 = 40, K = 40, r = 0.06, \sigma = 0.2$, 以及 $T = 0.1, T = 1, T = 10$, 和:

$$\text{Set I}: \xi_p = 3, \mu_J = -0.2, \sigma_J = 0.2;$$

$$\text{Set II}: \xi_p = 8, \mu_J = -0.2, \sigma_J = 0.2;$$

$$\text{Set III}: \xi_p = 0.1, \mu_J = -0.9, \sigma_J = 0.45.$$

a. 在这个设定下, 确定 (5.28) 中求和的项的合适数字来得到稳定的期权价格.

b. 比较你的期权价值和同参数无跳的 Black-Scholes 期权价格.

c. 进一步, 选择 $K = 50$ 而其他参数如前 (OTM 看涨), 然后计算期权价格.

习题 5.12　无穷活动的 Lévy 过程的 PDF 已知, 对 VG, CGMY 和 NIG 模型, 应用复合梯形规则进行数值积分计算看涨和看跌期权价值.

a. 设 $S_0 = 40, K = 40, T = 0.5$, 对开放的模型参数构造不同方式使得其有可能评估期权价格的偏度、峰度、厚尾. 报告你的发现.

b. 计算对应的隐含波动率, 找到参数组分别生成隐含波动率微笑和隐含波动率倾斜.

c. 我们希望对不同的具步长 0.05 的敲定价, $K = \{0.25, \cdots, 0.75\}$, 对期权估价. 确定在 NIG 模型下通过数值积分对这些不同的 K 值的定价.

d. 如果我们有 k 个不同的敲定价和 n 个积分点, 计算的复杂性是什么?

习题 5.13　考虑下列随机波动率跳模型:

$$dS(t) = rS(t)dt + JS(t)dW^{\mathbb{Q}}(t), \tag{5.75}$$

这里

$$J = \begin{cases} 0.1, & \text{其中 } \mathbb{Q}[J = 0.1] = \frac{1}{3}, \\ 0.2, & \text{其中 } \mathbb{Q}[J = 0.2] = \frac{2}{3}, \end{cases} \tag{5.76}$$

其中常数利率 $r = 0.05$, 初始股价 $S(t_0) = 1$.

a. 通过假定跳 J 和 Brown 运动互相独立, 利用条件期望的概念得到看涨期权价值, 即

$$V(t_0, S_0) = \sum_{i=1}^{2} V_c(t_0, S_0; K, T, \sigma_i)\mathbb{Q}[J = \sigma_i],$$

其中 K 为敲定价而 T 是到期日, 这里 $V_c(t_0, S_0; K, T, \sigma_i)$ 表示 Black-Scholes 看涨期权价值而隐含波动率 σ_i 由 (5.76) 给出.

b. 对到期日 $T = 2$ 和敲定价 $K = 0, 0.1, \cdots, 3$ 运行模型 (5.75) 的模拟, 比较其结果与前面习题得到的解.

参考文献

BARNDORFF-NIELSEN O, 1978. Hyperbolic distributions and distributions on hyperbolae[J]. Scandinavian Journal of Statistics, 5: 151-157.

BARNDORFF-NIELSEN O, 1997. Normal inverse Gaussian distributions and stochastic volatility modelling[J]. Scandinavian Actuarial Journal, 24: 1-13.

BERTOIN J, 1996. Cambridge tracts in mathematics: volume 121　Lévy processes[M]. Cambridge: Cambridge University Press: x, 265.

CARR P, MADAN D, CHANG E, 1998. The variance gamma process and option pricing[J]. European Finance Review, 2: 79-105.

CARR P, GEMAN H, MADAN D, et al., 2002. The fine structure of asset returns: An empirical investigation[J]. Journal of Business, 75: 305-332.

CONT R, TANKOV P, 2004. Financial modelling with jump processes[M]. Boca Raton, FL: Chapman and Hall.

DAS S, FORESI S, 1996. Exact solutions for bond and option prices with systematic jump risk[J]. Review of Derivatives Research, 1: 7-24.

DELBAEN F, SCHACHERMAYER W, 1994. A general version of the fundamental theorem of asset pricing[J]. Math. Ann., 300(3): 463-520.

GERBER H, SHIU E, 1995. Option pricing by Esscher transforms (Disc: p141-191)[J]. Transactions of the Society of Actuaries, 46: 99-140.

HARRISON J, KREPS D, 1979. Martingales and arbitrage in multiperiod securities markets[J]. Journal of Economic Theory, 20(3): 381-408.

HARRISON J, PLISKA S, 1981. Martingales and stochastic integrals in the theory of continuous trading[J]. Stochastic Processes and their Applications, 11(3): 215-260.

HE C, KENNEDY J, COLEMAN T, et al., 2006. Calibration and hedging under jump diffusion[J]. Review of Derivatives Research, 9: 1-35.

HIRSA A, MADAN D, 2004. Pricing American options under Variance Gamma[J]. Journal of Computational Finance, 7(2): 63-80.

KARATZAS I, SHREVE S, 1998. Applications of mathematics: volume 39 methods of mathematical finance[M]. New York: Springer Verlag: xvi, 407.

KENNEDY J, FORSYTH P, VETZAL K, 2009. Dynamic hedging under jump diffusion with transaction costs[J]. Operations Research, 57(3): 541-559.

KOU S, 2002. A jump diffusion model for option pricing[J]. Management Science, 48: 1086-1101.

KOU S, WANG H, 2004. Option pricing under a double exponential jump-diffusion model[J]. Management Science, 50: 1178-1192.

MADAN D, SENETA E, 1990. The variance gamma (VG) model for share market returns[J]. Journal of Business, 63(4): 511-524.

MADAN D, CARR P, CHANG E, 1998. The variance gamma process and option pricing[J]. European Finance Review, 2: 79-105.

MERTON R, 1976. Option pricing when the underlying stocks are discontinuous[J]. Journal of Financial Economics, 5: 125-144.

NAIK V, LEE M, 1990. General equilibrium pricing of options on the market portfolio with discontinuous returns[J]. Review of Financial Studies, 3(4): 493-521.

PAPAPANTOLEON A, 2005. An introduction to Lévy processes with applications to finance[Z]. Lecture notes, University of Leipzig.

POIROT J, TANKOV P, 2006. Monte Carlo option pricing for tempered stable (CGMY) processes[J]. Asia-Pacific Financial Markets, 13(4): 327-344.

RAIBLE S, 2000. Lévy processes in finance: theory, numerics and empirical facts[D]. Freiburg: Inst. für Math. Stochastik, Albert-Ludwigs-Univ.

SAMUELSON P, 1965. Rational theory of warrant pricing[J]. Industrial Management Review, 6:

13-31.

SATO K, 2001. Basic results on Lévy processes[M]//Lévy processes. Boston, MA: Birkhäuser Boston: 3-37.

SCHOUTENS W, 2003. Lévy processes in finance: pricing financial derivatives[M]. Chichester UK: Wiley.

SENNEWALD K, WÄLDE K, 2006. "Itô's lemma" and the Bellman equation for Poisson processes: An applied view[J]. Journal of Economics, 89(1): 1-36.

SEPP A, SKACHKOV I, 2003. Option pricing with jumps[J]. Wilmott Magazine: 50-58.

第 6 章 | 欧式期权定价的 COS 方法

本章梗概

在本章中, 我们重点讨论一种有效期权定价方法, 它基于贴现的欧式期权期望收益的积分表达式. 该方法称为 *COS* 方法, 其关键思想是对出现在风险中性定价公式中的概率密度函数用 *Fourier* 余弦级数展开进行近似. Fourier 余弦级数的系数和与特征函数具有封闭形式的关系. 因此, COS 方法可用于更一般的具有特征函数的资产价格过程. 这些包括指数 *Lévy* 过程、仿射跳扩散过程, 还有一些随机波动率过程, 这些将在接下来的章节中讨论. 在节 **6.1** 中, 我们引入 Fourier 余弦展开来求解逆 Fourier 积分和特征函数的密度重构. 基于此, 我们在节 **6.2** 中得出欧式期权定价公式和相应的对冲参数. 数值结果见节 **6.3**. 对于光滑概率密度函数, 其收敛性为指数的, 因为计算复杂度随着展开的项数只是按线性增长, 所以 COS 方法用于欧式期权在误差收敛性与计算复杂性方面是最优的.

本章关键词

COS 方法, Fourier 余弦展开, 特征函数, 密度重构, 欧式期权定价, 指数误差收敛.

6.1 数值期权定价的引入

在对金融或保险产品进行估价和风险管理时, 业者要求快速、准确和强健地计算出期权价格和敏感性 (Delta、Gamma 等). 正如我们在前几章中所看到的, 在 Itô 引理的帮助下, 金融衍生品的定价问题通常可对应偏微分 (积分) 方程 [P(I)DE] 的求解. Feynman-Kac 定理将 P(I)DE 的解和合同收益函数在风险中性测度下的条件期望联系到一起. 从这些表达式开始, 我们可以应用几种数值技术计算期权价格本身. 通常的期权定价数值计算方法有三种:

1. 偏微分 (积分) 方程的数值解;
2. 数值积分;
3. Monte Carlo 模拟.

期权定价的 P(I)DE[1] 和积分表达式之间的差别很小. 给出期权定价 P(I)DE, 我们

---

[1]我们写 "P(I)DE" 来讨论 PDE 和 PIDE(在资产过程中出现跳跃).

可以将解正式写成 Green 函数积分. 这个积分是数值积分方法以及 Monte Carlo 模拟的出发点. 在实践中, 这三类方法有时会同时采用, 以便对期权价格和敏感度的计算结果交叉验证. Monte Carlo 方法将在第 9 章中讨论. 金融中掌控期权估价偏微分方程的推导的详细综述包括在 [Wilmott, 1998], [Wilmott et al., 1995], [Hull, 2012], [Kwok, 2008] 中. 关于 P(I)DE 离散化和求解技巧的杰出工作可以在 [d'Halluin et al., 2004], [Forsyth et al., 2002], [Zvan et al., 1998], [Zvan et al., 2001], [In't Hout et al., 2010], [Haentjens et al., 2012], [In't Hout, 2017] 和 [Witte et al., 2011] 中找到. 还可以参见 [Reisinger, 2012], [Reisinger et al., 2004], [Reisinger et al., 2007], [Suárez-Taboada et al., 2012], [Pascucci et al., 2013], [Bermúdez et al., 2006] 和 [Vázquez, 1998] 及许多其他工作.

6.1.1　积分和 Fourier 余弦级数

考虑欧式期权, 初始时间为 t_0 (此时期权价值 $x = X(t_0)$ 为已知), 到期日 T 时为 $y = X(T)$, 为方便起见, 用概率密度函数的简化记号 $f_X(y) \equiv f_{X(T)}(y) := f_X(T, y; t_0, x)$.

密度及其特征函数, $f_X(y)$ 和 $\phi_X(u)$, 形成一个 Fourier 对的例子[a],

$$\phi_X(u) = \int_{\mathbb{R}} e^{iyu} f_X(y) dy, \tag{6.1}$$

和

$$f_X(y) = \frac{1}{2\pi} \int_{\mathbb{R}} e^{-iuy} \phi_X(u) du. \tag{6.2}$$

---

[a]这里我们用在金融文献中常见的 Fourier 变换的惯例. 其他情形以此直接调整.

6.1.2　通过 Fourier 余弦展开对密度的近似

Fourier 余弦级数展开给出了具有限支集的函数的最优近似, 见 [Boyd, 1989].

注释 6.1.1 (与 Fourier 级数的关系)　函数 $g(x)$ 在区间 $[-1, 1]$ 上的 Fourier 展开的一般定义如下:

$$g(\theta) = \sum_{k=0}^{\infty} {}' \bar{A}_k \cos(k\pi\theta) + \sum_{k=1}^{\infty} \bar{B}_k \sin(k\pi\theta), \tag{6.3}$$

这里级数号上面的一撇, $\sum'$, 表示级数和的第一项权重是 1/2, 而系数由下式给出:

$$\bar{A}_k = \int_{-1}^{1} g(\theta) \cos(k\pi\theta) d\theta, \quad \bar{B}_k = \int_{-1}^{1} g(\theta) \sin(k\pi\theta) d\theta. \tag{6.4}$$

设定 $\bar{B}_k = 0$, 我们得到经典的 Fourier 余弦展开, 即在 $\theta = 0$ 附近我们可以表示为偶函数.

我们可以拓展任何函数 $g : [0, \pi] \to \mathbb{R}$, 使之为 $[-\pi, \pi]$ 上的偶函数, 如下:

$$\bar{g}(\theta) = \begin{cases} g(\theta), & \theta \geqslant 0, \\ g(-\theta), & \theta < 0. \end{cases} \tag{6.5}$$

偶函数可以表成 Fourier 余弦级数. 对支集在 $[-\pi, \pi]$ 上的偶函数 $\bar{g}(\theta)$, 余弦展开为

$$\bar{g}(\theta) = \sum_{k=0}^{\infty}{}' \bar{A}_k \cdot \cos(k\theta), \tag{6.6}$$

其中

$$\bar{A}_k = \frac{1}{\pi} \int_{-\pi}^{\pi} \bar{g}(\theta) \cos(k\theta) \mathrm{d}\theta = \frac{2}{\pi} \int_{0}^{\pi} g(\theta) \cos(k\theta) \mathrm{d}\theta, \tag{6.7}$$

> 因为在 $[0, \pi]$ 上 $g(\theta) = \bar{g}(\theta)$, $g(\theta)$ (不一定是偶函数) 在 $[0, \pi]$ 上的 Fourier 余弦展开也可以由等式 (6.6), (6.7) 给出.

COS 方法中使用的在区间 $[-\pi, \pi]$ 上的 Fourier 余弦级数展开基于余弦级数的经典定义, 其中 π 只是一个比例因子, 函数的最大值在区域边界处得到.

对定义在任何有限区间, 如 $[a, b] \in \mathbb{R}$ 上的函数, Fourier 余弦级数展开可以通过以下变量替换得到:

$$\theta := \frac{y-a}{b-a}\pi, \quad y = \frac{b-a}{\pi}\theta + a.$$

它可写成

$$g(y) = \sum_{k=0}^{\infty}{}' \bar{A}_k \cdot \cos\left(k\pi \frac{y-a}{b-a}\right), \tag{6.8}$$

其中

$$\bar{A}_k = \frac{2}{b-a} \int_a^b g(y) \cos\left(k\pi \frac{y-a}{b-a}\right) \mathrm{d}y. \tag{6.9}$$

由于任何具有有限支集的函数可进行余弦展开, 一个近似的概率密度函数就可从 (6.2) 中无限积分区域的截断开始推导. 鉴于 Fourier 变换的存在性条件, (6.2) 的被积函数必须在 $\pm\infty$ 衰减到零, 我们可以截断积分区域而不会降低太多的精确性.

假定选择 $[a, b] \in \mathbb{R}$ 使得截断后的积分可以很好地逼近原来无穷积分的部分, 即

$$\hat{\phi}_X(u) := \int_a^b \mathrm{e}^{iuy} f_X(y) \mathrm{d}y \approx \int_{\mathbb{R}} \mathrm{e}^{iuy} f_X(y) \mathrm{d}y = \phi_X(u). \tag{6.10}$$

我们将 (6.10) 联系到 (6.9), 并回顾著名的 Euler 公式:

$$\mathrm{e}^{iu} = \cos(u) + i\sin(u),$$

这隐含着 $\text{Re}\{e^{iu}\} = \cos(u)$, 其中 $\text{Re}\{\cdot\}$ 记为变量的实部. 基于此, 对任何随机变量 X 和常数 $a \in \mathbb{R}$, 下列等式成立:

$$\phi_X(u)e^{ia} = \mathbb{E}[e^{iuX+ia}] = \int_{-\infty}^{\infty} e^{i(uy+a)} f_X(y) \mathrm{d}y. \tag{6.11}$$

取 (6.11) 的实部, 有

$$\text{Re}\left\{\phi_X(u)e^{ia}\right\} = \text{Re}\left\{\int_{-\infty}^{\infty} e^{i(uy+a)} f_X(y) \mathrm{d}y\right\} = \int_{-\infty}^{\infty} \cos(uy+a) f_X(y) \mathrm{d}y.$$

我们代入 Fourier 变量 $u = \frac{k\pi}{b-a}$, 并将 (6.10) 中的特征函数乘以 $\exp\left(-i\frac{ka\pi}{b-a}\right)$, 即

$$\hat{\phi}_X\left(\frac{k\pi}{b-a}\right) \cdot \exp\left(-i\frac{ka\pi}{b-a}\right) = \int_a^b \exp\left(iy\frac{k\pi}{b-a} - i\frac{ka\pi}{b-a}\right) f_X(y) \mathrm{d}y. \tag{6.12}$$

等式两边取实部, 就发现

$$\text{Re}\left\{\hat{\phi}_X\left(\frac{k\pi}{b-a}\right) \cdot \exp\left(-i\frac{ka\pi}{b-a}\right)\right\} = \int_a^b \cos\left(k\pi\frac{y-a}{b-a}\right) f_X(y) \mathrm{d}y. \tag{6.13}$$

在 (6.13) 右端, 我们有 (6.9) 定义中的 $\bar{A}_k$, 从而

$$\bar{A}_k \equiv \frac{2}{b-a} \text{Re}\left\{\hat{\phi}_X\left(\frac{k\pi}{b-a}\right) \cdot \exp\left(-i\frac{ka\pi}{b-a}\right)\right\}, \tag{6.14}$$

由 (6.10) 可知 $\bar{A}_k \approx \bar{F}_k$, 这里

$$\bar{F}_k := \frac{2}{b-a} \text{Re}\left\{\phi_X\left(\frac{k\pi}{b-a}\right) \cdot \exp\left(-i\frac{ka\pi}{b-a}\right)\right\}. \tag{6.15}$$

现在我们在 $[a,b]$ 上的 $f_X(y)$ 级数展开中用 $\bar{F}_k$ 取代 $\bar{A}_k$, 即

$$\hat{f}_X(y) \approx \sum_{k=0}^{\infty}{}' \bar{F}_k \cos\left(k\pi\frac{y-a}{b-a}\right), \tag{6.16}$$

截断级数和, 有

$$\hat{f}_X(y) \approx \sum_{k=0}^{N-1}{}' \bar{F}_k \cos\left(k\pi\frac{y-a}{b-a}\right). \tag{6.17}$$

记住级数和的第一项应该乘以 $1/2$ (用符号 $\sum'$ 表示). 忘掉将第一项乘以 $1/2$ 是实际计算中常犯的错误!

近似 $\hat{f}_X(y)$ 的误差结果包含两部分: 一是从 (6.16) 到 (6.17) 的级数的截断误差, 另一是近似 $\bar{A}_k$ 与 $\bar{F}_k$ 的误差.

整函数 (即函数在复平面除 ∞ 外的任何地方没有任何奇点[2]) 的余弦级数展开具有指数收敛性 [Boyd, 1989], 我们可以指望 (6.17) 对小的 N 给出高精度的近似, 并且密度函数在 $[a,b]$ 上没有奇点.

---

[2] "奇点" 的意思是, 如 [Boyd, 1989], 函数及其导数的极点、分数幂、对数、其他分支点和不连续点.

例 6.1.1 为了展示 COS 方法具有高效的收敛性, 我们选择标准正态分布的密度函数作为 (6.17) 中的例子, 因为标准正态分布的 PDF 和特征函数都是已知的,

$$f_{\mathcal{N}(0,1)}(y) = \frac{1}{\sqrt{2\pi}} \mathrm{e}^{-\frac{1}{2}y^2}, \quad \phi_{\mathcal{N}(0,1)}(u) = \mathrm{e}^{-\frac{1}{2}u^2}.$$

这样, 我们可以方便比较数值解和真实解之间的差别.

取 $[a, b] = [-10, 10]$, 对 (6.17) 中不同的 N 值, 通过在点 $y = \{-5, -4, \cdots, 4, 5\}$ 上最大的绝对误差度量 PDF 的近似的 Fourier 余弦展开的精确度.

表 6-1 展示了当展开项数 N 较小时误差就已经不大了. 从表中定义为 "时间 (N) $-$ 时间 $(N/2)$" 的 CPU 时间差, 我们可以观察到复杂度是线性的. 因此, 这项技术对重构密度函数是高效的.

表 6-1 用 Fourier 余弦展开从 $\phi_X(u)$ 重构 $f_X(y)$ 的最大误差.

N	4	8	16	32	64
误差	0.25	0.11	0.0072	4.04e−07	3.33e−17
CPU 时间 (msec.)	0.046	0.061	0.088	0.16	0.29
CPU 时间差 (msec.)	—	0.015	0.027	0.072	0.13

图 6-1表现了正态密度函数在不同 N 值时的收敛性. 很明显, 在很小值的 N 下, 正态密度不能很好地被近似 (甚至偶尔为负值), 然而, 密度随着 N 的增长指数地收敛. ◇

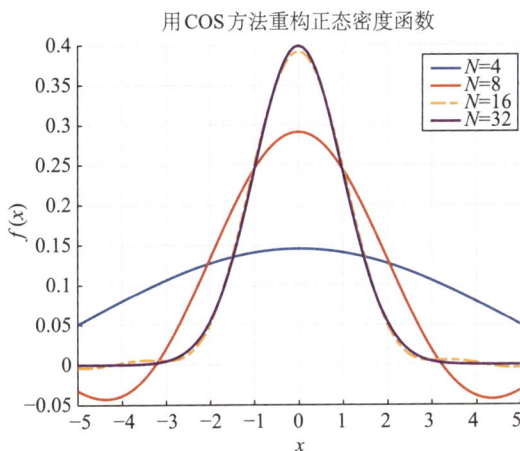

图 6-1 对不同的展开项数的正态密度的收敛性.

例 6.1.2 (对数正态密度重构) 在这个例子中, 我们将应用 COS 方法来近似对数正态随机变量的概率密度函数. 注意, 对数正态随机变量的特征函数是不知道封闭形式的, 所以我们不能简单地将 COS 方法用到对数正态特征函数上. 为了得到对数正态随机变量的密度, 我们将利用正态和对数正态随机变量之间的关系. 设 Y 为一个具有参数 μ 和 σ^2 的对数正态随机变量, 则 $Y = \mathrm{e}^X$, 其中 $X \sim \mathcal{N}(\mu, \sigma^2)$, 见等式 (2.19). Y 的 CDF

用 X 的 CDF 可被计算成

$$F_Y(y) \stackrel{\text{def}}{=} \mathbb{P}[Y \leqslant y] = \mathbb{P}[\mathrm{e}^X \leqslant y] = \mathbb{P}[X \leqslant \log(y)] = F_X(\log(y)). \tag{6.18}$$

求导, 我们得到

$$f_Y(y) \stackrel{\text{def}}{=} \frac{\mathrm{d}F_Y(y)}{\mathrm{d}y} = \frac{\mathrm{d}F_X(\log(y))}{\mathrm{d}\log y}\frac{\mathrm{d}\log(y)}{\mathrm{d}y} = \frac{1}{y}f_X(\log(y)). \tag{6.19}$$

为了数值地得到对数正态变量 Y 的密度函数, 我们处理 X 密度的变换. 由于 X 是正态分布, $\phi_X(u) = \mathrm{e}^{i\mu u - \frac{1}{2}\sigma^2 u^2}$, 用 COS 方法, 我们可以重构对数正态随机变量的 PDF.

对此数值实验, 我们设 $\mu = 0.5$ 和 $\sigma = 0.2$ 以及分析 COS 方法依赖于展开项数 N 的收敛性.

比较图 6-1 和图 6-2 的收敛性, 我们注意到重构对数正态 PDF 的计算更密集. 然而收敛性仍然是指数的. ◇

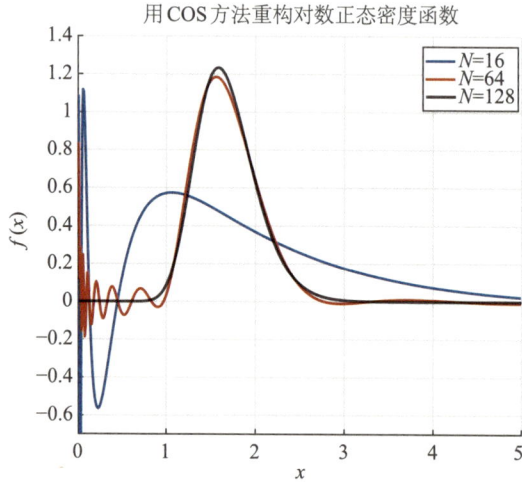

图 6-2　不同展开项数的对数正态 PDF 的重构.

6.2　用 COS 方法定价欧式期权

定价欧式期权的 COS 公式是通过用密度函数的 Fourier 余弦展开代替密度函数本身而得到的. 一个概率密度函数往往是光滑的, 因而公式只有几项展开就可以有高精确度的近似.

用数值积分技巧定价欧式期权的出发点是风险中性估值公式. 按照前面章节的符号, 我们设置 $X(t) := \log S(t)$, 过程 $X(t)$ 取值 $X(t) = x$ 和 $X(T) = y$. 一个平凡香草期权的价值由下式给出:

$$V(t_0, x) = \mathrm{e}^{-r\tau}\mathbb{E}^{\mathbb{Q}}\left[V(T, y)\big|\mathcal{F}(t_0)\right] = \mathrm{e}^{-r\tau}\int_{\mathbb{R}} V(T, y)f_X(T, y; t_0, x)\mathrm{d}y, \tag{6.20}$$

这里 $\tau = T - t_0$, $f_X(T, y; t_0, x)$ 是 $X(T)$ 的转移概率密度, 而 r 是利率. 我们再次用密度的简化记号, 即 $f_X(y) \equiv f_{X(T)}(y) := f_X(T, y; t_0, x)$.

由于当 $y \to \pm\infty$ 时, $f_X(y)$ 快速衰减到零, 我们截断无穷积分区域到 $[a, b] \subset \mathbb{R}$, 不会损失很大的精确度, 对 $S(t) = \mathrm{e}^{X(t)}$, 其中 $x := X(t_0)$, $y := X(T)$, 我们得到近似 V_{I}:

$$V(t_0, x) \approx V_{\mathrm{I}}(t_0, x) = \mathrm{e}^{-r\tau} \int_a^b V(T, y) f_X(y) \mathrm{d}y, \tag{6.21}$$

其中 $\tau = T - t_0$.

用罗马数字下标表示后续的数值近似, 如变量 V_{I}, 在节 6.2.3 中对误差分析很有用. 我们将在节 6.2.4 中进一步讨论 $[a, b]$ 的选择.

下一步, 由于通常密度函数 $f_X(y)$ 未知, 但其特征函数的表达式已知, 密度由其关于 y 的 Fourier 余弦展开来近似, 如 (6.8),

$$\hat{f}_X(y) = \sum_{k=0}^{+\infty}{}' \bar{A}_k(x) \cos\left(k\pi \frac{y-a}{b-a}\right), \tag{6.22}$$

其中

$$\bar{A}_k(x) := \frac{2}{b-a} \int_a^b \hat{f}_X(y) \cos\left(k\pi \frac{y-a}{b-a}\right) \mathrm{d}y, \tag{6.23}$$

所以

$$V_{\mathrm{I}}(t_0, x) = \mathrm{e}^{-r\tau} \int_a^b V(T, y) \sum_{k=0}^{+\infty}{}' \bar{A}_k(x) \cos\left(k\pi \frac{y-a}{b-a}\right) \mathrm{d}y. \tag{6.24}$$

我们交换求和与积分的顺序 (应用 Fubini 定理), 并插入定义

$$H_k := \frac{2}{b-a} \int_a^b V(T, y) \cos\left(k\pi \frac{y-a}{b-a}\right) \mathrm{d}y, \tag{6.25}$$

结果是

$$V_{\mathrm{I}}(t_0, x) = \frac{b-a}{2} \mathrm{e}^{-r\tau} \cdot \sum_{k=0}^{+\infty}{}' \bar{A}_k(x) \cdot H_k. \tag{6.26}$$

这里, H_k 是收益函数 $V(T, y)$ 的余弦级数系数. 这样, 从 (6.21) 到 (6.26) 我们将两个实函数 $f_X(y)$ 和 $V(T, y)$ 的乘积的积分转换成了它们 Fourier 余弦级数系数的乘积.

由于这些系数的快速衰减率, 我们可以截断级数和来得到近似 V_{II}:

$$V_{\mathrm{II}}(t_0, x) = \frac{b-a}{2} \mathrm{e}^{-r\tau} \cdot \sum_{k=0}^{N-1}{}' \bar{A}_k(x) H_k. \tag{6.27}$$

类似地推导在节 6.1.1 里, 系数 $\bar{A}_k(x)$, 如同定义 (6.23), 可以用 (6.15) 中的 $\bar{F}_k(x)$ 近似.

通过用 $\bar{F}_k(x)$ 取代 (6.27) 中的 $\bar{A}_k(x)$，我们得到

$$V(t_0, x) \approx V_{\text{III}}(t_0, x) = \mathrm{e}^{-r\tau} \sum_{k=0}^{N-1}{}' \operatorname{Re}\left\{ \phi_X\left(\frac{k\pi}{b-a}\right) \exp\left(-ik\pi\frac{a}{b-a}\right)\right\} \cdot H_k,$$

$$(6.28)$$

其中 $\tau = T - t_0$，而 x 是 $S(t_0)$ 的函数 (像 $x = \log(S(t_0))$ 或 $x = \log(S(t_0)/K)$)，以及特征函数

$$\boxed{\phi_X(u) = \phi_X(u; t_0, T) \equiv \phi_X(u, x; t_0, T),}$$

$$(6.29)$$

这是因为特征函数也依赖于变量 x.

这就是一般标的资产过程的 COS 公式. 对平凡香草和两值期权，系数 H_k 可以解析地得到，对于 Lévy 模型，(6.28) 可以简化. 其带来的好处是，具有不同敲定价的期权可以并行运算.

简而言之，我们将概率密度函数分解成许多"类密度基函数"的加权和，由此对一些期权合同，只要重构收益函数级数的系数 H_k，期权价格就可以解析地得到.

6.2.1 收益函数系数

欧式期权的收益函数可以方便地以一个调整的对数资产价格写成，即

$$y(T) = \log\left(\frac{S(T)}{K}\right),$$

而

$$V(T, y) := [\bar{\alpha} \cdot K(\mathrm{e}^y - 1)]^+, \quad \text{其中 } \bar{\alpha} = \begin{cases} 1, & \text{对看涨,} \\ -1, & \text{对看跌,} \end{cases}$$

这里记号 $[h(y)]^+$ 意为 "$\max[h(y), 0]$".

从定义 (6.25) 推出系数 H_k 之前，我们需要两个基本结果.

结果 6.2.1 $g(y) = \mathrm{e}^y$ 在积分区域 $[c, d] \subset [a, b]$ 上的余弦级数系数为 χ_k，

$$\chi_k(c, d) := \int_c^d \mathrm{e}^y \cos\left(k\pi\frac{y-a}{b-a}\right) \mathrm{d}y,$$

$$(6.30)$$

$g(y) = 1$ 在积分区域 $[c, d] \subset [a, b]$ 上的余弦级数系数为 ψ_k，

$$\psi_k(c, d) := \int_c^d \cos\left(k\pi\frac{y-a}{b-a}\right) \mathrm{d}y,$$

$$(6.31)$$

这些已知是解析的. 通过基本计算得到

$$\chi_k(c,d) := \frac{1}{1+\left(\frac{k\pi}{b-a}\right)^2}\left[\cos\left(k\pi\frac{d-a}{b-a}\right)e^d - \cos\left(k\pi\frac{c-a}{b-a}\right)e^c\right.$$
$$\left. + \frac{k\pi}{b-a}\sin\left(k\pi\frac{d-a}{b-a}\right)e^d - \frac{k\pi}{b-a}\sin\left(k\pi\frac{c-a}{b-a}\right)e^c\right], \tag{6.32}$$

以及

$$\psi_k(c,d) := \begin{cases} \left[\sin\left(k\pi\frac{d-a}{b-a}\right) - \sin\left(k\pi\frac{c-a}{b-a}\right)\right]\frac{b-a}{k\pi}, & k \neq 0, \\[3mm] (d-c), & k = 0. \end{cases} \tag{6.33}$$

> 关注一个看涨期权, 在 $a < 0 < b$ 情况下, 我们得到
> $$H_k^{\mathrm{call}} = \frac{2}{b-a}\int_0^b K(e^y - 1)\cos\left(k\pi\frac{y-a}{b-a}\right)dy$$
> $$= \frac{2}{b-a}K\left(\chi_k(0,b) - \psi_k(0,b)\right), \tag{6.34}$$
> 这里 χ_k 和 ψ_k 分别由 (6.32) 和 (6.33) 给出.
> 类似地, 对一个香草看跌, 我们有
> $$H_k^{\mathrm{put}} = \frac{2}{b-a}K\left(-\chi_k(a,0) + \psi_k(a,0)\right). \tag{6.35}$$
> 在处理 $a < b < 0$ 的状况时, 当然我们有
> $$H_k^{\mathrm{call}} = 0,$$
> 而当 $0 < a < b$ 时, 收益系数 H_k^{call} 由 (6.25) 和结果 6.2.1 中 $c \equiv a$, $d \equiv b$ 定义. 对看跌期权, 结果相应改变.

两值和缺口期权的系数

收益系数 H_k 对不同的收益函数是不同的.

现金或空值期权常作为基本单元用来构造更复杂的期权产品. 现金或空值看涨期权的收益函数当 $S(T) \leqslant K$ 时等于 0 而在 $S(T) > K$ 时等于 K, 见例 3.2.1. 对这份合同, 现金或空值系数 H_k^{cash} 也可以解析地得到:

$$H_k^{\mathrm{cash}} = \frac{2}{b-a}K\int_0^b \cos\left(k\pi\frac{y-a}{b-a}\right)dy = \frac{2}{b-a}K\psi_k(0,b).$$

其中 $\psi(a,b)$ 如 (6.33).

对于那些 H_k 系数只能通过数值方式得到的期权合同, 误差收敛由采用的数值求积方法主导.

6.2.2 期权希腊字母

期权希腊字母 Δ 和 Γ 的级数展开可以用类似方法得到. 对 $V \equiv V(t_0, S)$, $S \equiv S(t_0)$, $x := X(t_0)$, 我们找到

$$\Delta = \frac{\partial V}{\partial S} = \frac{\partial V}{\partial x}\frac{\partial x}{\partial S} = \frac{1}{S}\frac{\partial V}{\partial x}, \qquad \Gamma = \frac{\partial^2 V}{\partial S^2} = \frac{1}{S^2}\left(-\frac{\partial V}{\partial x} + \frac{\partial^2 V}{\partial x^2}\right).$$

这推出

$$\Delta \approx \frac{1}{S}\mathrm{e}^{-r\tau}\sum_{k=0}^{N-1}{}'\,\mathrm{Re}\left\{\phi\left(\frac{k\pi}{b-a}\right)\exp\left(-ik\pi\frac{x-a}{b-a}\right)\frac{ik\pi}{b-a}\right\}\cdot H_k, \tag{6.36}$$

和

$$\Gamma \approx \frac{1}{S^2}\mathrm{e}^{-r\tau}\sum_{k=0}^{N-1}{}'\,\mathrm{Re}\left\{\phi\left(\frac{k\pi}{b-a}\right)\exp\left(-ik\pi\frac{x-a}{b-a}\right)\right.$$
$$\left.\times\left[\left(\frac{ik\pi}{b-a}\right)^2 - \frac{ik\pi}{b-a}\right]\right\}\cdot H_k. \tag{6.37}$$

6.2.3 COS 方法的误差分析

在推导 COS 公式时, 引入近似误差有三个阶段: 在风险中性定价公式 (6.21) 中截断积分区域, 用其 (被 N 截断的) 余弦级数展开 (6.27) 取代密度, 以及用 (6.28) 的特征函数近似取代级数系数. 从而总体误差包含三部分:

1. 积分区域截断误差:

$$\epsilon_{\mathrm{I}} := V(t_0, x) - V_{\mathrm{I}}(t_0, x) = \int_{\mathbb{R}\setminus[a,b]} V(T, y)f_X(y)\mathrm{d}y. \tag{6.38}$$

2. $[a, b]$ 的级数截断误差:

$$\epsilon_{\mathrm{II}} := V_{\mathrm{I}}(t_0, x) - V_{\mathrm{II}}(t_0, x) = \frac{1}{2}(b-a)\mathrm{e}^{-r\tau}\sum_{k=N}^{+\infty}\bar{A}_k(x)\cdot H_k, \tag{6.39}$$

这里 $\bar{A}_k(x)$ 和 H_k 分别由 (6.23) 和 (6.25) 定义.

3. 关于由 (6.15) 中的 $\bar{F}_k(x)$ 近似 $\bar{A}_k(x)$ 产生的误差:

$$\epsilon_{\mathrm{III}} := V_{\mathrm{III}}(t_0, x) - V_{\mathrm{II}}(t_0, x) \tag{6.40}$$
$$= \mathrm{e}^{-r\tau}\sum_{k=0}^{N-1}{}'\,\mathrm{Re}\left\{\int_{\mathbb{R}\setminus[a,b]}\exp\left(ik\pi\frac{y-a}{b-a}\right)f_X(y)\mathrm{d}y\right\}\cdot H_k.$$

我们没有考虑计算 H_k 时带来的误差, 这是因为至少对平凡香草欧式期权, 我们有封闭解.

制约误差的关键在于余弦级数系数的衰减率. Fourier 余弦级数的收敛率依赖于函数在展开区间的性质. 若积分区域 $[a, b]$ 选得足够大, 总误差就由 ϵ_{II} 控制.

等式 (6.39) 表明了 ϵ_{II} 依赖于 $\bar{A}_k(x)$ 和 H_k, 它们分别是密度和收益函数的级数系数. 在金融中密度通常比收益函数光滑而其系数 $\bar{A}_k$ 也比 H_k 衰减地更快. 于是, $\bar{A}_k$ 和 H_k 的乘积的收敛快于 $\bar{A}_k$ 或 H_k. 因而误差 ϵ_{II} 由密度函数的级数截断误差所主导, 且在密度函数 $f_X(x) \in \mathbb{C}^\infty([a, b])$ 并有非零导数的情况下依指数收敛.

请注意, 在概率密度函数不连续的情况下, 我们将碰到一个较慢的代数收敛阶, 这与著名的 Gibbs 现象有关, 这经常出现在不连续函数的 Fourier 级数展开中.

恰当地选择截断积分区域, 对具非零导数并属于 $\mathbb{C}^\infty([a, b] \subset \mathbb{R})$ 的密度函数和其导数在某点不连续的密度函数, 总误差分别是指数收敛和代数收敛.

实质上, COS 方法将风险中性估值公式中的密度换为密度 Fourier 余弦级数的部分和. 因此, 当积分区域截断误差不占主导地位时, 总误差很大程度上取决于密度的性质. 欲了解更多详情, 请参阅 [Fang, 2010].

事实上, 函数 $g(y)$ 关于 y 的余弦展开等于 $g(\cos^{-1}(t))$ 关于 t 的 Chebyshev 级数展开, 见注释 6.2.2.

注释 6.2.1 (余弦级数)　我们将从直觉上谈谈, 为什么在 COS 方法中使用余弦展开, 而不是全 Fourier 级数. 本质上来讲, 余弦展开要求用较少的项来近似一个线性函数.

一个在某区间具有连续变量 x 的函数的 Fourier 级数表达式定义了对所有 $x \in \mathbb{R}$ 的周期延拓. 如果函数值在区间端点不相等, 那么周期延拓就不连续, 这导致了在周期端点附近的收敛问题 (这就是著名的 Gibbs 现象).

本质上, 当使用 N 点离散 Fourier 变换 (DFT) 时, 观察到离散情况下相同的问题, 其隐含着假设了数据集 N 点的周期性. 这些收敛问题显示在整个数据集上, 减慢了 DFT 的整体收敛.

克服这个问题的一种方法是考虑函数在一个两倍长的区间是偶函数. 周期延拓这个函数将在区间端点连续. 有了一个周期的偶函数数据集, DFT 中复指数的部分, 正弦函数为零权重, 而离散余弦变换 (DCT) 保持了下来.

DCT 对信号过程是重要的, 一个原因是收敛性. 相关的重要性质是 "信号的能量", 它是由其系数的平方和来衡量的, 主要包含在低频系数中. 换句话说, DCT 系数比相应的 DFT 系数衰减得更快, 因此通常可以用较少的 DCT 系数来近似信号.

注释 6.2.2 (和 Chebyshev 多项式的关系)　Fourier 余弦展开等价于用 Chebyshev 多项式表示一个函数. Chebyshev 多项式构造了一组正交的基函数, 通过 $N + 1$ 的正交的基函数的和来近似函数 $g(y)$:

$$g(y) \approx g_N(y) = \sum_{k=0}^{N} \bar{a}_k T_k(y). \tag{6.41}$$

(6.41) 中的级数系数的选择使得余项 $|g(y) - g_N(y)|$ 最小. Chebyshev 级数展开最小化了 $\|g(y) - g_N(y)\|_{L^\infty}$. 一个实值函数的 Chebyshev 近似是一个函数在有限定义区间上在最小—最大意义上的最优的近似, 即 Chebyshev 近似多项式的误差在最大模下是最小的[3]. 第一类正交的 Chebyshev 多项式, $T_k(y)$, 由多项式的次数 k 定义如下:

$$T_k(y) = \cos(k\theta), \ y = \cos\theta, \ \text{或者} \ T_k(y) = \cos(k \arccos y).$$

开始的几项 Chebyshev 多项式为

$$T_0(y) = 1, \ \ T_1(y) = y, \ \ T_2(y) = 2y^2 - 1,$$
$$T_3(y) = 4y^3 - 3y, \ \ T_4(y) = 8y^4 - 8y^2 + 1, \cdots$$

从 $\cos(k\theta)$ 关于 $\cos\theta$ 是一个 k 次的多项式的事实, 以及

$$\cos 0 = 1, \ \ \cos(2\theta) = 2\cos^2\theta - 1,$$
$$\cos(3\theta) = 4\cos^3\theta - 3\cos\theta, \ \ \cos(4\theta) = 8\cos^4\theta - 8\cos^2\theta + 1.$$

Chebyshev 近似就是一个在变量变换下的余弦级数

$$g(\theta) = \sum_{k=0}^{\infty}{}' \bar{a}_k T_k(\theta), \ \text{这里} \ T_k(\theta) = \cos\left(k\cos^{-1}(\theta)\right), \ \theta \in [-1, 1], \tag{6.42}$$

其系数为

$$\bar{a}_k = \frac{2}{\pi} \int_{-1}^{1} \frac{1}{\sqrt{1 - \theta^2}} g(\theta) T_k(\theta) \mathrm{d}\theta. \tag{6.43}$$

恒等式 $T_k(\cos y) = \cos(ky)$ 和变换 $\theta = \cos y$, 给出

$$\bar{a}_k = \frac{2}{\pi} \int_{0}^{\pi} g(\cos y) \cos(ky) \mathrm{d}y.$$

所以 $g(\theta)$ 的 Chebyshev 级数系数是和 $g(\cos y)$ 在区间 $[0, \pi]$ 上的 Fourier 余弦系数完全相同的, 且两个展式在变换下是等价的. 对函数支撑在另外的有限区间 $[a, b]$ 上, 展式可以通过 (6.8) 中的变换找到.

6.2.4 积分区域的选择

积分区域 $[a, b]$ 的选择对使用 COS 方法精确求得期权价值是很重要. 区域选择得太小会导致很大的积分区域截断误差, 而设置得太大就会要求很大值的 N (意即 (6.28) 的余弦展开要用很多项来达到一定的精确度, 这会增加计算时间).

由积分区域的定义, 如 [Fang et al., 2008], [Fang, 2010], [Fang et al., 2009] 给出的, 以及取其中心 $x + \zeta_1$, 我们用

$$[a, b] := \left[(x + \zeta_1) - L\sqrt{\zeta_2 + \sqrt{\zeta_4}}, \ \ (x + \zeta_1) + L\sqrt{\zeta_2 + \sqrt{\zeta_4}} \right], \tag{6.44}$$

---

[3]特别当一个函数是周期的, 指数的 Fourier 级数展开是最优的近似.

其中 $L \in [6, 12]$ 取决于用户定义的公差等级, $\zeta_1, \cdots, \zeta_4$ 是标的随机过程的特定的累积量.

注意下面的不同: 当 COS 公式用密度重构时, $x = \log S(t_0)$, 而期权定价时, $x = \frac{\log S(t_0)}{K}$.

注释 6.2.3 (直觉的积分区域)　积分区域 (6.44) 是一个基于 $\log(S(T)/K)$ 累积量的经验法则.

回顾第 1 章, 特别是等式 (1.13), 偶数的第 k 个累积量与标准差的第 k 次幂成正比. 如 (6.44) 所做的, 通过取平方根将出现的项与标准差相关联.

为了针对不同的指数 Lévy 过程确定一个有效 L 值, 我们通过数值实验检查用户定义的公差等级和积分宽度 $[a, b]$ 之间的关系, 当 N 选大时, 即 $N = 2^{14}$, 级数的截断误差是微不足道的, 而与用户定义的公差等级直接相关的积分区域误差具支配地位. 不同值的 L 观察的误差展示在图 6-3 中. 再次, 用 BS 记 Black-Scholes 模型 (几何 Brown 运动), 用 $Merton$ 记在 [Merton, 1976] 发展的跳扩散模型, 并用 Kou 记 [Kou, 2002] 发展的跳扩散模型. VG 表示方差 Gamma 模型 [Madan et al., 1998], $CGMY$ 表示 [Carr et al., 2002] 中的模型, NIG 是正态逆 Gauss Lévy 过程 [Barndorff-Nielsen, 1997] 的缩写. 图 6-3 呈现了积分区域误差随 L 呈指数减少.

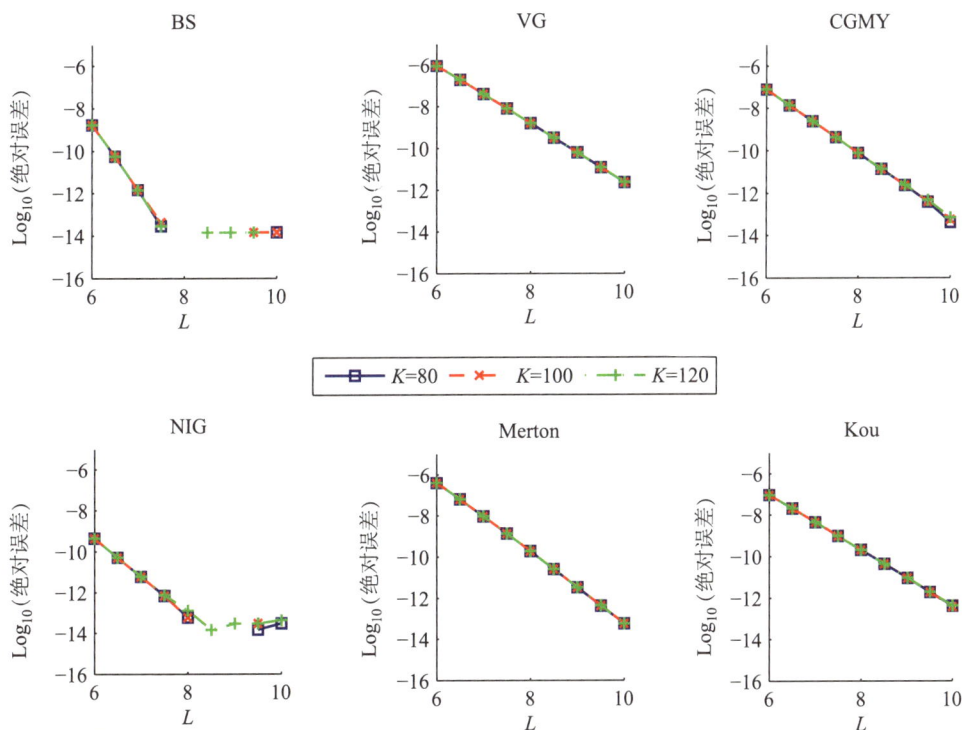

图 6-3　用 COS 方法定价看涨期权, 在 $N = 2^{14}$, $T = 1$ 以及三个不同的敲定价时, L 相对于绝对误差的对数值.

以此得到结论, $L = 8$ 适用于不同的 Lévy 过程, 可以用作可靠的经验法则.

累积量 ζ_4 包含在 (6.44) 中, 这是因为很多 Lévy 过程的密度函数, 对短的到期日 T, 将有尖峰和厚尾 (准确地表示为 ζ_4). 公式 (6.44) 精确度在 $T = 0.1$ 到 $T = 10$ 范围中. 然后定义一个给出大约 10^{-12} 的截断误差的积分范围. 参数 L 的值越大, 就需要更大的 N 值才能达到同样的精确度.

注释 6.2.4 (简单的积分区域)　这里给出了一个简单选择积分区域的替代方法,

$$[a, b] = [-L\sqrt{T}, L\sqrt{T}]. \tag{6.45}$$

明显地, 定价期权时, 这个积分区域并不是为 $\log\left(\frac{S(t)}{K}\right)$ 的密度函数定制的, 因此要当心. 但它具有积分区域既不依赖累积量也不依赖敲定价 K 的优点.

当我们考虑计算多敲定价 K 的期权价值时这个方法特别有用, 在累积量不好计算时也很有效. 在表 6-4 中我们将用这个简化的区域进行多敲定价向量计算, 以及在表 8-2 中, 在 Heston 随机波动率下计算期权价.

特征函数概述

在这里, 我们总结一些指数 Lévy 过程常见的几个特征函数, 这些特征函数的符号中使用的参数与我们在相应的各章中使用的参数相同.

对数资产价格的特征函数是已知的, 而收益函数也可以表示成一个对数资产价格的函数, $x := \log(S_0/K)$ 和 $y := \log(S(T)/K)$.

$X(t) = \log(S(t)/K)$ 的特征函数写作

$$\phi_X(u; t_0, t) := e^{iuX(t_0)}\varphi_X(u, t) = e^{iux}\mathbb{E}[e^{iuX(t)}], \tag{6.46}$$

并记 $\phi_X(u) := \phi_X(u; t_0, t)$.

表 6-2 列出了一些常见的指数 Lévy 过程的特征函数, 也可以见 [Cont et al., 2004], [Schoutens, 2003]; "GBM" 表示几何 Brown 运动模型; "Merton" 和 "Kou" 记为跳扩散模型, 它们是从节 5.1, [Kou et al., 2004] 和 [Merton, 1976] 发展出来的; "VG" 和 "CGMY"分别是 5.4.1 和 5.4.2 两节中的方差 Gamma 和 CGMY 模型; "NIGB" 为带 Brown 运动的正态逆 Gauss, 见节 5.4.3 和 [Barndorff-Nielsen, 1997]. 在表中, 漂移修正项为 $\bar{\omega}$, 其定义为 $\bar{\omega} := -\frac{1}{t}\log(\varphi_X(-i, t))$ (使得这些指数过程为鞅), 也包含在内, 而一般的漂移参数为 μ. 而且比例分红率 q, 如 (2.21) 包含在参数 μ 中.

请注意, 在表 6-2 中, Brown 运动分量加在了 CGMY 和 NIG 过程上, 这就是展示的 CGMYB 和 NIGB 过程. 除了 VG 过程, 现在所有的过程包含一个扩散项.

表 6-2 不同模型的特征函数.

GBM	$\varphi_X(u,t) = \exp\left(iu\mu t - \frac{1}{2}\sigma^2 u^2 t\right)$
	$\mu := r - \frac{1}{2}\sigma^2 - q$
Merton	$\varphi_X(u,t) = \exp\left(iu\mu t - \frac{1}{2}\sigma^2 u^2 t\right) \cdot \varphi_{\text{Merton}}(u,t)$
	$\varphi_{\text{Merton}}(u,t) = \exp\left[\xi_p t\left(\exp(i\mu_J u - \frac{1}{2}\sigma_J^2 u^2) - 1\right)\right]$
	$\mu := r - \frac{1}{2}\sigma^2 - q - \bar{\omega},$
	$\bar{\omega} = \xi_p(\exp(\frac{1}{2}\sigma_J^2 + \mu_J) - 1)$
Kou	$\varphi_X(u,t) = \exp\left(iu\mu t - \frac{1}{2}\sigma^2 u^2 t\right) \cdot \varphi_{\text{Kou}}(u,t)$
	$\varphi_{\text{Kou}}(u,t) = \exp\left[\xi_p t\left(\frac{p_1\alpha_1}{\alpha_1 - iu} + \frac{p_2\alpha_2}{\alpha_2 + iu} - 1\right)\right]$
	$\mu := r - \frac{1}{2}\sigma^2 - q + \bar{\omega},$
	$\bar{\omega} := \xi_p\left(1 - \frac{p_1\alpha_1}{\alpha_1 - 1} - \frac{p_2\alpha_2}{\alpha_2 + 1}\right)$
VG	$\varphi_X(u,t) = \exp\left(iu\mu t\right) \cdot \varphi_{\text{VG}}(u,t)$
	$\varphi_{\text{VG}}(u,t) = \left(1 - iu\theta\beta + \frac{1}{2}\sigma_{\text{VG}}^2 \beta u^2\right)^{-t/\beta}$
	$\mu := r - q + \bar{\omega},$
	$\bar{\omega} := (1/\beta) \cdot \log(1 - \theta\beta - \frac{1}{2}\sigma_{\text{VG}}^2\beta)$
CGMYB	$\varphi_X(u,t) = \exp\left(iu\mu t - \frac{1}{2}\sigma_{\text{CGMYB}}^2 u^2 t\right) \cdot \varphi_{\text{CGMY}}(u,t)$
	$\varphi_{\text{CGMY}}(u,t) = \exp(Ct\Gamma(-Y)[(M - iu)^Y - M^Y + (G + iu)^Y - G^Y])$
	$\mu := r - \frac{1}{2}\sigma_{\text{CGMYB}}^2 - q + \bar{\omega},$
	$\bar{\omega} := -C \cdot \Gamma(-Y)[(M - 1)^Y - M^Y + (G + 1)^Y - G^Y]$
NIGB	$\varphi_X(u,t) = \exp\left(iu\mu t - \frac{1}{2}\sigma_{\text{NIGB}}^2 u^2 t\right) \cdot \varphi_{\text{NIG}}(u,t)$
	$\varphi_{\text{NIG}}(u,t) = \exp\left[\delta t\left(\sqrt{\alpha^2 - \beta^2} - \sqrt{\alpha^2 - (\beta + iu)^2}\right)\right]$
	$\mu := r - \frac{1}{2}\sigma_{\text{NIGB}}^2 - q + \bar{\omega},$
	$\bar{\omega} = \delta(\sqrt{\alpha^2 - (\beta + 1)^2} - \sqrt{\alpha^2 - \beta^2})$

累积量概述

表 6-2 给出了特征函数, 累积量可以通过公式计算,

$$\zeta_n(X) = \frac{1}{i^n}\frac{\partial^n(t\Psi(u))}{\partial u^n}\bigg|_{u=0},$$

这里, 变量 "$t\Psi(u)$" 是以下特征函数 $\phi_X(u)$ 的指数部分, 即

$$\phi_X(u) = e^{t\Psi(u)}, \quad t \geqslant 0$$

的幂. 对特殊的累积量的公式呈现在表 6-3 中.

表 6-3　各种模型的累积量.

GBM	$\zeta_1 = (r - q - \frac{1}{2}\sigma^2)t,\quad \zeta_2 = \sigma^2 t,\quad \zeta_4 = 0$
Merton	$\zeta_1 = t(r - q - \bar{\omega} - \frac{1}{2}\sigma^2 + \xi_p\mu_J) \qquad \zeta_2 = t\left(\sigma^2 + \xi_p\mu_J^2 + \sigma_J^2\xi_p\right)$ $\zeta_4 = t\xi_p\left(\mu_J^4 + 6\sigma_J^2\mu_J^2 + 3\sigma_J^4\xi_p\right)$
Kou	$\zeta_1 = t\left(r - q + \bar{\omega} - \frac{1}{2}\sigma^2 + \frac{\xi_p p_1}{\alpha_1} - \frac{\xi_p p_2}{\alpha_2}\right)\quad \zeta_2 = t\left(\sigma^2 + 2\frac{\xi_p p_1}{\alpha_1^2} + 2\frac{\xi_p p_2}{\alpha_2^2}\right)$ $\zeta_4 = 24t\xi_p\left(\frac{p_1}{\alpha_1^4} + \frac{p_2}{\alpha_2^4}\right)$
VG	$\zeta_1 = (r - q - \bar{\omega} + \theta)t \qquad \zeta_2 = (\sigma_{\mathrm{VG}}^2 + \beta\theta^2)t$ $\zeta_4 = 3(\sigma_{\mathrm{VG}}^4\beta + 2\theta^4\beta^3 + 4\sigma_{\mathrm{VG}}^2\theta^2\beta^2)t$
CGMYB	$\zeta_1 = (r - q + \bar{\omega} - \frac{1}{2}\sigma_{\mathrm{CGMYB}}^2)t + Ct\Gamma(1 - Y)\left(M^{Y-1} - G^{Y-1}\right)$ $\zeta_2 = \sigma_{\mathrm{CGMYB}}^2 t + Ct\Gamma(2 - Y)\left(M^{Y-2} + G^{Y-2}\right)$ $\zeta_4 = C\Gamma(4 - Y)t\left(M^{Y-4} + G^{Y-4}\right)$
NIG	$\zeta_1 = (r - q + \bar{\omega} - \frac{1}{2}\sigma_{\mathrm{NIGB}}^2 + \delta\beta/\sqrt{\alpha^2 - \beta^2})t$ $\zeta_2 = \delta\alpha^2 t(\alpha^2 - \beta^2)^{-3/2}$ $\zeta_4 = 3\delta\alpha^2(\alpha^2 + 4\beta^2)t(\alpha^2 - \beta^2)^{-7/2}$

这里, 漂移修正 $\bar{\omega}$ 满足 $\exp(-\bar{\omega}t) = \varphi_X(-i, t)$.

Lévy 模型的有效计算

只要标的过程的特征函数存在, 定价公式 (6.28) 都可用于其相应的欧式期权定价. 这对指数 Lévy 模型和那些如 [Duffie et al., 2003] 中正规的仿射过程的情况也是适用的. 下一章我们将详细讨论后面一种情形, 即仿射跳扩散过程的 COS 方法.

值得一提的是, COS 定价公式 (6.28) 对指数 Lévy 过程可以大大简化, 这是因为对不同的敲定价的多期权可以同时计算.

对给出的敲定价向量 $\boldsymbol{K}$, 我们考虑下列变换 $\boldsymbol{x} = \log\left(\frac{S(t_0)}{\boldsymbol{K}}\right)$ 和 $\boldsymbol{y} = \log\left(\frac{S(T)}{\boldsymbol{K}}\right)$. 对一个 Lévy 过程, 特征函数可以表示为

$$\phi_{\boldsymbol{X}}(u; t_0, T) = \varphi_{X_\mathcal{L}}(u, T)\cdot\mathrm{e}^{iu\boldsymbol{x}}. \tag{6.47}$$

这种情况下, 我们可将定价公式简化成

$$V(t_0, \boldsymbol{x}) \approx \mathrm{e}^{-r\tau}\sum_{k=0}^{N-1}{}'\,\mathrm{Re}\left\{\varphi_{X_\mathcal{L}}\left(\frac{k\pi}{b-a}, T\right)\exp\left(ik\pi\frac{\boldsymbol{x}-a}{b-a}\right)\right\}\boldsymbol{H}_k. \tag{6.48}$$

其中 $\tau = T - t_0$. 回顾 (6.34) 和 (6.35) 中香草欧式期权的 H_k 公式, 它们可以表成一个向量乘以一个标量, 即

$$\boldsymbol{H}_k = U_k\boldsymbol{K},$$

这里

$$
U_k = \begin{cases} \dfrac{2}{b-a}\left(\chi_k(0,b)-\psi_k(0,b)\right), & \text{对于看涨期权,} \\[2mm] \dfrac{2}{b-a}\left(-\chi_k(a,0)+\psi_k(a,0)\right), & \text{对于看跌期权.} \end{cases} \tag{6.49}
$$

结果, COS 定价公式写成[4]

$$
V(t_0,\boldsymbol{x}) \approx \boldsymbol{K}\mathrm{e}^{-r\tau}\cdot\mathrm{Re}\left\{ \sum_{k=0}^{N-1}{}' \varphi_{X_{\mathcal{L}}}\left(\frac{k\pi}{b-a},T\right)U_k\cdot\exp\left(ik\pi\frac{\boldsymbol{x}-a}{b-a}\right)\right\}, \tag{6.50}
$$

这里如果 $\boldsymbol{K}$ (以及 $\boldsymbol{x}$) 是向量, 和式可写成矩阵-向量的乘积.

等式 (6.50) 是具自变量 $\boldsymbol{x}$ 的表达式. 从而通过选择 $\boldsymbol{K}$ 向量作为输入向量, 一次计算可以得到多个不同敲定价的期权价格.

6.3　数值 COS 方法结果

在这一节中, 我们将通过一些数值实验来证实 COS 方法的有效性和准确性. 重点放在考虑不同的标的资产过程的平凡香草欧式期权, 如 Black-Scholes 模型和无穷活动的指数 Lévy VG 和 CGMY 过程. 这些数值实验的到期日长短不一.

每个单独实验的标的密度函数也是借助于 Fourier 余弦级数逆变换来重构, 如节 6.1.1 中所述. 这可能有助于读者对误差收敛和密度性质之间的关系有所了解.

显示的 CPU 时间 (以毫秒为单位) 是指一个普通的 CPU 经过 10^4 实验后的平均计算时间.

6.3.1　几何 Brown 运动

第一组看涨期权实验在短到期日的 GBM 过程下实施. 其实验参数选择如下:

$$
S_0 = 100, \quad r = 0.1, \quad q = 0, \quad T = 0.1, \quad \sigma = 0.25. \tag{6.51}
$$

计算并检查了三个不同敲定价 $K = 80, 100$ 和 120 的收敛表现. 对这个计算, 我们以等式 (6.45) 中简化的积分区域用了向量版的 COS 方法. 这些敲定价的结果在一次计算中得到, 如同 (6.50) 所示.

表 6-4 展示了 CPU 时间和误差收敛信息, 以及三个敲定价的期权价的最大误差.

注释 6.3.1　在所有的数值实验中, COS 方法实现了计算复杂性为线性. 通过加倍 N 实施计算, 然后检查计时的不同, 我们就可以辨别计算所消耗的线性复杂性.

---

[4]尽管 U_k 是实值, 我们把它们放到花括号里. 这允许我们交换 $\mathrm{Re}\{\cdot\}$ 和 $\sum'$, 而这简化了某些软件的实施.

表 6-4 用 COS 方法在 GBM 下, 采用 (6.51) 的参数, 计算 $K = 80, 100, 120$ 的欧式看涨期权的收敛误差和 CPU 时间, 参考期权价值分别为 20.799226309···, 3.659968453··· 和 0.044577814···.

N	16	32	64	128	256
CPU 时间 (毫秒)	0.10	0.11	0.13	0.15	0.19
绝对误差, $K = 80$	3.67	7.44e−01	1.92e−02	1.31e−07	5.68e−14
绝对误差, $K = 100$	3.87	5.28e−01	1.52e−02	3.87e−07	1.44e−13
绝对误差, $K = 120$	3.17	8.13e−01	2.14e−02	3.50e−07	1.26e−13

例 6.3.1（现金或空值期权） 我们通过定价一个现金或空值看涨期权证实, 只要有系数 H_k^{cash} 的解析表达式, COS 方法的收敛性不依赖于收益函数的不连续性. 标的过程是 GBM, 其解析解存在. 对这个实验的参数选择如下:

$$S_0 = 100, \quad K = 120, \quad r = 0.05, \quad q = 0, \quad T = 0.1, \quad \sigma = 0.2. \tag{6.52}$$

表 6-5 显示了 COS 方法的指数收敛性. ◇

表 6-5 用 COS 方法计算现金或空值看涨期权的误差和 CPU 时间, 使用 (6.52) 的参数; 参考期权价值为 0.273306496···.

N	40	60	80	100	120	140
误差	−2.26e−01	2.60e−03	3.59e−05	−4.85e−07	1.29e−09	−9.82e−13
CPU 时间 (毫秒)	0.330	0.334	0.38	0.43	0.49	0.50

6.3.2 CGMY 和 VG 过程

特别是在定价看涨期权时, 解的精确度依赖于截断积分区域的大小. 这尤其对厚尾分布的看涨期权是成立的, 比如在 Lévy 跳扩散下, 或具有一个非常长的到期日的期权[5]. 看涨期权的收益关于对数股价以指数增长, 其在大积分区域可以考虑忽略误差. 看跌期权不受此影响, 因为它们的收益价值关于敲定价值 K 是有限的. 在 [Fang et al., 2008] 里, 欧式看涨期权通过 (3.4) 里的涨跌平价公式以欧式看跌期权价值定价.

我们这里应用关于看涨和看跌价关系的平价公式, 考虑在 CGMY 模型下看涨期权方法的收敛性的更多细节. 据 [Almendral et al., 2007] 和 [Wang et al., 2007] 的报道, PIDE 方法对参数 $Y \in [1, 2]$ 具有求解困难. 这里我们分别选择 $Y = 0.5$ 和 $Y = 1.5$. 其他参数选择如下:

$$S_0 = 100, K = 100, r = 0.1, \sigma_{\text{CGMYB}} = 0.2, q = 0, C = 1, G = 5, M = 5, T = 1. \tag{6.53}$$

COS 方法对 CGMYB 密度函数的重构的收敛性展示在表 6-6 中. 在图 6-4 中, 画了两个 Y 值的密度函数重构. 当 Y 取较大值时, 密度函数的尾部变厚, 同时, 分布的中心发生偏移.

---

[5]主要是有效期为 30 年或更长的保险期权的情况.

表 6-6　使用 Fourier 余弦展开, 用 (6.53) 里的参数, 从 $\phi_{\mathrm{CGMYB}}(u)$ 重构 $f_{\mathrm{CGMYB}}(y)$ 时的最大误差. y 的网格是从 $y_{\min} = -2$ 到 $y_{\max} = 12$ 共 250 步.

	$Y = 0.5$					
N	32	48	64	80	96	128
误差	4.27e−04	1.34e−06	1.79e−09	1.01e−12	2.22e−16	<1e−16
时间 (毫秒)	0.12	0.15	0.20	0.21	0.22	0.29
	$Y = 1.5$					
N	8	16	24	32	40	48
误差	6.14e−02	1.81e−032	8.25e−06	6.10e−09	8.13e−13	<1e−16
时间 (毫秒)	0.09	0.10	0.11	0.12	0.13	0.14

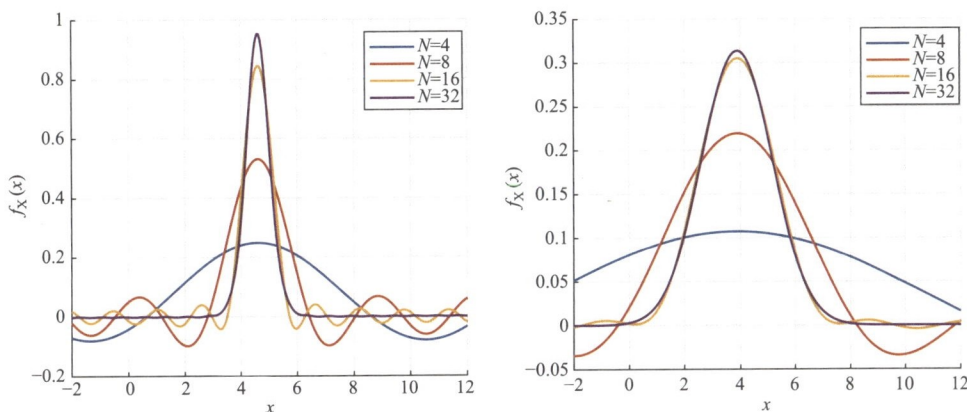

图 6-4　COS 方法由不同展开项数得到的 CGMY 密度重构. 左: $Y = 0.5$, 右: $Y = 1.5$; 其他参数 如 (6.53).

数值实验的参考期权价值用 COS 方法取 $N = 2^{14}$ 进行计算. 数值期权的结果呈现 在表 6-7 中.

表 6-7　对 CGMY 关于 $Y = 0.5$ 和 $Y = 1.5$, COS 方法的收敛性 (精确度和速度); 其他参数如 (6.53); 参考期权价值: $(Y = 0.5) = 21.679593920471817\cdots$, $(Y = 1.5) = 50.27953397994453\cdots$.

	$Y = 0.5$					
N	32	48	64	80	96	128
误差	3.794e−02	1.075e−03	2.597e−05	5.132e−07	8.023e−09	8.811e−13
时间 (毫秒)	0.61	0.69	0.78	0.89	0.95	1.11
	$Y = 1.5$					
N	4	8	16	24	32	36
误差	2.428e+00	6.175e−02	3.224e−04	1.565e−08	2.842e−14	<1e−16
时间 (毫秒)	0.53	0.56	0.58	0.63	0.68	0.72

COS 方法指数收敛, 对于相对较小的 N, 如 $N \leqslant 100$, 结果已经精确到小数点后七位. 计算时间小于 0.1 毫秒. 在表 6-7 中, 对 $Y = 1.5$ 的收敛率快于 $Y = 0.5$ 的, 这是因为厚尾分布的密度函数常常能很好地用余弦基函数表示.

例 6.3.2 (方差 Gamma) 作为另一个例子, 在 VG 过程下的看涨期权定价, 其也属于无穷活动的 Lévy 过程类, 见 5.4.1 一节. VG 过程通常用参数 σ_{VG}, θ 和 β 作为参数.

数值实验的参数选择如下:

$$S_0 = 100, \ r = 0.1, \ q = 0, \ \sigma_{VG} = 0.12, \ \theta = -0.14, \ \beta = 0.2. \tag{6.54}$$

这里, 我们计算 $T = 1$ 与 $T = 0.1$ 的收敛.

图 6-5 展示了两个重构的 VG 密度函数的形状的不同. 对 $T = 0.1$, 密度更尖. 结果总结在表 6-8 中. 请注意, 对 $T = 0.1$, COS 方法的误差收敛是代数的而不是指数的, 这和图 6-5 中重构的密度函数相符, 很明显, 它不属于 $C^{\infty}([a, b])$. 在极端的情形下, 我们可以在 $T \to 0$ 时观察到一个类似于 Delta 函数的函数. ◇

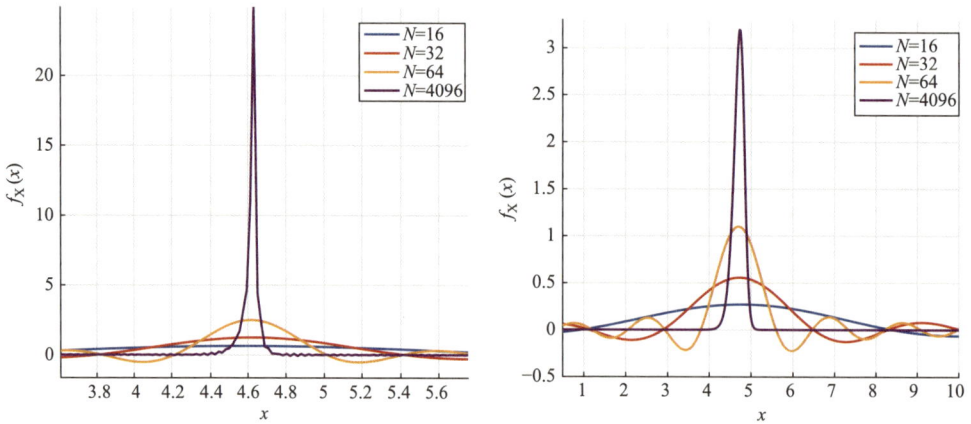

图 6-5 COS 方法由不同展开项数得到的 VG 密度重构. 左: $T = 0.1$, 右: $T = 1$; 其他参数如 (6.54).

表 6-8 在 VG 模型下对一个看涨期权的 COS 方法的收敛性, 其中 $K = 90$ 而其他参数如 (6.54).

$T = 0.1$; 参考期权价值 = $10.993703187\cdots$			$T = 1$; 参考期权价值 = $19.099354724\cdots$		
N	误差	时间 (毫秒)	N	误差	时间 (毫秒)
64	$2.05\mathrm{e}{-02}$	0.04	32	$3.41\mathrm{e}{-01}$	0.05
128	$1.99\mathrm{e}{-02}$	0.06	64	$2.46\mathrm{e}{-01}$	0.06
256	$8.30\mathrm{e}{-04}$	0.08	128	$1.02\mathrm{e}{-02}$	0.09
512	$3.06\mathrm{e}{-04}$	0.10	160	$9.51\mathrm{e}{-04}$	0.07
1024	$3.02\mathrm{e}{-05}$	0.14	512	$3.40\mathrm{e}{-08}$	0.11

6.3.3　期权定价的讨论

在金融机构, 人们可以识别出一些为了定价金融衍生品所必须执行的任务. 首当其冲的是根据特定的客户需求定义金融产品. 一般来说, 利率和股票等是标的资产, 它们用 SDE 建模. 要确定 SDE 中开放参数的值, 需要进行校验, 即将模型平凡香草欧式期权价格拟合于金融市场的期权价格.

平凡香草欧式指数期权通常构成校验的基础. 欧式期权价格通常交易量很大, 买卖价差很小, 它们包含了有关未来市场不确定性的宝贵信息, 通过例如隐含波动率可以发掘这些信息. 这些欧式期权产品也可用于对冲策略, 以减少与销售特定衍生品相关的风险. 因为任何定价和风险管理系统必须能够校验平凡香草欧式期权, 所以快速准确地定价这些期权产品至关重要.

利率的金融衍生品可能具有复杂的合约特点, 通常是通过 *Monte Carlo* 模拟或者控制 P(I)DE 的数值近似来定价的.

> 因此, 期权估值的数值方法的选择往往是基于计算是否适合模型校验, 这本质上在于欧式期权的定价速度; 或者基于计算是否适合特定衍生品合约的定价, 对于合约定价, 数值方法的鲁棒性非常重要.

标的资产随机模型的选择对计算技术也有重要影响. 理想情况下, 对于欧式期权价格, 具有 (半) 解析期权价格, 但是这只是像 Black-Scholes 动态那样的最基本的资产价格动态的情况. 或者可以使用通过渐近展开得到的精确近似期权价格 (或近似隐含波动率), 如 [Fouque et al., 2004], [Hagan et al., 2002], [Lorig et al., 2015], 但应用范围有限. Fourier 方法类代表了对具备特征函数的资产价格动态的欧式期权定价的高效数值定价技术. 如本章中的 COS 方法. 由于其计算速度快, 因此它们可以很好地拟合参数校验任务.

对单资产欧式期权的定价, Fourier 方法一般快于 P(I)DE 和 Monte Carlo 方法. 与基准期权定价的比较展示在 [von Sydow et al., 2015], 其中 Fourier 类期权定价技术显示了对许多基本期权的优越表现.

它们也被称为变换方法, 因为这种计算是在 Fourier 变换的基础上, 并结合了数值积分[Carr et al., 1999], [O'Sullivan, 2005], [Lee, 2004] 而进行的. Fourier 方法计算速度很快, 但是将它们用到奇异收益合同时就遇上了挑战.

注释 6.3.2 (*快速 Fourier 变换* **)**　*数值积分方法一般用等空间划分的数值积分规则来计算 Fourier 积分, 然后通过将 Nyquist 关系分别施加到 y 和 u 空间网格大小 $\Delta y, \Delta u$ 上而采用快速 Fourier 变换 (FFT) 格式, 即*

$$\Delta y \cdot \Delta u \equiv \frac{2\pi}{N}, \tag{6.55}$$

这里 N 表示网格的点数. 网格值则从 $O(N \log_2 N)$ 作业中得到. 然而, 等空间划分积分规则的误差收敛可能很大; 参数 N 必须是二次幂, 而施加在网格大小 (6.55) 上的关

系可以防止在计算域 y 和 u 两个网格中用上粗糙网格.

其他在特定的资产动态中定价平凡香草期权的高效计算技术, 包括 Carr-Madan FFT 类方法 [Carr et al., 1999], 快速 Gauss 变换 [Broadie et al., 2003] 和双指数变换 [Mori et al., 2001], [Yamamoto, 2005]. 还有对于期权定价和风险管理的基于 B 样条的小波类数值技术 [Ortiz-Gracia et al., 2013], [Kirkby, 2016], 以及基于 Shannon 小波 [Cattani, 2008] 的逆 Fourier 变换 (SWIFT) 方法 [Ortiz-Gracia et al., 2016], 最近在鲁棒性和有效性方面表现良好.

我们不在这里讨论这些技术, 有兴趣的读者可参考相关期刊.

习 题

习题 6.1 考虑下列任务.

  a. 近似 $K = 10$ 的看涨和看跌收益函数, 用它们在区域 $[0, 30]$ 上的 Fourier 余弦展开. 画出函数关于 $N = 2, 5, 10$ 和 40 余弦展开项的近似.

  b. 近似 $K = 10$ 的看涨收益函数, 这次用其在区域 $[10, 30]$ 上的 Fourier 余弦展开. 画出函数关于 $N = 2, 5, 10$ 和 40 余弦展开项的近似. 描述观察与 a 项的不同.

  c. 近似 $K = 10$ 的看涨和看跌收益函数, 用它们在区域 $[0, 30]$ 上的 Fourier 正弦展开. 画出函数关于 $N = 2, 5, 10$ 和 40 正弦展开项的近似. 描述观察与 a 项的不同.

习题 6.2 重构 VG, CGMY 和 NIG 模型的 PDF, 观察这些模型的特定参数对峰度、偏度和厚尾性的影响.

习题 6.3 将基于 Merton 跳扩散模型的特征函数 (5.33) 的看涨期权价与基于节 5.2.1 中的无穷和的解析期权价进行比较.

习题 6.4 具特征函数的随机变量 X, 密度可以通过 COS 方法用下列公式重构:

$$\hat{f}_X(y) \approx \sum_{k=0}^{N-1} \bar{F}_k \cos\left(k\pi \frac{y-a}{b-a}\right), \tag{6.56}$$

其中

$$\bar{F}_k = \frac{2}{b-a} \Re\left\{\phi_X\left(\frac{k\pi}{b-a}\right) \cdot \exp\left(-i\frac{ka\pi}{b-a}\right)\right\}. \tag{6.57}$$

证明 CDF, $\hat{F}_X(y)$, 可以用下列公式近似:

$$\hat{F}_X(y) \approx \sum_{k=0}^{N-1} \bar{F}_k \psi(a, b, y), \tag{6.58}$$

其中

$$\psi(a, b, y) = \begin{cases} \frac{b-a}{k\pi} \sin\left(\frac{k\pi(y-a)}{b-a}\right), & \text{对 } k = 1, 2, \cdots, N-1, \\ (y-a), & \text{对 } k = 0. \end{cases} \tag{6.59}$$

习题 6.5　Gumbel 分布是在极值理论中常遇到的分布. 这个分布可以用来建模样本最大值的分布. 具尺度参数 $1/k_1 > 0$ 和位置参数 $k_2 \in \mathbb{R}$ 的 Gumbel 分布的随机变量 Y, 由下式给出:

$$f_Y(x) = k_1 \exp\left(k_1(k_2 - y) - e^{k_1(k_2-y)}\right).$$

证明相关的特征函数为

$$\phi_Y(u) = \mathbb{E}\left[e^{iuY}\right] = \Gamma\left(1 - \frac{iu}{k_1}\right)e^{iuk_2},$$

这里 $\Gamma(\cdot)$ 是 Gamma 函数, 其定义为 $\Gamma(s) = \int_0^\infty z^{s-1}e^{-z}\mathrm{d}z$.

习题 6.6　用 COS 方法计算在习题 5.11 算过的跳扩散期权价.

也在 COS 方法中用 Kou 跳扩散模型 (见注释 5.2.1), 基于三个参数组:

$$\text{Set I: } \xi_p = 8, p_1 = 0.4, p_2 = 0.6, \alpha_1 = 10, \alpha_2 = 5;$$

$$\text{Set II: } \xi_p = 8, p_1 = 0.2, p_2 = 0.8, \alpha_1 = 10, \alpha_2 = 5;$$

$$\text{Set III: } \xi_p = 0.1, p_1 = 0.2, p_2 = 0.8, \alpha_1 = 10, \alpha_2 = 50.$$

根据不同参数组解释观察到的密度.

习题 6.7　推出 CGMYB 模型的头四个累积量, 其中特征函数由等式 (5.64) 定义.

习题 6.8　用 COS 方法, 在无穷 Lévy 模型下重复期权价的计算, 如同习题 5.12 进行的计算. 你可以确认同样的期权价结果吗? 用 COS 方法计算一个敲定价范围的期权价的计算复杂性是什么?

习题 6.9　当定价看涨期权时, 解的精确度对积分区域 $[a, b]$ 的宽度敏感. 看涨的收益函数关于对数股票价以指数增长, 其可能导致在厚尾分布下出现较大的舍入误差. 通常用涨跌平价公式来避免这些误差, 这个公式见等式 (3.3), 记为

$$V_c(t_0, S) = V_p(t_0, S) + S(t_0) - Ke^{-r(T-t_0)}.$$

考虑两个模型, 几何 Brown 运动和指数方差 Gamma 过程, 选择不同的参数组研究, 当定价具 $T = 2$, $S_0 = 1$ 和 $K = 0.5, 1, 3$ 的欧式看涨期权时, 用涨跌平价公式改进 COS 方法的收敛性.

习题 6.10　本练习的目的是执行 FFT 格式来重构过程 $X(t)$ 的边际密度 $f_X(x)$,

a. 用特征函数的定义证明对密度 $f_X(x)$, 下面的等式成立:

$$f_X(x) = \frac{1}{2\pi}\left(\int_0^\infty e^{-iux}\phi_X(u)\mathrm{d}u + \overline{\int_0^\infty e^{-iux}\phi_X(u)\mathrm{d}u}\right).$$

b. 用复数的性质证明:

$$f_X(x) = \frac{1}{\pi}\mathrm{Re}\left(\int_0^\infty e^{-iux}\phi_X(u)\mathrm{d}u\right).$$

c. 考虑 $\bar{\phi}_X(u,x) := \mathrm{e}^{-iux}\phi_X(u)$, 对此在区域 $[0, u_{\max}]$ 上应用梯形积分法则, 其中 $u_n = (n-1)\Delta u$. 定义一个网格 x: $x_j = (j-1)\Delta x + x_{\min}$, $j = 1, \cdots, N$, 证明:

$$\bar{\phi}_X(u_n, x_j) = \phi_X(u_n)\mathrm{e}^{-i(n-1)\Delta u[(j-1)\Delta x + x_{\min}]},$$

对任何 $n = 1, \cdots, N$ 和 $j = 1, \cdots, N$.

d. 对函数 f_n 用离散的 Fourier 变换给出

$$\phi_j = \sum_{n=1}^{N} \mathrm{e}^{-\frac{2\pi i}{N}(n-1)(j-1)} f_n. \tag{6.60}$$

取 $\Delta u \cdot \Delta x = \frac{2\pi}{N}$, 证明:

$$\sum_{n=1}^{N} \bar{\phi}_X(u_n, x_j) = \sum_{n=1}^{N} \mathrm{e}^{-i\frac{2\pi}{N}(n-1)(j-1)} \left[\mathrm{e}^{-iu_n x_{\min}} \phi_X(u_n) \right].$$

e. 推出函数 $\widehat{\phi}_X(u_n)$ 和 $\widehat{\phi}_1$, 使得下列等式成立:

$$f_X(x_j) \approx \frac{1}{\pi} \mathrm{Re}\left[\Delta u \left(\sum_{n=1}^{N} \mathrm{e}^{-i\frac{2\pi}{N}(n-1)(j-1)} \widehat{\phi}_X(u_n) - \widehat{\phi}_1 \right) \right]. \tag{6.61}$$

f. 如上所述, 执行 FFT 密度重构的所有步骤, 与 COS 方法的密度重构比较计算时间和精度, 对正态概率密度函数.

习题 6.11 Fourier 基础的技术可以用附加的 "滤波器" 来改进. 当特征函数存在不连续时特别有用, 因为一个不连续阻碍了 COS 方法的整体收敛性. 滤波的想法是改变展开系数使得它们衰减更快. 如果适当地选择滤波器, 就将改进 COS 方法的收敛率, 摆脱特征函数的不连续性. 定价欧式型收益函数的 COS 方法, 其扩展到带指数的滤波器写成

$$\hat{f}_X(y) \approx \sum_{k=0}^{N-1} \hat{s}\left(\frac{k}{N}\right) \bar{F}_k \cos\left(k\pi \frac{y-a}{b-a}\right), \tag{6.62}$$

其中 $\bar{F}_k$ 在 (6.57) 中给出, 并且

$$\hat{s}(x) = \exp\left(-\alpha x^p\right),$$

这里 p 必须是个偶数而 $\alpha = -\log \epsilon_m$, 以及 ϵ_m 表示机器小量, 使得 $\hat{s}(1) = \epsilon_m \approx 0$ 在机器精确度里.

考虑具零漂移的 VG 模型, 其概率密度函数如下:

$$f_{VG}(y) = \int_0^\infty \frac{1}{\sigma\sqrt{2\pi z}} \exp\left(-\frac{(y-\theta z)^2}{2\sigma^2 z}\right) \frac{z^{\frac{T}{\beta}-1}\exp\left(-\frac{z}{\beta}\right)}{\beta^{\frac{T}{\beta}}\Gamma\left(\frac{T}{\beta}\right)} \mathrm{d}z \tag{6.63}$$

而对应的特征函数为

$$\phi_{VG}(u, T) = \left(1 - i\beta\theta u + \frac{1}{2}\beta\sigma_{VG}^2 u^2\right)^{-\frac{T}{\beta}}. \tag{6.64}$$

用 (6.62) 中的 "滤波的 COS 格式" 以及 (6.64) 中的特征函数重构概率密度函数 $\hat{f}_Y(y)$ 并将结果与基于等式 (6.63) 的结果比较. 在实验中, 考虑参数 $\theta = -0.14$, $\beta = 0.2$, $\sigma = 0.12$, $N = 500$, $p = 6$, $\epsilon = 1e - 16$ 和两个到期日 $T = 0.1$, $T = 1$. 生成一个得到的密度的图以及另一个展示对数误差 $\log(|f_Y(y) - \hat{f}_Y(y)|)$ 的图. 在图中还包括没有滤波的密度 (和误差).

参考文献

ALMENDRAL A, OOSTERLEE C, 2007. On American options under the variance gamma process[J]. Applied Mathematical Finance, 14: 131-152.

BARNDORFF-NIELSEN O, 1997. Normal inverse Gaussian distributions and stochastic volatility modelling[J]. Scandinavian Actuarial Journal, 24: 1-13.

BERMÚDEZ A, NOGUEIRAS M, VÁZQUEZ C, 2006. Numerical solution of variational inequalities for pricing Asian options by higher order Lagrange–Galerkin methods[J]. Applied Numerical Mathematics, 56(10-11): 1256-1270.

BOYD J, 1989. Chebyshev & Fourier spectral methods[M]. Berlin: Springer Verlag.

BROADIE M, YAMAMOTO Y, 2003. Application of the fast Gauss transform to option pricing[J]. Management Science, 49: 1071-1008.

CARR P, MADAN D, 1999. Option valuation using the Fast Fourier Transform[J]. Journal of Computational Finance, 2: 61-73.

CARR P, GEMAN H, MADAN D, et al., 2002. The fine structure of asset returns: An empirical investigation[J]. Journal of Business, 75: 305-332.

CATTANI C, 2008. Shannon wavelets theory[J]. Mathematical problems in Engineering, 2008: 164808.

CONT R, TANKOV P, 2004. Financial modelling with jump processes[M]. Boca Raton, FL: Chapman and Hall.

D'HALLUIN Y, FORSYTH P, LABAHN G, 2004. A penalty method for American options with jump diffusion processes[J]. Numerische Mathematik, 97(2): 321-352.

DUFFIE D, FILIPOVIC D, SCHACHERMAYER W, 2003. Affine processes and applications in finance[J]. Annals of Applied Probability, 13(3): 984-1053.

FANG F, 2010. The cos method: An efficient fourier method for pricing financial derivatives[D]. Delft, the Netherlands: Delft University of Technology.

FANG F, OOSTERLE C, 2009. Pricing early-exercise and discrete barrier options by fourier-cosine series expansions[J]. Numerische Mathematik, 114: 27-62.

FANG F, OOSTERLEE C, 2008. A novel option pricing method based on Fourier-cosine series expansions[J]. SIAM Journal on Scientific Computing, 31(2): 826-848.

FORSYTH P, VETZAL K, 2002. Quadratic convergence for valuing American options using a penalty method[J]. SIAM Journal on Scientific Computing, 23(6): 2095-2122.

FOUQUE J P, PAPANICOLAOU G, SIRCAR R, et al., 2004. Maturity cycles in implied volatility[J/OL]. Finance and Stochastics, 8: 451-477. DOI: https://doi.org/10.1007/s00780-004-012 6-7.

HAENTJENS T, IN'T HOUT K, 2012. Alternating direction implicit finite difference schemes for the Heston-Hull-White partial differential equation[J]. Journal of Computational Finance, 16 (1): 83.

HAGAN P, KUMAR D, LESNIEWSKI A, et al., 2002. Managing smile risk[J]. Wilmott Magazine, 3: 84-108.

HULL J, 2012. Options, futures and other derivatives[M]. 8th ed. Prentice Hall.

IN 'T HOUT K, 2017. Numerical partial differential equations in finance explained: an introduction to computational finance[M]. Palgrave McMillan.

IN'T HOUT K, FOULON S, 2010. Adi finite difference schemes for option pricing in the Heston model with correlation[J]. International Journal of Numerical Analysis & Modeling, 7(2): 303-320.

KIRKBY J, 2016. Efficient option pricing by frame duality with the fast Fourier transform[J]. SIAM Journal on Financial Mathematics, 6(1): 713-747.

KOU S, 2002. A jump diffusion model for option pricing[J]. Management Science, 48: 1086-1101.

KOU S, WANG H, 2004. Option pricing under a double exponential jump-diffusion model[J]. Management Science, 50: 1178-1192.

KWOK Y K, 2008. Mathematical models of financial derivatives[M]. Springer Verlag.

LEE R, 2004. Option pricing by transform methods: extensions, unification, and error control[J]. Journal of Computational Finance, 7: 51-86.

LORIG M, PAGLIARANI S, PASCUCCI A, 2015. Explicit implied volatilities for multifactor local-stochastic volatility models[J]. Mathematical Finance, 27: 926-960.

MADAN D, CARR P, CHANG E, 1998. The variance gamma process and option pricing[J]. European Finance Review, 2: 79-105.

MERTON R, 1976. Option pricing when the underlying stocks are discontinuous[J]. Journal of Financial Economics, 5: 125-144.

MORI M, SUGIHARA M, 2001. The double-exponential transformation in numerical analysis[J]. Journal of Computational and Applied Mathematics, 127: 287-296.

ORTIZ-GRACIA L, OOSTERLEE C, 2013. Robust pricing of European options with wavelets and the characteristic function[J]. SIAM Journal on Scientific Computing, 35(5): B1055-B1084.

ORTIZ-GRACIA L, OOSTERLEE C, 2016. A highly efficient Shannon wavelet inverse Fourier technique for pricing European options.[J]. SIAM Journal on Scientific Computing, 38(1): B118-B143.

O'SULLIVAN C, 2005. Path dependent option pricing under Lévy processes[Z/OL]. EFA 2005 Moscow Meetings Paper, http://ssrn.com/abstract=673424.

PASCUCCI A, SUÁREZ-TABOADA M, VAZQUEZ C, 2013. Mathematical analysis and numerical methods for a PDE model of a stock loan pricing problem[J]. Journal of Mathematical Analysis and Applications, 403(1): 38-53.

REISINGER C, 2012. Analysis of linear difference schemes in the sparse grid combination technique[J]. IMA Journal of Numerical Analysis, 33(2): 544-581.

REISINGER C, WITTUM G, 2004. On multigrid for anisotropic equations and variational in-equalities "pricing multi-dimensional european and American options"[J]. Computing and Visualization in Science, 7(3-4): 189-197.

REISINGER C, WITTUM G, 2007. Efficient hierarchical approximation of high-dimensional option pricing problems[J]. SIAM Journal on Scientific Computing, 29(1): 440-458.

SCHOUTENS W, 2003. Lévy processes in finance: pricing financial derivatives[M]. Chichester UK: Wiley.

SUÁREZ-TABOADA M, VÁZQUEZ C, 2012. Numerical solution of a PDE model for a ratchet-cap pricing with BGM interest rate dynamics[J]. Applied Mathematics and Computation, 218 (9): 5217-5230.

VÁZQUEZ C, 1998. An upwind numerical approach for an American and European option pricing model[J]. Applied Mathematics and Computation, 97(2-3): 273-286.

VON SYDOW L, HÖÖK J, LARSSON E, et al., 2015. BENCHOP–The BENCHmarking project in OPtion pricing[J]. International Journal of Computer Mathematics, 92(12): 2361-2379.

WANG I, WAN J, FORSYTH P, 2007. Robust numerical robust numerical valuation of European and American options under the CGMY process[J]. Journal of Computational Finance, 10(4): 31-70.

WILMOTT P, 1998. Derivatives: The theory and practice of financial engineering[M]. Wiley Frontiers in Finance Series.

WILMOTT P, DEWYNNE J, HOWISON S, 1995. Option pricing: mathematical models and computation[M]. Oxford: Oxford Financial Press.

WITTE J, REISINGER C, 2011. A penalty method for the numerical solution of Hamilton–Jacobi–Bellman (HJB) equations in finance[J]. SIAM Journal on Numerical Analysis, 49(1): 213-231.

YAMAMOTO Y, 2005. Double-exponential fast Gauss transform algorithms for pricing discrete lookback options[J]. Publications of Research Institute of Mathematical Sciences, 41: 989-1006.

ZVAN R, FORSYTH P, VETZAL K, 1998. Penalty methods for American options with stochastic volatility[J]. Journal of Computational and Applied Mathematics, 91(2): 199-218.

ZVAN R, FORSYTH P, VETZAL K, 2001. A finite volume approach for contingent claims valuation[J]. IMA Journal of Numerical Analysis, 21(3): 703-731.

高维, 测度变换和仿射过程

7.1　高维 SDE 系统预备知识

我们从一个 SDE 系统的定义开始, 在该系统中, $\boldsymbol{W}(t)$ 是相关的 *Brown* 运动, 然后将其转到一个不相关的或独立的 Brown 运动 $\widetilde{\boldsymbol{W}}(t)$. 在 SDE 系统中有用的定义和定理多半是适用于独立的 Brown 运动系统, 如高维 Itô 引理或仿射扩散类. 一个相关的 SDE 系统需要被转化为波动率和相关系数分开的形式.

7.1.1　Cholesky 分解

对 SDE 系统形式化的基础是相关的 Brown 运动 $\boldsymbol{W}(t)$ 变成独立的 Brown 运动 $\widetilde{\boldsymbol{W}}(t)$, 反之亦然, 这个操作可以用著名的相关矩阵的 Cholesky 分解来实现.

定义 7.1.1 (向量值的 Brown 运动)　在相关的 Brown 运动的情况下, 我们已经知道: 如果 $i \neq j$, $\mathbb{E}[W_i(t) \cdot W_j(t)] = \rho_{i,j} t$, 而如果 $i = j$, $\mathbb{E}[W_i(t) \cdot W_i(t)] = t$, 这里 $i, j = 1, \cdots, n$. 类似地, 对相关的 Brown 增量有: 如果 $i \neq j$, $\mathrm{d}W_i(t) \cdot \mathrm{d}W_j(t) = \rho_{i,j}\mathrm{d}t$, 而如果 $i = j$, $\mathrm{d}W_i(t) \cdot \mathrm{d}W_i(t) = \mathrm{d}t$.

两个 Brown 运动被称为是独立的, 对 $i \neq j$, $\mathbb{E}[\widetilde{W}_i(t) \cdot \widetilde{W}_j(t)] = 0$, 以及对 $i = j$, $\mathbb{E}[\widetilde{W}_i(t) \cdot \widetilde{W}_j(t)] = t$, $i, j = 1, \cdots, n$. 对 Brown 增量, 类似地我们则有: $i \neq j$ 时,

$\mathrm{d}\widetilde{W}_i(t) \cdot \mathrm{d}\widetilde{W}_j(t) = 0$, 而 $i = j$ 时, $\mathrm{d}\widetilde{W}_i(t) \cdot \mathrm{d}\widetilde{W}_j(t) = \mathrm{d}t$.

例 7.1.1（**两个 Brown 运动相关的例子**） 在图 7-1 中, 两个 Brown 运动的路径展现在每个图中, 这里 Brown 运动的相关性是不同的. 在左上图中, 两个 Brown 运动的相关性由负的相关系数 $\rho_{1,2}$ 掌控; 在右上图中, $\rho_{1,2} = 0$; 在下图中, 相关系数是正的, $\rho_{1,2} > 0$.

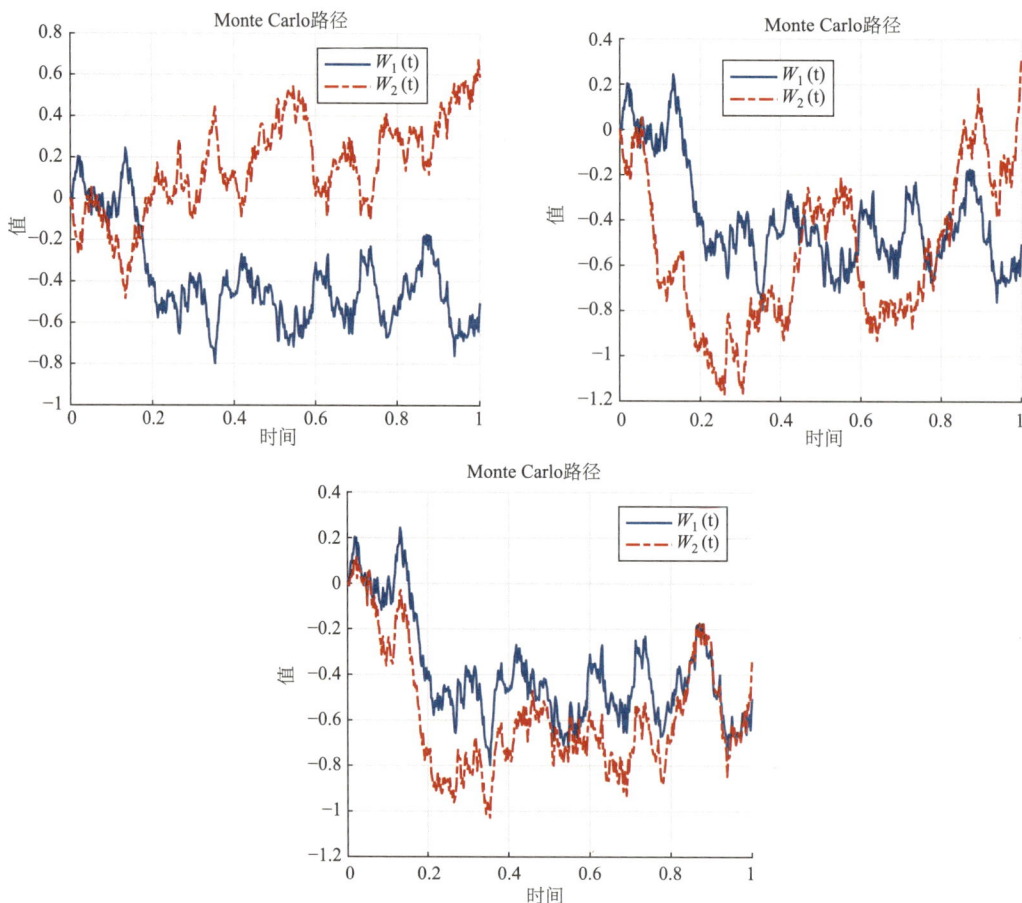

图 7-1　不同相关性 $\mathbb{E}[W_1(t)W_2(t)] = \rho_{1,2}t$ 的 Monte Carlo Brown 运动 $W_i(t)$ 路径. 左上: 零相关; 右上: 负相关 $(\rho_{1,2} < 0)$; 下: 正相关 $(\rho_{1,2} > 0)$.

从例子的三个图中可以清楚地看出相关系数 $\rho_{1,2}$ 对运动路径的影响.　　　　◇

相关性结构可以归结到相关矩阵 $\boldsymbol{C}$ 中.

定义 7.1.2（**Cholesky 分解**） 每个对称正定矩阵 $\boldsymbol{C}$ 有一个唯一的因子分解, 这被叫作 Cholesky 分解, 其形式为

$$\boldsymbol{C} = \boldsymbol{L}\boldsymbol{L}^{\mathrm{T}}, \tag{7.1}$$

这里 $\boldsymbol{L}$ 是一个具有正对角项的下三角矩阵.

　　当矩阵仅是对称正半定, 这隐含着至少有一个矩阵特征值等于零. 这种情况下, 矩阵的列之间存在依赖关系, 也就是一个过程是其他过程的线性组合, 因此它可以被消除.

下面的例子显示了相关矩阵的分解的应用.

例 7.1.2（**Cholesky 分解的例子**）　给一个 (2×2) 相关矩阵 $\boldsymbol{C}$, 我们找到 Cholesky 分解 (7.1), 如下:

$$\boldsymbol{C} \stackrel{\text{def}}{=} \begin{bmatrix} 1 & \rho_{1,2} \\ \rho_{1,2} & 1 \end{bmatrix} = \begin{bmatrix} 1 & 0 \\ \rho_{1,2} & \sqrt{1-\rho_{1,2}^2} \end{bmatrix} \begin{bmatrix} 1 & \rho_{1,2} \\ 0 & \sqrt{1-\rho_{1,2}^2} \end{bmatrix}. \tag{7.2}$$

$\diamond$

将具有两个独立的 Brown 运动的 SDE 系统, $\widetilde{\boldsymbol{W}}(t) = [\widetilde{W}_1(t), \widetilde{W}_2(t)]^{\mathrm{T}}$, 变成一个带相关系数 $\rho_{1,2}$ 的相关的 Brown 运动的 SDE 系统是很有用的. 这项技术可以直接推广到高维.

例 7.1.3（**关联独立的 Brown 运动**）　为了使独立的 Brown 运动相关, 我们实施矩阵向量乘积 $\boldsymbol{L} \cdot \widetilde{\boldsymbol{W}}(t)$, 其中 $\boldsymbol{L}$ 是一个下三角矩阵, 如 (7.2), 即

$$\begin{bmatrix} 1 & 0 \\ \rho_{1,2} & \sqrt{1-\rho_{1,2}^2} \end{bmatrix} \begin{bmatrix} \widetilde{W}_1(t) \\ \widetilde{W}_2(t) \end{bmatrix} = \begin{bmatrix} \widetilde{W}_1(t) \\ \rho_{1,2}\widetilde{W}_1(t) + \sqrt{1-\rho_{1,2}^2}\widetilde{W}_2(t) \end{bmatrix}. \tag{7.3}$$

现在, 我们定义 $W_1(t) := \widetilde{W}_1(t)$, $W_2(t) := \rho_{1,2}\widetilde{W}_1(t) + \sqrt{1-\rho_{1,2}^2}\widetilde{W}_2(t)$, 并确定相关的 Brown 运动 $W_1(t)$ 和 $W_2(t)$ 的协方差如下:

$$\begin{aligned} \mathbb{C}\mathrm{ov}[W_1(t)W_2(t)] &= \mathbb{E}[W_1(t)W_2(t)] - \mathbb{E}[W_1(t)]\mathbb{E}[W_2(t)] \\ &= \mathbb{E}\left[\widetilde{W}_1(t)\left(\rho_{1,2}\widetilde{W}_1(t) + \sqrt{1-\rho_{1,2}^2}\widetilde{W}_2(t)\right)\right] - 0 \\ &= \rho_{1,2}\mathbb{E}\left[(\widetilde{W}_1(t))^2\right] + \sqrt{1-\rho_{1,2}^2}\mathbb{E}[\widetilde{W}_1(t)]\mathbb{E}[\widetilde{W}_2(t)] \\ &= \rho_{1,2}\mathbb{E}[(\widetilde{W}_1(t))^2] = \rho_{1,2}\mathbb{V}\mathrm{ar}[\widetilde{W}_1(t)] = \rho_{1,2}t, \end{aligned}$$

这里用到了 $\mathbb{E}[W_i(t)] = \mathbb{E}[\widetilde{W}_i(t)] = 0$.

　　$W_1(t)$ 和 $W_2(t)$ 的相关系数则等于所述的 $\rho_{1,2}$.

　　类似地, 对 Brown 运动的增量 $(\mathrm{d}W(t))^2$ 用如同注释 2.1.2 同样的尝试, 可以确定期望 $\mathbb{E}[\Delta W_1(t)\Delta W_2(t)]$,

$$\begin{aligned} \mathbb{E}[\Delta W_1(t)\Delta W_2(t)] &= \mathbb{E}\left[\Delta\widetilde{W}_1(t)\left(\rho_{1,2}\Delta\widetilde{W}_1(t) + \sqrt{1-\rho_{1,2}^2}\Delta\widetilde{W}_2(t)\right)\right] \\ &= \mathbb{E}\left[\rho_{1,2}\Delta\widetilde{W}_1(t)\Delta\widetilde{W}_1(t)\right] + \sqrt{1-\rho_{1,2}^2}\mathbb{E}\left[\Delta\widetilde{W}_1(t)\Delta\widetilde{W}_2(t)\right] \\ &= \rho_{1,2}\mathrm{d}t. \end{aligned}$$

这里用到了 $\Delta \widetilde{W}_1(t)$ 和 $\Delta \widetilde{W}_2(t)$ 的独立性.

利用两个随机变量之和的方差的定义, 我们有 $\mathbb{V}\text{ar}[aX+bY] = a^2\mathbb{V}\text{ar}[X]+b^2\mathbb{V}\text{ar}[Y]+2ab\mathbb{C}\text{ov}[X,Y]$, 这给出

$$
\begin{aligned}
\mathbb{V}\text{ar}[(\Delta W_1(t))(\Delta W_2(t))] &= \mathbb{V}\text{ar}\left[\sqrt{\Delta t}Z_1\sqrt{\Delta t}Z_2\right] \\
&= (\Delta t)^2\mathbb{V}\text{ar}\left[\widetilde{Z}_1\cdot\left(\rho_{1,2}\widetilde{Z}_1+\sqrt{1-\rho_{1,2}^2}\widetilde{Z}_2\right)\right] \\
&= (\Delta t)^2\left(\rho_{1,2}^2\mathbb{V}\text{ar}[\widetilde{Z}_1^2]+(1-\rho_{1,2}^2)\mathbb{V}\text{ar}[\widetilde{Z}_1\widetilde{Z}_2]\right. \\
&\qquad\left. +\rho_{1,2}\sqrt{1-\rho_{1,2}^2}\mathbb{C}\text{ov}\left[\widetilde{Z}_1^2,\widetilde{Z}_1\widetilde{Z}_2\right]\right),
\end{aligned}
$$

其中 $\widetilde{Z}_1 \sim \mathcal{N}(0,1)$, $\widetilde{Z}_2 \sim \mathcal{N}(0,1)$.

由于 $\widetilde{Z}_1$ 和 $\widetilde{Z}_2$ 是独立的正态分布变量, 最后一项等于零. 所以, 由方差的定义, 我们得到

$$
\begin{aligned}
\mathbb{V}\text{ar}[(\Delta W_1(t))(\Delta W_2(t))] &= (\Delta t)^2\left(\rho_{1,2}^2\mathbb{V}\text{ar}[\widetilde{Z}_1^2]+(1-\rho_{1,2}^2)\mathbb{V}\text{ar}[\widetilde{Z}_1\widetilde{Z}_2]\right) \\
&= (\Delta t)^2\left(\rho_{1,2}^2\left(\mathbb{E}[\widetilde{Z}_1^4]-(\mathbb{E}[\widetilde{Z}_1^2])^2\right)+(1-\rho_{1,2}^2)\right).
\end{aligned}
$$

因为正态分布的 4 阶矩等于 3, 即 $\mathbb{E}[\widetilde{Z}_1^4] = 3$, 我们得到

$$
\begin{aligned}
\mathbb{V}\text{ar}[(\Delta W_1(t))(\Delta W_2(t))] &= (\Delta t)^2\left(2\rho_{1,2}^2+(1-\rho_{1,2}^2)\right) \\
&= (\Delta t)^2(\rho_{1,2}^2+1).
\end{aligned}
$$

从而增量的方差收敛到零的速度比它的期望要来得快. $\Diamond$

7.1.2 高维资产价格过程

让我们首先看看下列一般的相关的 SDE 系统:

$$
\mathrm{d}\boldsymbol{X}(t) = \bar{\boldsymbol{\mu}}(t,\boldsymbol{X}(t))\mathrm{d}t + \bar{\boldsymbol{\Sigma}}(t,\boldsymbol{X}(t))\mathrm{d}\boldsymbol{W}(t), \quad 0 \leqslant t_0 < t, \tag{7.4}
$$

这里 $\bar{\boldsymbol{\mu}}(t,\boldsymbol{X}(t)) : D \to \mathbb{R}^n$, $\bar{\boldsymbol{\Sigma}}(t,\boldsymbol{X}(t)) : D \to \mathbb{R}^{n\times n}$ 和 $\boldsymbol{W}(t)$ 是一个 $\mathbb{R}^n$ 中相关的 Brown 运动的列向量.

这个 SDE 系统可写为

$$
\begin{bmatrix} \mathrm{d}X_1 \\ \vdots \\ \mathrm{d}X_n \end{bmatrix} = \begin{bmatrix} \bar{\mu}_1 \\ \vdots \\ \bar{\mu}_n \end{bmatrix}\mathrm{d}t + \begin{bmatrix} \bar{\Sigma}_{1,1} & \cdots & \bar{\Sigma}_{1,n} \\ \vdots & \ddots & \vdots \\ \bar{\Sigma}_{n,1} & \cdots & \bar{\Sigma}_{n,n} \end{bmatrix}\begin{bmatrix} \mathrm{d}W_1 \\ \vdots \\ \mathrm{d}W_n \end{bmatrix} \Leftrightarrow
$$

$$
\mathrm{d}\boldsymbol{X} = \bar{\boldsymbol{\mu}}\mathrm{d}t + \bar{\boldsymbol{\Sigma}}\mathrm{d}\boldsymbol{W}. \tag{7.5}
$$

本章讨论的是 Brown 运动数目等于 SDE 数目的情形. 但实际不限于此, 标的 Brown 运动的数目是可以大于标的过程数目的.

(7.5) 的系统的形式是一般通用的, 其每个过程 $X_i(t)$ 可能与其他过程 $X_j(t)$ 的波动率有关. 但这在实际中并不常见, 因此通常矩阵 $\boldsymbol{\Sigma}$ 是对角矩阵.

我们现在已做好了将 SDE 系统 (7.4) 联系到基于独立的 Brown 运动随机过程 $\boldsymbol{X}(t)$ 的准备工作, 即

$$\mathrm{d}\boldsymbol{X}(t) = \bar{\boldsymbol{\mu}}(t, \boldsymbol{X}(t))\mathrm{d}t + \bar{\boldsymbol{\sigma}}(t, \boldsymbol{X}(t))\mathrm{d}\widetilde{\boldsymbol{W}}(t), \quad 0 \leqslant t_0 < t, \tag{7.6}$$

这里 $\widetilde{\boldsymbol{W}}(t)$ 是 $\mathbb{R}^n$ 中独立的 Brown 运动的列向量.

> 设 $\bar{\boldsymbol{\mu}} = \bar{\boldsymbol{\mu}}(t, \boldsymbol{X}(t))$, $\bar{\boldsymbol{\sigma}} = \bar{\boldsymbol{\sigma}}(t, \boldsymbol{X}(t))$ 和 $\widetilde{\boldsymbol{W}} = \widetilde{\boldsymbol{W}}(t)$, 而等式 (7.6) 可以写成下列矩阵表达式:
> $$\begin{bmatrix} \mathrm{d}X_1 \\ \vdots \\ \mathrm{d}X_n \end{bmatrix} = \begin{bmatrix} \bar{\mu}_1 \\ \vdots \\ \bar{\mu}_n \end{bmatrix} \mathrm{d}t + \begin{bmatrix} \bar{\sigma}_{1,1} & \cdots & \bar{\sigma}_{1,n} \\ \vdots & \ddots & \vdots \\ \bar{\sigma}_{n,1} & \cdots & \bar{\sigma}_{n,n} \end{bmatrix} \begin{bmatrix} \mathrm{d}\widetilde{W}_1 \\ \vdots \\ \mathrm{d}\widetilde{W}_n \end{bmatrix}$$
> $$= \bar{\boldsymbol{\mu}}\mathrm{d}t + \bar{\boldsymbol{\sigma}}\mathrm{d}\widetilde{\boldsymbol{W}}. \tag{7.7}$$

我们现重写 (7.5) 如下:

$$\begin{bmatrix} \mathrm{d}X_1 \\ \vdots \\ \mathrm{d}X_n \end{bmatrix} = \begin{bmatrix} \bar{\mu}_1 \\ \vdots \\ \bar{\mu}_n \end{bmatrix} \mathrm{d}t + \begin{bmatrix} \bar{\Sigma}_{1,1} & \cdots & \bar{\Sigma}_{1,n} \\ \vdots & \ddots & \vdots \\ \bar{\Sigma}_{n,1} & \cdots & \bar{\Sigma}_{n,n} \end{bmatrix} \begin{bmatrix} \mathrm{d}W_1 \\ \vdots \\ \mathrm{d}W_n \end{bmatrix}$$

$$= \begin{bmatrix} \bar{\mu}_1 \\ \vdots \\ \bar{\mu}_n \end{bmatrix} \mathrm{d}t + \begin{bmatrix} \bar{\Sigma}_{1,1} & \cdots & \bar{\Sigma}_{1,n} \\ \vdots & \ddots & \vdots \\ \bar{\Sigma}_{n,1} & \cdots & \bar{\Sigma}_{n,n} \end{bmatrix} \begin{bmatrix} 1 & 0 & \cdots \\ \rho_{1,2} & \sqrt{1-\rho_{1,2}^2} & \cdots \\ \vdots & & \ddots & \vdots \\ \rho_{1,n} & \cdots & & \end{bmatrix} \begin{bmatrix} \mathrm{d}\widetilde{W}_1 \\ \vdots \\ \mathrm{d}\widetilde{W}_n \end{bmatrix}$$

$$= \bar{\boldsymbol{\mu}}\mathrm{d}t + \bar{\boldsymbol{\Sigma}}\boldsymbol{L}\mathrm{d}\widetilde{\boldsymbol{W}} =: \bar{\boldsymbol{\mu}}\mathrm{d}t + \bar{\boldsymbol{\sigma}}\mathrm{d}\widetilde{\boldsymbol{W}}. \tag{7.8}$$

当矩阵 $\bar{\boldsymbol{\Sigma}}$ 是对角矩阵, 也有类似的表达. 故 $\bar{\boldsymbol{\sigma}} := \bar{\boldsymbol{\Sigma}}\boldsymbol{L}$, 这就证明了两个 SDE 公式之间的关系.

7.1.3　向量过程的 Itô 引理

让我们考虑 (7.6) 给出的过程 $\boldsymbol{X}(t) = [X_1(t), X_2(t), \cdots, X_n(t)]^{\mathrm{T}}$ 并设实值函数 $g \equiv g(t, \boldsymbol{X}(t))$ 在 $\mathbb{R} \times \mathbb{R}^n$ 上充分可导. 增量 $\mathrm{d}g(t, \boldsymbol{X}(t))$ 则服从下列 SDE:

$$\mathrm{d}g(t, \boldsymbol{X}(t)) = \frac{\partial g}{\partial t}\mathrm{d}t + \sum_{j=1}^{n} \frac{\partial g}{\partial X_j}\mathrm{d}X_j(t) + \frac{1}{2}\sum_{i,j=1}^{n} \frac{\partial^2 g}{\partial X_i \partial X_j}\mathrm{d}X_i(t)\mathrm{d}X_j(t). \tag{7.9}$$

用表达式 (7.7) 中的矩阵记号, 我们分辨出 $\mathrm{d}g(t, \boldsymbol{X(t)})$ 中的漂移项和波动率项如下:

$$dg(t, \boldsymbol{X}(t)) = \left(\frac{\partial g}{\partial t} + \sum_{i=1}^{n} \bar{\mu}_i(t, \boldsymbol{X}(t)) \frac{\partial g}{\partial X_i} \right.$$

$$\left. + \frac{1}{2} \sum_{i,j,k=1}^{n} \bar{\sigma}_{i,k}(t, \boldsymbol{X}(t)) \bar{\sigma}_{j,k}(t, \boldsymbol{X}(t)) \frac{\partial^2 g}{\partial X_i \partial X_j} \right) dt$$

$$+ \sum_{i,j=1}^{n} \bar{\sigma}_{i,j}(t, \boldsymbol{X}(t)) \frac{\partial g}{\partial X_i} d\widetilde{W}_j(t). \tag{7.10}$$

这就是具独立增量的向量过程的 Itô 引理. 它是通过应用 Taylor 级数展开和 Itô 表得到的.

例 7.1.4 (二维相关的几何 Brown 运动) 二维 Brown 运动 $\boldsymbol{W}(t) = [W_1(t), W_2(t)]^{\mathrm{T}}$, 其相关参数为 ρ, 我们建立一个包含两个相关股票 $S_1(t)$ 和 $S_2(t)$ 的投资组合, 它们的动态如下:

$$dS_1(t) = \mu_1 S_1(t) dt + \sigma_1 S_1(t) dW_1(t),$$
$$dS_2(t) = \mu_2 S_2(t) dt + \sigma_2 S_2(t) dW_2(t), \tag{7.11}$$

其中 $\mu_1, \mu_2, \sigma_1, \sigma_2$ 是常数. 由 Cholesky 分解, 这个系统可以以独立的 Brown 运动表成

$$\begin{bmatrix} dS_1(t) \\ dS_2(t) \end{bmatrix} = \begin{bmatrix} \mu_1 S_1(t) \\ \mu_2 S_2(t) \end{bmatrix} dt + \begin{bmatrix} \sigma_1 S_1(t) & 0 \\ \rho \sigma_2 S_2(t) & \sqrt{1-\rho^2} \sigma_2 S_2(t) \end{bmatrix} \begin{bmatrix} d\widetilde{W}_1(t) \\ d\widetilde{W}_2(t) \end{bmatrix}. \tag{7.12}$$

将高维 Itô 引理 (7.10) 应用到充分光滑的函数 $g = g(t, S_1, S_2)$ 上, 其中 $S_i = S_i(t)$, $i = 1, 2$, 我们得到

$$dg(t, S_1, S_2) = \left(\frac{\partial g}{\partial t} + \mu_1 S_1 \frac{\partial g}{\partial S_1} + \mu_2 S_2 \frac{\partial g}{\partial S_2} + \frac{1}{2} \sigma_1^2 S_1^2 \frac{\partial^2 g}{\partial S_1^2} + \frac{1}{2} \sigma_2^2 S_2^2 \frac{\partial^2 g}{\partial S_2^2} \right.$$

$$\left. + \rho \sigma_1 \sigma_2 S_1 S_2 \frac{\partial^2 g}{\partial S_1 \partial S_2} \right) dt + \sigma_1 S_1 \frac{\partial g}{\partial S_1} dW_1 + \sigma_2 S_2 \frac{\partial g}{\partial S_2} dW_2,$$

其重写了由 $W_1(t)$ 和 $W_2(t)$ 形成的相关的 Brown 运动. 这个结果对任何满足充分可微性条件的函数 $g(t, S_1, S_2)$ 都成立. 例如, 如果我们取 $g(t, S_1, S_2) = \log S_1$, 结果就变成了著名的一维的对数资产动态:

$$d \log S_1(t) = \left(\mu_1 - \frac{1}{2} \sigma_1^2 \right) dt + \sigma_1 dW_1(t). \qquad \diamond$$

7.1.4 高维 Feynman-Kac 定理

Feynman-Kac 定理也可以推广到高维. 这里我们呈现一般的二维 PDE, 其终值条件为 $V(T, \boldsymbol{S})$,

$$\frac{\partial V}{\partial t} + \bar{\mu}_1(t, \boldsymbol{S}) \frac{\partial V}{\partial S_1} + \bar{\mu}_2(t, \boldsymbol{S}) \frac{\partial V}{\partial S_2} + \frac{1}{2} \bar{\sigma}_1^2(t, \boldsymbol{S}) \frac{\partial^2 V}{\partial S_1^2} + \frac{1}{2} \bar{\sigma}_2^2(t, \boldsymbol{S}) \frac{\partial^2 V}{\partial S_2^2}$$

$$+ \rho \bar{\sigma}_1(t,\boldsymbol{S})\bar{\sigma}_2(t,\boldsymbol{S})\frac{\partial^2 V}{\partial S_1 \partial S_2} - rV = 0.$$

$$V(T,\boldsymbol{S}) = H(\boldsymbol{S}),$$

其解可以写成

$$V(t,\boldsymbol{S}) = \mathrm{e}^{-r(T-t)}\mathbb{E}[H(\boldsymbol{S}(T))|\mathcal{F}(t)],$$

对 $t > t_0$, 关于 $S_1(t)$ 和 $S_2(t)$ 的动态是

$$\mathrm{d}S_1(t) = \bar{\mu}_1(t,\boldsymbol{S})\mathrm{d}t + \bar{\sigma}_1(t,\boldsymbol{S})\mathrm{d}W_1^{\mathbb{Q}}(t),$$

$$\mathrm{d}S_2(t) = \bar{\mu}_2(t,\boldsymbol{S})\mathrm{d}t + \sigma_2(t,\boldsymbol{S})\mathrm{d}W_2^{\mathbb{Q}}(t),$$

其中两个 Wiener 过程的相关性为 $\mathrm{d}W_1(t)\mathrm{d}W_2(t) = \rho\mathrm{d}t$.

下面我们对二维 Feynman-Kac 定理进行证明, 考虑

$$\frac{V(t,\boldsymbol{S})}{M(t)} = \mathrm{e}^{-r(t-t_0)}V(t,\boldsymbol{S}).$$

其对应的动态, 用 $\bar{\mu}_i \equiv \bar{\mu}_i(t,\boldsymbol{S}), \bar{\sigma}_i \equiv \bar{\sigma}_i(t,\boldsymbol{S})$ 为

$$\mathrm{d}(\mathrm{e}^{-r(t-t_0)}V(t,\boldsymbol{S})) = V(t,\boldsymbol{S})\mathrm{d}\left(\mathrm{e}^{-r(t-t_0)}\right) + \mathrm{e}^{-r(t-t_0)}\mathrm{d}V(t,\boldsymbol{S}). \tag{7.13}$$

应用二维的 Itô 引理得

$$\mathrm{d}V(t,\boldsymbol{S}) = \left(\frac{\partial V}{\partial t} + \bar{\mu}_1\frac{\partial V}{\partial S_1} + \bar{\mu}_2\frac{\partial V}{\partial S_2} + \frac{1}{2}\bar{\sigma}_1^2\frac{\partial^2 V}{\partial S_1^2} + \frac{1}{2}\bar{\sigma}_2^2\frac{\partial^2 V}{\partial S_2^2} + \rho\bar{\sigma}_1\bar{\sigma}_2\frac{\partial^2 V}{\partial S_1 \partial S_2}\right)\mathrm{d}t$$

$$+ \bar{\sigma}_1\frac{\partial V}{\partial S_1}\mathrm{d}W_1^{\mathbb{Q}}(t) + \bar{\sigma}_2\frac{\partial V}{\partial S_2}\mathrm{d}W_2^{\mathbb{Q}}(t). \tag{7.14}$$

乘以 $\mathrm{e}^{r(t-t_0)}$, 然后将 (7.14) 代入 (7.13), 我们得到

$$\mathrm{e}^{r(t-t_0)}\mathrm{d}(\mathrm{e}^{-r(t-t_0)}V(t,\boldsymbol{S})) = \left(\frac{\partial V}{\partial t} + \bar{\mu}_1\frac{\partial V}{\partial S_1} + \bar{\mu}_2\frac{\partial V}{\partial S_2} + \frac{1}{2}\bar{\sigma}_1^2\frac{\partial^2 V}{\partial S_1^2} + \frac{1}{2}\bar{\sigma}_2^2\frac{\partial^2 V}{\partial S_2^2}\right.$$

$$\left. + \rho\bar{\sigma}_1\bar{\sigma}_2\frac{\partial^2 V}{\partial S_1 \partial S_2} - rV\right)\mathrm{d}t$$

$$+ \bar{\sigma}_1\frac{\partial V}{\partial S_1}\mathrm{d}W_1^{\mathbb{Q}}(t) + \bar{\sigma}_2\frac{\partial V}{\partial S_2}\mathrm{d}W_2^{\mathbb{Q}}(t)$$

$$= \bar{\sigma}_1\frac{\partial V}{\partial S_1}\mathrm{d}W_1^{\mathbb{Q}}(t) + \bar{\sigma}_2\frac{\partial V}{\partial S_2}\mathrm{d}W_2^{\mathbb{Q}}(t), \tag{7.15}$$

这里, 因为 V/M 是 $\mathbb{Q}$ 鞅, 漂移项应该为零, 从而 $\mathrm{d}t$ 项系数各项和为零. 两边积分给出下式:

$$\int_{t_0}^{T}\mathrm{d}(\mathrm{e}^{-r(t-t_0)}V(t,\boldsymbol{S})) = \int_{t_0}^{T}\mathrm{e}^{-r(t-t_0)}\bar{\sigma}_1\frac{\partial V}{\partial S_1}\mathrm{d}W_1^{\mathbb{Q}}(t) + \int_{t_0}^{T}\mathrm{e}^{-r(t-t_0)}\bar{\sigma}_2\frac{\partial V}{\partial S_2}\mathrm{d}W_2^{\mathbb{Q}}(t),$$

或者

$$\mathrm{e}^{-r(T-t_0)}V(T,\boldsymbol{S}) - V(t_0,\boldsymbol{S}) = \int_{t_0}^{T}\mathrm{e}^{-r(t-t_0)}\bar{\sigma}_1\frac{\partial V}{\partial S_1}\mathrm{d}W_1^{\mathbb{Q}}(t) + \int_{t_0}^{T}\mathrm{e}^{-r(t-t_0)}\bar{\sigma}_2\frac{\partial V}{\partial S_2}\mathrm{d}W_2^{\mathbb{Q}}(t).$$

关于 $\mathbb{Q}$ 测度取期望, 推出

$$
\begin{aligned}
V(t_0, \boldsymbol{S}) = {} & \mathbb{E}^{\mathbb{Q}} \left[\mathrm{e}^{-r(T-t_0)} V(T, \boldsymbol{S}) | \mathcal{F}(t_0) \right] - \mathbb{E}^{\mathbb{Q}} \left[\int_{t_0}^{T} \mathrm{e}^{-r(t-t_0)} \bar{\sigma}_1 \frac{\partial V}{\partial S_1} \mathrm{d}W_1^{\mathbb{Q}}(t) \bigg| \mathcal{F}(t_0) \right] \\
& - \mathbb{E}^{\mathbb{Q}} \left[\int_{t_0}^{T} \mathrm{e}^{-r(t-t_0)} \bar{\sigma}_2 \frac{\partial V}{\partial S_2} \mathrm{d}W_2^{\mathbb{Q}}(t) \bigg| \mathcal{F}(t_0) \right].
\end{aligned} \tag{7.16}
$$

现在, 由于 Itô 积分的性质, 我们有 $I(t_0) = 0$ 和 $I(t) = \int_{t_0}^{t} g(z) \mathrm{d}W^{\mathbb{Q}}(z)$ 是个鞅, 所以

$$
\mathbb{E}^{\mathbb{Q}} \left[I(t) | \mathcal{F}(t_0) \right] = 0,
$$

对所有 $t > t_0$. 因此, 基于 (7.16) 中 Brown 运动的积分等于零, 于是,

$$
V(t_0, \boldsymbol{S}) = \mathbb{E}^{\mathbb{Q}} [\mathrm{e}^{-r(t-t_0)} V(t, \boldsymbol{S}) | \mathcal{F}(t_0)].
$$

这就完成了推导.

这个推导表明 Feynman-Kac 定理是怎样推广到高维问题的.

7.2 测度变换和 Girsanov 定理

在处理 SDE 系统时, 有时可以通过适当的测度变换来降低定价问题的复杂性. 用适当的计价单位, 可将过程变为鞅. 处理鞅通常是方便的, 因为这样的过程没有漂移项[1]. 尽管没有漂移的过程可能仍然具有波动性结构, 但处理起来已是较为简单的工作.

7.2.1 Radon-Nikodym 导数

我们首先给出一些理论背景. 在概率空间 $(\Omega, \mathcal{F})$ 和一个 σ 域 $\mathcal{G} \in \mathcal{F}$ 上, 给出两个绝对连续的概率测度 $\mathbb{M} \sim \mathbb{N}$, Bayes 定理 [Bayes, 1763] 对一个 $\mathcal{F}$ 可测随机变量 X 有

$$
\mathbb{E}^{\mathbb{M}} [X | \mathcal{G}] = \frac{\mathbb{E}^{\mathbb{N}} \left[\frac{\mathrm{d}\mathbb{M}}{\mathrm{d}\mathbb{N}} X \,\middle|\, \mathcal{G} \right]}{\mathbb{E}^{\mathbb{N}} \left[\frac{\mathrm{d}\mathbb{M}}{\mathrm{d}\mathbb{N}} \,\middle|\, \mathcal{G} \right]}. \tag{7.17}
$$

这意味着我们可以在一个不同的测度 $\mathbb{N}$ 下取期望, 只要我们知道测度变换 $\mathrm{d}\mathbb{M}/\mathrm{d}\mathbb{N}$.

定理 7.2.1（计价单位变换） 假定存在一个标准计价单位 $M(t)$ 和一个概率测度 $\mathbb{M}$, 其等价于测度 $\mathbb{Q}^0$, 这里任何交易资产价 X, 相对于 M, 是测度 $\mathbb{M}$ 下的鞅, 即

$$
\mathbb{E}^{\mathbb{M}} \left[\frac{X(T)}{M(T)} \,\middle|\, \mathcal{F}(t) \right] = \frac{X(t)}{M(t)}. \tag{7.18}
$$

设 N 是一个任意的计价单位. 概率测度 $\mathbb{N}$ 存在, 并等价于 $\mathbb{Q}^0$, 从而任意可达的衍生品价[a], 即 $V(t) \equiv V(t, S)$, 在量 N 标准化后是一个测度 $\mathbb{N}$ 下的鞅, 即

$$
\mathbb{E}^{\mathbb{N}} \left[\frac{V(T)}{N(T)} \,\middle|\, \mathcal{F}(t) \right] = \frac{V(t)}{N(t)}. \tag{7.19}
$$

---

[1] 再次参见定理 1.3.5, 鞅表示定理.

从而定义测度 $\mathbb{N}$ 的 *Radon-Nikodym* 导数由下式给出:

$$\lambda_{\mathbb{M}}^{\mathbb{N}}(T) := \left.\frac{\mathrm{d}\mathbb{N}}{\mathrm{d}\mathbb{M}}\right|_{\mathcal{F}(T)} = \frac{N(T)M(t)}{N(t)M(T)}. \tag{7.20}$$

---

[a]一个金融衍生品称为可达: 有一个可以完美复制这个衍生品的金融策略存在. (想一想期权的价值可在 Black-Scholes 世界里由股票和现金来复制.)

证明　对两个计价单位 $M(T)$ 和 $N(T)$, 下列等式成立:

$$\mathbb{E}^{\mathbb{M}}\left[\frac{X(T)}{M(T)}\bigg|\mathcal{F}(t)\right] = \frac{X(t)}{M(t)}, \quad \mathbb{E}^{\mathbb{N}}\left[\frac{X(T)}{N(T)}\bigg|\mathcal{F}(t)\right] = \frac{X(t)}{N(t)}. \tag{7.21}$$

我们先以积分的形式重写第一个期望:

$$\frac{X(t)}{M(t)} = \mathbb{E}^{\mathbb{M}}\left[\frac{X(T)}{M(T)}\bigg|\mathcal{F}(t)\right] := \int_A \frac{X(T)}{M(T)}\mathrm{d}\mathbb{M}, \tag{7.22}$$

对任意 $\mathcal{F}(t)$ 可测集 A. 从等式 (7.20) 我们知道

$$\mathrm{d}\mathbb{M} = \frac{N(t)}{N(T)}\frac{M(T)}{M(t)}\mathrm{d}\mathbb{N},$$

这样等式 (7.22) 变成

$$\frac{X(t)}{M(t)} = \int_A \frac{X(T)}{M(T)}\mathrm{d}\mathbb{M} = \int_A \frac{X(T)}{M(T)}\left(\frac{N(t)}{N(T)}\frac{M(T)}{M(t)}\right)\mathrm{d}\mathbb{N}, \tag{7.23}$$

从这里, 经过简化并应用过程关于时间 t 已知的事实 (可测性原则), 我们发现:

$$\frac{X(t)}{M(t)} = \frac{N(t)}{M(t)}\mathbb{E}^{\mathbb{N}}\left[\frac{X(T)}{N(T)}\bigg|\mathcal{F}(t)\right]. \tag{7.24}$$

从而, 对任意的计价单位, 概率测度 $\mathbb{N}$ 存在, 其等价于初始测度 $\mathbb{Q}^0$, 所以一个可达的衍生品价 $V(t)$, 用 N 标准化后, 是测度 $\mathbb{N}$ 下的鞅, 且

$$\mathbb{E}^{\mathbb{N}}\left[\frac{V(T)}{N(T)}\bigg|\mathcal{F}(t)\right] = \frac{\mathbb{E}^{\mathbb{M}}\left[\frac{V(T)}{N(T)}\frac{\mathrm{d}\mathbb{N}}{\mathrm{d}\mathbb{M}}\bigg|\mathcal{F}(t)\right]}{\mathbb{E}^{\mathbb{M}}\left[\frac{\mathrm{d}\mathbb{N}}{\mathrm{d}\mathbb{M}}\bigg|\mathcal{F}(t)\right]} = \frac{\mathbb{E}^{\mathbb{M}}\left[\frac{V(T)}{N(T)}\frac{N(T)M(t)}{M(T)N(t)}\bigg|\mathcal{F}(t)\right]}{\mathbb{E}^{\mathbb{M}}\left[\frac{N(T)M(t)}{M(T)N(t)}\bigg|\mathcal{F}(t)\right]}.$$

简化后, 上面的期望变成

$$\mathbb{E}^{\mathbb{N}}\left[\frac{V(T)}{N(T)}\bigg|\mathcal{F}(t)\right] = \frac{\mathbb{E}^{\mathbb{M}}\left[\frac{V(T)}{M(T)}\bigg|\mathcal{F}(t)\right]}{\mathbb{E}^{\mathbb{M}}\left[\frac{N(T)}{M(T)}\bigg|\mathcal{F}(t)\right]}.$$

现在, 用 (7.21) 式中的等式, 给出

$$\frac{\mathbb{E}^{\mathbb{M}}\left[\frac{V(T)}{M(T)}\bigg|\mathcal{F}(t)\right]}{\mathbb{E}^{\mathbb{M}}\left[\frac{N(T)}{M(T)}\bigg|\mathcal{F}(t)\right]} = \frac{V(t)}{M(t)}\frac{M(t)}{N(t)} = \frac{V(t)}{N(t)}.$$

最后的两个等式成立是由于假设了计价单位 M 存在, 所以任何可交易的资产价相对于该计价单位是测度 $\mathbb{M}$ 的鞅. $\square$

定理 7.2.1 对任何 $t_0 \leqslant t \leqslant T$ 成立, 依赖于域流. 更一般地, 我们介绍下列在时间点 t_0 和 t 的定理.

定理 7.2.2（Girsanov 定理） Girsanov 定理表述如下: 假定我们有下列关于 $S(t)$ 的 SDE:

$$\mathrm{d}S(t) = \bar{\mu}^{\mathbb{M}}(t, S(t))\mathrm{d}t + \bar{\sigma}(t, S(t))\mathrm{d}W^{\mathbb{M}}(t), \quad S(t_0) = S_0,$$

这里 Brown 运动 $W^{\mathbb{M}}(t)$ 在测度 $\mathbb{M}$ 下定义, $\bar{\mu}^{\mathbb{M}}(t, S(t))$ 和 $\bar{\sigma}(t, S(t))$ 满足通常的 Lipschitz 条件. $W^{\mathbb{N}}(t)$ 定义如下:

$$\mathrm{d}W^{\mathbb{N}}(t) = -\left(\frac{\bar{\mu}^{\mathbb{N}}(t, S(t)) - \bar{\mu}^{\mathbb{M}}(t, S(t))}{\bar{\sigma}(t, S(t))} \right)\mathrm{d}t + \mathrm{d}W^{\mathbb{M}}(t),$$

是测度 $\mathbb{N}$ 下的 Brown 运动, 而关于 $S(t)$ 的 SDE 在测度 $\mathbb{N}$ 下给出:

$$\mathrm{d}S(t) = \bar{\mu}^{\mathbb{N}}(t, S(t))\mathrm{d}t + \bar{\sigma}(t, S(t))\mathrm{d}W^{\mathbb{N}}(t), \quad S(t_0) = S_0.$$

对漂移项 $\bar{\mu}^{\mathbb{N}}(t, S(t))$, 下列比例有界:

$$\frac{\bar{\mu}^{\mathbb{N}}(t, S(t)) - \bar{\mu}^{\mathbb{M}}(t, S(t))}{\bar{\sigma}(t, S(t))}.$$

我们可以通过下面的鞅定义测度 $\mathbb{N}$:

$$\lambda_{\mathbb{M}}^{\mathbb{N}}(t) := \frac{\mathrm{d}\mathbb{N}}{\mathrm{d}\mathbb{M}}\Big|_{\mathcal{F}(t)} = \exp\Bigg[-\frac{1}{2} \int_{t_0}^{t} \left(\frac{\bar{\mu}^{\mathbb{N}}(s, S(s)) - \bar{\mu}^{\mathbb{M}}(s, S(s))}{\bar{\sigma}(s, S(s))} \right)^2 \mathrm{d}s$$
$$+ \int_{t_0}^{t} \frac{\bar{\mu}^{\mathbb{N}}(s, S(s)) - \bar{\mu}^{\mathbb{M}}(s, S(s))}{\bar{\sigma}(s, S(s))} \mathrm{d}W^{\mathbb{M}}(t) \Bigg],$$

或者等价地,

$$\mathrm{d}\lambda_{\mathbb{M}}^{\mathbb{N}}(t) = \lambda_{\mathbb{M}}^{\mathbb{N}}(t)\bar{\sigma}_{\lambda}(t)\mathrm{d}W^{\mathbb{M}}(t), \quad \lambda_{\mathbb{M}}^{\mathbb{N}}(t_0) = 1,$$

这里

$$\bar{\sigma}_{\lambda}(t) = \frac{\bar{\mu}^{\mathbb{N}}(t, S(t)) - \bar{\mu}^{\mathbb{M}}(t, S(t))}{\bar{\sigma}(t, S(t))}. \tag{7.25}$$

这样, 测度 $\mathbb{N}$ 等价于测度 $\mathbb{M}$. 证明可以在 [Girsanov, 1960] 中找到.

一个计价单位需是一种可交易的资产. 从而像波动率或短利率过程这些不可观察量不可以作为计价单位.

7.2.2 计价单位转换的例子

让我们定义两个等价的测度, $\mathbb{M}$ 和 $\mathbb{N}$. 第一个测度 $\mathbb{M}$, 关联计价单位 $M(t)$, 给出:

$$\mathrm{d}M(t) = \bar{\mu}_M(t, M(t))\mathrm{d}t + \bar{\Sigma}_M(t, M(t))\mathrm{d}W_M^{\mathbb{M}}(t), \quad M(t_0) = M_0.$$

而第二个测度 $\mathbb{N}$, 由计价单位 $N(t)$ 生成, 其动态为

$$\mathrm{d}N(t) = \bar{\mu}_N(t, N(t))\mathrm{d}t + \bar{\Sigma}_N(t, N(t))\mathrm{d}W_N^{\mathbb{M}}(t), \qquad N(t_0) = N_0,$$

其中这两个 Brown 运动的相关系数 $\mathrm{d}W_M^{\mathbb{M}}(t)\mathrm{d}W_N^{\mathbb{M}}(t) = \rho\mathrm{d}t$. 资产 Brown 运动 $\mathrm{d}W_M^{\mathbb{M}}(t)$ 和 $\mathrm{d}W_N^{\mathbb{M}}(t)$ 的上标 "$\mathbb{M}$" 表示这两个过程定义在测度 $\mathbb{M}$ 下. 考虑资产 $S(t)$, 其随下列 SDE 波动:

$$\mathrm{d}S(t) = \bar{\mu}_S^{\mathbb{M}}(t, S(t))\mathrm{d}t + \bar{\Sigma}_S(t, S(t))\mathrm{d}W_S^{\mathbb{M}}(t). \tag{7.26}$$

我们讨论测度 $\mathbb{N}$ 下动态过程 $S(t)$ 的推导过程. 由于 $S(t)$ 可能与两个计价单位都相关, 我们将所有的标的过程放在一个矩阵里表示如下:

$$\mathrm{d}\begin{bmatrix} M(t) \\ N(t) \\ S(t) \end{bmatrix} = \begin{bmatrix} \bar{\mu}_M \\ \bar{\mu}_N \\ \bar{\mu}_S^{\mathbb{M}} \end{bmatrix}\mathrm{d}t + \begin{bmatrix} \bar{\Sigma}_M & 0 & 0 \\ 0 & \bar{\Sigma}_N & 0 \\ 0 & 0 & \bar{\Sigma}_S \end{bmatrix}\boldsymbol{L}\mathrm{d}\widetilde{\boldsymbol{W}}^{\mathbb{M}}(t),$$
$$= \bar{\boldsymbol{\mu}}\mathrm{d}t + \bar{\boldsymbol{\Sigma}}\boldsymbol{I}\boldsymbol{L}\mathrm{d}\widetilde{\boldsymbol{W}}^{\mathbb{M}}(t), \tag{7.27}$$

其中 $\boldsymbol{L}$ 是相关于相关矩阵的 Cholesky 下三角矩阵 (如 7.1.3 节描述), $\mathrm{d}\widetilde{\boldsymbol{W}}^{\mathbb{M}}(t)$ 是独立的 Brown 增量的列向量, $\bar{\boldsymbol{\mu}}$ 和 $\bar{\boldsymbol{\Sigma}}$ 表示漂移和波动率向量, $\boldsymbol{I}$ 是单位矩阵.

我们可以将过程 $M(t)$, $N(t)$ 和 $S(t)$ 等价地表示为

$$\mathrm{d}M(t) = \bar{\mu}_M(t, M(t))\mathrm{d}t + \bar{\sigma}_M(t, M(t))\mathrm{d}\widetilde{\boldsymbol{W}}^{\mathbb{M}}(t),$$
$$\mathrm{d}N(t) = \bar{\mu}_N(t, N(t))\mathrm{d}t + \bar{\sigma}_N(t, N(t))\mathrm{d}\widetilde{\boldsymbol{W}}^{\mathbb{M}}(t),$$
$$\mathrm{d}S(t) = \bar{\mu}_S^{\mathbb{M}}(t, S(t))\mathrm{d}t + \bar{\sigma}_S(t, S(t))\mathrm{d}\widetilde{\boldsymbol{W}}^{\mathbb{M}}(t),$$

其中 $\bar{\sigma}_N(\cdot)$, $\bar{\sigma}_M(\cdot)$ 和 $\bar{\sigma}_S(\cdot)$ 是三个行向量, 由协方差矩阵乘以 (7.27) 中的矩阵 $\boldsymbol{L}$ 得到, 即

$$\bar{\sigma}_M(t, M(t)) = \begin{bmatrix} \bar{\Sigma}_M(t, M(t))\boldsymbol{L}_{1,1} & 0 & 0 \end{bmatrix},$$
$$\bar{\sigma}_N(t, N(t)) = \begin{bmatrix} \bar{\Sigma}_N(t, N(t))\boldsymbol{L}_{2,1} & \bar{\Sigma}_N(t, N(t))\boldsymbol{L}_{2,2} & 0 \end{bmatrix},$$
$$\bar{\sigma}_S(t, S(t)) = \begin{bmatrix} \bar{\Sigma}_S(t, S(t))\boldsymbol{L}_{3,1} & \bar{\Sigma}_S(t, S(t))\boldsymbol{L}_{3,2} & \bar{\Sigma}_S(t, S(t))\boldsymbol{L}_{3,3} \end{bmatrix},$$

这里 $\boldsymbol{L}_{i,j}$ 是 Cholesky 矩阵第 (i, j) 分量.

过程 $S(t)$ 在测度 $\mathbb{N}$ 下有下列形式:

$$\mathrm{d}S(t) = \bar{\mu}_S^{\mathbb{N}}(t, S(t))\mathrm{d}t + \bar{\sigma}_S(t, S(t))\mathrm{d}\widetilde{W}^{\mathbb{N}}(t). \tag{7.28}$$

我们从 Girsanov 定理知道测度变换不影响波动率项, 从而变换后只有漂移项 $\bar{\mu}_S^{\mathbb{N}}(\cdot)$ 要确定. 为了确定 $\bar{\mu}_S^{\mathbb{N}}(t, S(t))$, 我们再次用 Radon-Nikodym 导数,

$$\boxed{\lambda_{\mathbb{M}}^{\mathbb{N}}(t) = \left.\frac{\mathrm{d}\mathbb{N}}{\mathrm{d}\mathbb{M}}\right|_{\mathcal{F}(t)}.} \tag{7.29}$$

由 Girsanov 定理, 也就是定理 7.2.2, 我们知道 (7.29) 中的 Radon-Nikodym 导数 $\lambda_{\mathbb{M}}^{\mathbb{N}}(t)$ 是测度 $\mathbb{M}$ 下的鞅, 由计价单位 $M(t)$ 驱动, 它的动态如下:

$$\mathrm{d}\lambda_{\mathbb{M}}^{\mathbb{N}}(t) = \bar{\sigma}_{\lambda}(t)\lambda_{\mathbb{M}}^{\mathbb{N}}(t)\mathrm{d}\widetilde{\boldsymbol{W}}^{\mathbb{M}}(t), \tag{7.30}$$

这里

$$\bar{\sigma}_{\lambda}(t) = \frac{\bar{\mu}_S^{\mathbb{N}}(t, S(t)) - \bar{\mu}_S^{\mathbb{M}}(t, S(t))}{\bar{\sigma}_S(t, S(t))}. \tag{7.31}$$

进一步, (7.29) 中的 Radon-Nikodym 导数可以由定理 7.2.2 用计价单位表示如下:

$$\lambda_{\mathbb{M}}^{\mathbb{N}}(t) = \frac{N(t)}{N(t_0)}\frac{M(t_0)}{M(t)}.$$

应用 Itô 引理和 $\lambda_{\mathbb{M}}^{\mathbb{N}}(t)$ 是 $\mathbb{M}$ 下的鞅的事实 (零漂移动态), 我们在测度 $\mathbb{M}$ 下找到 $\mathrm{d}\lambda_{\mathbb{M}}^{\mathbb{N}}(t)$ 的形式如下:

$$\begin{aligned}
\mathrm{d}\lambda_{\mathbb{M}}^{\mathbb{N}}(t) &= \frac{M(t_0)}{N(t_0)}\left(\frac{1}{M(t)}\bar{\sigma}_N(t, N(t))\mathrm{d}\widetilde{\boldsymbol{W}}^{\mathbb{M}}(t) - \frac{N(t)}{M^2(t)}\bar{\sigma}_M(t, M(t))\mathrm{d}\widetilde{\boldsymbol{W}}^{\mathbb{M}}(t)\right) \\
&= \lambda_{\mathbb{M}}^{\mathbb{N}}(t)\left(\frac{\bar{\sigma}_N(t, N(t))}{N(t)} - \frac{\bar{\sigma}_M(t, M(t))}{M(t)}\right)\mathrm{d}\widetilde{\boldsymbol{W}}^{\mathbb{M}}(t).
\end{aligned} \tag{7.32}$$

将 (7.30), (7.31) 和 (7.32) 中 $\lambda_{\mathbb{M}}^{\mathbb{N}}(t)$ 过程的波动率项等起来, 我们得到

$$\frac{\bar{\mu}_S^{\mathbb{N}}(t, S(t)) - \bar{\mu}_S^{\mathbb{M}}(t, S(t))}{\bar{\sigma}_S(t, S(t))} = \frac{\bar{\sigma}_N(t, N(t))}{N(t)} - \frac{\bar{\sigma}_M(t, M(t))}{M(t)}. \tag{7.33}$$

这样, $S(t)$ 的漂移项 $\bar{\mu}_S^{\mathbb{N}}(t, S(t))$ 在测度 $\mathbb{N}$ 下应该等于:

$$\bar{\mu}_S^{\mathbb{N}}(t, S(t)) = \bar{\mu}_S^{\mathbb{M}}(t, S(t)) + \bar{\sigma}_S(t, S(t))\left(\frac{\bar{\sigma}_N(t, N(t))}{N(t)} - \frac{\bar{\sigma}_M(t, M(t))}{M(t)}\right). \tag{7.34}$$

有了这个结果, 我们可以在计价单位转换时确定漂移项变换.

7.2.3 在 Black-Scholes 模型中从 $\mathbb{P}$ 到 $\mathbb{Q}$

回忆在 Black-Scholes 模型中, 股票在物理世界的 $\mathbb{P}$ 测度下由 $\mathrm{d}S(t) = \mu S(t)\mathrm{d}t + \sigma S(t)\mathrm{d}W^{\mathbb{P}}(t)$ 驱动, 参数 μ 和 σ 为常数. 在节 2.3 中, 我们证明了在风险中性测度 $\mathbb{Q}$ 下, 股票被计价单位 (其为现金储蓄账户, $\mathrm{d}M(t) = rM(t)\mathrm{d}t$) 除后是个鞅. 这里, 我们将这些结果联系到测度变换. 应用 Itô 引理到 $S(t)/M(t)$ 上, 其股票由 (2.1) 定义, 有

$$\mathrm{d}\frac{S(t)}{M(t)} = \frac{1}{M(t)}\mathrm{d}S(t) - \frac{S(t)}{M^2(t)}\mathrm{d}M(t) + \frac{S(t)}{M^3(t)}(\mathrm{d}M(t))^2 - \frac{1}{M^2(t)}\mathrm{d}S(t)\mathrm{d}M(t).$$

根据 Itô 表, 见第 2 章的表 2-1, 第三、四项将消失, 故而仅考虑

$$\mathrm{d}\frac{S(t)}{M(t)} = \frac{1}{M(t)}\mathrm{d}S(t) - \frac{S(t)}{M^2(t)}\mathrm{d}M(t).$$

将 $S(t)$ 和 $M(t)$ 的动态代入, 进一步得到

$$\mathrm{d}\frac{S(t)}{M(t)} = \frac{1}{M(t)}\left(\mu S(t)\mathrm{d}t + \sigma S(t)\mathrm{d}W^{\mathbb{P}}(t)\right) - rM(t)\frac{S(t)}{M^2(t)}\mathrm{d}t$$
$$= \mu\frac{S(t)}{M(t)}\mathrm{d}t + \sigma\frac{S(t)}{M(t)}\mathrm{d}W^{\mathbb{P}}(t) - r\frac{S(t)}{M(t)}\mathrm{d}t. \tag{7.35}$$

基于节 2.3 的论证, $S(t)/M(t)$ 是个鞅, 并且由定理 1.3.4, 我们知道 Itô 积分当它们不包含漂移项时是鞅. 进而, 由定理 7.2.2, 我们也知道测度变换不影响波动率. 于是, 在风险中性测度下, 比例 $S(t)/M(t)$ 应该具有下面的形式:

$$\mathrm{d}\frac{S(t)}{M(t)} = \sigma\frac{S(t)}{M(t)}\mathrm{d}W^{\mathbb{Q}}(t), \tag{7.36}$$

> 将 (7.35) 和 (7.36) 相等, 我们得到
>
> $$\mu\frac{S(t)}{M(t)}\mathrm{d}t + \sigma\frac{S(t)}{M(t)}\mathrm{d}W^{\mathbb{P}}(t) - r\frac{S(t)}{M(t)}\mathrm{d}t = \sigma\frac{S(t)}{M(t)}\mathrm{d}W^{\mathbb{Q}}(t),$$
>
> 这等价于 ($S(t)$ 和 $M(t)$ 都是正的)
>
> $$\mathrm{d}W^{\mathbb{Q}}(t) = \frac{\mu - r}{\sigma}\mathrm{d}t + \mathrm{d}W^{\mathbb{P}}(t). \tag{7.37}$$

等式 (7.37) 决定了在 Black-Scholes 模型如何从物理世界的 $\mathbb{P}$ 测度变换到风险中性的 $\mathbb{Q}$ 测度. 所以我们有

$$\mathrm{d}S(t) = \mu S(t)\mathrm{d}t + \sigma S(t)\mathrm{d}W^{\mathbb{P}}(t)$$
$$= \mu S(t)\mathrm{d}t + \sigma S(t)\left(\mathrm{d}W^{\mathbb{Q}}(t) - \frac{\mu - r}{\sigma}\mathrm{d}t\right)$$
$$= rS(t)\mathrm{d}t + \sigma S(t)\mathrm{d}W^{\mathbb{Q}}(t), \tag{7.38}$$

这和 SDE (2.26) 一致.

在股票测度下的定价

在处理金融衍生品时, 自然的方法是用贴现方法关联到现金储蓄账户. 然而, 测度变换还有很多其他好处, 优于贴现方法. 这里, 我们将介绍一些测度变换将定价问题大大简化的例子.

在风险中性 $\mathbb{Q}$ 测度下考虑 Black-Scholes 模型, 这里两个股票的动态由下列 SDE 系统驱动:

$$\mathrm{d}S_1(t) = rS_1(t)\mathrm{d}t + \sigma_1 S_1(t)\mathrm{d}W_1^{\mathbb{Q}}(t),$$
$$\mathrm{d}S_2(t) = rS_2(t)\mathrm{d}t + \sigma_2 S_2(t)\mathrm{d}W_2^{\mathbb{Q}}(t), \tag{7.39}$$

其中 r, σ_1, σ_2 是常数, 而相关性 $\mathrm{d}W_1^{\mathbb{Q}}(t)\mathrm{d}W_2^{\mathbb{Q}}(t) = \rho\mathrm{d}t$. 现金储蓄账户由 $\mathrm{d}M(t) = rM(t)\mathrm{d}t$ 给出.

这里考虑的金融产品定义为

$$V(t_0, S_1, S_2) = M(t_0)\mathbb{E}^{\mathbb{Q}}\left[\frac{S_1(T)}{M(T)}\mathbb{1}_{S_2(T)>K}\,\middle|\,\mathcal{F}(t_0)\right]. \tag{7.40}$$

这个期权产品的收益基于 $S_1(T)$ 和 $S_2(T)$, 类似于一个修正的 (资产或空值) 两值期权. 这个产品付 $S_1(T)$ 的额度, 仅在股票 $S_2(T)$ 高于事先确定的门槛 K. 产品的持有者面临的风险与股票 S_1 和 S_2 之间的相关性有关.

我们现在要应用前面提到的测度变换技术. 取代现金储蓄账户 $M(t)$ 的计价单位, 考虑股票 $S_1(t)$ 作为新的计价单位. 注意, 在 $S_1(t) = S_2(t)$ 的情况下, 由定理 3.2.2 和例 3.2.1, 并设 $K = 0$, 就可从 Black-Scholes 的解得到这个 (资产或空值) 两值期权价的精确解.

应用 Radon-Nikodym 技术给出下列关系:

$$\lambda_{\mathbb{Q}}^{S_1}(T) = \frac{\mathrm{d}\mathbb{Q}^{S_1}}{\mathrm{d}\mathbb{Q}}\bigg|_{\mathcal{F}(T)} = \frac{S_1(T)M(t_0)}{S_1(t_0)M(T)}, \tag{7.41}$$

这里 $\mathbb{Q}^{S_1}$ 表示股票 $S_1(t)$ 是计价单位时的测度, 而 $\mathbb{Q}$ 就是已知的风险中性测度. 在新的计价单位下, 衍生品的价值转变成

$$V(t_0, S_1, S_2) = M(t_0)\mathbb{E}^{S_1}\left[\frac{S_1(T)}{M(T)}\mathbb{1}_{S_2(T)>K}\frac{S_1(t_0)M(T)}{S_1(T)M(t_0)}\,\middle|\,\mathcal{F}(t_0)\right]$$

$$= S_1(t_0)\mathbb{E}^{S_1}\left[\mathbb{1}_{S_2(T)>K}\,\middle|\,\mathcal{F}(t_0)\right] = S_1(t_0)\mathbb{P}^{S_1}[S_2(T)>K]. \tag{7.42}$$

为了确定 $S_2(T)$ 大于 K 的概率, 让我们考虑这个股票在 $\mathbb{Q}^{S_1}$ 下的动态. 在这个测度下, 我们必须保证所有的资产过程是鞅. 在目前的模型下, 我们有三个资产, 即现金储蓄账户 $M(t)$、股票 $S_1(t)$ 和股票 $S_2(t)$. 股票 $S_1(t)$ 和 $S_2(t)$ 的漂移项需要调整, 使得量 $M(t)/S_1(t)$ 和 $S_2(t)/S_1(t)$ 是鞅. 由 Itô 引理, 我们得到

$$\mathrm{d}\left(\frac{M(t)}{S_1(t)}\right) = \frac{1}{S_1(t)}\mathrm{d}M(t) - \frac{M(t)}{S_1^2(t)}\mathrm{d}S_1(t) + \frac{M(t)}{S_1^3(t)}(\mathrm{d}S_1(t))^2$$

$$= \frac{M(t)}{S_1(t)}\left(\sigma_1^2\mathrm{d}t - \sigma_1\mathrm{d}W_1^{\mathbb{Q}}(t)\right).$$

这意味着存在一个测度变换,

$$\mathrm{d}W_1^{\mathbb{Q}}(t) := \mathrm{d}W_1^{S_1}(t) + \sigma_1\mathrm{d}t, \tag{7.43}$$

从而股票的动态在 $\mathbb{Q}^{S_1}$ 测度下为

$$\frac{\mathrm{d}S_1(t)}{S_1(t)} = r\mathrm{d}t + \sigma_1\left(\mathrm{d}W_1^{S_1}(t) + \sigma_1\mathrm{d}t\right)$$

$$= \left(r + \sigma_1^2\right)\mathrm{d}t + \sigma_1\mathrm{d}W_1^{S_1}(t).$$

对第二种股票, 我们有

$$d\left(\frac{S_2(t)}{S_1(t)}\right) \Big/ \left(\frac{S_2(t)}{S_1(t)}\right) = \left(\sigma_1^2 - \rho\sigma_1\sigma_2\right)dt + \sigma_2 dW_2^{\mathbb{Q}}(t) - \sigma_1 dW_1^{\mathbb{Q}}(t).$$

由等式 (7.43), 我们现在有了

$$d\left(\frac{S_2(t)}{S_1(t)}\right) \Big/ \left(\frac{S_2(t)}{S_1(t)}\right) = -\rho\sigma_1\sigma_2 dt + \sigma_2 dW_2^{\mathbb{Q}}(t) - \sigma_1 dW_1^{S_1}(t). \tag{7.44}$$

这里 $\sigma_1 dW_1^{S_1}(t)$ 一项已经是在要求的测度下, 而我们需要在测度 $\mathbb{Q}^{S_1}$ 下推导其他项. 表达式 (7.44) 隐含着下列对第二种股票过程 $W_2^{\mathbb{Q}}(t)$ Brown 运动的测度变换:

$$dW_2^{S_1}(t) := dW_2^{\mathbb{Q}}(t) - \rho\sigma_1 dt.$$

最后, 在股票测度下的模型变成

$$\begin{aligned} dS_1(t) &= (r + \sigma_1^2)S_1(t)dt + \sigma_1 S_1(t)dW_1^{S_1}(t), \\ dS_2(t) &= (r + \rho\sigma_1\sigma_2)S_2(t)dt + \sigma_2 S_2(t)dW_2^{S_1}(t), \\ dM(t) &= rM(t)dt. \end{aligned} \tag{7.45}$$

$M(t)$ 的动态没有改变, 因为它没有涉及任何随机过程.

回到计算等式 (7.42) 中 $\mathbb{Q}^{S_1}[S_2(T) > K]$ 的问题, 我们现在用到这样的事实, 股票过程 $S_2(T)$ 在 $\mathbb{Q}^{S_1}$ 测度下有下列表达式, 见 (7.45):

$$S_2(T) = S_2(t_0)\exp\left[\left(r + \rho\sigma_1\sigma_2 - \frac{1}{2}\sigma_2^2\right)(T - t_0) + \sigma_2\left(W_2^{S_1}(T) - W_2^{S_1}(t_0)\right)\right].$$

我们认出这是对数正态分布, 所以解可以像 Black-Scholes 模型那样基于对数正态分布的 CDF 计算.

例 7.2.1 我们也可以利用节 7.2.2 中的结果在 $\mathbb{Q}^{S_1}$ 测度下确定过程 $S_1(t)$ 和 $S_2(t)$ 的动态. 定义向量 $\boldsymbol{X}(t) := [S_1(t), S_2(t), M(t)]^{\mathrm{T}}$, 其包含股票过程和现金储蓄账户, 关于独立的 Brown 运动的系统表达式 (7.39) 是

$$d\boldsymbol{X}(t) = \bar{\boldsymbol{\mu}}^{\mathbb{Q}}(t, \boldsymbol{X}(t))dt + \bar{\boldsymbol{\sigma}}(t, \boldsymbol{X}(t))d\widetilde{\boldsymbol{W}}^{\mathbb{Q}}(t), \tag{7.46}$$

这里

$$\begin{aligned} \bar{\boldsymbol{\sigma}}(t, \boldsymbol{X}(t)) &\equiv \begin{bmatrix} \sigma_1 S_1(t) & 0 & 0 \\ 0 & \sigma_2 S_2(t) & 0 \\ 0 & 0 & 0 \end{bmatrix} \begin{bmatrix} 1 & 0 & 0 \\ \rho & \sqrt{1-\rho^2} & 0 \\ 0 & 0 & 0 \end{bmatrix} \\ &= \begin{bmatrix} \sigma_1 S_1(t) & 0 & 0 \\ \rho\sigma_2 S_2(t) & \sigma_2\sqrt{1-\rho^2}S_2(t) & 0 \\ 0 & 0 & 0 \end{bmatrix}. \end{aligned} \tag{7.47}$$

这样模型可写成

$$
\mathrm{d}
\begin{bmatrix}
S_1(t) \\
S_2(t) \\
M(t)
\end{bmatrix}
= \bar{\boldsymbol{\mu}}^{\mathbb{Q}}(t, \boldsymbol{X}(t))\mathrm{d}t +
\begin{bmatrix}
\sigma_1 S_1(t) & 0 & 0 \\
\rho \sigma_2 S_2(t) & \sigma_2 \sqrt{1-\rho^2} S_2(t) & 0 \\
0 & 0 & 0
\end{bmatrix}
\mathrm{d}\widetilde{\boldsymbol{W}}^{\mathbb{Q}}(t). \qquad (7.48)
$$

由于我们将计价单位变换为 $S_1(t)$, 我们取波动率矩阵的第一列并应用等式 (7.34) 变换漂移项.

然而, 因为现金储蓄账户没有波动率, 即 (7.34) 中的 $\bar{\sigma}_M = 0$, 我们得到

$$
\bar{\boldsymbol{\mu}}^{S_1}(t, \boldsymbol{X}(t)) = \bar{\boldsymbol{\mu}}^{\mathbb{Q}}(t, \boldsymbol{X}(t)) + \bar{\boldsymbol{\sigma}}(t, \boldsymbol{X}(t)) \left[\frac{\sigma_1 S_1(t)}{S_1(t)}, \frac{0}{S_1(t)}, \frac{0}{S_1(t)} \right]^{\mathrm{T}}. \qquad (7.49)
$$

代入并化简, 我们获得下面的漂移项:

$$
\bar{\boldsymbol{\mu}}^{S_1}(t, \boldsymbol{X}(t)) =
\begin{bmatrix}
r S_1(t) \\
r S_2(t) \\
r
\end{bmatrix}
+
\begin{bmatrix}
\sigma_1 S_1(t) & 0 & 0 \\
\rho \sigma_2 S_2(t) & \sigma_2 S_2(t)\sqrt{1-\rho^2} & 0 \\
0 & 0 & 0
\end{bmatrix}
\begin{bmatrix}
\sigma_1 \\
0 \\
0
\end{bmatrix}, \qquad (7.50)
$$

其可写成

$$
\bar{\boldsymbol{\mu}}^{S_1}(t, \boldsymbol{X}(t)) =
\begin{bmatrix}
\left(r + \sigma_1^2\right) S_1(t) \\
\left(r + \rho \sigma_1 \sigma_2\right) S_2(t) \\
r
\end{bmatrix}. \qquad (7.51)
$$

容易看到, 上面的漂移项 $\bar{\boldsymbol{\mu}}^{S_1}(t, \boldsymbol{X}(t))$ 表达式和 (7.45) 所得到的项相同. $\qquad \diamondsuit$

这里, 我们简短地总结本书讨论的测度变换. 考虑 $X(t)$ 是一个 "可交易资产", 三个测度对应的鞅性质如下.

- 风险中性测度是与计价单位现金储蓄账户 $M(t)$ 相关联的,

$$
\mathrm{d}X(t) = \bar{\mu}^{\mathbb{Q}}(t)\mathrm{d}t + \bar{\sigma}(t)\mathrm{d}W^{\mathbb{Q}}(t) \Longrightarrow \mathbb{E}^{\mathbb{Q}}\left[\frac{X(t)}{M(t)} \bigg| \mathcal{F}(t_0) \right] = \frac{X(t_0)}{M(t_0)}.
$$

- 远期测度是与计价单位零息债券 (ZCB) $P(t, T)$ 相关联的, 这将在第 11 章讨论,

$$
\mathrm{d}X(t) = \bar{\mu}^{T}(t)\mathrm{d}t + \bar{\sigma}(t)\mathrm{d}W^{T}(t) \Longrightarrow \mathbb{E}^{T}\left[\frac{X(t)}{P(t, T)} \bigg| \mathcal{F}(t_0) \right] = \frac{X(t_0)}{P(t_0, T)}.
$$

- 股票测度是与计价单位股票 $S(t)$ 相关联的,

$$
\mathrm{d}X(t) = \bar{\mu}^{S}(t)\mathrm{d}t + \bar{\sigma}(t)\mathrm{d}W^{S}(t) \Longrightarrow \mathbb{E}^{S}\left[\frac{X(t)}{S(t)} \bigg| \mathcal{F}(t_0) \right] = \frac{X(t_0)}{S(t_0)}.
$$

7.3 仿射过程

在本节中, 我们描述一个一般的向量形式的 SDE 类, 其特征函数 $\phi_X(u; t, T)$ 通常具有封闭的表达式.

仿射扩散类 (AD) 随机过程是更一般的仿射跳扩散 (AJD) 过程的子类, 后者将在节 7.3.2 中描述, 为简记, 下文常用 AD 和 AJD.

7.3.1　仿射扩散过程

我们先描述 AD 类. 对一个资产动态, 考虑一个概率空间 $(\Omega, \mathcal{F}(t), \mathbb{Q})$ 和一个在某 $D \subset \mathbb{R}^n$ 空间里的 Markov n 维仿射过程 $\boldsymbol{X}(t)$.

这个类的随机模型由下面的随机微分形式表述, 见 (7.6):

$$\mathrm{d}\boldsymbol{X}(t) = \bar{\boldsymbol{\mu}}(t, \boldsymbol{X}(t))\mathrm{d}t + \bar{\boldsymbol{\sigma}}(t, \boldsymbol{X}(t))\mathrm{d}\widetilde{\boldsymbol{W}}(t), \quad 0 \leqslant t_0 < t,$$

这里 $\bar{\boldsymbol{\mu}}(t, \boldsymbol{X}(t)) : D \to \mathbb{R}^n$, $\bar{\boldsymbol{\sigma}}(t, \boldsymbol{X}(t)) : D \to \mathbb{R}^{n \times n}$ 而 $\widetilde{\boldsymbol{W}}(t)$ 是一个 $\mathbb{R}^n$ 中独立 *Brown* 运动的列向量. 函数 $\bar{\boldsymbol{\mu}}(t, \boldsymbol{X}(t))$ 和 $\bar{\boldsymbol{\sigma}}(t, \boldsymbol{X}(t))$ 假定满足一定的条件, 如它们的任意阶导数应该存在并有界 (见 [Milstein et al., 2004]).

关于 AD 类的过程, 要求其漂移项 $\bar{\boldsymbol{\mu}}(t, \boldsymbol{X}(t))$, 利率分量 $\bar{r}(t, \boldsymbol{X}(t))$, 还有其协方差矩阵 $\bar{\boldsymbol{\sigma}}(t, \boldsymbol{X}(t))\bar{\boldsymbol{\sigma}}(t, \boldsymbol{X}(t))^{\mathrm{T}}$ 是仿射形式的, 即下面三个条件成立:

$$\bar{\boldsymbol{\mu}}(t, \boldsymbol{X}(t)) = a_0 + a_1\boldsymbol{X}(t), \text{对所有} (a_0, a_1) \in \mathbb{R}^n \times \mathbb{R}^{n \times n}, \tag{7.52}$$

和

$$\bar{r}(t, \boldsymbol{X}(t)) = r_0 + r_1^{\mathrm{T}}\boldsymbol{X}(t), \text{对} (r_0, r_1) \in \mathbb{R} \times \mathbb{R}^n, \tag{7.53}$$

以及

$$(\bar{\boldsymbol{\sigma}}(t, \boldsymbol{X}(t))\bar{\boldsymbol{\sigma}}(t, \boldsymbol{X}(t))^{\mathrm{T}})_{i,j} = (c_0)_{ij} + (c_1)_{ij}^{\mathrm{T}}\boldsymbol{X}_j(t), \tag{7.54}$$

其中 $(c_0, c_1) \in \mathbb{R}^{n \times n} \times \mathbb{R}^{n \times n \times n}$, 这样 (7.54) 中矩阵 $\bar{\boldsymbol{\sigma}}(t, \boldsymbol{X}(t))\bar{\boldsymbol{\sigma}}(t, \boldsymbol{X}(t))^{\mathrm{T}}$ 中的每个要素都应该是仿射的, 这对漂移项和利率的向量元素也是如此.

对随机过程, 满足 (7.52) 和 (7.53) 两个条件相对容易. 然而要验证第三个条件 (7.54) 就不那么简单了, 这是因为它要求分析标的资产的协方差结构. 而协方差结构直接关联驱动 Brown 运动之间的相关性, 这使得对一些 SDE 系统很难满足条件 (7.54).

在 (7.53) 中, 利率过程 $\bar{r}(t, \boldsymbol{X}(t))$ 与贴现的资产价的过程有关, 例如其为一个随机的利率过程. 而在 Black-Scholes 模型中, 我们简单地用 $\bar{r}(t, \boldsymbol{X}(t)) \equiv r$, 所以在 (7.53) 中 $r_0 = r$.

当上述的向量 $\boldsymbol{X}(t)$ 的动态是仿射时, 可以证明特征函数 (ChF) 的贴现形式如下:

$$\phi_{\boldsymbol{X}}(\boldsymbol{u}; t, T) = \mathbb{E}^{\mathbb{Q}}\left[\mathrm{e}^{-\int_t^T r(s)\mathrm{d}s + i\boldsymbol{u}^{\mathrm{T}}\boldsymbol{X}(T)} \Big| \mathcal{F}(t)\right] = \mathrm{e}^{\bar{A}(\boldsymbol{u}, \tau) + \bar{\boldsymbol{B}}^{\mathrm{T}}(\boldsymbol{u}, \tau)\boldsymbol{X}(t)}, \tag{7.55}$$

这里期望在风险中性测度 $\mathbb{Q}$ 下取, 其中时间标签[a] $\tau = T - t$, $\bar{A}(\boldsymbol{u}, 0) = 0$,

$$\bar{B}(\boldsymbol{u}, 0) = i\boldsymbol{u}^{\mathrm{T}}.$$

[a]T (圆括号中) 表示到期日, 而 $\boldsymbol{u}^{\mathrm{T}}$ 中的上标 T 表示向量转置.

(7.55) 中的系数 $\bar{A} := \bar{A}(\boldsymbol{u}, \tau)$ 和 $\bar{\boldsymbol{B}}^{\mathrm{T}} := \bar{\boldsymbol{B}}^{\mathrm{T}}(\boldsymbol{u}, \tau)$ 满足下列复值的 Riccati 常微分方程 (ODE) [2]:

$$\begin{aligned}
\frac{\mathrm{d}\bar{A}}{\mathrm{d}\tau} &= -r_0 + \bar{\boldsymbol{B}}^{\mathrm{T}} a_0 + \frac{1}{2}\bar{\boldsymbol{B}}^{\mathrm{T}} c_0 \bar{\boldsymbol{B}}, \\
\frac{\mathrm{d}\bar{\boldsymbol{B}}}{\mathrm{d}\tau} &= -r_1 + a_1^{\mathrm{T}} \bar{\boldsymbol{B}} + \frac{1}{2}\bar{\boldsymbol{B}}^{\mathrm{T}} c_1 \bar{\boldsymbol{B}}.
\end{aligned} \tag{7.56}$$

这些 ODE 的一般解代入 (7.55), 就可以得到特征函数. 从而来定价由资产价过程 (7.6) 在 (7.52), (7.53), (7.54) 条件下产生的 PDE, 也可参考 [Duffie et al., 2000].

$\bar{\boldsymbol{B}}(\boldsymbol{u}, \tau)$ 的 ODE 组的维数直接相关于向量 $\boldsymbol{X}(t)$ 的维数.

注释 7.3.1 维度 $n > 1$ 的多因子和向量值的随机模型提供了更好的模型表达力, 能更准确地匹配观察到的市场数据, 这点强于单因子模型. 然而, 随着 SDE 系统维度的增加, 确定特征函数所需求解的常微分方程会越来越多. 如果 ODE 不能得到解析解, 就要应用大家都知道的 ODE 数值技术取代, 如 Runge-Kutta 方法. 这就要求一些计算量, 而这可能会减慢整个计算进程.

关于这样的特征函数话题的概述可以在 [Ushakov, 1999] 中找到.

因此, 仅通过对 SDE 系统的考察, 以及对仿射条件的检验, 我们已经可以知道该 SDE 系统的特征函数是否能确定. 这是有很有用的. 这一说法似乎有些神秘, 但事实上它是著名的偏微分方程理论关于常系数对流–扩散反应偏微分方程的直接结果. 相关偏微的推导, 特别关于方程 (3.27), 在节 3.2.2 中进行.

我们将展示对 Black-Scholes 方程推导的例子, 如下.

例 7.3.1 (Black-Scholes 情形之仿射扩散理论) GBM SDE (2.26) 是一维的标量方程, 所以仿射理论中的向量和矩阵都退缩成了标量. 检查 GBM SDE, 很明显 GBM 不在仿射扩散类. 当扩散项等于 σS 时, 理论中的 $\bar{\boldsymbol{\sigma}}(t, \boldsymbol{X}(t))\bar{\boldsymbol{\sigma}}(t, \boldsymbol{X}(t))^{\mathrm{T}}$ 等于 $\sigma^2 S^2$, 其关于 S 明显不是线性的.

这样我们首先要应用对数变换, $X(t) = \log S(t)$, 用 Itô 引理经过变换就让漂移项和波动率成常数, 由于这个缘故, 我们也考虑对数变换后的仿射资产动态. 此时在风险中性动态下, 等式 (7.52), (7.54) 和 (7.53) 中, 系数分别为 $a_0 = r - \frac{1}{2}\sigma^2, a_1 = 0, c_0 = \sigma^2, c_1 = 0, r_0 = r, r_1 = 0$.

为了找到特征函数, 令 $\tau = T - t$,

$$\phi_X(u; t, T) = \mathrm{e}^{\bar{A}(u, \tau) + \bar{B}(u, \tau) X(t)},$$

---

[2]尽管函数有两个变量, 其实它只进行 τ 的导数, 所以它设定的是 ODE 而不是 PDE.

我们建立下面的 ODE[3]:

$$
\begin{cases}
\dfrac{\mathrm{d}\bar{B}}{\mathrm{d}\tau} = -r_1 + a_1\bar{B} + \dfrac{1}{2}\bar{B}c_1\bar{B}, \\
\dfrac{\mathrm{d}\bar{A}}{\mathrm{d}\tau} = -r_0 + a_0\bar{B} + \dfrac{1}{2}\bar{B}c_0\bar{B},
\end{cases}
$$

也就是

$$
\begin{cases}
\dfrac{\mathrm{d}\bar{B}}{\mathrm{d}\tau} = 0, \\
\dfrac{\mathrm{d}\bar{A}}{\mathrm{d}\tau} = -r + \left(r - \dfrac{1}{2}\sigma^2\right)\bar{B} + \dfrac{1}{2}\sigma^2\bar{B}^2.
\end{cases}
$$

利用初始条件, 对 $\tau = 0$, 即 $\bar{B}(u,0) = iu$, $\bar{A}(u,0) = 0$, 我们得到

$$
\begin{cases}
\bar{B}(u,\tau) = iu, \\
\bar{A}(u,\tau) = \left[-r + iu\left(r - \dfrac{1}{2}\sigma^2\right) - \dfrac{1}{2}u^2\sigma^2\right]\tau.
\end{cases}
$$

对应的特征函数则为

$$
\phi_X(u; t, T) = \mathrm{e}^{iu\log S(t) + iu\left(r - \frac{1}{2}\sigma^2\right)\tau - \frac{1}{2}u^2\sigma^2\tau - r\tau},
$$

这就完成了这个例子. $\diamond$

例 7.3.2（**Black-Scholes 情形之特征函数**） 基于经典的 PDE 理论, 以及相关的 Feynman-Kac 定理 3.2.1, 我们假定贴现的特征函数有下列形式:

$$
\phi_X(u; t, T) = \exp\left(\bar{A}(u,\tau) + \bar{B}(u,\tau)X\right), \tag{7.57}
$$

其中初始条件

$$
\phi_X(u; T, T) = \mathrm{e}^{iuX} \tag{7.58}
$$

是对数变换后的 Black-Scholes PDE (3.21) 的解.

对 (7.57) 中的 $\phi_X \equiv \phi_X(u; t, T)$ 求导, 得

$$
\frac{\partial \phi_X}{\partial \tau} = \phi_X\left(\frac{\mathrm{d}\bar{A}}{\mathrm{d}\tau} + X\frac{\mathrm{d}\bar{B}}{\mathrm{d}\tau}\right), \quad \frac{\partial \phi_X}{\partial X} = \phi_X\bar{B}, \quad \frac{\partial^2 \phi_X}{\partial X^2} = \phi_X\bar{B}^2.
$$

将这些表达式代入对数变换后的 Black-Scholes PDE (3.21), 得到

$$
-\left(\frac{\mathrm{d}\bar{A}}{\mathrm{d}\tau} + X\frac{\mathrm{d}\bar{B}}{\mathrm{d}\tau}\right) + \left(r - \frac{1}{2}\sigma^2\right)\bar{B} + \frac{1}{2}\sigma^2\bar{B}^2 - r = 0. \tag{7.59}
$$

现在, 特征函数 (7.57) 满足对数变换后的 Black-Scholes PDE, 如果 (7.59) 中 X 变量后面的项为零, 其余的项 (零阶项) 也应该为零. 为此, 下列的 ODE 应该对 $\forall X$ 满足

$$
\frac{\mathrm{d}\bar{B}}{\mathrm{d}\tau} = 0 \quad \text{和} \quad \frac{\mathrm{d}\bar{A}}{\mathrm{d}\tau} = \left(r - \frac{1}{2}\sigma^2\right)\bar{B} + \frac{1}{2}\sigma^2\bar{B}^2 - r. \tag{7.60}
$$

---

[3]现在起, 我们常用记号 $\bar{A} \equiv \bar{A}(u,\tau)$, $\bar{B} \equiv \bar{B}(u,\tau)$ 等.

合并关于 τ 的初始条件, 即等式 (7.58), 给我们 (7.60) 的解

$$\bar{B}(u,\tau) = iu \quad \text{和} \quad \bar{A}(u,\tau) = \left(r - \frac{1}{2}\sigma^2\right)iu\tau - \frac{1}{2}\sigma^2 u^2 \tau - r\tau.$$

则贴现特征函数在对数变换后的 GBM 资产过程由下式给出:

$$\phi_X(u, t, T) = \exp\left(\left(r - \frac{\sigma^2}{2}\right)iu\tau - \frac{1}{2}\sigma^2 u^2 \tau - r\tau + iuX\right).$$

当然, 这与在例 7.3.1 中应用仿射扩散理论得到的形式相同.

这个推导是一般仿射扩散过程理论和这节特征函数的特例. $\diamond$

例 7.3.3 (作为仿射扩散过程的二维 GBM) 二维相关的 GBM 过程 $\boldsymbol{S}(t) = [S_1(t), S_2(t)]$, 在例 7.1.4 中给出一个 SDE 系统 (7.11), 其中 $\rho dt = dW_1(t)dW_2(t)$.

这个二维系统不是仿射的, 从而应该做对数变换, $\boldsymbol{X}(t) = [\log S_1(t), \log S_2(t)] =: [X_1(t), X_2(t)]$, 即

$$\begin{cases} dX_1(t) &= \left(\mu_1 - \frac{1}{2}\sigma_1^2\right)dt + \sigma_1 d\widetilde{W}_1(t), \\ dX_2(t) &= \left(\mu_2 - \frac{1}{2}\sigma_2^2\right)dt + \sigma_2\left(\rho d\widetilde{W}_1(t) + \sqrt{1-\rho^2}d\widetilde{W}_2(t)\right), \end{cases} \tag{7.61}$$

具独立的 Brown 运动 $\widetilde{W}_1(t), \widetilde{W}_2(t)$. 在矩阵记号下, 这个系统成为

$$\begin{bmatrix} dX_1(t) \\ dX_2(t) \end{bmatrix} = \begin{bmatrix} \mu_1 - \frac{1}{2}\sigma_1^2 \\ \mu_2 - \frac{1}{2}\sigma_2^2 \end{bmatrix}dt + \begin{bmatrix} \sigma_1 & 0 \\ \sigma_2\rho & \sigma_2\sqrt{1-\rho^2} \end{bmatrix}\begin{bmatrix} d\widetilde{W}_1(t) \\ d\widetilde{W}_2(t) \end{bmatrix} \Leftrightarrow$$

$$d\boldsymbol{X}(t) = \bar{\boldsymbol{\mu}}(t, \boldsymbol{X}(t))dt + \bar{\boldsymbol{\sigma}}(t, \boldsymbol{X}(t))d\widetilde{\boldsymbol{W}}(t). \tag{7.62}$$

沿用节 7.3.1 AD 过程的定义, 我们发现

$$a_0 = \begin{bmatrix} \mu_1 - \frac{1}{2}\sigma_1^2 \\ \mu_2 - \frac{1}{2}\sigma_2^2 \end{bmatrix}, \quad r_0 = r \text{ 和 } c_0 = \begin{bmatrix} \sigma_1^2 & \sigma_1\sigma_2\rho \\ \sigma_1\sigma_2\rho & \sigma_2^2 \end{bmatrix}.$$

进一步, $a_1 = 0$, $c_1 = 0$ 和 $r_1 = 0$.

对 SDE 仿射系统, 我们可以容易地得到二维特征函数 (7.55), 其中 $\boldsymbol{u} = [u_1, u_2]$, $\tau = T - t$,

$$\phi_{\boldsymbol{X}}(\boldsymbol{u}; t, T) = e^{\bar{A}(\boldsymbol{u},\tau) + \bar{B}_1(\boldsymbol{u},\tau)X_1(t) + \bar{B}_2(\boldsymbol{u},\tau)X_2(t)}, \tag{7.63}$$

以及

$$\phi_{\boldsymbol{X}}(\boldsymbol{u}; T, T) = e^{iu_1 X_1(T) + iu_2 X_2(T)}. \tag{7.64}$$

于是在目前的设定下, 我们得到 $\bar{A}(\boldsymbol{u}, 0) = 0$, $\bar{B}_1(\boldsymbol{u}, 0) = iu_1$ 和 $\bar{B}_2(\boldsymbol{u}, 0) = iu_2$.

因为 a_1, c_1 和 r_1 是零向量和零矩阵, 像 (7.56) 的 ODE 系统, 由下式给出:

$$\frac{d\bar{B}_1}{d\tau} = 0, \quad \frac{d\bar{B}_2}{d\tau} = 0 \tag{7.65}$$

和

$$
\frac{\mathrm{d}\bar{A}}{\mathrm{d}\tau} = -r + iu_1\left(\mu_1 - \frac{1}{2}\sigma_1^2\right) + iu_2\left(\mu_2 - \frac{1}{2}\sigma_2^2\right)
$$
$$
+ \frac{1}{2}(iu_1)^2\sigma_1^2 + \frac{1}{2}(iu_2)^2\sigma_2^2 + \rho\sigma_1\sigma_2(iu_1)(iu_2),
$$

所以 $\bar{B}_1(\boldsymbol{u},\tau) = iu_1, \bar{B}_2(\boldsymbol{u},\tau) = iu_2$, 而 $\bar{A}(\boldsymbol{u},\tau)$ 的解为

$$
\bar{A}(\boldsymbol{u},\tau) = -r\tau + iu_1\left(\mu_1 - \frac{1}{2}\sigma_1^2\right)\tau + iu_2\left(\mu_2 - \frac{1}{2}\sigma_2^2\right)\tau
$$
$$
- \frac{1}{2}u_1^2\sigma_1^2\tau - \frac{1}{2}u_2^2\sigma_2^2\tau - \rho\sigma_1\sigma_2 u_1 u_2\tau. \tag{7.66}
$$

二维特征函数则为

$$
\phi_{\boldsymbol{X}}(\boldsymbol{u};t,T) = \mathrm{e}^{iu_1 X_1(t) + iu_2 X_2(t) + \bar{A}(\boldsymbol{u},\tau)},
$$

其中函数 $\bar{A}(\boldsymbol{u},\tau)$ 由 (7.66) 给出. $\diamond$

7.3.2　仿射跳扩散系统

在本节, 我们描述的资产价格过程属于仿射跳扩散类 (AJD) 的情形, 这比节 7.3.1 的 AD 类更广泛. 它给了我们更一般的框架获得特征函数, 例如, 对于仿射跳扩散模型. 基本上, 所有关于 AD 类特征函数的结论都可以推广到 AJD 类.

对资产动态的 AJD 类随机过程, 涉及一个固定的概率空间 $(\Omega, \mathcal{F}(t), \mathbb{Q})$ 和在某 $\mathbb{R} \subset \mathbb{R}^n$ 空间的 Markov n 维仿射过程 $\boldsymbol{X}(t) = [X_1(t), \cdots, X_n(t)]^{\mathrm{T}}$.

利率的随机模型可以表示成下列的随机微分形式:

$$
\mathrm{d}\boldsymbol{X}(t) = \bar{\boldsymbol{\mu}}(t,\boldsymbol{X}(t))\mathrm{d}t + \bar{\boldsymbol{\sigma}}(t,\boldsymbol{X}(t))\mathrm{d}\widetilde{\boldsymbol{W}}(t) + \boldsymbol{J}(t)^{\mathrm{T}}\mathrm{d}\boldsymbol{X}_{\mathcal{P}}(t), \tag{7.67}
$$

这里 $\widetilde{\boldsymbol{W}}(t)$ 是一个 $\mathbb{R}^n$ 中独立的 Brown 运动 $\mathcal{F}(t)$-标准列向量, $\bar{\boldsymbol{\mu}}(t,\boldsymbol{X}(t)) : \mathbb{R} \to \mathbb{R}^n$, $\bar{\boldsymbol{\sigma}}(t,\boldsymbol{X}(t)) : \mathbb{R} \to \mathbb{R}^{n\times n}$, 而 $\boldsymbol{X}_{\mathcal{P}}(t) \in \mathbb{R}^n$ 是一个正交的 Poisson 过程向量, 其特征为强度向量 $\bar{\boldsymbol{\xi}}(t,\boldsymbol{X}(t)) \in \mathbb{R}^n$.

$\boldsymbol{J}(t) \in \mathbb{R}^n$ 是一个掌控跳量的向量并被假定为一个元素为相关的随机变量的矩阵, 它独立于状态向量 $\boldsymbol{X}(t)$ 和 $\boldsymbol{X}_{\mathcal{P}}(t)$.

对 AJD 类的过程, 漂移项 $\bar{\boldsymbol{\mu}}(t,\boldsymbol{X}(t))$, 协方差矩阵 $\bar{\boldsymbol{\sigma}}(t,\boldsymbol{X}(t))\bar{\boldsymbol{\sigma}}(t,\boldsymbol{X}(t))^{\mathrm{T}}$ 和利率部分 $\bar{r}(t,\boldsymbol{X}(t))$ (如前所述) 应该是仿射的, 但跳强度也应该具有仿射形式, 即

$$
\bar{\xi}(t,\boldsymbol{X}(t)) = l_0 + l_1\boldsymbol{X}(t), \text{其中 } (l_0,l_1) \in \mathbb{R}^n \times \mathbb{R}^n, \tag{7.68}
$$

可以证明在这个类中, 关于状态向量 $\boldsymbol{X}(t)$, 贴现特征函数也具有下列形式:

$$
\phi_{\boldsymbol{X}}(\boldsymbol{u};t,T) = \mathbb{E}^{\mathbb{Q}}\left[\mathrm{e}^{-\int_t^T r(s)\mathrm{d}s + i\boldsymbol{u}^{\mathrm{T}}\boldsymbol{X}(T)}\,\Big|\,\mathcal{F}(t)\right] = \mathrm{e}^{\bar{A}(\boldsymbol{u},\tau) + \bar{\boldsymbol{B}}^{\mathrm{T}}(\boldsymbol{u},\tau)\boldsymbol{X}(t)},
$$

其期望定义在风险中性测度 $\mathbb{Q}$ 下.

$\bar{A}(\boldsymbol{u},\tau)$ 和 $\bar{\boldsymbol{B}}^{\mathrm{T}}(\boldsymbol{u},\tau)$ 的系数必须满足下列复值的 *Riccati* ODE, 见 Duffie-Pan-Singleton 的工作 [Duffie et al., 2000]:

$$\boxed{\begin{aligned}
\frac{\mathrm{d}\bar{A}}{\mathrm{d}\tau} &= -r_0 + \bar{\boldsymbol{B}}^{\mathrm{T}} a_0 + \frac{1}{2}\bar{\boldsymbol{B}}^{\mathrm{T}} c_0 \bar{\boldsymbol{B}} + l_0^{\mathrm{T}}\mathbb{E}\left[\mathrm{e}^{\boldsymbol{J}(\tau)\bar{\boldsymbol{B}}} - 1\right], \\
\frac{\mathrm{d}\bar{\boldsymbol{B}}}{\mathrm{d}\tau} &= -r_1 + a_1^{\mathrm{T}}\bar{\boldsymbol{B}} + \frac{1}{2}\bar{\boldsymbol{B}}^{\mathrm{T}} c_1 \bar{\boldsymbol{B}} + l_1^{\mathrm{T}}\mathbb{E}\left[\mathrm{e}^{\boldsymbol{J}(\tau)\bar{\boldsymbol{B}}} - 1\right],
\end{aligned}}$$ (7.69)

这里 (7.69) 中的期望 $\mathbb{E}[\cdot]$ 是关于跳量 $\boldsymbol{J}(t)$ 取的.

$\bar{\boldsymbol{B}}(\boldsymbol{u},\tau)$ 的 ODE (复值) 的维数对应状态向量 $\boldsymbol{X}(t)$ 的维数. AJD 模型的这些表述和 7.3 一节描述的仿射扩散的情形是一样的. 通过下面节 7.3.3 中的例子, 我们将厘清表达式 (7.69).

7.3.3　仿射跳过程和 PIDE

在前文中, 我们看到, 对由 SDE

$$\frac{\mathrm{d}S(t)}{S(t)} = \left(r - \xi_p \mathbb{E}\left[\mathrm{e}^J - 1\right]\right)\mathrm{d}t + \sigma\mathrm{d}W^{\mathbb{Q}}(t) + \left(\mathrm{e}^J - 1\right)\mathrm{d}X_{\mathcal{P}}^{\mathbb{Q}}(t)$$ (7.70)

驱动的股价, 对应的期权定价的 PIDE 由下式给出:

$$\frac{\partial V}{\partial t} + \left(r - \xi_p\mathbb{E}\left[\mathrm{e}^J - 1\right]\right)S\frac{\partial V}{\partial S} + \frac{1}{2}\sigma^2 S^2\frac{\partial^2 V}{\partial S^2} - (r + \xi_p)V + \xi_p\mathbb{E}\left[V(t, Se^J)\right] = 0.$$

根据 (7.67) 中的仿射条件, 模型 (7.70) 不属于仿射跳扩散类. 从而我们考虑对数变换 $X(t) = \log S(t)$ 后的模型, 其动态写成

$$\mathrm{d}X(t) = \left(r - \xi_p\mathbb{E}\left[\mathrm{e}^J - 1\right] - \frac{1}{2}\sigma^2\right)\mathrm{d}t + \sigma\mathrm{d}W^{\mathbb{Q}}(t) + J\mathrm{d}X_{\mathcal{P}}^{\mathbb{Q}}(t).$$

对 $V(\tau, X)$ 和 $\tau := T - t$, 我们找到下面的期权定价 PIDE:

$$\begin{aligned}
\frac{\partial V}{\partial \tau} &= \left(r - \xi_p\mathbb{E}\left[\mathrm{e}^J - 1\right] - \frac{1}{2}\sigma^2\right)\frac{\partial V}{\partial X} + \frac{1}{2}\sigma^2\frac{\partial^2 V}{\partial X^2} \\
&\quad - (r + \xi_p)V + \xi_p\mathbb{E}\left[V(T - \tau, X + J)\right].
\end{aligned}$$ (7.71)

贴现特征函数现在具有下列形式:

$$\phi_X := \phi_X(u; t, T) = \mathrm{e}^{\bar{A}(u,\tau) + \bar{B}(u,\tau)X(t)},$$

其初值条件为 $\phi_X(u; T, T) = \mathrm{e}^{iuX(0)}$. 代入所有的导数得出

$$\frac{\partial\phi_X}{\partial\tau} = \phi_X\left(\frac{\mathrm{d}\bar{A}}{\mathrm{d}\tau} + X\frac{\mathrm{d}\bar{B}}{\mathrm{d}\tau}\right), \quad \frac{\partial\phi_X}{\partial X} = \phi_X\bar{B}, \quad \frac{\partial^2\phi_X}{\partial X^2} = \phi_X\bar{B}^2,$$

而且, 因为 (7.71) 中的期望只是关于跳的大小 $F_J(y)$ 而取,

$$\mathbb{E}\left[\phi_{X+J}\right] = \mathbb{E}\left[\exp\left(\bar{A}(u,\tau) + \bar{B}(u,\tau)(X+J)\right)\right]$$
$$= \phi_X \cdot \mathbb{E}\left[\exp\left(\bar{B}(u,\tau)J\right)\right]. \tag{7.72}$$

(7.71) 中的 PIDE 给我们:

$$-\left(\frac{\mathrm{d}\bar{A}}{\mathrm{d}\tau} + X\frac{\mathrm{d}\bar{B}}{\mathrm{d}\tau}\right) + \left(r - \xi_p\mathbb{E}\left[\mathrm{e}^J - 1\right] - \frac{1}{2}\sigma^2\right)\bar{B}$$
$$+ \frac{1}{2}\sigma^2\bar{B}^2 - (r+\xi_p) + \xi_p\mathbb{E}\left[\exp\left(\bar{B}\cdot J\right)\right] = 0.$$

这就要我们解下列的 ODE 组:

$$\begin{cases} \frac{\mathrm{d}\bar{B}}{\mathrm{d}\tau} = 0, \\ \frac{\mathrm{d}\bar{A}}{\mathrm{d}\tau} = \left(r - \xi_p\mathbb{E}\left[\mathrm{e}^J - 1\right] - \frac{1}{2}\sigma^2\right)\bar{B} + \frac{1}{2}\sigma^2\bar{B}^2 - (r+\xi_p) + \xi_p\mathbb{E}\left[\mathrm{e}^{\bar{B}\cdot J}\right]. \end{cases} \tag{7.73}$$

解之, $\bar{B}(u,\tau) = iu$, 我们得到

$$\bar{A}(u,\tau) = \left(r - \xi_p\mathbb{E}\left[\mathrm{e}^J - 1\right] - \frac{1}{2}\sigma^2\right)iu\tau - \frac{1}{2}\sigma^2u^2\tau - (r+\xi_p)\tau + \xi_p\tau\mathbb{E}\left[\mathrm{e}^{iuJ}\right].$$

ODE 系统 (7.73) 构成一个 (7.69) 的 ODE 表达式, 这里用了 $r_0 = r$, $r_1 = 0$, $a_0 = -\xi_p\mathbb{E}\left[\mathrm{e}^J - 1\right] - \frac{1}{2}\sigma^2$, $a_1 = 0$, $c_0 = \sigma^2$, $c_1 = 0$, $l_0 = \xi_p$, $l_1 = 0$.

我们表述了一些数学准备以用于之后不同的向量值的随机资产过程. 这样就结束了这一章.

习 题

习题 7.1 对 $W_1(t), W_2(t)$ 和 $W_3(t)$ 三个 Wiener 过程, 其中 $\mathrm{d}W_1(t)\cdot\mathrm{d}W_2(t) = \mathrm{d}W_1(t)\cdot\mathrm{d}W_3(t) = \mathrm{d}W_2(t)\cdot\mathrm{d}W_3(t) = \rho\mathrm{d}t$, 找出下列 SDE 的解:

$$\frac{\mathrm{d}S(t)}{S(t)} = \frac{3}{2}\mathrm{d}t + \mathrm{d}W_1(t) + \mathrm{d}W_2(t) + \mathrm{d}W_3(t), \quad S(0) = S_0.$$

习题 7.2 考虑一个由 Cox-Ingersoll-Ross (CIR) 控制的过程, 其动态为

$$\mathrm{d}S(t) = \lambda(\theta - S(t))\mathrm{d}t + \gamma\sqrt{S(t)}\mathrm{d}W^{\mathbb{P}}(t), \tag{7.74}$$

其中所有参数为正. 进一步, 我们有普通现金储蓄账户, $\mathrm{d}M(t) = rM(t)\mathrm{d}t$.

   a. 对过程 (7.74) 改变测度, 从 $\mathbb{P}$ 到 $\mathbb{Q}$.

   b. 推出对应的贴现特征函数. 贴现特征函数依赖参数 λ 和 θ 吗?

习题 7.3 假定我们有下面的 SDE:

$$\mathrm{d}S(t) = rS(t)\mathrm{d}t + \sigma(t,\cdot)S(t)\mathrm{d}W(t), \quad S(t_0) = S_0, \tag{7.75}$$

其中常利率 r 和一个可能随机的波动率函数 $\sigma(t,\cdot)$.

a. 证明 (7.75) 中的模型不属于仿射类.

b. 在对数变换 $X(t) = \log S(t)$ 下, 模型假定是仿射的, 其动态为

$$dX(t) = \left(r - \frac{1}{2}\sigma^2(t, \cdot) \right) dt + \sigma(t, \cdot)dW(t), \quad X(t_0) = \log(S_0).$$

由于 $X(t)$ 假定是仿射的, 有可能推出其特征函数 $\phi_{X(t)}(u)$.

确定 $S(t)$ 和 $X(t)$ 密度之间的关系, 即证明

$$f_{S(T)}(x) = \frac{1}{x} f_{X(T)}\big(\log(x)\big), \quad x > 0.$$

习题 7.4 位移扩散模型由下面的 SDE 描述:

$$dS(t) = \sigma\left[\vartheta S(t) + (1 - \vartheta)S(t_0)\right] dW^{\mathbb{P}}(t), \quad S(t_0) > 0, \tag{7.76}$$

其中有常数波动率 σ 和位移参数 ϑ. 通过证明 $S(t)$ 除以现金储蓄账户 $M(t)$ 是个鞅来证明 (7.76) 中的过程在风险中性测度 $\mathbb{Q}$ 下是适定定义的.

习题 7.5 对具非零利率 r 的位移扩散模型, 如 (7.76), 实施欧式期权定价可以借助于测度变换. 在利率确定的情况下, 推导可以直接得到, 然而目前的方法也可以用到利率假定为随机的情形.

当过程服从 (14.50) 中的动态, 我们可以考虑远期利率 $S^F(t, T) = \frac{S(t)}{P(t, T)}$.

证明, 用零息票作为计价单位, 远期股票 $S^F(t, T)$ 在对应的测度 $\mathbb{Q}^T$ 下是个鞅.

习题 7.6 证明对两个联合正态分布的随机变量 $X_1 \overset{d}{=} \mathcal{N}(\mu_1, \sigma_1^2)$ 和 $X_2 \overset{d}{=} \mathcal{N}(\mu_2, \sigma_2^2)$, 其相关系数为 ρ, 下列结果成立:

$$\mathbb{E}\left[X_1 \mathbb{1}_{X_2 > k}\right] = \left(\mu_1 + \rho\sigma_1 \frac{f_{\mathcal{N}(0,1)}\left(\frac{k - \mu_2}{\sigma_2}\right)}{1 - F_{\mathcal{N}(0,1)}\left(\frac{k - \mu_2}{\sigma_2}\right)} \right)(1 - F_{X_2}(k)),$$

其中 $f_{\mathcal{N}(0,1)}(\cdot)$ 和 $F_{\mathcal{N}(0,1)}(\cdot)$ 分别是标准正态分布的 PDF 和 CDF, 且 $F_{X_2}(\cdot)$ 是对应于随机变量 X_2 的 CDF.

习题 7.7 考虑下列 SDE 系统:

$$dS(t) = \sigma(t)S(t)dW_1(t),$$

$$d\sigma(t) = \gamma\sigma(t)dW_2(t),$$

其中初值为 $S(t_0)$ 和 $\sigma(t_0)$, 波动率参数是 γ, 相关性系数是 ρ. 证明, 在对数变换下, 股票 $X(t) = \log S(t)$ 服从

$$X(T) = X_0 - \frac{1}{2}\int_0^T \sigma^2(t)dt + \frac{1}{\gamma\rho}\left[\sigma(T) - \sigma(t_0) - \gamma\sqrt{1 - \rho^2}\int_0^T \sigma(t)d\widetilde{W}_2(t) \right], \tag{7.77}$$

这里 $\widetilde{W}_2(t)$ 独立于其他的 Brown 运动.

习题 7.8 我们用在 $\mathbb{Q}$ 测度下具股票和现金储蓄账户的 Black-Scholes 模型, 由下式给出:

$$\mathrm{d}S(t) = rS(t)\mathrm{d}t + \sigma S(t)\mathrm{d}W(t),$$

$$\mathrm{d}M(t) = rM(t)\mathrm{d}t,$$

取 $r = 0.065$, $S_0 = 1$ 和 $\sigma = 0.4$. 通过测度变换, 解析地确定下列衍生品的价格:

$$V(t_0) = \mathbb{E}^{\mathbb{Q}}\left[\frac{1}{M(T)}\max\left(S^2(T) - S(T)K, 0\right)\Big|\mathcal{F}(t_0)\right]. \tag{7.78}$$

习题 7.9 对所谓的交换期权, 即交换一个资产与另一资产的期权, 在测度变换后解析解可以得到. 在这个练习里, 我们要求你推出解析解. 其收益函数如下:

$$V^{ex}(T, S_1(T), S_2(T)) = \max\left(S_1(T) - S_2(T), 0\right),$$

其中在 $\mathbb{Q}$ 测度下, $S_1(t), S_2(t)$ 的动态为

$$\mathrm{d}S_1(t) = rS_1(t)\mathrm{d}t + \sigma_1 S_1(t)\mathrm{d}W_1(t), \ S_1(0) = S_{1,0},$$

$$\mathrm{d}S_2(t) = rS_2(t)\mathrm{d}t + \sigma_2 S_2(t)\mathrm{d}W_2(t), \ S_2(0) = S_{2,0},$$

其中 $\mathrm{d}W_1(t)\mathrm{d}W_2(t) = \rho\mathrm{d}t$.

推出 *Margrabe 公式* [Margrabe, 1978], 对在时间 $t_0 = 0$ 的交换期权的价值为

$$V^{ex}(t_0, S_1(t_0), S_2(t_0)) = S_{1,0}F_{\mathcal{N}(0,1)}(d_1) - S_{2,0}F_{\mathcal{N}(0,1)}(d_2),$$

$$\sigma = \sqrt{\sigma_1^2 - 2\rho\sigma_1\sigma_2 + \sigma_2^2},$$

$$d_1 = \frac{\log\frac{S_1(t_0)}{S_2(t_0)} + \frac{1}{2}\sigma^2(T - t_0)}{\sigma\sqrt{T - t_0}},$$

$$d_2 = \frac{\log\frac{S_1(t)}{S_2(t_0)} - \frac{1}{2}\sigma^2(T - t_0)}{\sigma\sqrt{T - t_0}} = d_1 - \sigma\sqrt{T - t_0},$$

其中 $F_{\mathcal{N}(0,1)}(\cdot)$ 是标准正态变量的累积分布函数. 提示: 以变量 $\frac{S_1(t)}{S_2(t)}$ 重写等式并比较节 7.2.3 中等式 (7.44) 的动态结果.

习题 7.10 给出下列 SDE 系统:

$$\mathrm{d}S(t)/S(t) = r(t)\mathrm{d}t + \sigma\mathrm{d}W_x(t), \qquad S(t_0) = S_0 > 0, \tag{7.79}$$

$$\mathrm{d}r(t) = \lambda\left(\theta(t) - r(t)\right)\mathrm{d}t + \eta\mathrm{d}W_r(t), \qquad r(t_0) = r_0, \tag{7.80}$$

这里 $W_x(t)$ 和 $W_r(t)$ 是两个不相关的 *Brown* 运动, 具 $\mathrm{d}W_x(t)\mathrm{d}W_r(t) = 0$.

证明这个 SDE 系统经过 $S(t)$ 过程的对数变换后是仿射的.

确定 Riccati ODE 掌控这个 SDE 系统的特征函数. (该系统通常称为 Black-Scholes Hull-White 模型, 其将在第 13 章中讨论.)

参考文献

BAYES T, 1763. An essay towards solving a problem in the doctrine of chances[J]. Philosophical Transactions(53): 370-418.

DUFFIE D, PAN J, SINGLETON K, 2000. Transform analysis and asset pricing for affine jump-diffusions[J]. Econometrica, 68: 1343-1376.

GIRSANOV I, 1960. On transforming a certain class of stochastic processes by absolutely continuous substitution of measures[J]. Theory of Probability and its Applications, 3(5): 285-301.

MARGRABE W, 1978. The value of an option to exchange one asset for another[J]. The Journal of Finance, 33(1): 177-186.

MILSTEIN G, SCHOENMAKERS J, SPOKOINY V, 2004. Transition density estimation for stochastic differential equations via forward-reverse representations[J]. Bernoulli, 10: 281-312.

USHAKOV U, 1999. Selected topics in characteristic functions[M]. De Gruyter.

第 8 章 | 随机波动率模型

本章梗概

  Black-Scholes 模型的主要问题是它无法刻画许多金融市场期权价中常见的隐含波动率微笑现象. 我们在前面几章里已经看到了一些替代 SDE 模型, 而使用另一种资产模型来研究隐含波动率的特性成为本章的重要动机. 我们在这里讨论基于随机波动率的资产 SDE 系统 (节 8.1). 这联系到前面几章所陈述的理论. 例如, 我们将高维 *Itô* 引理用于随机波动率过程. 而且在考虑随机波动率模型时, 将独立的 Brown 运动相关联的技术将很有帮助. 我们特别讨论了 Heston 随机波动率模型, 这时资产的方差服从 Cox-Ingersoll-Ross 过程 (节 8.2).

  在这些标的资产价过程下的期权定价方程最后进行了讨论. 我们处理了二维期权价的 *PDE*. 这些方程的推出基于軪方法和对冲思想, 其中除了资产和债券, 期权也进入了对冲投资组合. 关于随机波动率重要的是, 可以得到形成 Fourier 期权定价技术基础的贴现特征函数, 见节 8.3. 对于讨论的资产模型, 我们给出数值算例让读者进一步观察到不同模型中参数之影响, 见节 8.4.

本章关键词

  随机波动率, Heston 模型, 期权定价 PDE 的影响, 隐含波动率, 贴现特征函数, Itô 引理, 軪方法, Bates 随机波动率跳模型.

8.1 随机波动率模型的引入

  在前几章中, 我们讨论了替代资产价格模型, 以处理市场上观察到的非常数之隐含波动率. 我们在第 4 章中看到了局部波动率模型 (LV 模型), 还有第 5 章中带有跳跃的资产模型, 这些模型各有其优缺点. LV 模型的主要缺点是, 动态只符合特定到期时间的固定观察市场. 它或许对于欧式期权的估值是不错的, 但当处理特别是路径依赖期权时, 不可忽视的是, 对标的过程的转移密度有关的性质还需要精确地建模.

  带有跳跃的资产模型能够对转移密度的管控性质进行建模, 但是, 关于这些模型, 在跳跃动态下, 用于对冲的精确的复制投资组合将是什么样的并不完全清楚. 跳跃模型通常用于大宗商品行业的估价, 在这种情况下, 标的商品价格可能会出现显著的跳跃. 跳过程下的对冲必须通过在对冲投资组合中选择额外的期权来进行, 但期权的数量不是马上能知道. 此外, 跳跃模型的校验工作可能很复杂, 这是由于物理与风险中性动态的对照、参数建模以及其他问题.

为了克服波动率为常数的假设, 除跳外, 其他的研究进展还有 [Hull et al., 1987], [Stein et al., 1991], [Heston, 1993], [Schöbel et al., 1999], 这些工作将波动率建模为扩散过程. 这种将波动率建模为一个随机变量的想法在金融实际中得到了实证, 其表明股价波动率的高度易变和不可预测的性质. 本章产生的模型叫作随机波动率 (SV) 模型. 这些 SV 模型的波动率在一定程度上以一种不同于相应资产价格的方式"表现和移动"——这个性质是局部波动率模型没有的 [Ren et al., 2007].

SV 模型下的资产收益分布通常也会表现出比对数模型更厚的尾巴, 因此更符合现实. 然而, 考虑随机波动率最重要的论据是隐含波动率微笑/倾斜, 这是市场上存在的, 可以通过 SV 模型精确地重现, 特别是对于那些到期日为中长期的期权.

在加了一个与资产价格过程 $S(t)$ 相关的随机过程来描述波动率之后, 我们处理的是一个 SDE 系统, 对于该系统, 上一章的理论就非常有用.

8.1.1 Schöbel-Zhu 随机波动率模型

对波动率随机过程首先明显的选择可能是 Ornstein-Uhlenbeck (OU) 均值回归过程, 如下:

$$\mathrm{d}\sigma(t) = \kappa(\bar{\sigma} - \sigma(t))\mathrm{d}t + \gamma\mathrm{d}W_\sigma^{\mathbb{Q}}(t), \quad \sigma(t_0) = \sigma_0 > 0. \tag{8.1}$$

这里, 参数 $\kappa \geqslant 0$, $\bar{\sigma} \geqslant 0$ 和 $\gamma > 0$ 分别称为均值回归速度、波动率过程的长期平均值以及波动率的波动率.

带着式 (8.1) 中 Wiener 增量前面的参数 γ, σ 的 OU 过程就是一个 Gauss 过程, 其均值是

$$\lim_{t \to \infty} \mathbb{E}[\sigma(t)] = \bar{\sigma},$$

而方差为

$$\lim_{t \to \infty} \mathbb{V}\mathrm{ar}[\sigma(t)] = \gamma^2/(2\kappa).$$

一个 OU 过程建立了具均值回归性质的波动率模型. 换句话说, 如果波动率超出了均值, 它将以均值回归速度 κ 被拉回到均值. 波动率低于均值时也是如此.

与 *Schöbel-Zhu* 资产价格 *SV* 模型中的波动率关联的是 OU 过程. 其由下列二维 SDE 系统定义:

$$\begin{cases} \mathrm{d}S(t) = rS(t)\mathrm{d}t + \sigma(t)S(t)\mathrm{d}W_x(t) \\ \mathrm{d}\sigma(t) = \kappa(\bar{\sigma} - \sigma(t))\mathrm{d}t + \gamma\mathrm{d}W_\sigma(t), \end{cases} \tag{8.2}$$

其中所有参数是正的, 且 Brown 运动之间的相关性以 $\rho_{x,\sigma}$ 描述, $\mathrm{d}W_x(t)\mathrm{d}W_\sigma(t) = \rho_{x,\sigma}\mathrm{d}t$.

这个模型有几个优点, 其中之一是, 该模型在对数变换下适用于仿射扩散类, 见节 7.3, 从而保证了获得相应的贴现特征函数. 然而, 这种推导并不简单, 需要在扩展空间中引入一个新变量 $(v(t) = \sigma^2(t))$.

在随机过程具有仿射类结构的情形下, 我们可以很容易地求解欧式期权的价格, 例如通过 COS 方法.

OU 过程是一个正态分布过程, 其很多性质都是已知的. OU 过程一个缺陷是变量可能为负, 这当然不符合波动率的性质.

8.1.2　方差的 CIR 过程

为了避免波动率出现负值, 资产价格变化的方差用一个叫作 CIR 的过程来建模,

$$\mathrm{d}v(t) = \kappa\left(\bar{v} - v(t)\right)\mathrm{d}t + \gamma\sqrt{v(t)}\mathrm{d}W_v^{\mathbb{Q}}(t), \tag{8.3}$$

其中 κ 是均值回归速度, $\bar{v}$ 是长期均值, γ 控制了方差过程的波动率. CIR 过程由 [Cox et al., 1985] 提出, 用于对利率的建模. 这个过程, 在风险中性 $\mathbb{Q}$ 测度下定义, 也可看作是一个均值回归平方根过程, 下面的小节将有更多细节的描绘. 这个平方根过程防止了 $v(t)$ 为负值, 如果 $v(t)$ 接近零它就变成了正的. 这对方差过程是个有用的性质.

CIR 过程的性质

在详细讨论 Heston SV 资产价格模型之前, 我们将首先关注方差 SDE (8.3) 和它的解. SDE (8.3) 为资产方差建模, 而不是为波动率本身建模 (当然, $\sigma = \sqrt{v(t)}$). 我们将详细了解 CIR 过程在原点附近的近似奇异性质, 并讨论引起这种现象的相关参数集.

CIR 过程 (8.3) 中, 只有满足 *Feller* 条件, 即 $2\kappa\bar{v} \geqslant \gamma^2$ 时, 才能保证 $v(t)$ 恒正; 不然的话, 如果 Feller 条件不满足, $v(t)$ 可能达到零, 如 [Feller, 1951], [Cox et al., 1985] 所指出的. 当 Feller 条件不满足时, 累积分布显示在接近原点时有接近奇异的表现, 或者换句话说, 密度函数的左尾值增长得奇快. 事实上, 当 Feller 条件不满足时, 0 附近有累积的概率质量. 随着更多的累积, 0 附近奇异点的尾部密度会出现极端情况, 以匹配密度的连续部分.

定义 8.1.1 (CIR CDF 和 PDF)　过程 $v(t)|v(s)$, $t > s > 0$, 在 CIR 动态下, 已知的分布是 $\bar{c}(t,s)$ 乘以非中心卡方随机变量 $\chi^2(\delta, \bar{\kappa}(t,s))$, 这里 δ 是 "自由程度" 参数, 而 $\bar{\kappa}(t,s)$ 是非中心参数, 即

$$v(t)|v(s) \sim \bar{c}(t,s)\chi^2\left(\delta, \bar{\kappa}(t,s)\right), \quad t > s > 0, \tag{8.4}$$

其中

$$\bar{c}(t,s) = \frac{1}{4\kappa}\gamma^2(1 - \mathrm{e}^{-\kappa(t-s)}), \quad \delta = \frac{4\kappa\bar{v}}{\gamma^2}, \quad \bar{\kappa}(t,s) = \frac{4\kappa v(s)\mathrm{e}^{-\kappa(t-s)}}{\gamma^2(1 - \mathrm{e}^{-\kappa(t-s)})}. \tag{8.5}$$

对应的累积分布函数 (CDF) 为

$$F_{v(t)}(x) = \mathbb{Q}[v(t) \leqslant x] = \mathbb{Q}\left[\chi^2(\delta, \bar{\kappa}(t,s)) \leqslant \frac{x}{\bar{c}(t,s)}\right] = F_{\chi^2(\delta,\bar{\kappa}(t,s))}\left(\frac{x}{\bar{c}(t,s)}\right). \tag{8.6}$$

这里,

$$F_{\chi^2(\delta,\bar{\kappa}(t,s))}(y) = \sum_{k=0}^{\infty} \exp\left(-\frac{\bar{\kappa}(t,s)}{2}\right) \frac{\left(\frac{\bar{\kappa}(t,s)}{2}\right)^k}{k!} \frac{\gamma\left(k + \frac{\delta}{2}, \frac{y}{2}\right)}{\Gamma\left(k + \frac{\delta}{2}\right)}, \tag{8.7}$$

其中有下不完全 Gamma 函数 $\gamma(a,z)$ 和 Gamma 函数 $\Gamma(z)$,

$$\gamma(a,z) = \int_0^z t^{a-1}\mathrm{e}^{-t}\mathrm{d}t, \quad \Gamma(z) = \int_0^{\infty} t^{z-1}\mathrm{e}^{-t}\mathrm{d}t, \tag{8.8}$$

也可参见 (5.50).

对应的密度函数 (例如见 [Johnson et al., 1970], [Moser, 2007]) 写作

$$f_{\chi^2(\delta,\bar{\kappa}(t,s))}(y) = \frac{1}{2}\mathrm{e}^{-\frac{1}{2}(y+\bar{\kappa}(t,s))}\left(\frac{y}{\bar{\kappa}(t,s)}\right)^{\frac{1}{2}\left(\frac{\delta}{2}-1\right)} \mathcal{B}_{\frac{\delta}{2}-1}\left(\sqrt{\bar{\kappa}(t,s)y}\right), \tag{8.9}$$

这里

$$\mathcal{B}_a(z) = \left(\frac{z}{2}\right)^a \sum_{k=0}^{\infty} \frac{\left(\frac{1}{4}z^2\right)^k}{k!\Gamma(a+k+1)}, \tag{8.10}$$

是修正的第一类 Bessel 函数, 见 [Abramowitz et al., 1972], [Gradshteyn et al., 1996].

$v(t)$ 的密度函数现在可表成

$$f_{v(t)}(x) := \frac{\mathrm{d}}{\mathrm{d}x}F_{v(t)}(x) = \frac{\mathrm{d}}{\mathrm{d}x}F_{\chi^2(\delta,\bar{\kappa}(t,s))}\left(\frac{x}{\bar{c}(t,s)}\right)$$
$$= \frac{1}{\bar{c}(t,s)}f_{\chi^2(\delta,\bar{\kappa}(t,s))}\left(\frac{x}{\bar{c}(t,s)}\right). \tag{8.11}$$

利用非中心卡方分布的性质, 过程 $v(t)|v(0)$ 的均值和方差可显式地知晓:

$$\mathbb{E}[v(t)|\mathcal{F}(0)] = \bar{c}(t,0)(\delta + \bar{\kappa}(t,0)),$$
$$\mathbb{V}\mathrm{ar}[v(t)|\mathcal{F}(0)] = \bar{c}^2(t,0)(2\delta + 4\bar{\kappa}(t,0)). \tag{8.12}$$

如 [Feller, 1951], [Cox et al., 1985] 指出的, 定义参数 $\delta := 4\kappa\bar{v}/\gamma^2$, Feller 条件等价于 "$\delta \geqslant 2$". 通过定义另一个参数 $q_F := (2\kappa\bar{v}/\gamma^2) - 1$, 当

$$q_F := \frac{2\kappa\bar{v}}{\gamma^2} - 1 = \frac{\delta}{2} - 1 \geqslant 0$$

时, Feller 条件满足.

尽管 SDE (8.3) 中的三个参数 κ, $\bar{v}$ 和 γ, 对调整方差密度函数的形状和大小都扮演着独特的角色, 左尾的衰减率也可以很好地用 q_F 值刻画, 其定义域为 $[-1, \infty)$. 基于 κ, $\bar{v}$ 和 γ 的非负性, 当 $q_F \in [-1, 0]$ 时, 就会出现接近奇异问题. q_F 直接关联到 Feller 条件, 这样我们可以通过其直接推断出密度函数的特征.

例 8.1.1　作为一个支持这一思想的实验, 我们考虑两个参数组并分析对应的 PDF 和 CDF. 其中一个参数组 Feller 条件成立, 即 $q_F = 2$, 以及 $T = 5$, $\kappa = 0.5$, $v_0 = 0.2$, $\bar{v} = 0.05$, $\gamma = 0.129$; 而另一个参数组 Feller 条件不成立, $q_F = -0.5$, 其他为 $T = 5$, $\kappa = 0.5$, $v_0 = 0.2$, $\bar{v} = 0.05$, $\gamma = 0.316$.

图 8-1 证实了, q_F 的值决定了方差密度函数左尾的衰减率, 而右尾总是很快地衰减到零. 对 $q_F > 0$, 密度值在两边尾都趋于零. 对 q_F 很小并趋于 0, 左尾的衰减慢慢地下降. 在 $q_F = 0$ 附近, 左尾几乎保持常数. 对 $q_F \in [-1, 0]$, 左尾值剧烈地反方向增长.

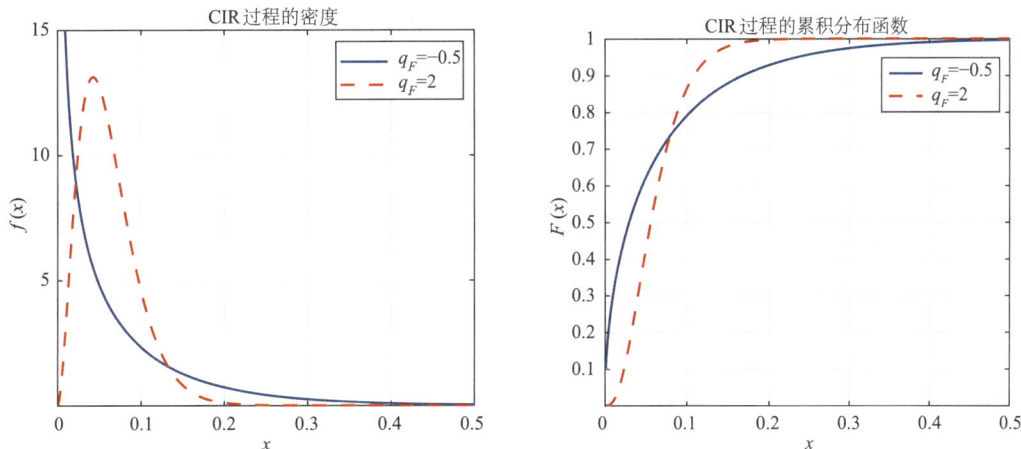

图 8-1　CIR 过程的密度和累积分布函数. **蓝实线:** $q_F = -0.5$, 其中 $T = 5$, $\kappa = 0.5$, $v_0 = 0.2$, $\bar{v} = 0.05$, $\gamma = 0.316$; **红虚线:** $q_F = 2$, 其中 $T = 5$, $\kappa = 0.5$, $v_0 = 0.2$, $\bar{v} = 0.05$, $\gamma = 0.129$.

q_F 决定 PDF 左尾衰减率的事实可以理解如下: 当 q_F 改变符号, PDF 中的两个决定性函数, $(\cdot)^{(\frac{1}{2}\delta - 1)} = (\cdot)^{q_F/2}$ 和 $\mathcal{B}_{q_F}(\cdot)$, 在原点附近改变形状, 即从单调递增变成了单调递减. ◇

平方的 Bessel 过程

我们给出更多的这个方差过程的背景信息, 我们将看到, 经过适当的变换后, 上述方差过程类似于平方的 Bessel 过程, 因此, 平方的 Bessel 过程的性质可以与方差过程联系起来.

对参数 $\delta \geqslant 0$ 和一个随机过程 $Y(t) \geqslant 0$, 由下列 SDE 定义 δ 维的平方的 Bessel 过程:

$$dY(t) = \delta dt + 2\sqrt{|Y(t)|}dW(t). \tag{8.13}$$

其解是唯一的强解. 参数 δ 是平方的 Bessel 过程的自由程度参数.

设定

$$\delta = \frac{4\kappa\bar{v}}{\gamma^2}, \quad \nu = \frac{\gamma^2}{4\kappa},$$

以及时间变化

$$\bar{Y}(t) = e^{-\kappa t}Y(\nu(e^{\kappa t} - 1)), \tag{8.14}$$

我们可以将 (8.13) 的平方的 Bessel 过程变换成下列过程:

$$d\bar{Y}(t) = \kappa(\nu \cdot \delta - \bar{Y}(t))dt + 2\sqrt{\kappa\nu\bar{Y}(t)}dW.$$

由 ν 和 δ 的定义, 很容易看出这个 $\bar{Y}$ 过程等于 Heston 模型的方差过程.

平方的 Bessel 过程是一个 Markov 过程, 对各种参数值, 对应的转移密度有封闭的形式.

首先, 对 $\delta = 0$ 的情形, $Y(t)$ 的解恒为零, $Y(t) = 0$.

关于平方的 Bessel 过程的一些技术细节是众所周知的. 这些结果展示如下.

结果 8.1.1 对标准的平方的 Bessel 过程, 如 SDE (8.13) 定义, 下面的结论是正确的, 见 [Andersen et al., 2000].

1. SDE (8.13) 的所有解是非爆炸的.
2. 对 $\delta < 2$, $Y = 0$ 是 (8.13) 解可达的边界.
3. 对 $\delta \geqslant 2$, SDE (8.13) 有一个唯一解且零不可达.
4. 对 $0 < \delta < 2$, SDE (8.13) 没有唯一解, 除非在 $Y = 0$ 为 (8.13) 的解加了边界条件.
5. 对 $\delta \leqslant 0$, SDE (8.13) 有一个唯一的强解, 而且在零边界是吸收的.

这些结果的证明在 [Andersen et al., 2000] 的附录 A 中, 其证明基于在 [Borodin, 2002] 中展示的理论. 对结果 8.1.1 的后两个结论, 进一步的转移密度在下面的结果中呈现 (结论 4 又根据 $Y = 0$ 边界的情况分成两种情况, 其中一种情况合并了结论 5).

结果 8.1.2 (平方的 Bessel 过程的转移密度) 平方的 Bessel 过程的转移密度 $f_B(t, Y(t); s, Y(s))$, 由下面的函数给出.

1. 对等式 (8.13) 中的 $\delta \leqslant 0$ 或者 $0 < \delta < 2$, 但只有当边界在 $Y(t) = 0$ 是吸收的, 我们有 $Y(t) \geqslant 0$, $t > 0$, 且

$$
\begin{aligned}
f_B(t, Y(t); s, Y(s)) = {} & \frac{1}{2(t-s)} \left(\frac{Y(t)}{Y(s)} \right)^{\frac{\delta-2}{4}} \\
& \times \exp \left(-\frac{Y(s)+Y(t)}{2(t-s)} \right) I_{\left| \frac{\delta-2}{2} \right|} \left(\frac{\sqrt{Y(s) \cdot Y(t)}}{t-s} \right). \quad (8.15)
\end{aligned}
$$

2. 对 $0 < \delta < 2$, 同时还有 $Y(t) = 0$ 是一个反射边界, 则我们有 $Y(t) \geqslant 0, t > 0$, 且

$$
\begin{aligned}
f_B(t, Y(t); s, Y(s)) = {} & \frac{1}{2(t-s)} \left(\frac{Y(t)}{Y(s)} \right)^{\frac{\delta-2}{4}} \\
& \times \exp \left(-\frac{Y(s)+Y(t)}{2(t-s)} \right) I_{\frac{\delta-2}{2}} \left(\frac{\sqrt{Y(s) \cdot Y(t)}}{t-s} \right). \quad (8.16)
\end{aligned}
$$

(8.15), (8.16) 中的 $I_a(x)$ 是如下定义的 Bessel 函数:

$$
I_a(x) := \sum_{j=0}^{\infty} \frac{(x/2)^{2j+a}}{j! \Gamma(a+j+1)},
$$

而这里的 $\Gamma(x)$ 还是 Gamma 函数.

证明　见 [Borodin, 2002] 第 136 页关于平方的 Bessel 过程的转移密度的内容.　　□

注释 8.1.1（时间变化的 Brown 运动**）**　在 (8.14) 中, 两个过程的转移考虑了时间的变化. 这个时间变化通常相关 "Brown 运动路径关于时间的移动的速度". Brown 运动 $W(t)$ 具有均值为零而方差为时间 t. 当关注不同的时间 νt, 增量 $W(\nu \cdot t) - W(\nu \cdot s)$, $t \geqslant s \geqslant 0$, 是均值为零和方差为 $\nu \cdot (t-s)$ 的正态分布. 任何对 Brown 运动的时间参数的缩放, $W(\nu \cdot t) \stackrel{\mathrm{d}}{=} \sqrt{\nu} W(t)$, 将产生按比例因子 $\sqrt{\nu}$ 缩放的另一个过程.

于是, 将 $W(t)$ 乘以一个独立于 $W(t)$ 的过程 $\bar{\nu}(t)$, 我们得到一个同等分布的过程,

$$
\bar{\nu}(t) W(t) \stackrel{\mathrm{d}}{=} W(\bar{\nu}^2(t) \cdot t). \quad (8.17)
$$

后面的章节中, 我们将省略 "d"（表示同等分布）以简化符号.

分布在等式两边保持相同, 但 Brown 运动路径 $W(\bar{\nu}^2(t))$ 的演化速度（即时间）由过程 $\bar{\nu}(t)$ 控制. 如果我们现在考虑下列时间变化, $\bar{\nu}(t) = (1-\rho^2) \int_0^t \sigma^2(z) \mathrm{d}z$, 则在这个 "钟" 下的 Brown 运动将有如 $\sqrt{1-\rho^2} \int_0^t \sigma(z) \mathrm{d}W(z)$ 同样的分布, 即

$$
\mathrm{d}W(\bar{\nu}(t)) = \sqrt{1-\rho^2} \sigma(t) \mathrm{d}W(t),
$$

或者, 以积分形式,

$$
W(\bar{\nu}(t)) = \int_0^{\bar{\nu}(t)} \mathrm{d}W(t) = \sqrt{1-\rho^2} \int_0^t \sigma(z) \mathrm{d}W(z).
$$

时间变化不仅改变对应的 Brown 运动, 也改变飘移项的时间, 这是因为 $\mathrm{d}\bar{\nu}(t) = (1-\rho^2) \sigma^2(t) \mathrm{d}t$.

8.2 Heston 随机波动率模型

在本节, 我们引入 Heston SV 模型及其对应的 SDE 系统.

> 在 Heston SV 模型 [Heston, 1993] 中, 我们处理两个随机微分方程, 一个关于标的资产价格 $S(t)$, 另一个关于方差过程 $v(t)$, 它们都是在风险中性测度 $\mathbb{Q}$ 下, 描述如下:
>
> $$\begin{cases} \mathrm{d}S(t) = rS(t)\mathrm{d}t + \sqrt{v(t)}S(t)\mathrm{d}W_x^{\mathbb{Q}}(t), & S(t_0) = S_0 > 0, \\ \mathrm{d}v(t) = \kappa(\bar{v} - v(t))\mathrm{d}t + \gamma\sqrt{v(t)}\mathrm{d}W_v^{\mathbb{Q}}(t), & v(t_0) = v_0 > 0. \end{cases} \tag{8.18}$$

两个 Brown 运动之间的相关性定义为 $\mathrm{d}W_v^{\mathbb{Q}}(t)\mathrm{d}W_x^{\mathbb{Q}}(t) = \rho_{x,v}\mathrm{d}t$. 参数 $\kappa \geqslant 0, \bar{v} \geqslant 0$ 和 $\gamma > 0$ 分别称为均值回归速度、方差过程的长期均值和波动率的波动率.

物理测度和 Heston SV 模型

在 Heston 模型的情况下, 为便利起见, 我们从风险中性测度下的资产动态出发 (即在此测度下, 贴现的资产价格 $S(t)/M(t)$ 是个鞅, 这里 $M(t)$ 见 (2.27)). [Wong et al., 2006] 的作者在该文中详细讨论了 SV 模型的测度变换. 在 Heston SV 模型的情况下, 测度变换需要相当大的努力, 尤其是对于方差可能为零的参数值.

在 $\mathbb{Q}$ 测度下, 模型由均值回归 CIR 类过程驱动. 下面在物理 $\mathbb{P}$ 测度下的 Heston 动态简要地表述了测度变换对标的 Heston 模型过程动态的影响:

$$\begin{cases} \mathrm{d}S(t) = \mu S(t)\mathrm{d}t + \sqrt{v(t)}S(t)\mathrm{d}W_x^{\mathbb{P}}(t), \\ \mathrm{d}v(t) = \kappa(\bar{v}^{\mathbb{P}} - v(t))\mathrm{d}t + \gamma\sqrt{v(t)}\mathrm{d}W_v^{\mathbb{P}}(t), \end{cases} \tag{8.19}$$

其中 Brown 运动之间的相关性在 $\mathbb{P}$ 测度下由 $\mathrm{d}W_x^{\mathbb{P}}(t)\mathrm{d}W_v^{\mathbb{P}}(t) = \rho_{x,v}\mathrm{d}t$ 给出. 借助于 Cholesky 分解, 模型可以以独立的 Brown 运动表示如下:

$$\begin{cases} \mathrm{d}S(t) = \mu S(t)\mathrm{d}t + \sqrt{v(t)}S(t)\mathrm{d}\widetilde{W}_x^{\mathbb{P}}(t), \\ \mathrm{d}v(t) = \kappa(\bar{v}^{\mathbb{P}} - v(t))\mathrm{d}t + \gamma\sqrt{v(t)}\left(\rho_{x,v}\mathrm{d}\widetilde{W}_x^{\mathbb{P}}(t) + \sqrt{1 - \rho_{x,v}^2}\mathrm{d}\widetilde{W}_v^{\mathbb{P}}(t)\right), \end{cases}$$

其中 $\widetilde{W}_x^{\mathbb{P}}(t)$ 和 $\widetilde{W}_v^{\mathbb{P}}(t)$ 是互相独立的过程. 我们寻找一个在

$$\mathrm{d}\widetilde{W}_x^{\mathbb{Q}}(x) = \Phi(t)\mathrm{d}t + \mathrm{d}\widetilde{W}_x^{\mathbb{P}}(x)$$

中的过程 $\Phi(t)$, 使得 $\frac{S(t)}{M(t)}$ 成为一个鞅, 这里 $M(t)$ 是通常的现金储蓄账户. 将 Itô 引理应用到 $\bar{S}(t) = \frac{S(t)}{M(t)}$, 得到

$$\frac{\mathrm{d}\bar{S}(t)}{\bar{S}(t)} = (\mu - r)\mathrm{d}t + \sqrt{v(t)}\mathrm{d}\widetilde{W}_x^{\mathbb{P}}(t). \tag{8.20}$$

我们于是得到下列的测度变换:

$$
\begin{cases}
\mathrm{d}\widetilde{W}_x^{\mathbb{P}}(t) = \mathrm{d}\widetilde{W}_x^{\mathbb{Q}}(t) - (\mu - r)/\sqrt{v(t)}\mathrm{d}t, \\
\mathrm{d}\widetilde{W}_v^{\mathbb{P}}(t) = \mathrm{d}\widetilde{W}_v^{\mathbb{Q}}(t).
\end{cases} \tag{8.21}
$$

对于这个测度变换, 有必要满足 $v(t) > 0$.

在 $\mathbb{Q}$ 测度下, Heston 模型的股票动态为

$$
\mathrm{d}S(t) = rS(t)\mathrm{d}t + \sqrt{v(t)}S(t)\mathrm{d}\widetilde{W}_x^{\mathbb{Q}}(t),
$$

而方差过程则为

$$
\begin{aligned}
\mathrm{d}v(t) &= \kappa(\bar{v}^{\mathbb{P}} - v(t))\mathrm{d}t + \gamma\sqrt{v(t)}\left(\rho_{x,v}\mathrm{d}\widetilde{W}_x^{\mathbb{P}}(t) + \sqrt{1 - \rho_{x,v}^2}\mathrm{d}\widetilde{W}_v^{\mathbb{P}}(t)\right) \\
&= \kappa\left(\bar{v}^{\mathbb{P}} - \frac{\rho_{x,v}}{\kappa}\gamma(\mu - r) - v(t)\right)\mathrm{d}t \\
&\quad + \gamma\sqrt{v(t)}\left[\rho_{x,v}\mathrm{d}\widetilde{W}_x^{\mathbb{Q}}(t) + \sqrt{1 - \rho_{x,v}^2}\mathrm{d}\widetilde{W}_v^{\mathbb{Q}}(t)\right].
\end{aligned}
$$

通过设定 $\bar{v} := \bar{v}^{\mathbb{P}} - \rho_{x,v}\gamma(\mu - r)/\kappa$ 和通过 Brown 运动的相关性形式, 我们得到 $\mathbb{Q}$ 测度下方差的 SDE (8.3).

上面的测度变换依赖于 $v(t) > 0$, 尽管 CIR 过程偶尔会变成零值, 但它会立即返回正值. 所以 $v(t) > 0$ 一般是对的.

特别地, 在使用金融市场数据时, 满足 Feller 条件 (它保证了正方差) 是有困难的, 例如 [Andersen, 2008] 中表述了在很多实际情况下 $2\kappa\bar{v} \ll \gamma^2$. $v(t) = 0$ 的情况更多地涉及适用的测度变换讨论, 不过在 [Desmettre, 2018] 中作者建议对这种情况也进行测度变换. 最基本的是, 他们将常数漂移项换成一个依赖 (时间和) 波动率的漂移项, 当波动率等于零时其值为 r.

8.2.1　Heston 期权定价偏微分方程

在本节里, 我们基本上采用了两种方法, 即鞅方法和资产组合法, 来推导 Heston SV 期权定价偏微分方程, 这也在推导 Black-Scholes 偏微分方程时使用过. Black-Scholes 复制投资组合的论点可以用于确定 Heston 动态下的期权定价 PDE. 但是, 当期权价值取决于不可观测的量时, 比如随机波动率, 构造复制投资组会更加复杂.

所以, 我们推导 Heston PDE 先用鞅方法.

从现在起, 我们不再用上标 $\mathbb{Q}$ 来表示在风险中性测度下的 Brown 运动, 除非有明确的要求.

鞅方法

对 Heston SV 模型 (8.18), 我们考虑下列定价问题:

$$
V(t, S, v) = M(t)\mathbb{E}^{\mathbb{Q}}\left[\frac{1}{M(T)}V(T, S, v)\bigg|\mathcal{F}(t)\right], \tag{8.22}
$$

其中 $\mathcal{F}(t) = \sigma(s, S, v; s \leqslant t)$ (σ 代数).

(8.22) 除以 $M(t)$ 给出

$$\mathbb{E}^{\mathbb{Q}}\left[\frac{1}{M(T)}V(T, S, v)\Big|\mathcal{F}(t)\right] = \frac{V(t, S, v)}{M(t)}. \tag{8.23}$$

贴现的期权价格是个鞅, 假设它是个可微函数. 我们可以用 Itô 引理确定其动态,

$$\mathrm{d}\left(\frac{V}{M}\right) = \frac{1}{M}\mathrm{d}V - r\frac{V}{M}\mathrm{d}t.$$

借助于二维 Itô 引理, 具有在 Heston 模型 (8.18) 中 $S(t)$ 和 $v(t)$ 的动态下的无穷小增量 $\mathrm{d}V$ 如下:

$$\mathrm{d}V = \left(\frac{\partial V}{\partial t} + rS\frac{\partial V}{\partial S} + \kappa(\bar{v} - v)\frac{\partial V}{\partial v} + \frac{1}{2}vS^2\frac{\partial^2 V}{\partial S^2} + \rho_{x,v}\gamma Sv\frac{\partial^2 V}{\partial S\partial v}\right.$$
$$\left. + \frac{1}{2}\gamma^2 v\frac{\partial^2 V}{\partial v^2}\right)\mathrm{d}t + S\sqrt{v}\frac{\partial V}{\partial S}\mathrm{d}W_x + \gamma\sqrt{v}\frac{\partial V}{\partial v}\mathrm{d}W_v.$$

请注意, 上面的式子已经写成了相关的 Brown 运动的形式.

> 由于鞅性质成立, 上述的动态应该没有 $\mathrm{d}t$ 项, 这产生
>
> $$\frac{1}{M}\left(\frac{\partial V}{\partial t} + rS\frac{\partial V}{\partial S} + \kappa(\bar{v} - v)\frac{\partial V}{\partial v} + \frac{1}{2}vS^2\frac{\partial^2 V}{\partial S^2}\right.$$
> $$\left. + \rho_{x,v}\gamma Sv\frac{\partial^2 V}{\partial S\partial v} + \frac{1}{2}\gamma^2 v\frac{\partial^2 V}{\partial v^2}\right) - r\frac{V}{M} = 0, \tag{8.24}$$
>
> 这就是 *Heston 随机波动率 PDE* 的结果, 用于期权定价 (当然, 是在 (8.24) 乘以 M 后).

借助于 *Feynman-Kac* 定理可以找到 Heston 期权定价 PDE 的解, 并将其描述为风险中性测度下的贴现的期望收益. 对于 Heston 模型, Feynman-Kac 表示中的条件密度函数尚未知, 但我们可以确定其贴现特征函数, 因为 *Heston* 模型在仿射扩散框架内, 参见节 8.3.

复制和对冲方法

作为第二个定义 Heston 期权定价 PDE 的方法, 我们构造一个复制投资组合, 其价值为 $\Pi(t, S, v)$, 再次要用到 Itô 引理.

然而, 市场完备性原则指出, 资产数量和随机性来源 (即 Brown 运动) 的数量应该相等. 以前, 在 Black-Scholes 模型中, 我们有一个带着一个 Brown 运动的随机微分方程, 所以市场是完备的. 在跳扩散动态的情形中, 情况就不是这样了, 随机过程除 Brown 运动外还有一个 Poisson 跳过程. 这样市场就不完备了, 我们不得不回到等价鞅测度的概念.

在考虑随机波动率过程时, 情况变得有点复杂. 困难在于, 波动率本身不能在市场

上交易 (准确地说, 我们可以模拟衍生品来度量波动率, 但波动率不是一个唯一可测的
交易量).

在随机波动率情况下的对冲投资组合包含一个价值为 $V(t, S, v)$ 期权, $-\Delta$ 份的标
的资产 $S(t)$, 以及为了对冲随机波动率的风险而持有的 $-\Delta_1$ 份的另一个期权, 其价值
为 $V_1(t, S, v; K_1, T)$.

用这个方法, 我们处理了两个来源的随机性, 即 $S(t)$ 和 $v(t)$. 所以,

$$\Pi(t, S, v) = V(t, S, v; K, T) - \Delta S - \Delta_1 V_1(t, S, v; K_1, T), \tag{8.25}$$

这里我们显式地包含了 V 和 V_1 对自变量 K, T, K_1, T 的依赖, 这表明 V_1 是一个具有
同样到期日但不同敲定价 K_1 的期权.

使用记号 $V \equiv V(t, S, v; K, T)$ 和 $V_1 \equiv V_1(t, S, v; K_1, T)$, 应用 Itô 引理, 我们推出
投资组合 $\Pi \equiv \Pi(t, S, v)$ 的无穷小变化的动态如下:

$$\begin{aligned}
\mathrm{d}\Pi =& \left(\frac{\partial V}{\partial t} + \frac{1}{2} v S^2 \frac{\partial^2 V}{\partial S^2} + \rho_{x,v} \gamma S v \frac{\partial^2 V}{\partial S \partial v} + \frac{1}{2} \gamma^2 v \frac{\partial^2 V}{\partial v^2} \right) \mathrm{d}t \\
&- \Delta_1 \left(\frac{\partial V_1}{\partial t} + \frac{1}{2} v S^2 \frac{\partial^2 V_1}{\partial S^2} + \rho_{x,v} \gamma S v \frac{\partial^2 V_1}{\partial S \partial v} + \frac{1}{2} \gamma^2 v \frac{\partial^2 V_1}{\partial v^2} \right) \mathrm{d}t \\
&+ \left(\frac{\partial V}{\partial S} - \Delta_1 \frac{\partial V_1}{\partial S} - \Delta \right) \mathrm{d}S + \left(\frac{\partial V}{\partial v} - \Delta_1 \frac{\partial V_1}{\partial v} \right) \mathrm{d}v.
\end{aligned}$$

通过设定

$$\frac{\partial V}{\partial S} - \Delta_1 \frac{\partial V_1}{\partial S} - \Delta = 0 \quad \text{和} \quad \frac{\partial V}{\partial v} - \Delta_1 \frac{\partial V_1}{\partial v} = 0, \tag{8.26}$$

我们消除了投资组合动态的随机性.

如前所述, 为了避免套利机会, 这个确定的无风险投资组合的回报必须获得无风险
利率, 即 $\mathrm{d}\Pi = r\Pi\mathrm{d}t$, 从而由 (8.25) 我们有 $\mathrm{d}\Pi = r(V - \Delta S - \Delta_1 V_1)\mathrm{d}t$.

应用 (8.26) 并整理, 我们得到下面的等式:

$$\begin{aligned}
&\left(\frac{\partial V}{\partial t} + \frac{1}{2} v S^2 \frac{\partial^2 V}{\partial S^2} + \rho_{x,v} \gamma S v \frac{\partial^2 V}{\partial S \partial v} + \frac{1}{2} \gamma^2 v \frac{\partial^2 V}{\partial v^2} + r S \frac{\partial V}{\partial S} - rV \right) \Big/ \frac{\partial V}{\partial v} = \\
&\left(\frac{\partial V_1}{\partial t} + \frac{1}{2} v S^2 \frac{\partial^2 V_1}{\partial S^2} + \rho_{x,v} \gamma S v \frac{\partial^2 V_1}{\partial S \partial v} + \frac{1}{2} \gamma^2 v \frac{\partial^2 V_1}{\partial v^2} + r S \frac{\partial V_1}{\partial S} - rV_1 \right) \Big/ \frac{\partial V_1}{\partial v},
\end{aligned}$$

这里, 在等式左边, 期权价 V 是自变量 t, S, v 的函数, 而在右边, 期权价 V_1 同样是这些
自变量的函数.

等式两边相等, 就应该都等于一个特别的函数, 设为 $g(t, S, v)$, 它仅依赖于自变量
S, v 和时间 t.

通过选择 $g(t, S, v) = -\kappa(\bar{v} - v(t))$, 就像 (8.18) 中的项, 推导出下列在 Heston
SV 动态下的期权定价 PDE:

$$\frac{\partial V}{\partial t} + \frac{1}{2}vS^2\frac{\partial^2 V}{\partial S^2} + \rho_{x,v}\gamma Sv\frac{\partial^2 V}{\partial S\partial v} + \frac{1}{2}\gamma^2 v\frac{\partial^2 V}{\partial v^2}$$

$$+ rS\frac{\partial V}{\partial S} + \kappa(\bar{v} - v)\frac{\partial V}{\partial v} - rV = 0. \tag{8.27}$$

请注意, 这个表达式和在等式 (8.24) 中鞅方法得到 PDE 结果一致.

在 [Heath et al., 2000] 中, 讨论了其他的 $g(t, S, v)$ 函数.

8.2.2 隐含波动率微笑和倾斜参数的研究

本小节讨论 Heston SV 模型产生的隐含波动率的形态. 在 Heston SV 模型中的方差 $v(t) = \sigma^2(t)$, 由均值回归 CIR 过程驱动, 不同的参数对隐含波动率曲线有不同的影响. 我们给出关于参数和它们对隐含波动率形状影响的一些直观意见.

深入了解模型参数的影响可能很有用, 例如校验过程中, 在校验迭代开始前, 需要先验地设定初始的参数组来拟合 Heston SV 模型的参数 $\{\rho_{x,v}, v_0, \bar{v}, \kappa, \gamma\}$, 从而使模型能够匹配观察到的市场数据 (见 8.2.3 一节中的校验细节).

为了数值地分析参数的影响, 我们用下面的参考参数:

$T = 2,\ S_0 = 100,\ \kappa = 0.1,\ \gamma = 0.1, \bar{v} = 0.1,\ \rho_{x,v} = -0.75,\ v_0 = 0.05,\ r = 0.05.$

数值研究通过只变化一个参数而固定其他参数的方式进行. 对每个参数组, 计算 Heston SV 期权价 (用 Heston PDE 的数值解), 并且将它们插入 Newton-Raphson 迭代中来确定 Black-Scholes 隐含波动率.

最先变化的两个参数是相关参数 $\rho_{x,v}$ 和波动率的波动率 (vol-vol) 参数 γ. 图 8-2 (左) 展示了当 $\rho_{x,v} = 0\%$ 时, 随着 γ 值的增加隐含波动率越来越明显地表现出微笑, 即大一点的波动率的波动率参数增加了隐含波动率的曲率. 我们在图 8-2 (右) 也看到, 当

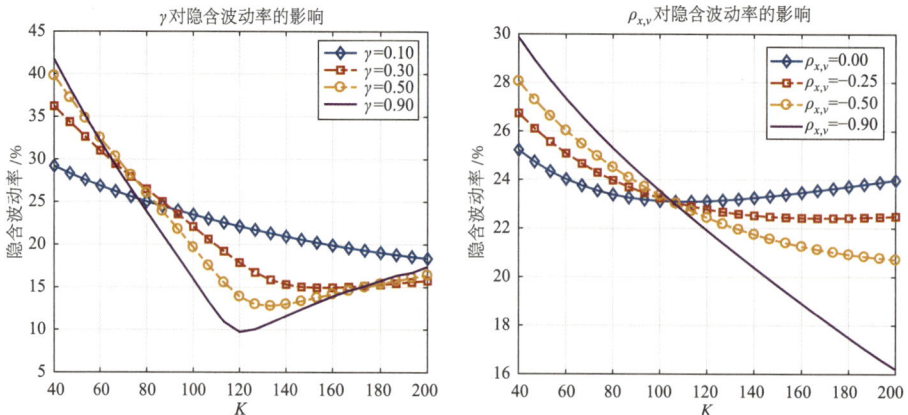

图 8-2　不同的 Heston 波动率的波动率参数 γ (左) 和相关参数 $\rho_{x,v}$ (右) 作为敲定价 K 的函数, 对隐含波动率的影响.

股票和方差过程的相关性 $\rho_{x,v}$ 为负数且绝对值变大时, 隐含波动率曲线倾斜的斜率也增长.

Heston 模型动态中的另一个参数是 $v(t)$ 的均值回归速度 κ. 图 8-3 中的左图表现了 κ 在隐含波动率微笑或倾斜上的有限影响, 仅有 1%~2%. 然而, κ 决定了波动率收敛到长期波动率 $\bar{v}$ 的速度, 见图 8-3 中的右图, 其呈现了关于不同 κ 值的平值 (ATM) 隐含波动率. 在这个例子中, 我们有 $\sqrt{\bar{v}} \approx 31.62\%$, 而且对较大的 κ 值意味着隐含波动率较快地收敛到 $\sqrt{\bar{v}}$ 值.

剩下的两个参数, 初始方差 v_0 和方差水平 $\bar{v}$ 对隐含波动率曲线有相似的作用, 见图 8-4. 这两个参数的影响力也同时依赖于 κ 值, 该值控制了隐含波动率从 $\sqrt{v_0}$ 收敛到 $\sqrt{\bar{v}}$ (或 v_0 收敛到 $\bar{v}$) 的速度.

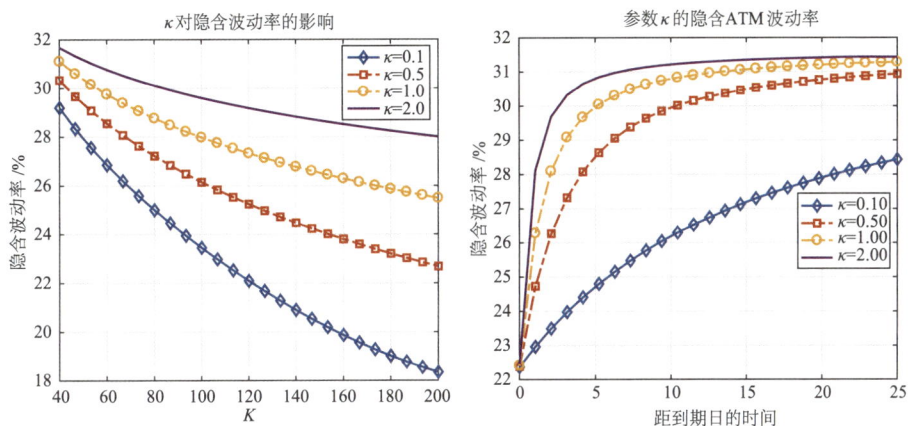

图 8-3　不同的 Heston 参数 κ 作为敲定价 K 的函数对隐含波动率的影响 (左), 不同的 κ 作为 $\tau = T - t$ 的函数对 ATM 波动率的影响 (右).

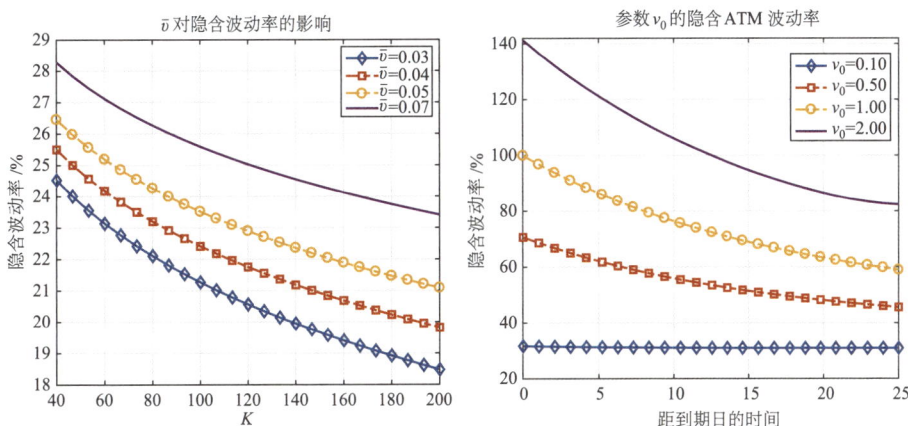

图 8-4　v_0 和 $\bar{v}$ 的变化对 Heston 隐含波动率的影响. 左: $\bar{v}$ 作为敲定价 K 的函数; 右: v_0 作为距到期日的时间 $\tau = T - t$ 的函数.

8.2.3 Heston 模型的标定校验

在 Heston 模型的校验过程中, 我们寻找模型参数使得市场平凡香草期权价格 V^{mkt} 与模型价格 $V = V^H$ 之间的差异越小越好. 如前所述, 我们在本例中寻找的参数的值是 $\Omega = \{\rho_{x,v}, v_0, \bar{v}, \kappa, \gamma\}$. 为了确定这些 "最佳" 的参数, 定义了一个基于模型与市场价值的差异的目标函数. 然而, 目标函数不是唯一选择的.

最常见的选择包括

$$\min_{\Omega} \sqrt{\sum_i \sum_j w_{i,j} \left(V_c^{mkt}(t_0, S_0; K_i, T_j) - V_c(t_0, S_0; K_i, T_j, \Omega) \right)^2} \tag{8.28}$$

和

$$\min_{\Omega} \sqrt{\sum_i \sum_j w_{i,j} \left(\sigma_{imp}^{mkt}(t_0, S_0; K_i, T_j) - \sigma_{imp}(t_0, S_0; K_i, T_j, \Omega) \right)^2}, \tag{8.29}$$

这里 $V_c^{mkt}(t_0, S_0; K_i, T_j)$ 是市场上观察到的敲定价为 K_i, 到期日为 T_j 的看涨期权价, $V_c(t_0, S_0; K_i, T_j, \Omega)$ 是Heston 看涨期权价; $\sigma_{imp}^{mkt}(\cdot)$, $\sigma_{imp}(\cdot)$ 分别是从市场和 Heston 模型得来的隐含波动率, 而 $w_{i,j}$ 是权重函数.

一般地, $w_{i,j} = 1$, 然而, 目标函数经常基于 OTM 看涨和看跌期权价, 其中隐含着 "自然" 的权重.

校验 Heston 模型时的主要困难是要确定包含五个参数的集合 Ω, 而这些模型参数并不是完全 "独立" 的. 我们的意思是不同参数对隐含波动率的微笑形状的影响可能很相似. 因此, 在搜索最佳参数值时可能会遇到几个 "局部最小值". 与前面的例子一样, 对不同参数对隐含波动率影响的深入了解可能已经给了我们一组满意的参数初始值.

通过减少要优化的参数数量可以加速优化求解过程. 比较均值回归速度参数 κ 和曲率参数 γ (参见图 8-2 和图 8-3), 可以观察到这两个参数对隐含波动率的形状有类似的影响. 因此, 通常的做法是设定 (或确定) 其中之一. 金融从业者通常固定 $\kappa = 0.5$ 而优化参数 γ. 由此优化过程可简化到四个参数.

另一个可以提前用猜测来确定的参数是方差过程的初值 v_0. 对于到期日 T "接近今天" (即 $T \to 0$), 预计股价会表现得很像 *Black-Scholes* 的情况. 随机方差过程的影响在极限 $T \to 0$ 时应该减少到零. 因此对于期限较短的期权, 过程可能近似于以下形式:

$$dS(t) = rS(t)dt + \sqrt{v_0}S(t)dW_x(t). \tag{8.30}$$

这就提示了初值方差 v_0 可以这样选定, 使用一个即将到期的期权, 其 ATM 隐含波动率的平方在 $T \to 0$ 时作为初始方差的一个精确近似, $v_0 \approx \sigma_{imp}^2$.

在表 8-1 中, 一些观察到的隐含波动率曲面的值得以呈现. 敲定价以现货价 S_0 的百分比表示, 所以 ATM 敲定价格对应的是 $K = S_0 = 100$.

表 8-1　对不同的到期日和敲定价的隐含波动率百分比. 敲定价是 S_0 的百分比.

敲定价	到期日 T							
	1 周	1 个月	6 个月	1 年	2 年	5 年	8 年	10 年
40	22.622	22.371	20.706	18.537	18.041	16.395	14.491	13.136
60	15.491	15.350	14.415	13.195	12.916	11.988	10.917	10.177
80	9.930	9.882	9.562	9.154	9.070	8.786	8.459	8.251
100	5.001	**5.070**	**5.515**	**6.041**	**6.196**	**6.639**	**7.015**	**7.221**
120	4.542	4.598	4.962	5.430	5.654	6.277	6.782	7.041
140	6.278	6.300	6.405	6.460	6.607	6.982	7.232	7.328
160	7.748	7.752	7.707	7.517	7.615	7.806	7.824	7.751
180	8.988	8.976	8.818	8.445	8.508	8.563	8.399	8.182

Heston 模型的初值 v_0 于是可以估计为一个到期日 $T = 1$ 周的期权的 ATM 波动率的平方, 即 $v_0 = \sigma_{imp}^2(1w) = (0.05001)^2 = 0.0025$ (在表 8-1 中的方框里指示). 均值方差的值 $\bar{v}$ 可以关联 10 年的值, 即 $\bar{v} = \sigma_{imp}^2(10y) = (0.07221)^2$.

作为对 Heston 模型中参数的初始猜测的精确近似, 还可以将 Heston 动态联系到具时间依赖的波动率函数的 Black-Scholes 动态, 如 3.2.3 一节所讨论的. 例如, 在 Heston 模型中, 我们可以将方差过程投射到它的期望上, 即

$$dS(t) = rS(t)dt + \mathbb{E}[\sqrt{v(t)}]S(t)dW_x(t).$$

通过这个投射, 方差过程 $v(t)$ 的参数可以类似于时间依赖的 Black-Scholes 模型的情况进行校验. 对于那些时间依赖的波动率模型, 在校验时要考虑表 8-1 中波动率一行完整的数据 (表中加粗字).

Heston 参数于是可以确定为

$$\sigma^{ATM}(T_i) = \sqrt{\int_0^{T_i} \left(\mathbb{E}[\sqrt{v(t)}]\right)^2 dt},$$

这里 $\sigma^{ATM}(T_i)$ 是表 8-1 中到期日为 T_i 的 ATM 隐含波动率.

另一个 Heston 参数的校验技巧是利用 VIX 指数市场报价. 如在下面注释 8.2.1 讨论的, 对不同敲定价 K_i 和不同到期日 T_j 的市场报价, 我们也可以对每对 (i, j) 通过解下列等式决定最优参数:

$$K_{i,j} = \bar{v} + \frac{v_0 - \bar{v}}{\kappa(T_j - t_0)}\left(1 - e^{-\kappa(T_i - t_0)}\right). \tag{8.31}$$

当参数的初值确定了, 就可以利用表 8-1 中的全部隐含波动率来确定最优的模型参数.

注释 8.2.1 (在 Heston 模型下的方差互换建模) 方差互换在节 4.2.2 中引入, 在那里我们介绍了一个定价方法. 接下来, 要将此法用到 VIX 指数的报价.

我们解释过方差互换是按其敲定价 K 进行报价的, 我们是通过让合同价值在起始日 t_0 时为 0 来确定这个价格的. 然而, 当波动性 $\sigma(t)$ 由一个随机过程建模时, 方差互

换定价公式将被修正. 如果股票价格受 Heston SV 模型控制, 则 (4.30) 中的表达式将被修正为

$$K = \frac{1}{T-t_0} \mathbb{E}^{\mathbb{Q}} \left[\int_{t_0}^T v(t)\mathrm{d}t \,\Big|\, \mathcal{F}(t_0) \right] = \frac{1}{T-t_0} \int_{t_0}^T \mathbb{E}^{\mathbb{Q}} \left[v(t) \,\Big|\, \mathcal{F}(t_0) \right] \mathrm{d}t. \tag{8.32}$$

在 Heston 过程下, 方差的期望现在由下式给出:

$$\mathbb{E}^{\mathbb{Q}} \left[v(t) \,\big|\, \mathcal{F}(t_0) \right] = v_0 \mathrm{e}^{-\kappa(t-t_0)} + \bar{v} \left(1 - \mathrm{e}^{-\kappa(t-t_0)} \right), \tag{8.33}$$

所以敲定价 K 应该等于

$$K = \bar{v} + \frac{v_0 - \bar{v}}{\kappa(T-t_0)} \left(1 - \mathrm{e}^{-\kappa(T-t_0)} \right). \tag{8.34}$$

例 8.2.1 (校验以及波动率曲面)　图 8-5 展示了三个 "校验模式" 例子的样子. 这三张图代表了三类分别为点、线、面的校验方法. 在第一个图中, 校验在隐含波动率曲面的一个点上进行, 也就是仅仅关于 ATM 的隐含波动率, 其类似于 Black-Scholes 的情况. 第二张图显示了依赖时间的波动率的校验, 这里波动率的期限结构要考虑进来. 第三张图代表了校验的整张 Heston 模型的隐含波动率曲面. ◇

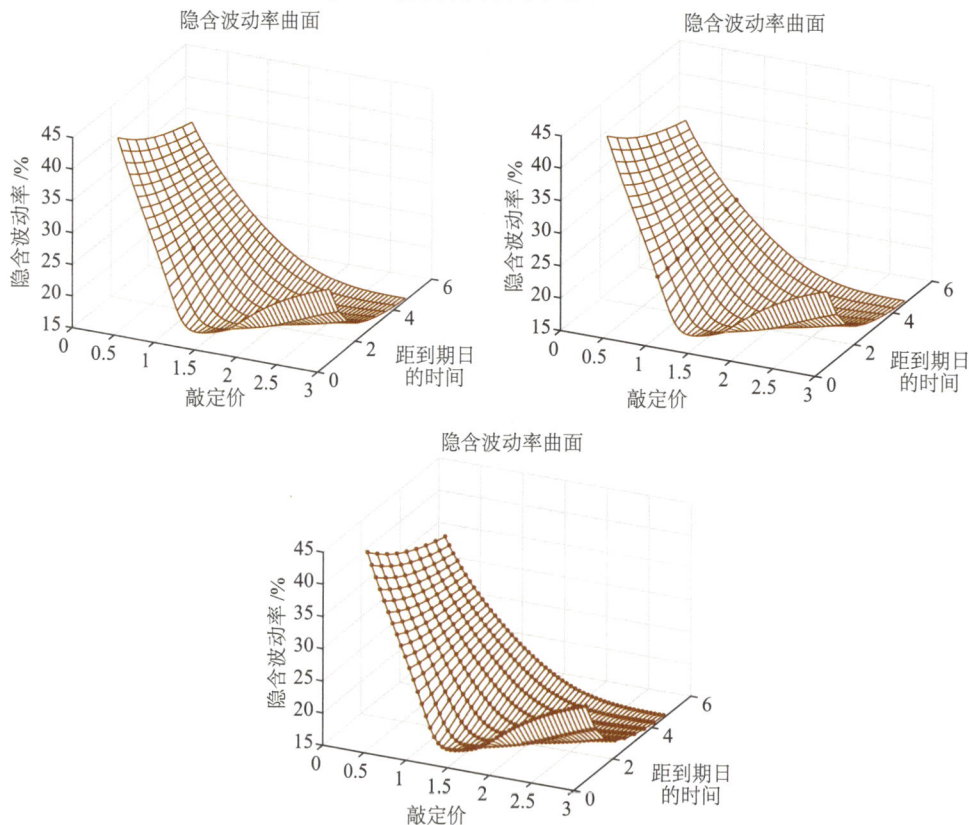

图 8-5　隐含波动率曲面和不同的校验模式: 校验 ATM (第一张图), 校验期限结构 (第二张图) 和校验整个波动率曲面 (第三张图).

虽然 SV 模型有许多期权定价想要的特性, 但可能很难标定到一组给定的欧式香草市场期权的无套利市场价格. 特别是 Heston-SV 模型对股票市场上的短期期权定价的准确性常常不能完全令人满意 [Engelmann et al., 2011].

8.3　Heston SV 贴现特征函数

在本节中, 我们将得到贴现特征函数的细节, 并开始讨论在 AD 过程框架下构造 Heston SV 模型.

8.3.1　仿射扩散过程的随机波动率

在风险中性测度 $\mathbb{Q}$ 下, 一般带扩散波动率结构的随机模型可以写成

$$\begin{cases} \mathrm{d}S(t) = rS(t)\mathrm{d}t + a(t,v)S(t)\mathrm{d}W_x(t), \\ \mathrm{d}v(t) = b(t,v)\mathrm{d}t + c(t,v)\mathrm{d}W_v(t), \end{cases} \tag{8.35}$$

其中常数 r, 相关性 $\mathrm{d}W_x(t)\mathrm{d}W_v(t) = \rho_{x,v}\mathrm{d}t$, $|\rho_{x,v}| < 1$. 这里的函数 $a(t,v)$, $b(t,v)$ 和 $c(t,v)$ 可以根据不同的随机波动率模型而予以定义.

关于 $\boldsymbol{X}(t) = [X(t), v(t)]^{\mathrm{T}}$, 在对数变换 $X(t) = \log S(t)$ 下, 模型可以表示成独立的 Brown 运动形式,

$$\begin{bmatrix} \mathrm{d}X(t) \\ \mathrm{d}v(t) \end{bmatrix} = \begin{bmatrix} \bar{\mu}_1(t, \boldsymbol{X}(t)) \\ \bar{\mu}_2(t, \boldsymbol{X}(t)) \end{bmatrix}\mathrm{d}t + \begin{bmatrix} \bar{\sigma}_{1,1}(t, \boldsymbol{X}(t)) & \bar{\sigma}_{1,2}(t, \boldsymbol{X}(t)) \\ \bar{\sigma}_{2,1}(t, \boldsymbol{X}(t)) & \bar{\sigma}_{2,2}(t, \boldsymbol{X}(t)) \end{bmatrix}\begin{bmatrix} \mathrm{d}\widetilde{W}_x(t) \\ \mathrm{d}\widetilde{W}_v(t) \end{bmatrix},$$

其中

$$\bar{\boldsymbol{\mu}}(t, \boldsymbol{X}(t)) = \begin{bmatrix} r - \frac{1}{2}a^2(t,v) \\ b(t,v) \end{bmatrix}, \quad \bar{\boldsymbol{\sigma}}(t, \boldsymbol{X}(t)) = \begin{bmatrix} a(t,v) & 0 \\ \rho_{x,v}c(t,v) & \sqrt{(1-\rho_{x,v}^2)}c(t,v) \end{bmatrix}.$$

我们可以对方程组 (8.35) 确定其属于仿射扩散过程类 (AD) 应具有的条件. 明显地, 这里的利率是常数, $\bar{r}(t, \boldsymbol{X}(t)) = r$. 而对漂移项 $\boldsymbol{X}(t)$, 我们有

$$\bar{\boldsymbol{\mu}}(t, \boldsymbol{X}(t)) := \begin{bmatrix} r - \frac{1}{2}a^2(t,v) \\ b(t,v) \end{bmatrix} = \begin{bmatrix} a_0 + a_1 v \\ b_0 + b_1 v \end{bmatrix}, \quad \text{对} \quad a_0, b_0, a_1, b_1 \in \mathbb{R}. \tag{8.36}$$

从而, $a_0 = r$, $a_1 = -0.5$ 以及 $a^2(t,v) = v$. 为了在 AD 类, 最后的等式隐含着函数 $a(t,v)$ 应该等于 $\sqrt{v(t)}$ (或者一个常数, 或者一个关于时间的确定函数). 在第二行里, 函数 $b(t,v)$ 可以是一个关于时间和 $v(t)$ 的线性函数.

关于协方差项,

$$\bar{\boldsymbol{\sigma}}(t, \boldsymbol{X}(t))\bar{\boldsymbol{\sigma}}(t, \boldsymbol{X}(t))^{\mathrm{T}} = \begin{bmatrix} a^2(t,v) & \rho_{x,v}a(t,v)c(t,v) \\ \rho_{x,v}a(t,v)c(t,v) & c^2(t,v) \end{bmatrix}$$

$$= \begin{bmatrix} c_{0,1,1} + c_{1,1,1}v & c_{0,1,2} + c_{1,1,2}v \\ c_{0,2,1} + c_{1,2,1}v & c_{0,2,2} + c_{1,2,2}v \end{bmatrix}. \tag{8.37}$$

从前面已确定的 $a(t,v) = \sqrt{v}$ 推出,

$$a^2(t,v) = (\sqrt{v})^2 = c_{0,1,1} + c_{1,1,1}v,$$

$$\rho_{x,v}a(t,v)c(t,v) = \rho_{x,v}\sqrt{v}c(t,v) = c_{0,1,2} + c_{1,1,2}v,$$

$$c^2(t,v) = c_{0,2,2} + c_{1,2,2}v.$$

上面三个等式在 $c(t,v) = \sqrt{v}$ 或者 $a(t,v)$ 和 $c(t,v)$ 是时间的确定函数时成立.

对 $\boldsymbol{X} = [X_1(t), X_2(t)]^{\mathrm{T}} =: [X(t), v(t)]^{\mathrm{T}}$, SV 模型的生成元由下式给出:

$$\mathcal{A} = \sum_{i=1}^{2} \bar{\mu}_i(t, \boldsymbol{X}) \frac{\partial}{\partial X_i} + \frac{1}{2} \sum_{i=1}^{2} \sum_{j=1}^{2} (\bar{\boldsymbol{\sigma}}(t, \boldsymbol{X})\bar{\boldsymbol{\sigma}}(t, \boldsymbol{X})^{\mathrm{T}})_{i,j} \frac{\partial^2}{\partial X_i \partial X_j}.$$

利用 Feynman-Kac 定理, 对应的 $V(t, \boldsymbol{X})$ 的 PDE 如下:

$$\frac{\partial}{\partial t} V + \mathcal{A}V - rV = 0,$$

其解

$$V(t, \boldsymbol{X}) = \mathrm{e}^{-r(T-t)} \mathbb{E}^{\mathbb{Q}} \left[H(T, \boldsymbol{X}) \big| \mathcal{F}(t) \right],$$

以及终值条件 $V(T, \boldsymbol{X}) = H(T, \boldsymbol{X})$.

AD 类中的 Heston 动态

由 (8.18), $X(t) = \log S(t)$, Heston 动态由下列 SDE 组给出:

$$\begin{cases} \mathrm{d}X(t) = \left(r - \frac{1}{2}v(t)\right) \mathrm{d}t + \sqrt{v(t)}\mathrm{d}W_x(t), \\ \mathrm{d}v(t) = \kappa(\bar{v} - v(t))\mathrm{d}t + \gamma\sqrt{v(t)}\mathrm{d}W_v(t), \end{cases} \tag{8.38}$$

其中 $\mathrm{d}W_x(t)\mathrm{d}W_v(t) = \rho_{x,v}\mathrm{d}t$. 模型 (8.38) 是仿射的. 为了验证协方差矩阵的仿射性, 我们可以把 SV Heston 模型表示成两个独立的 Brown 运动的形式, 如同 (7.6) 所表示的,

$$\begin{bmatrix} \mathrm{d}X(t) \\ \mathrm{d}v(t) \end{bmatrix} = \begin{bmatrix} r - \frac{1}{2}v(t) \\ \kappa(\bar{v} - v(t)) \end{bmatrix} \mathrm{d}t + \begin{bmatrix} \sqrt{v(t)} & 0 \\ \rho_{x,v}\gamma\sqrt{v(t)} & \gamma\sqrt{(1 - \rho_{x,v}^2)v(t)} \end{bmatrix} \begin{bmatrix} \mathrm{d}\widetilde{W}_x(t) \\ \mathrm{d}\widetilde{W}_v(t) \end{bmatrix}.$$

沿用 (7.54) 的记号, 我们有

$$\bar{\boldsymbol{\sigma}}(t, \boldsymbol{X}(t))\bar{\boldsymbol{\sigma}}(t, \boldsymbol{X}(t))^{\mathrm{T}} = \begin{bmatrix} v(t) & \rho_{x,v}\gamma v(t) \\ \rho_{x,v}\gamma v(t) & \gamma^2 v(t) \end{bmatrix}, \tag{8.39}$$

这关于其状态变量 $\boldsymbol{X}(t) = [X(t), v(t)]^{\mathrm{T}}$ 对常数 γ 和 $\rho_{x,v}$ 是仿射的.

8.3.2 Heston SV 特征函数的推导

贴现特征函数具有下列形式:

$$\phi_{\boldsymbol{X}}(\boldsymbol{u}) := \phi_{\boldsymbol{X}}(\boldsymbol{u};t,T) = \mathbb{E}^{\mathbb{Q}}\left[\exp\left(-r(T-t)+i\boldsymbol{u}^{\mathrm{T}}\mathbf{X}(T)\right)\big|\mathcal{F}(t)\right]$$
$$= \exp\left(\bar{A}(\boldsymbol{u},\tau)+\bar{\boldsymbol{B}}^{\mathrm{T}}(\boldsymbol{u},\tau)\boldsymbol{X}(t)\right), \tag{8.40}$$

其中 $\boldsymbol{u}^{\mathrm{T}} = [u,u_2]^{\mathrm{T}}, \tau = T-t, \bar{\boldsymbol{B}}(\boldsymbol{u},\tau) = [\bar{B}(\boldsymbol{u},\tau),\bar{C}(\boldsymbol{u},\tau)]^{\mathrm{T}}$. 在时间 T, 用 $\boldsymbol{u} = [u,0]^{\mathrm{T}}$, 我们有

$$\phi_{\boldsymbol{X}}(u;T,T) = \mathbb{E}^{\mathbb{Q}}\left[\mathrm{e}^{i\boldsymbol{u}^{\mathrm{T}}\mathbf{X}(T)}\Big|\mathcal{F}(T)\right] = \mathrm{e}^{i\boldsymbol{u}^{\mathrm{T}}\boldsymbol{X}(T)} = \mathrm{e}^{iuX(T)}, \tag{8.41}$$

关于变量 τ, 等式 (8.41) 给出 $\bar{A}(\boldsymbol{u},0)=0$, $\bar{B}(\boldsymbol{u},0)=iu$ 和 $\bar{C}(\boldsymbol{u},0)=0$. 由 (7.56), 下列引理定义了 Riccati 常微分方程 (ODE) 组, 以及它们解的详情.

引理 8.3.1 (Heston ODE 组) (8.40) 中的函数 $\bar{A}(\boldsymbol{u},\tau)$, $\bar{B}(\boldsymbol{u},\tau)$ 和 $\bar{C}(\boldsymbol{u},\tau)$ 满足下列 ODE 组:

$$\frac{\mathrm{d}\bar{B}}{\mathrm{d}\tau} = 0, \quad \bar{B}(\boldsymbol{u},0) = iu,$$
$$\frac{\mathrm{d}\bar{C}}{\mathrm{d}\tau} = \bar{B}(\bar{B}-1)/2 - \left(\kappa-\gamma\rho_{x,v}\bar{B}\right)\bar{C} + \gamma^2\bar{C}^2/2, \quad \bar{C}(\boldsymbol{u},0) = 0,$$
$$\frac{\mathrm{d}\bar{A}}{\mathrm{d}\tau} = \kappa\bar{v}\bar{C} + r(\bar{B}-1), \quad \bar{A}(\boldsymbol{u},0) = 0,$$

其中的参数 $\kappa, \gamma, \bar{v}, r$ 和 $\rho_{x,r}$ 如同 Heston 模型 (8.38).

我们给出引理 8.3.1 证明的大致框架. 对 $\boldsymbol{X}(t) = [X(t),v(t)]^{\mathrm{T}}$, 解 $\phi_{\boldsymbol{X}} := \phi_{\boldsymbol{X}}(u;t,T)$ 满足下列定价 PDE:

$$0 = -\frac{\partial\phi_{\boldsymbol{X}}}{\partial\tau} + \left(r-\frac{1}{2}v\right)\frac{\partial\phi_{\boldsymbol{X}}}{\partial X} + \kappa(\bar{v}-v(t))\frac{\partial\phi_{\boldsymbol{X}}}{\partial v} + \frac{1}{2}\gamma^2 v\frac{\partial^2\phi_{\boldsymbol{X}}}{\partial v^2} + \frac{1}{2}v\frac{\partial^2\phi_{\boldsymbol{X}}}{\partial X^2}$$
$$+ \rho_{x,v}\gamma v\frac{\partial^2\phi_{\boldsymbol{X}}}{\partial X\partial v} - r\phi_{\boldsymbol{X}}, \tag{8.42}$$

并服从 $\tau = 0$ 时的条件 $\phi_{\boldsymbol{X}}(u;T,T) = \exp(iuX(0))$. 由于 PDE (8.42) 是仿射的, 它的解具有下列形式:

$$\phi_{\boldsymbol{X}}(u;t,T) = \exp\left(\bar{A}(\boldsymbol{u},\tau)+\bar{B}(\boldsymbol{u},\tau)X(t)+\bar{C}(\boldsymbol{u},\tau)v(t)\right). \tag{8.43}$$

将解代入方程, 并收集 X 和 v 各项, 我们就得到了引理中的 ODE 组.

引理 8.3.2 (Heston 模型 ODE 组的解) 引理 8.3.1 中 ODE 组带着它们初值条件的解如下:

$$\bar{B}(\boldsymbol{u}, \tau) = iu,$$

$$\bar{C}(\boldsymbol{u}, \tau) = \frac{1 - \mathrm{e}^{-D_1\tau}}{\gamma^2(1 - g\mathrm{e}^{-D_1\tau})}\left(\kappa - \gamma\rho_{x,v}iu - D_1\right),$$

$$\bar{A}(\boldsymbol{u}, \tau) = r(iu-1)\tau + \frac{\kappa\bar{v}\tau}{\gamma^2}\left(\kappa - \gamma\rho_{x,v}iu - D_1\right) - \frac{2\kappa\bar{v}}{\gamma^2}\log\left(\frac{1 - g\mathrm{e}^{-D_1\tau}}{1-g}\right),$$

这里 $D_1 = \sqrt{(\kappa - \gamma\rho_{x,v}iu)^2 + (u^2 + iu)\gamma^2}$, $g = \dfrac{\kappa - \gamma\rho_{x,v}iu - D_1}{\kappa - \gamma\rho_{x,v}iu + D_1}$.

证明 我们发现 $\bar{B}(\boldsymbol{u}, \tau) = iu$, 而下列的 ODE 可以解出:

$$\begin{cases} \dfrac{\mathrm{d}\bar{C}}{\mathrm{d}\tau} = a_1 - a_2\bar{C} + a_3\bar{C}^2, & \bar{C}(\boldsymbol{u}, 0) = 0, \\ \dfrac{\mathrm{d}\bar{A}}{\mathrm{d}\tau} = b_1 + b_2\bar{C}, & \bar{A}(\boldsymbol{u}, 0) = 0. \end{cases} \tag{8.44}$$

其中 $a_1 = -\frac{1}{2}(u^2 + iu)$, $a_2 = \kappa - \gamma\rho_{x,v}iu$, $a_3 = \frac{1}{2}\gamma^2$, $b_1 = r(iu-1)$, $b_2 = \kappa\bar{v}$.

首先, 我们解 (8.44) 中的 $\bar{C}$, 这里

$$a_1 - a_2\bar{C} + a_3\bar{C}^2 = a_3\left(\bar{C} - r_+\right)\left(\bar{C} - r_-\right),$$

其中

$$r_\pm = \frac{1}{2a_3}(a_2 \pm D_1), \quad D_1 = \sqrt{a_2^2 - 4a_1a_3}.$$

通过分离变量, 我们有

$$\frac{1}{a_3(\bar{C} - r_+)(\bar{C} - r_-)}\mathrm{d}\bar{C} = \mathrm{d}\tau,$$

这等价于

$$\left(\frac{1/(r_+ - r_-)}{a_3(\bar{C} - r_+)} - \frac{1/(r_+ - r_-)}{a_3(\bar{C} - r_-)}\right)\mathrm{d}\bar{C} = \mathrm{d}\tau. \tag{8.45}$$

对 (8.45) 积分, 给我们

$$\frac{\log(\bar{C} - r_+)}{a_3(r_+ - r_-)} - \frac{\log(\bar{C} - r_-)}{a_3(r_+ - r_-)} = \tau + \widetilde{c}. \tag{8.46}$$

由于 $a_3(r_+ - r_-) = D_1$ 和 $\bar{C}(\boldsymbol{u}, 0) = 0$, 我们找到积分常数 $\widetilde{c}$,

$$\widetilde{c} = \frac{1}{D_1}\log(-r_+) - \frac{1}{D_1}\log(-r_-),$$

因此

$$\frac{r_-}{r_+} = \mathrm{e}^{-\widetilde{c}D_1} =: g.$$

求解 (8.46) 中的 $\bar{C}(\boldsymbol{u}, \tau)$ 得到

$$\bar{C}(\boldsymbol{u}, \tau) = \left(\frac{1 - \mathrm{e}^{-D_1 \tau}}{1 - g\mathrm{e}^{-D_1 \tau}} \right) r_-. \tag{8.47}$$

合并 $a_1 = -\frac{1}{2}(u^2 + iu)$, $a_2 = \kappa - \gamma \rho_{x,v} iu$ 和 $a_3 = \frac{1}{2}\gamma^2$, 函数 $\bar{C}(\boldsymbol{u}, \tau)$ 被确定.

然后我们解 ODE 组中的 $\bar{A}(\boldsymbol{u}, \tau)$:

$$\bar{A}(\boldsymbol{u}, \tau) = b_1 \tau + b_2 \int_0^\tau \bar{C}(\boldsymbol{u}, z)\mathrm{d}z = b_1 \tau + b_2 \left(\tau r_- - \frac{1}{a_3} \log \left(\frac{1 - g\mathrm{e}^{-D_1 \tau}}{1 - g} \right) \right).$$

至此, 证明完成, 这样, 所求的贴现特征函数予以确定. $\qquad\qquad\square$

相关性和矩爆炸

我们讨论 Heston 模型的矩及其 "矩爆炸" 的问题, 见 [Andersen et al., 2007]. 矩爆炸说明模型不稳定, 所以这不是实际所希望的. 如在节 1.1 中所讨论的, 从函数 $\phi_{\log S(t)}(u)$, 对对数变换的资产过程 $X(t) = \log S(t)$, 我们可以通过 Heston 特征函数 $\boldsymbol{u} = [u, 0]^{\mathrm{T}}$, 对 $t > 0$ 计算 $S(t)$ 的矩. 定义 $\log S(t)$ 的特征函数,

$$\phi_{\log S(t)}(u) = \mathbb{E}\left[\mathrm{e}^{iu \log S(t)} \right] = \int_0^\infty \mathrm{e}^{iu \log y} f_{S(t)}(y)\mathrm{d}y$$

$$= \int_0^\infty y^{iu} f_{S(t)}(y) = \mathbb{E}\left[(S(t))^{iu} \right], \tag{8.48}$$

代换 $u = -ik$, 给出

$$\phi_{\log S(t)}(-ik) = \int_0^\infty y^k f_{S(t)}(y) \overset{\mathrm{d}}{=} \mathbb{E}\left[S^k(t) \right], \tag{8.49}$$

导出 k 阶矩.

在 Heston 模型下, 特征函数为

$$\phi_{\log S(T)}(u) = \mathrm{e}^{iu \log S(t_0) + \bar{C}(u, \tau)v(t_0) + \bar{A}(u, \tau)}, \tag{8.50}$$

而引理 8.3.1 阐明的三个 ODE 需要通过求解来确定函数 $\bar{C}(u, \tau)$, $\bar{A}(u, \tau)$. 特别地, 当 $u = -ik$, ODE 对 $\bar{C}(u, \tau)$ 有下式给出:

$$\frac{\mathrm{d}\bar{C}}{\mathrm{d}\tau} = \frac{1}{2}k(k-1) + (\gamma \rho_{x,v} k - \kappa)\bar{C} + \frac{1}{2}\gamma^2 \bar{C}^2. \tag{8.51}$$

在 [Andersen et al., 2007] 中证明了对某些参数组, 方程 (8.51) 的解, 也就是 $\mathbb{E}[S^k(t)]$, 可能变得不稳定, 甚至在有限时间里爆炸. (8.51) 的右端是一个二次多项式,

$$\frac{\mathrm{d}\bar{C}}{\mathrm{d}\tau} = a_1 + a_2 \bar{C} + a_3 \bar{C}^2 =: h(\bar{C}), \tag{8.52}$$

其中 $a_1 = \frac{1}{2}k(k-1)$, $a_2 = (\gamma \rho_{x,v} k - \kappa)$, $a_3 = \frac{1}{2}\gamma^2$. 对 $h(\bar{C})$ 的判别式 $D_h(\bar{C})$, 我们得到

$$D_h(\bar{C}) = a_2^2 - 4a_1 a_3 = (\gamma \rho_{x,v} k - \kappa)^2 - 4\frac{1}{2}k(k-1)\frac{1}{2}\gamma^2. \tag{8.53}$$

解的存在性相关于这个多项式根的位置. 我们可以检验参数 $\rho_{x,v}$ 的值使得判别式为正, 即

$$D_h(\bar{C}) > 0 \iff (\gamma\rho_{x,v}k - \kappa)^2 > k(k-1)\gamma^2.$$

经过化简, 给出下列相关系数 $\rho_{x,v}$ 的条件

$$\boxed{\rho_{x,v} < \frac{\kappa}{\gamma k} - \sqrt{\frac{k-1}{k}}.}$$

如果上面的不等式不成立, 就可能会有 $\mathbb{E}[S^k(t)] \to \infty, \forall k > 0$.

为了保证 $S(t)$ 高阶矩的存在, 相关参数 $\rho_{x,v}$ 甚至需要收敛到 -1 来确保稳定的解.

8.4 Heston PDE 的数值解

有了已知封闭形式的贴现特征函数, 我们可以求解期权风险中性的价值, 即我们能计算从 Feynman-Kac 公式导出的贴现的期权价值的期望.

8.4.1 Heston 模型的 COS 方法

对于 Heston 模型, 作为更一般的应用, COS 定价方程 (6.28) 可以直接应用, 可参见 [Fang et al., 2011]. 然而, Heston 模型的 COS 方法可以简化. 敲定价向量可以作为已知输入 Heston COS 公式中, 并由此计算出欧式期权价值向量.

就像等式 (6.48) 所展示的 Lévy 过程, 对 $\boldsymbol{X}(t) = [X(t), v(t)]^{\mathrm{T}}$ 也是可能的, 事实上关于 $\boldsymbol{u} = [u,0]^{\mathrm{T}}$ 的特征函数 (没有贴现, 仍用原记号) 可以表成

$$\phi_{\boldsymbol{X}}(u; t_0, T) = \varphi_{\mathrm{H}}(u, T; v(t_0)) \cdot \mathrm{e}^{iuX(t_0)}, \tag{8.54}$$

其中 $v(t_0)$ 是 t_0 时刻标的的方差.

Heston 部分 $\varphi_{\mathrm{H}}(u, T; v(t_0))$ 可写成

$$\varphi_{\mathrm{H}}(u, T; v(t_0)) = \exp\left[\left(iur\tau + \frac{v(t_0)}{\gamma^2}\left(\frac{1-\mathrm{e}^{-D_1\tau}}{1-g\mathrm{e}^{-D_1\tau}}\right)(\kappa - i\rho_{x,v}\gamma u - D_1)\right)\right]$$
$$\times \exp\left[\frac{\kappa\bar{v}}{\gamma^2}\left(\tau(\kappa - i\rho_{x,v}\gamma u - D_1) - 2\log\left(\frac{1-g\mathrm{e}^{-D_1\tau}}{1-g}\right)\right)\right],$$

其中 $\tau = T - t_0$,

$$D_1 = \sqrt{(\kappa - i\rho_{x,v}\gamma u)^2 + (u^2 + iu)\gamma^2}, \qquad g = \frac{\kappa - i\rho_{x,v}\gamma u - D_1}{\kappa - i\rho_{x,v}\gamma u + D_1}.$$

注释 8.4.1 (复值特征函数) 贴现特征函数是唯一确定的, 这是由于我们对 $\sqrt{(x+yi)}$ 求值使得其实数部分是非负的, 而我们限制复值的对数到其主分支上. 在这种情况下, 得到的特征函数是对在贴现特征函数的解析条带上的全复值 u 参数的修正, 如 [Lord et al., 2010] 所证明的.

用 $\boldsymbol{X}(t) = \log\frac{S(t)}{\boldsymbol{K}}$，具敲定价向量 $\boldsymbol{K}$，我们找到下列 COS 公式：

$$V(t_0, \boldsymbol{x}) \approx \boldsymbol{K}\mathrm{e}^{-r\tau} \cdot \mathrm{Re}\left\{ {\sum_{k=0}^{N-1}}' \varphi_{\mathrm{H}}\left(\frac{k\pi}{b-a}, T; v(t_0)\right) U_k \cdot \exp\left(ik\pi\frac{\boldsymbol{X}(t_0) - a}{b-a}\right)\right\},$$

(8.55)

其中 $\varphi_H(u, T; v(t_0))$ 如同 (8.54)，其余的参数如前所述.

在等式 (6.36), (6.37) 中, 精确地表示了对冲参数 Δ 和 Γ.

为得到 Heston 模型 (8.55) 的 Vega 的 COS 公式 $\frac{\partial V}{\partial v}$, 例如,

$$\frac{\partial V}{\partial v} \approx \mathrm{e}^{-r\tau} {\sum_{k=0}^{N-1}}' \mathrm{Re}\left\{\frac{\partial}{\partial v}\varphi_{\mathrm{H}}\left(\frac{k\pi}{b-a}, T; v(t_0)\right)\exp\left(ik\pi\frac{x-a}{b-a}\right)\right\} \cdot H_k. \quad (8.56)$$

从 (8.54), 我们有

$$\frac{\partial}{\partial v}\varphi_{\mathrm{H}}\left(\frac{k\pi}{b-a}, T; v(t_0)\right) = \bar{C}(\boldsymbol{u}, \tau) \cdot \varphi_{\mathrm{H}}\left(\frac{k\pi}{b-a}, T; v(t_0)\right),$$

这里 $\bar{C}(\boldsymbol{u}, \tau)$ 由 (8.47) 确定.

例 8.4.1 (Heston 模型的数值实验)　我们用 Heston 模型和 COS 方法, 以及下列参数:

$$S_0 = 100, \quad K = 100, \quad r = 0, \quad q = 0, \quad \kappa = 1.5768, \quad \gamma = 0.5751,$$

$$\bar{v} = 0.0398, \quad v_0 = 0.0175, \quad \rho_{x,v} = -0.5711, \text{ 以及 } T = 1. \quad (8.57)$$

得到看涨期权价. 我们用等式 (6.45) 而不是 (6.44) 来定义积分区域, 以避免计算累积量. 累积量 ζ_2 对于 Heston 参数组可能变负从而不满足 Feller 条件 $2\bar{v}\kappa > \gamma^2$, 这就是取 (6.45) 积分区域的原因.

我们模拟模型校验时需要同时计算多个期权价格. 这里, 我们计算 21 个连贯的敲定价的期权价, 范围为 $K = 50, 55, 60, \cdots, 150$; 见表 8-2 的结果, 这里所有敲定价的最大的误差得以呈现.

表 8-2　在 Heston 模型下用 COS 方法定价 21 个敲定价的收敛误差和 CPU 时间, 其中 $T = 1$, 参数如 (8.57).

N	32	64	96	128	160
CPU 时间 (毫秒)	0.85	1.45	2.04	2.64	3.22
最大绝对误差	1.43e−01	6.75e−03	4.52e−04	2.61e−05	4.40e−06

其中 $N = 160$, COS 方法可以高效地定价 21 个期权, 仅仅用了 3 毫秒.　　　　◇

8.4.2 分段常参数的 Heston 模型

常常用来校验以拟合金融市场数据的进一步的 Heston 模型是将其扩展到具有时间依赖的参数, 即对 $X(t) := \log S(t)$, 系统由下列动态掌控:

$$\begin{cases} \mathrm{d}X(t) = \left(r(t) - \frac{1}{2}v(t)\right)\mathrm{d}t + \sqrt{v(t)}\mathrm{d}W_x(t), \\ \mathrm{d}v(t) = \kappa(t)(\bar{v}(t) - v(t))\mathrm{d}t + \gamma(t)\sqrt{v(t)}\mathrm{d}W_v(t), \end{cases} \tag{8.58}$$

其中相关性 $\mathrm{d}W_x(t)\mathrm{d}W_v(t) = \rho_{x,v}(t)\mathrm{d}t$ 而其他所有参数严格为正并且依赖时间. 当这些参数是时间的确定函数时, 模型仍然是仿射类过程的. $\boldsymbol{u} \in \mathbb{C}^2$ 的贴现特征函数则由下式给出:

$$\phi_{\boldsymbol{X}}(\boldsymbol{u}; t_0, T) = \exp\left(\bar{A}(\boldsymbol{u}, \tau) + \bar{\boldsymbol{B}}^{\mathrm{T}}(\boldsymbol{u}, \tau)\boldsymbol{X}(t)\right),$$

其中 $\tau = T - t_0$, $\bar{\boldsymbol{B}}(\boldsymbol{u}, \tau) = [\bar{B}(\boldsymbol{u}, \tau), \bar{C}(\boldsymbol{u}, \tau)]^{\mathrm{T}}$. 有了 $\boldsymbol{u} = [u, 0]^{\mathrm{T}}$, 其给出 $\bar{B}(\boldsymbol{u}, 0) = iu$ 和 $\bar{C}(\boldsymbol{u}, 0) = 0$, 我们马上可以确定复值的 ODE[1],

$$\frac{\mathrm{d}\bar{C}}{\mathrm{d}\tau} = \frac{1}{2}iu(iu - 1) - \left(\kappa(T - \tau) - \gamma(T - \tau)\rho_{x,v}(T - \tau)iu\right)\bar{C} + \frac{1}{2}\gamma^2(T - \tau)\bar{C}^2,$$

$$\frac{\mathrm{d}\bar{A}}{\mathrm{d}\tau} = \kappa(T - \tau)\bar{v}(T - \tau)\bar{C} + r(T - \tau)(iu - 1),$$

具条件 $\bar{C}(\boldsymbol{u}, 0) = 0$ 和 $\bar{A}(\boldsymbol{u}, 0) = 0$.

在处理这个推广到依赖时间的参数的 Heston 模型时, 发现其所对应的 ODE 组不能被解析地解出. 但我们可以应用熟知的数值 ODE 方法, 像四阶 Runge-Kutta 时间递进, 但这样的数值技术可能增加计算时间.

然而, 在引理 8.3.2 的证明中, 我们得到一般的常参数 Riccati 型 ODE 的解, 即对一般的 ODE 系统

$$\begin{cases} \frac{\mathrm{d}\bar{C}}{\mathrm{d}\tau} = c_1 - c_2\bar{C} + c_3\bar{C}^2, & \bar{C}(\boldsymbol{u}, 0) = c_0, \\ \frac{\mathrm{d}\bar{A}}{\mathrm{d}\tau} = a_1 + a_2\bar{C}, & \bar{A}(\boldsymbol{u}, 0) = a_0, \end{cases} \tag{8.59}$$

其解 $\bar{C}(\boldsymbol{u}, \tau)$ 和 $\bar{A}(\boldsymbol{u}, \tau)$ 由下式给出:

$$\bar{A}(\boldsymbol{u}, \tau) = a_0 + a_1\tau + a_2\left[\left(r_+ - \frac{D_1}{c_3}\right)\tau - \frac{1}{c_3}\log\left(\frac{ge^{-\tau D_1} - 1}{g - 1}\right)\right],$$

$$\bar{C}(\boldsymbol{u}, \tau) = \frac{r_+ge^{-\tau D_1} - r_-}{ge^{-\tau D_1} - 1},$$

这里

$$g = \frac{2c_3c_0 - (c_2 - D_1)}{2c_3c_0 - (c_2 + D_1)}, \quad r_\pm = \frac{1}{2c_3}(c_2 \pm D_1), \quad D_1 = \sqrt{c_2^2 - 4c_1c_3},$$

---

[1]关于 $\bar{B}(\boldsymbol{u}, \tau)$ 的 ODE 是平凡的, 事实上 $\bar{B}(\boldsymbol{u}, \tau) = iu$.

其中 $a_1 = r(T - \tau)(iu - 1)$, $a_2 = \kappa(T - \tau)\bar{v}(T - \tau)$, $c_1 = 1/2iu(iu - 1)$, $c_2 = \kappa(T - \tau) - \gamma(T - \tau)\rho_{x,v}(T - \tau)iu$, $c_3 = 1/2\gamma^2(T - \tau)$.

在 (8.59) 中进一步使用 Riccati-型 ODE, 对非零条件的 a_0 和 c_0 也是对的, 我们将对分段常参数 r, κ, γ, $\rho_{x,v}$ 和 $\bar{v}$ 定义 Heston 模型.

所以, 我们划分一个时间网格 $0 = \tau_0 \leqslant \tau_1 \cdots \leqslant \tau_{N-1} \leqslant \tau_N = \tau$. 每个格点 τ_i, $i = 0, \cdots, N$, 模型参数将取为 $T - \tau_i$, 于是在第一个区间 $[0, \tau_1)$, 我们有参数区间 $[T - \tau_1, T)$, 在第二个区间 $[\tau_1, \tau_2)$ 我们的参数在 $[T - \tau_2, T - \tau_1)$ 上, 等等.

参数为分段常数, 意味着特征函数可以递推的方式计算, 即在第一个区间 $[0, \tau_1)$, 我们用初值条件 $\bar{C}(\boldsymbol{u}, 0) = 0$ 和 $\bar{A}(\boldsymbol{u}, 0) = 0$. 当对应的解析解如等式 (8.59) 般确定了, 我们得到两个解, a_1 和 c_1. 对区间 $[\tau_1, \tau_2)$, 我们则分配初始条件 $\bar{C}(\boldsymbol{u}, \tau_1) = c_1$ 和 $\bar{A}(\boldsymbol{u}, \tau_1) = a_1$. 这个过程将重复直到最后的时间步, 此时初值条件 c_{N-1} 和 a_{N-1} 用于解 $\bar{C}(\boldsymbol{u}, \tau_N)$ 和 $\bar{A}(\boldsymbol{u}, \tau_N)$.

8.4.3　Bates 模型

Bates 模型 [Bates, 1996] 也是 Heston 模型的推广, 它对 Heston 股价过程加了跳. 模型由下面的 SDE 系统描述:

$$\begin{cases} \dfrac{\mathrm{d}S(t)}{S(t)} = \left(r - \xi_p \mathbb{E}[\mathrm{e}^J - 1]\right) \mathrm{d}t + \sqrt{v(t)}\mathrm{d}W_x(t) + \left(\mathrm{e}^J - 1\right) \mathrm{d}X_{\mathcal{P}}(t), \\ \mathrm{d}v(t) = \kappa \left(\bar{v} - v(t)\right) \mathrm{d}t + \gamma\sqrt{v(t)}\mathrm{d}W_v(t), \end{cases}$$

其中反映跳的 Poisson 过程 $X_{\mathcal{P}}(t)$ 强度为 ξ_p, 跳量 J 是期望为 μ_J, 方差为 σ_J^2 的正态分布, 即 $J \sim \mathcal{N}(\mu_j, \sigma_j^2)$. $X_{\mathcal{P}}(t)$ 假定为独立于 Brown 运动和跳量 J.

在对数变换下, Bates 模型为

$$\begin{cases} \mathrm{d}X(t) = \left(r - \frac{1}{2}v(t) - \xi_p \mathbb{E}[\mathrm{e}^J - 1]\right) \mathrm{d}t + \sqrt{v(t)}\mathrm{d}W_x(t) + J\mathrm{d}X_{\mathcal{P}}(t), \\ \mathrm{d}v(t) = \kappa \left(\bar{v} - v(t)\right) \mathrm{d}t + \gamma\sqrt{v(t)}\mathrm{d}W_v(t). \end{cases}$$

在风险中性测度下, Bates 模型关于 $V = V(t, X)$ 的 PIDE 现在可以经过推导得出如下方程:

$$\begin{aligned} &\frac{\partial V}{\partial t} + \left(r - \frac{1}{2}v - \xi_p \mathbb{E}[\mathrm{e}^J - 1]\right) \frac{\partial V}{\partial X} + \kappa(\bar{v} - v(t))\frac{\partial V}{\partial v} + \frac{1}{2}\gamma^2 v \frac{\partial^2 V}{\partial v^2} + \frac{1}{2}v\frac{\partial^2 V}{\partial X^2} \\ &+ \rho_{x,v}\gamma v \frac{\partial^2 V}{\partial X \partial v} + \xi_p \mathbb{E}\left[V(t, X + J)\right] = (r + \xi_p)V. \end{aligned}$$

Bates 模型属于仿射跳扩散类, 见节 7.3.2. 所以, 我们可以得到相应的状态向量 $\boldsymbol{X}(t) = [X(t), v(t)]^{\mathrm{T}}$ 的贴现特征函数. 模型基于和 Heston 模型相同的协方差矩阵, 见 (8.39). 其跳的部分, 如同 (7.68), 为 $\bar{\xi}_p(t, \boldsymbol{X}(t)) = \xi_{p,0} + \xi_{p,1}\boldsymbol{X}(t) = \xi_p$, 而 a_0 和 a_1

则为

$$a_0 = \begin{bmatrix} r - \xi_p \mathbb{E}[e^J - 1] \\ \kappa\bar{v} \end{bmatrix}, \quad a_1 = \begin{bmatrix} 0 & -\frac{1}{2} \\ 0 & -\kappa \end{bmatrix}. \tag{8.60}$$

对于 $\boldsymbol{J} = [J, 0]$ 和 $\bar{\boldsymbol{B}}(\boldsymbol{u}, \tau) = [\bar{B}(\boldsymbol{u}, \tau), \bar{C}(\boldsymbol{u}, \tau)]^{\mathrm{T}}$, AJD 过程类的仿射关系提供了下列 ODE 系统.

引理 8.4.1（**Bates ODE 组**） (7.69) 中的函数 $\bar{A}_{\text{Bates}}(\boldsymbol{u}, \tau)$, $\bar{B}(\boldsymbol{u}, \tau)$ 和 $\bar{C}(\boldsymbol{u}, \tau)$ 满足下列 ODE 系统:

$$\frac{\mathrm{d}\bar{B}}{\mathrm{d}\tau} = 0,$$
$$\frac{\mathrm{d}\bar{C}}{\mathrm{d}\tau} = \frac{1}{2}\bar{B}(\bar{B} - 1) - (\kappa - \gamma\rho_{x,v}\bar{B})\bar{C} + \frac{1}{2}\gamma^2\bar{C}^2,$$
$$\frac{\mathrm{d}\bar{A}_{\text{Bates}}}{\mathrm{d}\tau} = \kappa\bar{v}\bar{C} + r(\bar{B} - 1) - \xi_p\mathbb{E}[e^J - 1]\bar{B} + \xi_p\mathbb{E}\left[e^{J\bar{B}} - 1\right],$$

其中初值条件 $\bar{B}(\boldsymbol{u}, 0) = iu$, $\bar{C}(\boldsymbol{u}, 0) = 0$ 和 $A_{\text{Bates}}(\boldsymbol{u}, 0) = 0$, 而参数 κ, γ, $\bar{v}$, r 和 $\rho_{x,r}$ 同于 Heston 模型 (8.38).

函数 $\bar{B}(\boldsymbol{u}, \tau)$ 和 $\bar{C}(\boldsymbol{u}, \tau)$ 与标准的 Heston 模型一样. Bates 和 Heston 模型的不同之处在 $\bar{A}_{\text{Bates}}(\boldsymbol{u}, \tau)$, 其在 Bates 模型中包含了跳的部分. 由于 Bates 模型中的跳量 J 是正态分布的, 其均值为 μ_J 而方差为 σ_J^2, 在 ODE 组中 $\bar{A}_{\text{Bates}}(\boldsymbol{u}, \tau)$ 的两个期望为

$$\mathbb{E}\left[e^J - 1\right] = e^{\mu_J + \frac{1}{2}\sigma_J^2} - 1, \quad \mathbb{E}\left[e^{iuJ} - 1\right] = e^{iu\mu_J - \frac{1}{2}\sigma_J^2 u^2} - 1,$$

所以 $\bar{A}_{\text{Bates}}(\boldsymbol{u}, \tau)$ 的 ODE 就变成

$$\frac{\mathrm{d}\bar{A}_{\text{Bates}}}{\mathrm{d}\tau} = \frac{\mathrm{d}\bar{A}}{\mathrm{d}\tau} - \xi_p iu\left(e^{\mu_J + \frac{1}{2}\sigma_J^2} - 1\right) + \xi_p\left(e^{iu\mu_J - \frac{1}{2}\sigma_J^2 u^2} - 1\right),$$

其中 $\frac{\mathrm{d}\bar{A}}{\mathrm{d}\tau}$ 在 Heston 模型中得到, 由 (8.3.2) 给出. $\bar{A}_{\text{Bates}}(\boldsymbol{u}, \tau)$ 的解也很容易找到,

$$\bar{A}_{\text{Bates}}(\boldsymbol{u}, \tau) = \bar{A}(\boldsymbol{u}, \tau) - \xi_p iu\tau\left(e^{\mu_J + \frac{1}{2}\sigma_J^2} - 1\right) + \xi_p\tau\left(e^{iu\mu_J - \frac{1}{2}\sigma_J^2 u^2} - 1\right).$$

例 8.4.2（**Bates 参数在隐含波动率上的影响**） 图 8-6 中的三幅图给出了 Bates 模型的跳参数在隐含波动率上的影响的图示. 在这个实验中, 我们用 $T = 1$, $S_0 = 100$; 而 Heston 模型参数设为 $\kappa = 1.2$, $\bar{v} = 0.05$, $\gamma = 0.05$, $\rho_{x,v} = -0.75$, $v_0 = 0.05$ 和 $r = 0$. 三个跳参数, 即强度 ξ_p, 跳均值 μ_J 和跳波动率 σ_J, 是不一样的; 这三个参数的基本组为 $\mu_J = 0, \sigma_J = 0.2, \xi_p = 0.1$.

图 8-6 显示了参数 ξ_p 和 σ_J 变化时隐含波动率具有很相似的形状. 当参数值增加时隐含波动率的曲率也增加. 这个图也指明了 Bates 模型得到了高于 Heston 模型的隐含波动率. 这个解释基于这样的事实: 在 Bates 模型动态中赋予了附加非相关跳, 可能会增加所了解的股票方差. 股票的波动率增加使期权价格增加, 从而使期权更容易结束实值的状态.

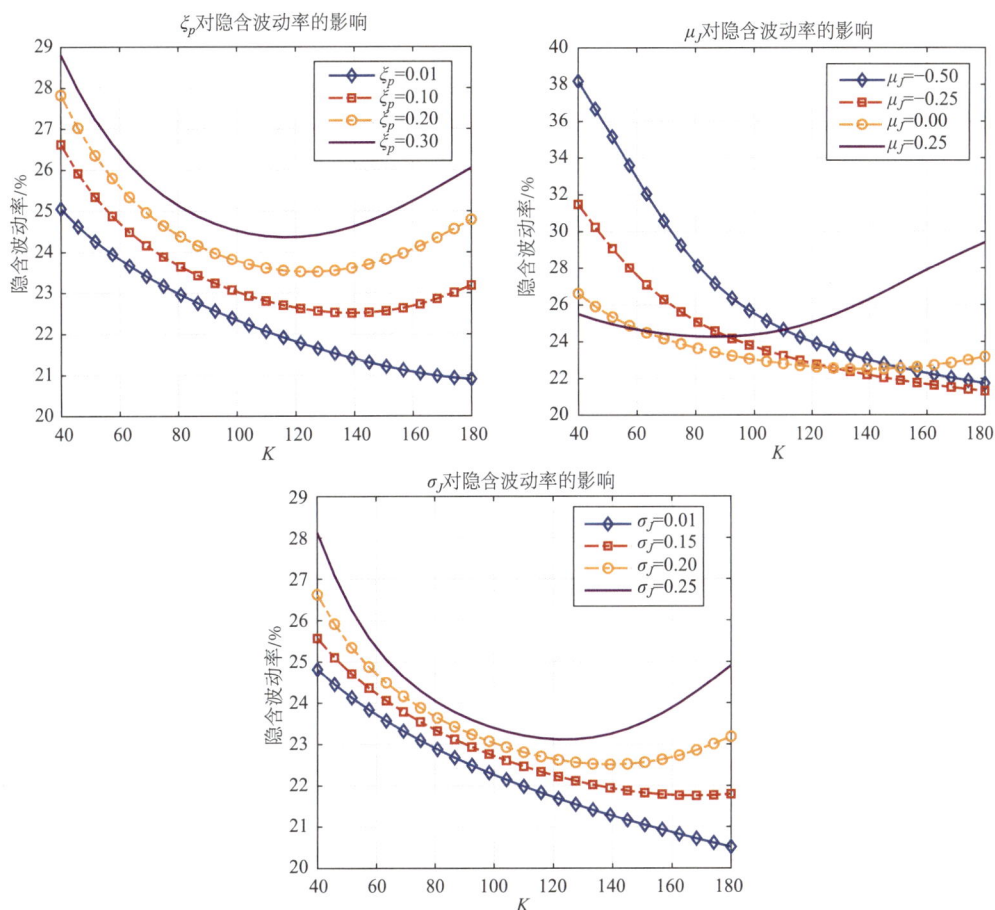

图 8-6 Bates 模型中跳参数对隐含波动率的影响; ξ_p (左上), μ_J (右上) 和 σ_J (下) 变化的影响.

参数 μ_J 的情况, 其表现期望的跳的位置, 隐含波动率显露出不规则的表现. 参数 μ_J 可取正或负, 因为它决定股票的路径有上跳或下跳. 对负的 μ_J 值, 股价期望有更多向下的运动, 而对正的 μ_J 值, 股价期望发生正跳.

从理论上, Bates 模型看起来是很漂亮, 但是我们必须谨记: 在跳跃模型的框架下, 对冲过程变得复杂, 这使得实际从业人员很难在直觉上理解对冲操作 (不利于风险控制). 另外它需要对更多的模型参数进行标定校验 (Bates 有 8 个参数). 其中有些参数具有相似的作用, 这会增加模型过度拟合的风险 (过度拟合会大大降低模型的预测能力). 同时结果也可能造成多解 (即有多个模型解被同样的市场数据拟合). 具有很多参数的模型在金融业界并不总是受欢迎的, 而且这样的模型可能并不很实用. ◇

习　题

习题 8.1　设 $X(t)$ 由下列动态掌控:

$$\mathrm{d}X(t) = (2\mu X(t) + \sigma^2)\mathrm{d}t + \sigma\sqrt{X(t)}\mathrm{d}W(t), \ X(t_0) = X_0.$$

通过转换过程 $Y(t) = \sqrt{X(t)}$ 推出其满足的 SDE.

习题 8.2　在 Cholesky 分解的环境下分析 Schöbel-Zhu 模型及其即时协方差矩阵, 证明 Schöbel-Zhu 系统是仿射系统.

习题 8.3　Schöbel-Zhu 模型由波动率过程 $\sigma(t)$ 掌控. 推出相应方差过程 $v(t) = \sigma^2(t)$ 的分布.

习题 8.4　具 $\gamma = 0$, Heston 模型退化成带时间依赖的波动率参数 $\sigma(t)$ 的 Black-Scholes 模型. 推出这种情况下的函数 $\sigma(t)$. 对变化的参数 $\kappa, \bar{v}$ 和 v_0, 展示隐含的 Black-Scholes 波动率曲面的表现.

习题 8.5　借助高维 Itô 引理证明鞅方法也能推出 Heston 偏微分方程.

习题 8.6　证实引理 8.3.2 中的 ODE 的正确性.

习题 8.7　运用 COS 方法计算 Heston 模型的期权希腊字母 Delta, Gamma 和 Vega, 并将其结果与有限差分的结果进行比较. 利用例 8.4.1 对 Heston 模型的参数值.

习题 8.8　考虑具到期日 $T = 4$, 常数利率 $r = 0.05$, 初始方差 $v(t_0) = 0.02$ 以及初始股价 $S(t_0) = 100$ 的 Heston 模型, 其他分段常参数如下:

$$\kappa(t) = 1.3\mathbb{1}_{0\leqslant t<1} + 0.9\mathbb{1}_{1\leqslant t<2} + 0.8\mathbb{1}_{2\leqslant t<3} + 0.7\mathbb{1}_{3\leqslant t<4},$$

$$\bar{v}(t) = 0.21\mathbb{1}_{0\leqslant t<1} + 0.141\mathbb{1}_{1\leqslant t<2} + 0.121\mathbb{1}_{2\leqslant t<3} + 0.081\mathbb{1}_{3\leqslant t<4},$$

$$\gamma(t) = 0.3\mathbb{1}_{0\leqslant t<1} + 0.2\mathbb{1}_{1\leqslant t<2} + 0.15\mathbb{1}_{2\leqslant t<3} + 0.1\mathbb{1}_{3\leqslant t<4},$$

$$\rho_{x,v}(t) = -0.7\mathbb{1}_{0\leqslant t<1} - 0.5\mathbb{1}_{1\leqslant t<2} - 0.2\mathbb{1}_{2\leqslant t<3} - 0.1\mathbb{1}_{3\leqslant t<4}.$$

a. 用分段常数参数推出这个模型的特征函数.

b. 编程实现对应的特征函数重构概率密度函数.

c. 取展开项数为 $N = 500$, 积分区域为 $[-16, 16]$ 的 COS 方法, 定价敲定价范围为 $K = \{50, 55, \cdots, 295, 300\}$ 的看跌期权.

d. 通过涨跌平价公式确定看涨期权价值.

e. 应用 Monte Carlo 模拟 (Euler 格式) 100 000 路径和 100 时间步. 为了避免复数, 考虑下列每个时间步 t_i 上的截断格式 $v(t_i) = \max(v(t_i), 0)$. 这个 Monte Carlo 格式的细节将在下一章展示. 将你的结果和 COS 方法得到的结果进行比较.

习题 8.9　证明对给出的 CIR 过程 $v(t)$,

$$\mathrm{d}v(t) = \kappa\left(v(t_0) - v(t)\right)\mathrm{d}t + \gamma\sqrt{v(t)}\mathrm{d}W(t),$$

下列等式成立:

$$\mathbb{E}\left[v(t)v(s)\right] = v_0^2 + v_0 e^{-\kappa t}\gamma^2 \frac{e^{\kappa s} - e^{-\kappa s}}{2\kappa}, \quad \text{对} \quad s \leqslant t. \tag{8.61}$$

习题 8.10 在无风险测度 $\mathbb{Q}$ 下, 所有标的资产关于现金储蓄账户 $M(t)$, $\mathrm{d}M(t) = rM(t)\mathrm{d}t$ 是鞅, Heston 模型以独立的 Brown 运动定义为

$$\mathrm{d}S(t)/S(t) = r\mathrm{d}t + \sqrt{v(t)}\mathrm{d}\widetilde{W}_x(t), \tag{8.62}$$
$$\mathrm{d}v(t) = \kappa\left(\bar{v} - v(t)\right)\mathrm{d}t + \gamma\sqrt{v(t)}\left[\rho_{x,v}\mathrm{d}\widetilde{W}_x(t) + \sqrt{1 - \rho_{x,v}^2}\mathrm{d}\widetilde{W}_v(t)\right].$$

在股票测度 $\mathbb{Q}^S$ 下推出模型的动态, 这里所有的资产关于 (8.62) 中的股票过程 $S(t)$ 是鞅.

为了完成推导, 采取下列步骤:

a. 定义过程 $Y(t) = M(t)/S(t)$ 并证明其动态为

$$\mathrm{d}Y(t)/Y(t) = v(t)\mathrm{d}t - \sqrt{v(t)}\mathrm{d}\widetilde{W}_x(t).$$

b. 定义另一个 Brown 运动 $\widetilde{W}_x^S(t)$, 使得过程 $Y(t)$ 变成鞅, 即证明

$$\mathrm{d}\widetilde{W}_x^S(t) = \sqrt{v(t)}\mathrm{d}t - \mathrm{d}\widetilde{W}_x(t).$$

c. 用推出的测度变换证明在 $\mathbb{Q}^S$ 测度下 Heston 模型写成

$$\mathrm{d}S(t)/S(t) = (r + v(t))\mathrm{d}t - \sqrt{v(t)}\mathrm{d}W_x^S(t),$$
$$\mathrm{d}v(t) = \kappa^*\left(\bar{v}^* - v(t)\right)\mathrm{d}t + \gamma\sqrt{v(t)}\mathrm{d}W_v^S(t),$$

其中相关参数 $\rho_{x,v}^* = -\rho_{x,v}$, 以及 $\kappa^* = \kappa - \rho_{x,v}\gamma$, $\bar{v}^* = \kappa\bar{v}/(\kappa - \rho_{x,v}\gamma)$.

d. 用节 7.2.2 的测度变换技巧和 $\mathrm{d}\widehat{W}_x^S(t) = -\mathrm{d}W_x^S(t)$, 证明 Heston 模型在股票测度 $\mathbb{Q}^S$ 下由下列 SDE 系统掌控:

$$\mathrm{d}S(t)/S(t) = (r + v(t))\mathrm{d}t + \sqrt{v(t)}\mathrm{d}\widehat{W}_x^S(t),$$
$$\mathrm{d}v(t) = \kappa^*\left(\bar{v}^* - v(t)\right)\mathrm{d}t + \gamma\sqrt{v(t)}\mathrm{d}\widehat{W}_v^S(t),$$

其中 $\mathrm{d}\widehat{W}_x^S(t)\mathrm{d}\widehat{W}_v^S(t) = \rho_{x,v}\mathrm{d}t$, $\kappa^* = \kappa - \rho_{x,v}\gamma$, $\bar{v}^* = \kappa\bar{v}/(\kappa - \rho_{x,v}\gamma)$.

习题 8.11 应用 COS 方法重构 Bates 模型的概率密度函数. 将 Bates 模型密度和 Heston 模型密度进行比较. 利用例 8.4.1 中展示的 Heston 模型的参数值.

改变 Bates 模型中跳跃部分的参数, 画出并总结参数对概率分布尾部的影响.

参考文献

ABRAMOWITZ M, STEGUN I, 1972. Modified bessel functions **i** and **k**[M]. 9th ed. Handbook of mathematical functions with formulas, graphs, and mathematical Tables: 374-377.

ANDERSEN L, 2008. Simple and efficient simulation of the Heston stochastic volatility model[J]. Journal of Computational Finance, 11: 1-48.

ANDERSEN L, ANDREASEN J, 2000. Volatility skews and extensions of the Libor Market Model[J]. Applied Mathematical Finance, 1(7): 1-32.

ANDERSEN L, PITERBARG V, 2007. Moment explosions in stochastic volatility models[J/OL]. Finance and Stochastics, 11(1): 29-50. DOI: 10.1007/s00780-006-0011-7.

BATES D, 1996. Jumps and stochastic volatility: Exchange rate processes implicit in Deutsche mark options[J]. Review of Financial Studies, 9(1): 69-107.

BORODIN S, 2002. Handbook of brownian motion[M]. 2nd ed. Birkhäuser.

COX J, INGERSOLL J, ROSS S, 1985. A theory of the term structure of interest rates[J]. Econometrica, 53: 385-407.

DESMETTRE S, 2018. Change of measure in the Heston model given a violated Feller condition[Z].

ENGELMANN B, KOSTER F, OELTZ D, 2011. Calibration of the Heston stochastic local volatility model: a finite volume scheme[J]. Available at SSRN 1823769.

FANG F, OOSTERLEE C, 2011. A fourier-based valuation method for bermudan and barrier options under heston's model[J]. SIAM Journal on Financial Mathematics, 2: 439-463.

FELLER W, 1951. Two singular diffusion problems[J]. The Annals of Mathematics, 54: 173-182.

GRADSHTEYN I, RYZHIK I, 1996. Table of integrals, series, and products[M]. 5th ed. San Diego: Academic Press.

HEATH D, SCHWEIZER M, 2000. Martingales versus PDEs in Finance: An equivalence results with examples.[J]. Journal of Applied Probability, 37: 947-957.

HESTON S, 1993. A closed-form solution for options with stochastic volatility with applications to bond and currency options[J]. Review of Financial Studies, 6: 327-343.

HULL J, WHITE A, 1987. The pricing of options on assets with stochastic volatilities[J]. Journal of Finance, 42(2): 281-300.

JOHNSON N, KOTZ S, 1970. Distributions in statistics: continuous univariate distributions 2[M]. 1st ed. Boston: Houghton Miffin Company.

LORD R, KAHL C, 2010. Complex logarithms in Heston-like models[J]. Mathematical Finance, 20(4): 671-694.

MOSER S, 2007. Some expectations of a non-central chi-square distribution with an even number of degrees of freedom[Z].

REN Y, MADAN D, QIAN M, 2007. Calibrating and pricing with embedded local volatility models[J]. Risk Magazine, 20(9): 138-143.

SCHÖBEL R, ZHU J, 1999. Stochastic volatility with an Ornstein-Uhlenbeck process: An extension[J]. European Finance Review, 3: 23-46.

STEIN J, STEIN E, 1991. Stock price distributions with stochastic volatility: An analytic approach[J]. Review of Financial Studies, 4: 727-752.

WONG B, HEYDE C, 2006. On changes of measure in stochastic volatility models[J]. Journal of Applied Mathematics and Stochastic Analysis, 2006: 1-13.

第 9 章 | Monte Carlo 模拟

本章梗概

本章讨论 Monte Carlo 技术并介绍了模拟资产价格路径的方法. 在节 9.1 中引入基本 Monte Carlo 离散化. 离散求解随机微分方程的 *Euler 和 Milstein* 格式在节 9.2 中给出了详尽的介绍, 特别是详细地推导了 Milstein 格式. 然而, 将 Euler 格式应用于 *CIR 过程* 可能会导致不期望的和不现实的路径实现, 因为 CIR 过程保证了非负, 而普通的 Euler 离散化则没有. 在节 9.3 中, 我们为这个问题提出了备选的离散方案, 在节 9.4 中, 我们将这一概念推广到 *Heston 随机波动率 SDE 系统*. 节 9.5 讨论了计算期权希腊字母的 Monte Carlo 方法.

本章关键词

Monte Carlo 模拟, 随机积分, Euler 离散, Milstein 离散, CIR 过程, 精确模拟, QE 格式, Heston SV 模型.

9.1 Monte Carlo 基础

Monte Carlo 积分法是基于概率理论的抽样方法. 它们依赖于实验和随机性来挖掘信息并应用到更广泛的问题.

Monte Carlo 方法应用到各个领域. 在这一章我们聚焦金融衍生品的定价. [Boyle, 1977] 较早提倡用 Monte Carlo 方法来定价期权的论文, 见 [Boyle et al., 1997].

在计算金融背景下, Monte Carlo 方法基本上可以描述如下. 首先, 在风险中性 (或任何远期) 测度下, 生成随机资产路径. 对于每个随机资产路径, 可以根据资产路径和到期 T 的值来计算相应的收益函数值. 然后以这些模拟收益值的贴现平均来得到期权价值在 $t = t_0$ 时的近似值.

从数学的观点来看, Monte Carlo 方法基于中心极限定理和大数定律. 由于实验结果是个随机数, 该方法造成的误差的结构有一个概率分布. 这意味着 Monte Carlo 实验得到的解通常是期望值, 其实验过程具有方差.

Monte Carlo 方法特别适用于定价路径依赖的期权. 考虑一个期权的收益函数 $H(T, S)$, 其可能在 $t_0 \leqslant t \leqslant T$ 依赖于标的资产 $S(t)$ 的路径. 欧式衍生品的当前价值, 如同 Feynman-Kac 定理 3.2.1 所展示的, 由下式给出:

$$V(t_0, S_0) = \mathrm{e}^{-r(T-t_0)} \mathbb{E}^{\mathbb{Q}} \left[H(T, S) \big| \mathcal{F}(t_0) \right]$$

$$= \mathrm{e}^{-r(T-t_0)} \int_{\mathbb{R}} H(T, y) f_S(T, y; t_0, S_0) \mathrm{d}y, \tag{9.1}$$

这里 $S_0 = S(t_0)$, 期望 $\mathbb{E}^{\mathbb{Q}}[\cdot]$ 是在风险中性测度 $\mathbb{Q}$ 下取的, 而 $f_S(T, y; t_0, S_0)$ 表示 Itô 动态方程风险中性测度下的通用形式,

$$\mathrm{d}S(t) = \bar{\mu}^{\mathbb{Q}}(t, S)\mathrm{d}t + \bar{\sigma}(t, S)\mathrm{d}W^{\mathbb{Q}}(t), \quad t > t_0, \tag{9.2}$$

的概率密度函数, 如同等式 (3.19). 当 PDF 不具备封闭形式时, Monte Carlo 方法是一个便利的定价方法. 它通过模拟标的资产价格的路径来隐式地逼近对应的 PDF. 这实际上是可以通过充分多的资产路径计算到期时间 T 时的资产价格, 然后用统计平均估计 PDF.

随机模拟技术对高维积分问题特别便利. 该问题用数值求积方法 (如面积和体积), 如高斯求积法行不通, 这是因为它们的计算量和存储需求受到了维数灾难 (即随着问题维数的增加, 张量积形式确定的网格中积分点数量呈指数增长) 的阻碍.

Monte Carlo 算法求解期权价格的过程如下:

1. 划分区间 $[0, T]$, 得到下列时间点, $0 = t_0 < t_1 < \cdots < t_m = T$. 每个时间点定义为 $t_i = \frac{i \cdot T}{m}$, $i = 1, \cdots, m$, 这里 $m + 1$ 表示时间的步数; 时间步长记为 $\Delta t = t_{i+1} - t_i$, 这里步长不一定要均匀划分.

2. 产生标的资产价格 $s_{i,j}$, 考虑风险中性的标的动态模型. 注意资产路径价格 $s_{i,j}$ 有两个指标, $i = 1, \cdots, m$ (时间步) 和 $j = 0, \cdots, N$, 其中 N 是生成的 Monte Carlo 资产路径的数量.

3. 计算 N 个收益值 H_j, 并储存这些结果. 在欧式期权的情况下, 我们有 $H_j = H(T, s_{m,j})$, 而在路径依赖期权的情况下, 我们可能有 $H_j = H(T, s_{i,j})$, $i = 1, \cdots, m$.

4. 计算平均值:

$$\mathbb{E}^{\mathbb{Q}} \left[H(T, S) \big| \mathcal{F}(t_0) \right] \approx \frac{1}{N} \sum_{j=1}^{N} H_j.$$

右端被认为是 *Monte Carlo 估计*.

5. 计算期权价如下:

$$V(t_0, S) \approx \mathrm{e}^{-r(T-t_0)} \frac{1}{N} \sum_{j=1}^{N} H_j.$$

6. 确定第 5 步得到的期权价格的标准误差 (标准差).

注释 9.1.1（Monte Carlo 方法的标准误差）　用 Monte Carlo 方法, 我们通过一系列随机过程的实现来近似解, 即用 N 次 Monte Carlo 路径得到下列近似:

$$\mathbb{E}^{\mathbb{Q}}\left[H(T,S)\right] \approx \bar{H}_N(T,S) := \frac{1}{N}\sum_{j=1}^{N}H_j.$$

应用强大数定律, 我们知道, 当 $N \to \infty$,

$$\lim_{N\to\infty}\bar{H}_N(T,S) = \mathbb{E}^{\mathbb{Q}}[H(T,S)], \quad \text{以概率 } 1 \text{ 收敛}.$$

为了估计在有限的 Monte Carlo 路径产生的误差, 我们需要计算方差的估计量 $\bar{V}_N(t_0,S)$, 如下:

$$\begin{aligned}
\mathbb{V}\text{ar}^{\mathbb{Q}}\left[\bar{H}_N(T,S)\right] &= \mathbb{V}\text{ar}^{\mathbb{Q}}\left[\frac{1}{N}\sum_{j=1}^{N}H_j\right] \\
&= \frac{1}{N^2}\sum_{j=1}^{N}\mathbb{V}\text{ar}^{\mathbb{Q}}[H_j] \\
&\approx \frac{1}{N}\mathbb{V}\text{ar}^{\mathbb{Q}}[H(T,S)],
\end{aligned} \tag{9.3}$$

其中, 样本 $s_{i,j}$ 是独立抽取的.

在实际中, 方差 $\mathbb{V}\text{ar}^{\mathbb{Q}}[H(T,S)]$ 是未知的. 然而, 它可以通过样本方差 $\bar{v}_N^2$ 来近似, 样本方差是一个无偏的估计, 即

$$\bar{v}_N^2 := \frac{1}{N-1}\sum_{j=1}^{N}\left(H_j - \bar{H}_N(T,S)\right)^2.$$

一般地, 标准误差 ϵ_N 定义如下:

$$\epsilon_N := \frac{\bar{v}_N}{\sqrt{N}}. \tag{9.4}$$

由 (9.4), 可见样本数量增加 4 个数量级时, 误差才减少 2 个数量级.

基于 Monte Carlo 路径的精确模拟方法, 在下节中展示.

除非另外说明, 在这章里, 我们都将在风险中性测度下处理标的资产价格.

9.1.1　Monte Carlo 积分

作为 Monte Carlo 方法基本描述的一部分, 我们考虑包含 Wiener 过程 $W(t)$ 的两个随机积分的例子.

先来看对一个给定的确定函数 $g(t)$, 用数值方法求解下列积分:

$$\boxed{\int_0^T g(t)\mathrm{d}W(t).} \tag{9.5}$$

对于这个目的, 我们将积分区域划分为 $0 = t_0 < t_1 < \cdots < t_m = T$, $t_i = i\frac{T}{m}$ 和 $\Delta t = t_{i+1} - t_i$.

随机积分技术中的数值逼近基于定义一个 Itô 积分, 如定义 1.3.1, 特别是在等式 (1.24) 中, 这里取极限 $(m \to \infty)$ 省略了, 即

$$X(T) := \int_0^T g(t)\mathrm{d}W(t) \approx \sum_{i=0}^{m-1} g(t_i)\left(W(t_{i+1}) - W(t_i)\right). \tag{9.6}$$

我们用下列关系模拟 Wiener 增量:

$$W(t_{i+1}) - W(t_i) \stackrel{\mathrm{d}}{=} Z\sqrt{\Delta t}, \text{ 其中} Z \sim \mathcal{N}(0,1),$$

$\mathcal{N}(0,1)$ 是标准的正态分布.

回顾前文, 我们可以将 (9.6) 表示成

$$\mathrm{d}X(t) = g(t)\mathrm{d}W(t), \quad X(0) = X_0, \tag{9.7}$$

其基本的离散格式为

$$x_{i+1} = x_i + g(t_i)\left(W(t_{i+1}) - W(t_i)\right), \tag{9.8}$$

其中 $X(t_i) = x_i$.

然而, 如同已经提到的, Monte Carlo 积分是基于大数定律和中心极限定理. 我们就需要在 0 和 T 之间模拟很多积分路径. 这由第二个指标 "j" 表明, 其运行从 1 到 N (Monte Carlo 路径数).

对每个区间和每个路径, 我们要抽取一个标准正态分布的随机变量 Z, 每次我们需要近似 $W(t_{i+1}) - W(t_i), \forall i, j$. 重复采样 N 个 Monte Carlo 路径, 给出两个指标, i, j,

$$x_{i+1,j} = x_{i,j} + g(t_i)\left(W(t_{i+1,j}) - W(t_{i,j})\right), \quad j = 1, \cdots, N, \tag{9.9}$$

其中 $X(t_i) = x_i$.

例 9.1.1 (Monte Carlo 方法积分 $\int_0^1 t^2 \mathrm{d}W(t)$) 我们将对等式 (9.5) 通过一个具体的例子来检查使用 Monte Carlo 方法积分 $\int_0^1 t^2 \mathrm{d}W(t)$ 得到的数值结果, 其中 $g(t) = t^2$, $T = 1$. 理论上, 我们知道 $X(T)$ 是正态分布的, 由于 (9.7) 的表达式, 以及

$$\mathbb{E}[X(1)] = \mathbb{E}\left[\int_0^1 t^2 \mathrm{d}W(t)\right] = 0,$$

$$\mathbb{V}\mathrm{ar}[X(1)] = \mathbb{V}\mathrm{ar}\left[\int_0^1 t^2 \mathrm{d}W(t)\right] = \mathbb{E}\left[\left(\int_0^1 t^2 \mathrm{d}W(t)\right)^2\right] = \int_0^1 t^4 \mathrm{d}t = 0.2.$$

这些结果的得到基于第 1 章中关于等式 (1.32), (1.33) 的讨论.

用 Monte Carlo 模拟求解这个随机积分问题, 取 $m = 100$ 时间段和 $N = 10\,000$ 个模拟路径, 我们得到 Monte Carlo 的结果展现在图 9-1 中.

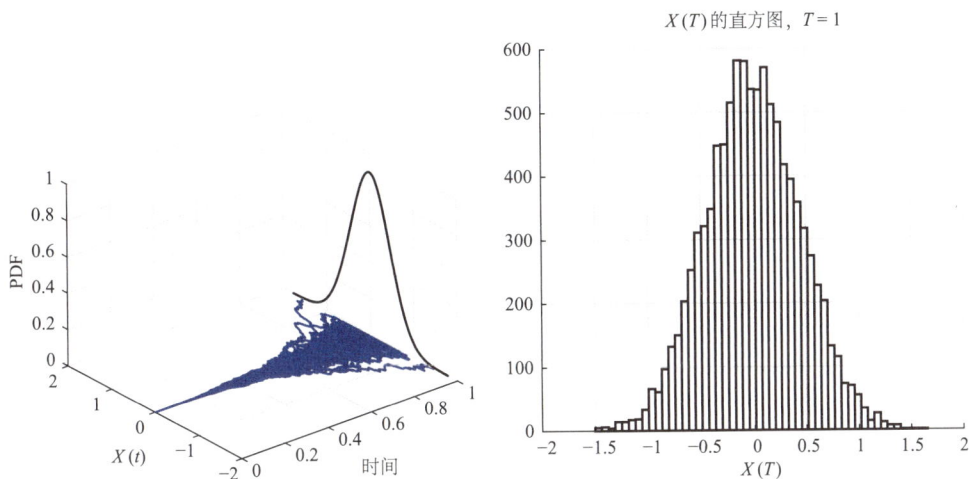

图 9-1　例 9.1.1 中 $X(t)$ 的 Monte Carlo 路径以及对应的在 $T=1$ 时刻的直方图, 其中 $g(t)=t^2$.

使用选定的参数, 我们找到

$$\mathbb{E}\left[\int_0^1 t^2 \mathrm{d}W(t)\right] \approx -0.0037, \quad \mathbb{V}\mathrm{ar}\left[\int_0^1 t^2 \mathrm{d}W(t)\right] \approx 0.2047,$$

这里是一个初步的近似, 它可能是不够精细的, 但与解析解相比精确度足够高了. 当减少时间步长和增加样本路径的数量时, 这个数值解的精度将会进一步提高.　◇

例 **9.1.2** (**Monte Carlo 方法积分** $\int_0^2 W(t)\mathrm{d}W(t)$)　作为另一个例子, 我们转向第 1 章中的例 1.3.1 里的等式 (1.41), 那里得到了包含 Brown 运动 $W(t)$ 的随机积分的确切的解:

$$X(T)=\int_0^T W(t)\mathrm{d}W(t)=\frac{1}{2}W^2(T)-\frac{1}{2}T.$$

用作一个特殊的例子, $T=2$, 我们解析地得到

$$\mathbb{E}[X(2)]=\mathbb{E}\left[\int_0^2 W(t)\mathrm{d}W(t)\right]=0, \mathbb{V}\mathrm{ar}[X(2)]=\mathbb{V}\mathrm{ar}\left[\int_0^2 W(t)\mathrm{d}W(t)\right]=2.$$

这种情况下 $X(t)$ 不是正态分布的. 由于 $X(t)$ 的解包含 Brown 运动的平方, 这导出偏移的非中心卡方分布. $-0.5T$ 是使得分布运动到负的区域的漂移项.

如前所述, 为了得到 $X(t)$ 的近似解, 对相应的 SDE, 我们进行如下 $\mathrm{d}X(t)=W(t)\mathrm{d}W(t)$ 的近似:

$$\boxed{x_{i+1}=x_i+W(t_i)\left(W(t_{i+1})-W(t_i)\right),} \tag{9.10}$$

这里 N 个这样的样本路径将被产生. 期望和方差的 Monte Carlo 近似, 以直方图的形式展示在图 9-2 的右图, 左图则是一些离散路径.　◇

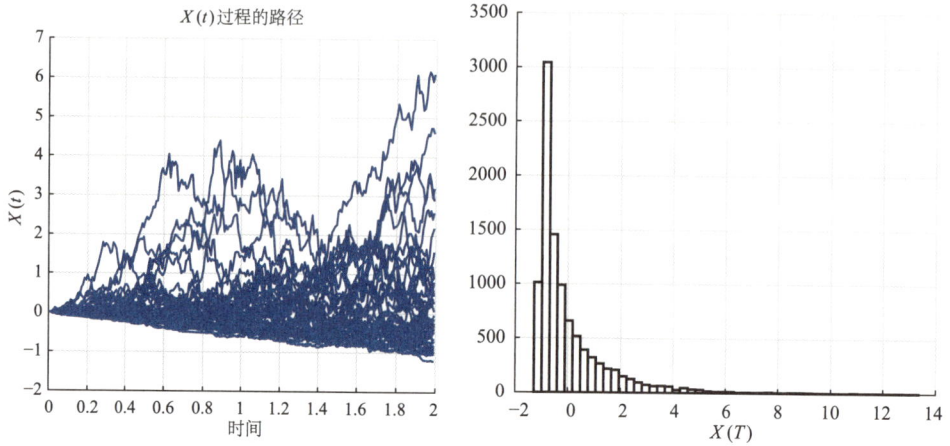

图 9-2　例 9.1.2 中的 $X(t)$ 的 Monte Carlo 路径, 以及在 $T = 2$ 时对应的直方图.

例 9.1.3 ($(W(t_{i+1}) - W(t_i))^2$ **的期望和方差)**　在第 2 章注释 2.1.2 中, 我们给出了一个试探性的假设使得 $dW^2 = dt$ 可以用. 这里, 我们运行数值实验来估计 $(W(t_{i+1}) - W(t_i))^2$ 的期望和方差关于时间的分布. 图 9-3 的结果确认了方差收敛到 0 的速度快于期望, 并且期望收敛到 dt. 　　　　◇

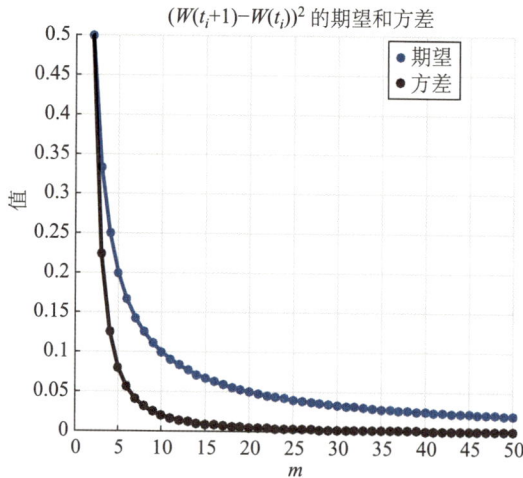

图 9-3　dW^2 关于参数 m 的期望和方差的数值近似.

例 9.1.4 (收益的光滑性和 Monte Carlo 收敛性)　在此例中, 我们将展示 Monte Carlo 的收敛性强烈地依赖于所考虑函数的光滑性. 让我们取两个 (非光滑和光滑) 函数,

$$g_1(x) = \mathbb{1}_{x \geqslant 0}, \quad g_2(x) = F_{\mathcal{N}(0,1)}(x),$$

并考虑期望 $\mathbb{E}[g_i(W(1))|\mathcal{F}(t_0)]$, 对 $i = 1, 2$, 这里 $W(1)$ 是一个在时间 $T = 1$ 时的 Brown 运动. 两个期望都可以解析地解出并且都等于 $\frac{1}{2}$:

$$V_1 := \mathbb{E}[g_1(W(1))|\mathcal{F}(t_0)] = \int_{\mathbb{R}} \mathbb{1}_{x \geqslant 0} f_{\mathcal{N}(0,1)}(x) = \frac{1}{2},$$

$$V_2 := \mathbb{E}[g_2(W(1))|\mathcal{F}(t_0)] = \int_{\mathbb{R}} F_{\mathcal{N}(0,1)}(x) f_{\mathcal{N}(0,1)}(x) \mathrm{d}x = \int_{\mathbb{R}} F_{\mathcal{N}(0,1)}(x) \mathrm{d}F_{\mathcal{N}(0,1)}(x)$$

$$= \frac{1}{2} F_{\mathcal{N}(0,1)}^2(x) \Big|_{-\infty}^{+\infty} = \frac{1}{2}.$$

我们定义下列误差:

$$\widetilde{c}_N^i = \widetilde{V}_i^N - V_i, \quad \text{其中} \quad \widetilde{V}_i^N = \frac{1}{N} \sum_{j=1}^{N} V_i(w_j),$$

这里 w_j 是从 $W(1) \sim \mathcal{N}(0,1)$ 取出的样本, 而精确解为 $V_i = 1/2$. 图 9-4 中的结果表明, 对于非光滑函数 $g_1(x)$ 观察到较大的误差方差.

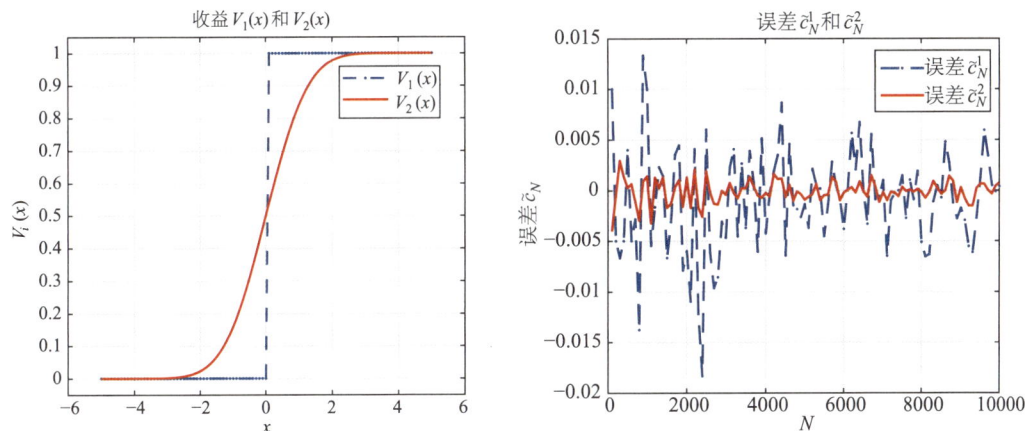

图 9-4　函数的光滑性和对应的 Monte Carlo 收敛性.

图 9-4 中的结果确认了属于两值期权型的非光滑函数, 可能需要更多数量的样本路径才能达到与光滑函数相同的数值精度. ◇

9.1.2　随机微分方程的路径模拟

具漂移项 $\bar{\mu}(t, X(t))$ 和波动率项 $\bar{\sigma}(t, X(t))$ 的 SDE 通用形式定义如下:

$$\mathrm{d}X(t) = \bar{\mu}(t, X(t))\mathrm{d}t + \bar{\sigma}(t, X(t))\mathrm{d}W(t), \quad t > t_0. \tag{9.11}$$

其解为

$$X(T) = x_0 + \int_{t_0}^{T} \bar{\mu}(t, X(t))\mathrm{d}t + \int_{t_0}^{T} \bar{\sigma}(t, X(t))\mathrm{d}W(t). \tag{9.12}$$

一般地, 当 (9.12) 两边都包含项 $X(t)$, SDE 就需要求数值解. 仅仅对于很少的标准过程才有解析解.

鉴于此, 我们定义在 $[0, T]$ 上等分的时间网格, 如前所述, 对每个时间点 t_i 上得到

$$x_{i+1} = x_i + \int_{t_i}^{t_{i+1}} \bar{\mu}(t, X(t))\mathrm{d}t + \int_{t_i}^{t_{i+1}} \bar{\sigma}(t, X(t))\mathrm{d}W(t), \tag{9.13}$$

这里 $x_i = X(t_i)$. 式 (9.13) 中的积分项可以用数值积分格式近似, 其对应的收敛阶数定义如下.

定义 9.1.1 (收敛性) 在 SDE 数值格式中, 有两种方式衡量解的收敛程度: 强收敛和弱收敛. 记 x_m 是 $X(T)$ 的近似, 这里 $h = \Delta t$ 是时间步长大小, 而 m 对应时间离散的最后一项, $t_i = i \cdot T/m$, $i = 0, \cdots, m$. 则,

近似 x_m 强收敛到 $X(T)$, 具收敛阶数 $\alpha > 0$, 如果

$$\epsilon^s(\Delta t) := \mathbb{E}^{\mathbb{Q}}\big[|x_m - X(T)|\big] = O(h^\alpha).$$

对一个充分光滑的函数 $g(\cdot)$, 近似 x_m 关于 $g(\cdot)$ 弱收敛到 $X(T)$, 具收敛阶数 $\beta > 0$, 如果

$$\epsilon^w(\Delta t) := \big|\mathbb{E}^{\mathbb{Q}}[g(x_m)] - \mathbb{E}^{\mathbb{Q}}[g(X(T))]\big| = O(h^\beta).$$

换句话说, 如果标的资产价格收敛, 数值积分方法为强收敛, 如果标的资产价格在给定时间 T 上依概率分布函数收敛, 收敛只与 $X(T)$ 的边际分布有关, 则数值积分方法为弱收敛.

9.2 随机 Euler 和 Milstein 格式

在这一节中, 我们将更详细地讨论 SDE 的随机 Euler 和 Milstein 离散格式. 在推导这些方法的基础上, 我们还重点讨论了它们的收敛性质.

9.2.1 Euler 格式

随机 *Euler* 格式, 或叫 *Euler-Maruyama* 格式, 是一个用来计算如 (9.13) 中定义的随机积分基本的数值积分方法. 其对 (9.13) 的近似格式如下:

$$x_{i+1} \approx x_i + \int_{t_i}^{t_{i+1}} \bar{\mu}(t_i, x_i)\mathrm{d}t + \int_{t_i}^{t_{i+1}} \bar{\sigma}(t_i, x_i)\mathrm{d}W(t).$$

所以, 在 Euler 格式中, 被积函数在积分区间的左边界处取值. 或者, 将被积函数近似于 (或冻结在) 它们的初值上, 这给出

$$x_{i+1} \approx x_i + \bar{\mu}(t_i, x_i)(t_{i+1} - t_i) + \bar{\sigma}(t_i, x_i)\left(W(t_{i+1}) - W(t_i)\right)$$

$$\overset{\mathrm{d}}{=} x_i + \bar{\mu}(t_i, x_i)\Delta t + \bar{\sigma}(t_i, x_i)W(\Delta t), \tag{9.14}$$

这里 x_i 记为 $X(t_i)$ 的近似, 而 $x_0 = X(t_0)$.

量 $W(\Delta t)$ 是正态分布的, 其均值为零, 方差是 Δt, 即 $W(\Delta t) \sim \mathcal{N}(0, \Delta t)$. 这个分布的一个样本由 $Z \cdot \sqrt{\Delta t}$ 而得, 这里 Z 是从标准的正态分布中抽取, 即 $Z \sim \mathcal{N}(0,1)$. 可以通过如下公式模拟 (9.14) 中的离散化的 SDE

$$x_{i+1} \approx x_i + \bar{\mu}(t_i, x_i)\Delta t + \bar{\sigma}(t_i, x_i)\sqrt{\Delta t}Z. \tag{9.15}$$

例 9.2.1（GBM 过程的 Euler 算法） 在 Monte Carlo 模拟中, 要很多路径, Euler 离散对第 i 次时间步和第 j 次路径, 写作

$$s_{i+1,j} \approx s_{i,j} + rs_{i,j}\Delta t + \sigma s_{i,j}\left(W_{i+1,j} - W_{i,j}\right), \tag{9.16}$$

其中 $\Delta t = t_{i+1} - t_i$, 对任意 $i = 1, \cdots, m$, $s_0 = S(t_0)$ 和 $j = 1, \cdots, N$.

动态 $\mathrm{d}S(t) = rS(t)\mathrm{d}t + \sigma S(t)\mathrm{d}W(t)$ 的 GBM 过程在时间段 $[t_i, t_{i+1}]$ 里有精确解,

$$S(t_{i+1}) = S(t_i)\exp\left(\left(r - \frac{1}{2}\sigma^2\right)\Delta t + \sigma\left(W(t_{i+1}) - W(t_i)\right)\right). \tag{9.17}$$

作为一个例子, 我们设 $S(t_0) = 50$, $r = 0.06$, $\sigma = 0.3$, $T = 1$ 以及在到期日 T 确定强收敛误差, 即

$$\epsilon^s(\Delta t) = \frac{1}{N}\sum_{j=1}^{N}|S_j(T) - s_{m,j}| = \frac{1}{N}\sum_{j=1}^{N}\left|S(t_0)\mathrm{e}^{\left(r - \frac{1}{2}\sigma^2\right)T + \sigma W_{m,j}} - s_{m,j}\right|,$$

对不同的 Δt 值, 以及弱收敛误差:

$$\epsilon^w(\Delta t) = \left|\frac{1}{N}\sum_{j=1}^{N}S_j(T) - \frac{1}{N}\sum_{j=1}^{N}s_{m,j}\right|$$

$$= \left|S(t_0)\frac{1}{N}\sum_{j=1}^{N}\mathrm{e}^{\left(r - \frac{1}{2}\sigma^2\right)T + \sigma W_{m,j}} - \frac{1}{N}\sum_{j=1}^{N}s_{m,j}\right|,$$

这里在评估 (9.17) 和 (9.16) 的解中, m 代表时间 $t_m \equiv T$ 而指标 j 表明路径次数. 请注意, 在这个实验中, 对两个方程 (9.17) 和 (9.16) 用同样的 *Brown* 运动是关键. 如果 Brown 运动不一样, 我们不能度量强收敛, 这是因为随机路径会不一样.

对不同的网格宽度 Δt, 结果呈现在图 9-5 中. 我们假定

$$\epsilon^s(\Delta t) \leqslant C \cdot \left(\Delta t\right)^{\frac{1}{2}} = \mathcal{O}\left(\left(\Delta t\right)^{\frac{1}{2}}\right).$$

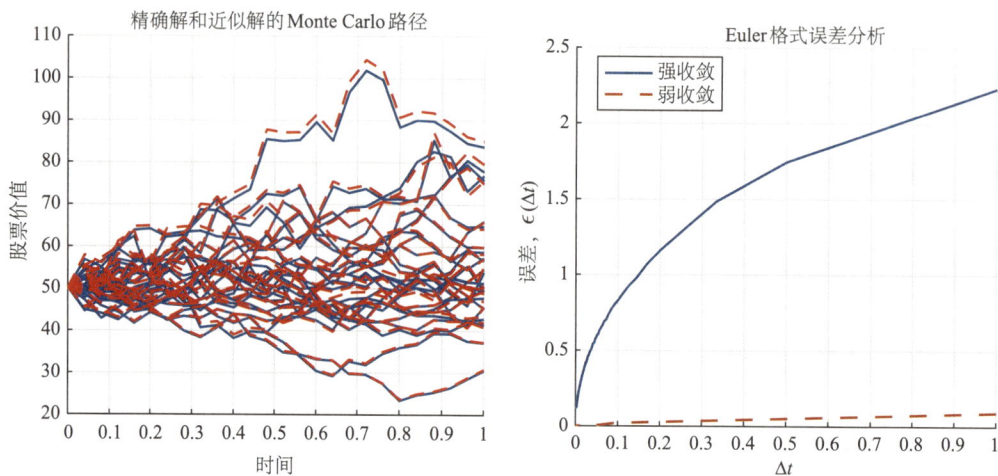

图 9-5　**左: 精确模拟 (9.17) 生成的路径对比Euler 近似 (9.16), 其中蓝线是精确解, 红线是 Euler 离散近似; 右: Euler 离散的误差对比时间步长 Δt.**

图 9-5 中的右图, 很清楚, 对 Black-Scholes 模型, Euler 格式下强收敛的阶数是 $\frac{1}{2}$ 而弱收敛的阶数为 1. 关于这个数值结果的理论证明, 我们引用 [Kloeden et al., 1992]. 精确格式 (9.17) 和 Euler 近似 (9.16) 路径展示在左图中.　　　　　◇

在确定性微分方程的情况下, 可以使用 *Taylor* 展开来近似, 通过它我们可以得到更高阶的收敛. 对于随机微分方程也有类似的方法, 它基于随机 Taylor 展开, 或称为 *Itô-Taylor* 展开. 随机 Euler 近似是基于这个展开的前两项.

对 Itô 过程 SDE, $\mathrm{d}X(t) = \bar{\mu}(t, X(t))\mathrm{d}t + \bar{\sigma}(t, X(t))\mathrm{d}W(t)$, 在 *Milstein* 格式下的离散就是在 Euler 离散再加第三项, 即

$$x_{i+1} = x_i + \int_{t_i}^{t_{i+1}} \bar{\mu}(t, X(t))\mathrm{d}t + \int_{t_i}^{t_{i+1}} \bar{\sigma}(t, X(t))\mathrm{d}W(t)$$

$$\approx x_i + \int_{t_i}^{t_{i+1}} \bar{\mu}(t_i, x_i)\mathrm{d}t + \int_{t_i}^{t_{i+1}} \bar{\sigma}(t_i, x_i)\mathrm{d}W(t)$$

$$+ \frac{1}{2}\bar{\sigma}(t_i, x_i)(W^2(\Delta t) - \Delta t)\frac{\partial \bar{\sigma}}{\partial x}(t_i, x_i),$$

其中 $x_0 = X(t_0)$.

在风险中性的具 $\bar{\mu}^{\mathbb{Q}}(t, S(t)) = rS(t)$ 和 $\bar{\sigma}(t, S(t)) = \sigma S(t)$ 的 GBM 过程的情况下, 离散为

$$s_{i+1} \approx s_i + rs_i\Delta t + \sigma s_i\left(W(t_{i+1}) - W(t_i)\right)$$

$$+ \frac{1}{2}\sigma^2 s_i\left(\left(W(t_{i+1}) - W(t_i)\right)^2 - \Delta t\right)$$

$$\stackrel{\mathrm{d}}{=} s_i + rs_i\Delta t + \sigma s_i\sqrt{\Delta t}Z + \frac{1}{2}\sigma^2 s_i\left(\Delta t Z^2 - \Delta t\right).$$

多出修正项的 Milstein 格式对于标量 SDE 相对于 Euler 离散改善了收敛速度. 对 Black-Scholes 模型, 以及局部波动率模型, 这个格式在强和弱收敛上阶数都为 1. 证明参见 [Kloeden et al., 1992].

尽管 Milstein 格式在一维情况下可以很好地操作, 但它很难推广到高维的 *SDE* 问题.

9.2.2　Milstein 格式的详细推导

这里我们详细推导 Milstein 格式, 从一般的 Itô 过程开始, 如同 (9.11) 及其离散 (9.13). 为了方便标注, 本节我们有时用下列记号:

$$a_1(t) \equiv \bar\mu(t) := \bar\mu(t, X(t)), \quad a_2(t) \equiv \bar\sigma(t) := \bar\sigma(t, X(t)).$$

由于 $\bar\mu(t)$ 和 $\bar\sigma(t)$ 都依赖于 $X(t)$, 如同 (9.12), 它们是随机变量而我们于是得出它们的动态:

$$\mathrm{d}a_k(t) = \frac{\partial a_k}{\partial t}\mathrm{d}t + \frac{\partial a_k}{\partial X}\mathrm{d}X(t) + \frac{1}{2}\frac{\partial^2 a_k}{\partial X^2}(\mathrm{d}X(t))^2, \quad k = 1, 2. \tag{9.18}$$

积分过程 (9.18), 对 $k = 1$ 和 $k = 2$ 在时间区间 $[t_i, t]$, 其中 $t \leqslant t_{i+1}$, 我们有

$$a_k(t) = a_k(t_i) + \int_{t_i}^t \underbrace{\left(\frac{\partial a_k}{\partial z} + \bar\mu(z)\frac{\partial a_k}{\partial X} + \frac{1}{2}\bar\sigma^2(z)\frac{\partial^2 a_k}{\partial X^2} \right)}_{A_k(z)}\mathrm{d}z$$

$$+ \int_{t_i}^t \bar\sigma(z)\frac{\partial a_k}{\partial X}\mathrm{d}W(z), \tag{9.19}$$

这里我们也定义量 $A_k(z), k = 1, 2$. 将 (9.19) 代入等式 (9.13), 我们有

$$x_{i+1} = x_i + \int_{t_i}^{t_{i+1}} \left[\bar\mu(t_i) + \int_{t_i}^t A_1(z)\mathrm{d}z + \int_{t_i}^t \bar\sigma(z)\frac{\partial\bar\mu(z)}{\partial X}\mathrm{d}W(z) \right]\mathrm{d}t$$

$$+ \int_{t_i}^{t_{i+1}} \left[\bar\sigma(t_i) + \int_{t_i}^t A_2(z)\mathrm{d}z + \int_{t_i}^t \bar\sigma(z)\frac{\partial\bar\sigma(z)}{\partial X}\mathrm{d}W(z) \right]\mathrm{d}W(t).$$

忽略所有高阶项, 即如同第 2 章中的表 2-1, $(\mathrm{d}t)^2 = 0$ 和 $\mathrm{d}t \cdot \mathrm{d}W(t) = 0$, 动态简化为

$$x_{i+1} = x_i + \int_{t_i}^{t_{i+1}} \bar\mu(t_i)\mathrm{d}t + \int_{t_i}^{t_{i+1}} \bar\sigma(t_i)\mathrm{d}W(t)$$

$$+ \int_{t_i}^{t_{i+1}} \left(\int_{t_i}^t \bar\sigma(z)\frac{\partial\bar\sigma(z)}{\partial X}\mathrm{d}W(z) \right)\mathrm{d}W(t). \tag{9.20}$$

上式前两个积分可以简化为

$$x_{i+1} = x_i + \bar\mu(t_i)\Delta t + \bar\sigma(t_i)\left(W(t_{i+1}) - W(t_i) \right)$$

$$+ \int_{t_i}^{t_{i+1}} \left(\int_{t_i}^t \bar\sigma(z)\frac{\partial\bar\sigma(z)}{\partial X}\mathrm{d}W(z) \right)\mathrm{d}W(t). \tag{9.21}$$

对最后一项的内部积分, 我们应用 Euler 离散如下:

$$\int_{t_i}^{t} \bar{\sigma}(z) \frac{\partial \bar{\sigma}(z)}{\partial X} \mathrm{d}W(z) \approx \bar{\sigma}(t_i) \frac{\partial \bar{\sigma}}{\partial X}(t_i) \left(W(t) - W(t_i) \right).$$

因为 (9.21) 外部积分中的表达式在区间 $[t_i, t_{i+1}]$ 为常数, 我们可以把这个表达式移到外部积分的外面, 给出

$$\bar{\sigma}(t_i) \frac{\partial \bar{\sigma}}{\partial X}(t_i) \int_{t_i}^{t_{i+1}} \left(W(t) - W(t_i) \right) \mathrm{d}W(t). \tag{9.22}$$

借助例 9.1.2, 右端的随机积分可以简化为

$$\int_{t_i}^{t_{i+1}} \left(W(t) - W(t_i) \right) \mathrm{d}W(t) = \frac{1}{2} \left(W(t_{i+1}) - W(t_i) \right)^2 - \frac{1}{2} \Delta t.$$

由上式, 等式 (9.22) 成为

$$\int_{t_i}^{t_{i+1}} \left(\int_{t_i}^{t_{i+1}} \bar{\sigma}(z) \frac{\partial \bar{\sigma}(z)}{\partial X} \mathrm{d}W(z) \right) \mathrm{d}W(t) \approx \frac{1}{2} \bar{\sigma}(t_i) \frac{\partial \bar{\sigma}}{\partial X}(t_i) \left((W(\Delta t))^2 - \Delta t \right).$$

这就推出离散动态的结果:

$$x_{i+1} \approx x_i + \bar{\mu}(t_i, x_i) \Delta t + \bar{\sigma}(t_i, x_i) W(\Delta t)$$
$$+ \frac{1}{2} \bar{\sigma}(t_i, x_i) \left(W^2(\Delta t) - \Delta t \right) \frac{\partial \bar{\sigma}}{\partial X}(t_i, x_i),$$

这里我们再用 $W(t_{i+1}) - W(t_i) \overset{\mathrm{d}}{=} \sqrt{\Delta t} Z$, 其中 $Z \sim \mathcal{N}(0,1)$. 这就得到著名的 Milstein 离散!

例 9.2.2 (Milstein 格式的实验案例) 我们再设, $S(t_0) = 50$, $r = 0.06$, $\sigma = 0.3$, $T = 1$, 来度量强和弱的收敛, 就像例 9.2.1. 其结果见图 9-6.

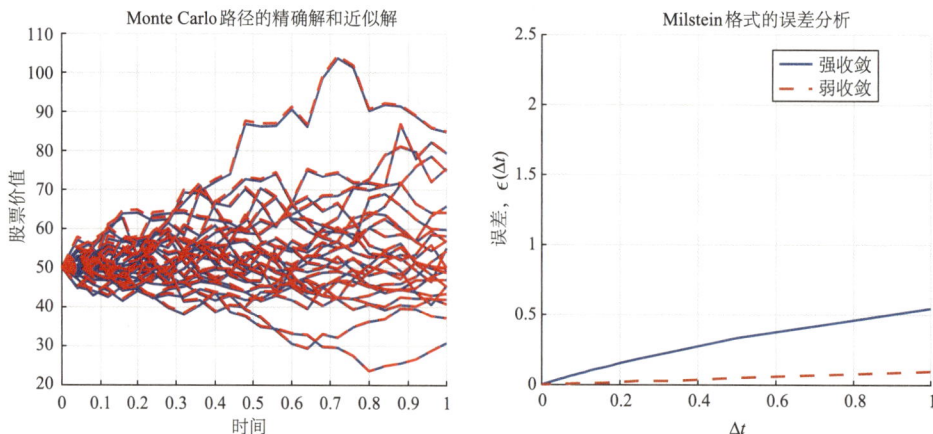

图 9-6 左: 精确解和数值解样本路径对比; 右: 关于时间步长 Δt 的 Milstein 离散格式误差.

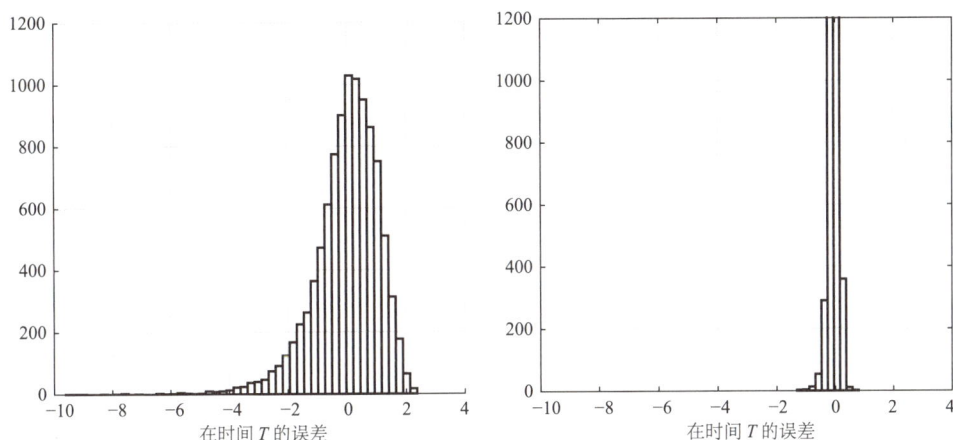

图 9-7　Euler (左) 和 Milstein (右) **离散格式的误差比较**, 对 $T = 1$ **以及** $\Delta t = 0.1$.

由 Euler 和 Milstein 格式产生的误差的分布在图 9-7 中进行了比较, 基于图 9-6 的结果, 我们确认在这个 Milstein 格式实验中

$$\epsilon^s(\Delta t) \leqslant C \cdot \Delta t = \mathcal{O}(\Delta t).$$

如果我们比较 Euler 和 Milstein 产生的样本轨迹, 我们用肉眼看不出有什么很大的不同, 特别是对那些比较小的波动率. ◇

例 9.2.3 (BS 模型的解析解与 Monte Carlo 数值解的比较)　取 $S(t_0) = 5$, $\sigma = 0.3$, $r = 0.06$, $T = 1$, Monte Carlo 时间步 $m = 1000$ (从而 $\Delta t = 1/1000$) 并将其模拟看涨期权价与 Black-Scholes 公式的解析解进行比较, 其敲定价 $K = S(t_0)$, 即 $V_c(t_0, S(t_0)) = 0.7359$. 表 9-1 表明为了达到同样精确度的结果, Euler 和 Milstein 这两种方法需要相同数量的样本路径. 这也说明了这两种数值格式具有同样的弱收敛阶数.

表 9-1　关于 Euler 和 Milstein 离散的依赖于 Monte Carlo 路径次数的看涨期权价.

类型	N	100	1000	5000	10 000	50 000	100 000	BS
欧式	Euler	0.7709	0.7444	0.7283	0.7498	0.7328	0.7356	0.7359
看涨	Milstein	0.7690	0.7438	0.7283	0.7497	0.7327	0.7356	
两值	Euler	2.8253	2.4062	2.4665	2.4411	2.4502	2.4469	2.4483
看涨	Milstein	2.8253	2.4062	2.4674	2.4406	2.4515	2.4462	

在同一个表里, 我们展现了两值期权的收敛, 它的精确解由等式 (3.26) 给出. Black-Scholes 两值期权价等于 2.4483. 这里在 Monte Carlo 路径数量 N 下, 它也有很好的收敛性. ◇

双变量样本的 Monte Carlo 模拟

高维样本可以通过 Monte Carlo 模拟很容易地生成. 这在具互相独立的 Brown 运动 SDE 系统设定中最容易做到, 此时随机数可以不依赖其他而独立地抽出.

展示一个二维实验, 这里显示的是双变量 Monte Carlo 样本, 对应的 (一维) 边际分布, 也在图 9-8 中. 在这个实验中, 为了演示, 用下列参数设定产生了 5000 个 Monte Carlo 样本, $\boldsymbol{X} = [X, Y]^{\mathrm{T}}$, 这里

$$\boldsymbol{X} \sim \mathcal{N}\left(\begin{bmatrix} 0 \\ 0 \end{bmatrix}, \begin{bmatrix} \sigma_1^2, & \rho\sigma_1\sigma_2 \\ \rho\sigma_1\sigma_2, & \sigma_2^2 \end{bmatrix}\right), \text{其中} \quad \sigma_1 = 1, \sigma_2 = 0.5, \rho = 0.8.$$

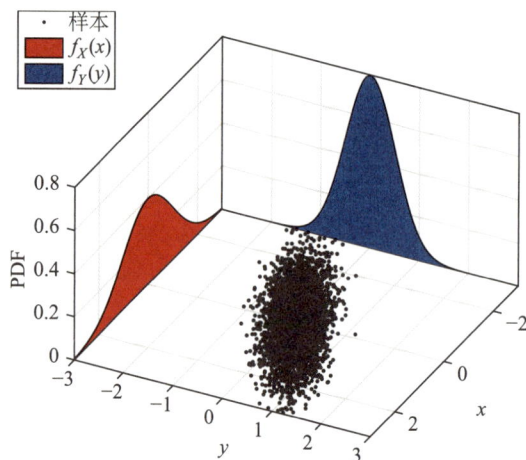

图 9-8　Monte Carlo 样本 (黑点) 和对应的边际分布.

Monte Carlo 模拟和跳

这里, 我们讨论在跳扩散情形下的离散格式. 在节 5.1 中, 我们研究了跳扩散资产动态, 用等式 (5.10) 写出. 在对数变换 $X(t) = \log S(t)$ 下, 动态由下式给出, 参见等式 (5.11),

$$\mathrm{d}X(t) = \left(r - \xi_p \mathbb{E}[\mathrm{e}^J - 1] - \frac{1}{2}\sigma^2\right)\mathrm{d}t + \sigma\mathrm{d}W^{\mathbb{Q}}(t) + J\mathrm{d}X_{\mathcal{P}}^{\mathbb{Q}}(t). \tag{9.23}$$

通过假定跳量 J, Poisson 过程 $X_{\mathcal{P}}(t)$ 和 Brown 运动 $W(t)$ 之间的独立性, (9.23) 的解由下式给出:

$$X(T) = X_0 + \left(r - \xi_p \mathbb{E}[\mathrm{e}^J - 1] - \frac{1}{2}\sigma^2\right)T + \sigma W^{\mathbb{Q}}(T) + \sum_{k=1}^{X_{\mathcal{P}}^{\mathbb{Q}}(T)} J$$

$$= X_0 + \left(r - \xi_p \mathbb{E}[\mathrm{e}^J - 1] - \frac{1}{2}\sigma^2\right)T + \sigma W^{\mathbb{Q}}(T) + J X_{\mathcal{P}}^{\mathbb{Q}}(T).$$

利用 $S(t) = \exp(X(t))$, 我们找到

$$S(T) = S(t_0)\exp\left(\left(r - \xi_p \mathbb{E}[\mathrm{e}^J - 1] - \frac{1}{2}\sigma^2\right)T + \sigma W^{\mathbb{Q}}(T) + J X_{\mathcal{P}}^{\mathbb{Q}}(T)\right)$$

$$= S(t_0)\exp\left(\left(r - \xi_p \mathbb{E}[\mathrm{e}^J - 1] - \frac{1}{2}\sigma^2\right)T + \sigma W^{\mathbb{Q}}(T)\right)\prod_{k=1}^{X_{\mathcal{P}}^{\mathbb{Q}}(T)} \mathrm{e}^J.$$

用 Euler 离散来离散 (9.23) 中的过程, 给出

$$x_{i+1} \approx x_i + \left(r - \xi_p \mathbb{E}[\mathrm{e}^J - 1] - \frac{1}{2}\sigma^2 \right)\Delta t + \sigma \left(W^{\mathbb{Q}}(t_{i+1}) - W^{\mathbb{Q}}(t_i) \right)$$
$$+ J \left(X_{\mathcal{P}}^{\mathbb{Q}}(t_{i+1}) - X_{\mathcal{P}}^{\mathbb{Q}}(t_i) \right).$$

增量 $X_{\mathcal{P}}^{\mathbb{Q}}(t_{i+1}) - X_{\mathcal{P}}^{\mathbb{Q}}(t_i)$ 表示在 (t_i, t_{i+1}) 时间段里发生的跳的次数. 如等式 (5.2) 所定义的, 在 Δt 中的跳数将服从一个参数 ξ_p 的 Poisson 分布. 漂移项中涉及的期望值大小取决于跳量 J 的分布, 不过这个期望值是个确定量.

回顾前文, $X_{\mathcal{P}}^{\mathbb{Q}}(t)$ 是个 Poisson 过程 (见定义 5.1.2), 所以过程的模拟如下:

$$x_{i+1} \overset{\mathrm{d}}{=} x_i + \left(r - \xi_p \mathbb{E}[\mathrm{e}^J - 1] - \frac{1}{2}\sigma^2 \right)\Delta t + \sigma\sqrt{\Delta t}Z + JX_{\mathcal{P}}, \tag{9.24}$$

这里 $Z \sim \mathcal{N}(0,1)$ 和 $X_{\mathcal{P}}$ 是 Poisson 分布的随机变量, 满足

$$\mathbb{Q}[X_{\mathcal{P}} = k] = \mathrm{e}^{-\xi_p \Delta t}(\xi_p \Delta t)^k / k!$$

总的来说, 基于 Euler 离散格式对跳跃扩散过程的 Monte Carlo 模拟是完全可行的.

注释 9.2.1 (跳和 Monte Carlo 资产路径)　大多数情况下跳跃过程具有相对较小的跳跃强度, 这意味着跳跃很少发生. 也就是说在 Monte Carlo 模拟中, 需要生成非常多的 Monte Carlo 路径来获得像样的关于跳跃发生的统计信息.

当 GBM 的 Monte Carlo 模拟需要 N 个路径就能得到精确和令人满意的结果时, 在原来的随机过程加上了很少发生的跳跃, 就需要大大增加路径甚至到 $10N$ 才能看到原来的效果.

9.3　CIR 过程的模拟

像 Euler 和 Milstein 这样的标准离散格式对于相当范围的随机过程都能很好适用. 然而, 它们通常对定义在零附近具有正概率质量的过程表现不佳, 我们将在下面的小节里讨论.

9.3.1　标准离散格式的挑战

零附近具正概率质量的过程通常的例子是 CIR 过程, 这个过程在第 8 章中对 Heston 随机波动率模型讨论过, 它的动态如下:

$$\boxed{\mathrm{d}v(t) = \kappa(\bar{v} - v(t))\mathrm{d}t + \gamma\sqrt{v(t)}\mathrm{d}W(t), \quad v(t_0) > 0.} \tag{9.25}$$

众所周知, 如果 Feller 条件 $2\kappa\bar{v} > \gamma^2$ 满足, 过程 $v(t)$ 的运动不能达到零值, 而如果这个条件不满足时, 原点是可抵达并强反射. 两种情况下, $v(t)$ 过程不能为负. 图 9-9 中, 这两种情况的一些路径得以展示. 在 Feller 条件不满足的情况下, 样本路径会在零值附近聚集.

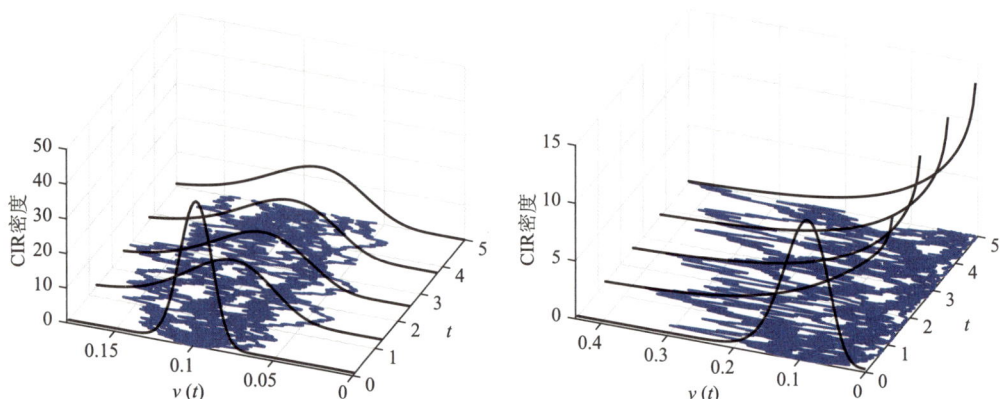

图 9-9　在 Feller 条件满足和不满足情况下的 CIR 过程 (9.25) 的路径及其对应的 PDF. 模拟在 $\kappa = 0.5$, $v_0 = 0.1$, $\bar{v} = 0.1$ 下实施. 左: $\gamma = 0.1$; 右: $\gamma = 0.35$.

在做标准离散时, 非负问题就会出现. 例如, 如果我们对过程 (9.25) 用 Euler 离散, 即

$$v_{i+1} = v_i + \kappa(\bar{v} - v_i)\Delta t + \gamma\sqrt{v_i}\sqrt{\Delta t}Z.$$

且假定 $v_i > 0$, 我们可以计算下一个实现 v_{i+1} 变为负的概率, 即 $\mathbb{P}[v_{i+1} < 0]$.

$$\mathbb{P}[v_{i+1} < 0 | v_i > 0] = \mathbb{P}[v_i + \kappa(\bar{v} - v_i)\Delta t + \gamma\sqrt{v_i\Delta t}Z < 0 | v_i > 0]$$
$$= \mathbb{P}[\gamma\sqrt{v_i\Delta t}Z < -v_i - \kappa(\bar{v} - v_i)\Delta t | v_i > 0],$$

其等于

$$\mathbb{P}[v_{i+1} < 0 | v_i > 0] = \mathbb{P}\left[Z < -\frac{v_i + \kappa(\bar{v} - v_i)\Delta t}{\gamma\sqrt{v_i\Delta t}} \middle| v_i > 0\right] > 0.$$

由于 Z 是正态分布的随机变量, 它是无界的. 从而 v_i 变成负的概率在 Euler 离散下是正的, 即 $\mathbb{P}[v_{i+1} < 0 | v_i > 0] > 0$.

特别地, 当 Feller 条件不满足时, 方差过程的概率质量大部分会集中在零附近. 这个例子显示了使用 Euler 离散格式时方差变为负的可能性很高. 这显然是不可取的. 也可以对 Milstein 格式做类似的实验.

> 将 Euler 格式应用于 CIR 型过程可能会导致不希望的又不现实的路径实现. 均值回归 CIR 过程本身保证了非负性, 但对其近似的 Euler 离散却没有这样的保证.

例 9.3.1 (有界 Jacobi 过程)　我们来讨论另一个有意思的类似过程, 有界 *Jacobi* 过程, 这经常用来建模那些路径需要在一定区域里有界的变量 (图 9-10). 例如对随机相关性进行建模, 是有界 Jacobi 过程的一个用途. 这个例子的所有实现都要被限制在区间

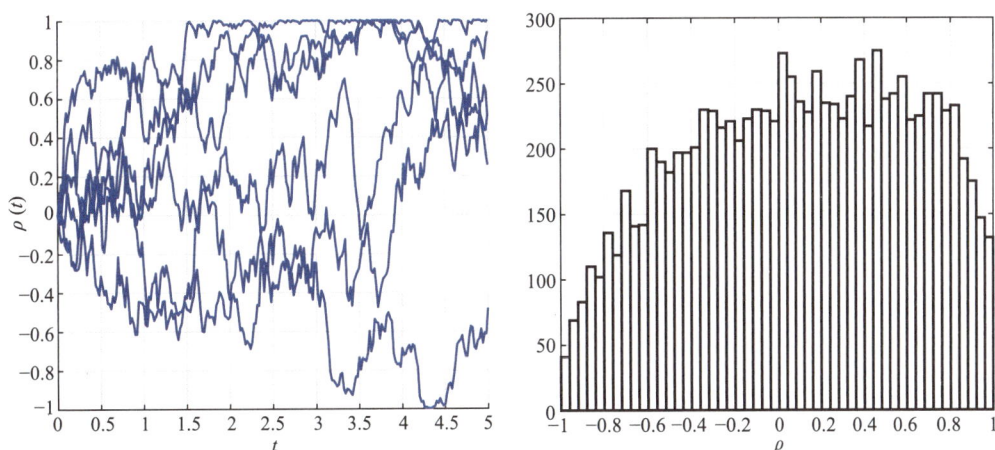

图 9-10　对有界 Jacobi 过程的 Monte Carlo Euler 离散路径和 $T = 5$ 时刻的直方图,其中 $\rho(t_0) = 0$, $\kappa = 0.25$, $\mu_\rho = 0.5$, $\gamma_\rho = 0.6$.

$[-1, 1]$, 其动态由下式给出:

$$d\rho(t) = \kappa_\rho \left(\mu_\rho - \rho(t) \right) dt + \gamma_\rho \sqrt{1 - \rho^2(t)} dW(t). \tag{9.26}$$

请注意, Jacobi 过程有两个界, $\rho(t) = -1$ 和 $\rho(t) = 1$. 在参数约束

$$\kappa_\rho > \max \left(\frac{\gamma_\rho^2}{1 - \mu_\rho}, \frac{\gamma_\rho^2}{1 + \mu_\rho} \right) \tag{9.27}$$

下, 边界 $\rho(t) = -1$ 或 $\rho(t) = 1$ 不可抵达.

对 (9.26), 用 Euler 离散离散其过程, 得

$$\rho_{i+1} = \rho_i + \kappa_\rho \left(\mu_\rho - \rho_i \right) \Delta t + \gamma_\rho \sqrt{1 - \rho_i^2} \sqrt{\Delta t} Z, \tag{9.28}$$

其中依然 $Z \sim \mathcal{N}(0, 1)$. 类似于 CIR 过程的例子, 在 Euler 离散格式下, 我们可以证明:

$$\mathbb{P}[|\rho_{i+1}| > 1 \mid |\rho_i| < 1] > 0.$$

随机相关性的概念不在本书的讨论范围. ◇

9.3.2　基于 Taylor 的 CIR 过程模拟

由于均值回归模型是个连续模型, 它只在第一次达到零时变为负. 当 $v(t) = 0$ 时等式 (9.25) 是个确定性过程. 一旦变差达零, 它将立即变为正. 相反, Euler 离散不是连续的, (方差) 离散值有可能在下一时刻变成负值.

在这节里, 我们讨论这个问题可能的解决方案.

截断的 Euler 格式

截断的 Euler 格式, 顾名思义, 是基于前面引入的 Euler 离散格式. 为了避免样本路径穿过坐标轴变成负值, 我们需要对样本路径 v_{i+1} 中可能出现的负值进行特殊处理.

截断的 *Euler* 格式提供了一个基本的方法来处理这个问题 (在 [Lord et al., 2010] 中有讨论).

这个方法可总结如下:

$$\begin{cases} \hat{v}_{i+1} = v_i + \kappa(\bar{v} - v_i)\Delta t + \gamma\sqrt{v_i \Delta t}Z, \\ v_{i+1} = \max(\hat{v}_{i+1}, 0). \end{cases}$$

尽管这个格式提供的路径肯定非负, 但其精确度依赖于模型参数, 这意味着当 Feller 条件不满足且密度应该在零附近积累时, 由于截断, 调整过的路径可能会有很大的偏差. 基本上, 用了截断就数值地展示了与原来 CIR 过程不同的路径. 当过多的 Monte Carlo 随机路径被截断时, 数值解的精确度就会由于太高的离散偏差而被限制在一个低水平.

反射 Euler 格式

CIR 过程的一个重要性质是原点不可达, 然而, 原点不是一个吸收边界. 这意味着 Monte Carlo 路径可达边界 $v = 0$, 但它们不能停留在边界上, 而是会立即离开. 当使用上面的截断 Euler 格式时, 用 $v_{i+1} = \max(\hat{v}_{i+1}, 0)$, 将可能取负的路径投影到了原点. 另一个对 CIR 过程模拟可能的修正被称为反射原则, 这对 Feller 条件不满足时特别有用, 此时方差路径被迫向上返回.

反射格式由下面修正的 Euler 格式给出:

$$\begin{cases} \hat{v}_{i+1} = v_i + \kappa(\bar{v} - v_i)\Delta t + \gamma\sqrt{v_i \Delta t}Z, \\ v_{i+1} = |\hat{v}_{i+1}|. \end{cases} \tag{9.29}$$

在图 9-11 中, 对一些由反射和截断的 Euler 格式所产生的路径进行了比较. 除了当它们抵达了边界 $v(t) = 0$, 由这两个格式产生的路径基本上是相同的. 碰上原点后, 反射格式的路径在截断路径之下. 请注意, 用了反射格式并没有提高 Euler 格式的精确度.

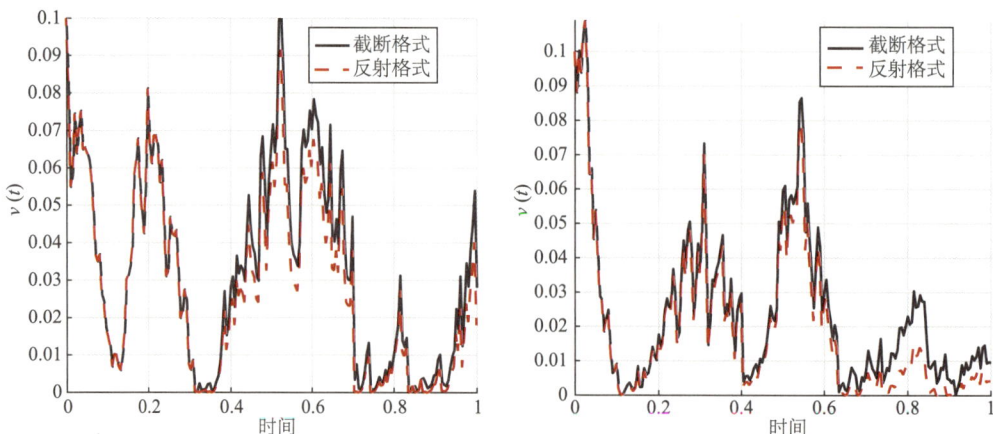

图 9-11 对某两个 Monte Carlo 路径下反射和截断的 Euler 格式的比较.

9.3.3　CIR 模型的精确模拟

一个不同的对 CIR 过程路径的模拟方法是考虑了方差过程 $v(t)$ 服从非中心卡方分布事实. 非中心卡方分布的细节已经在 Heston 随机波动率模型的相关论述中由定义 8.1.1 给出. 以 $v(s)$ 的状态为前提, $s < t$, 时间 t 的分布由下式给出:

$$v(t)|v(s) \sim \bar{c}(t,s) \cdot \chi^2(\delta, \bar{\kappa}(t,s)), \tag{9.30}$$

其中

$$\bar{c}(t,s) = \frac{\gamma^2}{4\kappa}\left(1 - e^{-\kappa(t-s)}\right), \quad \delta = \frac{4\kappa\bar{v}}{\gamma^2}, \quad \bar{\kappa}(t,s) = \frac{4\kappa e^{-\kappa(t-s)}}{\gamma^2(1 - e^{-\kappa(t-s)})}v(s).$$

表达式 (9.30) 可以形成一个对 CIR 过程路径实现的精确模拟格式的基础, 因为对 $i = 0, \cdots, m-1$,

$$\bar{c}(t_{i+1}, t_i) = \frac{\gamma^2}{4\kappa}\left(1 - e^{-\kappa(t_{i+1}-t_i)}\right),$$

$$\bar{\kappa}(t_{i+1}, t_i) = \frac{4\kappa e^{-\kappa(t_{i+1}-t_i)}}{\gamma^2(1 - e^{-\kappa(t_{i+1}-t_i)})}\boxed{v_i}.$$

$$\boxed{v_{i+1}} = \bar{c}(t_{i+1}, t_i)\chi^2(\delta, \bar{\kappa}(t_{i+1}, t_i)),$$

其中常参数 $\delta = 4\kappa\bar{v}/\gamma^2$, 某初值 $v(t_0) = v_0$.

使用以上格式模拟 CIR 过程的样本路径, 我们可以绕开 Feller 条件 (不需要关心 Feller 条件). 但是, 上述格式要求从非中心卡方分布中高效地抽样. 尽管这个分布相当流行, 许多标准计算软件包可能还没有包含其高效的抽样算法, 尤其是在处理 Feller 条件不满足或在非常大规模的模拟中还很不方便的情况.

为此, 在下一节中, 将阐述二次指数 (QE) 格式, 它通过复杂的近似, 可得到一个有效而稳健的非中心卡方分布的抽样方案.

9.3.4　二次指数格式

在 [Andersen, 2008] 中, 提出了一个模拟由 CIR 动态 (9.25) 驱动的 Heston 方差过程 $v(t)$ 的格式, 它被称为二次指数 (QE) 格式.

本质上, 从 $v(t)$ 采样的 QE 格式方法由两种不同的采样算法组成, 并且这些算法之间的切换取决于 CIR 过程的参数值. 它考虑了两种不同的情况: 一种是过程 $v(t)$ 的密度远离零区域, 而另一种是其分布接近于原点的区域.

在第一种情况中, 整个分析是基于如下观察到的现象: 非中心卡方分布对适度的或高水平的非中心参数 $\bar{\kappa}$ 可以很好地用 Gauss 变量的幂函数近似 [Patnaik, 1949], 即

$$\boxed{v(t) \approx v_1(t) = a(b + Z_v)^2,} \tag{9.31}$$

> 其中 a, b 是常数, 而 $Z_v \sim \mathcal{N}(0, 1)$.

为了确定常数 a 和 b, 要用到矩匹配技术, 其中, 第一和第二矩从分布而得. 如定义 8.1.1 所表明的, CIR 型过程 $v(t)$ 均值 $\bar{m}$ 和方差 $\bar{s}^2$ 是知道的, 如下:

$$\begin{cases} \bar{m} := \mathbb{E}\left[v(t)|\mathcal{F}(0)\right] = \bar{c}(t, 0)(\delta + \bar{\kappa}(t, 0)), \\ \bar{s}^2 := \mathbb{V}\mathrm{ar}\left[v(t)|\mathcal{F}(0)\right] = \bar{c}^2(t, 0)(2\delta + 4\bar{\kappa}(t, 0)), \end{cases} \tag{9.32}$$

其中参数 δ, $\bar{c}(t, 0)$, $\bar{\kappa}(t, 0)$ 如同定义 8.1.1. 等式 (9.31) 本质上指明了 $v(t)$ 分布在 "a" 乘以具自由度 1 和非中心参数 b^2 的非中心卡方分布, 即

$$v_1(t) \sim a \cdot \chi^2(1, b^2),$$

其具有下列期望和方差:

$$\mathbb{E}\left[v_1(t)|\mathcal{F}(0)\right] = a(1 + b^2), \quad \mathbb{V}\mathrm{ar}\left[v_1(t)|\mathcal{F}(0)\right] = 2a^2(1 + 2b^2). \tag{9.33}$$

让这两组分别相等, $\mathbb{E}[v(t)] = \mathbb{E}[v_1(t)]$ 和 $\mathbb{V}\mathrm{ar}[v(t)] = \mathbb{V}\mathrm{ar}[v_1(t)]$, 我们得到

$$\bar{m} = a(1 + b^2), \quad \bar{s}^2 = 2a^2(1 + 2b^2). \tag{9.34}$$

由第一个等式, 推出 $a = \bar{m}/(1 + b^2)$, 而第二个等式给出

$$b^4 - 2\frac{\bar{m}^2}{\bar{s}^2} + 1 + 2b^2\left(1 - 2\frac{\bar{m}^2}{\bar{s}^2}\right) = 0. \tag{9.35}$$

设定 $z := b^2$, 我们得到 z 的二次方程如下:

$$z^2 - 2\frac{\bar{m}^2}{\bar{s}^2} + 1 + 2z\left(1 - 2\frac{\bar{m}^2}{\bar{s}^2}\right) = 0, \tag{9.36}$$

如果 $\bar{s}^2/\bar{m}^2 \leqslant 2$, 其有解. 在这个条件下, b^2 的解如下:

$$b^2 = 2\frac{\bar{m}^2}{\bar{s}^2} - 1 + \sqrt{2\frac{\bar{m}^2}{\bar{s}^2}}\sqrt{2\frac{\bar{m}^2}{\bar{s}^2} - 1} \geqslant 0, \quad a = \frac{\bar{m}}{1 + b^2}. \tag{9.37}$$

条件 $\bar{s}^2/\bar{m}^2 \leqslant 2$ 对应方差过程 $v(t)$ 的密度远离零点 (这也可以从均值 $\bar{m}$ 充分大于方差 $\bar{s}^2$ 看出). 如同 [Andersen, 2008] 所指出的, (9.31) 中的表达式表现出对大值的 $v(t)$ 非常精确, 然而, 当 $v(t)$ 的概率质量在零点积累时, (9.31) 中的近似就变得不精确了.

> 表达式 (9.31) 没有提供充分精确的结果, 建议 $v(t)$ 的累积分布由下面的指数函数近似,
>
> $$F_{v(t)}(x) := \mathbb{P}\left[v(t) \leqslant x\right] \approx F_{v_2(t)}(x) = c + (1 - c)\left(1 - \mathrm{e}^{-\mathrm{d}x}\right), \quad \text{对} \quad x \geqslant 0,$$

而密度由

$$f_{v(t)}(x) \approx f_{v_2(t)}(x) = c\delta(0) + d(1-c)\mathrm{e}^{-\mathrm{d}x}, \quad 对 \quad x \geqslant 0$$

来近似, 这里 $c \in [0,1]$ 和 $d \in \mathbb{R}$ 是常参数.

由上面的近似, 也可以得到对应的均值和方差, 即

$$\mathbb{E}[v_2(t)|\mathcal{F}(t_0)] = \frac{1-c}{d}, \quad \mathbb{V}\mathrm{ar}[v_2(t)|\mathcal{F}(t_0)] = \frac{1-c^2}{d^2}, \tag{9.38}$$

为了确定参数 c 和 d, 我们再用一次矩匹配技术, 得到下列的方程组:

$$\bar{m} = \frac{1-c}{d}, \qquad \bar{s}^2 = \frac{1-c^2}{\left(\frac{1-c}{\bar{m}}\right)^2}.$$

通过解这个 c 和 d 的方程组, 并考虑到条件 $c \in [0,1]$, 我们找到

$$c = \frac{\frac{\bar{s}^2}{\bar{m}^2}-1}{\frac{\bar{s}^2}{\bar{m}^2}+1}, \quad d = \frac{1-c}{\bar{m}} = \frac{2}{\bar{m}\left(\frac{\bar{s}^2}{\bar{m}^2}+1\right)}. \tag{9.39}$$

显然, 为了保持 $c \in [0,1]$, 我们需要假定 $\frac{\bar{s}^2}{\bar{m}^2} \geqslant 1$.

这个指数表达式得益于 $F_{v_2(t)}(\cdot)$ 是可逆的事实, 从而样本可以直接从 $v_2(t)$ 通过下式取得:

$$v_2(t) = F_{v_2(t)}^{-1}(u), \quad 对 \quad u \sim \mathcal{U}([0,1]). \tag{9.40}$$

$F_{v_2(t)}(x)$ 的逆为

$$F_{v_2(t)}^{-1}(u) := F_{v_2(t)}^{-1}(u;c,d) = \begin{cases} 0, & 0 \leqslant u \leqslant c, \\ d^{-1}\log\left(\frac{1-c}{1-u}\right), & c < u \leqslant 1, \end{cases} \tag{9.41}$$

其中 c 和 d 如同 (9.39).

总体上 QE 格式的描述可以通过两种不同采样算法之间的切换规则来总结. 第一个采样算法要适当定义于 $\bar{s}^2/\bar{m}^2 \leqslant 2$, 而第二个是要适当定义于 $\bar{s}^2/\bar{m}^2 \geqslant 1$. 由于这两个关于 $\bar{s}^2/\bar{m}^2$ 的区间重叠, 建议选择某点 $a^* \in [1,2]$. 当 $\bar{s}^2/\bar{m}^2 \leqslant a^*$ 时, 应该使用第一个采样算法, 使用方程 (9.31), 而当 $\bar{s}^2/\bar{m}^2 > a^*$ 时, 则要用第二个公式 (9.41).

由 (9.31) 和 (9.41) 两个算法构成的格式就叫作二次指数格式.

例 9.3.2　在这个数值实验中, 分析了 QE 格式的表现, 并将其与精确模拟进行了比较. 我们设 $a^* = 1.5$ 并考虑两种情形,

$$\bar{s}^2/\bar{m}^2 < a^*,$$

其参数 $\gamma = 0.2$, $\bar{v} = 0.05$, $v(0) = 0.3$ 和 $\kappa = 0.5$, 而第二种实验情形,

$$\bar{s}^2/\bar{m}^2 \geqslant a^*,$$

其参数 $\gamma = 0.6$, $\bar{v} = 0.05$, $v(0) = 0.3$ 和 $\kappa = 0.5$. 借助 QE 格式抽取样本后, 对应的 CDF 对两种实验情况进行了计算并呈现在图 9-12 中.

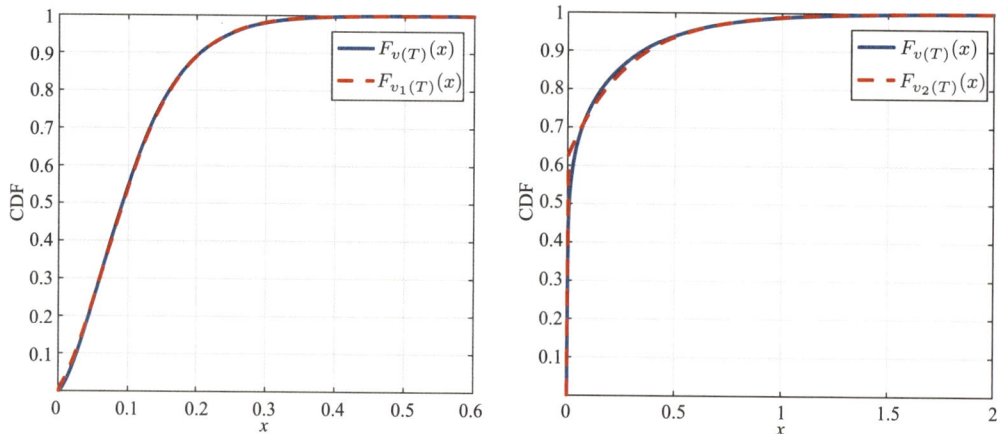

图 9-12　QE 格式的执行和精确模拟的 CDF 的比较. 左: 第一种实验情形; 右: 第二种实验情形.

可以观察到, 由 QE 格式产生的 CDF 和直接求非中心卡分布得到的 CDF 之间具有很好的一致性. ◊

9.4　Heston 模型的 Monte Carlo 格式

这里, 我们将前节的概念推广到 SDE 系统. 我们先对一个简化的 SDE 模型讨论条件抽样的概念, 然后我们将对 Heston 随机波动率模型推出一个有效的 Monte Carlo 格式. 条件抽样将涉及重建 SDE 系统, 其中将会出现对时间积分的方差.

9.4.1　条件抽样和积分方差的例子

积分过程的条件抽样概念在 Monte Carlo 模拟中与选择尽可能大的时间步长 Δt 有关. 在 Euler 和 Milstein 格式中, 收敛性用时间步长 Δt 来表示. 在这里, 我们考虑一种这样的模拟方法, 即在原则上我们不需要在随机过程的模拟中采取任何中间时间步骤.

为了厘清这个想法, 我们在对数变换 $X(t) = \log S(t)$ 下考虑下列基本模型:

$$\begin{cases} \mathrm{d}X(t) = -\frac{1}{2}v(t)\mathrm{d}t + \sqrt{v(t)}\mathrm{d}W(t), \\ \mathrm{d}v(t) = \sqrt{v(t)}\mathrm{d}W(t), \end{cases} \tag{9.42}$$

这里, 为了方便说明, 我们假定过程是由同样的 Brown 运动 $W(t)$ 驱动.

为了得到时间 T 的 $X(T)$ 的样本, 我们积分 SDE (9.42), 得到

$$
\begin{cases}
X(T) = X(s) - \frac{1}{2} \int_s^T v(t)\mathrm{d}t + \int_s^T \sqrt{v(t)}\mathrm{d}W(t), \\
v(T) = v(s) + \int_s^T \sqrt{v(t)}\mathrm{d}W(t).
\end{cases}
\tag{9.43}
$$

从 (9.43) 中的第二个方程, 推出

$$
\int_s^T \sqrt{v(t)}\mathrm{d}W(t) = v(T) - v(s),
$$

这里我们可以带进 (9.43) 中的第一个方程, 得到

$$
X(T) = X(s) - v(s) + v(T) - \frac{1}{2} \int_s^T v(t)\mathrm{d}t.
\tag{9.44}
$$

所以, 为了得到 $X(T)$ 的样本, 我们需要 $v(s), v(T)$ 的样本, 以及从 $\int_s^T v(t)\mathrm{d}t$ 而来的样本. (9.44) 中 $v(s)$ 和 $v(T)|v(s)$ 需要的样本可以从节 9.3.3 或者 9.3.4 叙述的技术而得. 然而, 还需要确定给定 $v(s)$ 和 $v(T)|v(s)$ 样本后的积分方差的样本.

为此, 我们考虑积分 CIR 过程 Y, 如下,

$$
\mathrm{d}Y(t) = v(t)\mathrm{d}t, \quad Y(t_0) = 0,
\tag{9.45}
$$

这等价于

$$
Y(t) = \int_{t_0}^t v(z)\mathrm{d}z, \quad t_0 < t.
\tag{9.46}
$$

对任意两个 $v(s)$ 和 $v(t)|v(s)$ 的实现, 我们需要 $Y(t)$ 的分布. 图 9-13 勾画出条件抽样的主要概念.

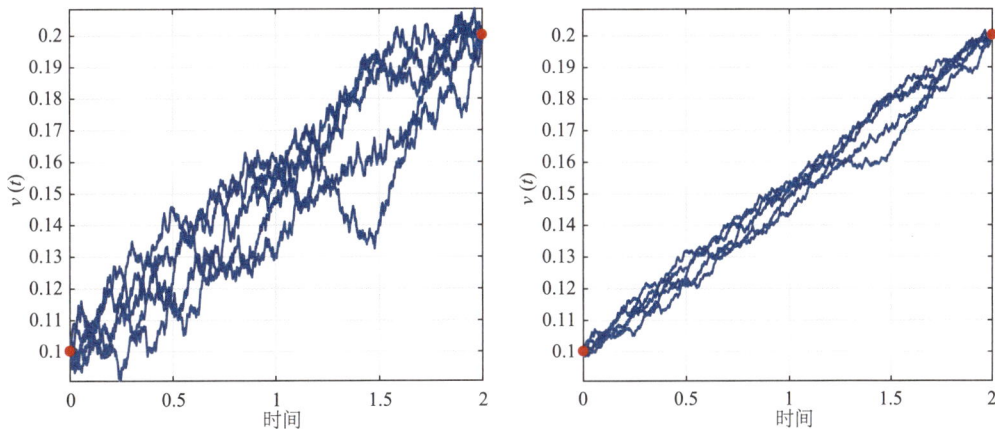

图 9-13　基于 Brown 桥技术, 红点标记的 $v(s) = 0.1$ 和 $v(t)|v(s) = 0.2$ 是给定的路径实现, $Y(t)$ 的抽样是在其上条件抽样概念的实现.

这里的目标是得到给定初值 $v(s)$ 和终点 $v(t)$ 时 $Y(t)$ 的条件特征函数, $\phi_{Y(t)|v(s),v(t)}(u;s,t)$. 对推导积分 CIR 过程的条件特征函数, 我们利用众所周知的事实, 就是如下定义的 δ 维平方的 Bessel 过程的 SDE:

$$\mathrm{d}y(t) = \delta\mathrm{d}t + 2\sqrt{|y(t)|}\mathrm{d}W_y(t), \quad y(t_0) = y_0, \tag{9.47}$$

其中 $\delta \geqslant 0$, 下列条件期望已经知道是解析的 (见 [Pitman et al., 1982]):

$$\begin{aligned}
\mathbb{E}\left[\mathrm{e}^{-\frac{c^2}{2}\int_s^t y(u)\mathrm{d}u}\Big|y(s),y(t)\right] &= \frac{c\cdot\tau}{\sinh(c\cdot\tau)} \\
&\times \exp\left(\frac{y(s)+y(t)}{2\tau}(1-c\cdot\tau\coth(c\cdot\tau))\right) \\
&\times I_{\frac{\delta}{2}-1}\left(\frac{c\sqrt{y(s)y(t)}}{\sinh(c\cdot\tau)}\right)\Big/I_{\frac{\delta}{2}-1}\left(\frac{\sqrt{y(s)y(t)}}{\tau}\right),
\end{aligned}$$
$$\tag{9.48}$$

对某常数 $c \in \mathbb{R}$ 和 $\tau = t - s$.

平方的 Bessel 过程在前面的章节中的等式 (8.13) 中讨论过. 当我们用 Bessel 过程 (9.47) 来表示 CIR 过程的动态, (9.48) 的期望可以用来得到 *CIR* 过程的条件期望.

9.4.2 积分 CIR 过程和条件抽样

本节的目的是在 Heston CIR 方差过程的情形下使用已知的特征函数 (9.48).

在时间区间 $[s,t]$ 积分 Heston 方差过程 (9.25) 得到

$$v(t) = v(s) + \int_s^t \kappa(\bar{v} - v(z))\mathrm{d}z + \int_s^t \gamma\sqrt{v(z)}\mathrm{d}W(z). \tag{9.49}$$

(9.47) 中的 Bessel 过程有一个波动率系数为 2, 而 CIR 过程 (9.25) 的波动率系数等于 γ. 我们对等式 (9.49) 的最后一项应用时间变换 (见注释 8.1.1), 其可表为

$$\begin{aligned}
\int_s^t \gamma\sqrt{v(z)}\mathrm{d}W(z) &= 2\int_s^t \frac{\gamma}{2}\sqrt{v(z)}\mathrm{d}W(z) \\
&= 2\int_s^t \sqrt{v\left(\frac{\gamma^2}{4}\frac{4z}{\gamma^2}\right)}\mathrm{d}W\left(\frac{\gamma^2 z}{4}\right).
\end{aligned}$$

(9.49) 的过程则可写成

$$v(t) = v(s) + \int_s^t \kappa\left[\bar{v} - v\left(\frac{\gamma^2 z}{4}\frac{4}{\gamma^2}\right)\right]\mathrm{d}z + 2\int_s^t \sqrt{v\left(\frac{\gamma^2 z}{4}\frac{4}{\gamma^2}\right)}\mathrm{d}W\left(\frac{\gamma^2 z}{4}\right).$$

用新的变量 $w = \frac{\gamma^2}{4}z$, 就有 $\mathrm{d}w = \frac{\gamma^2}{4}\mathrm{d}z$, 我们找到

$$v(t) = v(s) + \frac{4}{\gamma^2}\int_{\frac{\gamma^2}{4}s}^{\frac{\gamma^2}{4}t} \kappa\left[\bar{v} - v\left(\frac{4w}{\gamma^2}\right)\right]\mathrm{d}w + 2\int_{\frac{\gamma^2}{4}s}^{\frac{\gamma^2}{4}t} \sqrt{v\left(\frac{4w}{\gamma^2}\right)}\mathrm{d}W(w).$$

通过定义另一个过程 $\nu(w) := v\left(\frac{4w}{\gamma^2}\right)$, 其中 $\nu_0 = v_0$, 对应的动态如下:

$$\nu\left(\frac{\gamma^2 t}{4}\right) = \nu\left(\frac{\gamma^2 s}{4}\right) + \frac{4}{\gamma^2} \int_{\frac{\gamma^2}{4}s}^{\frac{\gamma^2}{4}t} \kappa\left(\bar{v} - \nu(w)\right) \mathrm{d}w + 2 \int_{\frac{\gamma^2}{4}s}^{\frac{\gamma^2}{4}t} \sqrt{\nu(w)}\mathrm{d}W(w), \quad (9.50)$$

所以

$$\nu(\bar{t}) = \nu(\bar{s}) + \int_{\bar{s}}^{\bar{t}} (2a\nu(w) + b)\,\mathrm{d}w + 2\int_{\bar{s}}^{\bar{t}} \sqrt{\nu(w)}\mathrm{d}W(w), \quad (9.51)$$

其中 $a = -2\kappa/\gamma^2$, $b = 4\kappa\bar{v}/\gamma^2$, $\bar{s} = \gamma^2 s/4$, $\bar{t} = \gamma^2 t/4$, 而对应的 $\nu(t)$ 动态成为

$$\mathrm{d}\nu(t) = (2a\nu(t) + b)\,\mathrm{d}t + 2\sqrt{\nu(t)}\mathrm{d}W(t), \quad \nu_0 = v_0. \quad (9.52)$$

(9.52) 中过程的波动率是所希望的形式, 就像 (9.47) 中那样. 然而, 和 (9.47) 的漂移项比较, 动态 (9.52) 有附加的漂移项.

一般地, 漂移项可以通过测度变换被修改, 即通过测度变换, 漂移项变化了而过程的波动率保持不变. 这提示我们在一个新的 Brown 运动 $\widehat{W}(t)$ 下定义 $\nu(t)$ 的一个修正过程如下:

$$\mathrm{d}\nu(t) = b\mathrm{d}t + 2\sqrt{\nu(t)}\mathrm{d}\widehat{W}(t). \quad (9.53)$$

我们将 (9.52) 和 (9.53) 的右端匹配, 来确定这个新的 Brown 运动 $\widehat{W}(t)$,

$$(2a\nu(t) + b)\,\mathrm{d}t + 2\sqrt{\nu(t)}\mathrm{d}W(t) = b\mathrm{d}t + 2\sqrt{\nu(t)}\mathrm{d}\widehat{W}(t),$$

其产生下列的测度变换:

$$\mathrm{d}\widehat{W}(t) = \mathrm{d}W(t) + a\sqrt{\nu(t)}\mathrm{d}t.$$

上述的测度变换隐含着下列 *Radon-Nikodym* 导数:

$$\left.\frac{\mathrm{d}\mathbb{Q}}{\mathrm{d}\widehat{\mathbb{Q}}}\right|_{\mathcal{F}(t)} = \exp\left(-\frac{a^2}{2}\int_s^t \nu(z)\mathrm{d}z + a\int_s^t \sqrt{\nu(z)}\mathrm{d}\widehat{W}(z)\right).$$

这个表达式最后的积分可以借助于等式 (9.53) 而表示如下:

$$\int_s^t \sqrt{\nu(z)}\mathrm{d}\widehat{W}(z) = \frac{1}{2}\int_s^t (\mathrm{d}\nu(z) - b\mathrm{d}z) = \frac{1}{2}[\nu(t) - \nu(s) - b \cdot (t - s)].$$

所以 Radon-Nikodym 导数可以写成

$$\left.\frac{\mathrm{d}\mathbb{Q}}{\mathrm{d}\widehat{\mathbb{Q}}}\right|_{\mathcal{F}(t)} = \exp\left(-\frac{a^2}{2}\int_s^t \nu(z)\mathrm{d}z + \frac{a}{2}[\nu(t) - \nu(s) - b \cdot (t - s)]\right). \quad (9.54)$$

在测度变换中, 我们可以用 Bayes 公式变换测度, 即

$$\mathbb{E}^A[X] = \mathbb{E}^B\left[\left.X\frac{\mathrm{d}\mathbb{Q}^A}{\mathrm{d}\mathbb{Q}^B}\right|_{\mathcal{F}}\right] \bigg/ \mathbb{E}^B\left[\frac{\mathrm{d}\mathbb{Q}^A}{\mathrm{d}\mathbb{Q}^B}\right], \quad (9.55)$$

对任意两个等价测度 $\mathbb{Q}^A$ 和 $\mathbb{Q}^B$ 以及随机变量 $X \in \mathcal{F}$.

变量替换和条件抽样

对给定的常数 $c \in \mathbb{R}$, (9.46) 中积分后的方差 $Y(t)$ 关于过程 $\nu(t)$ 的条件期望等于:

$$
\mathbb{E}\left[e^{-cY(t)}\big|v(s),v(t)\right] := \mathbb{E}\left[\exp\left(-c\int_s^t v(z)\mathrm{d}z\right)\bigg|v(s),v(t)\right]
$$
$$
= \mathbb{E}\left[\exp\left(-c\int_s^t \nu\left(\frac{\gamma^2 z}{4}\right)\mathrm{d}z\right)\bigg|\nu\left(\frac{\gamma^2 s}{4}\right),\nu\left(\frac{\gamma^2 t}{4}\right)\right].
$$

通过进一步变量替换, 用 $s_* = \frac{\gamma^2}{4}s$ 和 $t_* = \frac{\gamma^2}{4}t$, 我们发现:

$$
\mathbb{E}\left[e^{-cY(t)}\big|v(s),v(t)\right] = \mathbb{E}\left[\exp\left(-\frac{4c}{\gamma^2}\int_{s_*}^{t_*} \nu(w)\,\mathrm{d}w\right)\bigg|\nu(s_*),\nu(t_*)\right].
$$

最后一个等式可以通过 (9.54) 中的测度变换解出, 即

$$
\mathbb{E}\left[e^{-cY(t)}\big|v(s),v(t)\right] = \frac{\mathbb{E}^{\widehat{\mathbb{Q}}}\left[\exp\left(-\frac{4c}{\gamma^2}\int_{s_*}^{t_*}\nu(z)\,\mathrm{d}z\right)\frac{\mathrm{d}\mathbb{Q}}{\mathrm{d}\widehat{\mathbb{Q}}}\bigg|\nu(s_*),\nu(t_*)\right]}{\widehat{\mathbb{E}}\left[\frac{\mathrm{d}\mathbb{Q}}{\mathrm{d}\widehat{\mathbb{Q}}}\bigg|\nu(s_*),\nu(t_*)\right]} =: \frac{\omega_1}{\omega_2}. \quad (9.56)
$$

为简化起见, 记 $\mathbb{E}^{\widehat{\mathbb{Q}}}[\cdot|\nu(s_*),\nu(t_*)] =: \widehat{\mathbb{E}}[\cdot|s_*,t_*]$, 从而由 (9.54), 分母的期望为

$$
\omega_2 = \widehat{\mathbb{E}}\left[\exp\left(-\frac{a^2}{2}\int_{s_*}^{t_*}\nu(z)\mathrm{d}z + \frac{a}{2}(\nu(t_*)-\nu(s_*)-b\tau_*)\right)\bigg|s_*,t_*\right]
$$
$$
= e^{\frac{a}{2}(\nu(t_*)-\nu(s_*)-b\tau_*)}\widehat{\mathbb{E}}\left[\exp\left(-\frac{a^2}{2}\int_{s_*}^{t_*}\nu(z)\mathrm{d}z\right)\bigg|s_*,t_*\right],
$$

其中 $\tau_* = t_* - s_*$. 分子的期望等于:

$$
\omega_1 = \widehat{\mathbb{E}}\left[\exp\left(-\left(\frac{4c}{\gamma^2}+\frac{a^2}{2}\right)\int_{s_*}^{t_*}\nu(z)\mathrm{d}z + \frac{a}{2}(\nu(t_*)-\nu(s_*)-b\tau_*)\right)\bigg|s_*,t_*\right]
$$
$$
= e^{\frac{a}{2}(\nu(t_*)-\nu(s_*)-b\tau_*)}\widehat{\mathbb{E}}\left[\exp\left(-\left(\frac{4c}{\gamma^2}+\frac{a^2}{2}\right)\int_{s_*}^{t_*}\nu(z)\mathrm{d}z\right)\bigg|s_*,t_*\right].
$$

由于 ω_1 和 ω_2 中的第一个指数项完全相同, 表达式 (9.56) 可简写成

$$
\mathbb{E}\left[\exp\left(-c\int_s^t v(z)\mathrm{d}z\right)\bigg|v(s),v(t)\right] = \frac{\widehat{\mathbb{E}}\left[\exp\left(-\left(\frac{4c}{\gamma^2}+\frac{a^2}{2}\right)\int_{s_*}^{t_*}\nu(z)\mathrm{d}z\right)\big|s_*,t_*\right]}{\widehat{\mathbb{E}}\left[\exp\left(-\frac{a^2}{2}\int_{s_*}^{t_*}\nu(z)\mathrm{d}z\right)\big|s_*,t_*\right]},
$$
$$
(9.57)
$$

这里 $\nu(t)$ 由 SDE (9.53) 驱动.

将 (9.48) 代入两个期望 (在分子和分母中) 并进一步简化, 我们找到所涉的复杂表达式, 然而这个表达式是封闭的,

$$
J(c) := \mathbb{E}\left[e^{-cY(t)}\big|v(s),v(t)\right]
$$
$$
= \frac{\psi(c)e^{-0.5(\psi(c)-\kappa)\tau}(1-e^{-\kappa\tau})}{\kappa(1-e^{-\psi(c)\tau})}
$$

$$\times \exp\left[\frac{v(s)+v(t)}{\gamma^2}\left(\frac{\kappa(1+\mathrm{e}^{-\kappa\tau})}{1-\mathrm{e}^{-\kappa\tau}}-\frac{\psi(c)(1+\mathrm{e}^{-\psi(c)\tau})}{1-\mathrm{e}^{-\psi(c)\tau}}\right)\right]$$

$$\times \frac{I_{\frac{b}{2}-1}\left(\frac{4\psi(c)\sqrt{v(t)v(s)}}{\gamma^2}\frac{\mathrm{e}^{-0.5\psi(c)\tau}}{1-\mathrm{e}^{\psi(c)\tau}}\right)}{I_{\frac{b}{2}-1}\left(\frac{4\kappa\sqrt{v(t)v(s)}}{\gamma^2}\frac{\mathrm{e}^{-0.5\kappa\tau}}{1-\mathrm{e}^{\kappa\tau}}\right)}, \tag{9.58}$$

其中 $\tau = t - s$ 和 $\psi(c) = \sqrt{\kappa^2 + 2\gamma^2 c}$.

通过设 $c = -iu$, 这给我们所要求的条件特征函数

$$\boxed{\phi_{Y(t)|v(s),v(t)}(u;s,t) = J(-iu).}$$

有了所展示的条件抽样技术, 我们可以为 $X(t)$ 过程生成所需的样本. 虽然这项技术被认为是精确的, 但它的计算成本很高. 每个样本的生成需要对 CDF 的求逆, 而 CDF 是由特征函数给出的. 在 Heston 模型的背景下的随机波动率模型抽样的另一种方法在下面展示.

9.4.3　Heston 模型几乎精确的模拟

现在我们聚焦 Heston 随机波动率模型, 其在对数变换下为

$$\begin{cases} \mathrm{d}X(t) = \left(r - \frac{1}{2}v(t)\right)\mathrm{d}t + \sqrt{v(t)}\left[\rho_{x,v}\mathrm{d}\widetilde{W}_v(t) + \sqrt{1-\rho_{x,v}^2}\mathrm{d}\widetilde{W}_x(t)\right], \\ \mathrm{d}v(t) = \kappa\left(\bar{v} - v(t)\right)\mathrm{d}t + \gamma\sqrt{v(t)}\mathrm{d}\widetilde{W}_v(t), \end{cases} \tag{9.59}$$

其中参数如等式 (8.18) 中给出.

方差过程由一个独立的 Brown 运动驱动, 这样我们就可以方便地使用 $v(t)$ 的边际分布. 同时, 随机过程 $X(t) := \log S(t)$ 也与 $v(t)$ 耦合起来.

对 (9.59) 中两个过程积分后, 对一个特定的时间段 $[t_i, t_{i+1}]$, 可得下列离散格式:

$$x_{i+1} = x_i + \int_{t_i}^{t_{i+1}}\left(r - \frac{1}{2}v(t)\right)\mathrm{d}t + \rho_{x,v}\boxed{\int_{t_i}^{t_{i+1}}\sqrt{v(t)}\mathrm{d}\widetilde{W}_v(t)}$$

$$+ \sqrt{1-\rho_{x,v}^2}\int_{t_i}^{t_{i+1}}\sqrt{v(t)}\mathrm{d}\widetilde{W}_x(t),$$

以及

$$v_{i+1} = v_i + \kappa\int_{t_i}^{t_{i+1}}\left(\bar{v} - v(t)\right)\mathrm{d}t + \gamma\boxed{\int_{t_i}^{t_{i+1}}\sqrt{v(t)}\mathrm{d}\widetilde{W}_v(t)}.$$

请注意, 上面 SDE 中两个关于 $\widetilde{W}_v(t)$ 的积分是相同的, 这两个积分用方差 (随机变量) 的实现表示为

$$\int_{t_i}^{t_{i+1}}\sqrt{v(t)}\mathrm{d}\widetilde{W}_v(t) = \frac{1}{\gamma}\left(v_{i+1} - v_i - \kappa\int_{t_i}^{t_{i+1}}(\bar{v} - v(t))\mathrm{d}t\right). \tag{9.60}$$

对给出的 v_i 值, 利用 CIR 过程, 或者等价地, 用非中心卡方分布或 QE 格式 (其技术分别在节 9.3.3 或 9.3.4 中描述), 方差 v_{i+1} 现在可以模拟了.

作为在 Heston 模型模拟的最后一步, 离散 x_{i+1} 由下式给出:

$$x_{i+1} = x_i + \int_{t_i}^{t_{i+1}} \left(r - \frac{1}{2} v(t) \right) \mathrm{d}t + \frac{\rho_{x,v}}{\gamma} \left(v_{i+1} - v_i - \kappa \int_{t_i}^{t_{i+1}} (\bar{v} - v(t)) \, \mathrm{d}t \right)$$
$$+ \sqrt{1 - \rho_{x,v}^2} \int_{t_i}^{t_{i+1}} \sqrt{v(t)} \mathrm{d}\widetilde{W}_x(t). \tag{9.61}$$

我们用被积函数在积分左边界上的值近似所有出现在上面表达式中的积分, 如同 Euler 离散格式:

$$x_{i+1} \approx x_i + \int_{t_i}^{t_{i+1}} \left(r - \frac{1}{2} v_i \right) \mathrm{d}t + \frac{\rho_{x,v}}{\gamma} \left(v_{i+1} - v_i - \kappa \int_{t_i}^{t_{i+1}} (\bar{v} - v_i) \, \mathrm{d}t \right)$$
$$+ \sqrt{1 - \rho_{x,v}^2} \int_{t_i}^{t_{i+1}} \sqrt{v_i} \mathrm{d}\widetilde{W}_x(t). \tag{9.62}$$

积分的计算现在没有难度了, 结果为

$$x_{i+1} \approx x_i + \left(r - \frac{1}{2} v_i \right) \Delta t + \frac{\rho_{x,v}}{\gamma} \left(v_{i+1} - v_i - \kappa (\bar{v} - v_i) \Delta t \right)$$
$$+ \sqrt{1 - \rho_{x,v}^2} \sqrt{v_i} \left(\widetilde{W}_x(t_{i+1}) - \widetilde{W}_x(t_i) \right). \tag{9.63}$$

将所有项集中起来, 并用众所周知的正态分布变量的性质, $\widetilde{W}_x(t_{i+1}) - \widetilde{W}_x(t_i) \overset{\mathrm{d}}{=} \sqrt{\Delta t} Z_x$, 其中 $Z_x \sim \mathcal{N}(0,1)$, 我们发现:

$$\begin{cases} x_{i+1} \approx x_i + k_0 + k_1 v_i + k_2 v_{i+1} + \sqrt{k_3 v_i} Z_x, \\ v_{i+1} = \bar{c}(t_{i+1}, t_i) \chi^2(\delta, \bar{\kappa}(t_{i+1}, t_i)), \end{cases}$$

如同式 (9.30), 其中

$$\bar{c}(t_{i+1}, t_i) = \frac{\gamma^2}{4\kappa} (1 - \mathrm{e}^{-\kappa(t_{i+1}-t_i)}), \quad \delta = \frac{4\kappa\bar{v}}{\gamma^2},$$
$$\bar{\kappa}(t_{i+1}, t_i) = \frac{4\kappa\mathrm{e}^{-\kappa\Delta t}}{\gamma^2(1 - \mathrm{e}^{-\kappa\Delta t})} v_i,$$

而 $\chi^2(\delta, \bar{\kappa}(\cdot, \cdot))$ 是具自由度 δ 和非中心参数 $\bar{\kappa}(t_{i+1}, t_i)$ 的非中心卡方分布. 剩下的参数为

$$k_0 = \left(r - \frac{\rho_{x,v}}{\gamma} \kappa\bar{v} \right) \Delta t, \quad k_1 = \left(\frac{\rho_{x,v}\kappa}{\gamma} - \frac{1}{2} \right) \Delta t - \frac{\rho_{x,v}}{\gamma},$$
$$k_2 = \frac{\rho_{x,v}}{\gamma}, \quad k_3 = (1 - \rho_{x,v}^2)\Delta t.$$

例 9.4.1 (Heston 模型, Monte Carlo 实验) 节 9.4.3 描述的对 Heston SV 模型的模拟格式在这里被称为 "几乎精确模拟" (AES) 格式. 那不是二次指数格式, 因为我们用从非中心卡方分布中直接抽样来模拟方差过程.

在这个模拟实验中, 欧式期权价通过 AES 格式来计算, 其中 $S(t_0) = 100$, 三个敲定价: $K = 100$ (ATM), $K = 70$ (ITM) 和 $K = 140$ (OTM). 得到的结果与节 9.3 中具截断技巧的 Euler 离散进行了比较. 这个实验中, 用了不同的时间步长, 从一年 1 步到一年 64 步. 模型的参数选择如下:

$$\kappa = 0.5, \gamma = 1, \bar{v} = 0.04, v_0 = 0.04, r = 0.1, \rho_{x,v} = -0.9.$$

数值结果基于 500 000 条 Monte Carlo 路径, 它们展现在表 9-2 中. 参考结果由节 8.4 中的 COS 方法产生.

表 9-2　Heston 模型 Monte Carlo 模拟结果的误差. AES 表示 "几乎精确模拟", Euler 表示节 9.3 中的 "截断的 Euler 格式".

Δt	$K = 100$		$K = 70$		$K = 140$	
	Euler	AES	Euler	AES	Euler	AES
1	0.94 (0.023)	−1.00 (0.012)	−0.82 (0.028)	−0.53 (0.016)	1.29 (0.008)	0.008 (0.001)
1/2	2.49 (0.022)	−0.45 (0.011)	−0.11 (0.030)	−0.25 (0.016)	1.03 (0.008)	−0.0006 (0.001)
1/4	2.40 (0.016)	−0.18 (0.010)	0.37 (0.027)	−0.11 (0.016)	0.53 (0.005)	0.0005 (0.001)
1/8	2.08 (0.016)	−0.10 (0.010)	0.43 (0.025)	−0.07 (0.016)	0.22 (0.003)	0.0009 (0.001)
1/16	1.77 (0.015)	−0.03 (0.010)	0.40 (0.023)	−0.03 (0.016)	0.08 (0.001)	0.0002 (0.001)
1/32	1.50 (0.014)	−0.03 (0.009)	0.34 (0.022)	−0.01 (0.016)	0.03 (0.001)	−0.002 (0.001)
1/64	1.26 (0.013)	−0.001 (0.009)	0.27 (0.021)	−0.005 (0.016)	0.02 (0.001)	0.001 (0.001)

实验显示在用 AES 格式时, 小些的时间步长 Δt 会改善数值结果. 这种模式在用截断的 Euler 离散时观察不到, 此时误差看起来不收敛, 而收敛的缺失源于截断产生的偏差. ◇

注释 9.4.1　很明显, 这章作为 Monte Carlo 模拟的入门, 描述了通向对具有随机波动率和 CIR 过程的资产价格模型进行精确模拟的道路. 我们讨论了基于 Taylor 的 Monte Carlo 路径离散化的 Euler 和 Milstein 格式, 以及 CIR 型过程的精确模拟格式. 这三个格式, 按顺序后者会比前者更复杂, 但模拟结果会更精确. 这样, 在模拟中用后面的格式可以使用较大的时间步长, 从而只需要较少的时间步就能获得满意的精确度. 这类格式的出发点是 [Broadie et al., 2006] 中的精确模拟. 其他精确或几乎精确模拟的例子包括 [Grzelak et al., 2018] 中的随机配置的 Monte Carlo 方法 (SCMC) 或 [Chen et al., 2012], [Leitao et al., 2017] 中的 SABR 模拟方法. 与节 9.4 中的条件抽样格式密切相关的是 Brown 桥技术, 通过该技术可以加速 Monte Carlo 收敛.

9.4.4　Monte Carlo 模拟的改进

普通 Monte Carlo 方法的收敛加速可以通过几种途径达到. 对偶抽样是 Monte Carlo 方法收敛加速的基本技术之一, 因为在一次模拟中它通过不仅使用随机样本 $Z \sim \mathcal{N}(0,1)$ 模拟, 还用样本 $-Z$ 产生另一路径, 以此来缩减样本的方差. 众所周知, 如果 $Z \sim \mathcal{N}(0,1)$, 则也有 $-Z \sim \mathcal{N}(0,1)$. 这个性质可以大大地减少 Monte Carlo 模拟所需的路径数量. 假定 V_i^N 表示由 MC 方法用 Z 得到的近似, 而 $\hat{V}_i^N$ 是用 $-Z$. 平均一下, $\bar{V}_i^N = 1/2(V_i^N + \hat{V}_i^N)$, 就得到另一个近似. 由于 V_i^N 和 $\hat{V}_i^N$ 都是随机变量, 其目标 $\mathbb{Var}[\bar{V}_i^N] < \mathbb{Var}[V_i^N] + \mathbb{Var}[\hat{V}_i^N]$. 我们有

$$\mathbb{Var}[\bar{V}_i^N] = \frac{1}{4}\mathbb{Var}[V_i^N + \hat{V}_i^N] = \frac{1}{4}(\mathbb{Var}[V_i^N] + \mathbb{Var}[\hat{V}_i^N]) + \frac{1}{2}\mathrm{cov}[V_i^N, \hat{V}_i^N].$$

所以, 当假定 V_i^N 和 $\hat{V}_i^N$ 之间是负的相关性, 就有 $\mathbb{Var}[\bar{V}_i^N] \leqslant \frac{1}{4}(\mathbb{Var}[V_i^N + \hat{V}_i^N])$.

其他有关 Monte Carlo 方法方差缩减的关键技术包括重要性抽样、拟 Monte Carlo (QMC) 方法、分层抽样和控制变量等. 在以后的方差缩减技术中, 采用了不少非常相似的函数或模型进行了大量有意思的应用. 它们的基本 (分析) 性质是已知的而 Monte Carlo 方差显著减小了.

另一个最近提出的方差缩减技术是由 Giles 等在文献 [Giles, 2007], [Giles, 2008] 和 [Giles et al., 2012] 中提出的多层 *Monte Carlo 方法* (MLMC), 它是基于期望算子的可加性.

所有这些方差缩减技术都成功地应用于计算金融中的某些任务, 并且这些技术的组合有时可以进一步提高收敛速度.

重要性抽样

在这小节中, 我们在 Monte Carlo 模拟的背景下, 以重要性抽样方差缩减技术的形式, 介绍了一种直观的方法用来理解 *Radon-Nikodym 导数*. 我们想要计算一些随机变量 X 的函数 $g(\cdot)$ 的期望 $\mathbb{E}^X[g(X)]$, 其概率密度为 $f_X(x)$, 即

$$\mathbb{E}^X[g(X)] = \int_{\mathbb{R}} g(x)f_X(x)\mathrm{d}x = \int_{\mathbb{R}} g(x)\mathrm{d}F_X(x). \tag{9.64}$$

为了缩减方差, 我们考虑另一个具概率密度为 $f_Y(x)$ 的随机变量 Y, 使得 $f_X(x) \neq 0$ 对所有的 x 有 $f_Y(x) \neq 0$, 并可写成

$$\begin{aligned}
\int_{\mathbb{R}} g(x)\mathrm{d}F_X(x) &= \int_{\mathbb{R}} g(x)f_X(x)\mathrm{d}x = \int_{\mathbb{R}} g(x)\frac{f_X(x)}{f_Y(x)}f_Y(x)\mathrm{d}x \\
&= \int_{\mathbb{R}} g(x)\frac{f_X(x)}{f_Y(x)}\mathrm{d}F_Y(x),
\end{aligned} \tag{9.65}$$

这隐含着

$$\mathbb{E}^X[g(X)] = \mathbb{E}^Y[g(Y)L(Y)], \quad \text{其中} \quad L(x) = \frac{f_X(x)}{f_Y(x)}. \tag{9.66}$$

函数 $L(x)$ 常被称为 Monte Carlo 模拟中的评价函数, 在统计中是似然比, 而在概率论中是 *Radon-Nikodym 导数*.

借助于 Radon-Nikodym 导数, 我们可以得到下列表达式:

$$\mathbb{E}^X[g(X)] \approx \frac{1}{N}\sum_{j=1}^N g(x_j) \approx \frac{1}{N}\sum_{j=1}^N g(y_j)L(y_j), \tag{9.67}$$

这里 y_j 是 Y 的样本. 这个表达式就是重要性抽样.

例 9.4.2（Monte Carlo 模拟的重要性抽样） 我们运行一个 Monte Carlo 模拟来近似 $\mathbb{P}[X > 3]$, 其等价于计算 $\mathbb{E}[\mathbb{1}_{X>3}]$, 其中 $X \sim \mathcal{N}(0,1)$. 很容易得到 $\mathbb{P}[X > 3] = 0.001349898031630$.

现在, 我们考虑下面四个分布作为方差缩减的重要性抽样的可选项, $\mathcal{U}([0,1])$, $\mathcal{U}([0,4])$, $\mathcal{N}(0,0.25)$ 和 $\mathcal{N}(0,9)$.

从图 9-14 来看, 很明显表现最好的重要性抽样变量是 $\mathcal{N}(0,9)$, 原因如下.

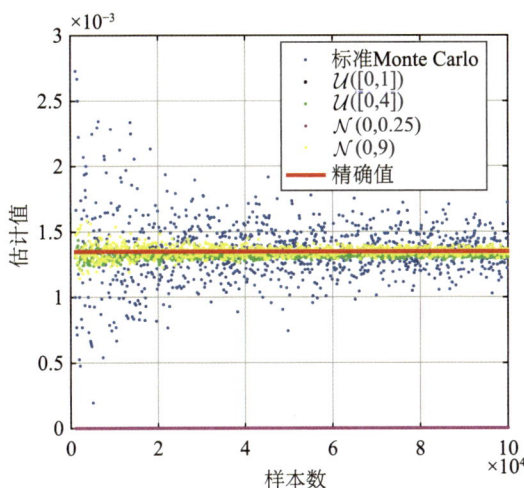

图 9-14 用于重要性抽样的相关不同变量的样本.

分布 $\mathcal{U}([0,1])$ 和 $\mathcal{U}([0,4])$ 的区域不能充分宽地包含 $\mathcal{N}(0,1)$ 的整个区域. 图 9-14 显示了尽管 $\mathcal{U}([0,4])$ 表现好些, 但它产生了偏差, 因为没有大于 4 的样本. 而变量 $\mathcal{N}(0,0.25)$ 不能很好地拟合 $\mathcal{N}(0,1)$ 的尾部. ◇

9.5 计算 Monte Carlo 希腊字母

在银行内, 期权希腊字母的计算是一项非常重要的任务, 它是针对交易账簿中的所有衍生品进行的. 银行在日常作业中报告所谓的 P&L (损益) 属性[1], 它解释了每日波动对衍生品价值的影响. 为了说明这一点, 我们考虑一个对冲投资组合 $\Pi(t,S)$, 它由一个期权 $V(t,S)$ 和 Δ 份股票组成, $\Pi(t,S) = V(t,S) - \Delta S(t)$. 如果在时间 t_i, 这个等式成立, 那么到了时间 t_{i+1}, 离散得到

$$\Pi_{i+1} = \Pi_i + V_{i+1} - V_i - \Delta(S_{i+1} - S_i). \tag{9.68}$$

在每个时间点 t_{i+1} 期权 V_{i+1} 的价值以及股票价值 S_{i+1} 被替换, 并评估在时间 t_{i+1} 时的投资组合价值 Π_{i+1}. 通过等式 (9.68) 计算出 Π_{i+1} 和 Π_i 的差就得到这份投资组合在这个小时间段的损益 P&L. P&L 属性用于验证建模所带来的风险因素是否足以解释投

---

[1]通常也称为"盈亏解释".

资组合价值的变化. 另外, 当 (9.68) 的两边差别很大时, 这表明我们没有正确地对冲风险, 其中一些风险因素很可能在对冲策略中没有得到适当考虑. 在该例中我们看到了 Δ 的作用, 类似的期权希腊字母构成了评估风险属性的基础.

在实践中, 资产价格模型需要通过金融市场期权价格来校验, 校验过程产生一组最优的模型参数 $\boldsymbol{\theta} = (\theta_1, \cdots, \theta_N)$. 然而随着资产运动, 这组参数不能始终保持最优. 从风险管理的角度来看, 理解资产模型参数发生变化时金融衍生品价格将如何变化至关重要. 当期权价格随参数变化而显著变化时, 就意味着需要执行一个频繁的对冲再平衡策略, 从而增加了对冲成本. 相反, 如果衍生品价格对模型参数的敏感性不显著, 则意味着较低的重新平衡频率, 从而降低了成本.

当我们使用 Monte Carlo 方法时, 有三种方法计算期权敏感度 (希腊字母): 有限差分技术 (冲击和重估), 路径敏感性和似然比方法. 这些将在下面讨论.

9.5.1 有限差分

在这节, 我们将用下列记号:

$$V(\theta) \equiv V(t_0, S; \theta) = \mathbb{E}^{\mathbb{Q}} \left[\frac{V(T, S; \theta)}{M(T)} \bigg| \mathcal{F}(t_0) \right],$$

其有一个参数 θ. 期权关于参数 θ 的敏感性可以用一个前向差分近似,

$$\frac{\partial V}{\partial \theta} \approx \frac{V(\theta + \Delta\theta) - V(\theta)}{\Delta\theta}. \tag{9.69}$$

其中 $V(\theta)$ 连续并至少二阶可导, 对任何 $\Delta\theta > 0$ 我们有

$$V(\theta + \Delta\theta) = V(\theta) + \frac{\partial V}{\partial \theta} \Delta\theta + \frac{1}{2} \frac{\partial^2 V}{\partial \theta^2} \Delta\theta^2 + \cdots. \tag{9.70}$$

> 所以对前向差分, 我们找到
>
> $$\frac{\partial V}{\partial \theta} = \frac{V(\theta + \Delta\theta) - V(\theta)}{\Delta\theta} - \frac{1}{2} \frac{\partial^2 V}{\partial \theta^2} \Delta\theta + \mathcal{O}(\Delta\theta^2). \tag{9.71}$$

在 Monte Carlo 框架下, θ 的敏感性评估如下:

$$\frac{\partial V}{\partial \theta} \approx \frac{\bar{V}(\theta + \Delta\theta) - \bar{V}(\theta)}{\Delta\theta}, \tag{9.72}$$

这里 $\bar{V}(\theta) = \frac{1}{N} \sum_{i=1}^{N} V_i(\theta)$.

由于期望是均值的无偏估计, 即 $\mathbb{E}[V(\theta)] \equiv \bar{V}(\theta)$, 我们有前向差分误差

$$\epsilon_1(\Delta\theta) := \mathbb{E}\left[-\frac{1}{2} \frac{\partial^2 V}{\partial \theta^2} \Delta\theta + \mathcal{O}(\Delta\theta^2) \right] = \mathcal{O}(\Delta\theta).$$

另一个这种导数的近似基于中心差分,

$$\frac{\partial V}{\partial \theta} \approx \frac{V(\theta + \Delta\theta) - V(\theta - \Delta\theta)}{2\Delta\theta}. \tag{9.73}$$

借助于 Taylor 展开, 关于中心差分我们找到

$$\frac{\partial V}{\partial \theta} = \frac{V(\theta + \Delta\theta) - V(\theta - \Delta\theta)}{2\Delta\theta} + \mathcal{O}(\Delta\theta^2). \tag{9.74}$$

中心差分的误差估计如下:

$$\epsilon_2(\Delta\theta) = \mathcal{O}(\Delta\theta^2).$$

中心误差一般比前向差分近似产生较小的偏差.

例 9.5.1 (有限差分下的 Black-Scholes 的 Delta 和 Vega)　在这个数值实验中, 我们分析了当用前向差分和中心差分有限差分估计 Black-Scholes 模型 Monte Carlo 希腊字母时的误差. 针对一个看涨期权, 用 Monte Carlo 模拟的方法计算了 Black-Scholes Delta, $\frac{\partial V}{\partial S(t_0)}$ 和 Vega, $\frac{\partial V}{\partial \sigma}$, 并将结果与解析表达式进行了比较.

我们确认图 9-15 中中心差分产生比前向差分较好的收敛性. 有意思的是, 对 Vega 近似显示出当股票份额 $\Delta\sigma$ 一旦大时, 前向差分的精度超过了中心差分. 进一步注意到敏感性误差大小的差异. 对大约 40% 股票份额 Delta 最大误差为 0.18, 此时同样量级的股票对于 Vega 误差为 0.0016. ◇

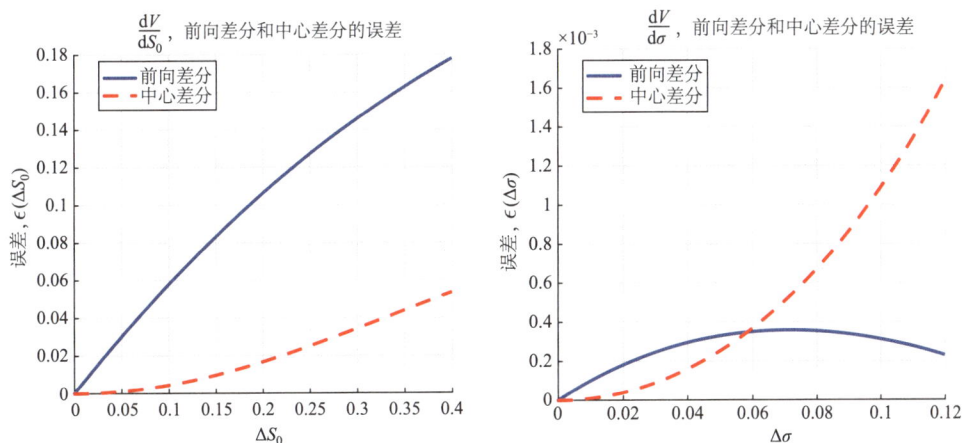

图 9-15　Black-Scholes Delta (左) 和 Vega (右) 在前向差分和中心差分下的估计. **参数设定**: $S(t_0) = 1$, $r = 0.06$, $\sigma = 0.3$, $T = 1$, $K = S(t_0)$.

9.5.2　路径敏感性

在用 Monte Carlo 方法计算希腊字母时, 第二个技术是用样本路径敏感性. 这个方法是特别为计算离散模型的灵敏度而发展的. 其目的是有效地估计在时间 t_0 时关于像 $S(t_0)$ 和其他模型参数的敏感度. 相比于有限差分法, 这种方法不必要模拟 "受扰动的" Monte Carlo 路径, 但这里对前向差分离散我们需要额外增加一个模拟, 对中心差分离散需要增加两个额外模拟.

路径敏感性方法在我们处理感兴趣的参数的连续函数时可应用. 它基于交换微分算子和期望算子, 如下:

$$\frac{\partial V}{\partial \theta} = \frac{\partial}{\partial \theta} \mathbb{E}^{\mathbb{Q}} \left[\frac{V(T, S(T); \theta)}{M(T)} \bigg| \mathcal{F}(t_0) \right] = \mathbb{E}^{\mathbb{Q}} \left[\frac{\partial}{\partial \theta} \frac{V(T, S(T); \theta)}{M(T)} \bigg| \mathcal{F}(t_0) \right]. \tag{9.75}$$

这个方法不能很容易地用于非光滑收益函数的情况, 那是因为作为非光滑收益的差分, 像障碍或两值期权, 是不可以直接用的.

假设利率是常数, 我们发现

$$\frac{\partial V}{\partial \theta} = \mathrm{e}^{-r(T-t_0)} \mathbb{E}^{\mathbb{Q}} \left[\frac{\partial V(T, S(T); \theta)}{\partial S(T)} \frac{\partial S(T)}{\partial \theta} \bigg| \mathcal{F}(t_0) \right]. \tag{9.76}$$

在时间 T 时, $V(T, S(T); \theta)$ 是个随机量, 其依赖于 $S(T)$ 的分布. 计算其关于 θ 的导数, $S(T)$ 的概率空间是固定的, 这意味着如果过程 $S(T)$ 由 Brown 运动 $W(t)$ 驱动, 参数 θ 的变化不影响 $W(t)$ 的路径.

例 9.5.2（Black-Scholes Delta 和 Vega 的路径敏感性） 作为例子, 我们将等式 (9.76) 路径敏感性方法应用到一个 Black-Scholes 模型的看涨期权, 即

$$V(T, S; \theta) = \max(S(T) - K, 0), \quad 其中 \quad S(T) = S(t_0) \mathrm{e}^{(r - \frac{1}{2}\sigma^2)(T - t_0) + \sigma(W(T) - W(t_0))}.$$

收益关于 $S(T)$ 的导数由下式给出:

$$\frac{\partial V}{\partial S(T)} = \mathbb{1}_{S(T) > K}, \tag{9.77}$$

而所需的关于 $S(t_0)$ 和 σ 的导数如下:

$$\frac{\partial S(T)}{\partial S(t_0)} = \mathrm{e}^{(r - \frac{1}{2}\sigma^2)(T - t_0) + \sigma(W(T) - W(t_0))},$$

$$\frac{\partial S(T)}{\partial \sigma} = S(T) \left(-\sigma(T - t_0) + W(T) - W(t_0) \right).$$

所以, 对 Delta 和 Vega, 我们得到

$$\frac{\partial V}{\partial S(t_0)} = \mathrm{e}^{-r(T-t_0)} \mathbb{E}^{\mathbb{Q}} \left[\mathbb{1}_{S(T) > K} \mathrm{e}^{(r - \frac{1}{2}\sigma^2)(T - t_0) + \sigma(W(T) - W(t_0))} \bigg| \mathcal{F}(t_0) \right]$$

$$= \mathrm{e}^{-r(T-t_0)} \mathbb{E}^{\mathbb{Q}} \left[\frac{S(T)}{S(t_0)} \mathbb{1}_{S(T) > K} \bigg| \mathcal{F}(t_0) \right],$$

以及

$$\frac{\partial V}{\partial \sigma} = \mathrm{e}^{-r(T-t_0)} \mathbb{E}^{\mathbb{Q}} \left[\mathbb{1}_{S(T) > K} S(T) \left(-\sigma(T - t_0) + W(T) - W(t_0) \right) \big| \mathcal{F}(t_0) \right]$$

$$= \frac{\mathrm{e}^{-r(T-t_0)}}{\sigma} \mathbb{E}^{\mathbb{Q}} \left[S(T) \left(\log \left(\frac{S(T)}{S(t_0)} \right) - \left(r + \frac{1}{2}\sigma^2 \right) (T - t_0) \right) \mathbb{1}_{S(T) > K} \bigg| \mathcal{F}(t_0) \right].$$

对该情形的 Delta 和 Vega 关于 Monte Carlo 资产路径数量的收敛性, 我们参考图 9-16. ◇

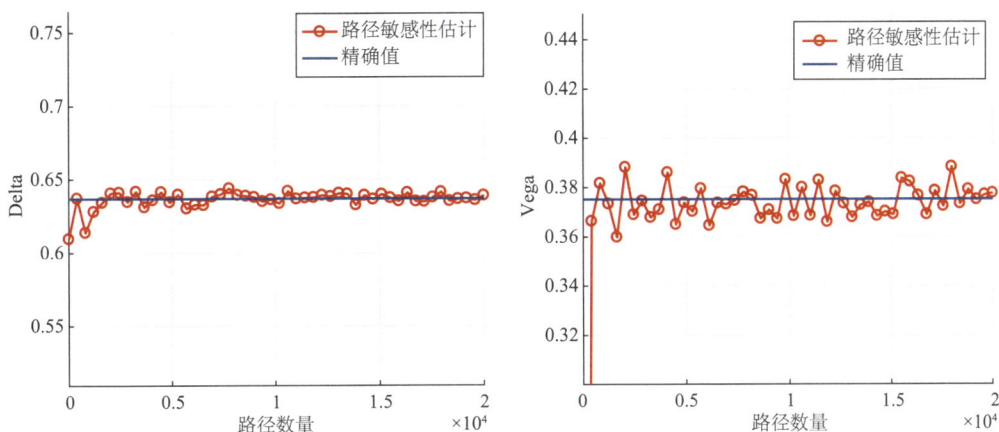

图 9-16　**用路径敏感性方法估计的** Black-Scholes Delta (**左**) 和 Vega (**右**). **参数是** $S(t_0) = 1$, $r = 0.06$, $\sigma = 0.3$, $T = 1$, $K = S(t_0)$.

例 9.5.3（Heston 模型 Delta, 路径敏感性） 我们在这里检查由 Heston SV 模型驱动的股价过程看涨期权价值的路径敏感性. Heston Delta 参数的路径敏感性由下式给出:

$$\frac{\partial V}{\partial S(t_0)} = \mathrm{e}^{-r(T-t_0)} \mathbb{E}^{\mathbb{Q}} \left[\frac{\partial V(T, S; S(t_0))}{\partial S(T)} \frac{\partial S(T)}{\partial S(t_0)} \bigg| \mathcal{F}(t_0) \right]$$

收益函数关于 $S(T)$ 的导数为

$$\frac{\partial V(T, S; \theta)}{\partial S(T)} = \mathbb{1}_{S(T) > K}, \tag{9.78}$$

而 Heston 过程的解则为

$$S(T) = S(t_0) \exp \left[\int_{t_0}^{T} \left(r - \frac{1}{2} v(t) \right) \mathrm{d}t + \int_{t_0}^{T} \sqrt{v(t)} \mathrm{d}W_x(t) \right],$$

所以 $S(t_0)$ 的敏感性给出,

$$\frac{\partial S(T)}{\partial S(t_0)} = \frac{S(T)}{S(t_0)}. \tag{9.79}$$

由于在 Black-Scholes 模型中, 期权希腊字母 Delta 表成

$$\frac{\partial V}{\partial S(t_0)} = \mathrm{e}^{-r(T-t_0)} \mathbb{E}^{\mathbb{Q}} \left[\frac{S(T)}{S(t_0)} \mathbb{1}_{S(T) > K} \bigg| \mathcal{F}(t_0) \right].$$

该情形对 Delta 这个量的关于路径数量的收敛性展现在图 9-17 中. ◇

例 9.5.4（亚式期权的 Delta 和 Vega, 路径敏感性） 我们现在考虑亚式期权, 也见习题 5.9, 其收益函数定义为

$$V(T, S) = \max \left(A(T) - K, 0 \right), \quad A(T) = \frac{1}{m} \sum_{i=1}^{m} S(t_i),$$

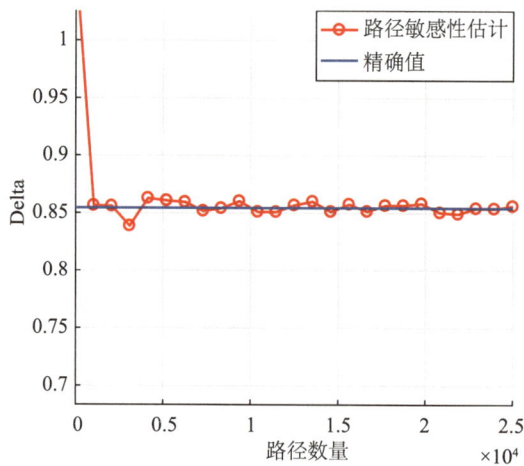

图 9-17　用路径敏感性方法估计的 Heston 模型 Delta 的收敛性. 参数为 $\gamma = 0.5$, $\kappa = 0.5$, $\bar{v} = 0.04$, $\rho_{x,v} = -0.9$, $v_0 = 0.04$, $T = 1.0$, $S(t_0) = 100.0$, $r = 0.1$.

而资产价格过程由 GBM 模型驱动,

$$\frac{\mathrm{d}S(t)}{S(t)} = r\mathrm{d}t + \sigma \mathrm{d}W^{\mathbb{Q}}(t),$$

其解为

$$S(t_i) = S(t_0)\mathrm{e}^{\left(r - \frac{1}{2}\sigma^2\right)(t_i - t_0) + \sigma\left(W^{\mathbb{Q}}(t_i) - W^{\mathbb{Q}}(t_0)\right)}. \tag{9.80}$$

由于收益函数依赖于 m 个时间点股票价, 路径关于 $S(t_0)$ 的敏感性由下式给出:

$$\frac{\partial V}{\partial S(t_0)} = \mathrm{e}^{-r(T-t_0)}\mathbb{E}^{\mathbb{Q}}\left[\sum_{i=1}^{m}\frac{\partial V(T, S(t_i); S(t_0))}{\partial S(t_i)}\frac{\partial S(t_i)}{\partial S(t_0)}\bigg|\mathcal{F}(t_0)\right].$$

关于波动率 σ 的敏感性为

$$\frac{\partial V}{\partial \sigma} = \mathrm{e}^{-r(T-t_0)}\mathbb{E}^{\mathbb{Q}}\left[\sum_{i=1}^{m}\frac{\partial V(T, S(t_i); \sigma)}{\partial S(t_i)}\frac{\partial S(t_i)}{\partial \sigma}\bigg|\mathcal{F}(t_0)\right].$$

收益函数关于在时间 t_i 的股价的导数由下式给出:

$$\frac{\partial V}{\partial S(t_i)} = \frac{1}{m}\mathbb{1}_{A(T)>K}. \tag{9.81}$$

更进一步, 对股价 (随机变量) 关于初始值和波动率的敏感性, 我们有

$$\frac{\partial S(t_i)}{\partial S(t_0)} = \frac{S(t_i)}{S(t_0)} \quad \text{和} \quad \frac{\partial S(t_i)}{\partial \sigma} = S(t_i)\left(-\sigma(t_i - t_0) + W^{\mathbb{Q}}(t_i) - W^{\mathbb{Q}}(t_0)\right).$$

总之, 对亚式期权, 我们得到 Delta 估计,

$$\frac{\partial V}{\partial S(t_0)} = \mathrm{e}^{-r(T-t_0)}\frac{1}{m}\mathbb{E}^{\mathbb{Q}}\left[\mathbb{1}_{A(T)>K}\sum_{i=1}^{m}\frac{S(t_i)}{S(t_0)}\bigg|\mathcal{F}(t_0)\right]$$

$$= \mathrm{e}^{-r(T-t_0)} \mathbb{E}^{\mathbb{Q}} \left[1_{A(T)>K} \frac{A(T)}{S(t_0)} \middle| \mathcal{F}(t_0) \right],$$

以及 Vega 估计,

$$\frac{\partial V}{\partial \sigma} = \frac{\mathrm{e}^{-r(T-t_0)}}{m} \mathbb{E}^{\mathbb{Q}} \left[1_{A(T)>K} \sum_{i=1}^{m} S(t_i) \left(-\sigma(t_i - t_0) + W^{\mathbb{Q}}(t_i) - W^{\mathbb{Q}}(t_0) \right) \middle| \mathcal{F}(t_0) \right].$$

由等式 (9.80), 我们找到

$$S(t_i) \left(-\sigma(t_i - t_0) + W^{\mathbb{Q}}(t_i) - W^{\mathbb{Q}}(t_0) \right)$$
$$= \frac{1}{\sigma} S(t_i) \left(\log \left(\frac{S(t_i)}{S(t_0)} \right) - \left(r + \frac{1}{2}\sigma^2 \right)(t_i - t_0) \right).$$

Vega 估计可写成

$$\frac{\partial V(S(t_0))}{\partial \sigma} = \frac{\mathrm{e}^{-r(T-t_0)}}{m} \mathbb{E}^{\mathbb{Q}}$$
$$\times \left[1_{A(T)>K} \sum_{i=1}^{m} \frac{S(t_i)}{\sigma} \left(\log \left(\frac{S(t_i)}{S(t_0)} \right) - \left(r + \frac{1}{2}\sigma^2 \right)(t_i - t_0) \right) \middle| \mathcal{F}(t_0) \right].$$

该情形对 Delta 和 Vega 关于路径数量的收敛性展示于图 9-18.　　　　　　◇

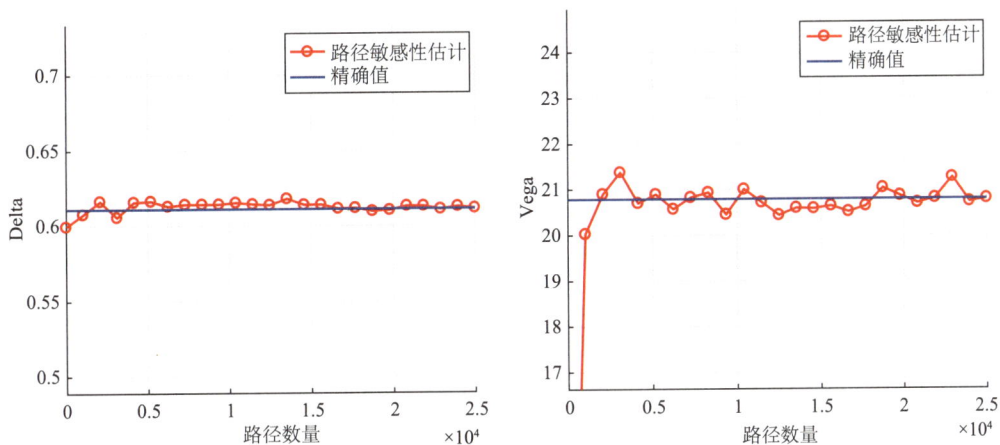

图 9-18　**用路径敏感性方法估计的亚式期权的 Delta (左) 和 Vega (右). 参数是** $S(t_0) = 100$, $\sigma = 0.15$, $T = 1$, $r = 0.05$, $K = S(t_0)$, $m = 10$ (等距时间点).

9.5.3　似然比方法

确定 Monte Carlo 希腊字母的第三种技术是似然比方法. 请注意似然比方法主要原理已经在节 9.4.4 中讨论过, 那里讨论了有些技术可以用来改进 Monte Carlo 模拟的收敛, 见等式 (9.66).

似然比方法的基础是密度函数的微分, 而不是路径敏感性方法中的收益函数. 为了阐明似然比, 我们从积分形式的期权定价公式 (假定常数利率) 开始,

$$V(\theta) \equiv V(t_0, S(t_0); \theta) = \mathrm{e}^{-r(T-t_0)} \int_{\mathbb{R}} V(T, z) f_{S(T)}(z; \theta) \mathrm{d}z, \tag{9.82}$$

这里如常, $V(T, z) = H(T, z)$ 是收益函数而 $f_{S(T)}(s; \theta)$ 是 $S(T)$ 的概率密度函数.

为了计算关于参数 θ 的敏感性, 积分和微分算子进行了交换, 即

$$\begin{aligned}
\frac{\partial V}{\partial \theta} &= \mathrm{e}^{-r(T-t_0)} \frac{\partial}{\partial \theta} \int_{\mathbb{R}} V(T, z) f_{S(T)}(z; \theta) \mathrm{d}z \\
&= \mathrm{e}^{-r(T-t_0)} \int_{\mathbb{R}} V(T, z) \frac{\partial}{\partial \theta} f_{S(T)}(z; \theta) \mathrm{d}z.
\end{aligned} \tag{9.83}$$

积分和微分算子的交换一般是没问题的, 因为金融中的概率密度函数通常是光滑的. 通过被积函数乘以和除以 $f_{S(T)}(z; \theta)$, 上面的表达式用期望算子表示,

$$\begin{aligned}
\frac{\partial V}{\partial \theta} &= \mathrm{e}^{-r(T-t_0)} \int_{\mathbb{R}} V(T, z) \frac{\partial f_{S(T)}(z; \theta)}{\partial \theta} \frac{f_{S(T)}(z; \theta)}{f_{S(T)}(z; \theta)} \mathrm{d}z \\
&= \mathrm{e}^{-r(T-t_0)} \int_{\mathbb{R}} V(T, z) \frac{\frac{\partial}{\partial \theta} f_{S(T)}(z; \theta)}{f_{S(T)}(z; \theta)} f_{S(T)}(z; \theta) \mathrm{d}z \\
&= \mathrm{e}^{-r(T-t_0)} \mathbb{E}^{\mathbb{Q}} \left[V(T, z) \frac{\frac{\partial}{\partial \theta} f_{S(T)}(z; \theta)}{f_{S(T)}(z; \theta)} \bigg| \mathcal{F}(t_0) \right].
\end{aligned} \tag{9.84}$$

(9.84) 中的比例可以用对数表示如下:

$$\begin{aligned}
\frac{\partial V}{\partial \theta} &= \mathrm{e}^{-r(T-t_0)} \mathbb{E}^{\mathbb{Q}} \left[V(T, z) \frac{\partial}{\partial \theta} \log f_{S(T)}(z; \theta) \bigg| \mathcal{F}(t_0) \right] \\
&= \mathrm{e}^{-r(T-t_0)} \mathbb{E}^{\mathbb{Q}} \left[V(T, z) L(z; \theta) | \mathcal{F}(t_0) \right].
\end{aligned}$$

期望算子下的表达式 $L(z; \theta)$ 为前面提到过的评价函数或似然比权重.

因为这里我们需要计算密度函数而不是收益函数的一阶导数, 我们可以相对容易地替换不同的收益函数, 而评价函数将保持不变. 这简化了该方法的使用. 不利的方面是, 当资产价格模型的概率密度函数不是封闭形式时 (如 Heston 模型), 关于参数的一阶导数的计算就不好办了. 我们用一些例子来结束这一节, 其中我们表明似然比方法比路径敏感性方法表现出更大的偏差.

例 9.5.5 (Black-Scholes Delta 和 Vega 的似然比方法) 回顾在 Black-Scholes 模型下的概率密度函数

$$f_{S(T)}(x) = \frac{1}{\sigma x \sqrt{2\pi(T-t_0)}} \exp \left[-\frac{\left(\log \frac{x}{S(t_0)} - \left(r - \frac{1}{2}\sigma^2 \right) (T-t_0) \right)^2}{2\sigma^2(T-t_0)} \right]$$

的对数, 将其关于 $S(t_0)$ 和 σ 求一阶导, 得到

$$\frac{\partial \log f_{S(T)}(x)}{\partial S(t_0)} = \frac{\beta(x)}{S(t_0)\sigma^2(T-t_0)}, \quad \text{其中 } \beta(x) = \log\frac{x}{S(t_0)} - \left(r - \frac{1}{2}\sigma^2\right)(T-t_0),$$

和

$$\frac{\partial \log f_{S(T)}(x)}{\partial \sigma} = -\frac{1}{\sigma} + \frac{1}{\sigma^3(T-t_0)}\beta^2(x) - \frac{1}{\sigma}\beta(x). \tag{9.85}$$

从而, 给出 Delta 的估计,

$$\frac{\partial V}{\partial S(t_0)} = \frac{\mathrm{e}^{-r(T-t_0)}}{S(t_0)\sigma^2(T-t_0)}\mathbb{E}^{\mathbb{Q}}\left[\max(S(T)-K,0)\beta(S(T))\,|\,\mathcal{F}(t_0)\right],$$

而 Vega 的估计为

$$\frac{\partial V}{\partial \sigma} = \mathrm{e}^{-r(T-t_0)}\mathbb{E}^{\mathbb{Q}}$$
$$\times\left[\max(S(T)-K,0)\left(-\frac{1}{\sigma} + \frac{1}{\sigma^3(T-t_0)}\beta^2(S(T)) - \frac{1}{\sigma}\beta(S(T))\right)\bigg|\,\mathcal{F}(t_0)\right].$$

在图 9-19 中, 我们比较路径敏感性和似然比方法的收敛性.

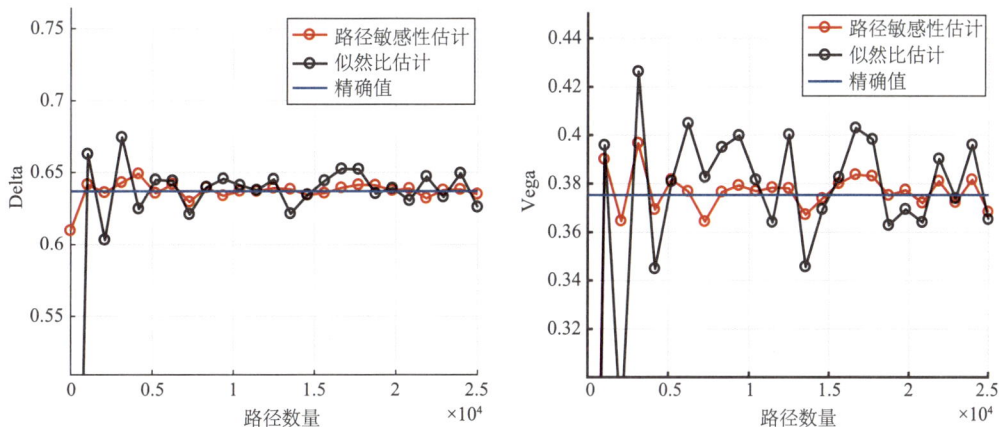

图 9-19　**路径敏感性和似然比方法的收敛性**, Delta (左) 和 Vega (右). **参数是** $S(t_0) = 1$, $r = 0.06$, $\sigma = 0.3$, $T = 1$, $K = S(t_0)$.

结果显示路径敏感性方法较优. 图 9-20 呈现了近似的 Delta 和 Vega, 作为期权到期日的函数. 明显地, 路径敏感性方法显示出较小的方差从而有较好的收敛表现.　◇

注释 9.5.1 (Monte Carlo 方法, 可提前实施期权)　我们还没有讨论 Monte Carlo 技术其实是很适合像百慕大期权和美式期权那样的有提前实施机会的期权. 这些 Monte Carlo 技术把前向路径模拟与倒向路径模拟组合起来, 其中对后者, 需要近似地计算条件期望. 这是通过某种形式的 Monte Carlo 样本点回归到由基函数组成的泛函形式来实现的. 这个领域一个突出的例子是 Longstaff-Schwartz 方法 (LSM) [Longstaff et al.,

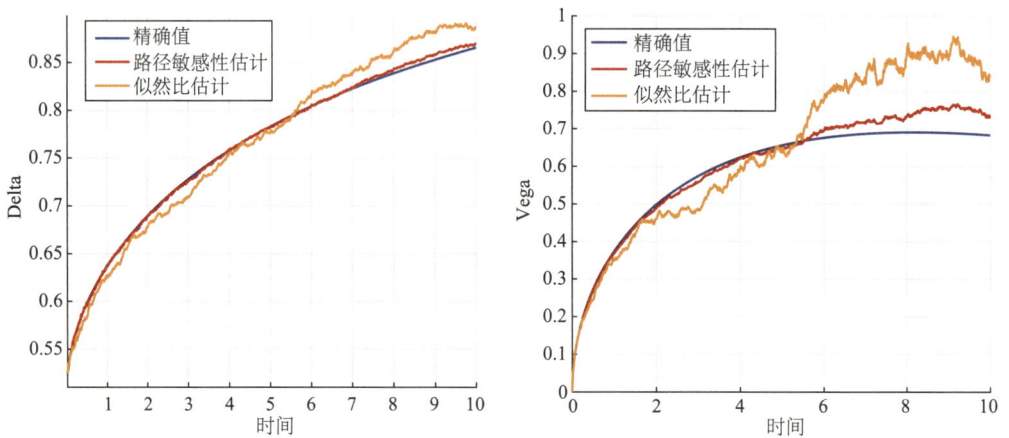

图 9-20　由路径敏感性和似然比方法估计作为期权到期日的函数的 Delta (左) 和 Vega (右). 实验参数是 $S(t_0) = 1$, $r = 0.06$, $\sigma = 0.3$, $T = 1$, $K = S(t_0)$, 路径数量 $25\,000$ 条具 1000 时间步.

2001]. 还有随机网格集束方法 (SGBM) [Jain et al., 2015], 其在资产点的集束分区中进行局部回归, 非常适合此类期权. 并可推广到期权价希腊字母的精确计算. 还有其延伸到信用价值调整 (CVA), 见第 16 章.

　　当然, 关于这个出色的数值技术还有很多话要说. 对于金融衍生品有效的定价版本以及风险管理目的, Monte Carlo 方法有丰富的文献. 包含 Monte Carlo 方法详细内容的专著, 包括 [Kloeden et al., 1992], [Glasserman, 2003], [Jäckel, 2002], Monte Carlo 方法也在很多教科书中讨论, 如 [Seydel, 2017], [Higham, 2004].

习　题

习题 9.1　对一个给定函数 $g(t) = \cos(t)$ 以及 $T = 2$, 推导下式的解析解. 并用 Monte Carlo 方法计算, 验证你的答案.

$$\int_0^T g(t)\mathrm{d}W(t).$$

习题 9.2　对一个给定函数 $g(t) = \exp(t)$ 以及 $T = 2$, 推导下式的解析解. 并用 Monte Carlo 方法计算, 验证你的答案.

$$\int_0^T g(t)\mathrm{d}W(t).$$

习题 9.3　对一个给定函数 $g(t) = W^4(t)$ 以及 $T = 2$, 推导下式的解析解. 并用 Monte Carlo 方法计算, 验证你的答案.

$$\int_0^T g(t)\mathrm{d}W(t).$$

习题 9.4　在习题 1.7 中, 我们理论地找到

$$\int_0^T W(z)\mathrm{d}z = \int_0^T (T-z)\mathrm{d}W(z).$$

取 $T=5$ 并通过 Monte Carlo 数值实验确认等式成立.

习题 9.5　证明, 用 Monte Carlo 模拟,

  a. $\mathbb{E}[W(t)|\mathcal{F}(t_0)] = W(t_0)$ 对 $t_0 = 0$.
  b. $\mathbb{E}[W(t)|\mathcal{F}(s)] = W(s)$, 其中 $s < t$. 请注意, 后面的要求 Monte Carlo 子模拟.

习题 9.6　与习题 2.9 相关. 具 $\boldsymbol{X}(t) = [X(t), Y(t)]^{\mathrm{T}}$, 假定 $X(t)$ 满足下列 SDE:

$$\mathrm{d}X(t) = 0.04X(t)\mathrm{d}t + \sigma X(t)\mathrm{d}W^{\mathbb{P}}(t).$$

而 $Y(t)$ 满足

$$\mathrm{d}Y(t) = \beta Y(t)\mathrm{d}t + 0.15Y(t)\mathrm{d}W^{\mathbb{P}}(t).$$

取 $\beta = 0.1$, $\sigma = 0.38$, 而现金储蓄账户 $\mathrm{d}M(t) = rM(t)\mathrm{d}t$, 其中 $r = 6\%$ 为无风险利率, 到期日为 $T = 7$ 年, 敲定价为从 $K = 0$ 到 $K = 10$ 步长 $\Delta K = 0.5$. 用 Euler 离散找到

$$V(t, \boldsymbol{X}) = \mathbb{E}^{\mathbb{Q}}\left[\frac{1}{M(T)}\max\left(\frac{1}{2}X(T) - \frac{1}{2}Y(T), K\right)\bigg|\mathcal{F}(t)\right],$$

并画出结果 (敲定价对应 $V(t, \boldsymbol{X})$).

　　提示: 定价需要变换测度.

习题 9.7　对 Wiener 过程 $W(t)$ 考虑

$$X(t) = W(t) - \frac{t}{T}W(T-t), \text{ 对 } 0 \leqslant t \leqslant T.$$

取 $T = 10$, 解析地找到 $\mathbb{V}\mathrm{ar}[X(t)]$ 并实施一个数值模拟来确认你的结果, 精确度关于 t 敏感吗?

习题 9.8　在 GBM 中, $S(t_0) = 1$, $r = 0.045$, 考虑下列依赖时间的波动率函数:

$$\sigma(t) = 0.2 + \mathrm{e}^{-0.3 \cdot t}.$$

对到期日 $T = 2$, 实施一个 Monte Carlo Euler 模拟, 其中 $N = 100\,000$ 路径, $m = 200$ 时间步. 对不同的敲定价 $K = 0, 0.1, \cdots, 4$ 在欧式看涨期权的环境中研究称为有效参数[2]的精确度.

　　还要计算对不同的到期日 $T = 0.5, 1.0, 1.5, 2.0$ 的隐含波动率. 描述观察到的隐含波动率.

---

[2]有效参数常是时间平均的参数, 例如例 2.2.1 中的 σ_*.

习题 9.9 Euler 和 Milstein 格式并不非常适合模拟在零处有正的概率质量的随机过程. 一个例子是 CIR 过程, 其具有下列动态:

$$dv(t) = \kappa(\bar{v} - v(t))dt + \gamma\sqrt{v(t)}dW(t), \quad v(t_0) > 0. \tag{9.86}$$

当 Feller 条件 $2\kappa\bar{v} > \gamma^2$ 满足时, $v(t)$ 不会抵达零, 然而, 如果这个条件不满足, 原点可以抵达. 这两种情况下, $v(t)$ 不会为负.

a. 选择特定的参数组证明 Euler 离散可以给出负的 $v(t)$ 值.

b. 实施一个几乎精确的模拟 (意思是如节 9.3.3 中非中心卡方分布的样本) 并确认在上面同样参数下当用这项技术时资产路径不会为负. 执行时间步长不同的两次实验. 给出期望和方差.

习题 9.10 对跳扩散模型实施 Monte Carlo 模拟. 用 Kou 模型和 Merton 跳扩散模型, 并用习题 5.11 中的参数组. 从 $S(T)$ 直接取样模拟时间 T 的分布, 即

1. 从特征函数可以得到 $S(T)$ 的 CDF, 用 COS 方法 (习题 6.4);
2. 取均匀样本 $u_i = U([0,1])$;
3. 用 Newton-Raphson 迭代来计算样本 $s_i = F_{S(T)}^{-1}(u_i)$, 这里 $F_{S(T)}(\cdot)$ 用点 1 计算.

问题:

a. 每种实验情况下, 应该生成多少资产路径, 使得我们得到可靠的期权价值和相应的方差?

b. 将所得的期权价值与习题 6.6 通过 COS 方法所得结果进行比较.

c. 还用 Kou 跳扩散模型, 在 Monte Carlo 模拟框架中, 基于三个参数组

$$\text{Set I: } \xi_p = 8, p_1 = 0.4, p_2 = 0.6, \alpha_1 = 10, \alpha_2 = 5;$$

$$\text{Set II: } \xi_p = 8, p_1 = 0.2, p_2 = 0.8, \alpha_1 = 10, \alpha_2 = 5;$$

$$\text{Set III: } \xi_p = 0.1, p_1 = 0.2, p_2 = 0.8, \alpha_1 = 10, \alpha_2 = 50.$$

比较借助于 COS 方法得到的这些结果, 并展示 10 个对 Merton 和 Kou 跳扩散对应的资产路径. (然而请注意, 结果对选择 dt 有些敏感.)

习题 9.11 对无穷活动的 Lévy VG, CGMY 和 NIG 资产价格模型实施 Monte Carlo 模拟. 目标是尽可能好地近似习题 6.8 中得到的期权价. 通过直接从 $S(T)$ 取样来模拟时间 T 的分布, 即

1. 从特征函数得到 $S(T)$ 的 CDF, 用 COS 方法 (习题 6.4);
2. 取均匀样本 $u_i = U([0,1])$;
3. 用 Newton-Raphson 迭代来计算样本 $s_i = F_{S(T)}^{-1}(u_i)$, 这里 $F_{S(T)}(\cdot)$ 用点 1 计算.

习题 9.12 我们分析修正的资产或空值数值期权的敏感度, 其也在前面的 (7.40) 中讨论过并且给出,

$$V(\rho) \equiv V(t_0, S_1, S_2; \rho) = e^{-r(T-t_0)}\mathbb{E}^{\mathbb{Q}}\left[S_2(T)\mathbb{1}_{S_1(T)>K}\big|\mathcal{F}(t_0)\right],$$

借助于 Cholesky 分解, 这里的过程给出如下:

$$\frac{\mathrm{d}S_1(t)}{S_1(t)} = r\mathrm{d}t + \sigma_1\mathrm{d}\widetilde{W}_1^{\mathbb{Q}}(t),$$

$$\frac{\mathrm{d}S_2(t)}{S_2(t)} = r\mathrm{d}t + \sigma_2\left(\rho\mathrm{d}\widetilde{W}_1^{\mathbb{Q}}(t) + \sqrt{1-\rho^2}\mathrm{d}\widetilde{W}_2^{\mathbb{Q}}(t)\right),$$

其中对应的解为

$$S_1(T) = S_1(t_0)\mathrm{e}^{\left(r-\frac{1}{2}\sigma_1^2\right)T+\sigma_1\widetilde{W}_1^{\mathbb{Q}}(T)},$$

$$S_2(T) = S_2(t_0)\mathrm{e}^{\left(r-\frac{1}{2}\sigma_2^2\right)T+\sigma_2\rho\widetilde{W}_1^{\mathbb{Q}}(T)+\sigma_2\sqrt{1-\rho^2}\widetilde{W}_2^{\mathbb{Q}}(T)}.$$

用路径敏感性方法得到期权关于相关参数 ρ 的敏感性, 并展示 $\frac{\partial V}{\partial \rho}$ 具不同数量的资产路径的收敛性, 参数设定为 $S_1(t_0) = 1$, $S_2(t_0) = 1$, $r = 0.06$, $\sigma_1 = 0.3$, $\sigma_2 = 0.2$, $T = 1$, $K = S_1(t_0)$, $\rho = 0.7$.

参考文献

ANDERSEN L, 2008. Simple and efficient simulation of the Heston stochastic volatility model[J]. Journal of Computational Finance, 11: 1-48.

BOYLE P P, 1977. Options: A Monte Carlo approach[J]. Journal of Financial Economics, 4(3): 323-338.

BOYLE P, BROADIE M, GLASSERMAN P, 1997. Monte Carlo methods for security pricing[J]. Journal of Economic Dynamics and Control, 21: 1267-1321.

BROADIE M, KAYA O, 2006. Exact simulation of stochastic volatility and other affine jump diffusion processes[J]. Operations Research, 54:2: 217-231.

CHEN B, OOSTERLEE C, VAN DER WEIDE J, 2012. A low-bias simulation scheme for the SABR stochastic volatility model[J]. International journal Theoretical Applied Finance, 15(2).

GILES M, 2007. Improved multilevel Monte Carlo convergence using the milstein scheme[J]. Monte Carlo and Quasi-Monte Carlo Methods, 2006: 343.

GILES M, 2008. Multilevel monte carlo path simulation[J]. Operations Research, 56(3): 607-617.

GILES M, REISINGER C, 2012. Stochastic finite differences and multilevel Monte Carlo for a class of SPDEs in finance[J]. SIAM Journal on Financial Mathematics, 3(1): 572-592.

GLASSERMAN P, 2003. Monte Carlo methods in financial engineering: volume 53[M]. Springer Science & Business Media.

GRZELAK L A, WITTEVEEN J A S, SUÁREZ-TABOADA M, et al., 2018. The Stochastic Collocation Monte Carlo sampler: Highly efficient sampling from "expensive" distributions[J/OL]. Quantitative Finance, 0(0): 1-18. DOI: 10.1080/14697688.2018.1459807.

HIGHAM D, 2004. An introduction to financial option valuation: mathematics, stochastics and computation: volume 13[M]. Cambridge University Press.

JÄCKEL P, 2002. Monte carlo methods in finance[M]. Chichester UK: Wiley.

JAIN S, OOSTERLEE C, 2015. The Stochastic Grid Bundling Method: Efficient pricing of Bermudan options and their Greeks[J/OL]. Applied Mathematics and Computation, 269: 412-431. DOI: http://dx.doi.org/10.1016/j.amc.2015.07.085.

KLOEDEN P, PLATEN E, 1992. Numerical solution of stochastic differential equations[M]. Springer Verlag.

LEITAO Á, GRZELAK L, OOSTERLEE C, 2017. On an efficient multiple time step Monte Carlo simulation of the SABR model[J]. Quantitative Finance, 17(10): 1549-1565.

LONGSTAFF F, SCHWARTZ E, 2001. Valuing American Options by Simulation: A Simple Least-squares Approach[J/OL]. 14(1): 113-147. DOI: 10.1093/rfs/14.1.113.

LORD R, KOEKKOEK R, D.DIJK, 2010. A comparison of biased simulation schemes for stochastic volatility models[J]. Quantitative Finance, 10(2): 177-194.

PATNAIK P, 1949. The non-central χ^2 and F-distributions and their applications[J]. Biometrika, 36: 202-232.

PITMAN J, YOR M, 1982. A Decomposition of Bessel Bridges[J]. Zeitschrift für Wahrscheinlichkeitstheorie und verwandte Gebiete, 59: 425-457.

SEYDEL R, 2017. Tools for computational finance[M]. 4th ed. Springer Verlag.

第 10 章 | 远期启动期权: 随机局部波动率模型

本章梗概

本章讨论的远期启动期权是一个将在某未来指定时间 (不是 "现在时间" t_0) 启动的期权合同. 这些期权是路径依赖的, 并且一个标的资产价格过程的转移概率密度函数的精确表达式对金融市场中观察到的远期启动期权的特征建模是重要的. 这为我们在这章的讨论带来了更多的复杂性. 在节 10.1 中, 我们讨论在不同的资产动态下定价远期启动期权. 我们也在本章里考虑其他的模型, 其中 Heston 随机波动率模型用非参数局部波动率分量进行了扩展, 即 *Heston* 随机局部波动率 (Heston-SLV 或 H-SLV) 模型, 在节 10.2 中. 我们将看到 Heston-SLV 模型通常有一个稳定的对冲表现, 并且对像远期启动期权那样的远期波动率敏感产品能做出精确定价.

本章关键词

不同动态下的远期启动期权模型, 随机局部波动率模型, 期望的计算, Monte Carlo 箱方法.

10.1 远期启动期权

在这节里, 我们讨论远期启动期权的建模和定价, 也就是业绩期权. 远期启动期权可被视为欧式期权, 但有一个未来启动时间. 因此, 这些期权是路径依赖奇异期权的例子. 对于欧式平凡香草期权, 初始股票价值 S_0 在初始时间 t_0 是已知的, 而对于远期启动期权的情形, 初始股票价值是未知的, 因为它将在未来某个时间 $t = T_1$ 才会激活. 所以, 远期启动期权并不直接依赖于标的资产当前的价值, 而是取决于资产在未来某个时间段 $[T_1, T_2]$ 的表现.

10.1.1 远期启动期权的引入

尽管远期启动期权看起来是相当基本的形式, 从建模的角度来看, 它们可能并不简单.

我们从一般不依赖于特定资产模型的远期启动期权定价的结果开始. 在接下来的小节中, 将讨论标的资产动态的不同方案对远期启动期权价格的影响.

对两个到期日 T_1 和 T_2, 且 $t_0 < T_1 < T_2$, 一个远期启动期权的收益函数由下式

定义:

$$V^{\text{fwd}}(T_2, S(T_2)) := \max\left(\frac{S(T_2) - S(T_1)}{S(T_1)} - K, 0\right), \tag{10.1}$$

其敲定价为 K.

合同价值取决于标的资产 $S(t)$ 的表现百分比, 其由未来时间点 T_1 和 T_2 评估. 显然, 当 $t_0 = T_1$ 时, 收益将降格为标准的 "按比例" 的到期日为 T_2 的欧式期权, 收益则等于

$$V^{\text{fwd}}(T_2, S(T_2)) = \frac{1}{S_0}\max\left(S(T_2) - S_0 \cdot K^*, 0\right), \quad K^* = K + 1.$$

在 (10.1) 中的远期启动看涨期权的收益函数可表为

$$V^{\text{fwd}}(T_2, S(T_2)) = \max\left(\frac{S(T_2)}{S(T_1)} - K^*, 0\right),$$

其中 $K^* = K + 1$.

合同将在 T_2 结算, 而当前的价值由下列的定价方程给出:

$$V^{\text{fwd}}(t_0, S_0) = M(t_0)\mathbb{E}^{\mathbb{Q}}\left[\frac{1}{M(T_2)}\max\left(\frac{S(T_2)}{S(T_1)} - K^*, 0\right)\bigg|\mathcal{F}(t_0)\right], \tag{10.2}$$

这里 $M(t)$ 是现金储蓄账户.

当利率 r 为常数时, 定价方程为

$$\begin{aligned}V^{\text{fwd}}(t_0, S_0) &= \frac{M(t_0)}{M(T_2)}\mathbb{E}^{\mathbb{Q}}\left[\max\left(\frac{S(T_2)}{S(T_1)} - K^*, 0\right)\bigg|\mathcal{F}(t_0)\right]\\ &= \frac{M(t_0)}{M(T_2)}\mathbb{E}^{\mathbb{Q}}\left[\max\left(\text{e}^{x(T_1,T_2)} - K^*, 0\right)\big|\mathcal{F}(t_0)\right],\end{aligned}$$

这里

$$x(T_1, T_2) := \log S(T_2) - \log S(T_1).$$

我们可以得到 $x(T_1, T_2)$ 的特征函数:

$$\phi_x(u) \equiv \phi_x(u, t_0, T_2) = \mathbb{E}^{\mathbb{Q}}\left[\text{e}^{iu(\log S(T_2) - \log S(T_1))}\big|\mathcal{F}(t_0)\right].$$

迭代期望, 我们有

$$\phi_x(u) = \mathbb{E}^{\mathbb{Q}}\left[\mathbb{E}^{\mathbb{Q}}\left[\text{e}^{iu(\log S(T_2) - \log S(T_1))}\big|\mathcal{F}(T_1)\right]\big|\mathcal{F}(t_0)\right].$$

由于 $\log S(T_1)$ 关于域流 $\mathcal{F}(T_1)$ 可测, 可写成

$$\phi_x(u) = \mathbb{E}^{\mathbb{Q}}\left[\text{e}^{-iu\log S(T_1)}\mathbb{E}^{\mathbb{Q}}\left[\text{e}^{iu\log S(T_2)}\big|\mathcal{F}(T_1)\right]\big|\mathcal{F}(t_0)\right].$$

关于贴现的特征函数, 需要插入适当的贴现项, 即

$$\phi_x(u) = \mathbb{E}^{\mathbb{Q}} \left[e^{-iu\log S(T_1)} e^{r(T_2-T_1)} \mathbb{E}^{\mathbb{Q}} \left[e^{-r(T_2-T_1)} e^{iu\log S(T_2)} \big| \mathcal{F}(T_1) \right] \big| \mathcal{F}(t_0) \right].$$

> 内部的期望可被认为是 $X(T_2) = \log S(T_2)$ 的贴现的特征函数, 从而推出
>
> $$\phi_x(u) = \mathbb{E}^{\mathbb{Q}} \left[e^{-iuX(T_1)} e^{r(T_2-T_1)} \psi_X(u, T_1, T_2) \big| \mathcal{F}(t_0) \right]. \tag{10.3}$$
>
> 函数 $\psi_X(u, T_1, T_2)$ 对两个不同的资产动态, 即 Black-Scholes 和 Heston 动态的表达式将在下文细述.

到目前为止, 除假定利率是常数外, 我们还没有对标的股票 $S(t)$ 做任何特定动态的假设. 在后续小节中, 我们将考虑不同资产动态下的远期启动期权定价, 并首先讨论 Black-Scholes 模型下的远期启动期权定价.

10.1.2 Black-Scholes 模型下的定价

如果我们知道了直到时间 T_1 的信息, 则对 Black-Scholes 模型, 对数股价 $X(t) = \log S(t)$ 的贴现的特征函数 $\psi_X(u, T_1, T_2)$, 已在等式 (3.29) 中得到, 并具有下面的形式:

$$\psi_X(u, T_1, T_2)$$
$$= \exp\left[\left(r - \frac{\sigma^2}{2}\right) iu(T_2 - T_1) - \frac{1}{2}\sigma^2 u^2 (T_2 - T_1) - r(T_2 - T_1) + iuX(T_1) \right]. \tag{10.4}$$

> 将 Black-Scholes 模型的远期特征函数 (10.4) 代入 (10.3), 得到 $x(T_1, T_2)$ 的远期特征函数 $\phi_x(u)$,
>
> $$\phi_x(u) = \mathbb{E}^{\mathbb{Q}} \left[e^{\left(r - \frac{\sigma^2}{2}\right)iu(T_2-T_1) - \frac{1}{2}\sigma^2 u^2(T_2-T_1)} \Big| \mathcal{F}(t_0) \right]$$
> $$= \exp\left(\left(r - \frac{\sigma^2}{2}\right) iu(T_2 - T_1) - \frac{1}{2}\sigma^2 u^2(T_2 - T_1) \right). \tag{10.5}$$

事实上, 这就是具均值 $(r - 1/2\sigma^2)(T_2 - T_1)$ 和方差 $\sigma^2(T_2 - T_1)$ 的正态密度函数. 表达式 (10.5) 不依赖于 $S(t)$, 而只依赖于利率和波动率. 也许股价在上述表达式中消失得有点令人不解, 但我们换个角度看, 在对数正态资产动态下, 比例 $S(T_2)/S(T_1)$ 事实上就是下列解:

$$\frac{S(T_2)}{S(T_1)} = e^{\left(r - \frac{1}{2}\sigma^2\right)(T_2-T_1) + \sigma(W(T_2) - W(T_1))}. \tag{10.6}$$

这个结果隐含着我们可以找到在 Black-Scholes 模型下远期启动期权价值的封闭表达式.

定理 **10.1.1**（**BS** 模型下远期启动期权的定价） 远期启动看涨期权在 $t_0 = 0$ 的价值, 如同 (10.1) 所定义的, 在关于 $S(t)$ 的 Black-Scholes 动态下, 由下式给出:

$$V^{\text{fwd}}(t_0, S_0) = \mathrm{e}^{-rT_2} \mathbb{E}^{\mathbb{Q}} \left[\max \left(\frac{S(T_2)}{S(T_1)} - K^*, 0 \right) \bigg| \mathcal{F}(t_0) \right].$$

其中 $K^* = K + 1$, 它有封闭解由下式给出:

$$V^{\text{fwd}}(t_0, S_0) = \mathrm{e}^{-rT_1} F_{\mathcal{N}(0,1)}(d_1) - K^* \mathrm{e}^{-rT_2} F_{\mathcal{N}(0,1)}(d_2), \tag{10.7}$$

其中

$$d_1 = \frac{\log\left(\frac{1}{K^*}\right) + \left(r + \frac{1}{2}\sigma^2\right)(T_2 - T_1)}{\sigma\sqrt{T_2 - T_1}}, \quad d_2 = \frac{\log\left(\frac{1}{K^*}\right) + \left(r - \frac{1}{2}\sigma^2\right)(T_2 - T_1)}{\sigma\sqrt{T_2 - T_1}}.$$

其证明在下面给出.

证明 用等式 (10.6), 定价方程可以由下式给出:

$$\begin{aligned}
V^{\text{fwd}}(t_0, S_0) &= \mathrm{e}^{-rT_2} \mathbb{E}^{\mathbb{Q}} \left[\max \left(\frac{S(T_2)}{S(T_1)} - K^*, 0 \right) \bigg| \mathcal{F}(t_0) \right] \\
&= \mathrm{e}^{-rT_2} \int_{-\infty}^{\infty} \max \left(\mathrm{e}^{\left(r - \frac{1}{2}\sigma^2\right)(T_2 - T_1) + \sigma\sqrt{T_2 - T_1}\,x} - K^*, 0 \right) f_{\mathcal{N}(0,1)}(x) \mathrm{d}x,
\end{aligned}$$

其中 $f_{\mathcal{N}(0,1)}(x)$ 是通常的标准正态变量的 PDF.

对一个正的敲定价, 有

$$\begin{aligned}
V^{\text{fwd}}(t_0, S_0) = {}& \mathrm{e}^{-rT_2} \int_a^{\infty} \mathrm{e}^{\left(r - \frac{1}{2}\sigma^2\right)(T_2 - T_1) + \sigma\sqrt{T_2 - T_1}\,x} f_{\mathcal{N}(0,1)}(x) \mathrm{d}x \\
&- K^* \mathrm{e}^{-rT_2} \left[1 - F_{\mathcal{N}(0,1)}(a) \right],
\end{aligned}$$

其中 $a = \frac{1}{\sigma\sqrt{T_2 - T_1}} \left(\log K^* - \left(r - \frac{1}{2}\sigma^2\right)(T_2 - T_1) \right)$.

上面表达式中的积分项可以被简化为

$$\begin{aligned}
&\frac{1}{\sqrt{2\pi}} \int_a^{\infty} \exp\left(\left(r - \frac{1}{2}\sigma^2\right)(T_2 - T_1) + \sigma\sqrt{T_2 - T_1}\,x \right) \mathrm{e}^{-\frac{x^2}{2}} \mathrm{d}x \\
&= \frac{\mathrm{e}^{\left(r - \frac{1}{2}\sigma^2\right)(T_2 - T_1) + \frac{1}{2}\sigma^2(T_2 - T_1)}}{\sqrt{2\pi}} \int_a^{\infty} \mathrm{e}^{-\frac{1}{2}\left(x - \sigma\sqrt{T_2 - T_1}\right)^2} \mathrm{d}x \\
&= \mathrm{e}^{r(T_2 - T_1)} \left[1 - F_{\mathcal{N}(0,1)}\left(a - \sigma\sqrt{T_2 - T_1}\right) \right],
\end{aligned}$$

其推出下列 $V^{\text{fwd}}(t_0, S_0)$ 的表达式:

$$V^{\text{fwd}}(t_0, S_0) = \mathrm{e}^{-rT_1} \left[1 - F_{\mathcal{N}(0,1)}\left(a - \sigma\sqrt{T_2 - T_1}\right) \right] - K^* \mathrm{e}^{-rT_2} \left[1 - F_{\mathcal{N}(0,1)}(a) \right].$$

利用著名的标准正态 CDF 恒等式 $F_{\mathcal{N}(0,1)}(a) = 1 - F_{\mathcal{N}(0,1)}(-a)$, 我们找到

$$V^{\text{fwd}}(t_0, S_0) = \mathrm{e}^{-rT_1} F_{\mathcal{N}(0,1)}\left(\sigma\sqrt{T_2 - T_1} - a\right) - K^* \mathrm{e}^{-rT_2} F_{\mathcal{N}(0,1)}(-a).$$

其中

$$d_1 := \sigma\sqrt{T_2 - T_1} - a$$
$$= \frac{1}{\sigma\sqrt{T_2 - T_1}}\left[\log\left(\frac{1}{K^*}\right) + \left(r + \frac{1}{2}\sigma^2\right)(T_2 - T_1)\right],$$

$d_2 = d_1 - \sigma\sqrt{T_2 - T_1}$, 我们就得到式 (10.7). □

注释 10.1.1 (远期隐含波动率) 基于 Black-Scholes 型的方程对远期启动期权的定价公式, 只要给出远期启动期权的市场价, 我们就可以确定对应的远期隐含波动率. 如同节 4.1.1 所讨论的, Black-Scholes 远期隐含波动率 $\sigma^{\text{fwd}}_{\text{imp}}$ 可通过求解下面方程得到:

$$V^{\text{fwd}}(t_0, K^*, T_1, T_2, \sigma^{\text{fwd}}_{\text{imp}}) = V^{\text{fwd, mkt}}(K, T). \tag{10.8}$$

10.1.3 在 Heston 模型下的定价

在本节中, 我们将在 Heston 随机波动率动态下定价远期启动期权.

我们已经知道, 在常数利率的假定下对远期启动期权定价归结于找到特征函数的表达式 (10.3).

为了在 Heston SV 模型下描述这样的特征函数, 就要求出 $\psi_X(u, T_1, T_2)$ 的表达式. 对 $\boldsymbol{u}^{\text{T}} = (u, 0)^{\text{T}}$, 这个特征函数具有下列形式:

$$\psi_X(u, T_1, T_2) = \text{e}^{\bar{A}(u,\tau) + \bar{B}(u,\tau)X(T_1) + \bar{C}(u,\tau)v(T_1)}, \tag{10.9}$$

其中 $\tau = T_2 - T_1$, 复值函数 $\bar{A}(u,\tau)$, $\bar{B}(u,\tau)$ 和 $\bar{C}(u,\tau)$ 参见引理 8.3.2. 回顾对 Heston 模型, 我们有 $\bar{B}(u,\tau) = iu$, 其简化了 (10.3) 中 $\phi_x(u)$ 的表达式如下:

$$\phi_x(u) = \text{e}^{\bar{A}(u,\tau) + r(T_2 - T_1)}\mathbb{E}^{\mathbb{Q}}\left[\text{e}^{\bar{C}(u,\tau)v(T_1)}\Big| \mathcal{F}(t_0)\right]. \tag{10.10}$$

类似于 Black-Scholes 的情形, 在 Heston SV 动态下的远期特征函数既不依赖股价 $S(t)$ 也不依赖对数股价 $X(t) = \log S(t)$. 它完全由模型的波动率确定.

为了完成关于 Heston 模型的推导, 我们还要讨论 (10.10) 里的期望. 这个期望是 $v(t)$ 一个矩量母函数的表示. 下面的定理提供了对应的解.

定理 10.1.2 (CIR 过程的矩量母函数) 对随机过程 $v(t)$, 其动态如下:

$$\text{d}v(t) = \kappa(\bar{v} - v(t))\text{d}t + \gamma\sqrt{v(t)}\text{d}W_v(t), \quad v(t_0) = v_0,$$

对 $t \geqslant t_0$, 矩量母函数 (或 Laplace 变换) 具有如下形式:

$$\mathbb{E}^{\mathbb{Q}}\left[\text{e}^{uv(t)}\Big| \mathcal{F}(t_0)\right] = \left(\frac{1}{1 - 2u\bar{c}(t,t_0)}\right)^{\frac{1}{2}\delta}\exp\left(\frac{u\bar{c}(t,t_0)\bar{\kappa}(t,t_0)}{1 - 2u\bar{c}(t,t_0)}\right),$$

这里参数 $\bar{c}(t,t_0)$, 自由度 δ 和非中心参数 $\bar{\kappa}(t,t_0)$, 由下式给出:

$$\bar{c}(t,t_0) = \frac{\gamma^2}{4\kappa}(1 - \text{e}^{-\kappa(t-t_0)}), \quad \delta = \frac{4\kappa\bar{v}}{\gamma^2}, \quad \bar{\kappa}(t,t_0) = \frac{4\kappa v_0 \text{e}^{-\kappa(t-t_0)}}{\gamma^2(1 - \text{e}^{-\kappa(t-t_0)})}, \tag{10.11}$$

证明给出如下.

证明 从定义 8.1.1 中, 非中心卡方分布的随机变量 $v(t)$ 的密度由下式给出:

$$f_{v(t)}(x) = \frac{1}{\bar{c}(t,t_0)} f_{\chi^2(\delta,\bar{\kappa}(t,t_0))}\left(\frac{x}{\bar{c}(t,t_0)}\right).$$

非中心卡方分布 $\chi^2(\delta,\bar{\kappa}(t,t_0))$ 的密度为

$$f_{\chi^2(\delta,\bar{\kappa}(t,t_0))}(x) = \sum_{k=0}^{\infty} \frac{1}{k!} \mathrm{e}^{-\frac{\bar{\kappa}(t,t_0)}{2}} \left(\frac{\bar{\kappa}(t,t_0)}{2}\right)^k f_{\chi^2(\delta+2k)}(x),$$

其中 $\chi^2(\delta+2k)$ 是具自由度 $\delta+2k$ 的卡方分布. 由矩量母函数的定义 (可在节 1.1 中找到), 我们有

$$\mathcal{M}_{v(t)}(u) := \mathbb{E}^{\mathbb{Q}}\left[\mathrm{e}^{uv(t)}\big|\mathcal{F}(t_0)\right]$$

$$= \frac{1}{\bar{c}(t,t_0)} \sum_{k=0}^{\infty} \frac{1}{k!} \mathrm{e}^{-\frac{\bar{\kappa}(t,t_0)}{2}} \left(\frac{\bar{\kappa}(t,t_0)}{2}\right)^k \int_0^{\infty} \mathrm{e}^{uy} f_{\chi^2(\delta+2k)}\left(\frac{y}{\bar{c}(t,t_0)}\right) \mathrm{d}y.$$

变量替换, 即 $y = \bar{c}(t,t_0)x$, 就有

$$\mathcal{M}_{v(t)}(u) = \sum_{k=0}^{\infty} \frac{1}{k!} \mathrm{e}^{-\frac{\bar{\kappa}(t,t_0)}{2}} \left(\frac{\bar{\kappa}(t,t_0)}{2}\right)^k \int_0^{\infty} \mathrm{e}^{u\bar{c}(t,t_0)x} f_{\chi^2(\delta+2k)}(x)\mathrm{d}x.$$

最后表达式中的积分可被认为是具自由度 $\delta+2k$ 的卡方分布的矩量母函数, 即

$$\mathcal{M}_{\chi^2(\delta+2k)}(u\bar{c}(t,t_0)) = \int_0^{\infty} \mathrm{e}^{u\bar{c}(t,t_0)x} f_{\chi^2(\delta+2k)}(x)\mathrm{d}x = \left(\frac{1}{1-2u\bar{c}(t,t_0)}\right)^{\frac{1}{2}\delta+k}.$$

加减一个指数项, 得到

$$\mathcal{M}_{v(t)}(u) = \sum_{k=0}^{\infty} \frac{1}{k!} \mathrm{e}^{-\frac{\bar{\kappa}(t,t_0)}{2}} \left(\frac{\bar{\kappa}(t,t_0)}{2}\right)^k \left(\frac{1}{1-2u\bar{c}(t,t_0)}\right)^{\frac{1}{2}\delta+k}$$

$$= \left(\frac{1}{1-2\bar{c}(t,t_0)u}\right)^{\frac{1}{2}\delta} \exp\left(\frac{\bar{\kappa}(t,t_0)}{2(1-2u\bar{c}(t,t_0))} - \frac{\bar{\kappa}(t,t_0)}{2}\right)$$

$$\times \sum_{k=0}^{\infty} \frac{1}{k!} \mathrm{e}^{-\frac{\bar{\kappa}(t,t_0)}{2(1-2u\bar{c}(t,t_0))}} \left(\frac{\bar{\kappa}(t,t_0)}{2(1-2u\bar{c}(t,t_0))}\right)^k.$$

表达式中和式里是 *Poisson* 分布关于参数 $\hat{\alpha}$ 的概率 $\mathbb{P}(Y=k)$, 即 $Y \sim \mathrm{Poisson}(\hat{\alpha})$, 具

$$\mathbb{P}[Y=k] = \frac{1}{k!} \mathrm{e}^{-\hat{\alpha}} \hat{\alpha}^k.$$

用 $\hat{\alpha} := \bar{\kappa}(t,t_0)/(2(1-2u\bar{c}(t,t_0)))$, 其关系直接为

$$\mathcal{M}_{v(t)}(u) = \left(\frac{1}{1-2u\bar{c}(t,t_0)}\right)^{\frac{1}{2}\delta} \exp\left(\frac{\bar{\kappa}(t,t_0)}{2(1-2u\bar{c}(t,t_0))} - \frac{\bar{\kappa}(t,t_0)}{2}\right) \sum_{k=0}^{\infty} \mathbb{P}[Y=k].$$

由于对随机变量所有可能结果的概率和等于 1, 则有

$$\mathcal{M}_{v(t)}(u) = \mathbb{E}^{\mathbb{Q}}\left[\left. e^{uv(t)} \right| \mathcal{F}(t_0)\right] = \left(\frac{1}{1-2u\bar{c}(t,t_0)}\right)^{\frac{1}{2}\delta} \exp\left(\frac{u\bar{c}(t,t_0)\bar{\kappa}(t,t_0)}{1-2u\bar{c}(t,t_0)}\right),$$

这就完成了证明. □

(10.10) 给出的具 $\boldsymbol{u}^{\mathrm{T}} = [u,0]^{\mathrm{T}}$ 的特征函数 $\phi_x(u)$, 现在是确定的, 事实上

$$\phi_x(u) = e^{\bar{A}(u,\tau)+r(T_2-T_1)}\mathbb{E}^{\mathbb{Q}}\left[\left. e^{\bar{C}(u,\tau)v(T_1)} \right| \mathcal{F}(t_0)\right] \tag{10.12}$$

$$= \exp\left(\bar{A}(u,\tau) + r\tau + \frac{\bar{C}(u,\tau)\bar{c}(T_1,t_0)\bar{\kappa}(T_1,t_0)}{1-2\bar{C}(u,\tau)\bar{c}(T_1,t_0)}\right)\left(\frac{1}{1-2\bar{C}(u,\tau)\bar{c}(T_1,t_0)}\right)^{\frac{1}{2}\delta},$$

其中 $\tau = T_2 - T_1$, 参数 δ, $\bar{\kappa}(t,t_0)$, $\bar{c}(t,t_0)$ 如同 (10.11), $\bar{C}(u,\tau)$ 如同为 Heston 特征函数所导出的函数, 见第 8 章中的等式 (8.47), 而 $\bar{A}(u,\tau)$ 在引理 8.3.2 中给出.

例 10.1.1 (Heston 模型的远期隐含波动率)　在这次实验中, 我们计算 Heston 模型的远期隐含波动率. 选择下列模型参数:

$$r = 0, \kappa = 0.6, \bar{v} = 0.1, \gamma = 0.2, \rho_{x,v} = -0.5, v(t_0) = 0.05.$$

在第一个实验中, 我们设定 $T_1 = 1, 2, 3, 4$ 和 $T_2 = T_1 + 2$, 在第二个实验中我们取 $T_1 = 1$ 和 $T_2 = 2, 3, 4, 5$. 图 10-1 展示了结果.

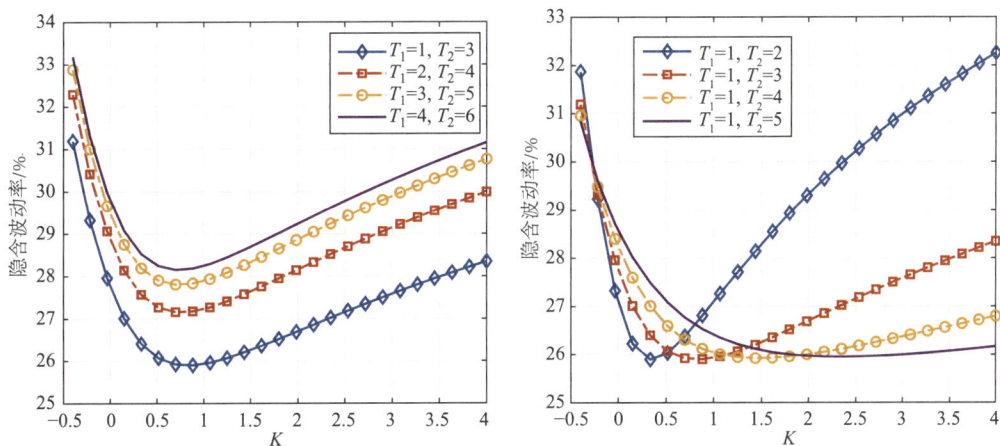

图 10-1　Heston 模型的远期隐含波动率.

显然, Heston 模型支持远期隐含波动率, 这些波动率随履行期 T_1 和 T_2 而变化. 在第一个实验中, 当 T_1 和 T_2 变化相似时, 我们可以观察到远期隐含波动率是如何随时间变化的. 在第二个实验中可以观察到聚集的波动率. ◇

10.1.4　局部和随机波动率模型的对比

在金融业界, 局部波动率 (LV) 模型, 如 4.3 一节所讨论的, 通常用于管理与波动率微笑和倾斜有关的风险. 然而, 这个模型的一个缺点是远期隐含波动率微笑的扁平化,

这可能导致对如远期启动期权那样的远期波动率敏感合约有较大的错误定价. 标的物价格变化时, LV 模型无法准确描述隐含波动率微笑曲线的变化. 其结果可能是对冲头寸的不稳定.

作为一个例子, 我们做了一个远期启动期权实验, 比较了局部波动率模型和 Heston 随机波动率模型的表现. 在实验中, 首先利用 Heston 模型得到看涨期权价格, 然后将这些生成的价格用于局部波动率模型内. 在局部波动率模型中, 一些偏导数必须精确地近似, 如节 4.3 所述.

使用到期日为 $T = 1$, $S_0 = 1$ 以及范围为 $0.5 \cdot S_0$ 到 $1.7 \cdot S_0$ 的欧式看涨期权. 在 Heston 模型中, 选择下列参数: $\kappa = 1.3$, $\bar{v} = 0.05$, $\gamma = 0.3$, $\rho_{x,v} = -30\%$, $v(0) = 0.1$, $r = 0$.

在图 10-2 (左) 中给出了这两种模型得到的隐含 Black-Scholes 波动率. 局部波动率模型采用偏导数的有限差分近似, 精确地再现了基于 Heston 模型期权价值的隐含波动率. 通过 (4.49) 局部波动率公式, 局部波动率的结果完全依赖于初始时刻 t_0 的欧式期权价格. 这是 LV 模型固有的, 但它可能会导致基于多个付款/到期日收益函数的金融产品的定价有显著差异.

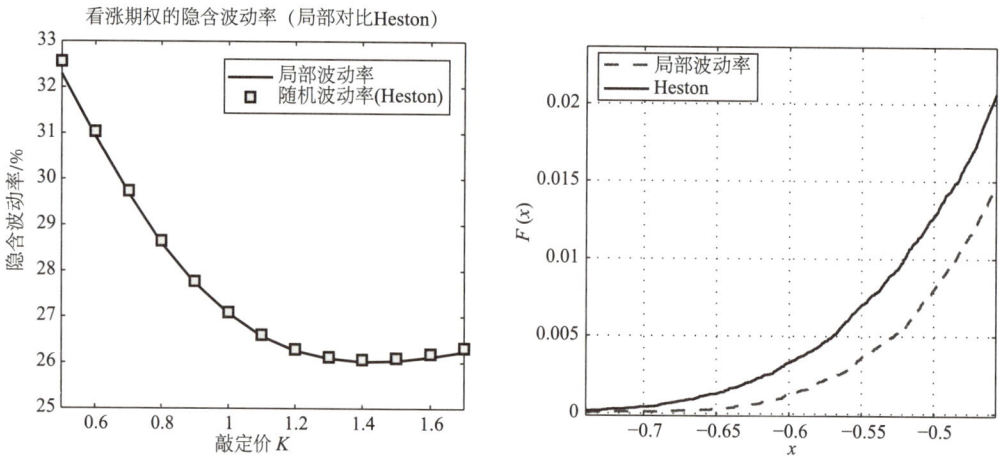

图 10-2　左: Heston 和局部波动率模型的隐含波动率; 右: 由 Heston 和局部波动率模型得到的 $Y(T_1)$ 的 CDF 左尾的缩放.

因为这两个资产价格模型给出的欧式平凡香草期权的价值大致相同, 所以这两个股票从 t_0 到 T 的转移密度应该大致相等.

然而局部波动率模型中的隐含波动率具有拉平趋势. 对远期启动期权, 开始于 $t = T_1$ 而到期日为 $t = T$, 可预期其波动率具有与当前观察到的隐含波动率很相似的结构. 然而, 用局部波动率模型得到的波动率是平的, 因而与预期结构不同. 在 $t_0 < T_1 < T$ 时, 我们要观察的是 "远期启动" 变量 $Y(T_1)$,

$$Y(T_1) := \frac{S(T) - S(T_1)}{S(T_1)}.$$

在图 10-2 (右) 中, 展示了两个分别由 Heston 和局部波动率模型生成的 $Y(T_1)$ 的累积分布函数. 尽管两个模型在终点时刻的分布相同 (在图 10-2 (左) 中两者几乎完全重叠), 当涉及其他分布时, 它们是非常不同的.

SV 模型通常比 LV 模型更好地符合金融市场中远期启动期权的动态.

注释 10.1.2 (建模构件)　远期启动期权也是其他金融衍生品的构件, 如棘轮期权. 棘轮期权会在股票市场和利率市场中遇上, 它们由一系列连续的远期启动期权组成.

像远期启动期权, 棘轮期权也基于回报,

$$R(T_k) = \frac{S(T_k) - S(T_{k-1})}{S(T_{k-1})}.$$

棘轮期权的回报经常受限于天花板 "Cap" 和地板 "$Floor$", 如下:

$$R^b(T_k) = \max\left(\min\left(R(T_k), Cap\right), Floor\right).$$

棘轮期权也有总地板 $Floor_g$, 其产品的收益由下式定义:

$$V^{cliq}(T) = \max\left(\sum_{k=1}^{m} R_k^b, Floor_g\right), \tag{10.13}$$

这里 $Floor_g$ 是合同总的最大量可以抵达的水平. 在棘轮期权的生命期, 从 $t = 0$ 到 $t = T$ 以大小 Δt 被时间点 $T_k, k = 1, \cdots, m$ 分为 m 个重置区间. 所以, 在 m 个时间点, 回报边界 R_k^b 被计算进棘轮期权的收益. 棘轮期权合约的一个有用的特性是, 它使投资者能够定期锁定利润. 如果某一资产在时间段 $[T_k, T_{k+1}]$ 表现良好, 但在时间段 $[T_{k+1}, T_{k+2}]$ 表现不佳, 投资者将获得第一阶段累积的利润, 而在第二阶段不会亏损. 由于可能的利润也可能受到限制, 如在合同中可以规定利润不能大于 20%, 棘轮期权可以被视为平凡香草欧式期权的相对便宜的替代品.

10.2　随机局部波动率模型的简介

在上一节中, 已经显示了 Heston 随机波动率模型产生一个隐含波动率远期微笑, 它具有一个与当前观察到的隐含波动率微笑非常相似的形状. 这与金融市场的观察结果是一致的, 它为远期隐含波动率敏感产品提供了精确的定价方法. 但是 Heston 模型的校验并不总是一件容易的事. 此外, 并非所有的隐含波动率微笑和倾斜都可以用 Heston 动态来建模. 然而, 基于市场上的平凡香草欧式期权, 我们可以相对容易地校验这一类局部波动率模型, 但它有一个缺点, 那就是拉平远期隐含波动率微笑, 这是由于该模型下的转移概率密度函数的表示不准确.

结合两类 (随机和局部) 随机波动率模型的优点, 可以发展一个组合型的资产定价模型, 以尽可能地消除单个模型的缺点. 这类组合型的定价模型称作随机局部波动率

(SLV) 模型, 它由 [Jex et al., 1999], [Lipton, 2002] 和 [Lipton et al., 2002], 以及其他人提出发展的. 正如 [Clark, 2011] 和 [Lipton et al., 2014] 所指出的那样, 定价远期敏感期权时, 常会用到这些 SLV 模型.

随机局部波动率 (SLV) 模型在测度 $\mathbb{Q}$ 下由下列 SDE 系统驱动:

$$\begin{cases} \mathrm{d}S(t)/S(t) = r\mathrm{d}t + \bar{\sigma}(t, S(t))\bar{\xi}(v(t))\mathrm{d}W_x(t), \\ \mathrm{d}v(t) = a_v(t, v(t))\mathrm{d}t + b_v(t, v(t))\mathrm{d}W_v(t), \\ \mathrm{d}W_x(t)\mathrm{d}W_v(t) = \rho_{x,v}\mathrm{d}t, \end{cases} \tag{10.14}$$

其中 $\rho_{x,v}$ 是对应 Brown 运动 W_x, W_v 之间的相关系数, r 是常数利率. 函数 $\bar{\sigma}(t, S(t))$ 是局部波动率分量, 当 $\bar{\xi}(v(t))$ 控制随机波动率, $a_v(t, v(t))$ 和 $b_v(t, v(t))$ 两项分别代表方差过程漂移项和扩散项.

一般化的 SLV 模型可以降格为纯 SV 模型或 LV 模型. 局部波动率分量 $\bar{\sigma}(t, S(t)) = 1$, 模型归结到纯随机波动率模型. 另一方面, 如果是随机方差分量 $b_v(t, v(t)) = 0$, 模型退化成局部波动率模型.

符合这个框架的两个流行的随机波动率模型是 Heston SV 模型 [Heston, 1993] 和 Schöbel-Zhu 模型 [Schöbel et al., 1999]. 前者的方差过程由 CIR 动态驱动 [Cox et al., 1985], $\bar{\xi}(v(t)) = \sqrt{v(t)}$, 且 $a_v(t, v(t)) = \kappa(\bar{v} - v(t))$, $b_v(t, v(t)) = \gamma\sqrt{v(t)}$, 而后者 $\bar{\xi}(v(t)) = v(t)$, $a_v(t, v(t)) = \kappa(\bar{v} - v(t))$, $b_v(t, v(t)) = \gamma$. 此外, 参数 κ 控制均值回归速度, $\bar{v}$ 是长期均值, 而 γ 决定过程 $v(t)$ 的波动率.

方程 (10.14) 描述的 SLV 模型尚未完成, 因为 $\bar{\sigma}(t, S(t))$ 一项还未确定. 这个函数可以采用不同的形式. 我们将讨论 $\bar{\sigma}(t, S(t))$ 的非参数形式.

因此, 在 SLV 框架中有一个自由的可用函数, 即 $\bar{\sigma}(t, S(t))$, 而这个局部波动率分量可以定义成使得市场和模型所隐含的密度相同. 众所周知, 股票价格 $S(T)$ 的市场隐含密度函数可以根据欧式期权的市场股价的数据计算得到, 见第 4 章.

注释 10.2.1 (参数形式) 局部波动率分量 $\bar{\sigma}(t, S(t))$ 可以由常数方差弹性 (CEV) 模型描述, 即 $\bar{\sigma}(t, S(t)) = \sigma S^{\beta-1}(t)$, 这是著名的参数形式. 对 $\bar{\sigma}(t, S(t))$ 选择参数形式有一个麻烦的特性, 那就是 σ 和 β 必须校验. 换句话说, 除了 SV 参数, LV 参数也必须包含在校验程序里.

10.2.1 局部波动率的规定

下面, 我们推导随机局部波动率模型局部波动率分量 $\bar{\sigma}(t, S(t))$ 的表达式.

我们从欧式看涨期权开始, 其价格由下式给出:

$$V_c(t_0, S_0) = \frac{M(t_0)}{M(t)}\mathbb{E}^{\mathbb{Q}}\left[(S(t) - K)^+ \Big| \mathcal{F}(t_0)\right],$$

这里 $dM(t) = rM(t)dt, M(t_0) = 1$. 在下面的推导中, 为方便起见, 省略了记号 $\mathcal{F}(t_0)$.

应用 Itô 引理得到看涨期权价的动态如下:

$$
\begin{aligned}
dV_c(t_0, S_0) &= \left(d\frac{1}{M(t)} \right) \mathbb{E}\left[(S(t) - K)^+ \right] + \frac{1}{M(t)} d\mathbb{E}\left[(S(t) - K)^+ \right] \\
&= -\frac{r}{M(t)} \mathbb{E}\left[(S(t) - K)^+ \right] dt + \frac{1}{M(t)} \mathbb{E}\left[d\left(S(t) - K \right)^+ \right],
\end{aligned} \tag{10.15}
$$

这里 Fubini 定理[1] 证明了等式 $d\left(\mathbb{E}\left[(S(t) - K)^+ \right] \right) = \mathbb{E}\left[d\left(S(t) - K \right)^+ \right]$. 关于 (10.15) 的右端, Itô 引理不能直接应用于确定 $d\left(S(t) - K \right)^+$ 的动态, 因为函数 $g(x) = (x - a)^+$ 在点 $x = a$ 不是可导的.

时间 t 和随机变量 $X_t = x$ 的函数 $g(t, x)$ 关于空间变量 x 应该属于 C^2.[2] 对关于空间变量不属于 C^2 的函数 $g(t, X)$, Itô 公式不同的推广展现在文献中. 一个著名的延拓被称为 *Tanaka-Meyer* 公式, 由 [Tanaka, 1963] 对 $g(t, X) = |X|$ 推出, 而且还被推广到绝对连续函数 $g(t, X)$, 及其导数 $\frac{\partial g(t, X)}{\partial X}$ 方差有界的情形, 见 [Meyer, 1976] 和 [Wang, 1977]. 也见 [Protter, 2005], [Karatzas et al., 1991].

定理 10.2.1 (Tanaka-Meyer 公式)　给一个概率空间 $(\Omega, \mathcal{F}, \mathbb{Q})$, 对 $t_0 \leqslant t < \infty$, $X(t) = X(t_0) + X_{\mathrm{I}}(t) + X_{\mathrm{II}}(t)$ 是一个半鞅, 这里 $X_{\mathrm{I}}(t)$ 是连续的局部鞅, 而 $X_{\mathrm{II}}(t)$ 是一个 càdlàg 局部有界方差的适应过程, 即 $X_{\mathrm{II}}(t)$ 定义于 $\mathbb{R}$ (或其子集) 并且是几乎处处右连续左极限. 则对函数 $g(x) = (x - a)^+$, 其中 $a \in \mathbb{R}$, 有

$$
\begin{aligned}
g(X(t)) = g(X(t_0)) &+ \int_{t_0}^t \mathbb{1}_{X(z) > a} dX_{\mathrm{I}}(z) + \int_{t_0}^t \mathbb{1}_{X(z) > a} dX_{\mathrm{II}}(z) \\
&+ \frac{1}{2} \int_{t_0}^t g''(X(z))(dX_{\mathrm{I}}(z))^2.
\end{aligned}
$$

完整的证明可在 [Tanaka, 1963] 中找到.

注释 10.2.2 (局部鞅)　局部鞅是一个随机过程在局部是个鞅. 一般地, 一个局部鞅不是鞅, 因为它的期望也许会被小概率的大值扭曲. 一个没有漂移项的 SDE 描述的 Itô 过程是个局部鞅, 但并不总是鞅. GBM 过程 $dX(t) = X(t)dW(t)$, 是一个局部鞅而且也的确是鞅的例子, 但 CEV 模型 $dX(t) = X^\beta(t)dW(t)$, 在指数大于 1 时是一个局部鞅但并不是一个鞅, 这是因为 $\mathbb{E}[X(t)|\mathcal{F}_0] < X_0, \forall t > 0$.

当 $\beta > 1$ 时, $X(t)$ 是一个严格的局部鞅, 且 $X(t)$ 在 $\beta < 1$ 时可以证明是个鞅, 如 [Lindsay et al., 2012] 所示.

停时和局部鞅

局部鞅的一般定义有关于停时的概念, 停时定义如下.

---

[1] Fubini 定理阐明了等式 $\mathbb{E}[\int_0^t g(X(z))dz] = \int_0^t \mathbb{E}[g(X(z))]dz$ 成立的充分条件, 就是 $X(t)$ 和 g 具有一定光滑性和 $\int_0^t \mathbb{E}[|g(X(z))|]dz$ 的有限性.

[2] C^2 指二阶连续函数所组成的空间.

定义 10.2.1（停时） 一个非负的随机变量 τ_S 被称为是关于域流 $\mathcal{F}(t)$ 的停时, 如果对每个 $t \geqslant 0$, 事件 $\{\tau_S \leqslant t\}$ 是 $\mathcal{F}(t)$ 可测的, 或者换句话说, 如果对 σ 域, 下式成立:

$$\sigma(\tau_S \leqslant t) \in \mathcal{F}(t).$$

如果 $\tau_S \leqslant \infty$ 几乎必然, 我们称 τ_S 是一个有限停时.

直观地, τ_S 是一个停时, 如果对每个 t, 基于直到时间 t 的信息, 我们可以判定 τ_S 在时间 t 前是否会发生.

例 10.2.1（停时） 让我们考虑一个 Brown 运动 $W(t)$ 和一个用 $\tau_S = \min\{t : W(t) > 2\}$ 定义的停时. 停时表示当 Brown 运动 $W(t)$ 第一次抵达值 2 的时间. 图 10-3 展示了一些路径. 黑点指明路径碰到值 2 的瞬间. 通过对许多路径重复这个实验, 停时的分布 τ_S 可看见 (见图 10-3 的右图). 基于这个分布, 过程抵达一定水平的最大可能的时间点可以确定. ◇

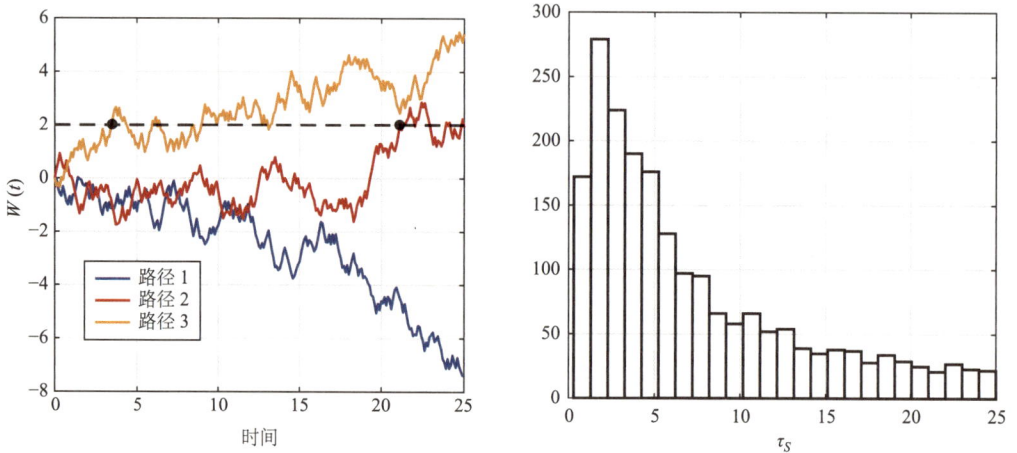

图 10-3 左: Brown 运动 $W(t)$ 的 Monte Carlo 路径, 以及 $W(t) > 2$ 的首达时间; 右: 3000 条路径得到的停时 τ_S 的路径数的直方图.

注释 10.2.3（停过程） 停过程 $X^{\tau_S}(t)$ 定义为

$$X^{\tau_S}(t) := X(t \wedge \tau_S) = \begin{cases} X(t), & t \leqslant \tau_S, \\ X(\tau_S), & t > \tau_S. \end{cases} \tag{10.16}$$

停过程的一个重要性质是鞅性质, 由下面的命题给出.

命题 10.2.1 如果过程 $X(t)$ 是个鞅, 则停过程 $X^{\tau_S}(t) = X(t \wedge \tau_S)$ 也是个鞅. 特别地, 对所有 $t \geqslant 0$, 我们有

$$\mathbb{E}\left[X^{\tau_S}(t)\big|\mathcal{F}(t_0)\right] = \mathbb{E}\left[X(t_0)\big|\mathcal{F}(t_0)\right] = X(t_0).$$

其证明可在 [Williams, 1991] 中的定理 10.9 中找到.

有了鞅和停时的联系, 我们可以进一步地去定义局部鞅的概念.

定义 10.2.2 (局部鞅) 一个连续适应的随机过程 $X(t)$ 是一个局部鞅, 如果停时序列 $\tau_{S,i_{i\in\mathbb{N}}}$ 存在, 使得

1. $\tau_{S,1} \leqslant \tau_{S,2} \leqslant \cdots$ 以及 $\tau_{S,i} \to \infty$, 几乎必然.
2. 停时过程 $X^{\tau_{S,i}}$ 对所有 i 是鞅.

序列 $\tau_{S,i}$ 被称为基础的或局部化序列.

从上面的定义可以明白任何鞅也是局部鞅, 但反过来并不总是对的.

随机局部波动率项的导出

我们回到等式 (10.15) 的推导. 应用 Tanaka-Meyer 公式, 给出

$$(S(t) - K)^+ = (S(t_0) - K)^+ + \int_{t_0}^t \mathbb{1}_{S(z)>K}\mathrm{d}S(z) + \frac{1}{2}\int_{t_0}^t \delta\left(S(z) - K\right)(\mathrm{d}S(z))^2,$$

这里 δ 是 Dirac delta 函数, 见 (1.17) 以及例 4.2.2. 稍微滥用下符号 (为了方便起见), 写成微分的形式:

$$\mathrm{d}(S(t) - K)^+ = \mathbb{1}_{S(t)>K}\mathrm{d}S(t) + \frac{1}{2}\delta\left(S(t) - K\right)(\mathrm{d}S(t))^2.$$

代入 $S(t)$ 的 SLV 动态, 给我们主项为

$$\mathrm{d}\left(S(t) - K\right)^+ = \mathbb{1}_{S(t)>K}\left(rS(t)\mathrm{d}t + \bar{\sigma}(t, S(t))\bar{\xi}(v(t))S(t)\mathrm{d}W_x(t)\right)$$
$$+ \frac{1}{2}\delta\left(S(t) - K\right)\bar{\sigma}^2(t, S(t))\bar{\xi}^2(v(t))S^2(t)\mathrm{d}t.$$

看涨期权价的动态可写成

$$\mathrm{d}V_c(t_0, S_0) = -\frac{r}{M(t)}\mathbb{E}\left[(S(t) - K)^+\right]\mathrm{d}t$$
$$+ \frac{1}{M(t)}\mathbb{E}\left[\mathbb{1}_{S(t)>K}\left(rS(t)\mathrm{d}t + \bar{\sigma}(t, S(t))\bar{\xi}(v(t))S(t)\mathrm{d}W_x(t)\right)\right]$$
$$+ \frac{1}{2M(t)}\mathbb{E}\left[\delta\left(S(t) - K\right)\bar{\sigma}^2(t, S(t))\bar{\xi}^2(v(t))S^2(t)\right]\mathrm{d}t.$$

这个等式可以用下列等式简化:

$$\mathbb{E}\left[(S(t) - K)^+\right] = \mathbb{E}\left[\mathbb{1}_{S(t)>K}\left(S(t) - K\right)\right]$$
$$= \mathbb{E}\left[\mathbb{1}_{S(t)>K}S(t)\right] - K\mathbb{E}\left[\mathbb{1}_{S(t)>K}\right],$$

其推出结果 10.2.1.

结果 10.2.1 欧式看涨期权价 $V_c(t_0, S_0)$ 的动态如下, 其中 $S(t)$ 和 $v(t)$ 服从 (10.14) 给出的动态:

$$\mathrm{d}V_c(t_0, S_0) = \frac{rK}{M(t)}\mathbb{E}\left[\mathbb{1}_{S(t)>K}\right]\mathrm{d}t$$

$$+ \frac{1}{2M(t)} \mathbb{E}\left[\delta\left(S(t) - K\right)\bar{\sigma}^2(t, S(t))\bar{\xi}^2(v(t))S^2(t)\right]\mathrm{d}t,$$

这里的表达式以 $\mathcal{F}(t_0)$ 为条件.

下面, 我们用另一个结果: 引理 10.2.1.

引理 10.2.1 欧式看涨期权价 $V_c(t_0, S_0; K, T) = V_c(t_0, S_0)$ 满足下式, 其中 $S(t)$ 和 $v(t)$ 服从 (10.14) 给出的动态:

$$\frac{\partial V_c(t_0, S_0; K, t)}{\partial K} = -\frac{1}{M(t)}\mathbb{E}\left[\mathbb{1}_{S(t) > K}|\mathcal{F}(t_0)\right], \tag{10.17}$$

并且

$$\frac{\partial V_c^2(t_0, S(t_0); K, t)}{\partial K^2} = \frac{f_{S(t)}(K)}{M(t)}, \tag{10.18}$$

这里 $f_{S(t)}$ 是边际概率密度函数 $S(t)$.

这个引理的证明与第 4 章里 (4.8) 的推导很相似.

回到结果 10.2.1 里看涨期权的动态, 包括引理 10.2.1 的结果, 有

$$\mathrm{d}V_c(t_0, S_0; K, t) = -rK\frac{\partial V_c(t_0, S_0; K, t)}{\partial K}\mathrm{d}t \tag{10.19}$$
$$+ \frac{1}{2M(t)}\mathbb{E}\left[\delta\left(S(t) - K\right)\bar{\sigma}^2(t, S(t))\bar{\xi}^2(v(t))S^2(t)\right]\mathrm{d}t,$$

其给出

$$\Xi(t)\mathrm{d}t := \mathbb{E}\left[\delta\left(S(t) - K\right)\bar{\sigma}^2(t, S(t))\bar{\xi}^2(v(t))S^2(t)\right]\mathrm{d}t \tag{10.20}$$
$$= 2M(t)\left(\mathrm{d}V_c(t_0, S_0; K, t) + rK\frac{\partial V_c(t_0, S_0; K, t)}{\partial K}\mathrm{d}t\right),$$

其中

$$\Xi(t) := \iint_{\mathbb{R}} \delta\left(s - K\right)\bar{\sigma}^2(t, s)\bar{\xi}^2(z)s^2 f_{v(t), S(t)}(z, s)\mathrm{d}s\mathrm{d}z$$
$$= \int_{\mathbb{R}} \bar{\xi}^2(z)\left(\int_{\mathbb{R}} \delta(s - K)s^2\bar{\sigma}^2(t, s)f_{v(t), S(t)}(z, s)\mathrm{d}s\right)\mathrm{d}z. \tag{10.21}$$

用等式 $\int_{\mathbb{R}} \delta(s - K)f_{S(t)}(s)\mathrm{d}s = f_{S(t)}(K)$, 里面的积分简化成

$$\int_{\mathbb{R}} \delta(s - K)s^2\bar{\sigma}^2(t, s)f_{v(t), S(t)}(z, s)\mathrm{d}s = K^2\bar{\sigma}^2(t, K)f_{v(t), S(t)}(z, K). \tag{10.22}$$

则项 $\Xi(t)$ 的表达式由下式给出:

$$\Xi(t) = K^2\bar{\sigma}^2(t, K)\int_{\mathbb{R}} \bar{\xi}^2(z)f_{v(t), S(t)}(z, K)\mathrm{d}z, \tag{10.23}$$

其等价于

$$\Xi(t) = K^2 \bar{\sigma}^2(t,K) f_{S(t)}(K) \mathbb{E}\left[\bar{\xi}^2(v(t)) | S(t) = K\right].$$

动态如下:

$$\mathrm{d}V_c(t_0, S_0; K, t) = -rK \frac{\partial V_c(t_0, S_0; K, t)}{\partial K} \mathrm{d}t \qquad (10.24)$$
$$+ \frac{1}{2M(t)} K^2 \bar{\sigma}^2(t,K) f_{S(t)}(K) \mathbb{E}\left[\bar{\xi}^2(v(t)) | S(t) = K\right] \mathrm{d}t.$$

用引理 10.2.1 中的第二个等式, 我们得到

$$\mathrm{d}V_c(t_0, S_0; K, t) = \left(-rK \frac{\partial V_c(t_0, S_0; K, t)}{\partial K} \right.$$
$$\left. + \frac{1}{2} K^2 \bar{\sigma}^2(t,K) \mathbb{E}\left[\bar{\xi}^2(v(t)) | S(t) = K\right] \frac{\partial^2 V_c(t_0, S_0; K, t)}{\partial K^2} \right) \mathrm{d}t,$$
$$(10.25)$$

其可表达为

$$\bar{\sigma}^2(t,K) \mathbb{E}\left[\bar{\xi}^2(v(t)) | S(t) = K\right] = \frac{\frac{\partial V_c(t_0, S_0; K, t)}{\partial t} + rK \frac{\partial V_c(t_0, S_0; K, t)}{\partial K}}{\frac{1}{2} K^2 \frac{\partial^2 V_c(t_0, S_0; K, t)}{\partial K^2}}$$
$$=: \sigma_{\mathrm{LV}}^2(t,K),$$

这里 $\sigma_{\mathrm{LV}}(t,K)$ 记为 *Dupire* 局部波动率项 [Dupire, 1994].

在 SLV 模型的环境下, 现在得到下列关系:

$$\bar{\sigma}^2(t,K) = \frac{\sigma_{\mathrm{LV}}^2(t,K)}{\mathbb{E}\left[\bar{\xi}^2(v(t)) | S(t) = K\right]}. \qquad (10.26)$$

SLV 局部波动率分量 $\bar{\sigma}^2(t,K)$ 则包含两个部分, 确定的局部波动率 $\sigma_{\mathrm{LV}}(t,K)$ 和一个条件期望 $\mathbb{E}[\bar{\xi}^2(v(t)) | S(t) = K]$.

在节 4.3 中, 我们已建立好 $\sigma_{\mathrm{LV}}(t,K)$ 的数值计算方法, 也见 [Andreasen et al., 2011], [Coleman et al., 1999] 和 [De Marco et al., 2013]. 下面讨论 (10.26) 中条件期望的高效计算方法. 股价过程 $S(t)$ 包含一个局部波动率分量 $\sigma_{\mathrm{LV}}(t,S)$, 其不能解析地得到. 然而难点在于, 方差 v 和股价 S 的联合分布, 即 $f_{v(t),S(t)}$ 是未知的.

注释 10.2.4 (文献)　于是, 在 SLV 框架中, 需要确定一个条件期望. 它的确切形式取决于特定随机过程的选择. 条件期望不能直接从市场报价中提取, 这与 LV 模型的情况不同. 一种常见的方法是求解 Kolmogorov 正向偏微分方程 (PDE) ([Deelstra et al., 2012], [Ren et al., 2007], [Clark, 2011]), 同时近似条件期望和随机局部波动率分量. PDE 离散数值求解是混合局部波动率背景下金融业界常用的方法.

Markovian 投影技术也被应用到 SLV 相关问题, 对此我们介绍参考文献 [Piterbarg, 2007], [Henry-Labordère, 2009]. 虽然这种方法是普遍适用的, 但它涉及几个需要近似的条件期望.

在 [Lorig et al., 2015] 中, 对一类一般的随机局部波动率模型, 导出了欧式类期权价格和隐含波动率的渐近展开族. 进一步, 在 [Pascucci et al., 2017] 中, 作者推导了多因素局部随机波动模型中远期启动期权的渐近展开式, 从而得到了远期隐含波动率的显式近似公式.

在 [van der Stoep et al., 2014] 中, 在 Monte Carlo 环境中, 引入了一种非参数方法来评估有问题的条件期望, 它依赖于箱分解的 Monte Carlo 实现. 在 [Guyon et al., 2012], [Jourdain et al., 2012] 中阐述了一种类似技术, 其基于相互作用粒子系统中的核估计方法.

10.2.2　SLV 期望的 Monte Carlo 近似

我们聚焦 SLV 模型的 Monte Carlo 估计.

首先, 由 Euler 离散, 我们可以模拟 SLV 模型 (10.14) 如下:

$$s_{i+1,j} = s_{i,j} + rs_{i,j}\Delta t + \sqrt{\frac{\sigma_{\text{LV}}^2(t_i, s_{i,j})}{\mathbb{E}\left[\bar{\xi}^2(v(t_i))|S(t_i) = s_{i,j}\right]}} s_{i,j}\bar{\xi}(v_{i,j})\sqrt{\Delta t}Z_x, \tag{10.27}$$

$$v_{i+1,j} = v_{i,j} + a_v(t_i, v_{i,j})\Delta t + b_v(t_i, v_{i,j})\sqrt{\Delta t}Z_v.$$

其中 $j = 1, \cdots, N$ (Monte Carlo 的路径数), $i = 0, \cdots, m$ (时间步数), $Z_x = Z_1$, $Z_v = \rho_{x,v}Z_1 + \sqrt{1 - \rho_{x,v}^2}Z_2$, Z_1 和 Z_2 为互相独立的标准正态变量. 时间步长 $\Delta t = i \cdot \frac{T}{m}$.

为了确定资产价格在样本路径上下一时刻 t_{i+1} 的值, 应该精确地估计两个分量: $\sigma_{\text{LV}}^2(t_i, s_{i,j})$ 和 $\mathbb{E}\left[\bar{\xi}^2(v(t_i))|S(t_i) = s_{i,j}\right]$. 第 4 章中, 已经阐明有效的 $\sigma_{\text{LV}}^2(t_i, s_{i,j})$ 估计, 但条件期望需要讨论. 困难之处在于对每个单独的股价实现 $s_{i,j}$, 评估的条件应该执行, 即对 (S, v) 的离散, 每个实现 $s_{i,j}$ 要有精确对应方差 $v_{i,j}$ 的实现, 这就使得条件期望的评估相当困难.

在下一个小节中, 将介绍用于求解条件期望的非参数方法.

基于分箱的非参数方法

给定一时间内的离散, t_i, $i = 1, \cdots, m$, 具有 N 对 Monte Carlo 实现 $(s_{i,1}, v_{i,1})$, $(s_{i,2}, v_{i,2}), \cdots, (s_{i,N}, v_{i,N})$. 对 (10.27) 的条件期望需要近似. 对于每个 $s_{i,j}$ 值, 我们只有一个 $v_{i,j}$ 值, 而条件期望值等于 $\bar{\xi}^2(v_{i,j})$, 这是不精确的. 然而, 这是连续系统 (S, v) 离散化造成的结果. 精确的估计显然需要无限路径集, 这实际上是不可行的.

解决这个问题的一项技术基于捆绑组对实现, 这可以提供对想要的期望更精确的估计. 我们进一步分划 $S(t_i)$ 值的区域成互斥的箱子, $(b_1, b_2], (b_2, b_3], \cdots, (b_l, b_{l+1}]$, 其中 $b_1 \geqslant 0$, $b_{l+1} < \infty$.

对任意一个特定的股价实现 $s_{i,j}$, 且 $s_{i,j} \in (b_k, b_{k+1}]$ 对某 $k \in \{1, 2, \cdots, l\}$, 使用下列近似:

$$\mathbb{E}\left[\bar{\xi}^2(v(t_i))|S(t_i) = s_{i,j}\right] \approx \mathbb{E}\left[\bar{\xi}^2(v(t_i))|S(t_i) \in (b_k, b_{k+1}]\right]. \tag{10.28}$$

通过定义 $(b_k, b_{k+1}]$ 的左右界分别为 $s_{i,j} - \varepsilon$ 和 $s_{i,j} + \varepsilon$, 我们应该得到

$$\mathbb{E}\left[\bar{\xi}^2(v(t_i))|S(t_i) = s_{i,j}\right] = \lim_{\varepsilon \to 0^+} \mathbb{E}\left[\bar{\xi}^2(v(t_i))|S(t_i) \in (s_{i,j} - \varepsilon, s_{i,j} + \varepsilon]\right]$$

$$= \lim_{\varepsilon \to 0^+} \frac{\mathbb{E}\left[\bar{\xi}^2(v(t_i))\mathbb{1}_{S(t_i) \in (s_{i,j} - \varepsilon, s_{i,j} + \varepsilon]}\right]}{\mathbb{Q}\left[S(t_i) \in (s_{i,j} - \varepsilon, s_{i,j} + \varepsilon]\right]}. \tag{10.29}$$

在极限的情况下, 分箱的边界等于 $s_{i,j}$, 条件期望的近似将收敛到准确值. 这就表明了 (10.28) 的近似合适. 适当的分箱集捆绑 b_k, $k = 1, \cdots, l+1$, 由股价 $s_{i,1}, s_{i,2}, \cdots, s_{i,N}$ 的排列得到递增的序列 $\bar{s}_{i,1} \leqslant \bar{s}_{i,2} \leqslant \cdots \leqslant \bar{s}_{i,N}$, 其中 $\bar{s}_{i,1}$ 和 $\bar{s}_{i,N}$ 分别为在时间步 i 的最小和最大值. 分箱的定义使得每个箱子包含大致相同数量的 Monte Carlo 路径, 从而箱数 $b_{i,k}$, $k = 1, \cdots, l+1$ 依赖于每个箱子里的路径数.

$$b_{i,1} = \bar{s}_{i,1}, \ b_{i,l+1} = \bar{s}_{i,N}, \ b_{i,k} = \bar{s}_{i,(k-1)N/l}, \ k = 2, \cdots, l. \tag{10.30}$$

每对 $(s_{i,j}, v_{i,j})$ 现在根据其 $s_{i,j}$ 值分配到一个箱子里. 有了对应第 k 个箱子的路径数, 在时间 t_i, 记 $\mathcal{J}_{i,k}$, 即 $\mathcal{J}_{i,k} := \{j | (s_{i,j}, v_{i,j}) \in (b_{i,k}, b_{i,k+1}]\}$, 以及第 k 个箱子里的路径数 $N_k := |\mathcal{J}_{i,k}|$, 条件期望可近似为

$$\mathbb{E}\left[\bar{\xi}^2(v(t_i))\big| S(t_i) = s_{i,j}\right] \approx \frac{\mathbb{E}\left[\bar{\xi}^2(v(t_i))\mathbb{1}_{S(t_i) \in (b_{i,k}, b_{i,k+1}]}\right]}{\mathbb{Q}\left[S(t_i) \in (b_{i,k}, b_{i,k+1}]\right]}$$

$$\approx \frac{\frac{1}{N}\sum_{j=1}^{N} \bar{\xi}^2(v_{i,j})\mathbb{1}_{s_{i,j} \in (b_{i,k}, b_{i,k+1}]}}{\mathbb{Q}\left[S(t_i) \in (b_{i,k}, b_{i,k+1}]\right]}$$

$$= \frac{1}{N\alpha(k)}\sum_{j \in \mathcal{J}_{i,k}} \bar{\xi}^2(v_{i,j}), \tag{10.31}$$

这里 $\alpha(k) := \mathbb{Q}\left[S(t_i) \in (b_{i,k}, b_{i,k+1}]\right]$ 表示股价落在第 k 个箱子里的概率.

第二个步骤是基于有限多个 $(s_{i,j}, v_{i,j})$ 对的平均求得期望的近似值. $\alpha(k)$ 的值依赖于箱子的选择方式, 即 $\alpha(k) = 1/l$.

注释 10.2.5 箱子的选择影响非参数方法的收敛性. 当箱子根据 (10.30) 定义时, 就意味着接近于联合密度的均值的箱子在尺寸上比分布尾部的箱子小很多. 这是一个我们想要的特性, 因为接近均值的区域包含更多的观测值, 要求高精确度, 从而就需要用更小的箱子尺寸.

算法 10.2.1 概括了非参数方法.

算法 10.2.1　非参数方法

对每个时间步 $t_i, i = 1, \cdots, m$

生成 N 对观察 $(s_{i,j}, \bar{\xi}^2(v_{i,j})), j = 1, \cdots, N$.

分类 $\bar{s}_{i,j}$: $\bar{s}_{i,1} \leqslant \bar{s}_{i,2} \leqslant \cdots \leqslant \bar{s}_{i,N}$.

决定 l 个箱子的边界 $[b_{i,k}, b_{i,k+1}]$, $k = 1, \cdots, l$, 根据 (10.30).

对第 k 个箱子: 近似

$$\mathbb{E}\left[\bar{\xi}^2(v(t_i))\,\big|\,S(t_i) \in (b_{i,k}, b_{i,k+1}]\right] \approx \frac{1}{N\alpha(k)} \sum_{j \in \mathcal{J}_{i,k}} \bar{\xi}^2(v_{i,j}),$$

其中 $\mathcal{J}_{i,k}$ 路径数 j, $s_{i,j} \in (b_k, b_{k+1})$ 且 $\alpha(k)$ 是股价在第 k 个箱子里的概率.

例 10.2.2　第一个例子基于纯 Heston SV 模型, 这里 $\bar{\xi}(x) = \sqrt{x}$ 以及由 $\mathbb{E}[v(t_i)|S(t_i) = s_{i,j}]$ 给出条件期望. 对纯 Heston 模型, 条件期望也可以用二维版的 COS 方法高精确地计算, 见 [Ruijter et al., 2012].

图 10-4 展示了用分箱方法得到的条件期望, 并用 Fourier 展开方法 (COS) 的结果作为参考值. 每个图形都包含重现联合 PDF 的等高线图、对应的条件期望, 以及其用分箱方法的近似. 在模拟中, 10^5 条 Monte Carlo 路经分别用了 5 和 20 个箱子. 近似由引入的算法收敛到参考期望而得到. ◇

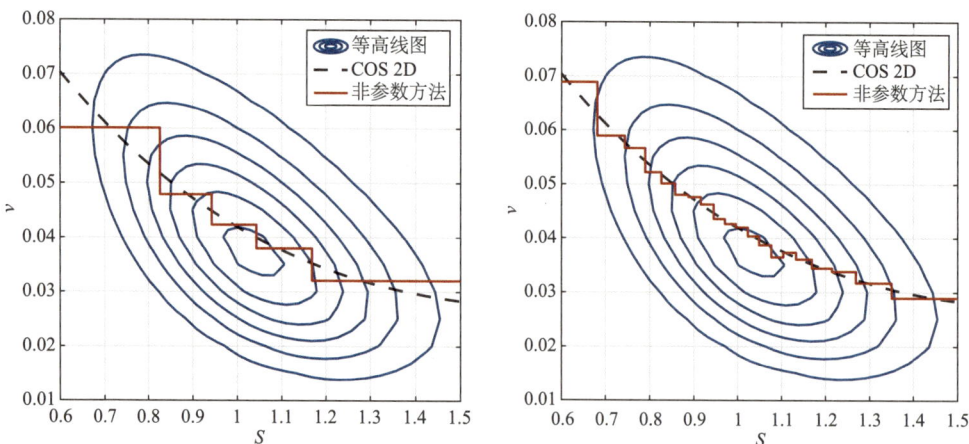

图 10-4　由非参数分箱方法得到的近似条件期望, 左右箱数分别为 5 和 20, 箱数多的更接近由 COS 方法得到的条件期望.

因为条件期望是一个连续函数, 所以近似也应该满足这个性质. 此外, 在左边界处, 可以改进非参数近似对参考的拟合. 为了获得连续的近似, 非参数方法近似值的中点通过插值连接, 见图 10-5.

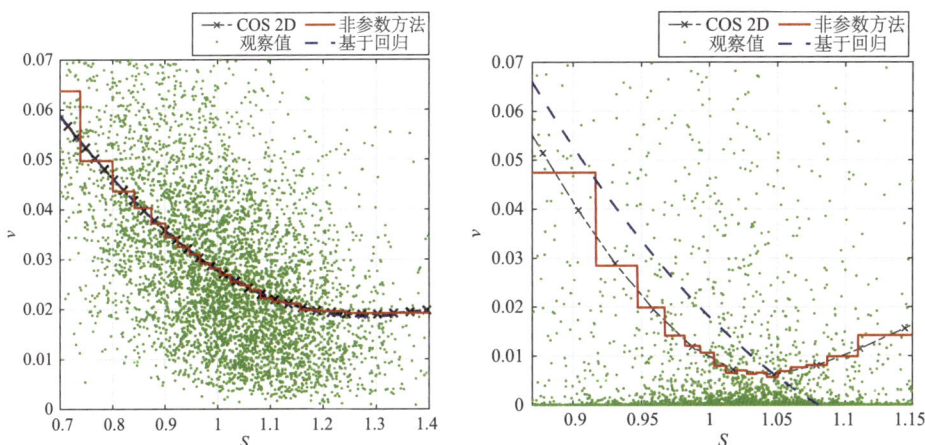

图 10-5　连续的近似 ("CA") 给出一个较好的对理论条件期望的拟合, 这个理论结果由 COS 方法 (左) 得到, 右图是局部放大图.

10.2.3　SLV 模型 Monte Carlo AES 算法

几乎精确的模拟算法 (AES), 基于 QE 格式 [Andersen, 2008], 见节 9.3.4, 由模拟 Heston SLV 模型推广而来. Monte Carlo 模拟在纯 Heston SV 模型和 Heston SLV 模型之间的主要差异是后者的方差还由状态依赖的局部波动率分量控制. 这要求一个进一步的近似 (即冻结系数) 来处理. 数值实验显示, 如果有这个附加的近似, 精确的模拟结果还是可以得到的.

回顾 Heston SLV 模型的动态, 用独立的 Brown 运动表示,

$$\begin{cases} \mathrm{d}S(t)/S(t) = r\mathrm{d}t + \bar{\sigma}(t, S(t))\sqrt{v(t)}\left(\rho_{x,v}\mathrm{d}\widetilde{W}_v(t) + \sqrt{1-\rho_{x,v}^2}\,\mathrm{d}\widetilde{W}_x(t)\right), \\ \mathrm{d}v(t) = \kappa(\bar{v} - v(t))\mathrm{d}t + \gamma\sqrt{v(t)}\mathrm{d}\widetilde{W}_v(t), \end{cases}$$

其中 $\rho_{x,v}$ 是 $S(t)$ 和 $v(t)$ 过程之间的相关系数. 我们用 (再度使用下符号) $\bar{\sigma}(t, X(t)) := \bar{\sigma}(t, \mathrm{e}^{X(t)})$ 将 $X(t) = \log(S(t))$ 离散化,

$$\begin{aligned} X(t + \Delta t) = {} & X(t) + \int_t^{t+\Delta t} \left(r - \frac{1}{2}\bar{\sigma}^2(z, X(z))v(z)\right)\mathrm{d}z \\ & + \rho_{x,v}\int_t^{t+\Delta t} \bar{\sigma}(z, X(z))\sqrt{v(z)}\mathrm{d}\widetilde{W}_v(z) \\ & + \sqrt{1-\rho_{x,v}^2}\int_t^{t+\Delta t} \bar{\sigma}(z, X(z))\sqrt{v(z)}\mathrm{d}\widetilde{W}_x(z). \end{aligned} \tag{10.32}$$

回顾在节 8.1.2 中, 方差过程服从一个按比例的非中心卡方分布, 即

$$v(t + \Delta t)|v(t) \sim \bar{c}(t + \Delta t, t)\chi^2(\delta, \bar{\kappa}(t + \Delta t, t)), \tag{10.33}$$

其中 $\chi^2(\delta, \bar{\kappa}(t + \Delta t, t))$ 是具 δ 自由度和非中心参数 $\bar{\kappa}(t + \Delta t, t)$ 的非中心卡方分布, 且

$$\bar{c}(t + \Delta t, t) = \frac{\gamma^2}{4\kappa}(1 - \mathrm{e}^{-\kappa\Delta t}), \ \delta = \frac{4\kappa\bar{v}}{\gamma^2}, \ \bar{\kappa}(t + \Delta t, t) = \frac{4\kappa\mathrm{e}^{-\kappa\Delta t}}{\gamma^2(1 - \mathrm{e}^{-\kappa\Delta t})}v(t).$$

积分方差过程, 参考 (9.49), 得出

$$\int_t^{t+\Delta t} \sqrt{v(z)}\mathrm{d}\widetilde{W}_v(z) = \frac{1}{\gamma}\left(v(t+\Delta t) - v(t) - \kappa\bar{v}\Delta t + \kappa \int_t^{t+\Delta t} v(z)\mathrm{d}z \right). \quad (10.34)$$

在 (10.32) 的最后一个积分中, 耦合了局部和随机波动率. 这使得模拟变得复杂, 因为不能直接用 (10.34) 中的积分方差. 由于具有局部波动率分量的 Monte Carlo 模拟涉及很多时间步, (10.32) 中的 $\bar{\sigma}(s, X(s))$ 需要局部冻成常数, 即

$$\int_t^{t+\Delta t} \bar{\sigma}(z, X(z))\sqrt{v(z)}\mathrm{d}\widetilde{W}_v(z) \approx \bar{\sigma}(t, X(t)) \int_t^{t+\Delta t} \sqrt{v(z)}\mathrm{d}\widetilde{W}_v(z). \quad (10.35)$$

由于 (10.35) 的近似, 使得在 (10.32) 中用 (10.34) 成为可能:

$$\begin{aligned} X(t+\Delta t) \approx {}& X(t) + \int_t^{t+\Delta t} \left(r - \frac{1}{2}\bar{\sigma}^2(z, X(z))v(z) \right)\mathrm{d}z \\ & + \frac{\rho_{x,v}\bar{\sigma}(t, X(t))}{\gamma}\left(v(t+\Delta t) - v(t) - \kappa\bar{v}\Delta t + \kappa\int_t^{t+\Delta t} v(z)\mathrm{d}z \right) \\ & + \sqrt{1 - \rho_{x,v}^2} \int_t^{t+\Delta t} \bar{\sigma}(z, X(z))\sqrt{v(z)}\mathrm{d}\widetilde{W}_x(z). \end{aligned}$$

对所有关于时间的积分进行 Euler 离散, $X(t)$ 离散化过程为

$$\begin{aligned} X(t+\Delta t) \approx {}& X(t) + r\Delta t - \frac{1}{2}\bar{\sigma}^2(t, X(t))v(t)\Delta t \\ & + \frac{1}{\gamma}\rho_{x,v}\bar{\sigma}(t, X(t))\left(v(t+\Delta t) - v(t) - \kappa\bar{v}\Delta t + \kappa v(t)\Delta t \right) \\ & + \sqrt{1 - \rho_{x,v}^2} \int_t^{t+\Delta t} \bar{\sigma}(z, X(z))\sqrt{v(z)}\mathrm{d}\widetilde{W}_x(z). \end{aligned}$$

进一步, 由 Itô 同构, 我们有

$$\int_t^{t+\Delta t} \bar{\sigma}(z, X(z))\sqrt{v(z)}\mathrm{d}\widetilde{W}_x(z) \sim \widetilde{Z}_x\sqrt{\int_t^{t+\Delta t} \bar{\sigma}^2(z, X(z))v(z)\mathrm{d}z}, \quad (10.36)$$

这里 $\widetilde{Z}_x \sim N(0,1)$. (10.36) 中积分的右端再次由 Euler 离散近似, 即

$$\int_t^{t+\Delta t} \bar{\sigma}^2(z, X(z))v(z)\mathrm{d}z \approx \bar{\sigma}^2(t, X(t))v(t)\Delta t,$$

所以离散格式为

$$\begin{aligned} & v_{i+1,j} \sim \bar{c}(t+\Delta t, t)\chi^2(\delta, \bar{\kappa}(t_{i+1}, t_i)), \\ & x_{i+1,j} = x_{i,j} + r\Delta t - \frac{1}{2}\bar{\sigma}^2(t_i, x_{i,j})v_{i,j}\Delta t + \frac{\rho_{x,v}}{\gamma}\bar{\sigma}(t_i, x_{i,j})\left(v_{i+1,j} - \kappa\bar{v}\Delta t \right. \\ & \qquad\quad \left. + v_{i,j}(\kappa\Delta t - 1) \right) + \sqrt{1 - \rho_{x,v}^2}\sqrt{\bar{\sigma}^2(t_i, x_{i,j})v_{i,j}\Delta t}\,\widetilde{Z}_x, \end{aligned}$$

其中

$$\bar{\sigma}^2(t_i, x_{i,j}) \stackrel{\text{def}}{=\!=} \bar{\sigma}^2(t_i, e^{x_{i,j}}) = \frac{\sigma_{\text{LV}}^2(t_i, s_{i,j})}{\mathbb{E}\left[v(t_i)\,|\,S(t_i) = s_{i,j}\right]}. \tag{10.37}$$

在 (10.37) 中, Dupire 局部波动率分量计算为

$$\sigma_{\text{LV}}^2(t_i, s_{i,j}) = \left.\frac{\dfrac{\partial V_c(t_0, S_0; s, t)}{\partial t} + rs\dfrac{\partial V_c(t_0, S_0; s, t)}{\partial s}}{\dfrac{1}{2}s^2\dfrac{\partial^2 V_c(t_0, S_0; s, t)}{\partial s^2}}\right|_{s=s_{i,j}, t=t_i}$$

用通常的有限差分近似, 具时间步 Δt 和资产价步 Δs,

$$\left.\frac{\partial V_c(t, s_{i,j})}{\partial t}\right|_{t=t_i} \approx \frac{V_c(t_i + \Delta t, s_{i,j}) - V_c(t_i, s_{i,j})}{\Delta t},$$

$$\left.\frac{\partial V_c(t_i, s)}{\partial s}\right|_{s=s_{i,j}} \approx \frac{V_c(t_i, s_{i,j} + \Delta s) - V_c(t_i, s_{i,j})}{\Delta s},$$

和

$$\left.\frac{\partial^2 V_c(t_i, s)}{\partial s^2}\right|_{s=s_{i,j}} \approx \frac{V_c(t_i, s_{i,j} + \Delta s) - 2V_c(t_i, s_{i,j}) + V_c(t_i, s_{i,j} - \Delta s)}{\Delta s^2}. \tag{10.38}$$

为了数值稳定, 导数通常用隐含波动率表示, 参见节 4.3.1, 以及 [Deelstra et al., 2012].

欧式看涨期权关于距到期日的时间和敲定价都不是连续的, 需要进行插值, 如节 4.3.3 所阐述的. 也见 [Andreasen et al., 2011].

例 10.2.3 (高效数值模拟格式) 这里, 对 Heston SLV 模型, 将已述的 AES 格式和 Euler 离散格式进行比较. 我们用普通的 Heston SV 模型生成我们自己的 "市场数据", 用下面的参数值 (对应 [Andersen, 2008] 中的情形 III):

$$\kappa = 1.05,\ \gamma = 0.95,\ \bar{v} = 0.0855,\ v_0 = 0.0945,\ \rho_{x,v} = -0.315,\ r = 0,$$

和 $T = 5$.

我们将应用 Heston SLV 模型来效仿 "市场观察到的隐含波动率". 为此, 我们将用下面的 SLV 参数, $\gamma = 0.7125$, $\kappa = 1.3125$, $\rho_{x,v} = -0.3937$, $\bar{v} = 0.0641$ 和 $v_0 = 0.1181$. 局部波动率分量用来最优拟合隐含波动率.

对不同的时间步长 Δt 和敲定价 K, 计算了隐含波动率的绝对误差 $|\sigma_{\text{imp}}^{\text{mkt}} - \sigma_{\text{imp}}^{\text{SLV}}|$, 这里 $\sigma_{\text{imp}}^{\text{mkt}}$ 和 $\sigma_{\text{imp}}^{\text{SLV}}$ 分别记作由市场和 HSLV 模型隐含的隐含波动率. 20 次 Monte Carlo 模拟, 每次执行 5×10^4 条路径. 分箱数为 20.

对应的结果展示在表 10-1 中.

AES Heston SLV 模拟的结果优于 Euler 格式, 比参考值具有更高的精确度和更快的收敛速度. ◇

表 10-1 用了 20 随机种子对 Euler 和有效 ("低偏") 格式进行 HSLV 模型的 Monte Carlo 模拟的平均误差 $|\sigma_{\text{imp}}^{\text{mkt}} - \sigma_{\text{imp}}^{\text{SLV}}|$, 其中 Δt 表示多个时间步长, 而 K 是敲定价. 圆括号里的数值是种子的标准差.

	误差 (%): $|\sigma_{\text{imp}}^{\text{mkt}} - \sigma_{\text{imp}}^{\text{SLV}}|$					
K	70%		100%		150%	
Δt	Euler	低偏	Euler	低偏	Euler	低偏
1	0.34 (0.12)	3.15 (0.10)	0.80 (0.13)	2.68 (0.11)	1.89 (0.19)	2.27 (0.17)
1/2	0.32 (0.13)	1.24 (0.11)	1.03 (0.15)	0.90 (0.11)	1.59 (0.20)	0.66 (0.15)
1/4	0.40 (0.16)	0.34 (0.12)	0.82 (0.15)	0.13 (0.11)	1.09 (0.20)	0.06 (0.13)
1/8	0.28 (0.13)	0.02 (0.12)	0.50 (0.13)	0.11 (0.14)	0.62 (0.19)	0.13 (0.20)
1/16	0.16 (0.15)	0.02 (0.15)	0.30 (0.15)	0.07 (0.16)	0.35 (0.18)	0.06 (0.21)
1/32	0.05 (0.13)	0.02 (0.14)	0.11 (0.15)	0.03 (0.14)	0.14 (0.21)	0.00 (0.19)

SLV 模型下的欧式期权结果

结合预校验的 Heston 模型的质量, 分析 SLV 模型的性能. 在这种情况下, Heston 模型经过了很好的校验, 仅需对局部波动性分量进行有限校验 [van der Stoep et al., 2014]. 另一方面, 如果 Heston 模型没有足够好的校验, 局部波动率的贡献应该更加显著. 拟合的质量可能与条件期望表达式的近似有关.

有了前述 AES 格式, 在 Heston SLV 模型下的欧式看涨期权可以在 Monte Carlo 框架下定价. 结果可与 Heston 模型和标准的局部波动率模型比较. 作为标准, 我们用 Heston 模型, 以及参数

$$\gamma = 0.5, \kappa = 0.3, \rho_{x,v} = -0.6, r = 0, v_0 = 0.04, \bar{v} = 0.05.$$

Feller 条件不满足, 因为 $2\kappa\bar{v}/\gamma^2 = 0.12$.

所考虑的欧式类期权的到期日 (以年), $T = \{0.5, 2, 5, 8, 10\}$. Monte Carlo 模拟执行 5×10^5 条路径, 每年 100 时间步, 20 个分箱来近似条件期望.

在图 10-6 (左) 中展示了结果, 我们用了一个实验, 其中 Heston 模型没有得到充分的校验. 在这种情况下, 局部波动率项可以弥补市场与 Heston 模型隐含波动率之间的巨大差距.

因此, Heston-SLV 模型中的局部波动率项起着一个补偿器的作用. 对那些没有充分校验的模型, 这个补偿器可能起到一种缩小市场和校验过的 Heston SV 之间差距的桥梁作用.

图 10-6 中的右图, 从远期启动期权模拟得到的远期微笑定义得以呈现, 在这种情况下 Heston 模型没有充分校验. 我们观察到 SLV 模型提供的远期隐含波动率微笑置于 Heston 模型和 LV 模型得到的隐含波动率之间. 如 [Engelmann et al., 2011] 所述, 远期隐含波动率不会像局部波动率那样拉平, 而是保持与 Heston 模型很相似的形状.

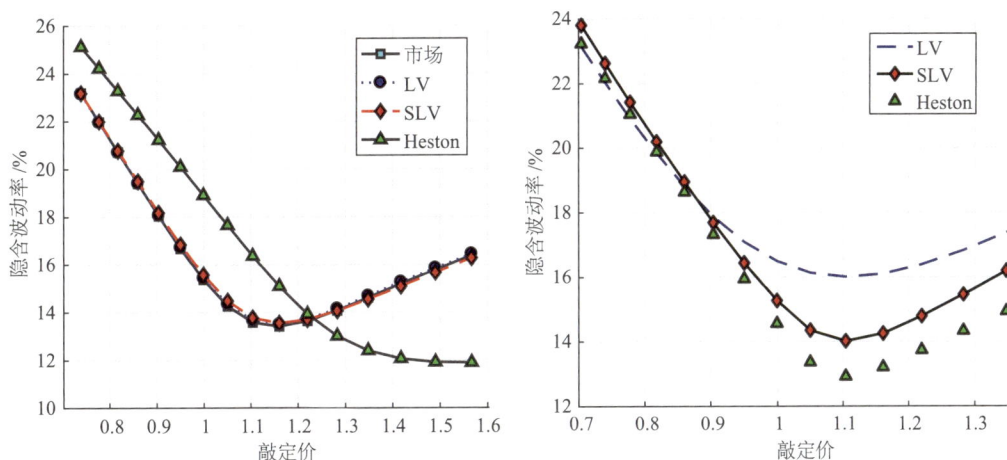

图 10-6　一个没有充分校验的 Heston 模型的隐含波动率 $T = 2$; 左: 欧式看涨期权, 右: 远期启动期权, $T_1 = 2$, $T_2 = 4$. 具体的: "市场隐含波动率"由 Heston SV 模型生成, 其参数为 $\gamma = 0.5$, $\kappa = 0.3$, $\rho_{x,v} = -0.6$, $\bar{v} = 0.05$ 和 $v_0 = 0.04$, 而 Heston SLV 模型的参数由 $\gamma = 0.3750$, $\kappa = 0.3750$, $\rho_{x,v} = -0.75$, $\bar{v} = 0.0375$, $v_0 = 0.05$ 给出.

SLV 模型的结果表现就像在 Heston 和局部波动率模型之间的一个"前插".

在数值实验中, 采用了 10^5 条 Monte Carlo 路径和 20 个分箱, 使得用非参数方法计算条件期望的时间每个时间步不到 0.025 秒.

在 SLV 动态下的 Monte Carlo 定价中, 有一个偏差, 这基本上是由三个误差源造成的. 用 AES 离散对 SLV 动态进行离散化引入的离散化错误. 另一个误差是由于计算 Dupire 局部波动率项 (10.37). 特别地, 在 (10.38) 中的三个导数的有限差分引入的误差. 最后, 在每个时间步, $\mathbb{E}[v(t)|S(t) = s]$ 通过非参数方法的近似.

该技术对应的误差分析已在 [van der Stoep et al., 2014] 中给出.

习　题

习题 10.1　在定理 10.1.1 中, 得到了远期启动看涨期权的价格. 以同样的方式推出远期启动看跌期权的价格.

习题 10.2　通过 COS 方法定价一个远期启动期权, 自己选择合适的参数.

a. 对标的在 Black-Scholes 动态下 (从而你可以借助定理 10.1.1 中的解回答).

b. 在 Heston 动态下, 基于 (10.10) 给出的特征函数.

c. 据这些动态实施 Monte Carlo 模拟并将 Monte Carlo 的结果和你在上面用 COS 方法的解进行比较.

习题 10.3　对过程

$$\frac{\mathrm{d}F(t)}{F(t)} = \bar{\sigma}_F(t)\mathrm{d}W_F(t), \quad F(t_0) = \frac{S_0}{P(t_0, T_2)}, \tag{10.39}$$

对数远期 $X(t) := \log F(t)$ 的动态由一维 SDE 掌控.

证明特征函数 $\phi^{T_2} := \phi_X^{T_2}(u, X, t, T)$, 由下式给出[3]:

$$\frac{\partial \phi^{T_2}}{\partial t} - \frac{1}{2}\bar{\sigma}_F^2(t)\frac{\partial \phi^{T_2}}{\partial X} + \frac{1}{2}\bar{\sigma}_F^2(t)\frac{\partial^2 \phi^{T_2}}{\partial X^2} = 0. \tag{10.40}$$

由于对数远期过程是仿射的 (只包含一个时间依赖波动率的确定项), 模型属于仿射类过程. 进而, 其特征函数具有下列形式:

$$\phi_X^{T_2}(u, X, t, T) = e^{\bar{A}(u,\tau) + \bar{B}(u,\tau)X(t)}, \tag{10.41}$$

其中 $\tau = T - t$, $X(t) := \log F(t)$.

证明, 在 (10.41) 中, 我们有

$$\bar{B}(u,\tau) = iu, \qquad \bar{A}(u,\tau) = -\frac{1}{2}u(i+u)\int_0^\tau \bar{\sigma}_F^2(T-\tau)\mathrm{d}\tau.$$

习题 10.4 考虑下列二维模型, 具两个相关的几何 Brown 运动:

$$\mathrm{d}Y_1(t) = \sigma_1 Y_1(t)\mathrm{d}W_1(t), \; Y_1(0) = y_{10}, \tag{10.42}$$
$$\mathrm{d}Y_2(t) = \sigma_2 Y_2(t)\mathrm{d}W_2(t), \; Y_2(0) = y_{20}, \tag{10.43}$$

其中 $\mathrm{d}W_1(t)\mathrm{d}W_2(t) = \rho\mathrm{d}t$. 证明 $Y_2(t)$ 在事件 $Y_1(t) = y_1$ 条件下的期望由下式给出:

$$\mathbb{E}[Y_2(t)|Y_1(t) = y_1] = y_{20}\left(\frac{y_1}{y_{10}}\right)^{\rho\frac{\sigma_2}{\sigma_1}}e^{t\left(\frac{1}{2}\rho\sigma_1\sigma_2 - \frac{1}{2}\sigma_2^2\rho^2\right)}. \tag{10.44}$$

习题 10.5 相关于前面的习题 10.4, 我们规定 $y_{10} = 1$, $y_{20} = 0.05$, $\rho = -0.5$, $t = 5$ 并考虑两组波动率参数, 即, 第一组 $\sigma_1 = \sigma_2 = 0.3$ 和较极端的第二组 $\sigma_1 = \sigma_2 = 0.9$. 关于这两组参数,

a. 实施 Monte Carlo 模拟, 据不同的路径, 用 $y_1 = 1.75$.

b. 将 (10.44) 中的解析表达式与数值近似进行比较, 用节 10.2.2 中介绍的 "分箱的非参数方法", 用 $l = 50$ 个分箱. 讨论不同的箱数所落实近似的质量.

习题 10.6 考虑 Schöbel-Zhu 模型 (8.2), 具下列参数:

$$S(t_0) = 5, \sigma(t_0) = 0.1, \kappa = 0.1, \bar{\sigma} = 0.25, \gamma = 0.25, \rho_{x,\sigma} = -0.5.$$

对 $T_1 = 2$, $T_2 = 3$, 计算 Black-Scholes 远期隐含波动率. 分析不同的参数 κ, $\bar{\sigma}$, γ 和 $\rho_{x,\sigma}$ 对隐含波动率的影响. 提示: 用 Monte Carlo 方法计算对应的期权价.

习题 10.7 延拓 Heston 模型的推导, 如节 10.1.3 所示, 趋向 Bates 模型并计算对应的远期隐含波动率, 用例 10.1.1 中特定的参数并用 $\mu_J = 0.05$, $\sigma_J = 0.2$, $\xi_p = 0.1$. 改变参数并讨论影响.

---

[3]请注意特征函数和 Black-Scholes 模型在 $r = 0$ 并有时间依赖的波动率 $\bar{\sigma}_F(t)$ 的情形很相似.

习题 10.8　在等式 (10.26) 中, 找到了随机局部波动率模型中的局部波动率函数 $\bar{\sigma}^2(t, K)$. 推出股票过程 $S(t)$ 的动态包含带跳的这个函数. 提示: 考虑以 Bates 模型为例.

习题 10.9　如节 3.3 (关于 Black-Scholes 模型) 或节 5.2.3 (关于 Merton 模型) 进行对冲实验, 但这里的市场应该用 Heston SV 模型来模拟. 选择在节 8.2.2 中使用的 Heston SV 参数, 其会产生倾斜和/或微笑隐含波动率模式. 证明如果我们处理的市场是由隐含波动率微笑或倾斜控制, 那么 Delta 对冲是不足以对冲所有风险的.

习题 10.10　如节 3.3 (关于 Black-Scholes 模型) 或节 5.2.3 (关于 Merton 模型) 进行对冲实验, 但这里的市场应该用 Bates SV 模型来模拟. 选择在例 8.4.2 中使用的 Bates SV 参数, 其产生陡峭的倾斜和/或微笑. 证明如果我们处理的市场是由隐含波动率微笑或倾斜控制, 那么 Delta 对冲是不足以对冲所有风险的.

参考文献

ANDERSEN L, 2008. Simple and efficient simulation of the Heston stochastic volatility model[J]. Journal of Computational Finance, 11: 1-48.

ANDREASEN J, HUGE B, 2011. Volatility interpolation[J]. Risk Magazine, 3: 86-89.

CLARK I J, 2011. Foreign exchange option pricing: a practitioners guide[M]. Chichester UK: Wiley.

COLEMAN T, LI Y, VERMA A, 1999. Reconstructing the unknown local volatility function[J]. Journal of Computational Finance, 2(3): 77-102.

COX J, INGERSOLL J, ROSS S, 1985. A theory of the term structure of interest rates[J]. Econometrica, 53: 385-407.

DE MARCO S, FRIZ P, GERHOLD S, 2013. Rational shapes of local volatility[J]. Risk Magazine, 2: 82-87.

DEELSTRA G, RAYÉE G, 2012. Local Volatility Pricing Models for Long-Dated FX Derivatives[J]. Applied Mathematical Finance: 1-23.

DUPIRE B, 1994. Pricing with a smile[J]. Risk, 7: 18-20.

ENGELMANN B, KOSTER F, OELTZ D, 2011. Calibration of the Heston stochastic local volatility model: a finite volume scheme[J]. Available at SSRN 1823769.

GUYON J, HENRY-LABORDÈRE P, 2012. Being particular about calibration[J]. Risk Magazine, 25(1): 88.

HENRY-LABORDÈRE P, 2009. Calibration of Local Stochastic Volatility Models to Market Smiles: a Monte-Carlo Approach[J]. Risk Magazine: 112-117.

HESTON S, 1993. A closed-form solution for options with stochastic volatility with applications to bond and currency options[J]. Review of Financial Studies, 6: 327-343.

JEX M, HENDERSON R, WANG D, 1999. Pricing exotics under the smile[J]. Risk Magazine, 12 (11): 72-75.

JOURDAIN B, SBAI M, 2012. Coupling index and stocks[J]. Quantitative Finance, 12(5): 805-818.

KARATZAS I, SHREVE S, 1991. Brownian motion and stochastic calculus[M]. Springer Verlag: 220.

LINDSAY A, BRECHER D, 2012. Simulation of the CEV process and the local martingale property[J]. Mathematics and Computers in Simulation(82): 868-878.

LIPTON A, 2002. The vol smile problem[J]. Risk Magazine, 15(2): 61-66.

LIPTON A, MCGHEE W, 2002. Universal barriers[J]. Risk Magazine, 15(5): 81-85.

LIPTON A, GAL A, LASIS A, 2014. Pricing of vanilla and first-generation exotic options in the local stochastic volatility framework: survey and new results[J]. Quantitative Finance, 14(11): 1899-1922.

LORIG M, PAGLIARANI S A P, 2015. Explicit implied volatilities for multifactor local-stochastic volatility models[J]. Mathematical Finance, 27: 926-960.

MEYER P, 1976. Un cours sur les integrales stochastiques[J]. Sem. Probab. 10, Lecture Notes in Math., 511: 245-400.

PASCUCCI A, MAZZON A, 2017. The forward smile in local-stochastic volatility models[J]. Journal of Computational Finance, 20(3): 1-29.

PITERBARG V, 2007. Markovian Projection Method for Volatility Calibration[J]. Risk Magazine.

PROTTER P, 2005. Stochastic integration and differential equations[M]. Springer Verlag.

REN Y, MADAN D, QIAN M, 2007. Calibrating and Pricing with Embedded Local Volatility Models[J]. Risk Magazine, 20(9): 138-143.

RUIJTER M, OOSTERLEE C, 2012. Two-dimensional Fourier cosine series expansion method for pricing financial options[J]. SIAM Journal on Scientific Computing, 34(5): B642-B671.

SCHÖBEL R, ZHU J, 1999. Stochastic volatility with an Ornstein-Uhlenbeck process: An extension[J]. European Finance Review, 3: 23-46.

TANAKA H, 1963. Note on continuous additive functionals of the 1-dimensional brownian path[J]. Zeitschrift für Wahrscheinlichkeitstheorie und verwandte Gebiete, 1: 251-257.

VAN DER STOEP A, GRZELAK L, OOSTERLEE C, 2014. The Heston stochastic-local volatility model: Efficient Monte Carlo simulation[J]. International Journal Theoretical Applied Finance, 17(7): 1450045.

WANG A T, 1977. Generalized Itô's formula and additive functionals of Brownian motion[J]. Zeitschrift für Wahrscheinlichkeitstheorie und verwandte Gebiete, 41: 153-159.

WILLIAMS D, 1991. Probability with martingales[M]. Cambridge: Cambridge University Press.

第 11 章 | 短期利率模型

本章梗概

我们现在转移到利率的世界, 并讨论对随机利率建模. 在节 11.1 中简短地介绍利率、市场和产品, 节 11.2 定义了即时短期利率, 即投资者在无穷小时间段里获取无风险投资的单位利润. 短期利率的建模是这章的焦点. *Heath-Jarrow-Morton* (HJM) 框架 [Heath et al., 1992] 代表了一类模型, 其直接建模了即时远期利率.

在许多模型中, 非常通用的短期利率模型是由 [Vašiček, 1977], [Cox et al., 1985], 以及 [Hull et al., 1990] 提出的模型, 这些将在节 11.3 中讨论.

我们将展示如何通过变动即时波动率得到不同利率模型的框架和证明. 测度变换在利率背景下是很方便的, 如节 11.4 所示.

本章关键词

短期利率, Heath-Jarrow-Morton 框架, 仿射模型, Hull-White 模型.

11.1 利率简介

我们将从这里开始讨论利率的数学建模, 来定价利率相关的金融产品. 值得一提的是, 我们将在本章中遇到所谓的短期利率模型. 在深入研究这些模型之前, 首先简要介绍一下基本产品和术语.

11.1.1 债券证券, 名义金额

债券证券是一种在预定的金额上支付定期利息的金融产品, 支付利息的方式称为息票. 全球金融市场上债券的主要发行者是中央和地方政府, 而企业可以发行所谓的公司债券.

发行债券的主要原因是向金融市场的投资者借钱. 如果投资者相信公司 A 比公司 B 更可靠 (破产的可能性更小), 那么在借钱给公司 B 时就会要求更高的利率. 债券以息票的形式偿还. 一张债券可以看成是信用衍生品, 因为发行者可能不履行其偿还债券的义务. 这样的事件称作违约, 这时投资者无法或者只能部分地拿回当初的投资.

债券市场是最大的金融市场之一, 债券品种繁多. 它们不仅在发行人和息票类型方面有所不同, 而且最终还款的到期日也可能不同. 传统上, 政府发行的债券被认为是无

风险的. 然而, 历史已经表明, 有十几个案例[1]记录了有些国家/地区无力偿还债务的情形. 或许更恰当的说法是, 与公司相比, 主要国家政府违约的可能性更小. 交易对手违约的风险通常与市场对其支付金融债务的信心有关. 实际上, 违约概率的评估是由评级机构对评估对象机构所发行的金融产品的质量进行评级的. 评级越低, 债券的价值通常越低, 因此投资者在投资该衍生品时可能获得的利率越高 (注意债券价格与其评级之间的关系).

在发行的债券中, 我们基本上可以分为两种类型的息票. 未来支付的息票是预先确定的 (固定的), 即所谓的固定收益证券, 和定期重置的浮动息票, 也称为浮动利率票据. 对于以百分比或基点报价的利率衍生品, 了解该百分比所基于的参考资产金额是很重要的. 用于确定实际息票付款的金额称为名义金额. 因此, 名义金额为 1000 欧元、息票利率为 5% 的息票, 实际支付给投资者的息票为 50 欧元.

定义 11.1.1 零息债券 (零息票, ZCB) $P(t,T)$ 是一种基本利率产品, 其在到期时间 T 时支付 1 个货币单位, 即 $P(T,T) = 1$. 我们感兴趣的是它在 $t < T$ 时的价值.

资产定价的基本定理表明具收益 $H(T)$ 的未定权益在时间 t 时的价格由下式给出:

$$V(t) = \mathbb{E}^{\mathbb{Q}}\left[e^{-\int_t^T r(z)\mathrm{d}z} H(T) \middle| \mathcal{F}(t) \right], \tag{11.1}$$

这里期望是在风险中性测度 $\mathbb{Q}$ 下取的.

于是到期日为 T 的零息票在时间 t 时的价格为

$$P(t,T) = \mathbb{E}^{\mathbb{Q}}\left[e^{-\int_t^T r(z)\mathrm{d}z} \middle| \mathcal{F}(t) \right], \tag{11.2}$$

这因为 $H(T) = V(T) = P(T,T) \equiv 1$.

面值 1 欧元的零息票的现金流见示意图 11-1.

图 11-1 在 T 时间支付的零息票 $P(t,T)$ 的现金流.

---

[1]19 和 20 世纪主权债务违约概述载于 http://en.wikipedia.org/wiki/Sovereign_default.

11.1.2　固率债券

对于一种非常基本的债券版本, 固率债券, $V^{FRB}(t)$, 它的未来支付没有随机性, 因为在整个合同期间内, 利率都是固定的.

对给定的固定利率 r, 名义金额 N 和一列支付日 $T_1, T_2, \cdots, T_m$, 固率债券是一个具有几次派息的投资, 其现金流由下式定义:

$$V_i^{\text{fix}}(T_i) \equiv H_i^{\text{fix}}(T_i) = \begin{cases} rN\tau_i, & i \in \{1, 2, \cdots, m-1\} \\ rN\tau_m + N, & i = m, \end{cases} \tag{11.3}$$

这里 $\tau_i = T_i - T_{i-1}$. 由于这个债券是这些支付的总和, 每次支付是 "预定的". 每个支付现金流都可以分别定价,

$$V_i^{\text{fix}}(t_0) = M(t_0)\mathbb{E}^{\mathbb{Q}}\left[\frac{1}{M(T_i)}V_i^{\text{fix}}(T_i)\Bigg|\mathcal{F}(t_0)\right] = P(t_0, T_i)V_i^{\text{fix}}(T_i), \tag{11.4}$$

其中 $M(t_0) = 1$. 固率债券的支付结构如图 11-2 所示.

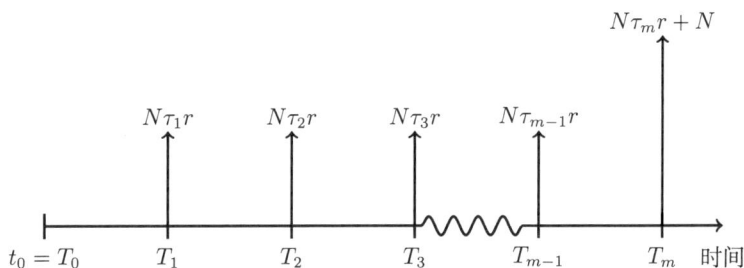

图 11-2　具 m 次支付, 利率 $r(\%)$, 名义金额为 N 的固率债券的现金流.

> 总之, 时间 t_0 时的固率债券的价格为
> $$V^{FRB}(t_0) = \sum_{i=1}^{m} \mathbb{E}^{\mathbb{Q}}\left[\frac{1}{M(T_i)}V_i^{\text{fix}}(T_i)\Bigg|\mathcal{F}(t_0)\right] = \sum_{i=1}^{m} P(t_0, T_i)V_i^{\text{fix}}(T_i).$$

图 11-3 展示了一张早期 (历史上的) 路易斯安那州的固率债券.

11.2　Heath-Jarrow-Morton 框架下的利率

在许多情况下, 利率是由一个基本的确定函数来建模的, 例如时间的函数. 当利率由随机即时利率过程 $r(t)$ 建模时, 利率确定性的这个假设就被推广了.

> 即时短期利率定义为在无穷小的时间段 dt 里所获得的无风险投资的利率.

在许多模型中, 最成功的是结构简单的短期利率模型, 由 [Vašiček, 1977], [Cox et al., 1985], 以及 [Hull et al., 1990] 提出, 后两个模型是 Vašiček 模型的推广.

图 11-3　一张 1878 年 5 美元的路易斯安那州的银行票据. 由于票面上有一个女孩的肖像, 因此被命名为 "婴儿债券". 从那时起, "婴儿债券" 这个名字就与小面值的固定收益证券联系在一起. 美国内战后, 联邦政府对州银行票据征税. 路易斯安那州发行小型银行票据并将其作为有息债券出售 (从而避免了税收). 该债券有四次付息, 每次 7.5%, 从 1884 年 8 月到 1886 年 2 月每半年支付一次.

11.2.1　HJM 框架

Heath-Jarrow-Morton (HJM) 框架 [Heath et al., 1992] 表示一类利率 (IR) 模型, 直接建模所谓的即时远期利率的动态. 我们将介绍 HJM 框架, 并说明如何通过改变即时波动率导出不同的利率模型. 为此, 我们需要定义远期利率.

定义 11.2.1（远期和即时远期利率）　假定在时间 t, 我们签订一款远期合约, 在 T_1, $t < T_1 < T_2$ 时交割一张债券, 其到期日为 T_2. 设债券在时间 t 的远期价格为 $P_f(t, T_1, T_2)$. 假设同时购买两张分别在 T_1 到期的并且届时价为 $P(t, T_1)$, 以及在 T_2 到期并且届时价为 $P(t, T_2)$ 的两张零息券. 基于无套利和市场完备性假设, 债券价必满足下式:

$$P_f(t, T_1, T_2) = \frac{P(t, T_2)}{P(t, T_1)}. \tag{11.5}$$

它所隐含的在时间 t 关于区间 $[T_1, T_2]$ 的远期利率即 $r_F(t, T_1, T_2)$, 定义为

$$P_f(t, T_1, T_2) = e^{-(T_2 - T_1)r_F(t, T_1, T_2)}. \tag{11.6}$$

将两等式 (11.5) 和 (11.6) 相等, 给出

$$e^{-(T_2 - T_1)r_F(t, T_1, T_2)} = \frac{P(t, T_2)}{P(t, T_1)},$$

于是远期利率 $r_F(t, T_1, T_2)$ 就定义成

$$r_F(t, T_1, T_2) := -\frac{\log P(t, T_2) - \log P(t, T_1)}{T_2 - T_1}.$$

取极限 $T_2 - T_1 \to 0$, 我们得到即时远期利率的定义,

$$f^r(t, T_2) \stackrel{\text{def}}{=} \lim_{T_1 \to T_2} r_F(t, T_1, T_2) = -\frac{\partial}{\partial T_2} \log P(t, T_2).$$

在 HJM 框架下, 即时远期利率 $f^r(t, T)$ 的动态是我们主要关注的问题.

HJM 模型的出发点是在物理测度 $\mathbb{P}$ 的假设下, 对于固定到期日 $T \geqslant 0$, 即时远期利率 $f^r(t, T)$ 由以下动态控制:

$$\mathrm{d}f^r(t, T) = \alpha^{\mathbb{P}}(t, T)\mathrm{d}t + \bar{\eta}(t, T)\mathrm{d}W^{\mathbb{P}}(t), \quad f^r(0, T) = f^r_{0,T}, \tag{11.7}$$

对任意时间 $t < T$, 对应的漂移项和波动率项分别为 $\alpha^{\mathbb{P}}(t, T)$, $\bar{\eta}(t, T)$. 这里,

$$f^r_{0,T} = -\frac{\partial}{\partial T} \log P(0, T).$$

在 HJM 框架下, 短期利率 $r(t)$ 定义为即时远期利率 $r(t) \equiv f^r(t, t)$ 的极限.

我们也定义现金储蓄账户如下:

$$M(t) := \exp\left(\int_0^t r(z)\mathrm{d}z\right) = \exp\left(\int_0^t f^r(z, z)\mathrm{d}z\right). \tag{11.8}$$

具到期日 T 的零息票 $P(t, T)$, 是个可交易资产且应该是个鞅. 其价值由下式确定:

$$P(t, T) = M(t)\mathbb{E}^{\mathbb{Q}}\left[\frac{1}{M(T)} \cdot 1 \middle| \mathcal{F}(t)\right] = \mathbb{E}^{\mathbb{Q}}\left[\exp\left(-\int_t^T r(z)\mathrm{d}z\right) \middle| \mathcal{F}(t)\right]. \tag{11.9}$$

测度 $\mathbb{Q}$ 是以现金储蓄账户 $M(t)$ 作为计价单位的风险中性测度. 从物理测度 $\mathbb{P}$ 变到风险中性测度 $\mathbb{Q}$ 的测度变换将影响扩散 SDE 模型 (11.7) 中的漂移项, 所以 $f^r(t, T)$ 在测度 $\mathbb{Q}$ 下的动态给出如下:

$$\mathrm{d}f^r(t, T) = \alpha^{\mathbb{Q}}(t, T)\mathrm{d}t + \bar{\eta}(t, T)\mathrm{d}W^{\mathbb{Q}}(t), \quad f^r(0, T) = f^r_{0,T}, \tag{11.10}$$

这里 $\alpha^{\mathbb{Q}}(t, T)$ 是个状态依赖函数, 相关于测度 $\mathbb{Q}$.

注释 11.2.1 注意到,

尽管零息票 $P(0, T)$ 可以用等式 (11.9) 定价, 但其价值可以直接通过下式关联到当前的收益率曲线:

$$f^r(0, T) = -\frac{\partial}{\partial T} \log P(0, T). \tag{11.11}$$

收益率曲线的构造将在节 12.1.5 中介绍.

为了根据零息债券价格 $P(0,T)$ 估计即时远期利率 $f^r(t,T)$, 需要用有限差分离散近似 (11.11) 中的导数, 即对 $t = t_0 = 0$,

$$f^r(0,T) \approx -\frac{\log(P(0,T+\Delta T)) - \log(P(0,T-\Delta T))}{2\Delta T}.$$

或者, 我们可以写成

$$f^r(0,T) = -\frac{\partial}{\partial T}\log P(0,T) = -\frac{1}{P(0,T)}\frac{\partial}{\partial T}P(0,T),$$

这里后一种表示方法在数值求解时的离散格式更稳定.

图 11-4 展示了零息票 $P(0,T)$ 和即时远期利率 $f^r(0,T)$ 曲线. 考虑到市场报价的离散性, 得到的 $f^r(0,T)$ 可能会变得不光滑. 在实际中, 通常需要采用光滑化工序 (如取平均值).

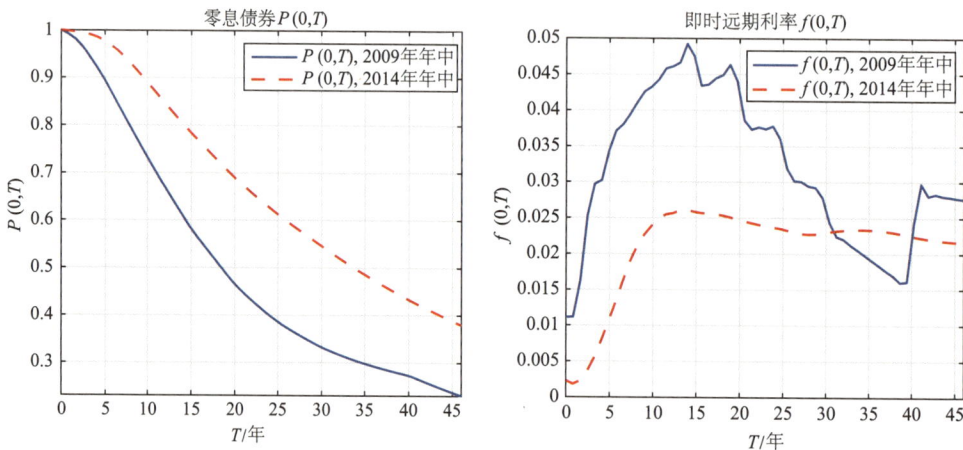

图 11-4 由 2009 到 2014 年市场数据得到的零息债券 $P(0,T)$ 和即时远期利率 $f^r(0,T)$.

无套利模型的 HJM 条件

HJM 框架中的一个重要结果是漂移 $\alpha^{\mathbb{Q}}(t,T)$ 和波动率结构 $\bar{\eta}(t,T)$ 之间的无套利关系. 在本节中, 我们将展示如何构建这种关系.

ZCB 是通过关系式

$$P(t,T) = \exp\left(-\int_t^T f^r(t,z)\mathrm{d}z\right), \tag{11.12}$$

直接和即时远期利率 $f^r(t,T)$ 关联的, 其可以从 (11.11) 得到.

我们在测度 $\mathbb{Q}$ 下推导出贴现的 ZCB 的动态如下:

$$\mathrm{d}\Pi_p(t) := \mathrm{d}\left(\frac{P(t,T)}{M(t)}\right) = \mathrm{d}\left[\exp\left(-\int_t^T f^r(t,z)\mathrm{d}z - \int_0^t r(z)\mathrm{d}z\right)\right]. \tag{11.13}$$

上面这个已经由现金储蓄账户贴现的可交易的金融衍生品 $P(t,T)$ 是一个鞅, 根据文献

[Harrison et al., 1979] 中的讨论, 其动态应该没有漂移项. 这隐含着 $f^r(t,T)$ 的动态应该有个特别的形式. 在下面的引理中, 介绍了 HJM 无套利条件.[2]

引理 11.2.1 (HJM 无套利条件) 对由下面 SDE 建模的即时远期利率:

$$\mathrm{d}f^r(t,T) = \alpha^{\mathbb{Q}}(t,T)\mathrm{d}t + \bar{\eta}(t,T)\mathrm{d}W^{\mathbb{Q}}(t),$$

无套利漂移条件为

$$\alpha^{\mathbb{Q}}(t,T) = \bar{\eta}(t,T)\int_t^T \bar{\eta}(t,z)\mathrm{d}z. \tag{11.14}$$

证明基于动态 $\Pi_p(t)$ 的推导并设漂移项为零.

$f^r(t,T)$ 的动态完全由波动率结构 $\bar{\eta}(t,T)$ 决定. 这是一个关键的观察, 因为它表明, 通过波动率 $\bar{\eta}(t,T)$ 可以导出完整的、无风险的模型.

11.2.2　HJM 框架下的短期利率动态

基于关系 $f^r(t,t) = r(t)$, 并通过对 (11.10) 积分, 我们得到在 HJM 框架下的短期利率动态, 具有形式:

$$f^r(t,T) = f^r(0,T) + \int_0^t \alpha^{\mathbb{Q}}(z,T)\mathrm{d}z + \int_0^t \bar{\eta}(z,T)\mathrm{d}W^{\mathbb{Q}}(z). \tag{11.15}$$

用 $T = t$, 这隐含着,

$$r(t) \equiv f^r(t,t) = f^r(0,t) + \int_0^t \alpha^{\mathbb{Q}}(z,t)\mathrm{d}z + \int_0^t \bar{\eta}(z,t)\mathrm{d}W^{\mathbb{Q}}(z). \tag{11.16}$$

命题 11.2.1 (HJM 框架下的短期利率动态) 假设 $f^r(0,t)$, $\alpha^{\mathbb{Q}}(t,T)$ 和 $\bar{\eta}(t,T)$ 关于第二个变量可导, 且

$$\int_0^T \left|\frac{\partial}{\partial t}f^r(0,t)\right| < \infty,$$

则在 HJM 框架下的短期利率过程由下式给出:

$$\mathrm{d}r(t) = \bar{\zeta}(t)\mathrm{d}t + \bar{\eta}(t,t)\mathrm{d}W^{\mathbb{Q}}(t), \tag{11.17}$$

或者等价地, 以下列积分形式表示:

$$r(t) = r(0) + \int_0^t \bar{\zeta}(z)\mathrm{d}z + \int_0^t \bar{\eta}(z,z)\mathrm{d}W^{\mathbb{Q}}(z), \tag{11.18}$$

其中

$$\bar{\zeta}(t) = \alpha^{\mathbb{Q}}(t,t) + \frac{\partial}{\partial t}f^r(0,t) + \int_0^t \frac{\partial}{\partial t}\alpha^{\mathbb{Q}}(z,t)\mathrm{d}z + \int_0^t \frac{\partial}{\partial t}\bar{\eta}(z,t)\mathrm{d}W^{\mathbb{Q}}(z).$$

---

[2]然而, 请注意, 贴现的短期利率过程和贴现的波动率不是鞅, 因为这些随机量不能交易 (即我们不能直接购买短期利率或波动率).

证明如下.

证明　回顾,

$$r(t) = f^r(0,t) + \int_0^t \alpha^{\mathbb{Q}}(z,t)\mathrm{d}z + \int_0^t \bar{\eta}(z,t)\mathrm{d}W^{\mathbb{Q}}(z). \tag{11.19}$$

最后的积分可以表成不同的方式, 即

$$\int_0^t \bar{\eta}(z,t)\mathrm{d}W^{\mathbb{Q}}(z) = \int_0^t \bar{\eta}(z,z)\mathrm{d}W^{\mathbb{Q}}(z) + \int_0^t \left(\bar{\eta}(z,t) - \bar{\eta}(z,z) \right)\mathrm{d}W^{\mathbb{Q}}(z)$$

$$= \int_0^t \bar{\eta}(z,z)\mathrm{d}W^{\mathbb{Q}}(z) + \int_0^t \left(\int_z^t \frac{\partial}{\partial u}\bar{\eta}(z,u)\mathrm{d}u \right)\mathrm{d}W^{\mathbb{Q}}(z).$$

在最后的积分上应用 Fubini 定理, 得到

$$\int_0^t \left(\int_z^t \frac{\partial}{\partial u}\bar{\eta}(z,u)\mathrm{d}u \right)\mathrm{d}W^{\mathbb{Q}}(z) = \int_0^t \left(\int_0^u \frac{\partial}{\partial u}\bar{\eta}(z,u)\mathrm{d}W^{\mathbb{Q}}(z) \right)\mathrm{d}u, \tag{11.20}$$

以及

$$\int_0^t \alpha^{\mathbb{Q}}(z,t)\mathrm{d}z = \int_0^t \alpha^{\mathbb{Q}}(z,z)\mathrm{d}z + \int_0^t \left(\int_0^u \frac{\partial}{\partial u}\alpha^{\mathbb{Q}}(z,u)\mathrm{d}z \right)\mathrm{d}u. \tag{11.21}$$

进而,

$$f^r(0,t) = f^r(0,0) + f^r(0,t) - f^r(0,0)$$

$$= r(0) + \int_0^t \frac{\partial}{\partial z}f^r(0,z)\mathrm{d}z,$$

这是因为 $f^r(0,0) = r(0)$. 集中所有项, 等式 (11.19) 变成

$$r(t) = f^r(0,t) + \int_0^t \alpha^{\mathbb{Q}}(z,t)\mathrm{d}z + \int_0^t \bar{\eta}(z,t)\mathrm{d}W^{\mathbb{Q}}(z)$$

$$= r(0) + \int_0^t \frac{\partial}{\partial z}f^r(0,z)\mathrm{d}z$$

$$+ \left(\int_0^t \alpha^{\mathbb{Q}}(z,z)\mathrm{d}z + \int_0^t \left(\int_0^u \frac{\partial}{\partial u}\alpha^{\mathbb{Q}}(z,u)\mathrm{d}z \right)\mathrm{d}u \right)$$

$$+ \int_0^t \left(\int_0^u \frac{\partial}{\partial u}\bar{\eta}(z,u)\mathrm{d}W^{\mathbb{Q}}(z) \right)\mathrm{d}u + \int_0^t \bar{\eta}(z,z)\mathrm{d}W^{\mathbb{Q}}(z).$$

所以, 我们得到

$$r(t) = r(0) + \int_0^t \bar{\zeta}(z)\mathrm{d}z + \int_0^t \bar{\eta}(z,z)\mathrm{d}W^{\mathbb{Q}}(z),$$

其中

$$\bar{\zeta}(t) = \frac{\partial}{\partial t}f^r(0,t) + \alpha^{\mathbb{Q}}(t,t) + \int_0^t \frac{\partial}{\partial t}\alpha^{\mathbb{Q}}(z,t)\mathrm{d}z + \int_0^t \frac{\partial}{\partial t}\bar{\eta}(z,t)\mathrm{d}W^{\mathbb{Q}}(z). \qquad \square$$

　　剩下的问题是关于零息票的动态. 我们已经看到 $P(t,T)$ 可以用远期利率定义, 且对给定的时间 t, ZCB 可以通过积分从时间 t 已知的收益率曲线得到. 下面的引理详细给出 $P(t,T)$ 的动态, 对一个给定 HJM 即时远期利率 $f^r(t,T)$:

> **引理 11.2.2（风险中性测度下的 ZCB 动态）** ZCB 的风险中性动态由下式给出：
>
> $$\mathrm{d}P(t,T) = r(t)P(t,T)\mathrm{d}t - P(t,T)\left(\int_t^T \bar{\eta}(z,T)\mathrm{d}z\right)\mathrm{d}W^{\mathbb{Q}}(t). \tag{11.22}$$

证明 在 (11.12) 中，ZCB 由 $P(t,T) = \exp(Z(t,T))$ 给出，其中 $Z(t,T) := -\int_t^T f^r(t,s)\mathrm{d}s$.
由 Itô 引理，$P(t,T)$ 的动态由下式给出：

$$\frac{\mathrm{d}P(t,T)}{P(t,T)} = \mathrm{d}Z(t,T) + \frac{1}{2}(\mathrm{d}Z(t,T))^2. \tag{11.23}$$

(11.23) 中，ZCB 动态消失的元素是过程 $Z(t,T)$ 的 Itô 微分的高阶项. 我们用标准微积分开始其导数，即从

$$\mathrm{d}Z(t,T) = f^r(t,t)\mathrm{d}t - \int_t^T \mathrm{d}f^r(t,z)\mathrm{d}z. \tag{11.24}$$

由 (11.16) 中短期利率的定义 $r(t) := f^r(t,t)$ 和 $\mathbb{Q}$ 测度 (11.15) 下的即时远期利率 $f^r(t,T)$，我们发现

$$\mathrm{d}Z(t,T) = \left(r(t) - \int_t^T \alpha^{\mathbb{Q}}(t,z)\mathrm{d}z\right)\mathrm{d}t - \left(\int_t^T \bar{\eta}(t,z)\mathrm{d}z\right)\mathrm{d}W^{\mathbb{Q}}(t),$$

所以在一般 HJM 模型下，ZCB 的动态可以写成

$$\frac{\mathrm{d}P(t,T)}{P(t,T)} = D(t,T)\mathrm{d}t - \left(\int_t^T \bar{\eta}(t,z)\mathrm{d}z\right)\mathrm{d}W^{\mathbb{Q}}(t),$$

这里

$$D(t,T) := r(t) - \int_t^T \alpha^{\mathbb{Q}}(t,z)\mathrm{d}z + \frac{1}{2}\left(\int_t^T \bar{\eta}(t,z)\mathrm{d}z\right)^2. \tag{11.25}$$

剩下部分是要证明 $D(t,T) = r(t)$. 从风险中性测度下的 HJM 漂移条件，我们通过对最后一积分项关于 T 的导数找到

$$\frac{\mathrm{d}}{\mathrm{d}T}\left[\frac{1}{2}\left(\int_t^T \bar{\eta}(t,z)\mathrm{d}z\right)^2\right] = \bar{\eta}(t,T)\int_t^T \bar{\eta}(t,z)\mathrm{d}z =: \alpha^{\mathbb{Q}}(t,T), \tag{11.26}$$

这里最后的等式源于引理 11.2.1 中的 (11.14).

对 (11.26) 两边积分，给出

$$\int_t^T \alpha^{\mathbb{Q}}(t,z)\mathrm{d}z = \frac{1}{2}\left(\int_t^T \bar{\eta}(t,z)\mathrm{d}z\right)^2,$$

这隐含着 (11.25) 中的 $D(t,T)$ 等于 $r(t)$，而这就完成了证明. □

11.2.3 HJM 框架下的 Hull-White 动态

我们考虑一个具体的短期利率模型, 其 HJM 波动率如下:

$$\bar{\eta}(t, T) = \eta \cdot \mathrm{e}^{-\lambda(T-t)}.$$

过去, 上式要求 "$\lambda > 0$", 然而, 值得一提的是, 这个参数通常是由业界通过校验得到的. 因此碰上负值 λ 也是可能的.

由引理 11.2.1, 我们找到

$$\alpha^{\mathbb{Q}}(z, t) = \eta \mathrm{e}^{-\lambda(t-z)} \int_z^t \eta \mathrm{e}^{-\lambda(\bar{z}-z)} \mathrm{d}\bar{z} = -\frac{\eta^2}{\lambda} \mathrm{e}^{-\lambda(t-z)} \left(\mathrm{e}^{-\lambda(t-z)} - 1 \right),$$

这隐含 $\alpha^{\mathbb{Q}}(t, t) = 0$. (11.16) 剩下的项如下:

$$\int_0^t \frac{\partial}{\partial t} \alpha^{\mathbb{Q}}(z, t) \mathrm{d}z = \frac{\eta^2}{\lambda} \mathrm{e}^{-\lambda t} (\mathrm{e}^{\lambda t} - 1),$$

且

$$\frac{\partial}{\partial t} \bar{\eta}(z, t) = -\lambda \eta \mathrm{e}^{-\lambda(t-z)} = -\lambda \bar{\eta}(z, t), \tag{11.27}$$

其中 $\bar{\eta}(t, t) = \eta$. 从而 $r(t)$ 的动态由下式给出:

$$\mathrm{d}r(t) = \left[\frac{\partial}{\partial t} f^r(0, t) + \int_0^t \frac{\partial}{\partial t} \alpha^{\mathbb{Q}}(z, t) \mathrm{d}z - \lambda \int_0^t \bar{\eta}(z, t) \mathrm{d}W^{\mathbb{Q}}(z) \right] \mathrm{d}t + \eta \mathrm{d}W^{\mathbb{Q}}(t), \tag{11.28}$$

这里 Brown 运动 $W^{\mathbb{Q}}(t)$ 出现了两次. 为了确定积分项 $\int_0^t \bar{\eta}(z, t) \mathrm{d}W^{\mathbb{Q}}(z)$ 的解, 我们可以用 (11.16), 即

$$r(t) = f^r(0, t) + \int_0^t \alpha^{\mathbb{Q}}(z, t) \mathrm{d}z + \int_0^t \bar{\eta}(z, t) \mathrm{d}W^{\mathbb{Q}}(z),$$

于是

$$\int_0^t \bar{\eta}(z, t) \mathrm{d}W^{\mathbb{Q}}(z) = r(t) - f^r(0, t) - \int_0^t \alpha^{\mathbb{Q}}(z, t) \mathrm{d}z.$$

由于

$$\int_0^t \alpha^{\mathbb{Q}}(z, t) \mathrm{d}z = \frac{\eta^2}{2\lambda^2} \mathrm{e}^{-2\lambda t} \left(\mathrm{e}^{\lambda t} - 1 \right)^2,$$

我们得到过程 $r(t)$ 的动态

$$\mathrm{d}r(t) = \left(\frac{\partial}{\partial t} f^r(0, t) - \lambda r(t) + \lambda f^r(0, t) + \frac{\eta^2}{2\lambda} \left(1 - \mathrm{e}^{-2\lambda t} \right) \right) \mathrm{d}t + \eta \mathrm{d}W^{\mathbb{Q}}(t)$$

$$= \lambda \left(\frac{1}{\lambda} \frac{\partial}{\partial t} f^r(0, t) + f^r(0, t) + \frac{\eta^2}{2\lambda^2} \left(1 - \mathrm{e}^{-2\lambda t} \right) - r(t) \right) \mathrm{d}t + \eta \mathrm{d}W^{\mathbb{Q}}(t).$$

由定义

$$\theta(t) := \frac{1}{\lambda}\frac{\partial}{\partial t}f^r(0,t) + f^r(0,t) + \frac{\eta^2}{2\lambda^2}\left(1 - \mathrm{e}^{-2\lambda t}\right), \tag{11.29}$$

过程 $r(t)$ 的动态为

$$\mathrm{d}r(t) = \lambda(\theta(t) - r(t))\mathrm{d}t + \eta\mathrm{d}W^{\mathbb{Q}}(t), \tag{11.30}$$

这里就是知名的 *Hull-White* 短期利率过程.

　　Hull-White 过程是无套利的, 当且仅当函数 $\theta(t)$ 由 (11.29) 给出, 具即时远期利率

$$f^r(0,t) = -\frac{\partial}{\partial t}\log P_{mkt}(0,t),$$

这里 $P_{mkt}(0,t)$ 是市场上的 ZCB 价.

　　这是 HJM 框架下的模型的直接结果. 这意味着构造期望 $\mathbb{E}^{\mathbb{Q}}\left[\mathrm{e}^{-\int_0^t r(s)\mathrm{d}s}\middle| \mathcal{F}(0)\right]$ 应该等于 $P_{mkt}(0,t)$, 其为 t 时到期而在 $t_0 = 0$ 观察到的值. 它用于计算 (11.29) 中的 $\theta(t)$.

ZCB 在 Hull-White 模型下的动态

　　在引理 11.2.2 中, 展示了在 HJM 框架下的短期利率过程 $r(t)$ 驱动的零息票的一般动态:

$$\frac{\mathrm{d}P(t,T)}{P(t,T)} = r(t)\mathrm{d}t - \left(\int_t^T \bar{\eta}(z,T)\mathrm{d}z\right)\mathrm{d}W^{\mathbb{Q}}(t).$$

对 Hull-White 模型, HJM 波动率给出为

$$\bar{\eta}(t,T) = \eta\mathrm{e}^{-\lambda(T-t)}.$$

这意味着在 Hull-White 模型下, ZCB 的动态如下:

$$\begin{aligned}
\frac{\mathrm{d}P(t,T)}{P(t,T)} &= r(t)\mathrm{d}t - \left(\int_t^T \eta\mathrm{e}^{-\lambda(T-z)}\mathrm{d}z\right)\mathrm{d}W^{\mathbb{Q}}(t)\\
&= r(t)\mathrm{d}t + \eta\bar{B}_r(t,T)\mathrm{d}W^{\mathbb{Q}}(t),
\end{aligned} \tag{11.31}$$

其中 $\bar{B}_r(t,T) = \frac{1}{\lambda}\left(\mathrm{e}^{-\lambda(T-t)} - 1\right).$

　　下面我们将更详细描述 Hull-White 模型的主要性质.

11.3 Hull-White 模型

Hull-White 模型 [Hull et al., 1990] 是一个单因子无套利收益率曲线模型, 其短期利率是由扩展的 Ornstein-Uhlenbeck (OU) 均值回归过程驱动的, 即

$$\boxed{\mathrm{d}r(t) = \lambda\left(\theta(t) - r(t)\right)\mathrm{d}t + \eta\mathrm{d}W_r(t), \quad r(0) = r_0,} \tag{11.32}$$

这里 $\theta(t)$ 是一个依赖时间的漂移项, 其用于将数学理论上的债券价拟合到市场观察到的收益率曲线, 并且 $W_r(t) \equiv W_r^{\mathbb{Q}}(t)$ 是在测度 $\mathbb{Q}$ 下的 Brown 运动. Hull-White 模型的 SDE, 包括参数 $\theta(t)$ 的定义, 我们已经在前面一节的等式 (11.30) 碰到过了.

参数 η 决定了波动率的总体水平, 而 λ 是回归率参数. 大值的 λ 导致短期利率的波动迅速衰减, 从而长期波动率减少.

11.3.1 Hull-White SDE 的解

我们将展示这个利率过程的解和特征函数.

为得到 SDE (11.32) 的解, 我们应用 Itô 引理到过程 $y(t) := \mathrm{e}^{\lambda t}r(t)$ 上, 即

$$\mathrm{d}y(t) = \lambda y(t)\mathrm{d}t + \mathrm{e}^{\lambda t}\mathrm{d}r(t). \tag{11.33}$$

代入 (11.32), 我们得到

$$\mathrm{d}y(t) = \lambda y(t)\mathrm{d}t + \mathrm{e}^{\lambda t}\left[\lambda\left(\theta(t) - r(t)\right)\mathrm{d}t + \eta\mathrm{d}W_r(t)\right],$$

并得到下列方程组:

$$\begin{cases} y(t) = \mathrm{e}^{\lambda t}r(t), \\ \mathrm{d}y(t) = \lambda\theta(t)\mathrm{e}^{\lambda t}\mathrm{d}t + \eta\mathrm{e}^{\lambda t}\mathrm{d}W_r(t). \end{cases} \tag{11.34}$$

$y(t)$ 动态的右端不依赖于状态向量 $y(t)$, 于是我们可以通过积分 SDE 两边来决定 $y(t)$ 的解,

$$\int_0^t \mathrm{d}y(z) = \lambda\int_0^t \theta(z)\mathrm{e}^{\lambda z}\mathrm{d}z + \eta\int_0^t \mathrm{e}^{\lambda z}\mathrm{d}W_r(z),$$

这给出

$$y(t) = y(0) + \lambda\int_0^t \theta(z)\mathrm{e}^{\lambda z}\mathrm{d}z + \eta\int_0^t \mathrm{e}^{\lambda z}\mathrm{d}W_r(z).$$

由 $y(t)$ 的定义, 以及 $y(0) = r_0$, 过程 $r(t)$ 的解为

$$r(t) = \mathrm{e}^{-\lambda t}r_0 + \lambda\int_0^t \theta(z)\mathrm{e}^{-\lambda(t-z)}\mathrm{d}z + \eta\int_0^t \mathrm{e}^{-\lambda(t-z)}\mathrm{d}W_r(z).$$

利率 $r(t)$ 于是具正态分布且

$$\mathbb{E}\left[r(t)|\mathcal{F}(t_0)\right] = r_0 \mathrm{e}^{-\lambda t} + \lambda \int_0^t \theta(z)\mathrm{e}^{-\lambda(t-z)}\mathrm{d}z,$$

利用 $t_0 = 0$ 和

$$\mathbb{V}\mathrm{ar}\left[r(t)|\mathcal{F}(t_0)\right] = \frac{\eta^2}{2\lambda}\left(1 - \mathrm{e}^{-2\lambda t}\right).$$

进而, 对常数 $\theta(t)$, 即 $\theta(t) \equiv \theta$ (在这种情况下, 我们处理 *Vašiček* 模型 [Vašiček, 1977]), 我们有

$$\lim_{t\to\infty}\mathbb{E}\left[r(t)|\mathcal{F}(t_0)\right] = \theta.$$

这意味着过程的第一阶矩对大值 t 收敛到均值回归水平 θ.

11.3.2　HW 模型的特征函数

为了得到 Hull-White 过程的特征函数, 基于下面的命题, 我们用一个分解, 见 [Arnold, 1973], [Øksendal, 2000] 和 [Pelsser, 2000].

命题 11.3.1 (Hull-White 分解)　Hull-White 短期利率过程 (11.32) 可以分解成

$$r(t) = \widetilde{r}(t) + \psi(t),$$

这里

$$\psi(t) = r_0 \mathrm{e}^{-\lambda t} + \lambda \int_0^t \theta(z)\mathrm{e}^{-\lambda(t-z)}\mathrm{d}z,$$

和

$$\mathrm{d}\widetilde{r}(t) = -\lambda\widetilde{r}(t)\mathrm{d}t + \eta\mathrm{d}W_r(t), \text{ 其中 } \widetilde{r}_0 = 0. \tag{11.35}$$

证明　证明应用 Itô 引理.　　　　　　　　　　　　　　　　　　　　　　$\square$

这种变换的一个优点是 (11.35) 中的随机过程 $\widetilde{r}(t)$ 是一个基本的 *OU* 均值回归过程, 其仅由 λ 和 η 确定, 与函数 $\psi(t)$ 无关. 因此, 分析这个模型相对容易.

这里我们确定 Hull-White 模型的当前利率 $r(t)$ 贴现的特征函数为

$$\phi_{\mathrm{HW}}(u; t, T) := \mathbb{E}^{\mathbb{Q}}\left[\mathrm{e}^{-\int_t^T r(z)\mathrm{d}z + iur(T)}\big|\mathcal{F}(t)\right],$$

通过命题 11.3.1 中 $r(t)$ 的分解, 上式可表成

$$\phi_{\text{HW}}(u; t, T) = \mathbb{E}^{\mathbb{Q}}\left[e^{iu\psi(T) - \int_t^T \psi(z)\mathrm{d}z} \cdot e^{iu\widetilde{r}(T) - \int_t^T \widetilde{r}(z)\mathrm{d}z} \middle| \mathcal{F}(t)\right]$$

$$= e^{iu\psi(T) - \int_t^T \psi(z)\mathrm{d}z} \cdot \phi_{\widetilde{\text{HW}}}(u; t, T),$$

且我们用过程 $\widetilde{r}(t)$ 是仿射的性质. 因此, 贴现的特征函数, 其可写成 $\phi_{\widetilde{\text{HW}}}(u; t, T)$, 具 $u \in \mathbb{C}$, 对仿射短期利率模型具有下列形式:

$$\phi_{\widetilde{\text{HW}}}(u; t, T) = \exp\left(\bar{A}(u, \tau) + \bar{B}(u, \tau)\widetilde{r}(t)\right). \tag{11.36}$$

结合 (11.36), 在 $\tau = 0$ 时的初值条件是

$$\phi_{\widetilde{\text{HW}}}(u; T, T) = \exp\left(iu\widetilde{r}(T)\right),$$

所以 $\bar{A}(u, 0) = 0$ 和 $\bar{B}(u, 0) = iu$. $\bar{A}(u, \tau)$ 和 $\bar{B}(u, \tau)$ 的解由下面的引理提供.

引理 11.3.1（HW 贴现的特征函数的系数） (11.36) 中的函数 $\bar{A}(u, \tau)$ 和 $\bar{B}(u, \tau)$ 由下式给出:

$$\bar{A}(u, \tau) = \frac{\eta^2}{2\lambda^3}\left(\lambda\tau - 2\left(1 - e^{-\lambda\tau}\right) + \frac{1}{2}\left(1 - e^{-2\lambda\tau}\right)\right) - iu\frac{\eta^2}{2\lambda^2}\left(1 - e^{-\lambda\tau}\right)^2$$

$$- \frac{1}{2}u^2\frac{\eta^2}{2\lambda}\left(1 - e^{-2\lambda\tau}\right),$$

$$\bar{B}(u, \tau) = iue^{-\lambda\tau} - \frac{1}{\lambda}\left(1 - e^{-\lambda\tau}\right).$$

注意, $\bar{B}(0, \tau) \equiv \bar{B}_r(t, T)$, 如同 (11.31).

证明应用第 7 章节 7.3 所介绍的技术.

设 $u = 0$, 零息票 $P(t, T)$ 的无风险价公式由下式给出:

$$P(t, T) = \phi_{\text{HW}}(0; t, T) = \mathbb{E}^{\mathbb{Q}}\left[e^{-\int_t^T r(z)\mathrm{d}z} \cdot 1 \middle| \mathcal{F}(t)\right]$$

$$= \exp\left(-\int_t^T \psi(z)\mathrm{d}z + \bar{A}(0, \tau) + \bar{B}(0, \tau)\widetilde{r}(t)\right).$$

$$=: \exp\left(-\int_t^T \psi(z)\mathrm{d}z + \bar{A}_r(t, T) + \bar{B}_r(t, T)\widetilde{r}(t)\right).$$

因此, 零息债券可以写成确定性因子与在测度 $\mathbb{Q}$ 下均值为零的 Vašiček 模型债券价格的乘积. 回想一下 Vašiček 过程在时间 $t = 0$ 时等于 0, 因此

$$P(0, T) = \exp\left(-\int_0^T \psi(z)\mathrm{d}z + \bar{A}_r(t, T)\right).$$

这给我们

$$\psi(T) = -\frac{\mathrm{d}}{\mathrm{d}T}\log P(0, T) + \frac{\mathrm{d}}{\mathrm{d}T}\bar{A}_r(t, T) = f^r(0, T) + \frac{\eta^2}{2\lambda^2}\left(1 - e^{-\lambda T}\right)^2,$$

这里 $f^r(t, T)$ 还是即时远期利率.

这就证明了函数 $\psi(t)$ 可以从初始远期曲线 $f^r(0,T)$ 得到. 其他时间恒定的参数, λ 和 η, 必须用一定的利率衍生品的市场价来估计. 由命题 11.3.1 中 Hull-White 分解, 我们有

$$\theta(t) = \frac{1}{\lambda}\frac{\partial}{\partial t}\psi(t) + \psi(t),$$

这给出

$$\theta(t) = f^r(0,t) + \frac{1}{\lambda}\frac{\partial}{\partial t}f^r(0,t) + \frac{\eta^2}{2\lambda^2}\left(1 - e^{-2\lambda t}\right). \tag{11.37}$$

Hull-White 模型的特征函数 $\phi_{\mathrm{HW}}(u; t, T)$ 可以通过在 $[t, T]$ 上积分 $\psi(z)$ 而得.

例 11.3.1（**Vašiček 模型**） 由命题 11.3.1, 在 Hull-White 分解中让 $\theta(t) \equiv \theta$, 我们可以推出 Vašiček 模型的特征函数. 直接积分得到下列在 Vašiček 设置下的函数 $\psi(t)$ 的表达式:

$$\psi(t) = \theta + (r_0 - \theta)e^{-\lambda t}, \tag{11.38}$$

就可推出下面的特征函数:

$$\begin{aligned}
\phi_{\mathrm{Vas}}(u; t, T) &= \mathbb{E}^{\mathbb{Q}}\left[\exp\left(-\int_t^T r(z)\mathrm{d}z + iur(T)\right)\Big|\mathcal{F}(t)\right] \\
&= \exp\left(-\int_t^T \psi(z)\mathrm{d}z + iu\psi(T)\right) \cdot \phi_{\widetilde{\mathrm{HW}}}(u; t, T),
\end{aligned}$$

其中 $\phi_{\widetilde{\mathrm{HW}}}(u; t, T)$ 由 (11.36) 给出. 通过积分 (11.38) 中的 $\psi(t)$, 我们得到

$$\begin{aligned}
\exp\left(-\int_t^T \psi(z)\mathrm{d}z + iu\psi(T)\right) &= \exp\left[\frac{1}{\lambda}(r_0 - \theta)\left(e^{-\lambda T} - e^{-\lambda t}\right) - (T - t)\theta\right] \\
&\quad \times \exp\left[iu\left(\theta + (r_0 - \theta)e^{-\lambda T}\right)\right]. \qquad \Diamond
\end{aligned}$$

注释 11.3.1（**函数 $\theta(t)$**） Hull-White 模型 (11.32) 中, 给出的函数 $\theta(t)$ 是

$$\theta(t) := \frac{1}{\lambda}\frac{\partial}{\partial t}f^r(0,t) + f^r(0,t) + \frac{\eta^2}{2\lambda^2}\left(1 - e^{-2\lambda t}\right). \tag{11.39}$$

这个函数由即时远期利率 $f^r(0,t)$ 的导数决定. 因为 $f^r(0,t)$ 也是由 (11.11) 中 ZCB 的导数得到, 所以它可能不稳定. 于是人们发展了一种稳定的形式, 这个形式是基于 Hull-White 分解 (命题 11.3.1), $r(t) = \widetilde{r}(t) + \psi(t)$, 也就是找到函数 $\psi(t)$ 的一个稳定的表达式:

$$\psi(t) := r_0 e^{-\lambda t} + \lambda\int_0^t \theta(z)e^{-\lambda(t-z)}\mathrm{d}z. \tag{11.40}$$

将 (11.39) 代入 (11.40), $\psi(t)$ 简化成

$$\psi(t) = e^{-\lambda t}\left[r_0 + e^{\lambda t}f^r(0,t) - f^r(0,0) + \frac{\eta^2}{\lambda^2}\left(\cosh(\lambda t) - 1\right)\right], \tag{11.41}$$

这里 $\cosh(x) = \dfrac{\mathrm{e}^x + \mathrm{e}^{-x}}{2}$.

(11.41) 中 $\psi(t)$ 的表达式仅依赖于即时远期利率 $f^r(0,t)$ 在 $t_0 = 0$ 和终时 t 的值. 它没有函数 $\theta(t)$ 的积分或微分, 这使得表达式具有计算上的吸引力. 因此从稳定性的角度来看, 这个表达式更为可取.

ZCB 的其他推导

在推导 ZCB 的价格时, 不一定要像命题 11.3.1 中的 Hull-White 分解那样分开时间依赖项 $\theta(t)$. 有可能直接导出 ZCB 值. 根据 Hull-White 动态, 在到期日 T 时为 1 货币单位的 $P(t, T)$ 的现值为

$$P(t, T) = M(t)\mathbb{E}^{\mathbb{Q}}\left[\frac{1}{M(T)}\bigg|\mathcal{F}(t)\right] = \mathbb{E}^{\mathbb{Q}}\left[\mathrm{e}^{-\int_t^T r(z)\mathrm{d}z}\bigg|\mathcal{F}(t)\right],$$

其中 $\mathrm{d}M(t) = r(t)M(t)\mathrm{d}t$.

在 Hull-White 模型中, 波动率是常数, 漂移项是状态变量 $r(t)$ 的线性函数, 所以模型属于仿射过程. 它贴现的特征函数从而可以直接得到.

11.3.3　HJM 框架下的 CIR 模型

这节介绍了 Hull-White 模型的一种替代模型, 基于非负短期利率的 CIR 模型, 对短期利率 $r(t)$, Cox-Ingersoll-Ross (CIR) 过程的动态由以下 SDE 给出:

$$\boxed{\mathrm{d}r(t) = \lambda(\theta - r(t))\mathrm{d}t + \gamma\sqrt{r(t)}\mathrm{d}W_r(t),} \tag{11.42}$$

其中 λ 是回归速度, θ 是长期均值, γ 控制波动率. (11.42) 中的平方根过程防止了 $r(t)$ 变成负数, 而一旦 $r(t)$ 达到零, 它接下来可能变正. 平方根过程在节 8.1.2 中的 Heston 模型的方差过程背景下详细讨论过.

在这种情况下, *Feller* 条件由 $2\lambda\theta \geqslant \gamma^2$ 定义, 其保证了 $r(t)$ 始终保持正值; 否则, 过程可能会抵达零.

短期利率 $r(t)$ 在 CIR 动态下分布为

$$r(t)|r(s) \sim \bar{c}(t,s)\chi^2\left(\delta, \bar{\lambda}(t,s)\right), \quad 0 < s < t, \tag{11.43}$$

其中

$$\bar{c}(t,s) = \frac{1}{4\lambda}\gamma^2(1 - \mathrm{e}^{-\lambda(t-s)}), \quad \delta = \frac{4\lambda\theta}{\gamma^2}, \quad \bar{\lambda}(t,s) = \frac{4\lambda r(s)\mathrm{e}^{-\lambda(t-s)}}{\gamma^2(1 - \mathrm{e}^{-\lambda(t-s)})}. \tag{11.44}$$

其累积分布函数可以如同等式 (8.6) 那样得到.

对应的密度函数由等式 (8.9) 给出, 其中第一类修正的 Bessel 函数如同 (8.10).

具常数参数 λ, θ 和 γ 的 CIR 过程是具有仿射形式的, 因为它的漂移项是 $r(t)$ 的线性函数且即时协方差等于 $\gamma^2 r(t)$, 也是 $r(t)$ 的线性函数. 基于节 7.3 的结果, 对应的贴现的特征函数为

$$\phi_{\mathrm{CIR}}(u; t, T) = \mathrm{e}^{\bar{A}(u,\tau) + \bar{B}(u,\tau)r(t)}, \tag{11.45}$$

在 (11.45) 中令 $u = 0$, 我们找到 ZCB 的价格, 即

$$\phi_{\text{CIR}}(0; t, T) = \mathbb{E}^{\mathbb{Q}}\left[\exp\left(-\int_t^T r(z)\mathrm{d}z\right)\bigg|\mathcal{F}(t)\right]$$
$$= \mathrm{e}^{\bar{A}(0,\tau) + \bar{B}(0,\tau)r(t)} =: P(t, T). \tag{11.46}$$

解对应的 Riccati ODE, 得到

$$\bar{B}(0, \tau) = \frac{2\left(1 - \mathrm{e}^{\tau a}\right)}{(a + \lambda)(\mathrm{e}^{\tau a} - 1) + 2a}, \quad \bar{A}(0, \tau) = \frac{2\lambda\theta}{\gamma^2}\log\left(\frac{2a\mathrm{e}^{\frac{1}{2}\tau(a+\lambda)}}{2a + (a + \lambda)(\mathrm{e}^{a\tau} - 1)}\right),$$

其中 $a = \sqrt{(\lambda^2 + 2\gamma^2)}$, 而其他参数是常数.

对 $u = 0$, 用记号 $\bar{A}(0, \tau) \equiv \bar{A}_{\text{CIR}}(t, T)$, $\bar{B}(0, \tau) \equiv \bar{B}_{\text{CIR}}(t, T)$, 应用 Itô 引理, (11.46) 中零息票价 $P(t, T)$ 的 SDE 由下式给出:

$$\frac{\mathrm{d}P(t, T)}{P(t, T)} = \left[\frac{\mathrm{d}\bar{A}_{\text{CIR}}(t, T)}{\mathrm{d}t} + r(t)\frac{\mathrm{d}\bar{B}_{\text{CIR}}(t, T)}{\mathrm{d}t} + \lambda\bar{B}_{\text{CIR}}(t, T)(\theta - r(t))\right.$$
$$\left. + \frac{1}{2}\gamma^2\bar{B}_{\text{CIR}}^2(t, T)r(t)\right]\mathrm{d}t + \gamma\bar{B}_{\text{CIR}}(t, T)\sqrt{r(t)}\mathrm{d}W_r(t). \tag{11.47}$$

同时, 由引理 11.2.2, 我们知道在一般的 HJM 框架下, 零息票在风险中性测度下的动态由下式给出:

$$\frac{\mathrm{d}P(t, T)}{P(t, T)} = r(t)\mathrm{d}t - \left(\int_t^T \bar{\eta}(t, z)\mathrm{d}z\right)\mathrm{d}W_r(t). \tag{11.48}$$

让 (11.47) 中 SDE 的扩散项和 (11.48) 相等, 下列关系式应该满足:

$$\int_t^T \bar{\eta}(t, z)\mathrm{d}z = -\gamma\bar{B}_{\text{CIR}}(t, T)\sqrt{f^r(t, t)}, \tag{11.49}$$

其中 $f^r(t, t) \equiv r(t)$, $\bar{B}(0, \tau) \equiv \bar{B}_{\text{CIR}}(t, T)$ (表明函数 $\bar{B}_{\text{CIR}}$ 显式地依赖于终时 T). 对 (11.49) 关于参数 T 求导后, 我们得到下列 HJM 波动率生成算子:

$$\bar{\eta}(t, T) = -\gamma\sqrt{f^r(t, t)}\frac{\mathrm{d}\bar{B}_{\text{CIR}}(t, T)}{\mathrm{d}T}$$
$$= \frac{4\gamma a^2 \mathrm{e}^{a(T-t)}}{\left(\lambda(\mathrm{e}^{a(T-t)} - 1) + a(\mathrm{e}^{a(T-t)} + 1)\right)^2}\sqrt{f^r(t, t)}.$$

例 11.3.2 在图 11-5 和图 11-6 中给出了参数变化对经典 Monto Carlo 样本路径的影响. 图 11-5 显示了对 Hull-White 模型的影响, 而图 11-6 显示了 CIR 短期利率模型的变化. 在 2008 年之前, 只考虑正利率似乎是显而易见的, 然而, 在 2007 年严重的金融危机之后, 金融市场上出现了负利率. 负利率在后续节 14.4.1 中有详细讨论.   ◇

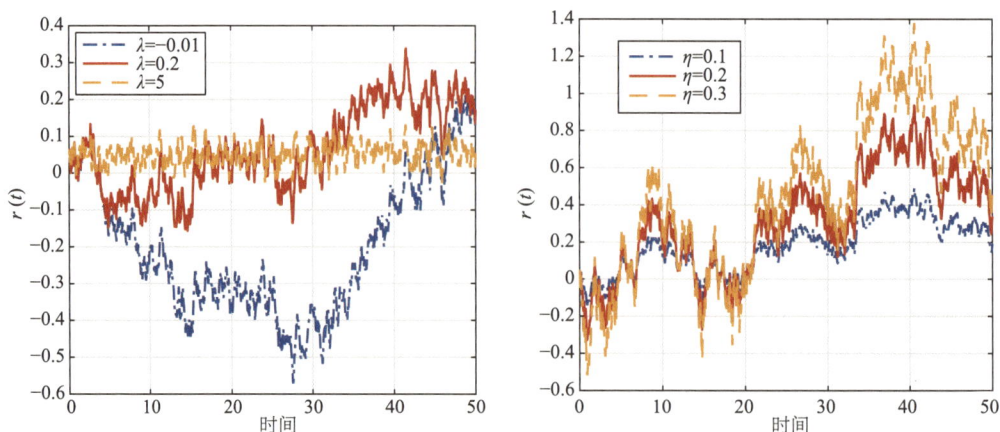

图 11-5 HW 模型环境中, 均值回归 λ 和波动率参数 η 对 Monte Carlo 路径的影响.

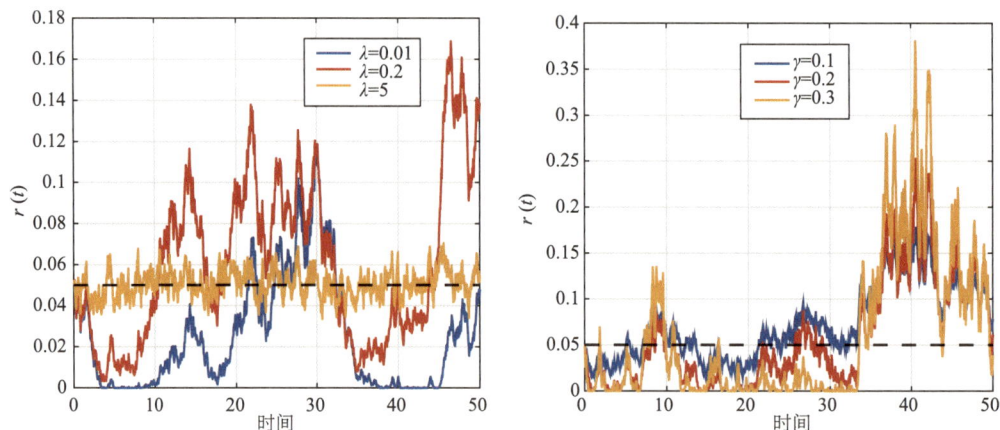

图 11-6 对 CIR 模型, 均值回归 λ 和波动率参数 η 对 Monte Carlo 路径的影响.

11.4 T 远期曲线下的 HJM 模型

到目前为止, 我们已经考虑了风险中性测度下的 HJM 模型, 其以现金储蓄账户 $M(t)$ 作为计价单位. 在本节中, 将阐明 HJM 框架的一个扩展, 由此可以使用 T_i 远期测度. 推导过程将在 Libor 市场模型 (LMM) 环境中特别有用, 其中远期利率由高维 SDE 系统建模. 关于 LMM 的建模将在节 14.1 中给出.

从现金储蓄账户 $M(t)$ 隐含的风险中性测度 $\mathbb{Q}$ 到零息票 $P(t, T_i)$ 隐含的测度的变换, $t_0 < t < T_i$, 要求下列 Radon-Nikodym 导数:

$$\lambda_{\mathbb{Q}}^i(t) = \left.\frac{\mathrm{d}\mathbb{Q}^{T_i}}{\mathrm{d}\mathbb{Q}}\right|_{\mathcal{F}(t)} = \frac{P(t, T_i)}{P(t_0, T_i)}\frac{M(t_0)}{M(t)}. \tag{11.50}$$

由 Itô 引理, $\lambda_{\mathbb{Q}}^i(t)$ 的动态为

$$\begin{aligned}
\mathrm{d}\lambda_{\mathbb{Q}}^i(t) &= \frac{M(t_0)}{P(t_0,T_i)}\mathrm{d}\left(\frac{P(t,T_i)}{M(t)}\right) \\
&= \frac{M(t_0)}{P(t_0,T_i)}\left[\frac{1}{M(t)}\mathrm{d}P(t,T_i) - \frac{P(t,T_i)}{M^2(t)}\mathrm{d}M(t)\right].
\end{aligned} \tag{11.51}$$

然而记住, $M(t_0)=1$. 借助于引理 11.2.2, 我们对 ZCB 代入 HJM 无套利动态, 即

$$\frac{\mathrm{d}P(t,T_i)}{P(t,T_i)} = r(t)\mathrm{d}t - \left(\int_t^{T_i}\bar{\eta}(z,T_i)\mathrm{d}z\right)\mathrm{d}W^{\mathbb{Q}}(t), \tag{11.52}$$

其中波动率函数 $\bar{\eta}(z,T_i)$ 如引理 11.2.1 所定义.

将 (11.52) 代入 (11.51) 后, $\lambda_{\mathbb{Q}}^i(t)$ 的动态由下式给出:

$$\frac{\mathrm{d}\lambda_{\mathbb{Q}}^i(t)}{\lambda_{\mathbb{Q}}^i(t)} = -\left(\int_t^{T_i}\bar{\eta}(z,T_i)\mathrm{d}z\right)\mathrm{d}W^{\mathbb{Q}}(t). \tag{11.53}$$

由 (Girsanov) 定理 7.2.2, 从测度 $\mathbb{Q}$ 到 T_i 远期测度 $\mathbb{Q}^{T_i}$ 的测度变换为

$$\mathrm{d}W^i(t) = \left(\int_t^{T_i}\bar{\eta}(z,T_i)\mathrm{d}z\right)\mathrm{d}t + \mathrm{d}W^{\mathbb{Q}}(t). \tag{11.54}$$

这个变换可以用来决定即时远期利率 $f^r(t,T)$ 在测度 $\mathbb{Q}^{T_i}$ 下的动态, 其中 $t<T<T_i$. 回顾引理 11.2.1 的主要结果, 即远期利率 $f^r(t,T)$ 无套利动态由下式给出:

$$\mathrm{d}f^r(t,T) = \bar{\eta}(t,T)\left(\int_t^T\bar{\eta}(t,z)\mathrm{d}z\right)\mathrm{d}t + \bar{\eta}(t,T)\mathrm{d}W^{\mathbb{Q}}(t).$$

由 (11.54) 中的等式, $f^r(t,T)$ 的动态如下:

$$\mathrm{d}f^r(t,T) = \bar{\eta}(t,T)\left(\int_t^T\bar{\eta}(t,z)\mathrm{d}z\right)\mathrm{d}t + \bar{\eta}(t,T)\left[\mathrm{d}W^i(t) - \left(\int_t^{T_i}\bar{\eta}(z,T_i)\mathrm{d}z\right)\mathrm{d}t\right],$$

其可以简化成

$$\boxed{\mathrm{d}f^r(t,T) = -\bar{\eta}(t,T)\left(\int_T^{T_i}\bar{\eta}(t,z)\mathrm{d}z\right)\mathrm{d}t + \bar{\eta}(t,T)\mathrm{d}W^i(t), \tag{11.55}}$$

对 $T<T_i$.

11.4.1　T 远期测度下的 Hull-White 动态

我们讨论 Hull-White 短期利率模型在 T 远期测度下的动态. 在测度变换下, 短期利率模型的优点将变得清晰, 特别是在第 13 章股权混合模型的环境下. 回顾在风险中性测度 $\mathbb{Q}$ 下的 Hull-White 模型, 由 SDE (11.32) 给出.

为了测度间的变换, 从现金储蓄账户 $M(t)$ 控制的 $\mathbb{Q}$ 到零息票 $P(t,T)$ 隐含的 T 远期测度 $\mathbb{Q}^T$, 我们再次用 Radon-Nikodym 导数,

$$\lambda_{\mathbb{Q}}^T(t) = \left.\frac{\mathrm{d}\mathbb{Q}^T}{\mathrm{d}\mathbb{Q}}\right|_{\mathcal{F}(t)} = \frac{P(t,T)}{P(t_0,T)}\frac{M(t_0)}{M(t)}, \quad \text{对} \quad t>t_0. \tag{11.56}$$

基于 (11.31) 所述的 ZCB 动态和现金储蓄账户 $M(t)$ 的定义, $\lambda_{\mathbb{Q}}^T(t)$ 的动态为

$$
\begin{aligned}
\mathrm{d}\lambda_{\mathbb{Q}}^T(t) &= \frac{M(t_0)}{P(t_0,T)}\left(\frac{1}{M(t)}\mathrm{d}P(t,T) - \frac{P(t,T)}{M^2(t)}\mathrm{d}M(t)\right) \\
&= \frac{M(t_0)}{P(t_0,T)}\frac{P(t,T)}{M(t)}\eta\bar{B}_r(t,T)\mathrm{d}W_r^{\mathbb{Q}}(t).
\end{aligned}
$$

其中 $\bar{B}_r(t,T) = \frac{1}{\lambda}\left(\mathrm{e}^{-\lambda(T-t)} - 1\right)$. 利用 (11.56) 中 $\lambda_{\mathbb{Q}}^T(t)$ 的定义, 我们发现

$$
\frac{\mathrm{d}\lambda_{\mathbb{Q}}^T(t)}{\lambda_{\mathbb{Q}}^T(t)} = \eta\bar{B}_r(t,T)\mathrm{d}W_r^{\mathbb{Q}}(t). \tag{11.57}
$$

这个表达式给我们提供了 Girsanov 核, 其让我们可以在测度间变换, 从风险中性测度 $\mathbb{Q}$ 到 T 远期测度 $\mathbb{Q}^T$, 即

$$
\mathrm{d}W_r^T(t) = -\eta\bar{B}_r(t,T)\mathrm{d}t + \mathrm{d}W_r^{\mathbb{Q}}(t). \tag{11.58}
$$

测度变换定义了下列在 $\mathbb{Q}^T$ 测度下的短期利率动态:

$$
\begin{aligned}
\mathrm{d}r(t) &= \lambda(\theta(t) - r(t))\mathrm{d}t + \eta\mathrm{d}W_r^{\mathbb{Q}}(t) \\
&= \lambda\left(\theta(t) + \frac{\eta^2}{\lambda}\bar{B}_r(t,T) - r(t)\right)\mathrm{d}t + \eta\mathrm{d}W_r^T(t). \tag{11.59}
\end{aligned}
$$

> 过程 (11.59) 可以进一步写成
>
> $$
> \mathrm{d}r(t) = \lambda\left(\hat{\theta}(t,T) - r(t)\right)\mathrm{d}t + \eta\mathrm{d}W_r^T(t), \tag{11.60}
> $$
>
> 其中
>
> $$
> \hat{\theta}(t,T) = \theta(t) + \frac{\eta^2}{\lambda}\bar{B}_r(t,T), \text{ 这里 } \bar{B}_r(t,T) = \frac{1}{\lambda}\left(\mathrm{e}^{-\lambda(T-t)} - 1\right).
> $$

11.4.2 Hull-White 模型下的零息票债券期权

在这最后一节中, 我们将讨论具到期日 T_S 的零息票债券 $P(T,T_S)$ 的欧式期权, 其到期时间为 T, $T < T_S$. 尽管这个产品是非常基本的, 不需要广泛的分析, 但讨论这个产品很重要, 因为在后续章节中, 它是构成互换产品的一个重要的定价构件. 欧式型期权定义如下:

$$
V^{\mathrm{ZCB}}(t_0,T) = \mathbb{E}^{\mathbb{Q}}\left[\frac{M(t_0)}{M(T)}\max\left(\bar{\alpha}(P(T,T_S) - K),0\right)\bigg|\mathcal{F}(t_0)\right],
$$

当 $\bar{\alpha} = 1$ 时是看涨期权, 而 $\bar{\alpha} = -1$ 时是看跌期权, 敲定价为 K 且 $\mathrm{d}M(t) = r(t)M(t)\mathrm{d}t$. 利用测度变换, 从风险中性测度到 T 远期测度, 定价公式给出如下:

$$
V^{\mathrm{ZCB}}(t_0,T) = P(t_0,T)\mathbb{E}^T\left[\max\left(\bar{\alpha}(P(T,T_S) - K),0\right)|\mathcal{F}(t_0)\right].
$$

当处理仿射短期利率模型 $r(t)$ 时, 零息票 $P(T, T_S)$ 是指数函数, 而定价公式可以表成

$$
\begin{aligned}
V^{\mathrm{ZCB}}(t_0, T) &= P(t_0, T)\mathbb{E}^T\left[\max\left(\bar{\alpha}\left(\mathrm{e}^{\bar{A}_r(\tau) + \bar{B}_r(\tau)r(T)} - K\right), 0\right)\Big|\mathcal{F}(t_0)\right] \\
&= P(t_0, T)\mathrm{e}^{\bar{A}_r(\tau)}\mathbb{E}^T\left[\max\left(\bar{\alpha}\left(\mathrm{e}^{\bar{B}_r(\tau)r(T)} - \hat{K}\right), 0\right)\Big|\mathcal{F}(t_0)\right], \quad (11.61)
\end{aligned}
$$

其中 $\tau = T_S - T$, $\hat{K} = K\mathrm{e}^{-\bar{A}_r(\tau)}$, $r(T)$ 是 T 远期测度 $\mathbb{Q}^T$ 下的在时间 T 的短期利率过程. $\bar{A}_r(\tau)$ 和 $\bar{B}_r(\tau)$ 为

$$
\begin{aligned}
\bar{A}_r(\tau) &:= \lambda\int_0^\tau \theta(T_S - z)\bar{B}_r(z)\mathrm{d}z + \frac{\eta^2}{4\lambda^3}\left(\mathrm{e}^{-2\lambda\tau}(4\mathrm{e}^{\lambda\tau} - 1) - 3\right) + \frac{\eta^2}{2\lambda^2}\tau, \\
\bar{B}_r(\tau) &:= \frac{1}{\lambda}\left(\mathrm{e}^{-\lambda\tau} - 1\right). \quad (11.62)
\end{aligned}
$$

在 T 远期测度下, 短期利率 $r(t)$ 的 Hull-White 动态由 (11.60) 给出. Hull-White 过程是正态分布的, $r(T) \sim \mathcal{N}\left(\mu_r(T), v_r^2(T)\right)$, 其均值为 $\mu_r(T)$, 方差为 $v_r^2(T)$, 由下式给出:

$$
\begin{aligned}
\mu_r(T) &= r_0\mathrm{e}^{-\lambda(T - t_0)} + \lambda\int_{t_0}^T \hat{\theta}(z, T)\mathrm{e}^{-\lambda(T - z)}\mathrm{d}z, \\
v_r^2(T) &= \frac{\eta^2}{2\lambda}\left(1 - \mathrm{e}^{-2\lambda(T - t_0)}\right), \quad (11.63)
\end{aligned}
$$

其中 $\hat{\theta}(z, T)$ 如 (11.60). 这隐含着 $\bar{B}_r(\tau)r(T)$ 也是正态分布的, 具

$$
z(T) := \bar{B}_r(\tau)r(T) \sim \mathcal{N}\left(\bar{B}_r(\tau)\mu_r(T), \bar{B}_r^2(\tau)v_r^2(T)\right),
$$

对关于等式 (11.61) ZCB 的欧式看涨期权产生下列表达式:

$$
\begin{aligned}
V_c^{\mathrm{ZCB}}(t_0, T) &= P(t_0, T)\mathrm{e}^{\bar{A}_r(\tau)}\mathbb{E}^T\left[\max\left(\mathrm{e}^{z(T)} - \hat{K}, 0\right)\Big|\mathcal{F}(t_0)\right] \\
&= P(t_0, T)\mathrm{e}^{\bar{A}_r(\tau)}\int_{-\infty}^a\left(\mathrm{e}^{\bar{B}_r(\tau)\mu_r(T) + \bar{B}_r(\tau)v_r(T)x} - \hat{K}\right)f_{\mathcal{N}(0,1)}(x)\mathrm{d}x, \quad (11.64)
\end{aligned}
$$

其中 $f_{\mathcal{N}(0,1)}(x)$ 是标准正态的 PDF, 且[3]

$$
a = \frac{\log\hat{K} - \bar{B}_r(\tau)\mu_r(T)}{\bar{B}_r(\tau)v_r(T)}. \quad (11.65)
$$

积分可以分解成两个积分, 即

$$
\int_{-\infty}^a\left(\mathrm{e}^{\bar{B}_r(\tau)\mu_r(T) + \bar{B}_r(\tau)v_r(T)x} - \hat{K}\right)f_{\mathcal{N}(0,1)}(x)\mathrm{d}x = \psi_1 + \psi_2,
$$

这里

$$
\psi_1 = \mathrm{e}^{\bar{B}_r(\tau)\mu_r(T)}\int_{-\infty}^a\frac{1}{\sqrt{2\pi}}\mathrm{e}^{\bar{B}_r(\tau)v_r(T)x}\mathrm{e}^{-\frac{x^2}{2}}\mathrm{d}x
$$

---

[3]注意, $\bar{B}_r(\tau) \leqslant 0$.

经过简化, 它可化为

$$\psi_1 = \exp\left(\frac{1}{2}\bar{B}_r^2(\tau)v_r^2(T) + \bar{B}_r(\tau)\mu_r(T)\right)F_{\mathcal{N}(0,1)}(a - \bar{B}_r(\tau)v_r(T)),$$

以及

$$\psi_2 := -\hat{K}\int_{-\infty}^{a}f_{\mathcal{N}(0,1)}(x)\mathrm{d}x = -\hat{K}F_{\mathcal{N}(0,1)}(a),$$

其中 $F_{\mathcal{N}(0,1)}(x)$ 是标准正态 CDF, 而 a 由 (11.65) 定义.

设定 $d_1 = a - \bar{B}_r(\tau)v_r(T)$, $d_2 = d_1 + \bar{B}_r(\tau)v_r(T)$, 我们得到

$$\psi_1 = \exp\left(\frac{1}{2}\bar{B}_r^2(\tau)v_r^2(T) + \bar{B}_r(\tau)\mu_r(T)\right)F_{\mathcal{N}(0,1)}(d_1),$$

$$\psi_2 = -\hat{K}F_{\mathcal{N}(0,1)}(d_2).$$

定价公式为

$$\frac{V_c^{\mathrm{ZCB}}(t_0, T)}{P(t_0, T)} = \exp\left(\bar{A}_r(\tau)\right)\left[\exp\left(\frac{1}{2}\bar{B}_r^2(\tau)v_r^2(T) + \bar{B}_r(\tau)\mu_r(T)\right)F_{\mathcal{N}(0,1)}(d_1)\right.$$
$$\left. - \hat{K}F_{\mathcal{N}(0,1)}(d_2)\right], \tag{11.66}$$

其中 $\tau = T_S - T$, $d_1 = a - \bar{B}_r(\tau)v_r(T)$, $d_2 = d_1 + \bar{B}_r(\tau)v_r(T)$, a 由 (11.65) 定义, $\bar{A}_r(\tau)$ 和 $\bar{B}_r(\tau)$ 在 (11.62) 中给出, $\mu_r(T)$ 和 $v_r(T)$ 在 (11.63) 中确定, 以及 $\hat{K} = Ke^{-\bar{A}_r(\tau)}$.

欧式看跌期权的定价可以类似地进行, 或者借助于对利率产品同样适用的平价公式.

这就结束了在不同测度下的短期利率过程和 ZCB 的推导. 关于基本的 ZCB 利率产品和其他已有的利率衍生品将在下一章介绍.

习　题

习题 11.1 证明对任意有下列动态的随机过程 $r(t)$:

$$\mathrm{d}r(t) = \lambda(\hat{\theta}(t, T_2) - r(t))\mathrm{d}t + \eta\mathrm{d}W_r^{T_2}(t), \quad r(t_0) = r_0,$$

和

$$\hat{\theta}(t, T_2) = \theta(t) + \frac{\eta^2}{\lambda}\bar{B}_r(T_2 - t),$$

对任何时间 t, 其均值和方差为

$$\mathbb{E}^{T_2}\left[r(t)|\mathcal{F}(t_0)\right] = r_0 e^{-\lambda t} + \lambda\int_0^t\hat{\theta}(z, T_2)e^{-\lambda(t-z)}\mathrm{d}z,$$

$$\mathbb{V}\mathrm{ar}^{T_2}\left[r(t)|\mathcal{F}(t_0)\right] = \frac{\eta^2}{2\lambda}\left(1 - e^{-2\lambda t}\right).$$

证明矩量母函数 (Laplace 变换) 具有下列封闭形式:

$$\mathbb{E}^{T_2}\left[e^{ur(t)}\Big|\mathcal{F}(t_0)\right] = \exp\left[u\left(r_0 e^{-\lambda t} + \lambda\int_0^t \hat{\theta}(z, T_2)e^{-\lambda(t-z)}\mathrm{d}z\right) + \frac{1}{2}u^2\frac{\eta^2}{2\lambda}\left(1 - e^{-2\lambda t}\right)\right].$$

习题 11.2　给出引理 11.2.1 表明的 HJM 无套利条件的证明.

习题 11.3　给出引理 11.3.1 表明的 Hull-White 分解的证明.

习题 11.4　推出引理 11.3.1 中 Hull-White 模型中贴现的特征函数系数的公式.

习题 11.5　证明 (11.40) 中函数 $\psi(t)$ 的积分结果为

$$\psi(t) = r_0 e^{-\lambda t} + \lambda\int_0^t\left(\frac{1}{\lambda}\frac{\partial}{\partial u}f^r(0, u) + f^r(0, u) + \frac{\eta^2}{2\lambda^2}\left(1 - e^{-2\lambda u}\right)\right)e^{-\lambda(t-u)}\mathrm{d}u$$

$$= e^{-\lambda t}\left[r_0 + e^{\lambda t}f^r(0, t) - f^r(0, 0) + \frac{\eta^2}{\lambda^2}\left(\cosh(\lambda t) - 1\right)\right],$$

这里 $\cosh(x) = \dfrac{e^x + e^{-x}}{2}$. 补齐中间过程.

习题 11.6　不用 Hull-White 分解, 直接推出 HW 模型的特征函数.

习题 11.7　证明 ZCB 的欧式看跌期权可以表成

$$V_p^{\mathrm{ZCB}}(t_0, T) = P(t_0, T)e^{\bar{A}_r(\tau)}\left[\hat{K}F_{\mathcal{N}(0,1)}(d_2) - e^{\frac{1}{2}\bar{B}_r^2(\tau)v_r^2(T) + \bar{B}_r(\tau)\mu_r(T)}F_{\mathcal{N}(0,1)}(d_1)\right],$$

其中 $\tau = T - t_0$, $d_1 = \bar{B}_r(\tau)v_r(T) - a$, $d_2 = -a$, 这里

$$a = \frac{\log\hat{K} - \bar{B}_r(\tau)\mu_r(T)}{\bar{B}_r(\tau)v_r(T)},$$

$\bar{A}_r(\tau)$ 和 $\bar{B}_r(\tau)$ 由 (11.62) 给出, $\mu_r(T)$ 和 $v_r(T)$ 在 (11.63) 中定义, $\hat{K} = Ke^{\bar{A}_r(\tau)}$.

提示: 推导类似于节 11.4.2 的推导.

习题 11.8　所谓的 *Ho-Lee* 短期模型, 通过 HJM 波动率定义如下:

$$\bar{\eta}(t, T) = \eta.$$

证明:

$$\mathrm{d}r(t) = \theta(t)\mathrm{d}t + \eta\mathrm{d}W^{\mathbb{Q}}(t), \tag{11.67}$$

这里 $\theta(t) = \frac{\partial}{\partial t}f^r(0, t) + \eta^2 t$.

习题 11.9　考虑 Vašiček 短期利率模型,

$$\mathrm{d}r(t) = \lambda\left(\theta - r(t)\right)\mathrm{d}t + \eta\mathrm{d}W(t),$$

其中参数 $\lambda = 0.05$, $\theta = 0.02$, $\eta = 0.1$, 初期率 $r(t_0) = 0$. 在时间 t_0, 我们希望用另外两个债券 $P(t_0, 1y)$ 和 $P(t_0, 20y)$ 对冲一个 10 年的零息票 $P(t_0, 10y)$.

a. 确定两个权重 ω_1 和 ω_2, 使得 $\omega_1 + \omega_2 = 1$ 并且 $\omega_1 P(t_0, 1y) + \omega_2 P(t_0, 20y) = P(t_0, 10y)$.

b. 执行一个最小方差对冲, 确定其权重 ω_1 和 ω_2, 使得

$$\mathbb{Var}\left[\int_0^{10y} \left(\omega_1 P(t, 1y) + \omega_2 P(t, 20y)\right) \mathrm{d}t\right] = \mathbb{Var}\left[\int_0^{10y} P(t, 10y) \mathrm{d}t\right],$$

其中 $\omega_1 + \omega_2 = 1$. 这种形式的对冲比较 a. 的点对冲, 你可以说点什么?

c. 变换测度到 $T = 10y$ 远期测度, 并且, 对前面确定的权重, 检查估计的方差是否增加.

习题 11.10 假定短期利率在无风险测度 $\mathbb{Q}$ 下服从常数参数的 CIR 模型,

$$\mathrm{d}r(t) = \lambda\left(\theta - r(t)\right)\mathrm{d}t + \gamma\sqrt{r(t)}\mathrm{d}W^{\mathbb{Q}}(t).$$

编写一个模拟程序, 用这个模型定价一个零息票 $P(1,3)$ 的欧式看涨期权, 其到期日 $T = 3$, 敲定价 $K = 0.75$. 在模拟中设参数 $r_0 = 0.03$, $\lambda = 0.5$, $\theta = 0.1$ 和 $\gamma = 0.13$.

习题 11.11 考虑 Hull-White 模型,

$$\mathrm{d}r(t) = \lambda(\theta(t) - r(t))\mathrm{d}t + \eta\mathrm{d}W_r^{\mathbb{Q}}(t),$$

其中 λ 和 η 为正常数参数. 一张零息票由下式给出:

$$P_{mkt}(0, t) = \mathrm{e}^{1 - \mathrm{e}^{at}}, \quad a = 0.4. \tag{11.68}$$

a. 用等式 (11.68) 确定 $\theta(t)$.

b. 用 $r_0 = f^r(0, \epsilon)$, $\epsilon \to 0$, $\lambda = 0.4$ 和 $\eta = 0.075$, 定价模型债券

$$P_{model}(0, t) = \mathbb{E}^{\mathbb{Q}}\left[\mathrm{e}^{-\int_0^t r(s)\mathrm{d}s}\right].$$

对 $t \in [0, 10]$ 比较 $P_{mkt}(0, t)$ 和 $P_{model}(0, t)$ 并讨论它们的不同之处.

参考文献

ARNOLD L, 1973. Stochastic differential equations, theory and applications[M]. New York: Wiley.

COX J, INGERSOLL J, ROSS S, 1985. A theory of the term structure of interest rates[J]. Econometrica, 53: 385-407.

HARRISON J, KREPS D, 1979. Martingales and arbitrage in multiperiod securities markets[J]. Journal of Economic Theory, 20(3): 381-408.

HEATH D, JARROW R, MORTON A, 1992. Bond pricing and the term structure of interest rates: a new methodology for contingent claims valuation[J]. Econometrica, 1(60): 77-105.

HULL J, WHITE A, 1990. Pricing interest-rate derivative securities[J]. Review of Financial Studies, 3: 573-592.

ØKSENDAL B, 2000. Stochastic differential equations; an introduction with applications[M]. 5th ed. New York: Springer Verlag.

PELSSER A, 2000. Efficient methods for valuing interest rate derivatives[M]. London: Springer Verlag .

VAŠIČEK O, 1977. An equilibrium characterization of the term structure[J]. Journal of Financial Economics, 5: 177-188.

第 12 章 | 利率衍生品

本章梗概

我们在节 12.1 和节 12.2 两节介绍一些众所周知的利率衍生品, 详细讨论了远期利率协议、封顶、垫底、互换和互换期权. 这些都是大量交易的利率产品. 这些产品中有许多是基于所谓的伦敦银行同业拆借利率 (Libor) 的, 其价格可以用零息票债券价格重构. 在处理不太复杂的产品时, 债券价格可以用上一章的短期利率模型来建模. 特别是在考虑平值期权时, 这些模型通常可以给出精确的价格.

本章关键词

利率衍生品, Hull-White 模型.

12.1 基本利率衍生品和 Libor 率

在金融货币市场上每天都大量交易着各种利率产品. 通常, 零息票 (ZCB) $P(t,T)$ 是构成此类利率衍生品合约的基础. 在处理不太复杂的利率产品时, 相应的债券价格可以用上一章的无套利短期利率模型建模. 这里我们将讨论几种最常见的利率产品, 但首先我们要定义 Libor 率.

12.1.1 Libor 率

伦敦银行同业拆借利率 (Libor) 是一种利率, 在伦敦时间的每个工作日上午 11 点确定 (这个确定的过程也被称为固定). 处理伦敦银行同业拆借利率评估的法律实体是英国银行家协会 (BBA), 它是英国银行业的贸易协会. 这个协会联合了来自世界各地 180 个不同国家的大约 250 名会员. 在确定 Libor 率的程序中, 一些国际银行 (the pull) 被要求向 BBA 提交其 Libor 率的报价. 这些利率代表这些银行从其他银行借款的利率. 在每个评估阶段, 先从所有提交的数据中剔除顶部和底部的数据, 然后剩余报价的平均值就表示为 *Libor* 固定. 如果一家银行能够以极低的利率借到款, 这其实反映了金融体系的当前状况, 因为有别的银行愿意以较低的成本放贷. 在发生危机的情况下, 银行和其他机构一样, 都不愿意以低利率放贷. 出于公平交易的考虑, 保持 Libor 率报价和提交资料的公平并代表实际融资利率是至关重要的.

我们已经在债券中提到了两种息票债券产品, 即固定和定期重置的产品 (浮动债券). 通常, 浮动利率票据与某个参考基准挂钩, 比方说国库券、Libor 率或者所谓的反映通胀率的消费者物价指数 (CPI). 如果息票与 Libor 率挂钩, 以基点 (bp 表示基点, 其中 100 bp =1% 利息) 报价, 则债券的报价可能为 "$Libor + x\ bp$", 这意味着债券的成本为 Libor 率加上 $x/100$. 在本例中, x 表示一个价差, 它在债券发行时确定, 并一直保持到到期日.

假定有两个交易对手, A 和 B, 其中交易对手 A 将在时间 T_1 付给交易对手 B 1€, 并且在时间 T_2 交易对手 A 将收回 1€ 和以利率 K 累积的全程 $T_2 - T_1$ 的利息. 图 12-1 展示了其现金流.

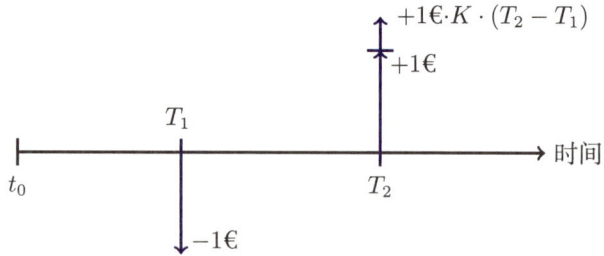

图 12-1　交易对手之间的现金流.

这份合同的公平价计算如下:

$$V(t_0) = \mathbb{E}^{\mathbb{Q}} \left[\frac{-1}{M(T_1)} + \frac{1 + K \cdot (T_2 - T_1)}{M(T_2)} \bigg| \mathcal{F}(t_0) \right]$$

$$= -P(t_0, T_1) + (1 + (T_2 - T_1) \cdot K) P(t_0, T_2).$$

在时间 t_0 时合同的价值为 0, 这意味着合同起始互相没有支付, 从而利率 K 由下式给出:

$$K = \frac{1}{(T_2 - T_1)} \left(\frac{P(t_0, T_1)}{P(t_0, T_2)} - 1 \right).$$

一般地, 银行间在始于 T_{i-1} 止于 T_i, 即票据期限为 $\tau_i = T_i - T_{i-1}$ 的公平利率 K, 在交易时间 t 记为 $K \equiv \ell_i(t) := \ell(t; T_{i-1}, T_i)$, 它等于

$$\ell(t; T_{i-1}, T_i) = \frac{1}{\tau_i} \left(\frac{P(t, T_{i-1})}{P(t, T_i)} - 1 \right).$$

这里, 我们处理的时间段 $[0, T^*]$ 中有一系列时间点 $\{T_i, i = 1, \cdots, m\}, m \in \mathbb{N}$, 使得 $0 \leqslant T_0 < T_i < \cdots < T_m \leqslant T^*$, 以此定义所谓的票据期限, $\tau_i := T_i - T_{i-1}$.

定义 12.1.1（**简单复合远期 Libor 率**）　对一个给定的票据期限 τ_i 和名义金额为 1 (1 个单位货币), 在 T_i 到期的无风险 ZCB $P(t, T_i)$, 区间 $[T_{i-1}, T_i]$ 的 Libor 远期

率 $\ell(t; T_{i-1}, T_i)$ 定义为

$$\ell_i(t) \equiv \ell(t; T_{i-1}, T_i) = \frac{1}{\tau_i} \frac{P(t, T_{i-1}) - P(t, T_i)}{P(t, T_i)}. \tag{12.1}$$

为方便记, 我们用简符 $\ell_i(t) \equiv \ell(t; T_{i-1}, T_i)$, 从而 $\ell_i(T_{i-1}) = \ell(T_{i-1}; T_{i-1}, T_i)$.

12.1.2 远期利率协议

我们从远期利率协议开始对不同利率产品进行概述. 远期利率协议 (FRA), 或简称 "远期合同", 是一种金融产品, 合同签订者可以通过它 "锁定" 一定时期内的利率. 在利率市场上, 确定未来 T_{i-1} 时刻的利率是很常见的, 然后在未来的时间段 $[T_{i-1}, T_i]$ 内以此计算累积利息. 在 $[T_{i-1}, T_i]$ 期间, 交易双方同意以固定利率 K 交换在 T_{i-1} 时刻观察到的 (浮动) Libor 率. 通常交换支付在时间 T_i (一般是 T_{i-1} 后两个工作日) 执行.

FRA 合同在时间 T_{i-1} 的收益由下式给出:

$$V^{\text{FRA}}(T_{i-1}) = H^{\text{FRA}}(T_{i-1}) = \frac{\tau_i \left(\ell(T_{i-1}; T_{i-1}, T_i) - K \right)}{1 + \tau_i \ell(T_{i-1}; T_{i-1}, T_i)}, \tag{12.2}$$

其中票据期限 $\tau_i = T_i - T_{i-1}$, 我们假定的一个单位的名义金额 $N = 1$.

利用 Libor 率的定义 $\ell(T_{i-1}; T_{i-1}, T_i)$, 我们可以直接将 (12.2) 的分母联系到 ZCB $P(T_{i-1}, T_i)$ 如下:

$$P(T_{i-1}, T_i) = \frac{1}{1 + \tau_i \ell(T_{i-1}; T_{i-1}, T_i)},$$

所以 FRA 的支付函数可表成

$$V^{\text{FRA}}(T_{i-1}) = \tau_i P(T_{i-1}, T_i) \left(\ell(T_{i-1}; T_{i-1}, T_i) - K \right). \tag{12.3}$$

FRA 合同的现价由下式确定:

$$
\begin{aligned}
V^{\text{FRA}}(t_0) &= M(t_0) \cdot \mathbb{E}^{\mathbb{Q}} \left[\frac{1}{M(T_{i-1})} \tau_i P(T_{i-1}, T_i) \left(\ell(T_{i-1}; T_{i-1}, T_i) - K \right) \Big| \mathcal{F}(t_0) \right] \\
&= \mathbb{E}^{\mathbb{Q}} \left[\frac{1 - P(T_{i-1}, T_i)}{M(T_{i-1})} - \tau_i K \frac{P(T_{i-1}, T_i)}{M(T_{i-1})} \Big| \mathcal{F}(t_0) \right],
\end{aligned} \tag{12.4}
$$

最后一步的简化用到 $M(t_0) = 1$.

由于债券 $P(T_{i-1}, T_i)$ 是可交易资产, 贴现的债券应该是个鞅, 这给了我们下式:

$$
\begin{aligned}
V^{\text{FRA}}(t_0) &= P(t_0, T_{i-1}) - P(t_0, T_i) - \tau_i K P(t_0, T_i) \\
&= \tau_i P(t_0, T_i) \left(\ell(t_0; T_{i-1}, T_i) - K \right).
\end{aligned} \tag{12.5}
$$

注意, 由定义,

$$P(t_0, T_{i-1}) := \mathbb{E}^{\mathbb{Q}}\left[\frac{1}{M(T_{i-1})}\Big|\mathcal{F}(t_0)\right].$$

大多数情况下, FRA 开始交易时是零价值, 这隐含着对固定利率, 我们应该有 $K = \ell(t_0; T_{i-1}, T_i)$.

12.1.3 浮动利率票据

另一个交易量非常大的产品是浮动利率票据 (FRN). 给定一个浮动的 Libor 率 $\ell_i(T_i) := \ell(T_{i-1}; T_{i-1}, T_i)$, 以及名义金额 N, FRN 是一个带付息票的金融工具, 定义如下:

$$V_i^{\mathrm{FRN}}(T_i) = \begin{cases} N\tau_i\ell(T_{i-1}; T_{i-1}, T_i), & i \in \{1, 2, \cdots, m-1\}, \\ N\tau_m\ell(T_{m-1}; T_{m-1}, T_m) + N, & i = m. \end{cases} \tag{12.6}$$

该债券由上述所有支付的总和构成, 其现金流见图 12-2, 而每一个现金流可以由下式分开来定价:

$$\begin{aligned} V_i^{\mathrm{FRN}}(t_0) &= \mathbb{E}^{\mathbb{Q}}\left[\frac{1}{M(T_i)}V_i^{\mathrm{FRN}}(T_i)\Big|\mathcal{F}(t_0)\right] \\ &= P(t_0, T_i)\mathbb{E}^{T_i}\left[V_i^{\mathrm{FRN}}(T_i)\Big|\mathcal{F}(t_0)\right], \end{aligned} \tag{12.7}$$

这用到从风险中性测度 $\mathbb{Q}$ 到 T_i 远期测度的测度变换. 现在 $\ell(T_{i-1}; T_{i-1}, T_i)$ 是个交易量, 所以它应该是个鞅, 从而我们有

$$\mathbb{E}^{T_i}\left[\ell(T_{i-1}; T_{i-1}, T_i)\big|\mathcal{F}(t_0)\right] = \ell(t_0; T_{i-1}, T_i),$$

结果是

$$\mathbb{E}^{T_i}\left[V_i^{\mathrm{FRN}}(T_i)\big|\mathcal{F}(t_0)\right] = \begin{cases} N\tau_i\ell(t_0; T_{i-1}, T_i), & i \in \{1, 2, \cdots, m-1\}, \\ N\tau_m\ell(t_0; T_{m-1}, T_m) + N, & i = m. \end{cases} \tag{12.8}$$

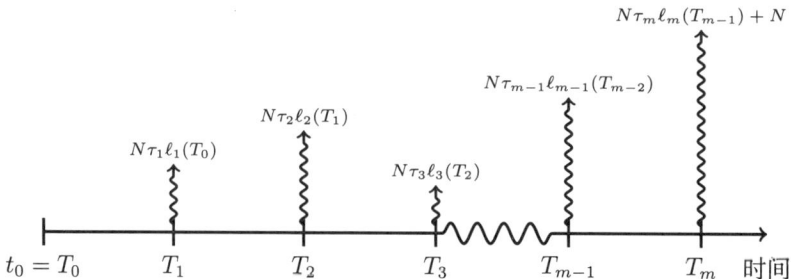

图 12-2 **浮动利率票据的现金流**, 其中 $\ell_i(T_{i-1}) := \ell(T_{i-1}; T_{i-1}, T_i)$, **每个息票定义为** $N\tau_i\ell(T_{i-1}; T_{i-1}, T_i)$, $\tau_i = T_i - T_{i-1}$.

12.1.4　互换

互换是一种金融产品, 它使其持有者可以交换两种利率支付方式. 例如, 一家公司可能有一个金融合同, 在该合同中, 每个时间段都会收到一个浮动利率, 该浮动利率取决于当时的利率, 在每个时间段都会发生变化. 然而, 公司希望这段时间用固定利率来稳定现金流.

互换是一个双方在未来交换金融工具 (通常为现金流) 的协议. 人们可以通过购买互换合约来把浮动利率换成固定利率, 或者反过来.

互换是场外合同, 在 20 世纪 80 年代第一次被交易. 已知最常见的互换方式是平凡香草利率互换, 其中一方同意支付固定的现金流, 其等于名义金额上的事先确定的利率, 并且另一方支付同样名义金额的浮动利率. 支付在事先确定的未来多个日期进行, 并持续到事先约定好的年限.

平凡香草利率互换包括两方, 固定方是一系列固定利率 K 在未来时间 $T_{i+1}, \cdots, T_m$ 的支付, 浮动方是一系列浮动 Libor 率, 见图 12-3.

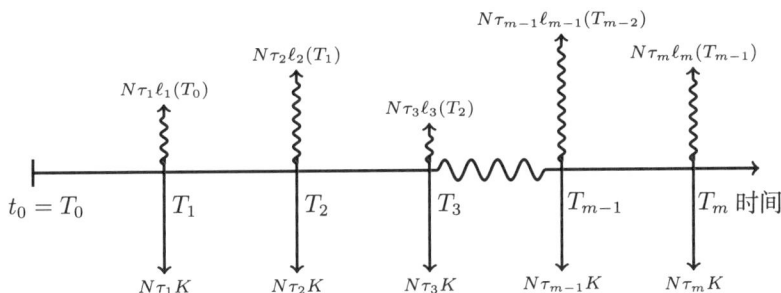

图 12-3　**互换的现金流**, 其中 $\ell_i(T_{i-1}) := \ell(T_{i-1}; T_{i-1}, T_i)$, $\tau_i = T_i - T_{i-1}$.

固定方在每个时间点 T_i 上支付 $\tau_i N K$, 其中 N 是名义金额, K 是固定利率. 浮动方支付 $N\tau_i\ell(T_{i-1}; T_{i-1}, T_i)$, 其中在时间段 $[T_{i-1}, T_i]$, Libor 率为 $\ell(T_{i-1}; T_{i-1}, T_i)$, 其在 T_{i-1} 点重置.

在金融术语中, 常用的两个与利率互换有关的术语是利率互换支付方和利率互换接收方. 这些术语区分了两种情况: 一种是接收浮动利率和支付固定利率方 (互换支付方), 另一种是支付浮动利率和接收固定利率方 (互换接收方).

利率互换(支付方或接收方) 的收益由下式给出:

$$V^{\mathrm{PS,RS}}(T_i, \cdots, T_m) = \bar{\alpha} H^S(T_i, \cdots, T_m) = \bar{\alpha} \sum_{k=i+1}^{m} \tau_k N\big(\ell_k(T_{k-1}) - K\big), \quad (12.9)$$

其中 $\bar{\alpha} = 1$ 对应互换支付方, 而 $\bar{\alpha} = -1$ 对应接收方, 这里我们再次用短期利率记号 $\ell_k(T_{k-1}) := \ell(T_{k-1}; T_{k-1}, T_k)$, 其表明该时间段的 Libor 率在 T_{k-1} 时刻确定.

因为利率互换开始于如 T_i 的未来时间, 所以它也被称为远期互换.

为了确定今天 t_0 的互换值, 我们要估计对应贴现的未来现金流的期望, 即每个时间点 $T_{i+1}, \cdots, T_m$ 上的支付需要贴现到今天,

$$
\begin{aligned}
V^{\mathrm{PS,RS}}(t_0) &= \bar{\alpha} \cdot N \cdot M(t_0) \mathbb{E}^{\mathbb{Q}} \left[\sum_{k=i+1}^{m} \frac{1}{M(T_k)} \tau_k \big(\ell_k(T_{k-1}) - K \big) \bigg| \mathcal{F}(t_0) \right] \\
&= \bar{\alpha} \cdot N \cdot M(t_0) \sum_{k=i+1}^{m} \tau_k \mathbb{E}^{\mathbb{Q}} \left[\frac{1}{M(T_k)} \big(\ell_k(T_{k-1}) - K \big) \bigg| \mathcal{F}(t_0) \right].
\end{aligned}
$$

现在开始, 我们将聚焦互换的支付方, $\bar{\alpha} = 1$, 并用记号 $V^{\mathrm{PS}} = V^{\mathrm{S}}$.

如等式 (11.61) 变换测度, 从风险中性测度 $\mathbb{Q}$ 到 T_k 远期测度 $\mathbb{Q}^{T_k}$, 这给出

$$
\begin{aligned}
V^{\mathrm{S}}(t_0) &= N \sum_{k=i+1}^{m} \tau_k P(t_0, T_k) \Big(\mathbb{E}^{T_k} \big[\ell_k(T_{k-1}) \big| \mathcal{F}(t_0) \big] - K \Big) \\
&= N \sum_{k=i+1}^{m} \tau_k P(t_0, T_k) \big(\ell_k(t_0) - K \big),
\end{aligned} \tag{12.10}
$$

这里最后一步是因为 Libor 率 $\ell_k(t)$ 在自己的自然测度 $\mathbb{Q}^{T_k}$ 下是个鞅, 即 $\mathbb{E}^{T_k}[\ell_k(t) | \mathcal{F}(t_0)] = \ell_k(t_0)$.

重写方程 (12.10) 如下:

$$
V^{\mathrm{S}}(t_0) = N \sum_{k=i+1}^{m} \tau_k P(t_0, T_k) \ell_k(t_0) - NK \sum_{k=i+1}^{m} \tau_k P(t_0, T_k). \tag{12.11}
$$

(12.11) 中的第一个和式可以用 Libor 率的定义 (12.1) 进一步简化, 即

$$
\begin{aligned}
\sum_{k=i+1}^{m} \tau_k P(t_0, T_k) \ell_k(t_0) &= \sum_{k=i+1}^{m} \tau_k P(t_0, T_k) \left(\frac{1}{\tau_k} \frac{P(t_0, T_{k-1}) - P(t_0, T_k)}{P(t_0, T_k)} \right) \\
&= \sum_{k=i+1}^{m} \Big(P(t_0, T_{k-1}) - P(t_0, T_k) \Big) \\
&= P(t_0, T_i) - P(t_0, T_m),
\end{aligned}
$$

这里最后一步是因为望远和.

互换 (支付方) 的价格由下式给出:

$$
V^{\mathrm{S}}(t_0) = N \big(P(t_0, T_i) - P(t_0, T_m) \big) - NK \sum_{k=i+1}^{m} \tau_k P(t_0, T_k). \tag{12.12}
$$

定义 12.1.2 (年金因子) 年金因子定义如下:

$$
A_{i,m}(t) := \sum_{k=i+1}^{m} \tau_k P(t, T_k). \tag{12.13}
$$

事实上, 年金因子 $A_{i,m}(t)$ 只不过是一些零息票的线性组合.

由于这里的每个零息票都是可交易资产, 从而作为其线性组合的年金因子也是可交易资产. 于是, 在定价对应的衍生品时, 我们可以考虑年金函数作为计价单位.

通常, 利率互换被认为是完美的利率产品, 交易双方可以用此对冲其特定的敞口. 确定利率互换敲定价 K 的标准惯例是在最初的交换时间 t_0 互换的价值应该等于零. 也就是说, 进入这样的金融交易是免费的. 此外, 互换等于零的敲定值称为互换率, 记为 $S_{i,m}(t_0)$.

令 (12.12) 等于零, 我们得到

$$S_{i,m}(t_0) = \frac{P(t_0, T_i) - P(t_0, T_m)}{\sum_{k=i+1}^{m} \tau_k P(t_0, T_k)} = \frac{P(t_0, T_i) - P(t_0, T_m)}{A_{i,m}(t_0)}, \tag{12.14}$$

这个表达式也可以写成

$$S_{i,m}(t_0) = \frac{1}{A_{i,m}(t_0)} \sum_{k=i+1}^{m} \tau_k P(t_0, T_k) \ell_k(t_0) = \sum_{k=i+1}^{m} \omega_{i,k}(t_0) \ell_k(t_0),$$

其中 $\omega_{i,k}(t_0) = \tau_k \dfrac{P(t_0, T_k)}{A_{i,m}(t_0)}$, $\ell_k(t_0) := \ell(t_0; T_{k-1}, T_k)$.

利用等式 (12.14), 互换 (支付方) 的价值 (12.12) 可表成

$$V^{\mathrm{S}}(t_0) = N \cdot A_{i,m}(t_0) \big(S_{i,m}(t_0) - K \big). \tag{12.15}$$

这个精练的表达式很方便, 因为其中所有的项都有特定的含义: 年金 $A_{i,m}(t_0)$ 表示互换基点的现值; $S_{i,m}(t)$ 是互换率, 而 K 是敲定价. 明显地, 当 $K = S_{i,m}(t_0)$ 时, 这个互换合约今天的价值等于零.

注释 12.1.1 对于基本利率互换, 定价可以在对基础模型没有任何假设的情况下进行. 其定价可以通过使用市场上现有的利率产品而简单地得到.

请注意, FRA 和 FRN 也是如此.

12.1.5 如何构造收益率曲线

在利率世界里, 人们通常在债券交易时使用收益率这个词, 而不是直接使用债券价格. 所以, 债券收益率代表交易债券的利率. 对于不同的到期时间, 收益率是不同的, 这就产生了一个收益率曲线, 它表示任何给定到期日的今天收益率 (利率). 今天希望用 1 欧元投资于债券的投资者, 可以借助收益率曲线来评估未来的预期市场价值. 通常情况下, 债券到期时间越长, 收益率就越高, 也就是说投资者因持有债券时间较长所面临的额外风险得到了回报.

因此, 收益率曲线是确定未来现金流现值的重要元素. 收益率曲线形成了利率衍生品定价所需的远期利率的基础. 收益率曲线的概念是将流通的利率产品的市场报价映射到一条统一的曲线上, 然后展示对未来利率的预期.

这个概念本身类似于隐含波动率问题, 然而, 隐含波动率只是相关单个期权价格, 但贴现因子是隐含在多个利率衍生品 (甚至是多个种类) 中, 也就是一个贴现因子需要

同时处理多个衍生品价格. 将离散产品集 π 映射到收益率曲线上的离散输入节点集 Ω_{yc}. 通常, 集合 π 将根据市场情况包含现金产品和不同的利率产品, 而 Ω_{yc} 将由贴现因子组成.

所以, 收益率曲线由一组节点表示,

$$\Omega_{yc} = \{(t_1, p(t_1)), (t_2, p(t_2)), \cdots, (t_n, p(t_n))\}, \tag{12.16}$$

这里, 贴现因子 $p(t_i)$ 定义为

$$p_i \equiv p(t_i) := P(t_0, t_i) = \mathbb{E}^{\mathbb{Q}} \left[1 \cdot e^{-\int_{t_0}^{t_i} r(z)\mathrm{d}z} \middle| \mathcal{F}(t_0) \right].$$

与短期利率 $r(t)$ 不同的是, 贴现因子是确定的, 它们可以由简单复合率 r_i 表示, 即 $p(t_i) = e^{-r_i(t_i - t_0)}$. 通常, (12.16) 中的 Ω_{yc} 称为收益率曲线的脊椎点集. 因此, 脊椎点直接隐含于用以校验的金融产品. 基于有限个脊椎点 p_i, 我们可以定义一个连续函数 $P(t_0, t)$, 其中在时间点 $t = t_i$ 上, 有 $P(t_0, t_i) = p_i$, 而在脊椎点之间可以通过某插值方式来计算.

精确的收益率曲线不仅对利率衍生品的定价, 而且对对冲都至关重要, 例如, 一旦利率产品的价格确定, 该产品对用于构建收益率曲线的产品的敏感性将用于对冲和风险管理.

在 [Hagan et al., 2008] 中, 给出了曲线构造及其插值的准则, 如

- 收益率曲线应该能够对用于构建它的产品进行定价.
- 曲线中隐含的远期利率应该是连续的.
- 所使用的插值应尽可能局部, 这意味着曲线节点中的微小变化不应影响到与其"很远"的节点.
- 对冲也应该是局部的, 即如果曲线中的一个产品被对冲, 那么这个对冲不应该涉及更多其他产品.

有了这些准则, 为了利率衍生品定价, 就可以对收益率曲线的配置, 也就是所使用的产品和插值进行评估.

每个平凡香草型的校验产品, 是一个脊椎点的函数. 第 i 个产品定义为 $V_i(t_0) := V_i(t_0, \Omega_{yc})$, 而这个产品的市场报价为 V_i^{mkt}.

在校验过程中, 我们得到一系列脊椎贴现因子 $\boldsymbol{p} := [p_1, p_2, \cdots, p_n]^{\mathrm{T}}$, 有

$$d_i := V_i(t_0, \boldsymbol{p}) - V_i^{mkt} = 0, \ i = 1, \cdots, n, \tag{12.17}$$

这里 d_i 表示差缺, 即衍生品的现值减去市场报价.

这和寻找隐含波动率的问题是类似的, 但这里的情况更复杂一些, 因为收益率曲线将基于多个产品, 因此校验问题变成高维. 我们取 $\boldsymbol{d} = [d_1, d_2, \cdots, d_n]^{\mathrm{T}}$ 用 Newton 迭代通过解 $\boldsymbol{d} = 0$ 来确定最优的脊椎点, 即

$$\boldsymbol{d}(\boldsymbol{p} + \Delta\boldsymbol{p}) = \boldsymbol{d}(\boldsymbol{p}) + \frac{\partial \boldsymbol{d}(\boldsymbol{p})}{\partial \boldsymbol{p}} \Delta\boldsymbol{p} + O\left(\Delta\boldsymbol{p}^2\right)$$

$$=: \boldsymbol{d}(\boldsymbol{p}) + \boldsymbol{J}(\boldsymbol{p})\Delta\boldsymbol{p} + O\left(\Delta\boldsymbol{p}^2\right), \tag{12.18}$$

这里 Jacobi 行列式 $\boldsymbol{J}(\boldsymbol{p})$ 是一个矩阵记号, 它等价于

$$\begin{bmatrix} d_1(\boldsymbol{p}+\Delta\boldsymbol{p}) \\ d_2(\boldsymbol{p}+\Delta\boldsymbol{p}) \\ \vdots \\ d_n(\boldsymbol{p}+\Delta\boldsymbol{p}) \end{bmatrix} = \begin{bmatrix} d_1(\boldsymbol{p}) \\ d_2(\boldsymbol{p}) \\ \vdots \\ d_n(\boldsymbol{p}) \end{bmatrix} + \begin{bmatrix} \frac{\partial d_1}{\partial p_1} & \frac{\partial d_1}{\partial p_2} & \cdots & \frac{\partial d_1}{\partial p_n} \\ \frac{\partial d_2}{\partial p_1} & \frac{\partial d_2}{\partial p_2} & \cdots & \frac{\partial d_2}{\partial p_n} \\ \vdots & & \ddots & \vdots \\ \frac{\partial d_n}{\partial p_1} & \frac{\partial d_n}{\partial p_2} & \cdots & \frac{\partial d_n}{\partial p_n} \end{bmatrix} \begin{bmatrix} \Delta p_1 \\ \Delta p_2 \\ \vdots \\ \Delta p_n \end{bmatrix} + O\left(\Delta\boldsymbol{p}^2\right).$$

忽略高阶项, 为了使差缺值为零, 即 $\boldsymbol{d}(\boldsymbol{p}+\Delta\boldsymbol{p})=0$, 并解 $\Delta\boldsymbol{p}$ 的线性方程组, 得到

$$\Delta\boldsymbol{p} = -\boldsymbol{J}^{-1}(\boldsymbol{p})\boldsymbol{d}(\boldsymbol{p}). \tag{12.19}$$

其中上标 k 表示迭代数, 我们用下列 Newton 迭代来近似:

$$\boldsymbol{p}^{(k+1)} = \boldsymbol{p}^{(k)} - \boldsymbol{J}^{-1}\left(\boldsymbol{p}^{(k)}\right)\boldsymbol{d}\left(\boldsymbol{p}^k\right), \tag{12.20}$$

对 $k = 1, \cdots$. 下面将列一个简单例子.

例 12.1.1（没有插值的收益率曲线计算）　在本章前节中定义了一些基本利率产品之后, 我们将给出一个收益率曲线构建. 这里的基本收益率曲线将基于两种产品, 远期利率协议 (FRA) 和互换协议. 它给出的收益率曲线虽然简单, 但非常深刻. 在实际中, 构造曲线的产品数量可能会根据市场的不同而有所不同, 从几个到十个或更多. FRA 合同的现值由以下公式给出:

$$V^{FRA}(t_0) = P(t_0, T_1)\left(\frac{\tau(\ell(t_0; T_2, T_3) - K_1)}{1 + \tau\ell(t_0; T_2, T_3)}\right), \tag{12.21}$$

其中 $\tau = T_3 - T_2$, T_1, T_2, T_3 分别为交割日、固定日和到期日. 为简化, 我们设 $t_0 = T_1 = T_2$, $T_3 = 1$, 这样

$$V^{FRA}(t_0) = \frac{\ell(t_0; t_0, 1) - K_1}{1 + \ell(t_0; t_0, 1)}. \tag{12.22}$$

所以, 等式 (12.17) 中的 d_1 为

$$d_1 = \frac{\ell(t_0; t_0, 1) - K_1}{1 + \ell(t_0; t_0, 1)} - V_1^{mkt} = 0. \tag{12.23}$$

由 Libor 率的定义,

$$\ell(t_0; T_1, T_2) = \frac{1}{T_2 - T_1}\left(\frac{P(t_0, T_1) - P(t_0, T_2)}{P(t_0, T_2)}\right),$$

我们可以用脊椎贴现因子表示 d_1 如下:

$$d_1 = \frac{\left(\frac{1}{p_1} - 1\right) - K_1}{1 + \left(\frac{1}{p_1} - 1\right)} - V_1^{mkt} = 0, \tag{12.24}$$

其简化为

$$d_1 = 1 - (1 + K_1)p_1 - V_1^{mkt} = 0. \tag{12.25}$$

有这些支付日 $T_i, \cdots, T_m$ 的互换, 具有下列现值:

$$V^S(t_0) = P(t_0, T_i) - P(t_0, T_m) - K_2 \sum_{k=i+1}^{m} \tau_k P(t_0, T_k). \tag{12.26}$$

如果我们取 $T_i = 1, T_m = 2$, 这给我们下面的关于脊椎贴现因子 p_1 和 p_2 的 d_2 值:

$$d_2 = p_1 - p_2 - K_2 p_2 - V_2^{mkt} = 0. \tag{12.27}$$

有了这些结果, 我们校验收益率曲线的脊椎贴现因子 $\boldsymbol{p} = [p_1, p_2]^T$, 如下:

$$\begin{bmatrix} d_1 \\ d_2 \end{bmatrix} = \begin{bmatrix} 1 - (1 + K_1)p_1 - V_1^{mkt} \\ p_1 - p_2(1 + K_2) - V_2^{mkt} \end{bmatrix}, \tag{12.28}$$

以及

$$\boldsymbol{J} := \begin{bmatrix} \frac{\partial d_1}{\partial p_1} & \frac{\partial d_1}{\partial p_2} \\ \frac{\partial d_2}{\partial p_1} & \frac{\partial d_2}{\partial p_2} \end{bmatrix} = \begin{bmatrix} -(1 + K_1) & 0 \\ 1 & -(1 + K_2) \end{bmatrix}, \tag{12.29}$$

这里 Jacobi 行列式的逆为

$$\boldsymbol{J}^{-1} = \frac{1}{(1 + K_1)(1 + K_2)} \begin{bmatrix} -(1 + K_2) & 0 \\ -1 & -(1 + K_1) \end{bmatrix}. \tag{12.30}$$

根据市场报价 V_1^{mkt}, V_2^{mkt} 以及相应的敲定价 K_1 和 K_2, 通过公式 (12.20), 得到了最优脊椎贴现因子 p_1 和 p_2. 通常在金融市场中, 敲定价 K_1 和 K_2 的取值使得在开始 t_0 时, $V_1^{mkt} = 0$ 和 $V_2^{mkt} = 0$, 也就是说, 最常见的合同是那些在开始时价值等于零的合同. ◊

12.2 更多的利率衍生品

这里, 我们将讨论几个包含更为复杂的合约定义的利率衍生品.

12.2.1 封顶和垫底

复杂点的利率产品包括封顶和垫底. 它们基于较简单的构造块.

利率封顶的设计初衷是为持浮动利率的贷款者提供一份保险, 使其在浮动利率超越事先约定的水平时得到保护, 这里的 "事先约定的水平" 就是上限封顶率 K. 而利率垫底提供了一个浮动利率可能跌破事先约定水平的保险, 此时, 有个下限垫底率 K. 封顶和垫底可以分解成基本利率合同的和. 对封顶的情形, 这叫作天花板, 对应垫底就是地板, 它们定义如下.

定义 12.2.1（天花板/地板） 给两个未来时间，$T_{i-1} < T_i$，其中 $\tau_i = T_i - T_{i-1}$，具名义金额 N_i 的合同要在 T_i 时刻付的率 K_i 的 T_{i-1} 天花板/地板是

$$V_i^{\mathrm{CPL}}(T_i) = H_i^{\mathrm{CPL}}(T_i) = \tau_i N_i \max\left(\ell_i(T_{i-1}) - K_i, 0\right),$$

$$V_i^{\mathrm{FL}}(T_i) = H_i^{\mathrm{FL}}(T_i) = \tau_i N_i \max\left(K_i - \ell_i(T_{i-1}), 0\right),$$

其中 $\ell_i(T_{i-1}) := \ell(T_{i-1}; T_{i-1}, T_i)$.

在时间点 T_{i-1}，我们已经可以在货币市场上观察到确定的 Libor 率 $\ell_i(T_{i-1})$，然而，支付将在 T_i 时间点执行.

一个封顶由具有相同敲定价 K 和相同的名义金额 N 的 m 个天花板组成. 封顶在时间 t 的价值是每个天花板在时间 t 价值的总和.

因此，天花板和地板基本上是从时间 T_{i-1} 到 T_i 的积累的利率上的欧式期权. 合同支付时间为 T_i 时刻是一个重要的概念，此时利率已经在时刻 T_{i-1} 重置. 所以在时刻 T_{i-1}，用于 T_i 时刻支付的利率已经知道. 用金融术语说，我们应该将 Libor 率 $\ell_i(t)$ 建模为一个在时刻 T_{i-1} 重置的随机量.

在 T_i 远期测度下的天花板价为

$$\begin{aligned}
V_i^{\mathrm{CPL}}(t) &= \mathbb{E}^{\mathbb{Q}}\left[\frac{N_i \tau_i}{M(T_i)} \max\left(\ell_i(T_{i-1}) - K_i, 0\right) \big| \mathcal{F}(t)\right] \\
&= N_i \tau_i P(t, T_i) \mathbb{E}^{T_i}\left[\max\left(\ell_i(T_{i-1}) - K_i, 0\right) \big| \mathcal{F}(t)\right].
\end{aligned}$$ (12.31)

在 T_i 远期测度下的地板价为

$$\begin{aligned}
V_i^{\mathrm{FL}}(t) &= \mathbb{E}^{\mathbb{Q}}\left[\frac{N_i \tau_i}{M(T_i)} \max\left(K_i - \ell_i(T_{i-1}), 0\right) \big| \mathcal{F}(t)\right] \\
&= N_i \tau_i P(t, T_i) \mathbb{E}^{T_i}\left[\max\left(K_i - \ell_i(T_{i-1}), 0\right) \big| \mathcal{F}(t)\right].
\end{aligned}$$ (12.32)

请注意，根据不同的利率模型的选择，(12.31) 的期望将不同，例如见第 14 章.

在 Hull-White 模型下天花板/地板的定价

Libor 率可以用债券价重写，这些债券价也可以通过前面章节讨论的短期利率模型建模.

这里，我们将确定天花板在 Hull-White 短期利率模型下的定价公式. 地板的推导是类似的.

Hull-White 模型的细节

我们简短地重复 Hull-White 动态，并展示即使不用 Hull-White 分解也可以得到其特征函数.

单因子 Hull-White 模型 [Hull et al., 1990] 由下列动态给出, 也参见 (11.32),

$$\mathrm{d}r(t) = \lambda\left(\theta(t) - r(t)\right)\mathrm{d}t + \eta\mathrm{d}W_r^{\mathbb{Q}}(t), \quad r(t_0) = r_0, \tag{12.33}$$

其中漂移项 $\theta(t) \in \mathbb{R}, t \in \mathbb{R}^+$, 其用于拟合债券价到收益率曲线, η 决定了波动率水平, 而 λ 是回归率参数.

HW 过程是仿射过程, 见节 11.3.1, 而它的贴现的特征函数给出如下:

$$\phi_{r_{\mathrm{HW}}}(u; t, T) = \mathbb{E}^{\mathbb{Q}}\left[\left.\mathrm{e}^{-\int_t^T r(z)\mathrm{d}z + iur(T)}\right|\mathcal{F}(t)\right] = \mathrm{e}^{\bar{A}(u,\tau) + \bar{B}(u,\tau)r(t)}, \tag{12.34}$$

对 $\tau = T - t$ 和初值条件,

$$\phi_{r_{\mathrm{HW}}}(u; T, T) = \mathbb{E}^{\mathbb{Q}}\left[\left.\mathrm{e}^{-\int_T^T r(z)\mathrm{d}z + iur(T)}\right|\mathcal{F}(T)\right] = \mathrm{e}^{iur(T)},$$

这隐含着 $\bar{A}(u, 0) = 0, \bar{B}(u, 0) = iu$.

我们解下列关于 $\bar{A}(u, \tau)$ 和 $\bar{B}(u, \tau)$ 的 ODE 组:

$$\frac{\mathrm{d}\bar{A}}{\mathrm{d}\tau} = \lambda\theta(T - \tau)\bar{B} + \frac{1}{2}\eta^2\bar{B}^2,$$
$$\frac{\mathrm{d}\bar{B}}{\mathrm{d}\tau} = -1 - \lambda\bar{B}.$$

对不依赖于 $\bar{A}(u, \tau)$ 的 $\bar{B}(u, \tau)$, 我们得到

$$\frac{\mathrm{d}}{\mathrm{d}\tau}\left(\mathrm{e}^{\lambda\tau}\bar{B}\right) = -\mathrm{e}^{\lambda\tau},$$

其对应的解为

$$\bar{B}(u, \tau) = \bar{B}(u, 0)\mathrm{e}^{-\lambda\tau} - \frac{1}{\lambda}\left(1 - \mathrm{e}^{-\lambda\tau}\right).$$

用 $\bar{B}(u, 0) = iu$, 我们得到

$$\bar{B}(u, \tau) = iu\mathrm{e}^{-\lambda\tau} - \frac{1}{\lambda}\left(1 - \mathrm{e}^{-\lambda\tau}\right), \tag{12.35}$$

积分关于 $\bar{A}(u, \tau)$ 的等式得到

$$\bar{A}(u, \tau) = \bar{A}(u, 0) + \lambda\int_0^\tau \theta(T - z)\bar{B}(u, z)\mathrm{d}z + \frac{1}{2}\eta^2\int_0^\tau \bar{B}^2(u, z)\mathrm{d}z.$$

包括 $\bar{A}(u, 0) = 0$ 和 (12.35) 中 $\bar{B}(u, \tau)$ 的解, 得到

$$\begin{aligned}
\bar{A}(u, \tau) &= \lambda\int_0^\tau \theta(T - z)\bar{B}(u, z)\mathrm{d}z + \frac{1}{2}\eta^2\int_0^\tau \bar{B}^2(u, z)\mathrm{d}z \\
&= \lambda\int_0^\tau \theta(T - z)\bar{B}(u, z)\mathrm{d}z + \frac{\eta^2}{4\lambda^3}\left(iu\lambda + 1\right) \\
&\quad \times \left(\mathrm{e}^{-2\lambda T}\left(4\mathrm{e}^{\lambda T} - 1 - \lambda iu\right) + (iu\lambda - 3)\right) + \frac{\eta^2\tau}{2\lambda^2}.
\end{aligned}$$

在 (12.34) 中具 $u = 0$ 和 $\bar{A}_r(\tau) \equiv \bar{A}(0,\tau)$, $\bar{B}_r(\tau) \equiv \bar{B}(0,\tau)$ 的 Hull-White 模型特征函数, 我们得到 ZCB 的价格如下:

$$P(t,T) := \phi_{r_{\mathrm{HW}}}(0; t, T) = \mathbb{E}^{\mathbb{Q}}\left[\mathrm{e}^{-\int_t^T r(z)\mathrm{d}z} \,\middle|\, \mathcal{F}(t)\right] = \mathrm{e}^{\bar{A}_r(\tau) + \bar{B}_r(\tau)r(t)}, \qquad (12.36)$$

其中

$$\bar{B}_r(\tau) = \frac{1}{\lambda}\left(\mathrm{e}^{-\lambda\tau} - 1\right),$$

$$\bar{A}_r(\tau) = \lambda \int_0^\tau \theta(T - z)\bar{B}_r(z)\mathrm{d}z + \frac{\eta^2}{4\lambda^3}\left[\mathrm{e}^{-2\lambda\tau}\left(4\mathrm{e}^{\lambda\tau} - 1\right) - 3\right] + \frac{\eta^2\tau}{2\lambda^2}.$$

天花板的定价

具敲定价 K 的天花板的价格如下:

$$V^{\mathrm{CPL}}(t_0) = N\tau_i\mathbb{E}^{\mathbb{Q}}\left[\frac{1}{M(T_i)}\max\left(\ell_i(T_{i-1}) - K, 0\right)\,\middle|\,\mathcal{F}(t_0)\right]$$

$$= N\tau_i P(t_0, T_i)\mathbb{E}^{T_i}\left[\max\left(\ell_i(T_{i-1}) - K, 0\right)\middle|\mathcal{F}(t_0)\right]. \qquad (12.37)$$

由 (12.1) 所定义的 Libor 率, (比例的) 天花板的估价公式[a]可以写成

$$\frac{V^{\mathrm{CPL}}(t_0)}{P(t_0, T_i)} = N\tau_i\mathbb{E}^{T_i}\left[\max\left(\frac{1}{\tau_i}\left(\frac{1}{P(T_{i-1}, T_i)} - 1\right) - K, 0\right)\middle|\mathcal{F}(t_0)\right]$$

$$= N \cdot \mathbb{E}^{T_i}\left[\max\left(\mathrm{e}^{-\bar{A}_r(\tau_i) - \bar{B}_r(\tau_i)r(T_{i-1})} - 1 - \tau_i K, 0\right)\middle|\mathcal{F}(t_0)\right]$$

$$= N \cdot \mathrm{e}^{-\bar{A}_r(\tau_i)}\mathbb{E}^{T_i}\left[\max\left(\mathrm{e}^{-\bar{B}_r(\tau_i)r(T_{i-1})} - \hat{K}, 0\right)\middle|\mathcal{F}(t_0)\right], \qquad (12.38)$$

其中 $\hat{K} = (1 + \tau_i K)\mathrm{e}^{\bar{A}_r(\tau_i)}$, 并且用了 (12.35) 中的结果. 在 Hull-White 模型下, 天花板的价值则可以使用节 11.4.2 讨论的在零息票 $P(T_{i-1}, T_i)$ 上期权定价类似的方式.

---

[a]我们用比例是为了记号的方便.

望远性质和天花板定价

导出天花板价格的一种漂亮的方法是通过期望的望远性质. 敲定价为 K 的天花板的价格可以写成

$$V^{\mathrm{CPL}}(t_0) = N\tau_i\mathbb{E}^{\mathbb{Q}}\left[\mathbb{E}^{\mathbb{Q}}\left[\frac{1}{M(T_i)}\max\left(\ell_i(T_{i-1}) - K, 0\right)\middle|\mathcal{F}(T_{i-1})\right]\middle|\mathcal{F}(t_0)\right] \qquad (12.39)$$

$$= N\tau_i\mathbb{E}^{\mathbb{Q}}\left[\frac{1}{M(T_{i-1})}\mathbb{E}^{\mathbb{Q}}\left[\frac{M(T_{i-1})}{M(T_i)}\max\left(\ell_i(T_{i-1}) - K, 0\right)\middle|\mathcal{F}(T_{i-1})\right]\middle|\mathcal{F}(t_0)\right].$$

经过测度变换, 里面的期望可以写成

$$\mathbb{E}^{\mathbb{Q}}\left[\frac{M(T_{i-1})}{M(T_i)}\max\left(\ell_i(T_{i-1}) - K, 0\right)\middle|\mathcal{F}(T_{i-1})\right] = P(T_{i-1}, T_i)\max\left(\ell_i(T_{i-1}) - K, 0\right).$$

天花板的价值则可找到,

$$V^{\mathrm{CPL}}(t_0) = N\tau_i\mathbb{E}^{\mathbb{Q}}\left[\frac{1}{M(T_{i-1})}P(T_{i-1},T_i)\max\left(\ell_i(T_{i-1})-K,0\right)\Big|\mathcal{F}(t_0)\right]. \quad (12.40)$$

对 (比例的) 天花板价值, 结果为

$$\frac{V^{\mathrm{CPL}}(t_0)}{P(t_0,T_{i-1})} = N\tau_i\cdot\mathbb{E}^{T_{i-1}}\left[P(T_{i-1},T_i)\max\left(\frac{1}{\tau_i}\left(\frac{1}{P(T_{i-1},T_i)}-1\right)-K,0\right)\Big|\mathcal{F}(t_0)\right]$$

$$= \hat{N}\cdot\mathbb{E}^{T_{i-1}}\left[\max\left(\frac{1}{\hat{K}}-P(T_{i-1},T_i)\right)\Big|\mathcal{F}(t_0)\right], \quad (12.41)$$

其中 $\hat{N} = N(1+\tau_i K)$, $\hat{K} = 1+\tau_i K$.

事实上, 最后一个等式是标的为 T_{i-1} 起的 ZCB 的, 到期日为 T_i, 敲定价为 $\hat{K}^{-1}$ 的看跌期权价.

例 12.2.1 (天花板合约的隐含波动率) 图 12-4 展示了不同的 Hull-White 模型参数 λ, η. 它显示, 均值回归参数 λ 相对于波动率参数 η 对天花板隐含波动率的影响小得多. 所以实际业务中, λ 常常保持固定, 而 η 则是通过校验过程确定. ◇

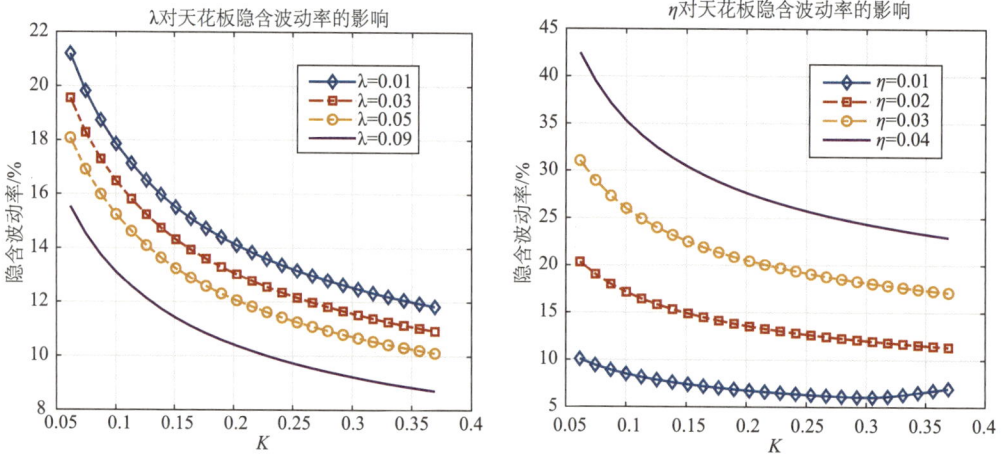

图 12-4 Hull-White 模型中 λ 和 η 对天花板隐含波动率的影响.

12.2.2 欧式互换期权

我们接下来讨论利率产品中的互换期权. 互换期权是以利率互换为标的的期权. 欧式互换期权的持有人有权力但没有义务在未来时候进入一份预定敲定价 K 的互换合同. 类似于互换, 互换期权也有支付方和接收方两种版本, 它们要么是支付固定利率和接收浮动利率方 (支付方互换期权), 要么反过来 (接收方互换期权). 互换期权的敲定价决定了标的互换的固定利率. 将远期开始的互换值设为 "票面" 的固定利率称为远期互换利率, 按此利率敲定的互换期权称为平值 (ATM). 请注意, 欧式互换期权是场外交易合约, 因此其条款可能会根据特定投资者的需要而有所不同. 最常见的互换期权是基于平值的利率互换的合约.

在标准设定中, 互换期权的到期时间与标的利率互换的第一个重置日期一致, 即 $T_0 = T_i$. 在今天的日期 t_0, 第一个重置日 T_i 是未来的某个日期, 互换期权持有人可以选择在该日期进入互换交易.

T_i 时, 互换期权的价值为

$$V^{\text{Swpt}}(T_i) = H^{\text{Swpt}}(T_i) = \max\left(V^{\text{S}}(T_i), 0\right) \tag{12.42}$$
$$= N \cdot \max\left(\sum_{k=i+1}^{m} \tau_k P(T_i, T_k)\left(\ell(T_i; T_{k-1}, T_k) - K\right), 0\right),$$

而其今天的贴现价等于

$$V^{\text{Swpt}}(t_0) = N \cdot \mathbb{E}^{\mathbb{Q}}\left[\frac{M(t_0)}{M(T_i)} \tag{12.43}\right.$$
$$\left.\times \max\left(\sum_{k=i+1}^{m} \tau_k P(T_i, T_k)\left(\ell(T_i; T_{k-1}, T_k) - K\right), 0\right)\bigg| \mathcal{F}(t_0)\right].$$

用 (12.15) 的表达式, 互换期权的价值也等于

$$V^{\text{Swpt}}(t_0) = N \cdot \mathbb{E}^{\mathbb{Q}}\left[\frac{M(t_0)}{M(T_i)} \max\left(A_{i,m}(T_i)\left(S_{i,m}(T_i) - K\right), 0\right)\bigg| \mathcal{F}(t_0)\right]$$
$$= N \cdot \mathbb{E}^{\mathbb{Q}}\left[\frac{A_{i,m}(T_i)M(t_0)}{M(T_i)} \max\left(S_{i,m}(T_i) - K, 0\right)\bigg| \mathcal{F}(t_0)\right], \tag{12.44}$$

这里 $M(t_0) = 1$, $t_0 < T_i < T_{i+1}$, 其中 T_{i+1} 是第一次支付日.

如讨论过的, 年金 $A_{i,m}(T_i)$ 是一个可以考虑的计价单位, 其是一些可交易的 ZCB 组成的线性组合. 关联年金 $A_{i,m}(t)$, 考虑用于从风险中性测度 $\mathbb{Q}$ 到新的年金测度 $\mathbb{Q}^{i,m}$ (也被称为互换测度) 测度变换的 Radon-Nikodym 导数由下式给出:

$$\lambda_{\mathbb{Q}}^{i,m}(T_i) = \frac{\mathrm{d}\mathbb{Q}^{i,m}}{\mathrm{d}\mathbb{Q}}\bigg|_{\mathcal{F}(T_i)} = \frac{A_{i,m}(T_i)}{A_{i,m}(t_0)} \frac{M(t_0)}{M(T_i)}.$$

互换期权的价值于是由下式给出:

$$V^{\text{Swpt}}(t_0) = N \cdot \mathbb{E}^{i,m}\left[\frac{A_{i,m}(T_i)M(t_0)}{M(T_i)} \frac{A_{i,m}(t_0)}{A_{i,m}(T_i)} \frac{M(T_i)}{M(t_0)}\right.$$
$$\left.\times \max\left(S_{i,m}(T_i) - K, 0\right)\bigg| \mathcal{F}(t_0)\right]$$
$$= N \cdot A_{i,m}(t_0)\mathbb{E}^{i,m}\left[\max\left(S_{i,m}(T_i) - K, 0\right)\big| \mathcal{F}(t_0)\right].$$

为避免套利, 具有如下定义的互换率 $S_{i,m}(T_i)$ 在关联年金 $A_{i,m}(t)$ 的互换测度下必

须是个鞅:

$$S_{i,m}(t) = \frac{P(t,T_i) - P(t,T_m)}{A_{i,m}(t)}.$$

这隐含着互换率 $S_{i,m}(t)$ 在互换测度 $\mathbb{Q}^{i,m}$ 下的动态没有漂移项.

Hull-White 模型下的互换期权

在这小节中, 作为一个说明性的例子, 我们将在 Hull-White 短期利率模型下定价欧式互换期权. 这种情况下, 互换期权的价格可以半解析地找到. 通过从测度 $\mathbb{Q}$ 到 T_i 远期测度 $\mathbb{Q}^{T_i}$ 的测度变换, 表达式 (12.43) 如下:

$$
\begin{aligned}
V^{\text{Swpt}}(t_0) = {} & N \cdot P(t_0, T_i) \\
& \times \mathbb{E}^{T_i}\left[\max\left(\sum_{k=i+1}^{m} \tau_k P(T_i, T_k)\big(\ell(T_i; T_{k-1}, T_k) - K\big), 0\right)\bigg|\mathcal{F}(t_0)\right].
\end{aligned}
$$

利用等式 (12.12), 下列关系成立:

$$
\begin{aligned}
\sum_{k=i+1}^{m} \tau_k P(T_i, T_k)\big(\ell_k(T_i) - K\big) &= 1 - P(T_i, T_m) - K\sum_{k=i+1}^{m} \tau_k P(T_i, T_k) \\
&= 1 - \sum_{k=i+1}^{m} c_k P(T_i, T_k), \tag{12.45}
\end{aligned}
$$

其中 $c_k = K\tau_k$, $k = i+1, \cdots, m-1$, $c_m = 1 + K\tau_m$.

> 这给我们下列互换期权价的表达式:
>
> $$V^{\text{Swpt}}(t_0) = N \cdot P(t_0, T_i)\mathbb{E}^{T_i}\left[\max\left(1 - \sum_{k=i+1}^{m} c_k P(T_i, T_k), 0\right)\bigg|\mathcal{F}(t_0)\right].$$

由于 ZCB $P(T_i, T_k)$ 在仿射短期利率过程 $r(t)$ 下可以表成

$$P(T_i, T_k) = \exp\big(\bar{A}_r(\bar{\tau}_k) + \bar{B}_r(\bar{\tau}_k)r(T_i)\big),$$

其中 $\bar{\tau}_k := T_k - T_i$, (比例的) 定价公式为

$$\frac{V^{\text{Swpt}}(t_0)}{P(t_0, T_i)} = N \cdot \mathbb{E}^{T_i}\left[\max\left(1 - \sum_{k=i+1}^{m} c_k e^{\bar{A}_r(\bar{\tau}_k) + \bar{B}_r(\bar{\tau}_k)r(T_i)}, 0\right)\bigg|\mathcal{F}(t_0)\right]. \tag{12.46}$$

对上面表达式中 "和的最大值", 在 [Jamshidian, 1989] 中通过 "最大值的和" 表达式推出, 其表示成下列结果.

结果 12.2.1 (和的最大值) *我们希望评估*

$$A = \max\left(K - \sum_k \psi_k(r), 0\right), \tag{12.47}$$

这里 $\psi_k(r)$, $\mathbb{R} \to \mathbb{R}^+$, 是一个单调递增或单调递减的函数序列.

一种将求和的最大值转化为求某些最大值之和的表达式方法在 [Jamshidian, 1989] 中介绍.

由于每个 $\psi_k(r)$ 是单调递增的, $\sum_k \psi_k(r)$ 也是单调递增的. 这隐含着存在一个 $r = r^*$, 使得

$$K - \sum_k \psi_k(r^*) = 0, \tag{12.48}$$

这里 r^* 可以通过某求根算法, 像节 4.1.1 讨论的 Newton-Raphson 迭代来确定. 利用等式 (12.48), (12.47) 可以写成

$$\bar{M} = \max\left(\sum_{k=1}^m \psi_k(r^*) - \sum_k \psi_k(r), 0\right) = \max\left(\sum_k (\psi_k(r^*) - \psi_k(r)), 0\right).$$

从而 $\bar{M}$ 表达式则有

$$\bar{M} = \max\left(\sum_k (\psi_k(r^*) - \psi_k(r)), 0\right) = \sum_k (\psi_k(r^*) - \psi_k(r)) \, \mathbb{1}_{r > r^*},$$

其可以表成

$$\bar{M} = \sum_k \max(\psi_k(r^*) - \psi_k(r), 0),$$

就得到了结果.

借助于结果 12.2.1, 等式 (12.46) 可以重写成

$$\frac{V^{\text{Swpt}}(t_0)}{P(t_0, T_i)} = N \cdot \sum_{k=i+1}^m c_k \mathbb{E}^{T_i}\left[\max\left(\hat{K}_k - e^{\bar{A}_r(\bar{\tau}_k) + \bar{B}_r(\bar{\tau}_k) r(T_i)}, 0\right) \Big| \mathcal{F}(t_0)\right],$$

其中 $\hat{K}_k := \exp\left(\bar{A}_r(\bar{\tau}_k) + \bar{B}_r(\bar{\tau}_k) r^*\right)$, 这里选择参数 r^*, 使得

$$\sum_{k=i+1}^m c_k \exp\left(\bar{A}_r(\bar{\tau}_k) + \bar{B}_r(\bar{\tau}_k) r^*\right) = 1.$$

上述互换期权的定价公式还不完整, 这是因为上述等式中的期望值之和仍需确定. 请注意, 这个和中的每个元素都代表一个零息票的欧式看跌期权, 即

$$V_p^{\text{ZCB}}(t_0, T_i) = P(t_0, T_i) \mathbb{E}^{T_i}\left[\max\left(\hat{K}_k - e^{\bar{A}_r(\bar{\tau}_k) + \bar{B}_r(\bar{\tau}_k) r(T_i)}, 0\right)\right],$$

其中 $\bar{\tau}_k = T_k - T_i$, $\hat{K}_k$ 是敲定价. 在 Hull-White 模型下关于 ZCB 的欧式型期权的定价就会补上这一部分, 从而形成具有封闭形式的定价函数.

欧式互换期权的定价公式为

$$V^{\mathrm{Swpt}}(t_0) = N \cdot \sum_{k=i+1}^{m} c_k V_p^{\mathrm{ZCB}}(t_0, T_i, T_k, \hat{K}_k), \tag{12.49}$$

其中互换期权到期日 T_i, 互换到期日 T_k, 敲定价 $\hat{K}_k := \exp\left(\bar{A}_r(\bar{\tau}_k) + \bar{B}_r(\bar{\tau}_k)r^*\right)$. 这里 r^* 由解下列方程确定:

$$1 - \sum_{k=i+1}^{m} c_k \exp\left(\bar{A}_r(\bar{\tau}_k) + \bar{B}_r(\bar{\tau}_k)r^*\right) = 0, \tag{12.50}$$

这里 $c_k = K\tau_k$ 对 $k = i+1, \cdots, m-1$, $c_m = 1 + K\tau_m$.

习 题

习题 12.1 从等式 (12.38) 出发在 Hull-White 模型下推出天花板价值.

习题 12.2 考虑 $T_0 = 0$, $T_1 = 2$ 和 $T_2 = 6$ 年的零息票 $P(T_1, T_2)$ 上面的欧式看涨期权定价问题, 这里初始的零息票曲线由 $P(0, t) = \mathrm{e}^{-0.03t^2 - 0.1t}$ 给出.

对 Hull-White 模型,

$$\mathrm{d}r(t) = \lambda(\theta(t) - r(t))\mathrm{d}t + \eta\mathrm{d}W_r^{\mathbb{Q}}(t), \quad r(0) \approx f^r(0, 0),$$

其中 $\lambda = 0.2$, $\eta = 0.1$, 而 $\theta(t)$ 以即时远期利率 $f^r(0, t)$ 表示,

$$\theta(t) = f^r(0, t) + \frac{1}{\lambda}\frac{\partial}{\partial t}f^r(0, t) + \frac{\eta^2}{2\lambda^2}\left(1 - \mathrm{e}^{-2\lambda t}\right).$$

解决下列问题.

a. 由于即时远期利率 $f^r(0, t)$ 可以用零息票曲线通过关系式 $f^r(0, t) = -\frac{\partial}{\partial t}\log P(0, t)$ 表示, 解析地确定长期短期利率均值 $\theta(t)$.

b. 对 $100\,000$ 条路径和 300 个时间步以及下面的 Euler 离散,

$$r(t + \Delta t) = r(t) + \lambda(\theta(t) - r(t))\Delta t + \eta\sqrt{\Delta t}Z, \quad Z \sim \mathcal{N}(0, 1),$$

定价如下零息票的期权:

$$V(0) = \mathbb{E}^{\mathbb{Q}}\left[\frac{M(0)}{M(T_1)}\max(P(T_1, T_2) - K, 0)\right]$$
$$= \mathbb{E}^{\mathbb{Q}}\left[\frac{M(0)}{M(T_1)}\max\left(\mathrm{e}^{\bar{A}_r(4) + \bar{B}_r(4)r(2)} - K, 0\right)\right],$$

其中敲定价 $K = \{0, 0.1, 0.2, \cdots, 1.3\}$, $\bar{A}_r(\tau)$, $\bar{B}_r(\tau)$ 中 $\tau = T_2 - T_1$.

c. 比较 Monte Carlo 定价结果和解析表达式. 关于 Monte Carlo 依赖于路径数和时间步长的精确性可以说明什么?

习题 12.3 考虑 $T_0 = 0$ 时的欧式互换期权的定价问题, 互换期权到期 $T_m \equiv T_3 = 3$, 互换的期限结构为 $T_n \equiv T_6 = 6$ 年 (年频率). 初始的零息票债券曲线为 $P(0, t) = \mathrm{e}^{-0.02t^2 - 0.06t}$.

对 Hull-White 模型, 具 $\lambda = 1.5$, $\eta = 0.07$ 而 $\theta(t)$ 以即时远期利率 $f^r(0, t)$ 表示. 完成下列任务.

a. 对 $100\,000$ 条路径和 300 个时间步执行下列 Euler 离散, 即

$$r(t + \Delta t) = r(t) + \lambda(\theta(t) - r(t))\Delta t + \eta\sqrt{\Delta t}Z, \quad Z \sim \mathcal{N}(0, 1),$$

定价下列互换期权:

$$V^{\mathrm{Swpt}}(0) = \mathbb{E}^{\mathbb{Q}}\left[\frac{1}{M(T_3)}\max\left(\sum_{k=4}^{6}\tau_k P(T_3, T_k)\big(\ell(T_3, T_{k-1}, T_k) - K\big), 0\right)\Big|\mathcal{F}(0)\right],$$

其中 $\tau_k = 1$, 敲定价 $K = \{0.01, 0.02, \cdots, 0.25\}$.

提示: 以 ZCB 表示 Libor 率 $\ell(T_3, T_{k-1}, T_k)$ 并对每张债券 $P(T_3, T_k)$ 用等式 $P(T_3, T_k) = \mathrm{e}^{\bar{A}(T_3, T_k) + \bar{B}(T_3, T_k)r(T_3)}$.

b. 在 T_3 测度下的 Hull-White 模型由下面 SDE 控制:

$$\mathrm{d}r(t) = \lambda\left(\hat{\theta}(t, T_3) - r(t)\right)\mathrm{d}t + \eta W_r^{T_3}(t), \quad r(0) \approx f^r(0, 0), \tag{12.51}$$

其中 $\hat{\theta}(t, T_3) = \theta(t) + \frac{\eta^2}{\lambda^2}(\mathrm{e}^{-\lambda(3-t)} - 1)$. 实施 Monte Carlo 模拟并执行下列互换期权:

$$V^{\mathrm{Swpt}}(0) = N \cdot P(0, T_3)\mathbb{E}^{T_3}\left[\max\left(1 - \sum_{k=4}^{6}c_k P(T_3, T_k), 0\right)\Big|\mathcal{F}(0)\right],$$

其中 c_k 是适当的系数.

提示: 在 T_3 远期测度下取期望来估计

$$P(T_3, T_k) = \mathrm{e}^{\bar{A}_r(T_3, T_k) + \bar{B}_r(T_3, T_k)r(T_3)},$$

$r(T_3)$ 需要用 (12.51) 中的动态在 T_3 远期测度下模拟.

c. 实施 Newton-Rapshon 算法来确定 (12.50) 中的 r^* 并且解析地执行互换期权定价, 见节 12.2.2, 将你的结果和 Monte Carlo 模拟比较.

习题 12.4 一次性按揭是银行客户可接受的一种最简单的按揭方式之一. 这种简单的合同, 在设定时间 t_0 借款人收到 N_0 并且这个名义金额仅在最后期限的最终时刻赎回, 该期限是个单一的期限 (这是其名为 "一次性" 的由来). 在每个期限结束时, 仅仅将利率部分付还给贷款者, 所以名义金额保持常数直到 T_m, 即 $N(T_i) = N_0\mathbb{1}_{T_i < T_m}$. 对固定利率 K, 每个单独的支付等于 $C(T_i) = KN_0\tau_i$ 而全部支付金额为 $I = \sum_{i=1}^{m}C(T_i)$. 假定常数按揭预定付率为 P (预付款是由借贷者在按揭生命期支付的超额款项. 这些是预定按揭支付的偏差), 解决下列问题.

a. 证明在常数预定付率下, 全部支付款为

$$I = KN_0 \frac{1 - (1 - P)^m}{P}.$$

b. 取一个一次性按揭具 $T_m = 10$ 和 $K = 3\%$. 画下面两个图: 1) 对 $P = 0\%$ 和 $P = 10\%$ 画预付款量, 名义支付和利率支付; 2) 在三种不同的支付水平 $P = 0\%$, $P = 4\%$ 和 $P = 12\%$ 上画尚存名义金额关于时间的图.

习题 12.5 年金型的按揭是比较先进的按揭合同, 因为不同于一次性按揭, 它还涉及尚余名义金额的预付 $Q(T_i)$, 即

$$N(T_{i+1}) = N(T_i) - \Delta T_i Q(T_i) = N(T_i) - \Delta T_i \left(C(T_i) - I(T_i) \right),$$

这里 $C(T_i)$ 表示单独的支付 (其包含两部分支付, $Q(T_i)$ 是偿还初始金额 N_0 的钱, $I(T_i)$ 是在 T_i 时的利率支付), $\Delta T_i = T_{i+1} - T_i$. 假定常数的分期付款 $C(T_i) = C$, 证明对贴现的基于年金的按揭, 下式成立:

$$V^{An}(t_0; K) = \sum_{i=1}^{m} \frac{C}{(1+K)^{T_i}} = \frac{C}{K} \left(1 - \frac{1}{(1+K)^{T_m}} \right).$$

另一方面, 年金按揭需要等于初始的按揭值. 为了找到上面等式的 C, 我们还需要一个等式, 即

$$V^{An}(t_0; K) = N_0,$$

这里 N_0 是初始的按揭值.

a. 为了确定 C, 贴现的现金流应该等于初始按揭值. 证明这隐含着

$$Q(T_i) = C(T_i) - I(T_i) = \frac{KN_0}{1 - (1+K)^{-T_m}} - KN(T_{i-1}).$$

b. 如同一次性按揭的习题, 我们引入预定付项 (在按合同规定的每期还款基础上, 额外多还的本金),

$$N(T_{i+1}) = N(T_i) - Q(T_i) - PN(T_i),$$

证明每次支付应该等于

$$C(T_i) = \frac{KN(T_i)}{1 - (1+K)^{-(T_m - T_i)}}.$$

c. 在下面的两种情形中, 绘出下列两个图, 基于 $T_m = 10$, $K = 3\%$ 的年金按揭. 1) $P = 0\%$ 和 $P = 12\%$ 两种情况下的分期付款; 2) 尚余名义金额关于时间在预定付率为 $P = 0\%$, $P = 4\%$ 和 $P = 12\%$ 的图.

习题 12.6 基于等式 (12.9) 的记号, 我们有三个利率支付互换合同, $V_1(T_1) := V^{PS}(T_0, T_1)$, $V_2(T_2) = V^{PS}(T_0, T_1, T_2)$, $V_3(T_3) = V^{PS}(T_0, T_1, T_2, T_3)$. 假定相当的时间期限结构, $T_{i+1} - T_i = 1, \forall i$, 从而 $[T_1, T_2, T_3] = [1, 2, 3]$. 互换的票面价在表 12-1 中给出.

这个练习的目标是推出收益率曲线来校验上面的工具, 并以此找到脊椎贴现因子 $p_i := P(t_0, T_i)$, 使得表 12-1 中的所有工具将被定回为票面价. 脊椎贴现因子将被设定在互换的交换时间, 即 $[1, 2, 3]$.

表 12-1 互换及其对应的固定利率 K_i. 换言之, 对这些固定利率, 对应的互换价等于 0.

互换	票面固定率 K
$V_1(t_0)$	0.01
$V_2(t_0)$	0.0214
$V_3(t_0)$	0.036

解决下列问题.

a. (用程序) 执行一个函数来定价一个利率互换, 其给定交换时间、固定利率 K_i 和一列贴现因子.

b. (用程序) 执行一个函数求解下面的 Jacobi 矩阵:

$$J = \begin{bmatrix} \frac{\partial V_1(t_0)}{\partial p_1} & \frac{\partial V_1(t_0)}{\partial p_2} & \frac{\partial V_1(t_0)}{\partial p_3} \\ \frac{\partial V_2(t_0)}{\partial p_1} & \frac{\partial V_2(t_0)}{\partial p_2} & \frac{\partial V_2(t_0)}{\partial p_3} \\ \frac{\partial V_3(t_0)}{\partial p_1} & \frac{\partial V_3(t_0)}{\partial p_2} & \frac{\partial V_3(t_0)}{\partial p_3} \end{bmatrix} \tag{12.52}$$

提示: 用具 $\Delta p_i = 10^{-5}$ 的有限差分计算偏导数.

c. 实施节 12.1.5 中讨论的高维 Newton-Raphson 算法, 确定最优的脊椎点.

d. 用其他非 Newton-Raphson 算法解这个问题.

习题 12.7 这个练习基于习题 12.6, 但有下面的调整: 假定 $T_{i+1} - T_i = 0.5$ (从而我们有双倍的支付频率). 这个调整要求规定脊椎点之间的插值. 考虑基于 "有效比率" $r_i := -\frac{\log P_i(t_0, T_i)}{T_i}$ 的线性插值.

参考文献

HAGAN P, WEST G, 2008. Methods for constructing a yield curve[J]. Wilmott Magazine: 70-81.

HULL J, WHITE A, 1990. Pricing interest-rate derivative securities[J]. Review of Financial Studies, 3: 573-592.

JAMSHIDIAN F, 1989. An exact bond option formula[J]. Journal of Finance, 44: 205-209.

第 13 章 | 混合资产模型

本章梗概

涉及多种类资产的金融合同需要较成熟的基础资产定价模型.

在节 13.1 中, 我们将讨论仿射混合股票利率模型, 像 *Black-Scholes Hull-White* 和 *Schöbel-Zhu Hull-White* 股票模型, 其特征函数可以相对容易地确定. 混合模型可以用于对利率微笑具有有限敏感性的混合收益产品进行定价、校验和重构.

我们关注 *Heston* 随机波动率模型的混合推广, 其称为 *Heston Hull-White* 模型. 在节 13.2 中, 这个混合模型结合了两个相关的资产类, 即股票和利率. 我们展示了全型模型 (指包含所有模型随机量动态的模型) 的近似, 使得模型符合扩散过程的仿射类, 此时可以得到特征函数的封闭解.

通过在远期测度下定义仿射混合 Heston 模型, 我们可以用类似于平凡 Heston 模型的方法来定价衍生产品.

本章关键词

混合模型, 不同类资产之间的相关性, Black-Scholes Hull-White 模型, Schöbel-Zhu Hull-White 模型, Heston 型混合模型, Heston Hull-White 模型, 多因子 Gauss 利率过程, 特征函数.

13.1 混合资产的仿射模型的引入

在金融动荡的情况下, 股价可能下跌, 投资者可能会逃离市场以减少损失. 届时各国央行可能降低利率以增加现金流; 这可能又刺激股票价值升高, 因为它使得投资者将资金存在银行账户的意愿下降. 因此, 特别是从长期来看, 利率市场的变动可能对股票价格的表现有影响. 这些将考虑进所谓的混合模型中.

我们将提出几个混合模型, 其可用于定价相应的混合衍生品以及第 16 章讨论的风险管理.

混合模型可以用 SDE 系统来表示, 例如具完全相关矩阵的股票、波动率和利率.

通过 SDE 将这些来自不同资产类别的资产关联起来, 可以定义混合模型. 即使每个单独的 SDE 有封闭解, 这些过程之间存在的非零相关结构可能给高效定价和校验带来困难.

然而, 在通常情况下, 混合模型的封闭解是未知的, 必须通过 Monte Carlo (MC) 模拟或者使用相应偏微分方程的离散化来求解. 欧式衍生品定价的速度是至关重要的, 特别是对 SDE 的校验环节. 几个在理论上有吸引力的 SDE 模型由于校验阶段过于耗时而不能满足速度要求, 这些模型很难用于实际中.

> 虽然混合模型可以相对容易地定义, 但是这些模型只有它们令人满意地符合市场隐含波动率结构以及在不同资产类的过程可能具有非零相关结构时才好用. 此外, 高效评估和校验是必须的.
>
> 因此, 本章的重点是推导混合 SDE 系统的特征函数. 有了特征函数, 例如通过 COS 方法, 就可以高效定价欧式期权了.

13.1.1 Black-Scholes Hull-White (BSHW) 模型

作为一个起点, 我们使用短期利率模型 [Hull et al., 1990] 扩展了标准的 Black-Scholes 模型 [Black et al., 1973]. 这个模型被称为 Black-Scholes Hull-White 混合 (BSHW) 模型. 它通常被视为建模外汇 (FX) 衍生品 [German et al., 1983]、通货膨胀指数衍生品 (基于 Consumer-Price-Index, CPI) [Jarrow et al., 2003] 或者长生命期期权 [Brigo et al., 2007] 的基准.

> 在风险中性测度 $\mathbb{Q}$ 下, 具 $\boldsymbol{X}(t) = [S(t), r(t)]^{\mathrm{T}}$ 的模型动态由下面的 SDE 系统给出:
>
> $$\mathrm{d}S(t)/S(t) = r(t)\mathrm{d}t + \sigma \mathrm{d}W_x(t), \qquad S(t_0) = S_0 > 0,$$
> $$\mathrm{d}r(t) = \lambda(\theta(t) - r(t))\mathrm{d}t + \eta \mathrm{d}W_r(t), \qquad r(t_0) = r_0, \qquad (13.1)$$
>
> 这里 $W_x(t)$ 和 $W_r(t)$ 是两个相关的 Brown 运动, $\mathrm{d}W_x(t)\mathrm{d}W_r(t) = \rho_{x,r}\mathrm{d}t$, $|\rho_{x,r}| < 1$ 是标的资产价格过程和短期利率过程间的即时相关系数. 参数 σ 和 η 分别决定了股票和利率的波动率; $\theta(t)$ 是个确定性的函数 (如等式 (11.37) 定义), 而 λ 决定均值回归速度.

通过对数变换 $X(t) = \log S(t)$, 易见模型满足仿射条件 (7.52), (7.53) 和 (7.54), 所以能容易得到对应的特征函数 $\phi_{\mathrm{BSHW}}(u; t, T)$.

> 对具 $\boldsymbol{u} = [u, 0]^{\mathrm{T}}$ 和 $\tau := T - t$ 的状态向量 $\boldsymbol{X}(t) = [X(t), r(t)]^{\mathrm{T}}$, 其贴现的特征函数为
>
> $$\phi_{\mathrm{BSHW}}(u; t, T) = \exp\left(\bar{A}(u, \tau) + \bar{B}(u, \tau)X(t) + \bar{C}(u, \tau)r(t)\right), \qquad (13.2)$$
>
> 终值条件为 $\phi_{\mathrm{BSHW}}(u; T, T) = \exp(iuX(T))$. 其中可得函数 $\bar{A}(u, \tau)$, $\bar{B}(u, \tau)$ 和

$\bar{C}(u,\tau)$ 如下:

$$\bar{B}(u,\tau) = iu,$$

$$\bar{C}(u,\tau) = \frac{1}{\lambda}(iu-1)(1-e^{-\lambda\tau}),$$

$$\bar{A}(u,\tau) = \frac{1}{2}\sigma^2 iu(iu-1)\tau + \frac{\rho_{x,r}\sigma\eta}{\lambda}iu(iu-1)\left(\tau + \frac{1}{\lambda}\left(e^{-\lambda\tau}-1\right)\right)$$

$$+ \frac{\eta^2}{4\lambda^3}(i+u)^2\left(3 + e^{-2\lambda\tau} - 4e^{-\lambda\tau} - 2\lambda\tau\right)$$

$$+ \lambda\int_0^\tau \theta(T-z)\bar{C}(u,z)\mathrm{d}z.$$

表达式 $\bar{A}(u,\tau)$ 包含对确定函数 $\theta(t)$ 的积分, 它可以根据当前市场上的利率收益来校验. 从而这个积分可以解析地确定.

于是, 我们就可以确定 BSHW 模型的特征函数. 一旦有了特征函数, 基于 Fourier 逆变换的技术, 像 COS 方法, 就可以用于模型的数值求解, 并且可以对多个收益函数同时开展计算 (并行计算是这类方法的优势).

我们将在下小节里展示, 进一步对平凡香草股票期权在 T 远期测度下解析地估价, 就像对标准 Black-Scholes 模型所做的那样 [Brigo et al., 2007], [Overhaus et al., 2007].

13.1.2 BSHW 模型和测度变换

BSHW 模型代表了一个从测度变换获益的例子. 在风险中性测度下, 其过程有下列关于独立的 Brown 运动的表达式:

$$\begin{bmatrix} \mathrm{d}r(t) \\ \mathrm{d}S(t)/S(t) \end{bmatrix} = \begin{bmatrix} \lambda\left(\theta(t)-r(t)\right) \\ r(t) \end{bmatrix}\mathrm{d}t + \begin{bmatrix} \eta & 0 \\ \sigma\rho_{x,r} & \sigma\sqrt{1-\rho_{x,r}^2} \end{bmatrix}\begin{bmatrix} \mathrm{d}\widetilde{W}_r(t) \\ \mathrm{d}\widetilde{W}_x(t) \end{bmatrix}. \tag{13.3}$$

为了确定 $S(t)$ 的分布, 我们实施测度变换, 即我们转换可交易的计价单位. 这里计价单位最佳的候选者是零息票 $P(t,T)$ (其价值在到期日 T 等于 1 个货币单位), 而不是现金储蓄账户 $M(t)$. 这是因为在 T 时间, 这个计价单位没有随机性, 这样有益于在 T 时间利率相关的股票分布. 在 Hull-White 模型下, ZCB $P(t,T)$ 由 (11.31) 中的动态驱动. 在零息票动态中, 我们也是考虑独立的 Brown 运动 $\widetilde{W}_r(t)$, 而不是 $W_r(t)$.

我们应用测度变换, 定义 Radon-Nikodym 导数,

$$\lambda_{\mathbb{Q}}^T(t) = \left.\frac{\mathrm{d}\mathbb{Q}^T}{\mathrm{d}\mathbb{Q}}\right|_{\mathcal{F}(t)} = \frac{P(t,T)}{P(0,T)}\frac{M(0)}{M(t)}. \tag{13.4}$$

利用 Itô 引理, $\lambda_{\mathbb{Q}}^T(t)$ 的动态由下式给出:

$$\mathrm{d}\lambda_{\mathbb{Q}}^T(t) = \frac{1}{M(t)}\mathrm{d}P(t,T) - \frac{P(t,T)}{M^2(t)}\mathrm{d}M(t).$$

经过替代和简化, 它变成

$$\frac{\mathrm{d}\lambda_{\mathbb{Q}}^{T}(t)}{\lambda_{\mathbb{Q}}^{T}(t)} = \eta \bar{B}_r(t,T)\mathrm{d}\widetilde{W}_r(t),$$

参见 (11.31).

这个表达式给我们提供了描述从风险中性测度 $\mathbb{Q}$ 转换到 T 远期测度 $\mathbb{Q}^T$ 的 Girsanov 核函数, 即

$$\begin{cases} \mathrm{d}\widetilde{W}_r(t) = \eta \bar{B}_r(t,T)\mathrm{d}t + \mathrm{d}\widetilde{W}_r^T(t), \\ \mathrm{d}\widetilde{W}_x(t) = \mathrm{d}\widetilde{W}_x^T(t). \end{cases} \tag{13.5}$$

测度变换带给我们在 T 远期测度下 ZCB $P(t,T)$ 的动态:

$$\begin{aligned} \frac{\mathrm{d}P(t,T)}{P(t,T)} &= r(t)\mathrm{d}t + \eta \bar{B}_r(t,T)\Big(\eta \bar{B}_r(t,T)\mathrm{d}t + \mathrm{d}\widetilde{W}_r^T(t)\Big) \\ &= \Big(r(t) + \eta^2 \bar{B}_r^2(t,T)\Big)\mathrm{d}t + \eta \bar{B}_r(t,T)\mathrm{d}\widetilde{W}_r^T(t), \end{aligned} \tag{13.6}$$

这里短期利率过程 $r(t)$ 在同样测度下由等式 (11.60) 给出.

我们回到股票过程 $S(t)$ 关于独立的 Brown 运动的动态 (见等式 (13.3)),

$$\frac{\mathrm{d}S(t)}{S(t)} = r(t)\mathrm{d}t + \sigma\left(\rho_{x,r}\mathrm{d}\widetilde{W}_r(t) + \sqrt{1-\rho_{x,r}^2}\mathrm{d}\widetilde{W}_x(t)\right). \tag{13.7}$$

应用 (13.5) 的测度变换后, 在 T 远期测度下, $S(t)$ 的动态由下式给出:

$$\frac{\mathrm{d}S(t)}{S(t)} = \left(r(t) + \rho_{x,r}\eta\sigma\bar{B}_r(t,T)\right)\mathrm{d}t + \sigma\left(\rho_{x,r}\mathrm{d}\widetilde{W}_r^T(t) + \sqrt{1-\rho_{x,r}^2}\mathrm{d}\widetilde{W}_x^T(t)\right).$$

在 T 远期测度下, BSHW 模型由下面的 SDE 系统掌控:

$$\begin{cases} \frac{\mathrm{d}S(t)}{S(t)} = \left(r(t) + \rho_{x,r}\eta\sigma\bar{B}_r(t,T)\right)\mathrm{d}t + \sigma\mathrm{d}W_x^T(t), \\ \mathrm{d}r(t) = \lambda\left(\theta(t) + \frac{\eta^2}{\lambda}\bar{B}_r(t,T) - r(t)\right)\mathrm{d}t + \eta\mathrm{d}W_r^T(t), \end{cases} \tag{13.8}$$

其中 $\bar{B}_r(t,T) = \frac{1}{\lambda}\left(\mathrm{e}^{-\lambda(T-t)} - 1\right)$, $\mathrm{d}W_x^T(t)\mathrm{d}W_r^T(t) = \rho_{x,r}\mathrm{d}t$.

在 T 远期测度下的期权定价

从风险中性测度到 T 远期测度的测度变换, 并没有真正简化标的 BSHW 模型的动态, 甚至似乎使其更加复杂. 测度变换的优点在于期权定价时的收益.

欧式收益函数 $H(T,S)$ 的定价问题可以表成

$$V(t_0,S) = M(t_0)\mathbb{E}^{\mathbb{Q}}\left[\frac{1}{M(T)}H(T,S)\bigg|\mathcal{F}(t_0)\right] = M(t_0)\int_\Omega \frac{1}{M(T)}H(T,S)\mathrm{d}\mathbb{Q},$$

这里 $M(t_0) = 1$. 由 (13.4), $\mathrm{d}\mathbb{Q} = P(t_0, T)M(T)\mathrm{d}\mathbb{Q}^T$, 且因为 $M(t_0) = P(T, T) = 1$, 在 T 远期测度下, 推出定价结果为

$$
\begin{aligned}
V(t_0, S) &= \int_\Omega \frac{1}{M(T)} H(T, S) P(t_0, T) M(T) \mathrm{d}\mathbb{Q}^T \\
&= P(t_0, T) \mathbb{E}^T \left[H(T, S) \big| \mathcal{F}(t_0) \right].
\end{aligned}
$$

> 由于零息票 $P(t_0, T)$ 是 $\mathcal{F}(t_0)$ 可测的 (因为它的价值在 t_0 已知) 以及 $M(t_0) = 1$, 我们得到
>
> $$
> V(t_0, S) = P(t_0, T) \mathbb{E}^T \left[H(T, S) \big| \mathcal{F}(t_0) \right]. \tag{13.9}
> $$

在 $\mathbb{Q}$ 测度下, 由现金储蓄账户贴现的股票是个鞅, 然而, 这在 T 远期测度下并不成立. 在 T 远期测度 $\mathbb{Q}^T$ 下, 计价单位是零息票 $P(t, T)$, 则过程 $\frac{S(t)}{P(t,T)}$ 必须是个鞅. 远期股价定义为

$$
\boxed{S_F(t, T) := \frac{S(t)}{P(t, T)},}
$$

这里 $S(t)$ 和 $P(t, T)$ 分别由 (13.8) 和 (13.6) 给出, 用 Itô 引理, 推出

$$
\begin{aligned}
\mathrm{d}S_F(t, T) &= \frac{1}{P(t, T)} \mathrm{d}S(t) - \frac{S(t)}{P^2(t, T)} \mathrm{d}P(t, T) + \frac{S(t)}{P^3(t, T)} (\mathrm{d}P(t, T))^2 \\
&\quad - \frac{1}{P^2(t, T)} \mathrm{d}P(t, T) \mathrm{d}S(t),
\end{aligned}
$$

这可简化为

$$
\frac{\mathrm{d}S_F(t, T)}{S_F(t, T)} = \sigma \mathrm{d}W_x^T(t) - \eta \bar{B}_r(t, T) \mathrm{d}W_r^T(t). \tag{13.10}
$$

过程 $S_F(t, T)$ 不包含 $\mathrm{d}t$ 项, 从而 $S_F(t, T)$ 在 T 远期测度 $\mathbb{Q}^T$ 下是个鞅.

我们进一步简化 (13.10) 中的 SDE, 回顾两个相关的 Brown 运动 $W_1(t)$ 和 $W_2(t)$, 其相关系数为 $\rho_{1,2}$ 并有正常数 a, b, 下列等式在概率分布意义下成立:

$$
aW_1(t) + bW_2(t) \stackrel{\mathrm{d}}{=} \sqrt{a^2 + b^2 + 2ab\rho_{1,2}} W_3(t),
$$

这里 $W_3(t)$ 也是 Brown 运动. 有了这个观点, (13.10) 中的 SDE 可以重写成

$$
\frac{\mathrm{d}S_F(t, T)}{S_F(t, T)} = \bar{\sigma}_F(t) \mathrm{d}W_F(t), \quad S_F(t_0, T) = \frac{S_0}{P(t_0, T)}, \tag{13.11}
$$

其中 $\bar{\sigma}_F(t) = \sqrt{\sigma^2 + \eta^2 \bar{B}_r^2(t, T) - 2\rho_{x,r} \sigma \eta \bar{B}_r(t, T)}$.

等式 (13.11) 类似于在 Black-Scholes 模型中 GBM 的 SDE, 除了波动率参数 $\bar{\sigma}_F(t)$ 是时间依赖的. 对只在时间 T 支付的欧式期权, 标的资产在时间 T 上的分布应当是已知的. 在时间依赖的波动率的情形中, 有可能确定一个常数波动率 σ_c, 使得积累到 T 的平均波动率符合 σ_c. 我们在节 2.2.3 中用等式 (2.25) 做了说明.

COS 方法和随机贴现

第 6 章中的 COS 方法可以推广到具随机利率过程的资产动态, 基于下列的风险中性定价公式:

$$V(t_0, S) = \mathbb{E}^{\mathbb{Q}}\left[e^{-\int_{t_0}^T r(z)\mathrm{d}z} V(T, S) \Big| \mathcal{F}(t_0) \right]$$

$$= \int_{\mathbb{R}} V(T, e^y) f_{\boldsymbol{X}}(T, y; t_0, x)\mathrm{d}y, \tag{13.12}$$

这里 $\boldsymbol{X}(t) = [X(t), r(t), \cdots]^{\mathrm{T}}$, $X(t_0) \equiv \log S(t_0)$, $f_{\boldsymbol{X}}(T, y; t_0, x) := \int_{\mathbb{R}} e^z f_{X,z}(T, y, z; t_0, x)\mathrm{d}z$, 其中 $z(t) = -\int_{t_0}^T r(z)\mathrm{d}z$.

假定密度函数快速衰减, 就有下列近似:

$$V(t_0, S) \approx \int_a^b V(T, e^y) f_{\boldsymbol{X}}(T, y; t_0, x)\mathrm{d}y, \tag{13.13}$$

这里 a 和 b 是先验的积分边界 (如节 6.2.4 所讨论的). 贴现的特征函数现在为

$$\phi_{\boldsymbol{X}}(\boldsymbol{u}; t_0, T) = \mathbb{E}^{\mathbb{Q}}\left[e^{-\int_{t_0}^T r(z)\mathrm{d}z + i\boldsymbol{u}^{\mathrm{T}}\boldsymbol{X}(T)} \Big| \mathcal{F}(t_0) \right],$$

这里对 $\tau = T - t_0$, $\boldsymbol{u} = [u, 0, \cdots, 0]^{\mathrm{T}}$, 有

$$\phi_{\boldsymbol{X}}(u; t_0, T) = \iint_{\mathbb{R}} e^{z + iuy} f_{X,z}(T, y, z; t_0, x)\mathrm{d}z\mathrm{d}y$$

$$= \int_{\mathbb{R}} e^{iuy} f_{\boldsymbol{X}}(T, y; t_0, x)\mathrm{d}y. \tag{13.14}$$

(13.14) 中的积分表示 $f_{\boldsymbol{X}}(T, y; t_0, x)$ 的 *Fourier* 变换. 它在有界区域 $[a, b]$ 上近似为

$$\phi_{\boldsymbol{X}}(u; t, T) \approx \int_a^b e^{iuy} f_{\boldsymbol{X}}(T, y; t_0, x)\mathrm{d}y =: \hat{\phi}_{\boldsymbol{X}}(u; t, T). \tag{13.15}$$

多变量密度函数 $f_{\boldsymbol{X}}(T, y; t_0, x)$ 可以通过下列结果关联到它的特征函数:

结果 13.1.1 给定的有界区域 $[a, b]$, N 是 Fourier 余弦级数展开的项数, (13.12) 的概率密度函数 $f_{\boldsymbol{X}}(T, y; t_0, x)$ 可近似为

$$f_{\boldsymbol{X}}(T, y; t_0, x) \approx \frac{2}{b-a} \sum_{k=0}^{N-1}{}' \mathrm{Re}\left\{ \hat{\phi}_{\boldsymbol{X}}\left(\frac{k\pi}{b-a}; t, T \right) \exp\left(-i\frac{ka\pi}{b-a} \right) \right\}$$

$$\times \cos\left(k\pi \frac{y-a}{b-a} \right),$$

其中 $\mathrm{Re}\{\cdot\}$ 是括号中变量的实部; $\hat{\phi}_{\boldsymbol{X}}(u; t, T)$ 是对应的特征函数, 剩下的设定如同第 6 章中的 COS 方法.

隐含波动率和带随机利率的模型

用随机利率扩展 Black-Scholes 模型时, 一个自然的问题是如何计算 Black-Scholes 公式中的隐含波动率. 在确定隐含波动率的标准程序中, 公式中插入了一个常数利率.

当利率采用随机过程建模时, 应选择哪一个 r 值? 答案与前面的推导有关, 我们做了风险中性测度和 T 远期测度之间的测度变换. 已经展示了在 Black-Scholes Hull-White 模型下的股票动态可以写成

$$\frac{\mathrm{d}S(t)}{S(t)} = r(t)\mathrm{d}t + \sigma\mathrm{d}W_x(t),$$

其中 $r(t)$ 由 Hull-White 模型控制. 测度变换导致远期股票 $S_F(t,T) = S(t)/P(t,T)$ 的动态没有漂移项, 见 (13.11),

$$\boxed{\frac{\mathrm{d}S_F(t,T)}{S_F(t,T)} = \bar{\sigma}_F(t)\mathrm{d}W_F(t).}$$

这是一个重要的观察, 因为这样可以导出一个替代的公式来定价欧式期权. 定价公式与利率无关 (但仍取决于波动率), 所以我们可以用利率不是常数的任何模型.

在最终时间 T, 我们有 $S(T) = S_F(T,T)$, 这隐含着我们可以用没有漂移项的随机过程 $S_F(t,T)$ 来估计具有固定到期日的合同的价值. 因为过程 $S_F(t,T)$ 不包含 $r(t)$, 定价衍生品就非常方便了.

有了定价公式 (13.9) 和收益 $H(T,S) = \max(S(T) - K, 0)$, 我们有

$$V(t_0, S) = P(t_0, T)\mathbb{E}^T\left[\max(S_F(T,T) - K, 0)\big|\mathcal{F}(t_0)\right] \tag{13.16}$$

$$= S_{F,0}P(t_0,T)F_{\mathcal{N}}(d_1) - KP(t_0,T)F_{\mathcal{N}}(d_2). \tag{13.17}$$

其中

$$d_1 = \frac{\log\left(\frac{S_{F,0}}{K}\right) + \frac{1}{2}\sigma_c^2(T - t_0)}{\sigma_c\sqrt{T - t_0}}, \quad d_2 = \frac{\log\left(\frac{S_{F,0}}{K}\right) - \frac{1}{2}\sigma_c^2(T - t_0)}{\sigma_c\sqrt{T - t_0}}.$$

进而, $S_{F,0} := \frac{S_0}{P(t_0,T)}$, $F_{\mathcal{N}}(\cdot)$ 是标准正态 CDF, σ_c 如同 (2.25) 中, 所以

$$\sigma_c^2 = \frac{1}{T - t_0}\int_{t_0}^{T}\bar{\sigma}_F^2(z)\mathrm{d}z.$$

如前所述, 这个导出的公式不直接包含利率 r, 因此也可以用于计算随机利率模型的隐含波动率[1].

通过在 Black-Scholes 模型中规定一个特定的时间依赖的波动率函数, 我们可以控制 ATM 隐含波动率. 这些与时间相关的股票波动率被称为波动率期限结构.

例 13.1.1 (BSHW 模型和隐含波动率) 图 13-1 展示了 ATM 隐含波动率可能的形状. 显然, 时间依赖的波动率函数并不能充分地生成隐含波动率微笑, 但它能充分地描述在利率市场上观察到的隐含波动率期限结构.

---

[1] 当然, 该模型仍然通过零息票 $P(t_0,T)$ 依赖于利率, 其还是要用定价公式计算.

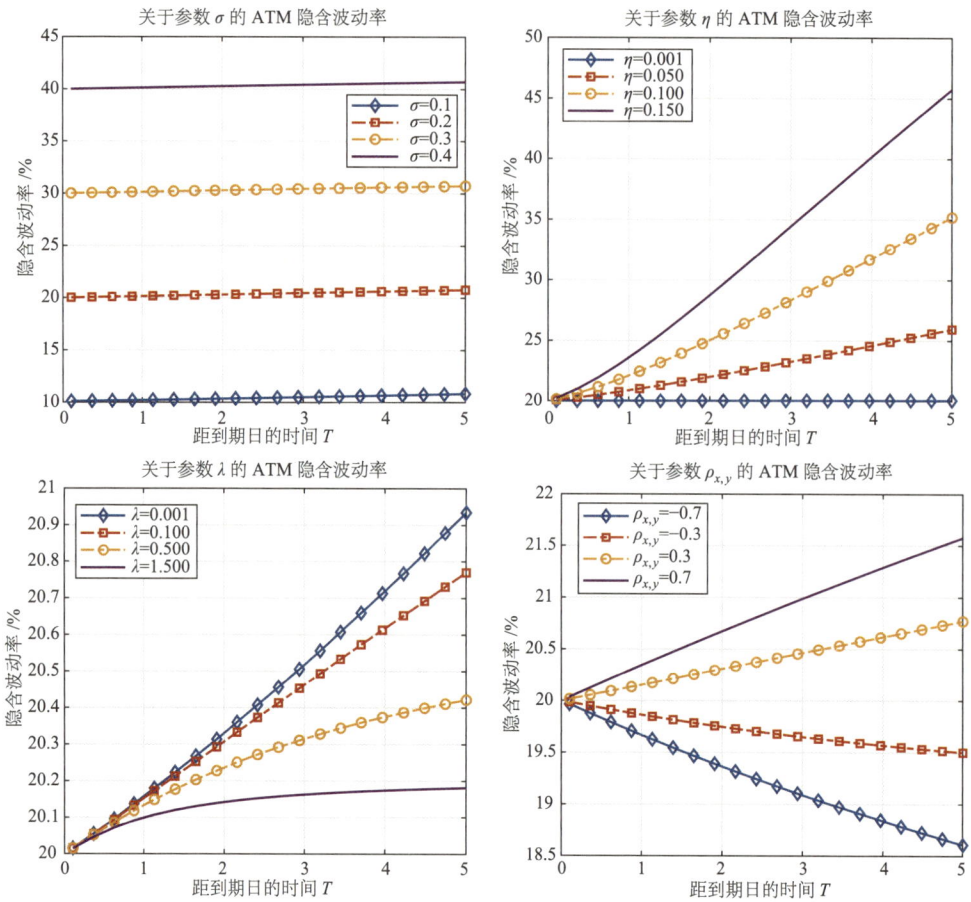

关于参数 σ 的 ATM 隐含波动率

关于参数 η 的 ATM 隐含波动率

关于参数 λ 的 ATM 隐含波动率

关于参数 $\rho_{x,y}$ 的 ATM 隐含波动率

图 13-1　Black-Scholes Hull-White 模型中隐含波动率的期限结构 (等价于具时间依赖的波动率的 Black-Scholes 模型).

执行的数值实验用了 BSHW 参数 $\sigma = 0.2$, $\lambda = 0.1$, $\eta = 0.01$ 和 $\rho_{x,r} = 0.3$. 单个参数变化时, 其他参数不变. 所有参数对模型的隐含的 ATM 波动率都有很大影响.

如同平凡的 Black-Scholes 模型, 我们碰到 BSHW 模型对隐含波动率的拉平. 通过加入随机利率, 隐含波动率的倾斜没有受到影响, 然而利率参数影响了隐含波动率期限结构.　　　　　　　　　　　　　　　　　　　　　　　　　　　　　　　　　　◇

13.1.3　Schöbel-Zhu Hull-White (SZHW) 模型

在这节里, 我们介绍第一个随机波动率 (SV) 股票混合模型, 其包含一个随机利率过程和一个标的 Brown 运动间的全相关矩阵. 特别地, 我们把 Hull-White 随机利率过程 [Hull et al., 1990] 加到了 SV 模型上.

对状态向量 $\boldsymbol{X}(t) = [S(t), r(t), \sigma(t)]^{\mathrm{T}}$, 我们固定概率空间 $(\Omega, \mathcal{F}, \mathbb{Q})$ 和域流 $\mathcal{F} = \{\mathcal{F}(t) : t \geqslant 0\}$, 其满足通常的条件.

在风险中性测度 $\mathbb{Q}$ 下, 考虑随机微分方程的三维系统, 具有如下形式:

$$
\begin{aligned}
\mathrm{d}S(t)/S(t) &= r(t)\mathrm{d}t + \sigma^p(t)\mathrm{d}W_x(t), \\
\mathrm{d}r(t) &= \lambda(\theta(t) - r(t))\mathrm{d}t + \eta\mathrm{d}W_r(t), \\
\mathrm{d}\sigma(t) &= \kappa\left(\bar{\sigma} - \sigma(t)\right)\mathrm{d}t + \gamma\sigma^{1-p}(t)\mathrm{d}W_\sigma(t),
\end{aligned}
\tag{13.18}
$$

这里 p 是个指数, κ 和 λ 控制了均值回归的速度, η 代表利率的波动率, $\gamma\sigma^{1-p}(t)$ 决定了 $\sigma(t)$ 过程的波动率. 依赖于参数 p, $\sigma(t)$ 记为波动率 ($p=1$) 或者方差 ($p=\frac{1}{2}$). 参数 $\bar{\sigma}$ 和 $\theta(t)$ 分别是波动率和利率过程的长期均值. $W_k(t)$, $k = \{x, r, \sigma\}$ 是相关的Wiener 过程, 由下面的即时相关矩阵控制:

$$
\boldsymbol{C} := \begin{bmatrix}
1 & \rho_{x,\sigma} & \rho_{x,r} \\
\rho_{\sigma,x} & 1 & \rho_{\sigma,r} \\
\rho_{r,x} & \rho_{r,\sigma} & 1
\end{bmatrix}.
\tag{13.19}
$$

(13.18) 中的系统当 $p = \frac{1}{2}$ 时是 *Heston Hull-White* 混合模型, 会在下一节讨论.

如果我们设 $p = \frac{1}{2}$ 且 $r(t)$ 是常数, 我们将得到平凡的 *Heston* 模型 [Heston, 1993],

$$
\begin{cases}
\mathrm{d}S(t)/S(t) = r\mathrm{d}t + \sqrt{\sigma(t)}\mathrm{d}W_x(t), \\
\mathrm{d}\sigma(t) = \kappa^H\left(\bar{\sigma}^H - \sigma(t)\right)\mathrm{d}t + \gamma^H\sqrt{\sigma(t)}\mathrm{d}W_\sigma(t),
\end{cases}
$$

这里 $\sigma(t) \equiv v(t)$, 即方差过程是 CIR 型的 [Cox et al., 1985].

对 $p = 1$ 且 $r(t)$ 是常数的情形, 模型事实上是推广的 Stein-Stein [Stein et al., 1991] 模型, 其和 *Schöbel-Zhu* [Schöbel et al., 1999] 模型是一样的:

$$
\begin{cases}
\mathrm{d}S(t)/S(t) = r\mathrm{d}t + \sqrt{v(t)}\mathrm{d}W_x(t), \\
\mathrm{d}v(t) = 2\kappa\left(\bar{\sigma}\sigma(t) + \dfrac{\gamma^2}{2\kappa} - v(t)\right)\mathrm{d}t + 2\gamma\sqrt{v(t)}\mathrm{d}W_\sigma(t),
\end{cases}
\tag{13.20}
$$

其中, 波动率的平方 $v(t) = \sigma^2(t)$, 表示即时股票回报的方差.

平凡的 Schöbel-Zhu 模型是原来的 Heston 模型的特例, 在文献 [Heston, 1993] 以及 [Schöbel et al., 1999] 中表明: 对等式 (13.20) 中 $\bar{\sigma} = 0$, Schöbel-Zhu 模型等于 Heston 模型, 其中 $\kappa^H = 2\kappa$, $\bar{\sigma}^H = \gamma^2/2\kappa$, $\gamma^H = 2\gamma$. 这个关系给出了它们贴现的特征函数之间的直接关联 (见 [Lord et al., 2006]). 最后, 如果我们在系统 (13.18) 中设 $r(t)$ 是常数, 且 $p = 0$, 加上零相关, 模型就是标准的 Black-Scholes 模型 [Black et al., 1973].

SZHW 模型的仿射性

这节里, 我们将设置等式 (13.18) 中的参数, 使之得到 Schöbel-Zhu Hull-White 模型.

Schöbel-Zhu Hull-White 混合模型可以表成下列 SDE 的三维系统:

$$\begin{cases} \mathrm{d}S(t)/S(t) = r(t)\mathrm{d}t + \sigma(t)\mathrm{d}W_x(t), \\ \mathrm{d}r(t) = \lambda\left(\theta(t) - r(t)\right)\mathrm{d}t + \eta\mathrm{d}W_r(t), \\ \mathrm{d}\sigma(t) = \kappa(\bar{\sigma} - \sigma(t))\mathrm{d}t + \gamma\mathrm{d}W_\sigma(t), \end{cases} \tag{13.21}$$

其中 (13.18) 中的参数 $p = 1$, 相关系数 $\mathrm{d}W_x(t)\mathrm{d}W_\sigma(t) = \rho_{x,\sigma}\mathrm{d}t$, $\mathrm{d}W_x(t)\mathrm{d}W_r(t) = \rho_{x,r}\mathrm{d}t$, $\mathrm{d}W_r(t)\mathrm{d}W_\sigma(t) = \rho_{r,\sigma}\mathrm{d}t$. 系统 (13.21) 目前的形式不是仿射的, 让它变成仿射的技巧是在原来的三维系统上加一个等式.

通过用另一个随机潜变量, 定义为 $v(t) := \sigma^2(t)$, 扩展状态向量 (如同 [Cheng et al., 2007] 或 [Pelsser, 1997]) 并用 $X(t) = \log S(t)$, 我们得到下面 SDE 的四维系统:

$$\begin{cases} \mathrm{d}X(t) = \left(\tilde{r}(t) + \psi(t) - \frac{1}{2}v(t)\right)\mathrm{d}t + \sqrt{v(t)}\mathrm{d}W_x(t), \\ \mathrm{d}\tilde{r}(t) = -\lambda\tilde{r}(t)\mathrm{d}t + \eta\mathrm{d}W_r(t), \\ \mathrm{d}v(t) = (-2v(t)\kappa + 2\kappa\bar{\sigma}\sigma(t) + \gamma^2)\mathrm{d}t + 2\gamma\sqrt{v(t)}\mathrm{d}W_\sigma(t), \\ \mathrm{d}\sigma(t) = \kappa(\bar{\sigma} - \sigma(t))\mathrm{d}t + \gamma\mathrm{d}W_\sigma(t), \end{cases} \tag{13.22}$$

这里, 如同在节 11.3 中, 我们用 $r(t) = \tilde{r}(t) + \psi(t)$, 这里 $\theta(t)$ 包含在 $\psi(t)$ 中.

模型 (13.22) 在扩展的状态向量 $\boldsymbol{X}(t) = [X(t), \tilde{r}(t), v(t), \sigma(t)]^{\mathrm{T}}$ 下是仿射的.

通过对向量空间的扩展, 我们得到了一个仿射模型, 使我们能够应用结果导出相应的特征函数, 我们就不在这里推导了. 推导的细节可以在参考文献中找到, 例如 [Grzelak et al., 2012].

13.1.4 混合衍生产品

混合产品是结合了不同市场部门、资产和工具产品的金融合同. 混合产品产生于投资者从不同市场部门的利润中获益的需求. 例如, 合同可以基于表现最佳的部门, 保证投资价值不会大幅减少. 然而, 自 2007 年金融危机以来, 混合合同在金融业已经不那么常见了.

一个多样化产品 (多品种篮子)

策略交易中的混合产品是所谓的多样化产品. 这些产品基于一组不同的预期收益和风险水平的资产. 适当地构造这样的产品与任何单一资产相比, 可以降低风险, 并且比风险最小者有更高的预期回报 [Hunter et al., 2006]. 一个简单的例子是有两个资产的投资组合: 一个是高风险高回报的股票, 另一个是低风险低回报的债券. 如果在纯债券投资组合引入股票成分, 则预期收益将增加. 然而, 因为这两种资产之间并非完全关联, 故预计风险会降低. 如果股票占比在投资组合增加, 它就会开始占主导地位, 那么风险的影响可能会因为低或负的相关性而增加 [Hunter et al., 2006].

一个金融产品的例子, 用下列方式定义:

$$V^d(t_0, S, r) = \mathbb{E}^{\mathbb{Q}}\left[\frac{M(t_0)}{M(T)} \max\left(0, \omega_d \cdot \frac{S(T)}{S_0} + (1-\omega_d) \cdot \frac{P(T,T_1)}{P(t_0,T_1)}\right)\bigg| \mathcal{F}(t_0)\right],$$

这里 $S(T)$ 是 T 时的标的资产, $M(t_0) = 1$, $P(t,T)$ 是零息票, ω_d 表示百分比.

图 13-2 展示了讨论过的 SZHW 模型的定价结果.

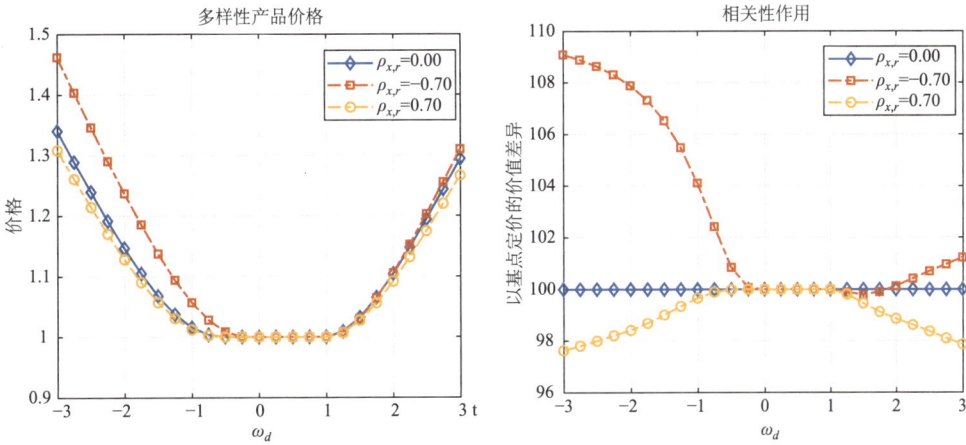

图 13-2　左: 在不同相关参数 $\rho_{x,r}$ 下定价多样性混合产品, 其中 $T = 9$, $T_1 = 10$. 剩下的参数如表 13-1 所示. 右: 在不同相关参数 $\rho_{x,r}$ 下模型以基点定价 (BP) 的差异.

对不同相关参数 $\rho_{x,r}$ 的产品实施定价, 而剩下的参数已经过市场数据校验, 数据见表 13-1.

表 13-1　SZHW 和 Heston 模型校验的结果, 如在 (13.21) 中定义. 实验对 SZHW 模型在 $\kappa = 0.5$ 和不同相关参数 $\rho_{x,r}$ 下进行. Heston 模型的模拟中, 用了常数利率 $r = 0.033$.

模型	λ	η
Hull-White	1.12	0.02

模型	$\rho_{x,r}$	$\bar{\sigma}$	γ	$\rho_{x,\sigma}$	$\rho_{r,\sigma}$	σ_0/v_0
	-70%	0.137	0.236	-0.381%	-0.339%	0.084
SZHW	0%	0.167	0.2	-85.0%	-0.8%	0.035
	70%	0.102	0.211	-85.0%	-34.0%	0.01
Heston	—	0.0770	0.3500	-66.22%	—	0.0107

对 $\omega_d \in [0\%, 100\%]$, 算子 max 从收益中消失, 只剩下贴现的期望和. 图 13-2 显示了篮子里产品正的相关性大幅增加了合同价值, 而负的相关性有相反的作用. 模型之间的绝对差异随着百分比 ω_d 的增加而增大.

13.2 混合 Heston 模型

具有确定性利率的 Heston 股票模型已确立为股票衍生品的基准模型之一. 当需要定价快到期的股票产品时, 在平凡的 Heston 模型中利率的确定性假设是无害的. 然而, 对以股票、汇率或股票利率混合为标的的长期衍生品来说, 一个确定性的利率可能是不准确的.

在节 13.2.1 中, 我们讨论带随机利率过程的 Heston 混合模型. 节 13.2.2 展示了 Heston Hull-White 混合模型的一个确定性的近似以及对应的特征函数.

13.2.1 Heston Hull-White 混合模型的细节

在节 13.1.3, 我们简短地讨论了 SZHW 模型 [Grzelak et al., 2012], [van Haastrecht et al., 2009]. 全相关矩阵直接加在 Brown 运动上. 模型是仿射扩散类的, 但由于 SZHW 模型对随机波动率是基于 Vašiček 型过程的 [VAŠIČEK, 1977], 因此波动率有可能变负.

在这节里, 我们将讨论 Heston Hull-White (HHW) 混合模型及其近似, 这样我们可以得到特征函数.

我们用随机利率过程推广 Heston 模型的状态向量, 即 $\boldsymbol{X}(t) = [S(t), v(t), r(t)]^{\mathrm{T}}$. 特别地, 我们加上 Hull-White (HW) 利率 [Hull et al., 1990]. 在 $\mathbb{Q}$ 测度下, HHW 模型以下列方式表示:

$$\begin{cases} \mathrm{d}S(t)/S(t) = r(t)\mathrm{d}t + \sqrt{v(t)}\mathrm{d}W_x(t), & S(0) > 0, \\ \mathrm{d}v(t) = \kappa(\bar{v} - v(t))\mathrm{d}t + \gamma\sqrt{v(t)}\mathrm{d}W_v(t), & v(0) > 0, \\ \mathrm{d}r(t) = \lambda(\theta(t) - r(t))\mathrm{d}t + \eta\mathrm{d}W_r(t), & r(0) \in \mathbb{R}, \end{cases} \quad (13.23)$$

对 HHW 模型, 相关参数由 $\mathrm{d}W_x(t)\,\mathrm{d}W_v(t) = \rho_{x,v}\mathrm{d}t$, $\mathrm{d}W_x(t)\mathrm{d}W_r(t) = \rho_{x,r}\mathrm{d}t$ 和 $\mathrm{d}W_v(t)\mathrm{d}W_r(t) = \rho_{v,r}\mathrm{d}t$ 给出, κ, γ 和 $\bar{v}$ 如同 (8.18); $\lambda > 0$ 决定利率过程的均值回归速度; $\theta(t)$, 如节 11.2 中的描述, 是利率期限结构, η 控制利率的波动率.

系统 (13.23) 不是仿射的形式, 甚至 $X(t) = \log S(t)$ 也不是. 对称的即时协方差矩阵由下式给出:

$$\bar{\boldsymbol{\sigma}}(\boldsymbol{X}(t))\bar{\boldsymbol{\sigma}}(\boldsymbol{X}(t))^{\mathrm{T}} = \begin{bmatrix} v(t) & \rho_{x,v}\gamma v(t) & \rho_{x,r}\eta\sqrt{v(t)} \\ * & \gamma^2 v(t) & \rho_{r,v}\gamma\eta\sqrt{v(t)} \\ * & * & \eta^2 \end{bmatrix}_{(3\times3)}. \quad (13.24)$$

设定相关参数 $\rho_{r,v}$ 为零, 仍然不能使系统为仿射. 如果 $\rho_{r,v}$ 和 $\rho_{x,r}$ 设为零, 矩阵 (13.24) 关于状态向量 $[X(t) = \log S(t), v(t), r(t)]^{\mathrm{T}}$ 就是线性形式, 如 [Muskulus et al., 2007] 所述.

因为对于定价和风险管理 CVA (定义见第 16 章) 计算, 股票和利率之间的非零相关性可能很重要 (例如见 [Hunter et al., 2006]), 这就需要考虑另一个可以近似的加上相关性的 Heston 混合模型.

如上提及, Zhu [Zhu, 2000] 引进了一个混合模型来建模包含随机 (但未相关) 利率过程的股票的倾斜形状. Giese [Giese, 2006] 和 Andreasen [Andreasen, 2006] 对此进行了推广, 其中结合相关的利率过程用了 Heston 随机波动率模型 [Heston, 1993]. 相关性通过在 SDE 中加项来建模.

注释 13.2.1 (Gauss 多因子短期利率模型) 　我们在这里也考虑 Gauss 多因子短期利率模型 (Gn++) [Brigo et al., 2007], 该模型被称为多因子 Hull-White 模型 [Hull et al., 1994]. 对于给定的状态向量 $\boldsymbol{R}(t) = [r(t), \varsigma_1(t), \cdots, \varsigma_{n-1}(t)]^{\mathrm{T}}$, 这个模型由下列 SDE 系统定义:

$$
\begin{cases}
\mathrm{d}r(t) = \left(\theta(t) + \sum_{k=1}^{n-1} \varsigma_k(t) - \beta r(t) \right) \mathrm{d}t + \eta \mathrm{d}W_r(t), & r(0) > 0, \\
\mathrm{d}\varsigma_k(t) = -\lambda_k \varsigma_k(t) \mathrm{d}t + \varsigma_k \mathrm{d}W_{\varsigma_k}(t), & \varsigma_k(0) = 0,
\end{cases}
\tag{13.25}
$$

这里

$$
\mathrm{d}W_r(t)\mathrm{d}W_{\varsigma_k}(t) = \rho_{r,\varsigma_k}\mathrm{d}t, \ k = 1, \cdots, n-1, \quad \mathrm{d}W_{\varsigma_i}(t)\mathrm{d}W_{\varsigma_j}(t) = \rho_{\varsigma_i,\varsigma_j}\mathrm{d}t, \ i \neq j,
$$

其中 $\beta > 0, \lambda_k > 0$ 是均值回归参数; $\eta > 0$, 参数 ς_k 决定利率波动率的大小. 在上面的系统中, $\theta(t) > 0, t > 0$ 是利率的长期均值 (这通常从收益率曲线校验).

Gn++ 模型对即时远期利率波动率的 ATM 驼峰结构提供了满意的拟合. 此外, 模型构造简单 (基于多元正态分布), 为天花板和互换期权提供了一个封闭解, 使模型可以快速校验. 这里, 我们将继续讨论随机短期利率的单因子 HW 过程.

为了校验 HHW 模型, 我们需要确定一个合适的特征函数. 要导出资产过程 $S(t)$ 和利率过程 $r(t)$ 非零相关的特征函数封闭形式, 我们假设利率 $r(t)$ 和方差 $v(t)$ 的 Brown 运动不相关.

关于校验这样的混合模型, 通常我们根据已有的利率衍生品预先校验其中的利率模型. 随后, 将利率过程的参数输入混合模型. 在校验的第二部分, 对股票价格参数以及资产类别之间的相关性进行估计. 在一个理想化的世界里, 人们可以从最好的相关型金融产品或混合产品中确定相关参数. 然而, 这是非常困难的 (或不可能的), 因为这些产品的交易频率不够 (它们的市场流动性有限).

13.2.2　Heston 混合模型的近似

由于全型 HHW 模型不是仿射的, 不太可能直接得到特征函数. 因此我们用线性化 Heston 混合模型, 来对 (13.24) 中的表达式进行近似, 从而得到对应的特征函数.

对矩阵 (13.24) 中的项 $\eta\rho_{x,r}\sqrt{v(t)}$ 的近似通过用其期望来取代得到, 即

$$
\boxed{\eta\rho_{x,r}\sqrt{v(t)} \approx \eta\rho_{x,r}\mathbb{E}\left[\sqrt{v(t)}\right].}
\tag{13.26}
$$

通过取随机变量的期望, 模型变成了仿射, 近似模型对应的特征函数就有了.

引理 13.2.1 展示了 $\sqrt{v(t)}$ (CIR 型过程) 期望和方差的封闭表达式.

> **引理 13.2.1 (CIR 型过程的期望和方差)** 对给定时间 $t > 0$, $\sqrt{v(t)}$ 的期望和方差由下式给出, 这里 $v(t)$ 是一个 CIR 型过程, 如 (8.18):
>
> $$\mathbb{E}\left[\sqrt{v(t)}\,\middle|\,\mathcal{F}(0)\right] = \sqrt{2\bar{c}(t,0)}\mathrm{e}^{-\bar{\kappa}(t,0)/2} \sum_{k=0}^{\infty} \frac{1}{k!}\left(\frac{\bar{\kappa}(t,0)}{2}\right)^k \frac{\Gamma\left(\frac{1+\delta}{2}+k\right)}{\Gamma\left(\frac{\delta}{2}+k\right)}, \quad (13.27)$$
>
> 和
>
> $$\mathrm{Var}\left[\sqrt{v(t)}\,\middle|\,\mathcal{F}(0)\right] = \bar{c}(t,0)(\delta + \bar{\kappa}(t,0)) \qquad (13.28)$$
> $$- 2\bar{c}(t,0)\mathrm{e}^{-\bar{\kappa}(t,0)}\left(\sum_{k=0}^{\infty} \frac{1}{k!}\left(\frac{\bar{\kappa}(t,0)}{2}\right)^k \frac{\Gamma\left(\frac{1+\delta}{2}+k\right)}{\Gamma\left(\frac{\delta}{2}+k\right)}\right)^2,$$
>
> 这里
>
> $$\bar{c}(t,0) = \frac{1}{4\kappa}\gamma^2(1-\mathrm{e}^{-\kappa t}), \quad \delta = \frac{4\kappa\bar{v}}{\gamma^2}, \quad \bar{\kappa}(t,0) = \frac{4\kappa v(0)\mathrm{e}^{-\kappa t}}{\gamma^2(1-\mathrm{e}^{-\kappa t})}, \qquad (13.29)$$
>
> 其中 $\Gamma(k)$ 是 Gamma 函数, 如 (5.50).

证明 在 [Cox et al., 1985], [Broadie et al., 2006] 中证明了 $v(t)|v(0)$, $t > 0$ 分布为 $\bar{c}(t,0)$ 乘以非中心卡方随机变量 $\chi^2(\delta, \bar{\kappa}(t,0))$, 其中 δ 是 "自由度" 参数, 非中心参数为 $\bar{\kappa}(t,0)$, 即

$$v(t)|v(0) \sim \bar{c}(t,0)\chi^2\left(\delta, \bar{\kappa}(t,0)\right), \quad t > 0. \qquad (13.30)$$

对应的 CDF 和 PDF 已知并分别表示在 (8.6) 和 (8.9) 中. $v(t)$ 的密度函数可以表成

$$f_{v(t)}(x) := \frac{\mathrm{d}}{\mathrm{d}x}F_{v(t)}(x) = \frac{1}{\bar{c}(t,0)}f_{\chi^2(\delta,\bar{\kappa}(t,0))}\left(x/\bar{c}(t,0)\right).$$

由 [Dufresne, 2001], 导出

$$\mathbb{E}\left[\sqrt{v(t)}\,\middle|\,\mathcal{F}(0)\right] := \int_0^{\infty} \frac{\sqrt{x}}{\bar{c}(t,0)}f_{\chi^2(\delta,\bar{\kappa}(t,0))}\left(\frac{x}{\bar{c}(t,0)}\right)\mathrm{d}x$$
$$= \sqrt{2\bar{c}(t,0)}\frac{\Gamma\left(\frac{1+\delta}{2}\right)}{\Gamma\left(\frac{\delta}{2}\right)}{}_1F_1\left(-\frac{1}{2},\frac{\delta}{2},-\frac{\bar{\kappa}(t,0)}{2}\right), \qquad (13.31)$$

这里 ${}_1F_1(a;b;z)$ 被称为汇合的超几何函数, 也被叫作第一类 Kummer 函数 [Kummer, 1936], 定义如下:

$${}_1F_1(a;b;z) = \sum_{k=0}^{\infty} \frac{(a)_k}{(b)_k}\frac{z^k}{k!}, \qquad (13.32)$$

这里 $(a)_k$ 和 $(b)_k$ 是 *Pochhammer* 符号, 具有下列形式:

$$(a)_k = \frac{\Gamma(a+k)}{\Gamma(a)} = a(a+1)\cdot\cdots\cdot(a+k-1). \qquad (13.33)$$

利用 Kummer 原则 (见 [Koepf, 1998] pp.42), 我们找到

$$_1F_1\left(-\frac{1}{2}, \frac{\delta}{2}, -\frac{\bar{\kappa}(t,0)}{2}\right) = e^{-\bar{\kappa}(t,0)/2}{}_1F_1\left(\frac{1+\delta}{2}, \frac{\delta}{2}, \frac{\bar{\kappa}(t,0)}{2}\right). \tag{13.34}$$

于是, 由 (13.32) 和 (13.34), 等式 (13.31) 可以写成

$$\mathbb{E}\left[\sqrt{v(t)}\,\bigg|\,\mathcal{F}(0)\right] = \sqrt{2\bar{c}(t,0)}e^{-\bar{\kappa}(t,0)/2}\frac{\Gamma\left(\frac{1+\delta}{2}\right)}{\Gamma\left(\frac{\delta}{2}\right)}{}_1F_1\left(\frac{1+\delta}{2}, \frac{\delta}{2}, \frac{\bar{\kappa}(t,0)}{2}\right)$$

$$= \sqrt{2\bar{c}(t,0)}e^{-\bar{\kappa}(t,0)/2}\sum_{k=0}^{\infty}\frac{1}{k!}\left(\bar{\kappa}(t,0)/2\right)^k\frac{\Gamma\left(\frac{1+\delta}{2}+k\right)}{\Gamma\left(\frac{\delta}{2}+k\right)},$$

这就完成了表达式的证明.

进一步, 非中心卡方分布的过程 $v(t)$ 的均值和方差已知, 见等式 (8.12), 结合 $\mathbb{E}\left[\sqrt{v(t)}\right]$ 的结果就完成了证明. □

(13.27) 中 $\sqrt{v(t)}$ 期望的解析表达式很复杂, 数值运算代价高昂.

于是我们提供一个详细的简化近似.

期望 $\mathbb{E}\left[\sqrt{v(t)}\right]$ 的近似

为了找到 (13.27) 的一阶近似, 可以用一种所谓的*delta 方法* (例如见 [Amstrup et al., 2006; Oehlert, 1992]), 其表明了函数 $g(X)$ 可以对给定的具期望 $\mathbb{E}[X]$ 和方差 $\mathbb{V}\mathrm{ar}[X]$ 的随机变量 X 由在 $\mathbb{E}[X]$ 点的一阶 Taylor 展开近似. 假定函数 g 充分光滑且 X 的前两阶矩存在, 一阶 Taylor 展开给出

$$g(X) \approx g(\mathbb{E}[X]) + (X - \mathbb{E}[X])\frac{\partial g}{\partial X}(\mathbb{E}[X]). \tag{13.35}$$

由于 $g(X)$ 的方差可以近似为 (13.35) 右端的方差, 我们有

$$\mathbb{V}\mathrm{ar}[g(X)] \approx \mathbb{V}\mathrm{ar}\left[g(\mathbb{E}[X]) + (X - \mathbb{E}[X])\frac{\partial g}{\partial X}(\mathbb{E}[X])\right]$$

$$= \left(\frac{\partial g}{\partial X}(\mathbb{E}[X])\right)^2\mathbb{V}\mathrm{ar}[X]. \tag{13.36}$$

将这个结果用于 $g(v(t)) = \sqrt{v(t)}$, 我们有

$$\mathbb{V}\mathrm{ar}\left[\sqrt{v(t)}\right] \approx \left(\frac{1}{2}\frac{1}{\sqrt{\mathbb{E}[v(t)]}}\right)^2\mathbb{V}\mathrm{ar}[v(t)] = \frac{1}{4}\frac{\mathbb{V}\mathrm{ar}[v(t)]}{\mathbb{E}[v(t)]}. \tag{13.37}$$

然而, 从方差的定义, 我们也有

$$\mathbb{V}\mathrm{ar}\left[\sqrt{v(t)}\right] = \mathbb{E}[v(t)] - \left(\mathbb{E}\left[\sqrt{v(t)}\right]\right)^2, \tag{13.38}$$

结合等式 (13.37) 和 (13.38) 给出近似:

$$\mathbb{E}\left[\sqrt{v(t)}\right] \approx \sqrt{\mathbb{E}[v(t)] - \frac{1}{4}\frac{\mathrm{Var}[v(t)]}{\mathbb{E}[v(t)]}}. \tag{13.39}$$

由于 $v(t)$ 是平方根过程,

$$v(t) = v(0)\mathrm{e}^{-\kappa t} + \bar{v}(1 - \mathrm{e}^{-\kappa t}) + \gamma \int_0^t \mathrm{e}^{\kappa(z-t)}\sqrt{v(z)}\mathrm{d}W_v(z). \tag{13.40}$$

期望 $\mathbb{E}[v(t)|\mathcal{F}(0)] = \bar{c}(t,0)(\delta + \bar{\kappa}(t,0))$, 方差 $\mathrm{Var}[v(t)|\mathcal{F}(0)] = \bar{c}^2(t,0)(2\delta + 4\bar{\kappa}(t,0))$, 其中 $\bar{c}(t,0)$, δ 和 $\bar{\kappa}(t,0)$ 由 (13.29) 给出. 这给我们下列近似:

结果 13.2.1 由等式 (13.23) 给出的随机过程 $v(t)$ 的期望 $\mathbb{E}\left[\sqrt{v(t)}\right]$ 可近似为

$$\mathbb{E}\left[\sqrt{v(t)}|\mathcal{F}(0)\right] \approx \sqrt{\bar{c}(t,0)(\bar{\kappa}(t,0) - 1) + \bar{c}(t,0)\delta + \frac{\bar{c}(t,0)\delta}{2(\delta + \bar{\kappa}(t,0))}} =: \mathcal{E}(t), \tag{13.41}$$

这里 $\bar{c}(t,0)$, δ 和 $\bar{\kappa}(t,0)$ 由引理 13.2.1 给出, 其中的 κ, $\bar{v}$, γ 和 $v(0)$ 是等式 (13.23) 中的参数.

由于结果 13.2.1 提供了一个 $\mathbb{E}\left[\sqrt{v(t)}\right]$ 关于确定函数的显式的近似, 原则上, 我们可以得到对应的特征函数.

$\mathbb{E}[\sqrt{v(t)}]$ 近似的极限

在近似 (13.41) 中的平方根下的参数表达式要有下列非负的形式:

$$\bar{c}(t,0)(\bar{\kappa}(t,0) - 1) + \bar{c}(t,0)\delta + \frac{\bar{c}(t,0)\delta}{2(\delta + \bar{\kappa}(t,0))} \geqslant 0. \tag{13.42}$$

用 $\bar{c}(t,0) > 0$ 除这个式子, 得到 $2\left(\bar{\kappa}(t,0) + \delta\right)^2 - 2(\bar{\kappa}(t,0) + \delta) + \delta \geqslant 0$. 设定 $y = \bar{\kappa}(t,0) + \delta$, 我们找到 $2y^2 - 2y + \delta \geqslant 0$. 对判别式 $4 - 4 \cdot 2 \cdot \delta \leqslant 0$, 抛物线是非负的, 所以 (13.41) 对 $\delta = 4\kappa\bar{v}/\gamma^2 \geqslant \frac{1}{2}$ 是非负的.

如果 *Feller* 条件满足, 则平方根下的表达式定义适定. 如果 $8\kappa\bar{v}/\gamma^2 \geqslant 1$ 但是 Feller 条件不满足, 近似也是有效的. 如果 (13.41) 平方根下的表达式变负, 出于精确性原因, 使用引理 13.2.1 中的近似是有利的.

(13.41) 中的 $\mathbb{E}\left[\sqrt{v(t)}\right]$ 的近似仍然是不易的, 而且可能对导出对应的特征函数造成困难. 为了找到特征函数的系数, 要联合使用数值方法求解相应的 ODE. 然而数值积分计算会降低期权定价的求解速度, 这使得 SDE 模型吸引力减小. 为导出特征函数表达式的封闭形式, (13.41) 中期望 $\mathbb{E}\left[\sqrt{v(t)}\right]$ 可以进一步近似为下列形式的函数:

$$\mathbb{E}\left[\sqrt{v(t)}\right] \approx a + b\mathrm{e}^{-ct} =: \widetilde{\mathcal{E}}(t), \tag{13.43}$$

其中 a, b 和 c 是通过对比 (13.41) 中的函数 $\mathcal{E}(t)$ 和 (13.43) 中的 $\widetilde{\mathcal{E}}(t)$ 而得的常数, 对 $t \to +\infty$, $t \to 0$ 以及 $t = 1$,

$$
\begin{aligned}
\lim_{t \to +\infty} \mathcal{E}(t) &= \sqrt{\bar{v} - \frac{\gamma^2}{8\kappa}} = a = \lim_{t \to +\infty} \widetilde{\mathcal{E}}(t), \\
\lim_{t \to 0} \mathcal{E}(t) &= \sqrt{v(0)} = a + b = \lim_{t \to 0} \widetilde{\mathcal{E}}(t), \\
\lim_{t \to 1} \mathcal{E}(t) &= \mathcal{E}(1) = a + b\mathrm{e}^{-c} = \lim_{t \to 1} \widetilde{\mathcal{E}}(t).
\end{aligned}
\tag{13.44}
$$

这样 a, b 和 c 可以找到,

$$
a = \sqrt{\bar{v} - \frac{\gamma^2}{8\kappa}}, \quad b = \sqrt{v(0)} - a, \quad c = -\log\left(b^{-1}(\mathcal{E}(1) - a)\right),
\tag{13.45}
$$

这里 $\mathcal{E}(t)$ 由 (13.41) 给出. 这个近似有效性的进一步细节可以在 [Grzelak et al., 2011] 中找到.

例 13.2.1 从数值上评估 (13.27) 中 $\mathbb{E}\left[\sqrt{v(t)}\right]$ 的近似 (13.45) 的质量, 执行一个数值实验 (见图 13-3 的结果).

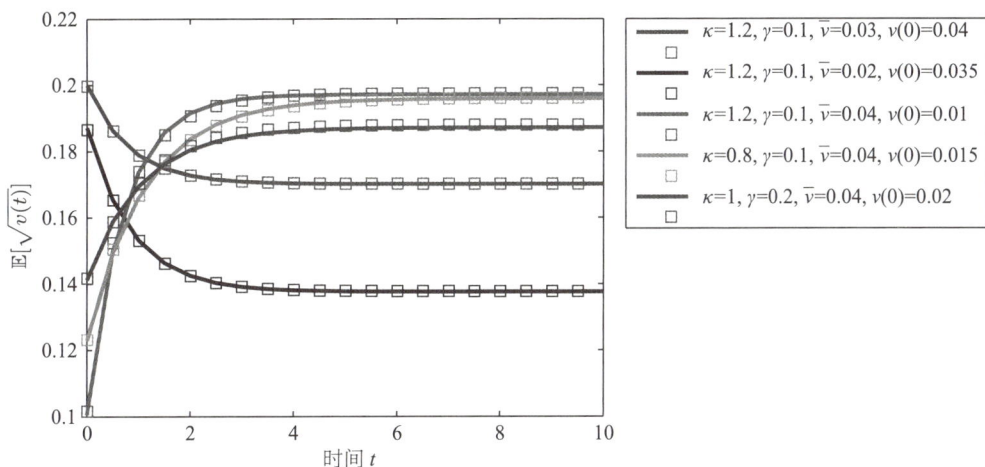

图 13-3 近似 $\mathbb{E}\left[\sqrt{v(t)}\right] \approx a + b\mathrm{e}^{-ct}$ (实线) 与 (13.27) 给出的精确解 (方块线) 的比较, 对 5 个 κ, γ, $\bar{v}$ 和 $v(0)$ 的随机组.

对随机选择的参数, 近似 (13.45) 与 (13.27) 中的 $\mathbb{E}\left[\sqrt{v(t)}\right]$ 非常相符. ◇

H1-HW 模型的特征函数

基于 (13.26), 将 (13.43) 的近似模型称为 *H1-HW* 模型. 现在我们推出 HHW 模型的 H1-HW 近似的特征函数. 矩阵 (13.24) 非仿射项等于 $\eta\rho_{x,r}\sqrt{v(t)}$, 它将由 $\eta\rho_{x,r}\mathbb{E}\left[\sqrt{v(t)}\right]$ 近似.

为简便起见, 我们假定利率的期限结构 $\theta(t)$ 是常数, $\theta(t) = \theta$, 见等式 (11.37), 这在节 11.3.1 中是 Vašiček 模型. H1-HW 模型贴现的特征函数具有下列形式:

$$
\phi_{\text{H1-HW}}(u; t, T) = \exp\left(\bar{A}(u, \tau) + \bar{B}(u, \tau)X(t) + \bar{C}(u, \tau)r(t) + \bar{D}(u, \tau)v(t)\right),
\tag{13.46}
$$

其中初值条件 $\bar{A}(u,0)=0$, $\bar{B}(u,0)=iu$, $\bar{C}(u,0)=0$, $\bar{D}(u,0)=0$. H1-HW 模型的特征函数可以通过下面的引理找到封闭形式.

引理 13.2.2 (与 H1-HW 模型相关的 ODE) 对 H1-HW 模型, (13.46) 中关于 $u\in\mathbb{C}$ 和 $\tau\geqslant 0$ 的函数 $\bar{B}(u,\tau),\bar{C}(u,\tau),\bar{D}(u,\tau)$ 和 $\bar{A}(u,\tau)$ 满足下列 ODE 系统:

$$\frac{\mathrm{d}\bar{B}}{\mathrm{d}\tau}=0,\ \ \bar{B}(u,0)=iu,$$

$$\frac{\mathrm{d}\bar{C}}{\mathrm{d}\tau}=-1-\lambda\bar{C}+\bar{B},\ \ \bar{C}(u,0)=0,$$

$$\frac{\mathrm{d}\bar{D}}{\mathrm{d}\tau}=\bar{B}(\bar{B}-1)/2+\left(\gamma\rho_{x,v}\bar{B}-\kappa\right)\bar{D}+\gamma^2\bar{D}^2/2,\ \ \bar{D}(u,0)=0,$$

$$\frac{\mathrm{d}\bar{A}}{\mathrm{d}\tau}=\lambda\theta\bar{C}+\kappa\bar{v}\bar{D}+\eta^2\bar{C}^2/2+\eta\rho_{x,r}\mathbb{E}\left[\sqrt{v(t)}\right]\bar{B}\bar{C},\ \ \bar{A}(u,0)=0,$$

其中 $\tau=T-t$, κ,λ 和 θ 以及 $\eta,\rho_{x,r}$ 和 $\rho_{x,v}$ 对应 HHW 模型 (13.23) 中的参数.

这些不同的项的结果是通过 AD 过程理论的直接应用而得.

下面的引理给出了 (13.46) 中函数 $\bar{B}(u,\tau),\bar{C}(u,\tau),\bar{D}(u,\tau)$ 和 $\bar{A}(u,\tau)$ 的封闭解.

引理 13.2.3 (H1-HW 模型的特征函数) 引理 13.2.2 中给出的 ODE 系统的解为

$$\bar{B}(u,\tau)=iu,$$

$$\bar{C}(u,\tau)=(iu-1)\lambda^{-1}(1-\mathrm{e}^{-\lambda\tau}),$$

$$\bar{D}(u,\tau)=\frac{1-\mathrm{e}^{-D_1\tau}}{\gamma^2\left(1-g\mathrm{e}^{-D_1\tau}\right)}\left(\kappa-\gamma\rho_{x,v}iu-D_1\right),$$

$$\bar{A}(u,\tau)=\lambda\theta I_1(\tau)+\kappa\bar{v}I_2(\tau)+\frac{1}{2}\eta^2 I_3(\tau)+\eta\rho_{x,r}I_4(\tau),$$

其中 $D_1=\sqrt{(\gamma\rho_{x,v}iu-\kappa)^2-\gamma^2 iu(iu-1)}$, $g=\frac{\kappa-\gamma\rho_{x,v}iu-D_1}{\kappa-\gamma\rho_{x,v}iu+D_1}$.

积分 $I_1(\tau),I_2(\tau)$ 和 $I_3(\tau)$ 具有解析解, $I_4(\tau)$ 具有一个半解析解:

$$I_1(\tau)=\frac{1}{\lambda}(iu-1)\left(\tau+\frac{1}{\lambda}(\mathrm{e}^{-\lambda\tau}-1)\right),$$

$$I_2(\tau)=\frac{\tau}{\gamma^2}\left(\kappa-\gamma\rho_{x,v}iu-D_1\right)-\frac{2}{\gamma^2}\log\left(\frac{1-g\mathrm{e}^{-D_1\tau}}{1-g}\right),$$

$$I_3(\tau)=\frac{1}{2\lambda^3}(i+u)^2\left(3+\mathrm{e}^{-2\lambda\tau}-4\mathrm{e}^{-\lambda\tau}-2\lambda\tau\right),$$

$$I_4(\tau)=iu\int_0^\tau\mathbb{E}\left[\sqrt{v(T-z)}\right]\bar{C}(u,z)\mathrm{d}z$$

$$=-\frac{1}{\lambda}(iu+u^2)\int_0^\tau\mathbb{E}\left[\sqrt{v(T-z)}\right]\left(1-\mathrm{e}^{-\lambda z}\right)\mathrm{d}z.$$

证明 有初值条件 $\bar{B}(u,0) = iu$, 明显地, $\bar{B}(u,\tau) = iu$. 对第二个 ODE, 两边乘以 $e^{\lambda\tau}$, 给出

$$\frac{\mathrm{d}}{\mathrm{d}\tau}\left(e^{\lambda\tau}\bar{C}\right) = (iu-1)e^{\lambda\tau}, \tag{13.47}$$

两边积分, 并用初值条件 $\bar{C}(u,0) = 0$ 得

$$\bar{C}(u,\tau) = (iu-1)\lambda^{-1}\left(1 - e^{-\lambda\tau}\right).$$

利用 $\bar{a} := -\frac{1}{2}(u^2+iu)$, $\bar{b} := \gamma\rho_{x,v}iu - \kappa$, $\bar{c} := \frac{1}{2}\gamma^2$, $\bar{D}(u,\tau)$ 的 ODE 和 $I_2(\tau)$ 由下面的 Riccati 方程给出:

$$\frac{\mathrm{d}\bar{D}}{\mathrm{d}\tau} = \bar{a} + \bar{b}\bar{D} + \bar{c}\bar{D}^2, \quad \bar{D}(u,0) = 0, \tag{13.48}$$

$$I_2(\tau) = \kappa\bar{v}\int_0^\tau \bar{D}(u,z)\mathrm{d}z. \tag{13.49}$$

等式 (13.48) 和 (13.49) 具有原始 Heston 动态相同的形式 [Heston, 1993]. 于是它们的解为

$$\bar{D}(u,\tau) = \frac{-\bar{b} - D_1}{2c(1 - Ge^{-D_1\tau})}(1 - e^{-D_1\tau}),$$

$$I_2(\tau) = \frac{1}{2\bar{c}}\left((-\bar{b} - D_1)\tau - 2\log\left(\frac{1 - Ge^{-D_1\tau}}{1 - G}\right)\right),$$

其中 $D_1 = \sqrt{\bar{b}^2 - 4\bar{a}\bar{c}}$, $G = \frac{-\bar{b} - D_1}{-\bar{b} + D_1}$.

积分 $I_1(\tau)$, $I_3(\tau)$ 和 $I_4(\tau)$ 可以直接计算. 对应的代入就完成了证明. □

请注意, 取 $\mathbb{E}\left[\sqrt{v(T-s)}\right] \approx a + be^{-c(T-s)}$, 其中 a, b 和 c 由 (13.43) 给出, 得到了一个封闭的表达式

$$I_4(\tau) = -\frac{1}{\lambda}(iu + u^2)\left[\frac{b}{c}\left(e^{-ct} - e^{-cT}\right) + a\tau + \frac{a}{\lambda}\left(e^{-\lambda\tau} - 1\right)\right.$$

$$\left. + \frac{b}{c-\lambda}e^{-cT}\left(1 - e^{-\tau(\lambda-c)}\right)\right]. \tag{13.50}$$

上述 H1-HW 模型的推导基于方差和利率过程之间的零相关性. H1-HW 模型推广到过程之间的全非零相关矩阵可以用类似的方法, 用类似的非仿射协方差矩阵项通过它们各自的期望来近似. 然而, 重要的是量化将要产生的近似误差及其对期权价格的影响.

注释 13.2.2 (Heston 模型近似的误差分析) 更好地从理论上理解全型模型和其近似 H1-HW 模型的差别可以基于相应的期权定价的 PDE, 其中用经典的 PDE 的误差分析来检验近似质量已在 [Guo et al., 2013] 中实行. 就 Heston Hull-White 模型而言, 期权定价的 PDE 将是三维的. 通过测度变换, 从当前测度到 T 远期测度, 定价 PDE 降为二维以便于分析. 运用了概率论的有限元和数值分析的 PDE 理论.

13.2.3 混合 Heston SDE 的 Monte Carlo 模拟

我们考虑下面一般的混合 SDE 的 Monte Carlo 模拟:

$$
\begin{aligned}
\mathrm{d}S(t)/S(t) &= r(t)\mathrm{d}t + b_x(t, v(t))\mathrm{d}W_x(t), \\
\mathrm{d}v(t) &= a_v(t, v(t))\mathrm{d}t + b_v(t, v(t))\mathrm{d}W_v(t), \\
\mathrm{d}r(t) &= a_r(t, r(t))\mathrm{d}t + b_r(t, r(t))\mathrm{d}W_r(t),
\end{aligned}
\tag{13.51}
$$

其中 $S(t_0) > 0$, $v(t_0) > 0$, $r(t_0) \in \mathbb{R}$, $\mathrm{d}W_x(t)\mathrm{d}W_v(t) = \rho_{x,v}\mathrm{d}t$, $\mathrm{d}W_x(t)\mathrm{d}W_r(t) = \rho_{x,r}\mathrm{d}t$, $\mathrm{d}W_r(t)\mathrm{d}W_v(t) = 0$, 方程 $b_x(\cdot)$, $a_v(\cdot)$, $b_v(\cdot)$, $a_r(\cdot)$ 和 $b_r(\cdot)$ 满足通常增长条件 (见例如 [Shreve, 2004]).

注释 13.2.3 (相关性) 在相关参数为零的情形下, 从联合分布进行采样可以通过独立地对边际分布进行采样来执行, 也就是说, 我们不需要直接基于联合分布进行采样, 这就降低了问题复杂性.

在 SZHW 模型中, 方差和利率由均值回归正态分布的随机过程掌控, 而从它们的联合分布采样相对简单 [van Haastrecht et al., 2014].

然而, 联合分布采样并不总是标准的, 当我们处理对数正态方差分布时, 其与正态分布的利率过程相关.

注释 13.2.4 (特征函数) (13.51) 中的模型设定相当一般化, 并且波动率和漂移系数的可选项不少. 然而, 除了 Monte Carlo 模拟, 当我们想基于特征函数使用 Fourier 技术求解定价模型时, 这些参数的可选项变得很有限. 使用仿射类模型要求波动率系数的平方和所有可能的组合 $b_i^2(t, v(t))$, $b_i(t, v(t))b_j(t, v(t))$, $i \neq j$, $i, j \in \{x, v, r\}$ 关于状态变量是线性的. 这个限制使得只有少数模型可用, 这也就是本章前面定义 H1-HW 模型的动因.

我们先定义时间格, $t_i = i\frac{T}{m}$, 其中 $i = 0, \cdots, m$, 而 $\Delta t_i = t_{i+1} - t_i$. 一个很基本的策略是用 Euler 离散模拟 (13.51) 中的系统. 用 $X(t) = \log(S(t))$ 就得到如下离散系统:

$$
\begin{aligned}
x_{i+1} &= x_i + \left[r_i - \frac{1}{2}b_x^2(t_i, v_i)\right]\Delta t_i + b_x(t_i, v_i)\sqrt{\Delta t_i}Z_x, \\
v_{i+1} &= v_i + a_v(t_i, v_i)\Delta t_i + b_v(t_i, v_i)\sqrt{\Delta t_i}Z_v, \\
r_{i+1} &= r_i + a_r(t_i, r_i)\Delta t_i + b_r(t_i, r_i)\sqrt{\Delta t_i}Z_r,
\end{aligned}
\tag{13.52}
$$

其中 $Z_i \sim \mathcal{N}(0, 1)$, 在 (13.51) 中是相关的 Brown 运动.

虽然 (13.52) 的离散系统通常是用于 Monte Carlo 模拟定价, 但如 Heston 模型, 当其中有一个过程是 CIR 类时可能会遇到麻烦. Euler 离散格式可能导致负值, 使得 Monte Carlo 模拟结果不切实际.

一个更一般化的系统 (13.51) 的 Monte Carlo 模拟框架依赖于假设方差过程 $v(t)$ 和利率 $r(t)$ 的边际分布是已知的. 然后可以使用可用的软件包有效地执行对这些分布

的采样.

关于独立的 Brown 运动的公式化基于相关矩阵 $\boldsymbol{C}$ 的 Cholesky 分解, 如 $\boldsymbol{C} = \boldsymbol{L}\boldsymbol{L}^{\mathrm{T}}$, 以及

$$\boldsymbol{C} = \begin{bmatrix} 1 & 0 & \rho_{x,r} \\ 0 & 1 & \rho_{x,v} \\ \rho_{x,r} & \rho_{x,v} & 1 \end{bmatrix}, \qquad \boldsymbol{L} = \begin{bmatrix} 1 & 0 & 0 \\ 0 & 1 & 0 \\ \rho_{x,r} & \rho_{x,v} & \sqrt{1 - \rho_{x,r}^2 - \rho_{x,v}^2} \end{bmatrix}, \qquad (13.53)$$

对 $X(t) = \log S(t)$, 重写系统 (13.51) 中的公式如下:

$$\mathrm{d}r(t) = a_r(t, r(t))\mathrm{d}t + b_r(t, r(t))\mathrm{d}\widetilde{W}_r(t),$$

$$\mathrm{d}v(t) = a_v(t, v(t))\mathrm{d}t + b_v(t, v(t))\mathrm{d}\widetilde{W}_v(t),$$

以及股票的对数过程,

$$\mathrm{d}X(t) = \left(r(t) - \frac{1}{2}b_x^2(t, v(t)) \right) \mathrm{d}t + \rho_{x,r}b_x(t, v(t))\mathrm{d}\widetilde{W}_r(t)$$

$$+ \rho_{x,v}b_x(t, v(t))\mathrm{d}\widetilde{W}_v(t) + \sqrt{1 - \rho_{x,r}^2 - \rho_{x,v}^2}\,b_x(t, v(t))\mathrm{d}\widetilde{W}_x(t).$$

> 人们可能想知道, 等式 (13.53) 中平方根下的表达式是否会变成负数. 然而在这种情况下, 相关矩阵不是正定的, 因此那不是有效的相关矩阵.

在时间区间 $[t_i, t_{i+1}]$ 上积分, 给出

$$x_{i+1} = x_i + \int_{t_i}^{t_{i+1}} \left(r(z) - \frac{1}{2}b_x^2(z, v(z)) \right) \mathrm{d}z$$

$$+ \rho_{x,r} \int_{t_i}^{t_{i+1}} b_x(z, v(z))\mathrm{d}\widetilde{W}_r(z) + \rho_{x,v} \int_{t_i}^{t_{i+1}} b_x(z, v(z))\mathrm{d}\widetilde{W}_v(z)$$

$$+ \sqrt{1 - \rho_{x,r}^2 - \rho_{x,v}^2} \int_{t_i}^{t_{i+1}} b_x(z, v(z))\mathrm{d}\widetilde{W}_x(z). \qquad (13.54)$$

x_{i+1} 的结果表达式形成一般的 Monte Carlo 模拟程序的基础.

Heston Hull-White 模型

在 (13.51) 中的函数的特定选择, 可以认出熟知的 SDE 系统. 具下列设定:

$$b_x(t, v(t)) = \sqrt{v(t)},$$

$$a_v(t, v(t)) = \kappa(\bar{v} - v(t)), \qquad b_v(t, v(t)) = \gamma\sqrt{v(t)}, \qquad (13.55)$$

$$a_r(t, r(t)) = \lambda(\theta(t) - r(t)), \qquad b_r(t, r(t)) = \eta,$$

系统 (13.51) 就成了 (13.23) 的 Heston Hull-White 模型. (9.60) 表示的标准的 Heston 模型的 Monte Carlo 技术可以直接使用在离散 x_{i+1} (13.54) 上, 即

$$x_{i+1} = x_i + \int_{t_i}^{t_{i+1}} \left(r(z) - \frac{1}{2}v(z) \right) \mathrm{d}z + \rho_{x,r} \int_{t_i}^{t_{i+1}} \sqrt{v(z)}\mathrm{d}\widetilde{W}_r(z)$$

$$+ \frac{\rho_{x,v}}{\gamma}\left(v_{i+1} - v_i - \kappa\bar{v}\Delta t_i + \kappa\int_{t_i}^{t_{i+1}} v(z)\mathrm{d}z\right)$$

$$+ \sqrt{1 - \rho_{x,r}^2 - \rho_{x,v}^2}\int_{t_i}^{t_{i+1}}\sqrt{v(z)}\mathrm{d}\widetilde{W}_x(z).$$

合并离散中 x_i 的各项给出

$$x_{i+1} = x_i + k_0 + k_1\int_{t_i}^{t_{i+1}} v(z)\mathrm{d}z + \int_{t_i}^{t_{i+1}} r(z)\mathrm{d}z + k_2\big(v_{i+1} - v_i\big)$$

$$+ \rho_{xr}\int_{t_i}^{t_{i+1}}\sqrt{v(z)}\mathrm{d}\widetilde{W}_r(z) + k_3\int_{t_i}^{t_{i+1}}\sqrt{v(z)}\mathrm{d}\widetilde{W}_x(z), \tag{13.56}$$

其中

$$k_0 = -\frac{\rho_{x,v}}{\gamma}\kappa\bar{v}\Delta t_i, \quad k_1 = \kappa k_2 - \frac{1}{2}, \quad k_2 = \frac{\rho_{x,v}}{\gamma}, \quad k_3 = \sqrt{1 - \rho_{x,r}^2 - \rho_{x,v}^2}.$$

上面离散中的积分难以解析地确定. 我们则应用 Euler 离散格式到 (13.56), 得出下列近似:

$$x_{i+1} \approx x_i + k_0 + k_1 v_i\Delta t_i + r_i\Delta t_i + k_2\big(v_{i+1} - v_i\big)$$

$$+ \rho_{x,r}\sqrt{v_i}\left(\widetilde{W}_r(t_i) - \widetilde{W}_r(t_i)\right) + k_3\sqrt{v_i}\left(\widetilde{W}_x(t_{i+1}) - \widetilde{W}_x(t_i)\right). \tag{13.57}$$

其中 $\widetilde{W}_r(t_{i+1}) - \widetilde{W}_r(t_i) \stackrel{\mathrm{d}}{=} \sqrt{\Delta t_i}\widetilde{Z}_r$, $\widetilde{W}_x(t_{i+1}) - \widetilde{W}_x(t_i) \stackrel{\mathrm{d}}{=} \sqrt{\Delta t_i}\widetilde{Z}_x$, 而 $\widetilde{Z}_r$ 和 $\widetilde{Z}_x$ 是独立同分布 $\mathcal{N}(0,1)$ 变量,

$$x_{i+1} \approx x_i + k_0 + k_1 v_i\Delta t_i + r_i\Delta t_i + k_2\big(v_{i+1} - v_i\big)$$

$$+ \rho_{xr}\sqrt{v_i\Delta t_i}\widetilde{Z}_r + k_3\sqrt{v_i\Delta t_i}\widetilde{Z}_x. \tag{13.58}$$

对利率过程的动态,

$$\mathrm{d}r(t) = \lambda(\theta(t) - r(t))\mathrm{d}t + \eta\mathrm{d}\widetilde{W}_r(t),$$

Euler 离散给出下列近似:

$$r_{i+1} \approx r_i + \lambda\theta(t_i)\Delta t_i - \lambda r_i\Delta t_i + \eta\sqrt{\Delta t_i}\widetilde{Z}_r. \tag{13.59}$$

综上, 对 HHW 模型的 Monte Carlo 格式可以离散如下:

$$v_{i+1} = \bar{c}(t_{i+1}, t_i)\chi^2(\delta, \bar{\kappa}(t_{i+1}, t_i)),$$

$$r_{i+1} \approx r_i + \lambda\theta(l_i)\Delta l_i - \lambda r_i\Delta t_i + \eta\sqrt{\Delta t_i}\widetilde{Z}_r,$$

$$x_{i+1} \approx x_i + k_0 + (k_1\Delta t_i + k_2)v_i + r_i\Delta t_i + k_2 v_{i+1}$$

$$+ \sqrt{v_i\Delta t_i}\big(\rho_{x,r}\widetilde{Z}_r + k_3\widetilde{Z}_x\big),$$

其中

$$k_0 = -\frac{\rho_{x,v}}{\gamma}\kappa\bar{v}\Delta t_i, \quad k_1 = \kappa k_2 - \frac{1}{2}, \quad k_2 = \frac{\rho_{x,v}}{\gamma}, \quad k_3 = \sqrt{1 - \rho_{x,r}^2 - \rho_{x,v}^2},$$

以及

$$\bar{c}(t_{i+1}, t_i) = \frac{\gamma^2}{4\kappa}(1 - e^{-\kappa(t_{i+1}-t_i)}), \quad \delta = \frac{4\kappa\bar{v}}{\gamma^2},$$

$$\bar{\kappa}(t_{i+1}, t_i) = \frac{4\kappa e^{-\kappa(t_{i+1}-t_i)}}{\gamma^2(1 - e^{-\kappa(t_{i+1}-t_i)})}v_i,$$

这里 $\widetilde{Z}_r, \widetilde{Z}_x$ 是独立的 $\mathcal{N}(0,1)$ 随机变量; $\chi^2(\delta, \bar{\kappa}(t_{i+1}, t_i))$ 是具 δ 自由度和非中心参数 $\bar{\kappa}(t_{i+1}, t_i)$ 的非中心卡方分布的随机变量.

模拟格式依赖于非中心卡方分布的可用性, 它可能在统计软件中获得[2]. 或者可以用节 9.3.4 中的 QE 格式.

13.2.4　数值实验, HHW 对比 SZHW 模型

我们将 H1-HW 模型 (13.26), (13.43) 与 SZHW 模型 (节 13.1.3 中介绍) 进行比较. 两个模型的利率过程 $r(t)$ 都是由一个相关的正态分布短期利率模型驱动, 所以我们只要关注波动率过程的不同.

Schöbel-Zhu 模型的波动率由正态分布的 Ornstein-Uhlenbeck 波动率模型 $\sigma(t)$ 驱动, 而在 Heston 模型中波动率由 $\sqrt{v(t)}$ 驱动, 这里 $v(t)$ 以 $\bar{c}(t,0)$ 乘以一个非中心卡方的随机变量 $\chi^2(\delta, \bar{\kappa}(t,0))$ 为其分布.

我们首先确定在什么条件下 $\sqrt{v(t)}$ 是近似的正态分布, 因为 Schöbel-Zhu 模型中, $\sigma(t)$ 是正态分布的.

在任何时间, $t > 0$, 方差过程 $v(t)$ 的平方根可以近似为

$$\sqrt{v(t)} \sim \mathcal{N}\left(\mathcal{E}(t), \bar{c}(t,0) - \frac{\bar{c}(t,0)\delta}{2(\delta + \bar{\kappa}(t,0))}\right), \tag{13.60}$$

其中 $\bar{c}(t,0)$, δ 和 $\bar{\kappa}(t,0)$ 在 (13.29) 定义, $\mathcal{E}(t)$ 由 (13.41) 确定.

(13.60) 中的正态近似或者满足大数的自由度 δ, 或者大数的非中心参数 $\bar{\kappa}(t,0)$. 特别地, $\delta \gg 0$ 隐含 $4\kappa\bar{v} \gg \gamma^2$, 其与 Feller 条件 $2\kappa\bar{v} > \gamma^2$ 关系密切. 当满足 Feller 条件时, Heston 模型于是有与 Schöbel-Zhu 模型类似的波动率结构.

图 13-4 (左图) 确认了这个观察. 当 Feller 条件不成立时, Heston 和 Schöbel-Zhu 模型的波动率非常地不同, 这是因为 Heston 模型的波动率要比 Schöbel-Zhu 模型生成更重的厚尾. 这可能在对具有更明显隐含波动率微笑和倾斜的市场数据进行模型校验时会有影响 (右图).

我们也检查了在校验真实市场数据时模型的表现. 在具即时短期价 1145.88 的 S&

---

[2]在 MATLAB 中, 它可以通过 ncx2rnd() 调用.

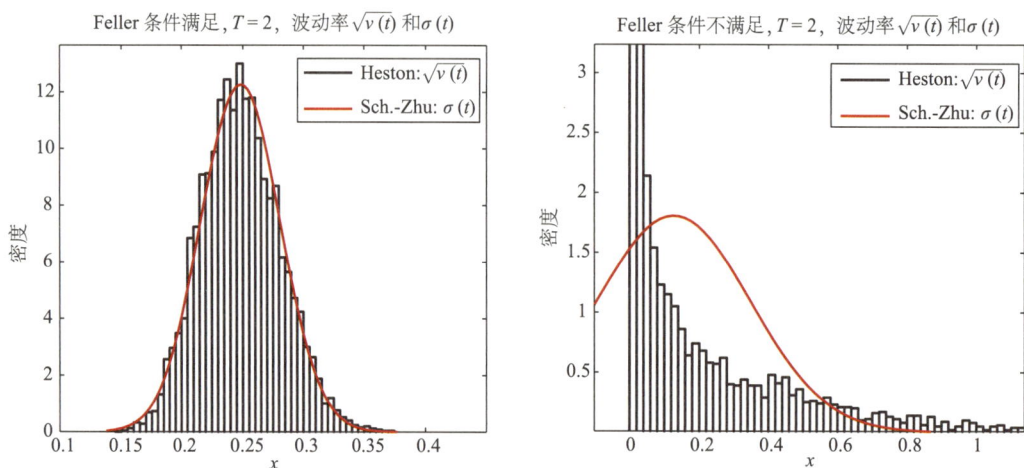

图 13-4 $\sqrt{v(t)}$ (Heston 模型) 和 $\sigma(t)$ (Schöbel-Zhu 模型) 的密度的直方图, 其中 $T = 2$. **左:** Feller 条件满足, 即 $\kappa = 1.2$, $v(0) = \bar{v} = 0.063$, $\gamma = 0.1$; **右:** Feller 条件不满足, $\kappa = 0.25$, $v(0) = \bar{v} = 0.063$, $\gamma = 0.63$, 如 [Antonov, 2007].

P500 (27/09/2010) 校验了 SZHW 和 H1-HW 模型 (即带 Hull-White 短期过程的仿射 Heston) 的隐含波动率. 两个模型, 股票和利率的相关系数 $\rho_{x,r}$ 设为 +30%.

表 13-2的校验结果验证了 H1-HW 模型比 Schöbel-Zhu Hull-White 模型更为灵活. 仿射 Heston 混合模型和 SZHW 混合模型的误差差别是明显的, 在敲定价很大时后者 可比前者高 20 倍.

表 13-2 Schöbel-Zhu 混合模型 (SZHW) 和 H1-HW 混合的校验结果.

T	敲定价	市场价	SZHW	H1-HW	误差 (SZHW)	误差 (H1-HW)
	40%	57.61	54.02	57.05	3.59 %	−0.56 %
$T = 6$m	100%	22.95	25.21	21.57	−2.26 %	−1.38 %
	120%	15.9	18.80	16.38	−2.90 %	0.48 %
	40%	48.53	47.01	48.21	1.52 %	0.32 %
$T = 1$y	100%	24.49	24.97	24.28	−0.48 %	0.21 %
	120%	19.23	19.09	19.14	0.14 %	0.09 %
	40%	36.76	36.15	36.75	0.61 %	0.01 %
$T = 10$y	100%	29.18	29.47	29.18	−0.29 %	0.00 %
	120%	27.66	27.93	27.62	−0.27 %	0.04 %

习 题

习题 13.1 在这个练习中, 我们将在 Black-Scholes Hull-White 模型 (BSHW) 下应用 COS 方法来估价平凡香草期权. 状态向量 $[S, r]^T$ 假定满足风险中性测度,

$$\mathrm{d}S(t) = r(t)S(t)\mathrm{d}t + \sigma S(t)\mathrm{d}W_x(t),$$

$$dr(t) = \lambda(\theta(t) - r(t))dt + \eta dW_r(t),$$

其中参数为 σ, λ, η, 还有 $dW_x(t), dW_r(t) = \rho dt$ 以及确定性函数 $\theta(t)$ 给定.

a. 实施变换 $\widetilde{r}(t) = r(t) - \psi(t)$, 这里

$$\psi(t) = e^{-\lambda t}r_0 + \lambda\int_0^t e^{-\lambda(t-z)}\theta(z)dz. \tag{13.61}$$

用下列变量, $X(t) = \log(S(t)), \widetilde{x}(t) = X(t) - \Psi(t)$, 这里 $\Psi(t) = \int_0^t \psi(z)dz$, 证明

$$d\widetilde{x}(t) = \left(\widetilde{r}(t) - \frac{1}{2}\sigma^2\right)dt + \sigma dW_x(t),$$

$$d\widetilde{r}(t) = -\lambda\widetilde{r}(t)dt + \eta dW_r(t).$$

b. 推出对 $\boldsymbol{X}(T) = [X(T), r(T)]^T$, 在开始点于 t, $\boldsymbol{X}(t) = [X(t), r(t)]^T$ 贴现的特征函数具有形式:

$$\phi(\boldsymbol{u}, \boldsymbol{X}, t, T) = e^{-\int_t^T \psi(z)dz + i\boldsymbol{u}^T[\Psi(T),\psi(T)]^T}e^{\bar{A}(\boldsymbol{u},\tau)+\bar{B}_x(\boldsymbol{u},\tau)\widetilde{x}(t)+\bar{B}_r(\boldsymbol{u},\tau)\widetilde{r}(t)},$$

这里 $\tau = T - t$.

取 $\boldsymbol{u} = [u, 0]^T$, 证明 $\bar{A}$ 和 $\bar{B} = \left[\bar{B}_x, \bar{B}_r\right]^T$ 满足具有如下形式的 ODE 系统:

$$\frac{dA}{d\tau} = -r_0 + \bar{B}^T a_0 + \frac{1}{2}\bar{B}^T c_0\bar{B},$$

$$\frac{dB}{d\tau} = -r_1 + a_1^T\bar{B} + \frac{1}{2}\bar{B}^T c_1\bar{B},$$

取初值条件 $A(u,0) = 0, B_x(u,0) = iu, B_r(u,0) = 0$. 定义所有项.

c. 解出这个 ODE 系统, 并推出常数 $\theta(t) = \theta$ 的特征函数.

d. 在 BSHW 模型下对一具收益为 $\max(S(T) - K, 0)$ 的欧式看涨期权实施 COS 方法. 画出期权价关于敲定价 $K \in [S_0/2, 2S_0]$ 的函数, 用下列参数: $\lambda = 1, T = 0.5, \theta = 0.1, \rho = -0.6, \eta = 0.1, \sigma = 0.3, r_0 = 0.2, S_0 = 1$.

e. 在 BSHW 模型下, 推导欧式看涨期权的解析解, 并且将这个解和得到的数值解比较.

习题 13.2 对状态向量 $X(t) = [S(t), r(t)]^T$ 考虑 BSHW 模型, 具相关性 $dW_x(t)dW_r(t) = \rho dt$. 选 $\rho = 0.5, \theta = 0.1, \eta = 0.3, \sigma = 0.3, S_0 = 1, r_0 = \theta, T = 1$, 并选 $\lambda = 1.0$ 或者 $\lambda = 0.2$.

a. 证明解 $S(t), t > 0$ 可以表成

$$S(t) = S_0\exp\left(\int_0^t\left(r(z) - \frac{1}{2}\sigma^2\right)dz + \sigma W_x(t)\right).$$

b. 构造一个自融资投资组合推出定价 PDE.

提示: 构造和 Heston 模型相似的 PDE.

c. 实行 Monte-Carlo 模拟定价一个看跌期权, 其中 $K = 1.1$, 用 Milstein 和 Euler 离散方法, 对上述两个 λ 值, 讨论得到的结果. 如何可以改进 Monte Carlo 结果?

d. 对这个 SDE 系统, 确定特征函数, 并且用 COS 方法来重构这里给出的 BSHW 系统的密度函数.

e. 运用 COS 方法定价看跌期权具 $K = 1.1$ 并将结果与习题 13.2b 的结果比较.

习题 13.3 在无风险测度 $\mathbb{Q}$ 下, Black-Scholes Hull-White 模型定义为

$$\frac{\mathrm{d}S(t)}{S(t)} = r(t)\mathrm{d}t + \sigma\mathrm{d}W_x^{\mathbb{Q}}(t),$$

$$\mathrm{d}r(t) = \lambda(\theta(t) - r(t))\mathrm{d}t + \eta\mathrm{d}W_r^{\mathbb{Q}}(t),$$

其中所有参数为正且相关性 $\mathrm{d}W_x^{\mathbb{Q}}(t)\mathrm{d}W_r^{\mathbb{Q}}(t) = \rho_{x,r}\mathrm{d}t$. 证明, 对 T_2 远期价 $S_F(t, T_2) := S(t)/P(t, T_2)$, 具有下列动态:

$$\frac{\mathrm{d}S_F(t, T_2)}{S_F(t, T_2)} = \bar{\sigma}_F(t)\mathrm{d}W_F(t), \quad S_F(t_0, T_2) = \frac{S_0}{P(t_0, T_2)}, \tag{13.62}$$

其中 $\bar{\sigma}_F(t) = \sqrt{\sigma^2 + \eta^2 \bar{B}_r^2(T_2 - t) - 2\rho_{x,r}\sigma\eta\bar{B}_r(T_2 - t)}$, $\bar{B}_r(\tau) = \frac{1}{\lambda}\left(\mathrm{e}^{-\lambda\tau} - 1\right)$.

习题 13.4 考虑 Black-Scholes Hull-White 混合模型, 具参数 λ, σ, η 和相关系数 $\rho_{x,r}$. 证明对 $X(t) = \log S(t)$ 下列成立:

$$\mathbb{E}^{\mathbb{Q}}\left[\frac{r(t)}{M(t)}\mathbb{1}_{S(t)>K}\right] = P(0,t)\mathbb{E}^t\left[r(t) \mid X > \log(K)\right]\left(1 - F_X(\log(K))\right)$$

$$= P(0,t)\left(\mu_r^t(t) + \sigma_r^t(t)\mathbb{E}^t\left[Z \mid X > \log(K)\right]\right)\left(1 - F_{S(t)}^t(K)\right).$$

这里 $\mathbb{E}^t$ 表示 t 远期测度下 (其中计价单位 ZCB 具到期日 t) 的期望. 进一步, $r(t) \sim \mu_r^t(t) + \sigma_r^t(t)Z$, $Z \sim \mathcal{N}(0,1)$, 这里

$$\mu_r^t(t) = r(0)\mathrm{e}^{-\lambda t} + \int_0^t \widetilde{\theta}(u)\mathrm{e}^{-\lambda(t-u)}\mathrm{d}u, \quad \widetilde{\theta}(u) := \lambda\theta(u) + \frac{\eta^2}{\lambda}\left(\mathrm{e}^{-\lambda(t-u)} - 1\right),$$

和

$$\sigma_r^t(t) = \left(\frac{\eta^2}{2\lambda}\left(1 - \mathrm{e}^{-2\lambda t}\right)\right)^{1/2}.$$

习题 13.5 对 HHW 模型实行 Monte Carlo Euler 方法, 用 Monte Carlo AES 格式, 并对 H1-HW 模型用 COS 方法.

a. 对同样的参数组, 比较这些计算结果的收敛性和要求达到特定期权价精度的计算时间.

b. 预计对哪个参数的设定, 两种基于 Monte Carlo 的计算会不同? 通过比较结果验证你的直觉.

c. 预计对哪些参数, HHW 结果和 H1-HW 结果会不同? 展示对应结果.

习题 13.6 类似于节 13.2.2 中 Heston 混合模型的即时协方差矩阵非仿射项的近似, 包含附加的利率 $r(t)$ 和随机方差 $v(t)$ 相关性 $\rho_{r,v}$.

a. 证明对 $\boldsymbol{X}(t) = [x(t), v(t), r(t)]^{\mathrm{T}}$, 模型有下列对称的即时协方差矩阵:

$$\boldsymbol{\Sigma} := \sigma(\boldsymbol{X}(t))\sigma(\boldsymbol{X}(t))^{\mathrm{T}} = \begin{bmatrix} v(t) & \rho_{x,v}\gamma v(t) & \rho_{x,r}\eta\sqrt{v(t)} \\ * & \gamma^2 v(t) & \rho_{r,v}\gamma\eta\sqrt{v(t)} \\ * & * & \eta^2 \end{bmatrix}_{(3\times 3)}. \tag{13.63}$$

b. 根据终值条件, 对特征函数确定对应的 Kolmogorov 倒向方程.

c. 仿射的问题出在矩阵 (13.63) 中的两项, 即 $(1,3)$ 和 $(2,3)$: $\boldsymbol{\Sigma}_{(1,3)} = \rho_{x,r}\eta\sqrt{v(t)}$, $\boldsymbol{\Sigma}_{(2,3)} = \rho_{r,v}\gamma\eta\sqrt{v(t)}$.

用确定近似 $\boldsymbol{\Sigma}_{(1,3)} \approx \rho_{x,r}\eta\mathbb{E}\left[\sqrt{v(t))}\right]$ 和 $\boldsymbol{\Sigma}_{(2,3)} \approx \rho_{r,v}\gamma\eta\mathbb{E}\left[\sqrt{v(t)}\right]$.

Heston Hull-White 模型和对 $p = 0$ 的 (13.23) 中的模型密切相关. 找出这个关系, 以对应 ChF 的系数表示.

习题 13.7 股票 $S(t)$ 的动态, 在所谓的 Heston-CIR 模型写为

$$\begin{cases} \mathrm{d}S(t)/S(t) = r(t)\mathrm{d}t + \sqrt{v(t)}\mathrm{d}W_x^{\mathbb{Q}}(t), & S(0) > 0, \\ \mathrm{d}v(t) = \kappa(\bar{v} - v(t))\mathrm{d}t + \gamma\sqrt{v(t)}\mathrm{d}W_v^{\mathbb{Q}}(t), & v(0) > 0, \\ \mathrm{d}r(t) = \lambda(\theta(t) - r(t))\mathrm{d}t + \eta\sqrt{r(t)}\mathrm{d}W_r^{\mathbb{Q}}(t), & r(0) > 0, \end{cases} \tag{13.64}$$

其中 $\mathrm{d}W_x^{\mathbb{Q}}(t)\mathrm{d}W_v^{\mathbb{Q}}(t) = \rho_{x,v}\mathrm{d}t$, $\mathrm{d}W_x^{\mathbb{Q}}(t)\mathrm{d}W_r^{\mathbb{Q}}(t) = \rho_{x,r}\mathrm{d}t$, $\mathrm{d}W_v^{\mathbb{Q}}(t)\mathrm{d}W_r^{\mathbb{Q}}(t) = 0$.

假定定价 PDE 中的非仿射项 $\boldsymbol{\Sigma}_{(1,3)}$ 可以近似为

$$\boldsymbol{\Sigma}_{(1,3)} \approx \eta\rho_{x,r}\mathbb{E}\left[\sqrt{r(t)}\sqrt{v(t)}\right] \stackrel{\perp\!\!\!\perp}{=} \eta\rho_{x,r}\mathbb{E}\left[\sqrt{r(t)}\right] \cdot \mathbb{E}\left[\sqrt{v(t)}\right]. \tag{13.65}$$

由于涉及的过程具有相同的形式, (13.65) 中的期望可以如同节 13.2.2 的方式确定.

a. 对对数股票 $X(t) = \log S(t)$, 确定特征函数, 以及对应的 Riccati ODE.

b. 对这些 Riccati ODE 求解.

习题 13.8 推出 T 远期测度下 HHW 模型的 PDE. 为了降低复杂性, 进行两个定价测度的变换是方便的, 即我们关注远期股票价 $S_F(t, T)$, 定义为

$$S_F(t, T) = \frac{S(t)}{P(t, T)}, \tag{13.66}$$

其中 $P(t, T)$ 是到期日为 T 的零息票债券, 其在时间 T 支付 1 个单位的货币. 通过从风险中性测度 $\mathbb{Q}$ 到 T 远期测度的变换, 贴现将从期望中分离出来, 即

$$V(t, S, v) = P(t, T)\mathbb{E}^T\left[\max(S_F(T, T) - K, 0)\big|\mathcal{F}(t)\right], \tag{13.67}$$

这里独立变量 r 不再显示成自变量.

用 Itô 公式确定 (13.66) 中远期 $S_F(t, T)$ 的动态.

对 HHW 模型实施 Euler SDE 格式, 并比较在 $\mathbb{Q}$ 和 T 远期测度下的定价.

习题 13.9 在这个练习中, 我们关注 SZHW 模型.

a. 对 SZHW 模型发展 Monte Carlo Euler 模拟.

b. 通过减少时间步长 Δt 并增加 Monte Carlo 路径检查 Monte Carlo 模拟的收敛性.

c. 推出 SZHW 模型的特征函数.

d. 加上基于特征函数的 COS 方法对 SZHW 模型的程序, 比较其与 Monte Carlo 格式的计算速度和收敛性.

e. 确认参数变化对隐含波动率曲线的影响, 如同图 13-5 的展示.

f. 研究长到期日 T 下, SZHW 模型不同 SDE 之间的相关系数对隐含波动率的影响.

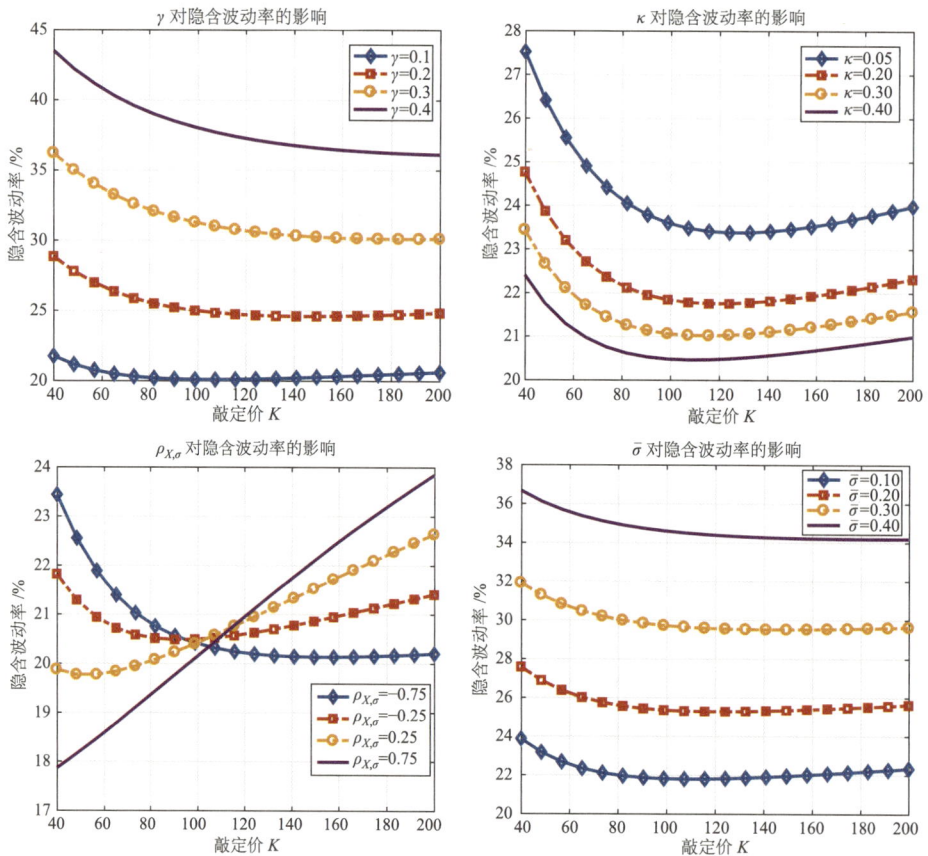

图 13-5 SZHW 模型参数的改变对隐含波动率的影响; 基准模型参数为 $\sigma_0 = 0.1$, $\gamma = 0.11$, $\rho_{r,\sigma} = 0.32$, $\rho_{x,\sigma} = -0.42$, $\rho_{x,r} = 0.3$, $\kappa = 0.4$, $\bar{\sigma} = 0.05$, $T = 5$, $\lambda = 0.425$, $\eta = 0.1$, $P(0,T) = \mathrm{e}^{-0.025T}$.

参考文献

AMSTRUP S, MACDONALD L, MANLY B, 2006. Handbook of capture-recapture analysis[M]. Princeton University Press.

ANDREASEN J, 2006. Closed form pricing of FX options under stochastic rates and volatility[Z].

ANTONOV A, 2007. Effective approximation of FX/EQ options for the hybrid models: Heston and correlated Gaussian interest rates[Z]. Presentation at MathFinance Conference, Derivatives and Risk Management in Theory and Practice, Frankfurt, 26-27 May.

BLACK F, SCHOLES M, 1973. The pricing of options and corporate liabilities[J]. Journal of Political Economy, 81: 637-654.

BRIGO D, MERCURIO F, 2007. Interest rate models – theory and practice: with smile, inflation and credit[M]. Springer Science & Business Media.

BROADIE M, KAYA O, 2006. Exact simulation of stochastic volatility and other affine jump diffusion processes[J]. Operations Research, 54:2: 217 - 231.

CHENG P, SCAILLET O, 2007. Linear-quadratic jump-diffusion modelling[J]. Mathematical Finance, 17(4): 575-598.

COX J, INGERSOLL J, ROSS S, 1985. A theory of the term structure of interest rates[J]. Econometrica, 53: 385-407.

DUFRESNE D, 2001. The integrated square-root process[Z].

GERMAN M, KOHLHAGEN S, 1983. Foreign currency option values[J]. Journal of International Money and Finance, 3: 231-237.

GIESE A, 2006. On the pricing of auto-callable equity securities in the presence of stochastic volatility and stochastic interest rates[Z].

GRZELAK L, OOSTERLEE C, 2011. On the Heston model with stochastic interest rates[J]. SIAM Journal on Financial Mathematics, 1(2): 255-286.

GRZELAK L, OOSTERLEE C, VAN WEEREN S, 2012. Extension of stochastic volatility equity models with Hull-White interest rate process[J]. Quantitative Finance, 12: 89-105.

GUO S, GRZELAK L, OOSTERLEE C, 2013. Analysis of an affine version of the Heston Hull-White option pricing partial differential equation[J]. Applied Numerical Mathematics, 72: 141-159.

HESTON S, 1993. A closed-form solution for options with stochastic volatility with applications to bond and currency options[J]. Review of Financial Studies, 6: 327-343.

HULL J, WHITE A, 1990. Pricing interest-rate derivative securities[J]. Review of Financial Studies, 3: 573-592.

HULL J, WHITE A, 1994. Numerical procedures for implementing term structure models II: two-factor models.[J]. Journal of Derivatives, 2: 37-47.

HUNTER C, PICOT G, 2006. Hybrid derivatives- financial engines of the future[Z].

JARROW R, YILDIRIM Y, 2003. Pricing treasury inflation protected securities and related derivatives using an HJM model[J]. Journal of Financial and Quantitative Analysis, 38(2): 409-430.

KOEPF W, 1998. Hypergeometric summation: an algorithmic approach to summation and special function identities[M]. Braunschweig, Germany: Vieweg.

KUMMER E, 1936. Über die hypergeometrische Reihe $F(a; b; x)$[J]. Journal für die Reine und Angewandte Mathematik, 15: 39-83.

LORD R, KAHL C, 2006. Why the rotation count algorithm works[Z]. Tinbergen Institute Discussion Paper No. 2006-065/2.

MUSKULUS M, IN'T HOUT K, BIERKENS J, et al., 2007. The ING problem- a problem from financial industry; three papers on the Heston-Hull-White model[Z].

OEHLERT G, 1992. A note on the delta method[J]. American Statistician, 46: 27-29.

OVERHAUS M, BERMUDEZ A, BUEHLER H, et al., 2007. Equity hybrid derivatives[M]. Chichester UK: Wiley.

PELSSER A, 1997. A tractable interest rate model that guarantees positive interest rates[J]. Review of Derivatives Research, 1: 269-284.

SCHÖBEL R, ZHU J, 1999. Stochastic volatility with an Ornstein-Uhlenbeck process: An extension[J]. European Finance Review, 3: 23-46.

SHREVE S, 2004. Stochastic calculus for finance II: continuous-time models[M]. Springer Verlag.

STEIN J, STEIN E, 1991. Stock price distributions with stochastic volatility: An analytic approach[J]. Review of Financial Studies, 4: 727-752.

VAN HAASTRECHT A, LORD R, PELSSER A, et al., 2009. Pricing long-maturity equity and FX derivatives with stochastic interest and stochastic volatility[J]. Insurance: Mathematics & Economics, 45(3): 436-448.

VAN HAASTRECHT A, LORD R, PELSSER A, 2014. Monte Carlo pricing in the Schöbel-Zhu model and its extensions[J]. Journal of Computational Finance, 17(3): 57.

VAŠIČEK O, 1977. An equilibrium characterization of the term structure[J]. Journal of Financial Economics, 5: 177-188.

ZHU J, 2000. Modular pricing of options[M]. Berlin: Springer Verlag.

第 14 章 | 高级利率模型及其推广

本章梗概

我们继续讨论随机利率的建模. 当处理不是很复杂的利率衍生品时, 短期利率模型常常精确并且表现良好. 尤其是对于平值期权而言. 然而, 即时利率的假设是存在争议的, 如见 [Musiela et al., 1997]. 从而在许多文献中就有了描述远期利率动态更一般的数学模型. 这些模型叫作市场模型. Libor 市场模型将在节 14.1 中进行相当详细的讨论. Libor 市场模型动态也可以置于 Heath-Jarrow-Morton (HJM) 框架下.

在节 14.2 中, 我们将在不同定价测度下展示并解释对数 Libor 市场模型, 这是一个众所周知的并且发展完善的模型. 这个对数正态市场模型也有其局限性, 因为它不能描述在货币市场上观察到的由利率所形成的微笑/倾斜隐含波动率曲线. 我们也会解释凸修正的概念, 它应该包含在支付拖延情况下的市场模型中.

我们在节 14.3 中讨论 CEV 和位移扩散 Libor 市场模型, 这里我们将介绍 Libor 市场模型的随机波动率扩展.

作为本章的总结, 我们将在节 14.4 中讨论对负利率的建模, 这在当前多曲线设定中的货币市场中可以观察到; 我们也将对现代风险管理进行解释.

本章关键词

Libor 率, Libor 市场模型, 隐含波动率微笑, 位移扩散, 负利率.

14.1 Libor 市场模型

自 [Brace et al., 1997] 以及 [Jamshidian, 1997] 引入 Libor 市场模型 (LMM) 框架以来, 它在金融业从业者中广受欢迎, 这主要是因为模型本体可以与货币市场中观察到的产品和数量直接关联, 例如远期 Libor 率和天花板所隐含 Black 波动率相关联. 在这个框架下, 当 LMM 基于 "离散远期 Libor 率服从对数正态分布" 的假设并在本身的计价单位下时, 可以得到封顶和欧式互换期权的封闭式解 (尽管不在同一公式中). 由 [Jamshidian, 1987], [Jamshidian, 1989] 以及 [Geman et al., 1995] 引入的远期测度定价方法可以方便地定价不同的利率产品. LMM 建模方法也包含在 HJM 框架中. 利率衍生品定价的基本技术源于 20 世纪 80 年代末 Heath, Jarrow 和 Morton (HJM) 的原著, 其被认为确立了一个现代利率模型的框架.

复杂的固定收益产品, 如各种互换期权, 通常涉及不同时间点的现金流. 由于这些产品的估值不能分解为一系列的独立支付结果, 开发一个像利率衍生品定价的 Black-Scholes 模型变体那样既在数学上有一致性又符合公认的市场模型是一项具有挑战性的任务. 为此, 我们将提出更一般的 LMM 动态, 其不同于对数正态的 LMM 动态.

14.1.1 一般的 Libor 市场模型规格

好的利率模型应该满足以下要求: 其一, 对所有 Libor 率提供无套利动态过程; 其二, 可以像常规 Black-Scholes 定价公式一样方便地对天花板和地板定价; 其三, 我们可以定价像互换期权那样的复杂利率衍生品.

满足这些要求的模型是著名的 Libor 市场模型 (LMM), 也被称为 BGM 模型 [Brace et al., 1997], [Jamshidian, 1997], [Miltersen et al., 1997]. 让我们回顾 Libor 率的定义 (12.1).

对 $t \leqslant T_{i-1}$, $Libor$ 率的定义如下:

$$
\begin{aligned}
\ell(t; T_{i-1}, T_i) &= \frac{1}{\tau_i} \left(\frac{P(t, T_{i-1}) - P(t, T_i)}{P(t, T_i)} \right) \\
&= \frac{1}{\tau_i} \left(\frac{P(t, T_{i-1})}{P(t, T_i)} - 1 \right),
\end{aligned}
\tag{14.1}
$$

其中 $P(t, T_i)$ 是在时间 T_i 支付的 ZCB. 为方便起见, 我们将用短记号 $\ell_i(t) := \ell(t; T_{i-1}, T_i)$.

Libor 率的定义可以联系到 HJM 框架. 在等式 (11.5) 中, 远期利率定义如下:

$$
P_f(t, T_1, T_2) = \frac{P(t, T_2)}{P(t, T_1)}.
$$

进一步, 在定义 11.2.1 中, 应用了连续复利. 当假定简单复利时, 我们得到

$$
P_f(t, T_1, T_2) = \frac{1}{1 + (T_2 - T_1)R(t, T_1, T_2)},
$$

用 $\tau_2 = T_2 - T_1$ 和 $\ell(t; T_1, T_2) := R(t, T_1, T_2)$, 得到

$$
\frac{1}{1 + \tau_2 \ell(t; T_1, T_2)} = \frac{P(t, T_2)}{P(t, T_1)}.
$$

所以, 我们得到 (14.1), 其中 $i = 2$.

Libor 率 $\ell(t_0; T_{i-1}, T_i)$ 是由三个时间点定义的远期利率, 这二个时间点, $t_0 \leqslant T_{i-1} \leqslant T_i$. 具体来说, 当前时间 t_0, 即对利率建模的 SDE 方程的初始时刻; "期满日" T_{i-1} (也叫作 "固定日" 或 "重置日"), 此时 Libor 率固定, 因此是个已知值; 最后一个是这段 Libor 率的到期日 T_i, 这段的 Libor 率在此终止. 因此 Libor 率 $\ell(t; T_{i-1}, T_i)$

由重置日 T_{i-1} 确定, 在这之后 Libor 率是已知的, 不依赖于任何波动率. Libor 率 $\ell(t_0; T_{i-1}, T_i)$ 可以解释成一个将在区间 $[T_{i-1}, T_i]$ 应计但在 "今天" t_0 观察的率.

远期利率的另一个元素是应计区间, 记为 $\tau_i = T_i - T_{i-1}$, 这是在期满日与到期日之间的时间段, 见图 14-1. 在实际中, 应计区间并没必要是严格的在 T_{i-1} 和 T_i 之间的区间, 因为一般会 "重置延迟". 这个重置延迟常常等于几个工作日, 它依赖于计算远期利率的货币 (对欧元, 是两个工作日).

图 14-1　远期利率 $\ell(t_0; T_{i-1}, T_i)$ 的示意图.

合同估价中另一个重要时间是支付延迟 τ^*, $T_p := T_i + \tau^*$, 如图 14-2. 一个合同支付的日子通常是在合同到期日之后的几天. 然而, τ^* 常常在估价中被忽略,

$$\mathbb{E}^{\mathbb{Q}}\left[\frac{\ell(T_{i-1}; T_{i-1}, T_i)}{M(T_i + \tau^*)}\right] \approx \mathbb{E}^{\mathbb{Q}}\left[\frac{\ell(T_{i-1}; T_{i-1}, T_i)}{M(T_i)}\right], \tag{14.2}$$

因为 τ^* 通常是几个工作日.

图 14-2　带支付延迟的远期利率 $\ell(t_0; T_{i-1}, T_i)$ 的示意图.

在支付延迟 τ^* 变成更长时间的情形下, 需要考虑凸修正 (将在节 14.2.4 中讨论).

对 Libor 率 $\ell_i(t)$, 我们定义下列动态:

$$\mathrm{d}\ell_i(t) = \bar{\mu}_i^{\mathbb{P}}(t)\mathrm{d}t + \bar{\sigma}_i(t)\mathrm{d}W_i^{\mathbb{P}}(t), \quad \text{对} \quad i = 1, \cdots, m, \tag{14.3}$$

其中 $\bar{\sigma}_i(t)$ 是一个确定的, 也可能是随机的, 波动率函数, $W_i^{\mathbb{P}}(t)$ 是在测度 $\mathbb{P}$ 下的 Brown 运动, 可由

$$\mathrm{d}W_i^{\mathbb{P}}(t)\mathrm{d}W_j^{\mathbb{P}}(t) = \rho_{i,j}\mathrm{d}t$$

而相关. 相关系数 $\rho_{i,j}$ 也可以是时间依赖.

我们记 $\mathbb{Q}^i$ 为 T_i 远期测度, 与之相关的 ZCB $P(t, T_i)$ 作为计价单位, 而 $\mathbb{E}^{T_i}$ 是对应的在此测度下的期望算子.

根据 [Harrison et al., 1979] 的结果, 已知给定的无套利市场, 对价格为 $g_1(t)$ 的任何严格正的计价单位的金融产品, 存在一个测度使得 $\frac{g_2(t)}{g_1(t)}$ 对所有产品价格 $g_2(t)$ 是个鞅. 这意味着下列鞅等式成立:

$$\mathbb{E}^{T_i}\left[\frac{P(T_{i-1},T_{i-1})}{P(T_{i-1},T_i)}\Big|\mathcal{F}(t)\right]=\frac{P(t,T_{i-1})}{P(t,T_i)}. \tag{14.4}$$

由等式 (14.1), 等式 (14.4) 的左右两端可以重写成

$$\mathbb{E}^{T_i}\left[1+\tau_i\ell(T_{i-1};T_{i-1},T_i)\Big|\mathcal{F}(t)\right]=1+\tau_i\ell(t;T_{i-1},T_i),$$

或者

$$\mathbb{E}^{T_i}\left[\ell(T_{i-1};T_{i-1},T_i)|\mathcal{F}(t)\right]=\ell(t;T_{i-1},T_i).$$

该结构可以用简单的类比表述. 由于 $\frac{1}{P(T_{i-1},T_i)}$ 是一个 $\mathbb{Q}^i$ 测度下的鞅, 这对 Libor 率 $\ell(t;T_{i-1},T_i)$ 也成立.

为了看出 $\ell(t;T_{i-1},T_i)$ 的确是个鞅, 我们看 (14.1) 的右端, 其表示一种交易资产的价格 (名义为 $\frac{1}{\tau_i}$ 的两个零息票之间的利差). 该等式左端也必定可交易. 如果我们考虑测度 $\mathbb{Q}^i$, T_i 远期测度相关于计价单位 $P(t,T_i)$, 远期利率 $\ell(t;T_{i-1},T_i)$, 应该是个鞅, 所以它应该没有漂移项. 这隐含着有可能将 SDE (14.3) 变换到

$$\mathrm{d}\ell_i(t)=\bar{\sigma}_i(t)\mathrm{d}W_i^i(t),\quad 对 \ t<T_{i-1}, \tag{14.5}$$

其中 $\bar{\mu}_i^i(t)=0$, $\bar{\sigma}_i(t)$ 是远期利率 $\ell(t;T_{i-1},T_i)$ 的即时波动率. $W_i^i(t)$ 是 $\ell_i(t)$ 在 T_i 远期测度下的 Brown 运动. 所以, W_i^i 的下标指的是 Libor 率, 而上标是测度.

然而我们想强调只有第 i 个 Libor 率 $\ell_i(t)$ 是 $\mathbb{Q}^i$ 远期测度下的鞅. 例如, 如果我们要表示 Libor 率 $\ell_i(t)$ 在 T_j 远期测度 (对 $i\neq j$) 下的鞅, $\ell_i(t)$ 的动态就有如下形式:

$$\mathrm{d}\ell_i(t)=\bar{\mu}_i^j(t)\mathrm{d}t+\bar{\sigma}_i(t)\mathrm{d}W_i^j(t),$$

具某非零漂移项 $\bar{\mu}_i^j(t)$. 依赖于测度 $\mathbb{Q}^j$ 的漂移项 $\mu_i^j(t)$ 的显式表达式将在下小节里介绍.

14.1.2　HJM 框架下的 Libor 市场模型

在这节里, 我们证明 Libor 市场模型也属于 HJM 模型类. 如定义 11.2.1 所表明的, 任何 ZCB $P(t,T)$ 可以通过下列关系直接关联到即时远期利率 $f^r(t,T)$:

$$P(t,T)=\exp\left(-\int_t^T f^r(t,z)\mathrm{d}z\right).$$

由此, 我们也可以关联 $\ell_i(t)$ 到即时远期利率 $f^r(t,T)$, 即

$$\tau_i\ell_i(t)+1=\frac{P(t,T_{i-1})}{P(t,T_i)}=\exp\left(\int_{T_{i-1}}^{T_i}f^r(t,z)\mathrm{d}z\right), \tag{14.6}$$

从而 (14.6) 的动态由下式给出:

$$\mathrm{d}\left(\tau_i\ell_i(t)\right)=\mathrm{d}\left[\exp\left(\int_{T_{i-1}}^{T_i}f^r(t,z)\mathrm{d}z\right)\right]. \tag{14.7}$$

由记号 $\xi(t) := \int_{T_{i-1}}^{T_i} f^r(t, z)\mathrm{d}z$, 并应用 Itô 引理, 我们得到

$$\mathrm{d}\mathrm{e}^{\xi(t)} = \mathrm{e}^{\xi(t)}\mathrm{d}\xi(t) + \frac{1}{2}\mathrm{e}^{\xi(t)}\left(\mathrm{d}\xi(t)\right)^2. \tag{14.8}$$

(14.7) 中积分的边界不依赖于 t, 从而 $\xi(t)$ 的动态由下式给出:

$$\mathrm{d}\xi(t) = \mathrm{d}\left[\int_{T_{i-1}}^{T_i} f^r(t, z)\mathrm{d}z\right] = \int_{T_{i-1}}^{T_i} \mathrm{d}f^r(t, z)\mathrm{d}z. \tag{14.9}$$

收集 (14.8), (14.9) 的所有项, 回到 (14.7), 我们找到

$$\mathrm{d}\left(\tau_i \ell_i(t)\right) = \exp\left(\int_{T_{i-1}}^{T_i} f^r(t, z)\mathrm{d}z\right)\left[\int_{T_{i-1}}^{T_i} \mathrm{d}f^r(t, z)\mathrm{d}z + \frac{1}{2}\left(\int_{T_{i-1}}^{T_i} \mathrm{d}f^r(t, z)\mathrm{d}z\right)^2\right],$$

这由 (14.6) 可以简化成

$$\frac{\mathrm{d}(\tau_i \ell_i(t))}{\tau_i \ell_i(t) + 1} = \int_{T_{i-1}}^{T_i} \mathrm{d}f^r(t, z)\mathrm{d}z + \frac{1}{2}\left(\int_{T_{i-1}}^{T_i} \mathrm{d}f^r(t, z)\mathrm{d}z\right)^2. \tag{14.10}$$

从即时远期利率 $f^r(t, T)$ 的定义, 在 T_i 远期测度下, 我们有

$$\mathrm{d}f^r(t, T) = \alpha^{T_i}(t, T)\mathrm{d}t + \bar{\eta}(t, T)\mathrm{d}W^i(t), \tag{14.11}$$

其中

$$\alpha^{T_i}(t, T) = -\bar{\eta}(t, T)\left(\int_T^{T_i} \bar{\eta}(t, z)\mathrm{d}z\right), \tag{14.12}$$

这里 $\bar{\eta}(t, T)$ 是 HJM 框架下即时远期利率 $f^r(t, T)$ 的一般记号. (14.10) 右端的积分现在可以写成

$$\int_{T_{i-1}}^{T_i} \mathrm{d}f^r(t, z)\mathrm{d}z = \int_{T_{i-1}}^{T_i} \alpha^{T_i}(t, z)\mathrm{d}t\mathrm{d}z + \int_{T_{i-1}}^{T_i} \bar{\eta}(t, z)\mathrm{d}W^i(t)\mathrm{d}z \tag{14.13}$$

$$= \left(\int_{T_{i-1}}^{T_i} \alpha^{T_i}(t, z)\mathrm{d}z\right)\mathrm{d}t + \left(\int_{T_{i-1}}^{T_i} \bar{\eta}(t, z)\mathrm{d}z\right)\mathrm{d}W^i(t).$$

将 (14.13) 代入 (14.10), 我们得到下列 Libor 率 $\ell_i(t)$ 的动态:

$$\frac{\mathrm{d}\ell_i(t)}{\ell_i(t) + \frac{1}{\tau_i}} = \left[\int_{T_{i-1}}^{T_i} \alpha^{T_i}(t, z)\mathrm{d}z + \frac{1}{2}\left(\int_{T_{i-1}}^{T_i} \bar{\eta}(t, z)\mathrm{d}z\right)^2\right]\mathrm{d}t$$

$$+ \left(\int_{T_{i-1}}^{T_i} \bar{\eta}(t, z)\mathrm{d}z\right)\mathrm{d}W^i(t).$$

用 (14.12), 我们得到

$$\frac{\mathrm{d}\ell_i(t)}{\ell_i(t) + \frac{1}{\tau_i}} = \left[\frac{1}{2}E^2(t; T_{i-1}, T_i) - \int_{T_{i-1}}^{T_i} \bar{\eta}(t, z)E(t; z, T_i)\mathrm{d}z\right]\mathrm{d}t$$
$$+ E(t; T_{i-1}, T_i)\mathrm{d}W^i(t), \tag{14.14}$$

其中 $E(t; a, b) = \int_a^b \bar{\eta}(t, z)\mathrm{d}z.$

(14.14) 中的即时波动率函数 $\bar{\eta}(t, z)$ 是可以自由选择的, $\bar{\eta}(t, z)$ 不同的选择带来不同的 Libor 市场模型动态.

14.2 对数 Libor 市场模型

在 (14.5) 中, 介绍了 Libor 率 $\ell_i(t)$ 在 T_i 远期测度下的一般形式. 同时, (14.14) 给出了同一个 Libor 率在 HJM 框架下的动态.

在对数 Libor 市场模型中, (14.1) 中波动率 $\bar{\sigma}_i(t)$ 的选择由下式给出:

$$\bar{\sigma}_i(t) = \sigma_i(t)\ell_i(t),$$

其中 $\sigma_i(t)$ 是时间依赖的波动率参数. 对数正态 *Libor* 率 $\ell_i(t)$ 的动态则为

$$\frac{\mathrm{d}\ell_i(t)}{\ell_i(t)} = \sigma_i(t)\mathrm{d}W_i^i(t), \quad 对 \ t < T_{i-1}.$$

对数正态 LMM 的动态也可以由 (14.14) 中特别选择 HJM 波动率 $\bar{\eta}(t, T)$ 而得.

通过选择 $\bar{\eta}(t, z) = \eta(t)$, 其不依赖于 z, 如下:

$$\bar{\eta}(t, z) = \eta(t) = \frac{\ell_i(t)\sigma_i(t)}{1 + \tau_i\ell_i(t)}. \tag{14.15}$$

而这意味着 $E(t; a, b) = \eta(t)(b - a)$, (14.14) 中的漂移项等于

$$\frac{1}{2}E^2(t; T_{i-1}, T_i) - \int_{T_{i-1}}^{T_i} \eta(t)E(t; z, T_i)\mathrm{d}z = \frac{1}{2}\eta^2(t)(T_i - T_{i-1})^2 - \eta(t)\int_{T_{i-1}}^{T_i} E(t; z, T_i)\mathrm{d}z$$
$$= \frac{1}{2}\eta^2(t)(T_i - T_{i-1})^2 - \eta^2(t)\int_{T_{i-1}}^{T_i}(T_i - z)\mathrm{d}z$$
$$= 0.$$

具零漂移, 对数正态 Libor 率在 HJM 框架下的动态由下式给出:

$$\mathrm{d}\ell_i(t) = \left(\ell_i(t) + \frac{1}{\tau_i}\right)E(t; T_{i-1}, T_i)\mathrm{d}W^i(t),$$

其中, 利用 (14.15) 中的 $\bar{\eta}(t, z)$, 上式等于

$$\mathrm{d}\ell_i(t) = \sigma_i(t)\ell_i(t)\mathrm{d}W_i^i(t), \quad 对 \ t \leqslant T_{i-1}. \tag{14.16}$$

在此设定下, Libor 率 $\ell_i(t)$ 写成

$$\mathrm{d}\ell_i(t) = \sigma_i(t)\ell_i(t)\boldsymbol{L}_i(t)\mathrm{d}\widetilde{\boldsymbol{W}}(t),$$

其中 $\boldsymbol{L}_i(t)$ 是矩阵 $\boldsymbol{L}(t)$ 的第 i 列, 而 HJM 生成子由下式给出:

$$\bar{\eta}(t, z) = \frac{\ell_i(t)\sigma_i(t)}{1 + \tau_i\ell_i(t)}\boldsymbol{L}_i(t). \tag{14.17}$$

14.2.1　LMM 的测度变换

在 (14.5) 中, Libor 率在 T_i 远期测度下的动态用 SDE 描述, $\mathrm{d}\ell_i(t) = \bar{\sigma}_i(t)\mathrm{d}W_i^i(t)$, $t < T_{i-1}$, 这里 $\bar{\sigma}_i(t)$ 是某状态依赖的过程. 在这节里, 我们将变换测度并确定 Libor 率 $\ell_i(t)$ 在 T_{i-1} 远期测度下的动态. 这个结果可以推广到任何测度 T_j, $j \neq i$ 下的动态.

如在第 7 章中所表述的, 从 T_i 远期测度到 T_{i-1} 远期测度, 对动态执行测度变换, 需要 Radon-Nikodym 导数 $\lambda_i^{i-1}(t)$, 即

$$\lambda_i^{i-1}(t) = \left.\frac{\mathrm{d}\mathbb{Q}^{i-1}}{\mathrm{d}\mathbb{Q}^i}\right|_{\mathcal{F}(t)} := \frac{P(t, T_{i-1})}{P(t_0, T_{i-1})}\frac{P(t_0, T_i)}{P(t, T_i)}. \tag{14.18}$$

由 Libor 率的定义 (14.1), Radon-Nikodym 导数 (14.18) 可以用 $\ell_i(t)$ 表示如下:

$$\lambda_i^{i-1}(t) = \frac{P(t_0, T_i)}{P(t_0, T_{i-1})}(\tau_i\ell_i(t) + 1), \tag{14.19}$$

对应的动态为

$$\mathrm{d}\lambda_i^{i-1}(t) = \frac{P(t_0, T_i)}{P(t_0, T_{i-1})}\tau_i\mathrm{d}\ell_i(t). \tag{14.20}$$

有了如 (14.5) 的 $\mathrm{d}\ell_i(t)$, 然后应用 (14.18), $\lambda_i^{i-1}(t)$ 的动态就为

$$\mathrm{d}\lambda_i^{i-1}(t) = \lambda_i^{i-1}(t)\frac{\tau_i\bar{\sigma}_i(t)}{\tau_i\ell_i(t) + 1}\mathrm{d}W_i^i(t). \tag{14.21}$$

基于 *Girsanov* 定理 7.2.2, $\lambda_i^{i-1}(t)$ 的动态定义了下列测度变换, 即

$$\boxed{\mathrm{d}W_i^{i-1}(t) = -\frac{\tau_i\bar{\sigma}_i(t)}{\tau_i\ell_i(t) + 1}\mathrm{d}t + \mathrm{d}W_i^i(t).} \tag{14.22}$$

所以, Libor 率 $\ell_i(t)$ 的动态, 在 T_{i-1} 远期测度下为

$$\begin{aligned}
\mathrm{d}\ell_i(t) &= \bar{\sigma}_i(t)\mathrm{d}W_i^i(t) \\
&= \bar{\sigma}_i(t)\frac{\tau_i\bar{\sigma}_i(t)}{\tau_i\ell_i(t) + 1}\mathrm{d}t + \bar{\sigma}_i(t)\mathrm{d}W_i^{i-1}(t),
\end{aligned}$$

具某波动率函数 $\bar{\sigma}_i(t)$.

这个公式可以用到其他 "一个时间步长的测度变换".

特别地, 当从 T_i 到 T_{i+1} 测度, 要求下列的测度变换:

$$\mathrm{d}W_i^i(t) = -\frac{\tau_{i+1}\bar{\sigma}_{i+1}(t)}{\tau_{i+1}\ell_{i+1}(t)+1}\mathrm{d}t + \mathrm{d}W_i^{i+1}(t), \tag{14.23}$$

用 (14.22) 那里的 i 换成 $i+1$.

Libor 率 $\ell_i(t)$ 在 T_{i+1} 远期测度下的动态可以由此决定.

函数 $\bar{\sigma}_i(t)$ 可能包含随机波动率项、相关系数或 Libor 率本身 (如对数正态情形). 表达 Libor 市场模型动态的两个标准公式特别实用. 它们的不同之处在于提出模型所依据的测度. 通常, LMM 是在当前测度或终端测度下导出的. 这些变体将在下面的小节中讨论.

14.2.2 在终端测度下的 LMM

在上一节中, 我们了解了如何将 Libor 率动态从 T_i 变到 T_{i-1} 远期测度, 以及如何从 T_i 变到 T_{i+1} 远期测度. 现在, 我们推广这个概念, 并展示 Libor 率 $\ell_i(t)$ 的动态是如何在 T_m 远期测度下定义的, 其中 $i < m$. 在终端测度下, Libor 市场模型的定义应该确保所有 Libor 率均在 T_m 远期测度下表示. 术语 "终端测度" 是表示与最终零息债券相关联的测度, 基于合同中最后一个 Libor 率. 对于给定的期限结构 $0 \leqslant T_0 < T_i < \cdots < T_m < T^*$, 相应的 Libor 率为 $\ell_i(t)$, $i \in \{1, \cdots, m-1\}$, 以及最后的 Libor 率为 $\ell_m(t)$.

基于 (14.23) 中两个连续时间点 T_i 和 T_{i+1} 的远期测度之间的变换, 我们通过一个时间步长的递推, 找出 T_i 和 T_{i+2} 之间的关系:

$$\mathrm{d}W_i^i(t) = -\frac{\tau_{i+1}\bar{\sigma}_{i+1}(t)}{\tau_{i+1}\ell_{i+1}(t)+1}\mathrm{d}t + \left(-\frac{\tau_{i+2}\bar{\sigma}_{i+2}(t)}{\tau_{i+2}\ell_{i+2}(t)+1}\mathrm{d}t + \mathrm{d}W_i^{i+2}(t)\right)$$

$$= -\sum_{k=i+1}^{i+2}\frac{\tau_k\bar{\sigma}_k(t)}{\tau_k\ell_k(t)+1}\mathrm{d}t + \mathrm{d}W_i^{i+2}(t).$$

这个结果可以推广到终端测度 T_m, 如下:

$$\mathrm{d}W_i^i(t) = -\sum_{k=i+1}^{m}\frac{\tau_k\bar{\sigma}_k(t)}{\tau_k\ell_k(t)+1}\mathrm{d}t + \mathrm{d}W_i^m(t),$$

这意味着下列 Libor 率 $\ell_i(t)$ 在 T_m 远期测度下的动态, 对任何 $i < m$,

$$\mathrm{d}\ell_i(t) = \bar{\sigma}_i(t)\mathrm{d}W_i^i(t) = \bar{\sigma}_i(t)\left(-\sum_{k=i+1}^{m}\frac{\tau_k\bar{\sigma}_k(t)}{\tau_k\ell_k(t)+1}\mathrm{d}t + \mathrm{d}W_i^m(t)\right).$$

14.2.3 在当前测度下的 LMM

如 [Brace et al., 1997], [Musiela et al., 1997] 所指出的, 市场模型的主要问题是它们对任何在期限结构中的债券不提供连续的时间动态. 众所周知, 连续地重新平衡, 银行储蓄账户关于即时短期利率由 $\mathrm{d}M(t) = r(t)M(t)\mathrm{d}t$ 给出, 其中 $M(t_0) = 1$. 然而, 在 Libor 市场模型中, 使用连续账户作为计价单位, 不能很好地拟合离散的 Libor 市场模型, 见节 14.1.1.

让我们考虑一个离散期限结构 $\mathcal{T}$ 和 Libor 率 $\ell_i(t)$. Libor 模型的计价单位最好基于预先指定的到期日及其期限结构. 我们可以使用离散地重新平衡的现金储蓄账户, 在预定的到期日执行以下策略进行再平衡:

- 在 t_0, 我们从 1 货币单位开始, 并用它买 $\frac{1}{P(0,T_1)}$ T_1 债券.
- 由于持有的债券付出 1, 在时间 T_1, 我们收到 $\frac{1}{P(0,T_1)}$, 我们用此购买量为 $\frac{1}{P(0,T_1)} \cdot \frac{1}{P(T_1,T_2)}$ 的 T_2 债券.
- 在时间 T_2, 我们则收到量为 $\frac{1}{P(0,T_1)P(T_1,T_2)}$, 然后买……

这个策略显示, 在时间点 T_0 和 T_{i+1} 间, 当前 Libor 率投资组合包含下列数量的 T_{i+1} 债券:

$$\prod_{k=1}^{i+1} \frac{1}{P(T_{k-1}, T_k)}.$$

具 $\bar{m}(t) := \min\,(i : t \leqslant T_i)$, 代表下一次重置的时刻, 投资组合在时间 t 的价值从下列定义找到.

定义 14.2.1 (当前 Libor 测度)　当前 Libor 测度 $\mathbb{Q}^{\bar{m}(t)}$, 关联于现金储蓄账户, 定义如下:

$$M(t) := \frac{P\left(t, T_{\bar{m}(t)}\right)}{\prod\limits_{k=1}^{\bar{m}(t)} P(T_{k-1}, T_k)}, \tag{14.24}$$

其中 $\bar{m}(t) = \min\,(i : t \leqslant T_i)$.

这个定义表明, 在本质上, Libor 市场模型下的现金储蓄账户由下一个零息票以及积累的钱的数量控制.

现在有可能将这个现金储蓄账户关联到 Libor 率. 下面的表达式对所有的 Libor 率 $\ell(t;T_i,T_j)$, $i < j$ 成立, 其用了 (14.1) 和知名的期限结构 $\tau_i = T_i - T_{i-1}$:

$$1 + \ell(t;T_i,T_j)(T_j - T_i) = \frac{P(t,T_i)}{P(t,T_j)} \equiv \frac{P(t,T_i)P(t,T_{i+1})\cdots P(t,T_{j-1})}{P(t,T_{i+1})\cdots P(t,T_{j-1})P(t,T_j)}$$

$$= \prod_{k=i+1}^{j} \frac{P(t,T_{k-1})}{P(t,T_k)} = \prod_{k=i+1}^{j} \left(1 + \ell(t;T_{k-1},T_k)\tau_k\right).$$

这里, 所有到期日为 T_i 的零息债券价格的演进和所有在区间 $[T_i, T_j]$, $j > i$ 的远期 Libor 率都可以确定.

另一方面, 结合 $\bar{m}(t) = \min(i : t \leqslant T_i)$ 以及由 Libor 率的定义, 债券 $P(t, T_j)$ 的价

格由下式给出:

$$P(t, T_j) = \frac{P\left(t, T_{\bar{m}(t)}\right)}{1 + \ell(t; T_{\bar{m}(t)}, T_j)\left(T_j - T_{\bar{m}(t)}\right)} = \frac{P\left(t, T_{\bar{m}(t)}\right)}{\displaystyle\prod_{k=\bar{m}(t)+1}^{j}\left(1 + \ell(t; T_{k-1}, T_k)\tau_k\right)}. \tag{14.25}$$

通过分析比例 $P(t, T_j)/M(t)$ 并用 (14.25) 和 (14.24), 我们得到

$$\frac{P(t, T_j)}{M(t)} = \frac{P(t, T_{\bar{m}(t)})}{\displaystyle\prod_{k=\bar{m}(t)+1}^{j}\left(1 + \tau_k \ell(t; T_{k-1}, T_k)\right)} \cdot \frac{\displaystyle\prod_{k=1}^{\bar{m}(t)} P(T_{k-1}, T_k)}{P(t, T_{\bar{m}(t)})}$$

$$= \prod_{k=1}^{\bar{m}(t)}\left(1 + \tau_k \underbrace{\ell(T_{k-1}; T_{k-1}, T_k)}_{\text{远期 Libor 率}}\right)^{-1} \cdot \prod_{k=\bar{m}(t)+1}^{j}\left(1 + \tau_k \underbrace{\ell(t; T_{k-1}, T_k)}_{\text{初始收益率曲线}}\right)^{-1}.$$

因此, 关于现金储蓄账户的相对债券价格由初始收益率曲线和远期 Libor 率唯一确定. 这让我们认识到现金储蓄账户可能是另一个可选的计价单位.

在 Libor 当前测度下, Libor 率 $\ell_i(t)$ 的动态仍需确定. 由定义 14.2.1, 已知对给定的时间 t, 现金储蓄账户只依赖于下一个零息票 $P(t, T_{\bar{m}(t)})$ 的波动率, 而零息票 $P(T_{j-1}, T_j), j \in \{1, \cdots, \bar{m}(t)\}$ 假定已知, 即为确定, 它影响不到 $M(t)$ 的波动率.

这就定义了下面的从 $T_{\bar{n}(t)}$ 远期测度, 其中 $\bar{n}(t) = \bar{m}(t) + 1$, 到由现金储蓄账户 $M(t)$ (由定义 14.2.1) 生成的当前 Libor 测度 $\mathbb{Q}^M$ 的测度变换的 Radon-Nikodym 导数:

$$\lambda_{\bar{n}(t)}^{M}(t) = \left.\frac{\mathrm{d}\mathbb{Q}^M}{\mathrm{d}\mathbb{Q}^{\bar{n}(t)}}\right|_{\mathcal{F}(t)} = \frac{M(t)}{M(t_0)}\frac{P\left(t_0, T_{\bar{n}(t)}\right)}{P\left(t, T_{\bar{n}(t)}\right)}.$$

有了在 Libor 市场模型下的现金储蓄账户的定义, 给出

$$\lambda_{\bar{n}(t)}^{M}(t) = \left.\frac{\mathrm{d}\mathbb{Q}^M}{\mathrm{d}\mathbb{Q}^{\bar{n}(t)}}\right|_{\mathcal{F}(t)} = \frac{P\left(t, T_{\bar{m}(t)}\right)}{P\left(t, T_{\bar{n}(t)}\right)}\frac{P\left(t_0, T_{\bar{n}(t)}\right)}{M(t_0)}\prod_{k=1}^{\bar{m}(t)}\frac{1}{P(T_{k-1}, T_k)}$$

$$= \frac{P\left(t, T_{\bar{m}(t)}\right)}{P\left(t, T_{\bar{n}(t)}\right)} \cdot \bar{P} \tag{14.26}$$

(14.26) 中的 $\bar{P}$ 项包含从过去来的零息票债券. 这表明当前 Libor 测度是一个与零息票 $P\left(t, T_{\bar{m}(t)}\right)$ 关联的测度, 其中 P 被某个常数因子缩放. 我们可以指出当前 Libor 测度对应计价单位的零息票 $P\left(t, T_{\bar{m}(t)}\right)$ 或者是 $\mathbb{Q}^M$ 或者是 $\mathbb{Q}^{\bar{m}(t)}$. 应用 Libor 率 $\ell_i(t)$ 的定义, 我们得到

$$\lambda_{\bar{n}(t)}^{M}(t) = (1 + \tau_{\bar{n}(t)}\ell_{\bar{n}(t)}(t)) \cdot \bar{P},$$

有了 (14.26) 中的 $\bar{P}$, 其动态如下:

$$\mathrm{d}\lambda_{\bar{n}(t)}^{M}(t) = \tau_{\bar{n}(t)} \cdot \bar{P} \cdot \mathrm{d}\ell_{\bar{n}(t)}(t) = \tau_{\bar{n}(t)} \cdot \bar{P} \cdot \bar{\sigma}_{\bar{n}(t)}(t)\mathrm{d}W_{\bar{n}(t)}^{\bar{n}(t)}(t).$$

这些可表成

$$\mathrm{d}\lambda_{\bar{n}(t)}^M(t) = \lambda_{\bar{n}(t)}^M(t) \frac{\tau_{\bar{n}(t)}\bar{\sigma}_{\bar{n}(t)}(t)}{\tau_{\bar{n}(t)}\ell_{\bar{n}(t)}(t)+1}\mathrm{d}W_{\bar{n}(t)}^{\bar{n}(t)}(t).$$

由 Girsanov 定理, 我们可以总结测度变换的定义如下:

$$\mathrm{d}W_{\bar{n}(t)}^M(t) = -\frac{\tau_{\bar{n}(t)}\bar{\sigma}_{\bar{n}(t)}(t)}{\tau_{\bar{n}(t)}\ell_{\bar{n}(t)}(t)+1}\mathrm{d}t + \mathrm{d}W_{\bar{n}(t)}^{\bar{n}(t)}(t).$$

从 $T_{\bar{n}(t)}$ 远期到 $\mathbb{Q}^M$ 的测度变换, 类似于 [如 (14.22)] 从 T_{i-1} 到 T_i 的远期测度变换. 这是当前 Libor 测度本质上为一个相关于零息票 $P\left(t, T_{\bar{m}(t)}\right)$ 的远期测度的必然结果, 其中 $\bar{m}(t)$ 是最近的重置日.

> 我们用下面在当前 Libor 测度 $\mathbb{Q}^M$ 下的 Libor 率 $\ell_i(t)$, $i > \bar{m}(t)$ 的动态来结束本小节:
>
> $$\mathrm{d}\ell_i(t) = \bar{\sigma}_i(t) \sum_{k=\bar{m}(t)+1}^i \frac{\tau_k\bar{\sigma}_k(t)}{\tau_k\ell_k(t)+1}\mathrm{d}t + \bar{\sigma}_i(t)\mathrm{d}W_i^M(t). \tag{14.27}$$

14.2.4 凸修正

术语凸性常用于金融领域. 在这里, 我们解释凸修正必须纳入 Libor 市场模型的一个特定的场景. 然而, 当出现付款延迟或付款时间与计价单位的付款日期不一致时, 所有资产类都需要引入凸修正的概念. 一般来说, 如果我们的到期日为 T, 但付款时间为 $T + \tau^*$, 就必须考虑凸性. 市场的不确定性越高 (高波动性), 凸性的影响就越明显.

让我们考虑一个基本的利率收益函数, 其支付为名义金额 N 的百分比, 而支付的百分比的大小将由在时间 T_i 的 Libor 率 $\ell(T_{i-1}; T_{i-1}, T_i)$ 确定. 这个合同的价值由下式给出:

$$\begin{aligned} V(t_0) &= N \cdot M(t_0)\mathbb{E}^{\mathbb{Q}}\left[\frac{\ell(T_{i-1}; T_{i-1}, T_i)}{M(T_i)}\bigg|\mathcal{F}(t_0)\right] \\ &= N \cdot P(t_0, T_i)\mathbb{E}^{T_i}\left[\ell(T_{i-1}; T_{i-1}, T_i)\big|\mathcal{F}(t_0)\right]. \end{aligned} \tag{14.28}$$

由于 $\ell(T_{i-1}; T_{i-1}, T_i)$ 是一个 T_i 远期测度的鞅, 我们有

$$V(t_0) = N \cdot P(t_0, T_i)\ell(t_0; T_{i-1}, T_i). \tag{14.29}$$

现在假定我们考虑同样的合同, 只不过支付将在更早的时间 $T_{i-1} < T_i$ 发生. 合同的现值则变成

$$V(t_0) = N \cdot M(t_0)\mathbb{E}^{\mathbb{Q}}\left[\frac{\ell(T_{i-1}; T_{i-1}, T_i)}{M(T_{i-1})}\bigg|\mathcal{F}(t_0)\right]. \tag{14.30}$$

测度变换到 T_{i-1} 远期测度, 我们用下面的 Radon-Nikodym 导数:

$$\frac{\mathrm{d}\mathbb{Q}^{T_{i-1}}}{\mathrm{d}\mathbb{Q}}\bigg|_{\mathcal{F}(T_{i-1})} = \frac{P(T_{i-1}, T_{i-1})}{P(t_0, T_{i-1})}\frac{M(t_0)}{M(T_{i-1})},$$

从而得到

$$V(t_0) = N \cdot M(t_0) \mathbb{E}^{T_{i-1}} \left[\frac{P(t_0, T_{i-1})}{P(T_{i-1}, T_{i-1})} \frac{M(T_{i-1})}{M(t_0)} \frac{\ell(T_{i-1}; T_{i-1}, T_i)}{M(T_{i-1})} \bigg| \mathcal{F}(t_0) \right]$$

$$= N \cdot P(t_0, T_{i-1}) \mathbb{E}^{T_{i-1}} [\ell(T_{i-1}; T_{i-1}, T_i) | \mathcal{F}(t_0)]. \tag{14.31}$$

尽管 Libor 率 $\ell(T_{i-1}; T_{i-1}, T_i)$ 在 T_i 远期测度下是个鞅, 但在 T_{i-1} 远期测度下它不是个鞅, 即

$$\mathbb{E}^{T_{i-1}} [\ell(T_{i-1}; T_{i-1}, T_i) | \mathcal{F}(t_0)] \neq \mathbb{E}^{T_i} \left[\ell(T_{i-1}; T_{i-1}, T_i) \big| \mathcal{F}(t_0) \right] = \ell(t_0; T_{i-1}, T_i).$$

这两个期望之间的差异通常被称为凸性. 测度变换技术可以在一定程度上简化上述表达式. 通过变换到 T_i 远期测度, 我们发现

$$\frac{\mathrm{d}\mathbb{Q}^i}{\mathrm{d}\mathbb{Q}^{i-1}} \bigg|_{\mathcal{F}(T_{i-1})} = \frac{P(T_{i-1}, T_i)}{P(t_0, T_i)} \frac{P(t_0, T_{i-1})}{P(T_{i-1}, T_{i-1})},$$

所以衍生品的价值等于

$$V(t_0) = N \cdot P(t_0, T_{i-1}) \mathbb{E}^{T_{i-1}} \left[\ell(T_{i-1}; T_{i-1}, T_i) \big| \mathcal{F}(t_0) \right]$$

$$= N \cdot P(t_0, T_{i-1}) \mathbb{E}^{T_i} \left[\ell(T_{i-1}; T_{i-1}, T_i) \frac{P(t_0, T_i)}{P(T_{i-1}, T_i)} \frac{P(T_{i-1}, T_{i-1})}{P(t_0, T_{i-1})} \bigg| \mathcal{F}(t_0) \right]$$

$$= N \cdot \mathbb{E}^{T_i} \left[\ell(T_{i-1}; T_{i-1}, T_i) \frac{P(t_0, T_i)}{P(T_{i-1}, T_i)} \bigg| \mathcal{F}(t_0) \right],$$

其可写成

$$V(t_0) = N \cdot \mathbb{E}^{T_i} [\ell(T_{i-1}; T_{i-1}, T_i) | \mathcal{F}(t_0)]$$

$$+ N \cdot \mathbb{E}^{T_i} \left[\ell(T_{i-1}; T_{i-1}, T_i) \left(\frac{P(t_0, T_i)}{P(T_{i-1}, T_i)} - 1 \right) \bigg| \mathcal{F}(t_0) \right].$$

最后的等式成立是用了加减项 $\ell(T_{i-1}; T_{i-1}, T_i)$.

进一步简化, 我们得到

$$V(t_0) = N \cdot (\ell(t_0; T_{i-1}, T_i) + \mathrm{cc}(T_{i-1}, T_i)),$$

其中凸修正 $\mathrm{cc}(T_{i-1}, T_i)$ 由下式给出:

$$\mathrm{cc}(T_{i-1}, T_i) = \mathbb{E}^{T_i} \left[\ell(T_{i-1}; T_{i-1}, T_i) \left(\frac{P(t_0, T_i)}{P(T_{i-1}, T_i)} - 1 \right) \bigg| \mathcal{F}(t_0) \right]. \tag{14.32}$$

而这个凸修正也为

$$\mathrm{cc}(T_{i-1}, T_i) = P(t_0, T_i) \mathbb{E}^{T_i} \left[\frac{\ell(T_{i-1}; T_{i-1}, T_i)}{P(T_{i-1}, T_i)} \bigg| \mathcal{F}(t_0) \right] - \ell(t_0; T_{i-1}, T_i). \tag{14.33}$$

从 Libor 率 $\ell(T_{i-1}; T_{i-1}, T_i)$ 的定义, 我们知道

$$P(T_{i-1}, T_i) = \frac{1}{1 + \tau_i \ell(T_{i-1}; T_{i-1}, T_i)} =: \frac{1}{1 + \tau_i \ell_i(T_{i-1})}. \tag{14.34}$$

利用 (14.34)，则 (14.33) 中的期望可以写成

$$\mathbb{E}^{T_i}\left[\frac{\ell_i(T_{i-1})}{P(T_{i-1},T_i)}\bigg|\mathcal{F}(t_0)\right] = \ell_i(t_0) + \tau_i\mathbb{E}^{T_i}\left[\ell_i^2(T_{i-1})\big|\mathcal{F}(t_0)\right]. \tag{14.35}$$

注意: 尽管 $\ell_i(T_{i-1})$ 在 T_i 远期测度下是个鞅，但 $\ell_i^2(T_{i-1})$ 不是同测度下的鞅，这很重要! 为了阐明这点，让我们考虑动态

$$\mathrm{d}\ell_i(t) = \sigma\ell_i(t)\mathrm{d}W_i^i(t),$$

应用 Itô 引理到 $\ell_i^2(t)$，给出

$$\mathrm{d}\ell_i^2(t) = \frac{1}{2}\sigma^2\ell_i^2(t)\mathrm{d}t + 2\sigma\ell_i^2(t)\mathrm{d}W_i^i(t).$$

这个 SDE 有漂移项，所以它不是个鞅.

在上面的表达式的右端，我们有不同的选择来确定期望. 由于 Libor 率 $\ell_i(t) := \ell(t;T_{i-1},T_i)$ 在 T_i 远期测度下是个鞅，其动态应该没有漂移项. 针对 Libor 率的一个基本选择是将其定义为对数过程，如下:

$$\mathrm{d}\ell_i(t) = \sigma\ell_i(t)\mathrm{d}W_i^i(t), \tag{14.36}$$

其解用 $t_0 = 0$ 给出

$$\ell_i(T_{i-1}) = \ell_i(t_0)\mathrm{e}^{-\frac{1}{2}\sigma^2 T_{i-1}+\sigma W_i^i(T_{i-1})}. \tag{14.37}$$

取 Libor 率平方的期望，给出

$$\mathbb{E}^{T_i}\left[\ell^2(T_{i-1})\big|\mathcal{F}(t_0)\right] = \ell^2(t_0)\mathrm{e}^{-\sigma^2 T_{i-1}}\mathbb{E}^{T_i}\left[\mathrm{e}^{2\sigma W_i^i(T_{i-1})}\bigg|\mathcal{F}(t_0)\right] = \ell^2(t_0)\mathrm{e}^{\sigma^2 T_{i-1}}.$$

等式 (14.33) 则可写为

$$\mathrm{cc}(T_{i-1},T_i) = P(t_0,T_i)\left(\ell_i(t_0)+\tau_i\ell_i^2(t_0)\mathrm{e}^{\sigma^2 T_{i-1}}\right) - \ell_i(t_0), \tag{14.38}$$

然而在实际中，这个特殊选择之所以不是最优的，是因为我们不清楚如何确定动态过程 (14.36) 中的参数 σ. 其中一种可行的方法是选择天花板 ATM 波动率作为 σ，但这不是唯一的选择.

计算 Libor 率 $\ell_i(T_{i-1})$ 的第二阶矩更可靠的方法是用市场中的所有敲定价. 可以通过使用节 4.2 中的 *Breeden-Litzenberger* 方法完成，即

$$\mathbb{E}^{T_i}\left[\ell_i^2(T_{i-1})\big|\mathcal{F}(t_0)\right] = \ell_i^2(t_0) + 2\int_0^{\ell_i(t_0)} V_p(t_0,\ell_i(t_0);y,T_{i-1})\mathrm{d}y$$

$$+ 2\int_{\ell_i(t_0)}^{\infty} V_c(t_0,\ell_i(t_0);y,T_{i-1})\mathrm{d}y, \tag{14.39}$$

这里 $V_p(t_0,\ell_i(t_0);y,T)$ 和 $V_c(t_0,\ell_i(t_0);y,T)$ 分别是在利率 $\ell_i(T_{i-1})$ 下敲定价为 y 的 (没有贴现的) 看涨和看跌期权价 (即地板 $V_i^{\mathrm{FL}}(t_0)$ 和天花板 $V_i^{\mathrm{CPL}}(t_0)$).

在图 14-3 中，显示了波动率是怎样影响凸性的.

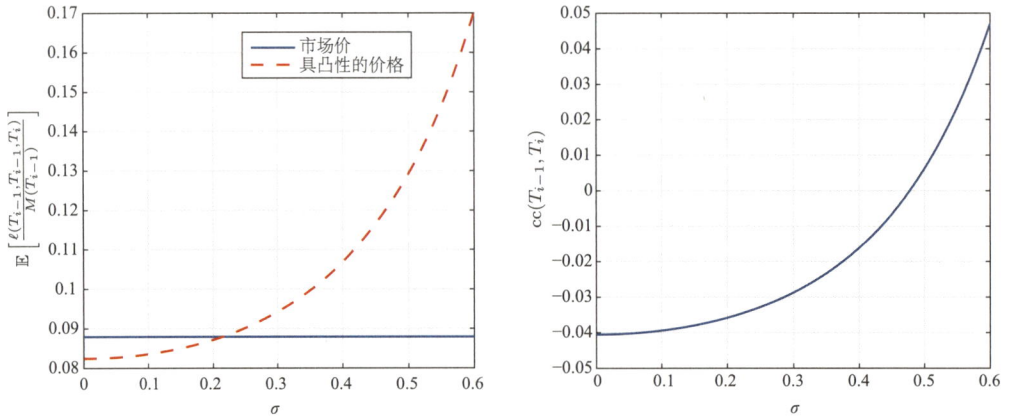

图 14-3 凸性调整 $\mathrm{cc}(T_{i-1}, T_i)$, 作为波动率 σ 的函数. 左: 凸性对期权价的影响; 右: 凸性对波动率的影响.

14.3 参数局部波动率模型

从一个复杂衍生品交易员的角度来看, 对一个利率模型的重要考量是此模型复制远期隐含波动率曲面的能力, 参见 [Rebonato, 2005]. 在本节中, 我们将介绍 LMM 的随机波动率扩展.

14.3.1 背景, 动机

多年来, 对数正态 LMM [Brace et al., 1997], [Jamshidian, 1997], [Miltersen et al., 1997] 成为利率衍生品的一个基准. 然而, 对数正态市场模型有其局限性, 因为它们无法对货币市场中也可以观察到的利率微笑/倾斜形状的隐含波动率曲线进行建模. 如果对数正态模型只能在 ATM 金融衍生品上精确校验, 那么当敲定价远离 ATM 水平时, 人们将无法使用校验过的模型对这些衍生品准确地定价. 如果没有增强功能, 此模型将无法呈现固定收益衍生品 (如封顶和互换期权) 敲定价依赖的波动率. 波动率倾斜和微笑在货币市场中变得更加明显, 通过随机波动率方法来扩展模型已被引入, 以捕捉上述波动率特征.

在我们开始用基于随机波动率的模型之前, 让我们先讨论一下如何将隐含波动率纳入模型. 众所周知, 例如从 [Brigo et al., 2007], 增加一个不相关的随机波动率过程到远期利率上产生一个微笑, 在 ATM 期权有最小值. 然而, 许多固定收益产品也存在利率倾斜, 要对这一特征进行建模, 一个带不相关的 Brown 运动的随机波动率模型还不够. 文献中有三种流行的方法在随机波动率 Libor 市场模型 (SV-LMM) 中产生倾斜:

- 通过一个非线性局部波动率函数 (以 CEV 模型为惯例).
- 通过一个被称为位移扩散 (DD) 的动态.
- 通过加入远期利率和随机波动率之间的相关性.

LMM 随机波动率的若干推广参见如 [Brigo et al., 2007]. 在建模方面的重要扩展是

局部波动率型 [Andersen et al., 2000] 和随机波动率型 [Andersen et al., 2000], [Andersen et al., 2002], [Rebonato, 2002], 由此模型可以很好地拟合市场数据, 并且模型的稳定性也能保持.

下面我们将详细讨论几个模型, 先从 CEV LMM 开始.

14.3.2 常数方差弹性模型 (CEV)

基于参数局部波动率模型的一个令人关注的候选者是常数方差弹性 (CEV) 模型[1], 其定义为

$$\boxed{\mathrm{d}\ell_i(t) = \bar{\sigma}_i \ell_i^{\beta}(t)\mathrm{d}W_i^i(t),} \tag{14.40}$$

具幂 β, $0 < \beta < 1$, CEV 模型有下列性质:

- 所有解是非爆炸型 (即有界).
- 对 $\beta > \frac{1}{2}$, 解存在并且唯一.
- 对 $\beta = 1$, 就是通常的对数分布. 值 $\ell_i(t) = 0$ 是不可达边界, 即远期过程保持严格正.
- 对 $0 < \beta < 1$, $\ell_i(t) = 0$ 是可达边界.
- 对 $0 < \beta < \frac{1}{2}$, 解不唯一, 除非对 $\ell_i(t) = 0$ 规定了一个单独的边界条件.

> 对 $\beta = 1$, 过程 $\ell_i(t)$ 是一个 GBM Libor 率 (已经讨论过了); 对 $\beta = 0$, 它通常是正态分布; 对 $\beta = 0.5$, 它服从 Cox-Ingersoll-Ross (CIR) 过程.

此动态下的天花板/地板定价, 由下定价方程给出:

$$V_i^{\mathrm{CPL/FL}}(t_0) = \mathbb{E}^{\mathbb{Q}}\left[\frac{M(t_0)}{M(T_i)}\max\left(\bar{\alpha}\left(\ell(T_{i-1};T_{i-1},T_i) - K\right),0\right)\bigg|\mathcal{F}(t_0)\right]$$
$$= P(t_0,T_i)\mathbb{E}^{T_i}\left[\max\left(\bar{\alpha}\left(\ell(T_{i-1};T_{i-1},T_i) - K\right),0\right)\middle|\mathcal{F}(t_0)\right],$$

其中 $M(t_0) = 1$, 对天花板, $\bar{\alpha} = 1$, 而对地板, $\bar{\alpha} = -1$. 天花板和地板价格的显式解由定理 14.3.1 给出.

定理 14.3.1 (天花板和地板在 CEV 模型下的价格) 对天花板/地板, 在 CEV 过程下, 封闭形式的表达式存在. 在时间 t_0, 具弹性参数 $\beta \in \mathbb{R}^+$, CEV 过程的天花板/地板价由下式给出:

- 对 $\beta \in (0,1)$:

$$V_i^{\mathrm{CPL}}(t_0) = P(t_0,T_i)\left(\ell_i(t_0)\left(1 - F_{\chi^2(b+2,c)}(a)\right) - KF_{\chi^2(b,a)}(c)\right),$$
$$V_i^{\mathrm{FL}}(t_0) = P(t_0,T_i)\left(K\left(1 - F_{\chi^2(b,a)}(c)\right) - \ell_i(t_0)F_{\chi^2(b+2,c)}(a)\right).$$

- 对 $\beta > 1$:

$$V_i^{\mathrm{CPL}}(t_0) = P(t_0,T_i)\left(\ell_i(t_0)\left(1 - F_{\chi^2(-b,a)}(c)\right) - KF_{\chi^2(2-b,c)}(a)\right),$$

---

[1]CEV 模型假设波动率与股票价格相关, 并且波动率相对于股价的弹性为常数, 其不随时间或股价水平变动而改动.

$$V_i^{\mathrm{FL}}(t_0) = P(t_0, T_i) \left(K \left(1 - F_{\chi^2(2-b,c)}(a) \right) - \ell_i(t_0) F_{\chi^2(-b,a)}(c) \right),$$

这里 $F_{\chi^2(a,b)}(c) = \mathbb{P}\left[\chi^2(a,b) \leqslant c \right]$, $F_{\chi^2(a,b)}(c)$ 是具有自由度参数 a 和非中心参数 b 的非中心卡方累积分布函数在 c 点的取值.

这些参数由下式给出:

$$a = \frac{K^{2(1-\beta)}}{(1-\beta)^2 \bar{\sigma}^2 (T_i - t_0)}, \quad b = \frac{1}{1-\beta}, \quad c = \frac{(\ell_i(t_0))^{2(1-\beta)}}{(1-\beta)^2 \bar{\sigma}^2 (T_i - t_0)}.$$

证明可在 [Schröder, 1989] 中找到.

我们关注参数 β 及其对模型隐含波动率的影响. 对两种不同的模式建模. 对 $\beta < 1$, 股价下跌时波动率增加; 对 $\beta > 1$, 股价上涨时波动率增加. 当 $\beta < 1$ 时, 模型可产生隐含波动率倾斜.

例 14.3.1（CEV 模型和隐含波动率模式） 在 LMM CEV 模型下, 为了计算隐含波动率, 我们选择特定的 β 和 $\bar{\sigma}(t) = \sigma$（常数）参数值, 并对一组敲定价 $\{K_1, \cdots, K_m\}$ 计算对应的看涨和看跌期权价. 得到的每个期权价代入隐含波动率迭代, 如节 4.1.1 所表明的.

图 14-4 中, CEV 模型不同参数 β 和 σ 对隐含波动率的影响得以展示. 在这个数值实验中, $\ell_i(t_0) = 1$, $r = 0$, $T = 1$. 当幂 β 不同时, $\sigma = 0.1$ 固定; 当 σ 不同时, $\beta = 0.4$ 固定. 实验表明不同的参数 β 导致不同的隐含波动率倾斜. 用不同的 σ, ATM 波动率水平变化了. 这些实验也表明模型也许不能够生成金融市场数据中可常观察到的隐含波动率微笑. ◇

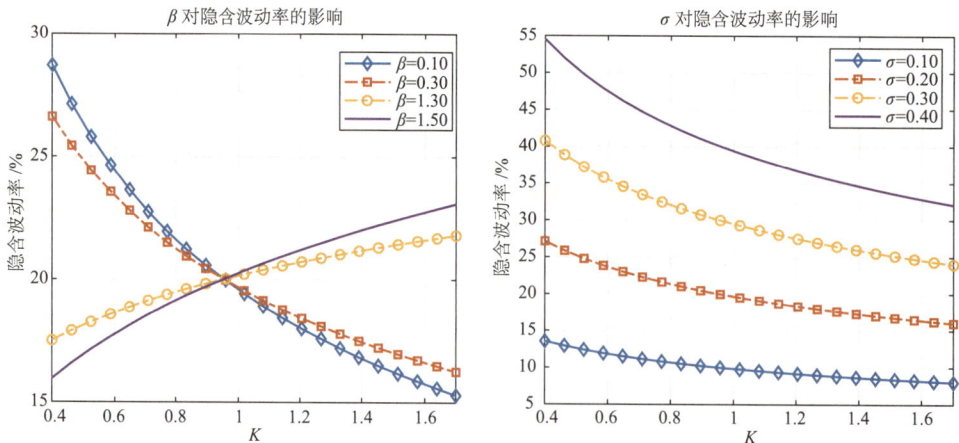

图 14-4 **参数 β 和 σ 的变化对 CEV 模型的影响.**

在 [Schröder, 1989] 中显示, CEV 过程等于空间变换的平方的 Bessel 过程（也参阅第 8 章）. 我们需要预先设定平方 Bessel 过程的吸收边界, 以与无套利约束条件保持一致, 这样最终会产生一个鞅过程. 对吸收边界上的行为进行精确处理是很难的, 因为吸收过程的转移密度不能统一, 并且矩的封闭形式未知 (也见结果 8.1.2 的推导).

插曲: CEV 过程的分布

设 $(\Omega, \mathcal{F}, \mathcal{F}(t), \mathbb{P})$ 是一个域流概率空间, 由一个一维的 Brown 运动 $W(t): 0 \leqslant t < T$ 生成. 对所有 $0 \leqslant t < T$, CEV 过程由 SDE (14.40) 描述. 波动率 $\bar{\sigma}(t)$ 设为常数, 即 $\bar{\sigma}(t) \equiv \sigma$. 由 [Schröder, 1989], 考虑一个可逆变换 $X(t) = \ell_i^{1-\beta}(t)/(1 - \beta)$ $\beta \neq 1$. 应用 Itô 引理给我们下列 $X(t)$ 的 SDE, 其可认为是时间变化的 Bessel 过程, 见注释 8.1.1:

$$\mathrm{d}X(t) = (1 - \beta)\frac{\ell_i^{-\beta}(t)}{1 - \beta}\sigma\ell_i^{\beta}(t)\mathrm{d}W(t) - \frac{1}{2}\beta(1 - \beta)\frac{\ell_i^{-1-\beta}(t)}{1 - \beta}\sigma^2\ell_i^{2\beta}(t)\mathrm{d}t$$

$$= \sigma\mathrm{d}W(t) - \frac{\beta\sigma^2}{(2 - 2\beta)X(t)}\mathrm{d}t. \tag{14.41}$$

第二个变换 $\bar{X}(t) = X^2(t)$, 导出维数为 $\delta := (1 - 2\beta)/(1 - \beta)$ 的时间变化的平方的 Bessel 过程, 满足下列 SDE:

$$\mathrm{d}\bar{X}(t) = 2\sqrt{|\bar{X}(t)|}\sigma\mathrm{d}W(t) + \delta\sigma^2\mathrm{d}t. \tag{14.42}$$

令 $\bar{\nu}(t)$ 是个时间变化的函数 (见注释 8.1.1 关于时间变化的细节), 所以 $\bar{\nu}(t) = \sigma^2 t$. 则 $\bar{X}(t) = Y(\bar{\nu}(t))$, 这里 $Y(t)$ 是个 δ 维的平方的 Bessel 过程, 即是下列 SDE 的强解:

$$\boxed{\mathrm{d}Y(t) = 2\sqrt{|Y(t)|}\mathrm{d}W(t) + \delta\mathrm{d}t,} \tag{14.43}$$

其自由度为 δ. 平方的 Bessel 过程是一个 Markov 过程并且其转移密度显式地知道. 它们已经在节 8.1.2 中 CIR 过程的环境中详细讨论过.

表 14-1 三个参数区间的映射.

CEV 幂	平方的 Bessel δ
$0 < \beta < \frac{1}{2}$	$0 < \delta < 2$
$\frac{1}{2} \leqslant \beta < 1$	$-\infty < \delta \leqslant 0$
$\beta > 1$	$2 < \delta < \infty$

通过求解一系列不等式 (参见表 14-1 中的结果), 我们发现了三个不同的参数范围决定 CEV 过程在边界的行为和转移密度的形式:

1. 对 $\beta > 1$, SDE (14.40) 有唯一解并且零边界不可达. 密度函数在 $\ell_i(t) \in (0, \infty)$ 上对所有 $t \geqslant 0$ 积分为 1, 过程 $\ell_i(t)$ 是严格的局部鞅.

2. 对 $\beta < \frac{1}{2}$, SDE (14.40) 没有唯一解, 除非另加单独的边界条件来确定其在边界 $\ell_i(t) = 0$ 的行为.

   - 密度函数积分为 1, 如果边界是反射的, 并且过程 $\ell_i(t)$ 是一个严格的下鞅 (在第 2 章的节 2.3.2 中简单讨论过).

   - 密度函数不能积分成 1, 如果边界 $\ell_i(t) = 0$ 是吸收的[2], 而过程 $\ell_i(t)$ 是一个真正的鞅.

---

[2]退化部分是边界上的一些微点, 而绝对连续部分在 $(0, \infty)$ 上.

3. 对 $\frac{1}{2} \leqslant \beta < 1$, SDE (14.40)唯一强解存在, 且零边界是吸收的. 密度函数对 $t > 0$ 不能积分到 1, 而过程 $\ell_i(t)$ 是一个真正的鞅.

对大多数金融应用, 参数 β 范围在 0 和 1 之间, 就是上面 2. 和 3. 的情况. 我们这里聚焦这两种情况.

基于在 Y 空间的平方的 Bessel 扩散的转移密度, 如同已经在结果 8.1.2 中所展示的, 容易得到 CEV 过程 (14.40) 的转移密度. 首先, 注意,

$$\ell_i(T) = \left((1-\beta) \sqrt{|Y(\bar{\nu}(T))|} \right)^{\frac{1}{1-\beta}}.$$

下面的映射,

$$h(z) := \left((1-\beta) \sqrt{z} \right)^{\frac{1}{1-\beta}}, \quad z \geqslant 0,$$

已定义, 其逆为

$$h^{-1}(y) = \frac{y^{2(1-\beta)}}{(1-\beta)^2}, \quad y \geqslant 0.$$

所以, $\ell_i(T) = h(Y(\bar{\nu}(T)))$ 和初值 $Y_0 = h^{-1}(\ell_i(t_0)) = \ell_i(t_0)^{2(1-\beta)}/(1-\beta)^2$. $Y(\bar{\nu}(T))$ 有密度函数 $f_B(\bar{\nu}(T), y)$, 并且它服从下列关于 $\ell_i(T)$ 转移密度:

$$f_{CEV}(T, \ell_i(T); t_0, \ell_i(t_0)) = f_B\left(\bar{\nu}(T); h^{-1}(y) \right) \frac{\mathrm{d}h^{-1}(y)}{\mathrm{d}y},$$

这里我们用 $f_{CEV}(T, \ell_i(T); t_0, \ell_i(t_0))$ 来记 *LMM CEV* 过程的条件转移密度. 将两种考虑的情形结合起来, 等式 (14.40) 中 CEV 过程 $\ell_i(t)$ 相关的转移密度有如下形式:

1. 对 $0 < \beta < \frac{1}{2}$ 并具零边界的吸收性, 以及对 $\frac{1}{2} \leqslant \beta < 1$:

$$
\begin{aligned}
f_{CEV}\left(T, \ell_i(T); t_0, \ell_i(t_0) \right) ={}& \frac{1}{\bar{\nu}(T)} \left(\frac{\ell_i(T)}{\ell_i(t_0)} \right)^{-\frac{1}{2}} \\
& \times \exp\left(-\frac{\ell_i(T)^{2(1-\beta)} + \ell_i(t_0)^{2(1-\beta)}}{2(1-\beta)^2 \bar{\nu}(T)} \right) \\
& \times I_{|\frac{\bar{\beta}-2}{2}|}\left[\frac{(\ell_i(t_0)\ell_i(T))^{1-\beta}}{\bar{\nu}(T)(1-\beta)^2} \right] \frac{\ell_i^{1-2\beta}(T)}{1-\beta},
\end{aligned}
\tag{14.44}
$$

这里 $\bar{\nu}(T) = \sigma^2 T$, $\bar{\beta} = \frac{1-2\beta}{1-\beta}$.

2. 对 $0 < \beta < \frac{1}{2}$ 并具反射边界 $\ell_i(t) = 0$:

$$
\begin{aligned}
f_{CEV}(T, \ell_i(T); t_0, \ell_i(t_0)) ={}& \frac{1}{\bar{\nu}(T)} \left(\frac{\ell_i(T)}{\ell_i(t_0)} \right)^{-\frac{1}{2}} \\
& \times \exp\left(-\frac{\ell_i^{2(1-\beta)}(T) + \ell_i(t_0)^{2(1-\beta)}}{2(1-\beta)^2 \bar{\nu}(T)} \right) \\
& \times I_{\frac{\bar{\beta}-2}{2}}\left[\frac{(\ell_i(t_0)\ell_i(T))^{1-\beta}}{\bar{\nu}(T)(1-\beta)^2} \right] \frac{\ell_i^{1-2\beta}(T)}{1-\beta}.
\end{aligned}
\tag{14.45}
$$

通过积分这些恒等式, 我们得到下列CDF.

结果 14.3.1 等式 (14.40) 中 LMM CEV 价格过程的 CDF 如下式给出:

1. 对 $0 < \beta < \frac{1}{2}$ 并具零边界的吸收性, 以及对 $\frac{1}{2} \leqslant \beta < 1$:

$$\mathbb{P}\big[\ell_i(T) \leqslant x | \ell_i(t_0)\big] = 1 - F_{\chi^2}(a; b, c(x)). \tag{14.46}$$

2. 对 $0 < \beta < \frac{1}{2}$ 并具反射边界 $\ell_i(t_0) = 0$:

$$\mathbb{P}\big[\ell_i(T) \leqslant x | \ell_i(t_0)\big] = F_{\chi^2}(c(x); 2 - b, a), \tag{14.47}$$

其中参数如下:

$$a = \frac{\ell_i(t_0)^{2(1-\beta)}}{(1-\beta)^2 \bar{\nu}(T)}, \quad b = \frac{1}{1-\beta}, \quad c(x) = \frac{x^{2(1-\beta)}}{(1-\beta)^2 \bar{\nu}(T)}, \quad \bar{\nu}(T) = \sigma^2 T,$$

而 $F_{\chi^2}(x; \delta, \lambda)$ 是非中心卡方累积分布函数, 其非中心参数为 λ, 自由度是 δ.

这些结果的证明可以运用经典的 Bessel 过程的结果, 在 [Schröder, 1989] 中找到. 另一个证明基于 Green 函数理论, 可在 [Lesniewski, 2009] 中找到.

如结果 8.1.1 中所述, 当边界吸收时, 积分概率密度函数不会取值到 1. 概率总量的损失是在 $\ell_i(t) = 0$ 吸收的概率. 根据结果 14.3.1, 可以得到一个概率的吸收公式.

推论 14.3.1 对 $0 < \beta < 1$, 由 SDE (14.40) 驱动并在条件 $\ell_i(t_0)$ 下的 $\ell_i(T)$ 的概率为

$$\mathbb{P}\big[\ell_i(T) = 0 | \ell_i(t_0)\big] = 1 - \gamma\left(\frac{1}{2(1-\beta)}, \frac{\ell_i(t_0)^{2(1-\beta)}}{2(1-\beta)^2 \bar{\nu}(T)}\right) \Big/ \Gamma\left(\frac{1}{2(1-\beta)}\right), \tag{14.48}$$

这里 $\gamma(a, z)$ 是下不完全 Gamma 函数, $\Gamma(z)$ 是 Gamma 函数.

[Andersen et al., 2010a] 以及 [Rebonato, 2009] 证明, 如果 Libor 率在某一测度下遵循 LMM CEV 过程, 则在零值只有一个可接受的边界条件以确保无套利条件, 即为吸收条件. 事实上, 当反射边界出现在零值时, 投资者会等到值达到零时 (这将以严格的正概率发生). 当价格为零时, 投资者将持有多头头寸, 并当零值边界反射价格过程时立即卖出, 从而实现无风险利润.

14.3.3　位移扩散模型 (DD)

尽管 CEV 模型在理论上有意思, 但它在校验阶段会遇到困难. 在 LMM CEV 环境中, 快速而精确地定价平凡香草期权不是件容易的事.

一种处理数值问题的方法是用一种位移扩散 (DD) 模型位移模型. DD 过程由 [Rubinstein, 1983] 引入. 我们沿引 [Rebonato, 2002] 中 DD 过程的定义.

考虑确定函数 $g(\ell_i(t)) = \ell_i^\beta(t)$. $g(\ell_i(t))$ 在 $\ell_i(t_0)$ 附近的一阶 Taylor 展开, 由 *delta* 方法给出, 也见等式 (13.35),

$$g(\ell_i(t)) = g(\ell_i(t_0)) + \frac{\mathrm{d}g(\ell_i(t))}{\mathrm{d}\ell_i(t)}\bigg|_{\ell_i(t) = \ell_i(t_0)} (\ell_i(t) - \ell_i(t_0)) + \mathcal{O}((\ell_i(t) - \ell_i(t_0))^2),$$

其等价于

$$\ell_i^\beta(t) \approx \ell_i^\beta(t_0) + \beta\ell_i^{\beta-1}(t_0)(\ell_i(t) - \ell_i(t_0))$$
$$= \vartheta\left((1-\beta)\,\ell_i(t_0) + \beta\ell_i(t)\right),$$

其中 $\vartheta := \ell_i^{\beta-1}(t_0)$. 将其代入 LMM CEV 模型 (14.40), 我们找到

$$\mathrm{d}\ell_i(t) = \bar\sigma_i\vartheta\left((1-\beta)\,\ell_i(t_0) + \beta\ell_i(t)\right)\mathrm{d}W_i^i(t). \tag{14.49}$$

位移扩散模型由下面的 SDE 描述:

$$\mathrm{d}\ell_i(t) = \sigma_i\left(\beta\ell_i(t) + (1-\beta)\ell_i(t_0)\right)\mathrm{d}W_i^i(t), \quad \ell_i(t_0) > 0, \tag{14.50}$$

其中波动率是 $\sigma_i = \vartheta\bar\sigma_i$, 位移参数是 β.

定义 14.3.1（另一个公式） 不同于上面介绍的公式, DD 过程的另一个公式由 [Marris, 1999] 引入. 等式 (14.50) 可以写成

$$\mathrm{d}\ell_i(t) = \left(\ell_i(t) + \frac{1}{\beta}(1-\beta)\ell_i(t_0)\right)\beta\sigma_i\mathrm{d}W_i^i(t),$$

从而我们得到

$$\frac{\mathrm{d}(\ell_i(t) + a)}{\ell_i(t) + a} = \tilde\sigma_i\mathrm{d}W_i^i(t), \tag{14.51}$$

其中 $a := \frac{1}{\beta}(1-\beta)\ell_i(t_0)$, $\tilde\sigma_i := \beta\sigma_i$.

于是 (14.49) 中的随机过程可以认为是具偏移参数 a 的偏移对数过程. 偏移对数过程则可以考虑成 CEV 动态的一阶近似.

Libor 率的欧式期权价可以用著名的 *Black-76* 定价公式经过调整敲定价而有效地计算.

定理 14.3.2（在位移扩散模型下的欧式期权） 在 DD 模型中, 对常数倾斜参数 β 和波动率 σ_i, 我们可以定价欧式看涨期权如下:

$$V_c(t_0) = P(t_0, T_i)\left[\frac{\ell_i(t_0)}{\beta} \cdot F_{\mathcal{N}(0,1)}(d_1) - \left(K + \frac{1-\beta}{\beta}\ell_i(t_0)\right) \cdot F_{\mathcal{N}(0,1)}(d_2)\right], \tag{14.52}$$

其中

$$d_1 = \frac{\log\left(\frac{\ell_i(t_0)}{\beta K + (1-\beta)\ell_i(t_0)}\right) + \frac{1}{2}\sigma_i^2\beta^2(T-t_0)}{\sigma_i\beta\sqrt{T-t_0}}, \quad d_2 = d_1 - \sigma_i\beta\sqrt{T_i - t_0}.$$

证明 (14.51) 中的过程可以变形为

$$\frac{\mathrm{d}\left(\ell_i(t) + \frac{1-\beta}{\beta}\ell_i(t_0)\right)}{\ell_i(t) + \frac{1-\beta}{\beta}\ell_i(t_0)} = \sigma_i\beta\mathrm{d}W_i^i(t). \tag{14.53}$$

我们定义一个过程 $\hat{\ell}_i(t)$ 如下:

$$\hat{\ell}_i(t) = \ell_i(t) + \frac{(1-\beta)}{\beta}\ell_i(t_0). \tag{14.54}$$

由于 $\ell_i(t)$ 偏移参数是一个常数, 就有 $\mathrm{d}\hat{\ell}_i(t) = \mathrm{d}\ell_i(t)$, 具初值 $\hat{\ell}_i(t_0) = \frac{1}{\beta}\ell_i(t_0)$. 通过代入, 我们得到

$$\mathrm{d}\hat{\ell}_i(t) = \mathrm{d}\ell_i(t)$$
$$= \sigma_i\left[\beta\ell_i(t) + (1-\beta)\ell_i(t_0)\right]\mathrm{d}W_i^i(t) = \sigma_i\beta\hat{\ell}_i(t)\mathrm{d}W_i^i(t).$$

基于这个结果, 可以推出 $\hat{\ell}_i(t)$ 由标准的具波动率 $\hat{\sigma}_i = \beta\sigma_i$ 的 Black 模型掌控, 从而可以用标准的定价公式.

为了定价在支付时间 T_i 上 Libor 率 $\ell_i(T_i) \equiv \ell(T_{i-1}, T_{i-1}, T_i)$ 的欧式看涨期权, 需要确定下列期望:

$$V_c(t_0) = \mathbb{E}^{\mathbb{Q}}\left[\frac{M(t_0)}{M(T_i)}\max(\ell_i(T_i) - K, 0)\bigg|\mathcal{F}(t_0)\right]$$
$$= P(t_0, T_i)\mathbb{E}^{T_i}\left[\max\left(\hat{\ell}_i(T_i) - \frac{(1-\beta)}{\beta}\ell_i(t_0) - K, 0\right)\bigg|\mathcal{F}(t_0)\right]$$
$$= P(t_0, T_i)\mathbb{E}^{T_i}\left[\max\left(\hat{\ell}_i(T_i) - K^*, 0\right)\bigg|\mathcal{F}(t_0)\right],$$

其中 $K^* = \frac{(1-\beta)}{\beta}\ell_i(t_0) + K$.

这隐含着在 DD 模型下欧式看涨期权可以由标准的 Black-Scholes 模型定价, 其中 $r = 0$, 这经常被称为 *Black-76* 模型, 其波动率为 $\hat{\sigma}_i := \beta\sigma_i$, 敲定价为 $K^* := \frac{(1-\beta)}{\beta}\ell_i(t_0) + K$, 初值为 $\hat{\ell}_i(t_0) = \ell_i(t_0)/\beta$, 它的结果要乘以 $P(t_0, T_i)$.

通过 Black-Scholes 模型, 上式的期望可写成

$$\mathbb{E}^{T_i}\left[\max\left(\hat{\ell}_i(T_i) - K^*, 0\right)\bigg|\mathcal{F}(t_0)\right] = \hat{\ell}_i(t_0)F_{\mathcal{N}(0,1)}(d_1) - K^*F_{\mathcal{N}(0,1)}(d_2), \tag{14.55}$$

其中

$$d_1 = \frac{\log\frac{\hat{\ell}_i(t_0)}{K^*} + \frac{1}{2}\hat{\sigma}_i(T_i - t_0)}{\hat{\sigma}_i\sqrt{T - t_0}}, \ d_2 = d_1 - \hat{\sigma}_i\sqrt{T_i - t_0}.$$

结果乘以 $P(t_0, T_i)$ 并代入, 证明完成. □

> 位移 (即偏移) 的概念在考虑用负利率处理利率模型时很常用. 我们将在节 14.4.1 中讨论.

例 14.3.2 (DD 微笑和倾斜) 通过位移扩散模型, 隐含波动率的倾斜也可以建模. 图 14-5 中, 一些隐含波动率对不同的 β 和 σ 值的例子予以展示.

图 14-5 显示了和图 14-4 中 CEV 模型关于 β 和 σ 非常类似的影响. ◇

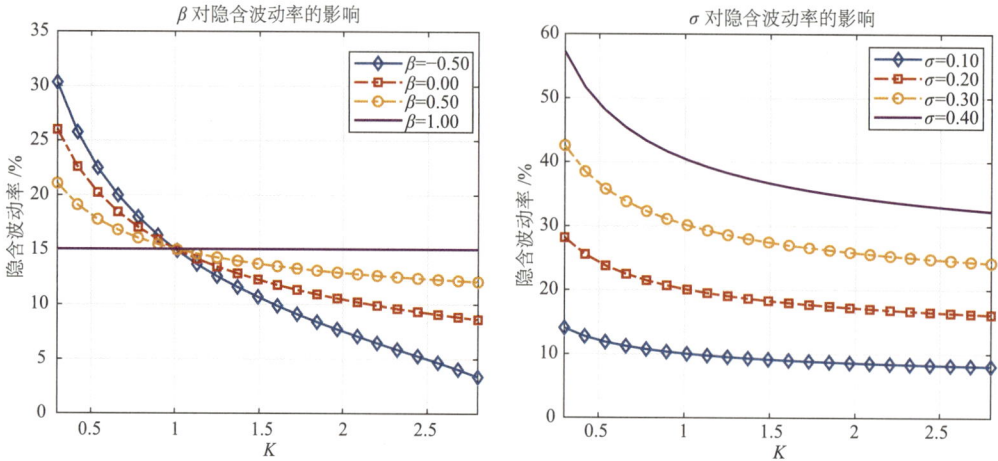

图 14-5　在 DD 模型下 β 和 σ 对隐含波动率的影响, 其中 $\ell_i(t_0) = 1$, $T = 2$. 在左图中, $\sigma = 0.15$; 在右图中, $\beta = 0.5$.

DD 过程让人感兴趣是因为其可以作为 CEV 模型的简化近似. 然而 DD 模型也有一些毛病, 比如要求定义 14.3.1 中的 $\ell_i(t) + a$ 为正, 其隐含着 $\ell_i(t)$ 只能在 $(-a, +\infty)$ 中变化.

模型的改进如由 [Andersen et al., 2002] 发展的位移随机波动率 (DD-SV) 模型, 而 [Piterbarg, 2005] 将 Libor 率和互换率时间依赖模型的波动率和倾斜与市场隐含量联系起来.

14.3.4　随机波动率 LMM

2007/2008 年的银行业危机给利率互换期权波动率带来了本质的变化, 为此, 高度灵活的建模框架似乎是有利的. 灵活模型通常是多因子形式. 值得注意的例子有多因子短期利率模型、多因子拟 Gauss 模型或 Libor 市场模型扩展. 由 [Cox, 1975] 引入的 CEV 过程是 [Andersen et al., 2010a] 所建立的 CEV Libor 市场模型 (CEV LMM) 的一个重要的构件.

就像一般的 Libor 率的动态, Heston 型的动态被考虑用于那些远期率和随机波动率零相关的 Libor 率. 然而, 这个模型不能很好地适用于精确而有效地建模 *Libor 率动态, 由下可见.*

因此, 我们首先考虑 Libor 率 $\ell_i(t)$, 在其自己测度下, 由下列动态掌控:

$$\begin{cases} \mathrm{d}\ell_i(t) = \sigma_i \ell_i(t)\sqrt{\nu(t)}\mathrm{d}W_i^i(t), \\ \mathrm{d}\nu(t) = \lambda(\nu_0 - \nu(t))\mathrm{d}t + \eta\sqrt{\nu(t)}\mathrm{d}W_\nu^i(t), \end{cases} \tag{14.56}$$

其中相关性结构由下式给出:

$$\mathrm{d}W_i^i(t)\mathrm{d}W_l^i(t) = \rho_{i,l}\mathrm{d}t, \quad \mathrm{d}W_i^i(t)\mathrm{d}W_\nu^i(t) = \rho_{i,\nu}\mathrm{d}t.$$

波动率过程 $\nu(t)$ 被建模成均值回归, 其长期均值为 ν_0, 方差过程的波动率记为 η. 对任何两个 Libor 率 $\ell_i(t)$ 和 $\ell_l(t)$, 相关系数为 $\rho_{i,l}$ 而每一个 Libor 率 $\ell_i(t)$ 都是以相关系数 $\rho_{i,\nu}$ 相关于波动率过程 $\nu(t)$.

我们将讨论 $\ell_i(t)$ 的测度变换. 首先, (14.56) 的系统关于独立的 Brown 运动写为

$$\begin{cases} \mathrm{d}\ell_i(t) = \sigma_i \ell_i(t)\sqrt{\nu(t)}\mathrm{d}\widetilde{W}_i^i(t), \\ \mathrm{d}\nu(t) = \lambda(\nu_0 - \nu(t))\mathrm{d}t + \eta\sqrt{\nu(t)}\left(\rho_{i,\nu}\mathrm{d}\widetilde{W}_i^i(t) + \sqrt{1-\rho_{i,\nu}^2}\mathrm{d}\widetilde{W}_\nu^i(t)\right). \end{cases}$$

基于等式 (14.22) 的结果, 从 T_i 到 T_{i-1} 远期测度的测度变换产生下列 Brown 运动的调整:

$$\mathrm{d}\widetilde{W}_i^i(t) = \frac{\tau_i \bar{\sigma}_i(t,\ell)}{\tau_i \ell_i(t) + 1}\mathrm{d}t + \mathrm{d}\widetilde{W}_i^{i-1}(t),$$

其中 $\bar{\sigma}_i(t,\ell) = \sigma_i \ell_i(t)\sqrt{\nu(t)}$. 方差过程 $\nu(t)$ 的 Brown 运动 $\widetilde{W}_\nu^i(t)$ 假定独立于 Libor 率, 这隐含着这个 Brown 运动在测度变换下不变, 即 $\mathrm{d}\widetilde{W}_\nu^i(t) = \mathrm{d}\widetilde{W}_\nu^{i-1}(t)$.

Libor 率 $\ell_i(t)$ 的动态在 $\mathbb{Q}^{i-1}$ 远期测度下为

$$\mathrm{d}\ell_i(t) = \sigma_i \ell_i(t)\sqrt{\nu(t)}\left(\frac{\tau_i \bar{\sigma}_i(t,\ell)}{\tau_i \ell_i(t) + 1}\mathrm{d}t + \mathrm{d}\widetilde{W}_i^{i-1}(t)\right),$$

而对方差过程的动态则为

$$\begin{aligned} \mathrm{d}\nu(t) = {} & \lambda(\nu_0 - \nu(t))\mathrm{d}t \\ & + \eta\sqrt{\nu(t)}\left[\rho_{i,\nu}\left(\frac{\tau_i \bar{\sigma}_i(t,\ell)}{\tau_i \ell_i(t) + 1}\mathrm{d}t + \mathrm{d}\widetilde{W}_i^{i-1}(t)\right) + \sqrt{1-\rho_{i,\nu}^2}\mathrm{d}\widetilde{W}_\nu^{i-1}(t)\right]. \end{aligned}$$

整理得

$$\begin{aligned} \mathrm{d}\nu(t) = {} & \lambda\left(\nu_0 - \nu(t) + \rho_{i,\nu}\frac{\eta}{\lambda}\frac{\tau_i \sigma_i \ell_i(t)}{\tau_i \ell_i(t) + 1}\nu(t)\right)\mathrm{d}t \\ & + \eta\sqrt{\nu(t)}\left[\rho_{i,\nu}\mathrm{d}\widetilde{W}_i^{i-1}(t) + \sqrt{1-\rho_{i,\nu}^2}\mathrm{d}\widetilde{W}_\nu^{i-1}(t)\right]. \end{aligned}$$

上面的推导表明, 应用于 Heston 类的 Libor 模型的测度变换将影响 Libor 率 ℓ_i 的漂移项, 以及方差过程 $\nu(t)$. Libor 率与随机波动率过程是相关的, 对测度变换下的过

程动态产生重大影响. [Wu et al., 2008] 的作者表明了随机波动率过程 $\nu(t)$ 仅在参考测度下作为平方根过程进化, 且当改变计价单位时, 均值回归性质消失. 进一步, 当波动率过程的原始定义改变时, 我们不能轻易地用 Fourier 为基础的方法来有效定价天花板和互换期权. 使用参数冻结技术可以导出一个近似模型, 这就是平方根型模型 (见 [Wu et al., 2008]).

这里, Libor 率和波动率之间的相关参数设为零. 因为方差过程现在不与 Libor 率相关, 测度变换将不影响动态的形式.

这推出下列位移扩散的版本:

$$\begin{cases} \mathrm{d}\ell_i(t) = \sigma_i \left(\beta\ell_i(t) + (1-\beta)\ell_i(t_0) \right) \sqrt{\nu(t)} \mathrm{d}W_i^i(t), \\ \mathrm{d}\nu(t) = \lambda(\nu_0 - \nu(t))\mathrm{d}t + \eta\sqrt{\nu(t)}\mathrm{d}W_\nu(t), \end{cases} \tag{14.57}$$

其中相关性为

$$\mathrm{d}W_i^i(t)\mathrm{d}W_l^i(t) = \rho_{il}\mathrm{d}t, \quad \mathrm{d}W_i^i\mathrm{d}W_\nu(t) = 0.$$

通常, 具有零相关性的模型能够产生不同的波动率微笑模式, 但它不能表示倾斜形状的隐含波动率. 然而, 由于引入位移参数 β (见图 14-5) 和随机波动率过程, 目前的模型也能够产生隐含波动率倾斜形状. 这个模型被称为位移扩散随机波动率 *Libor* 市场模型, 或简称 SV-LMM. 其与标准 Heston 模型的联系如下所示.

注释 14.3.1 (业界的推广) 另一个在 T_i 远期测度下的位移扩散模型, 具时间依赖参数, 推广到随机波动率过程如下:

$$\begin{cases} \mathrm{d}\ell_i(t) = \sigma_i(t) \left(\beta_i(t)\ell_i(t) + (1-\beta_i(t))\ell_i(t_0) \right) \sqrt{\nu(t)} \mathrm{d}W_i^i(t), \\ \mathrm{d}\nu(t) = \lambda(\nu(t_0) - \nu(t))\mathrm{d}t + \eta\sqrt{\nu(t)}\mathrm{d}W_v^i(t), \quad \nu(t_0) = 1, \end{cases}$$

其中 $\beta_i(t)$ 是时间依赖的位移系数, $\sigma_i(t)$ 是时间依赖的波动率函数, $\nu(t)$ 是方差过程, 具参数 λ, η 以及独立的 Brown 运动 $W_v^i(t)$. 在这个设定中的方差过程适用于所有的 Libor 率.

下面是这个模型即时 HJM 波动率函数的结果:

$$\bar{\eta}(t,z) = \frac{\sigma_i(t) \left(\beta_i(t)\ell_i(t) + (1-\beta_i(t))\ell_i(t_0) \right)}{1 + \tau_i\ell_i(t)} \sqrt{\nu(t)}. \tag{14.58}$$

[Piterbarg, 2005] 中有效倾斜和有效波动率的概念使得校验一套互换期权的波动率微笑变得可行. 通过测度变换, 从风险中性到与作为计价单位的零息债券相关的远期测度, 近似特征函数的维数可以降下来. 结合冻结的 Libor 率 (将它们保持在特定的值上) 和线性化那些对应的即时协方差矩阵中的非仿射项, 是用近似方法评估有效模型的关键. 有关详细信息, 请参见 [Andersen et al., 2010b].

与 Heston 模型的关系

这里展示了 (14.57) 中 SV-LMM 和纯粹的标准 Heston 模型之间的关系.

(14.57) 中的 Libor 率动态可以写成

$$\mathrm{d}\ell_i(t) = \beta\sigma_i\left(\ell_i(t) + (1-\beta)\frac{\ell_i(t_0)}{\beta}\right)\sqrt{\nu(t)}\mathrm{d}W_i^i(t),$$

其等价于

$$\frac{\mathrm{d}\ell_i(t)}{\ell_i(t) + (1-\beta)\frac{\ell_i(t_0)}{\beta}} = \beta\sigma_i\sqrt{\nu(t)}\mathrm{d}W_i^i(t). \tag{14.59}$$

由于 $\mathrm{d}(\ell_i(t) + a) = \mathrm{d}\ell_i(t)$, 对常数值 a, (14.59) 中的过程等于

$$\frac{\mathrm{d}\left(\ell_i(t) + (1-\beta)\frac{\ell_i(t_0)}{\beta}\right)}{\ell_i(t) + (1-\beta)\frac{\ell_i(t_0)}{\beta}} = \beta\sigma_i\sqrt{\nu(t)}\mathrm{d}W_i^i(t).$$

通过另一个过程 $\jmath_i(t)$, 其定义为

$$\jmath_i(t) := \ell_i(t) + (1-\beta)\frac{\ell_i(t_0)}{\beta}, \tag{14.60}$$

其中 $\jmath_i(t_0) = \ell_i(t_0)/\beta$, 显而易见, 对 β 和 $\ell_i(t_0)$ 是常数,

$$\mathrm{d}\jmath_i(t) = \mathrm{d}\ell_i(t).$$

$\jmath_i(t)$ 的动态则为

$$\frac{\mathrm{d}\jmath_i(t)}{\jmath_i(t)} = \beta\sigma_i\sqrt{\nu(t)}\mathrm{d}W_i^i(t) = \sqrt{\beta^2\sigma_i^2\nu(t)}\mathrm{d}W_i^i(t).$$

通过定义 $\hat{\nu}(t) := \beta^2\sigma_i^2\nu(t)$, $\jmath_i(t)$ 的过程可以写成

$$\frac{\mathrm{d}\jmath_i(t)}{\jmath_i(t)} = \sqrt{\hat{\nu}(t)}\mathrm{d}W_i^i(t).$$

最后一步是推导 $\hat{\nu}(t)$ 动态的. 应用 Itô 引理, 我们发现

$$\begin{aligned}
\mathrm{d}\hat{\nu}(t) &= \beta^2\sigma_i^2\mathrm{d}\nu(t) \\
&= \beta^2\sigma_i^2\lambda(\nu_0 - \nu(t))\mathrm{d}t + \beta^2\sigma_i^2\eta\sqrt{\nu(t)}\mathrm{d}W_\nu(t) \\
&= \lambda(\beta^2\sigma_i^2\nu_0 - \beta^2\sigma_i^2\nu(t))\mathrm{d}t + \beta\sigma_i\eta\sqrt{\beta^2\sigma_i^2\nu(t)}\mathrm{d}W_\nu(t),
\end{aligned}$$

这给了我们

$$\mathrm{d}\hat{\nu}(t) = \lambda(\hat{\nu}_0 - \hat{\nu}(t))\mathrm{d}t + \hat{\eta}\sqrt{\hat{\nu}(t)}\mathrm{d}W_\nu(t),$$

其中 $\hat{\nu}_0 = \beta^2\sigma_i^2\nu_0$, $\hat{\eta} = \beta\sigma_i\eta$.

导出的 $\jmath_i(t)$ 动态则为

$$
\begin{cases}
\frac{\mathrm{d}\jmath_i(t)}{\jmath_i(t)} = \sqrt{\hat{\nu}(t)}\mathrm{d}W_i^i(t), \\
\mathrm{d}\hat{\nu}(t) = \lambda(\hat{\nu}_0 - \hat{\nu}(t))\mathrm{d}t + \hat{\eta}\sqrt{\hat{\nu}(t)}\mathrm{d}W_\nu(t),
\end{cases}
\tag{14.61}
$$

其类似于标准 Heston 模型的动态, 具适当的偏移参数. 这意味着模型可以像标准的 Heston 模型那样校验.

在 SV-LMM 模型下定价天花板

对给定的 Libor 率, 用现金储蓄账户 $M(t)$ 作为计价单位, 天花板或地板的期权价, 对 $t \leqslant T_{i-1} \leqslant T_i$, 由下式给出:

$$
\frac{V_i^{\mathrm{CPL/FL}}(t_0)}{M(t_0)} = N_i\tau_i\mathbb{E}^{\mathbb{Q}}\left[\frac{1}{M(T_i)}\max(\bar{\alpha}(\ell_i(T_{i-1}) - K),0)\Big|\mathcal{F}(t_0)\right],
\tag{14.62}
$$

其中 $\bar{\alpha} = 1$ 对应天花板, $\bar{\alpha} = -1$ 对应地板, 以及 $M(t_0) = 1$.

通过测度变换, 从相关现金储蓄账户 $M(t)$ 的风险中性 $\mathbb{Q}$ 测度到 T_i 远期测度 $\mathbb{Q}^{T_i}$, 其计价单位为 ZCB $P(t, T_i)$, 我们得到

$$
\frac{\mathrm{d}\mathbb{Q}^{T_i}}{\mathrm{d}\mathbb{Q}}\bigg|_{\mathcal{F}(t)} = \frac{P(t, T_i)}{P(t_0, T_i)}\frac{M(t_0)}{M(t)},
\tag{14.63}
$$

式 (14.62) 中的价格可以关联到推导过的等式 (12.31). 经过一些基本推导, 该价格等于

$$
V_i^{\mathrm{CPL/FL}}(t_0) = N_i\tau_i P(t_0, T_i)\mathbb{E}^{T_i}\left[\max\left(\bar{\alpha}(\ell_i(T_{i-1}) - K),0\right)\big|\mathcal{F}(t_0)\right].
\tag{14.64}
$$

我们回顾 Libor 率 $\ell_i(t)$, 在其自然测度, 即 T_i 远期测度下是个鞅.

天花板和地板在这个 SV-LMM 模型下, 通过联系到 Heston 模型动态的位移扩散模型而定价. 因此, 需要考虑一定的参数修正.

通过等式 (14.60), SV-LMM 模型关联到 Heston 模型,

$$
\jmath_i(t) = \ell_i(t) + (1 - \beta)\frac{\ell_i(t_0)}{\beta},
$$

为此定价公式为

$$
\begin{aligned}
V(t_0) &= N_i\tau_i P(t_0, T_i)\mathbb{E}^{T_i}\left[\max\left(\bar{\alpha}\left(\jmath_i(T_{i-1}) - (1 - \beta)\frac{\ell_i(t_0)}{\beta} - K\right),0\right)\bigg|\mathcal{F}(t_0)\right] \\
&= N_i\tau_i P(t_0, T_i)\mathbb{E}^{T_i}\left[\max\left(\bar{\alpha}(\jmath_i(t) - K^*),0\right)\big|\mathcal{F}(t_0)\right],
\end{aligned}
$$

其中 $K^* = (1 - \beta)\frac{\ell_i(t_0)}{\beta} + K$, 过程 $\jmath_i(t)$ 由 (14.61) 给出, 其初值为 $\jmath_i(t_0) = \ell_i(t_0)/\beta$.

14.4　负利率与多曲线设定

由于金融危机, 在 21 世纪的第二个十年, 货币市场处于一个困难的状态, 尤其是在欧洲. 由于对国家和公司的信誉缺乏信心, 金融机构不愿投资和放贷. 为了在金融体系中重新获得信心, 人们决定进行干预并刺激货币供求, 特别是欧洲各国央行采取的一项特殊措施是降低利率. 预计这些措施会鼓励投资者以低利率借款, 并将其投资于经济以此刺激经济.

在金融风险管理下, 金融危机之后, 利率衍生品的模型发生了重要变化. 在本节中, 我们将重点介绍其中的两个变化, 即金融市场中报价的负利率, 以及支付频率对利率衍生品价格的影响. 我们从负利率开始.

14.4.1　负利率环境下的估值

在上述十年中, 经过多轮的降息, 2014 年, 欧元区历史上首次出现了利率为负值 (具体而言, 为负的 10 个基点). 由此利率状况, 把钱存在银行账户会导致损失而不是收益.

在图 14-6 中显示了 2008 年和 2017 年利率 (收益率曲线) 的比较. 图中的收益率曲线基于贴现系数 $P(0,t)$, $t > 0$, 即

$$P(0,t) = \mathrm{e}^{-r(t)t}, \quad r(t) = -\frac{1}{t}\log P(0,t). \tag{14.65}$$

$r(t)$ 则常被称为 "零率".

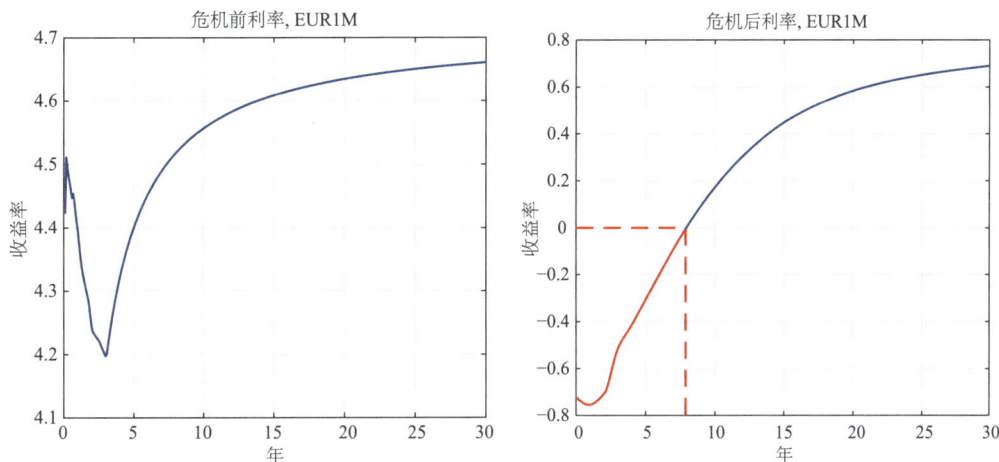

图 14-6　1M EUR 曲线得到的收益, 危机前 (左) 和危机后 (右) 的收益率曲线.

可观察到图 14-6 (右), 直到 7 年期望的收益保持为负. 这意味着从效果上看, 到期时间短于 7 年的投资将产生损失而不是收益.

业界已经提出了不同的适应模型来处理利率可能的负性. 很多模型在某些情况下会产生负利率, 然而, 过去的很多年人们都以为负利率模型是不符合现实的, 直到市场

上真的出现了负利率. 一个例子是 Hull-White (HW) 模型, 其在节 11.3 中被详细讨论过. 由于在这种模型下有几种利率产品有封闭解, HW 模型已成为利率的标准模型.

图 14-7 显示了根据危机前后的市场数据校验的 Hull-White 模型下的一些利率路径. 很明显, 在危机后的市场数据中, 有相当数量的 Monte Carlo 路径取负值.

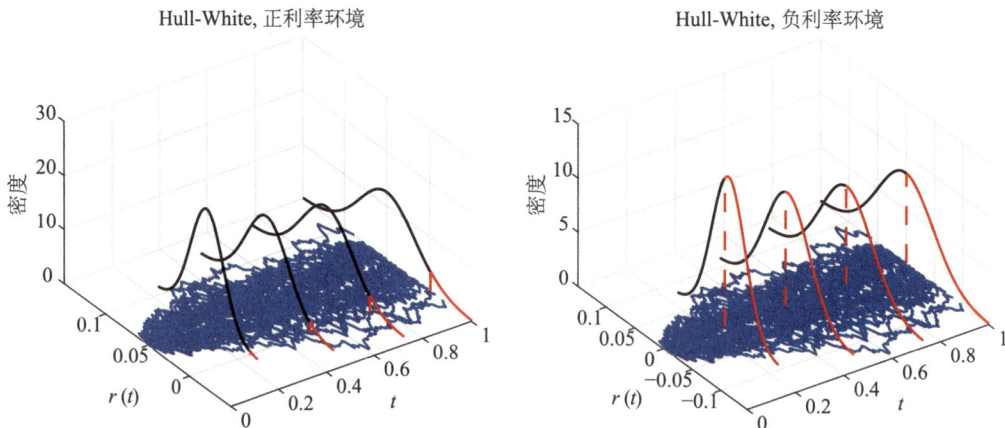

图 14-7 Hull-White 模型下 Monte Carlo 路径在正利率 (左) 和负利率 (右) 环境下.

负利率已成为利率市场上真实的、可观察到的现象, 尽管在历史上并非如此. 因此, 负性应被视为后危机时期利率模型的要求属性. 然而, 由于远期利率也可能变为负值而要合适建模的事实, 利率期权的精确定价需要恰当地进行分析.

负利率下的定价需要修改的一个明显的例子是天花板的估价, 如节 12.1 所示. 基于对数正态的假设, 即 Libor 率 $\ell_i(t) := \ell(t; T_{i-1}, T_i)$ 对应的动态,

$$\mathrm{d}\ell_i(t) = \sigma_i \ell_i(t) \mathrm{d}W_i^i(t), \tag{14.66}$$

天花板的定价方程为

$$V_i^{\mathrm{CPL}}(t_0) = N_i \tau_i \mathbb{E}^{\mathbb{Q}} \left[\frac{M(t_0)}{M(T_i)} \max \left(\ell_i(T_{i-1}) - K, 0 \right) \middle| \mathcal{F}(t_0) \right]$$

$$= N_i \tau_i P(t_0, T_i) \mathbb{E}^{T_i} \left[\max \left(\ell_i(T_{i-1}) - K, 0 \right) \middle| \mathcal{F}(t_0) \right], \tag{14.67}$$

见 (12.31), 其解为

$$V_i^{\mathrm{CPL}}(t_0) = N_i \tau_i P(t_0, T_i) \left[\ell_i(t_0) N(d_1) - K_i N(d_2) \right], \tag{14.68}$$

其中

$$d_1 = \frac{\log \left(\frac{\ell_i(t_0)}{K} \right) + \frac{1}{2} \sigma_i^2 (T_i - t_0)}{\sigma_i \sqrt{T_i - t_0}}, \quad d_2 = d_1 - \sigma_i \sqrt{T_i - t_0},$$

这里 $\ell_i(t_0) = \ell(t_0; T_{i-1}, T_i)$.

在负利率环境下, ZCB $P(t_0, T_i)$ 可能得到高于一个货币单位的值. 这意味着 Libor 率 $\ell(t_0; T_{i-1}, T_i)$ 将为负数. 当 Libor 率为负时, 上述定价公式不再有效, 因为负值的对数没有明确定义.

在此环境中, 通过修改 (14.66) 中标的 Libor 率的动态, 可以对天花板进行定价. 例如, 可以选择算术 Brown 运动 (ABM) 动态, 而不是 GBM 动态, 它也会引出负 实现. 这样的解虽然直截了当, 却有明显的缺点. 这是因为正态分布与对数正态过程相比, 有更平坦的分布尾. 业界对负性的标准处理是 "偏移" 原来的过程而不是完全改变标的动态.

这个偏移的过程由下式定义:

$$\hat{\ell}_i(t) = \ell_i(t) + \theta_i, \tag{14.69}$$

这里过程 $\hat{\ell}_i(t)$ 由对数正态过程掌控, 具下列动态:

$$\mathrm{d}\hat{\ell}_i(t) = \hat{\sigma}_i \hat{\ell}_i(t) \mathrm{d}W_i^i(t). \tag{14.70}$$

偏移分布的概念和在节 14.3.3 中 "位移" 的想法非常相似.

市场上观察到的 Libor 率 $\ell_i(t)$, 由 $\ell_i(t) := \hat{\ell}_i(t) - \theta_i$ 简单给出.

偏移过程等价于沿着 x 轴 "移动" 概率密度. 如图 14-8, 不同的偏移参数 θ_i 将对 $\hat{\ell}_i(t)$ 有类似的影响.

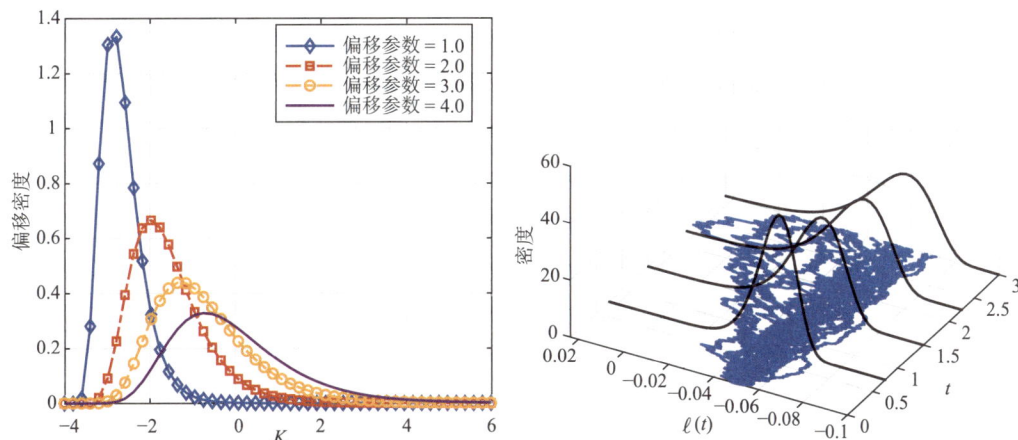

图 14-8　用于在负利率环境下定价的偏移过的对数正态分布.

天花板的定价现在是

$$V_i^{\mathrm{CPL}}(t_0) = N_i \tau_i P(t_0, T_i) \mathbb{E}^{T_i} \left[\max\left(\ell_i(T_{i-1}) - K, 0\right) \Big| \mathcal{F}(t_0) \right]$$

$$= N_i \tau_i P(t_0, T_i) \mathbb{E}^{T_i} \left[\max\left(\hat{\ell}_i(T_{i-1}) - \theta_i - K, 0\right) \Big| \mathcal{F}(t_0) \right]$$

$$= N_i \tau_i P(t_0, T_i) \mathbb{E}^{T_i} \left[\max \left(\hat{\ell}_i(T_{i-1}) - \hat{K}, 0 \right) \Big| \mathcal{F}(t_0) \right], \tag{14.71}$$

其中 $\hat{K} = K + \theta_i$.

在偏移分布下的期权定价非常方便, 对应的解符合未移动的版本,

$$V_i^{\mathrm{CPL}}(t_0) = N_i \tau_i P(t_0, T_i) \left[\hat{\ell}_i(t_0) N(d_1) - \hat{K}_i N(d_2) \right], \tag{14.72}$$

其中

$$d_1 = \frac{\log \left(\frac{\hat{\ell}_i(t_0)}{\hat{K}} \right) + \frac{1}{2} \sigma_i^2 (T_i - t_0)}{\sigma_i \sqrt{T_i - t_0}}, \ d_2 = d_1 - \sigma_i \sqrt{T_i - t_0},$$

这里 $\hat{K} = K + \theta_i$, $\hat{\ell}_i(t_0) = \ell_i(t_0) + \theta_i$.

14.4.2 多曲线和 Libor 率

在定价金融产品时, 市场使用多曲线, 我们将在下面解释.

我们用等划分期限结构 $0 \leqslant T_0 < T_1 < \cdots < T_{m-1} < T_m$, 这里日期 T_{i-1} 和 T_i 之间的空间通常和产品的支付结构相关, 根据不同货币有 3 或 6 个月的阶段.

考虑在阶段 $[T_{i-1}, T_{i+1}]$ 上的一个投资, 其有两个不同的期限结构, 即 $\tau_i = T_i - T_{i-1}$ 和 $\hat{\tau}_i = \tau_i + \tau_{i-1} \equiv T_i - T_{i-2}$. 基本地, 我们有两个可能的策略. 在第一个期限结构下, 我们可以在 $[T_{i-1}, T_i]$ 上投资并在 $[T_i, T_{i+1}]$ 上再投资, 而在第二个结构上, 我们投资整个阶段 $[T_{i-1}, T_{i+1}]$, 见图 14-9.

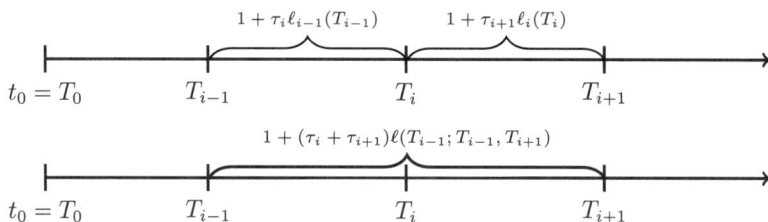

图 14-9 投资从 T_{i-1} 到 T_{i+1}, 在不同期限结构下用 Libor 率. 上: 期限结构 $T_i - T_{i-1}$; 下: 期限结构 $T_{i+1} - T_{i-1}$.

基于套利方面的原因, 包含再投资的策略应该和整阶段投资的结果严格相同, 所以下列等式成立:

$$\mathbb{E}^{\mathbb{Q}} \left[\frac{1}{M(T_{i+1})} (1 + \tau_i \ell_i(T_{i-1})) (1 + \tau_{i+1} \ell_{i+1}(T_i)) \right]$$
$$= \mathbb{E}^{\mathbb{Q}} \left[\frac{1}{M(T_{i+1})} (1 + \hat{\tau}_{i+1} \ell(T_{i-1}; T_{i-1}, T_{i+1})) \right], \tag{14.73}$$

其中 $\hat{\tau}_{i+1} = \tau_i + \tau_{i+1} = T_{i+1} - T_{i-1}$. 等式的右端写出来为

$$\mathbb{E}^{\mathbb{Q}}\left[\frac{1}{M(T_{i+1})}(1 + \hat{\tau}_{i+1}\ell(T_{i-1}; T_{i-1}, T_{i+1}))\right]$$
$$= P(t_0, T_{i+1})\mathbb{E}^{\mathbb{Q}}\left[(1 + \hat{\tau}_{i+1}\ell(T_{i-1}; T_{i-1}, T_{i+1}))\right].$$

用 Libor 率的定义, 我们有

$$E^{\mathbb{Q}}\left[\frac{1}{M(T_{i+1})}(1 + \hat{\tau}_{i+1}\ell(T_{i-1}; T_{i-1}, T_{i+1}))\right]$$
$$= P(t_0, T_{i+1}) + \hat{\tau}_{i+1}P(t_0, T_{i+1})\ell(t_0; T_{i-1}, T_{i+1})$$
$$= P(t_0, T_{i-1}).$$

而且 (14.73) 的左端等于 $P(t_0, T_{i-1})$.

等式 (14.73) 意味着如果我们交易一个有两个浮动方但不同支付频率的互换, 这个衍生品的价值应该等于零, 即

$$V^S(t_0) = N \cdot M(t_0)\mathbb{E}^{\mathbb{Q}}\left[\sum_{k_1=i+1}^{m_1}\frac{1}{M(T_{k_1})}\tau_{k_1}\ell_{k_1}(T_{k_1-1}) - \sum_{k_2=i+1}^{m_2}\frac{1}{M(T_{k_2})}\tau_{k_2}\ell_{k_2}(T_{k_2-1})\right]$$
$$= 0, \tag{14.74}$$

其中指标 k_1 对应在 $\{T_1, T_2, \cdots, T_{m-1}, T_m\}$ 的支付, 而指标 k_2 指较低频率, $\{T_2, T_4, \cdots, T_m\}$, 的支付, 如图 14-10. 这个金融衍生品通常被称为基差互换, 其为浮动-浮动利率互换. 在欧洲银行同业拆借利率 (Euribor) 基差互换中有 3 个月和 12 个月的 Euribor 现金交换.

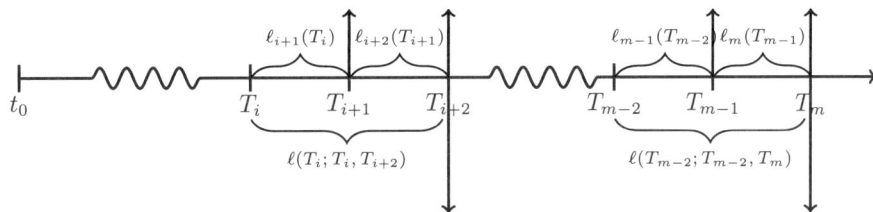

图 14-10　浮动利率互换可能的现金流.

多曲线和违约可能性

然而从风险管理的角度, 经常收到付款比较安全, 因为在支付之间交易对手可能违约, 这样在较高频支付的情形中, 违约发生时损失较少.

直到 2007/2008 年的金融危机, 基本利差基于不同的期限时, 如等式 (14.74), 是可以忽略的[3]. 然而, 今天不同期限的利率产品具有不同的流动性和信用风险溢价, 这反映在非零基本利差的价值, 见图 14-11 展示的目前的利差.

---

[3]记载 3 个月与 6 个月 EUR 基本利差的差别最多 0.01% (在 2004—2007 年).

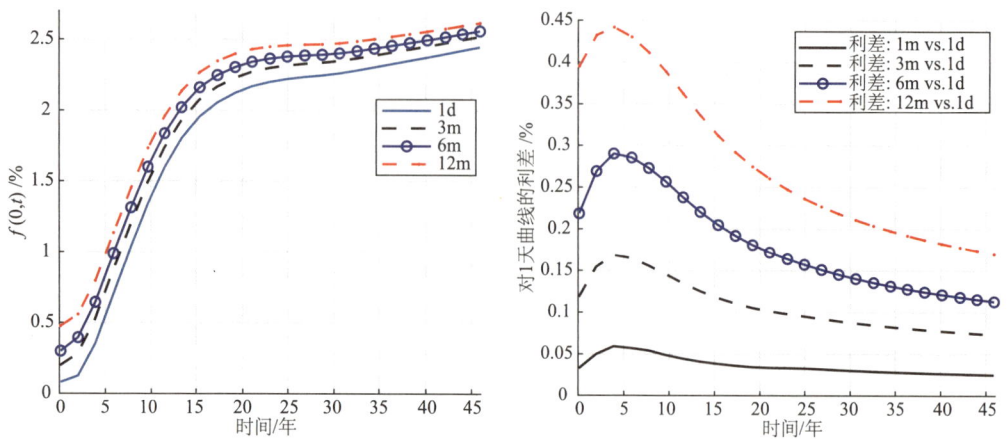

图 14-11 左: 远期利率对应的不同期限曲线, 1 天, 3 个月, 6 个月和 12 个月; 右: 不同期限曲线对 1 天曲线的利差.

在次贷危机之前, 贴现是基于单一曲线的, 该曲线适用于所有期限, 也适用于贴现. 次贷危机后市场上存在的非零基差, 本质上意味着在对利率远期进行建模时, 需要区分不同期限结构 (不同频率) 的远期利率.

因此, 市场惯例是为每个期限构建一条不同的远期曲线, 参见图 14-11 的左图. 每条曲线都基于特定选择的利率衍生品, 这些衍生品的期限相同 (通常为 1 个月, 3 个月, 6 个月, 12 个月). 另一方面, 涉及不同期限的金融衍生品应采用唯一的贴现曲线进行贴现. 贴现的最佳选择是具有最小可能信用风险的曲线, 这表明贴现曲线应与市场上可用最短期限 (通常为 1 天) 的曲线相对应. 在欧元区, 这是所谓的 EONIA (欧元隔夜指数平均值); 在美国, 这是美联储基金 (美联储隔夜利率).

请注意, 在多曲线框架下, 著名的 (单一曲线) 无套利关系不再有效.

让我们用下标 "dc" 记贴现, 用 "fc" 记预期, 则我们有

$$\mathbb{E}^{\mathbb{Q}}\left[\frac{\ell(T_{i-1}; T_{i-1}, T_i)}{M(T_i)}\right] = P_{\text{fc}}(t_0, T_i)\mathbb{E}^{T_i}\left[\ell(T_{i-1}; T_{i-1}, T_i)\right]$$

$$\neq P_{\text{dc}}(t_0, T_i)\mathbb{E}^{T_i}\left[\ell(T_{i-1}; T_{i-1}, T_i)\right]. \tag{14.75}$$

换言之, 将当前测度转换为远期测度的测度变换机制不符合贴现与预测的分离. 显然, 需要 Libor 率的扩展版本和测度变换来解决曲线分离问题.

我们在贷款交易中引入了违约风险. 设 t_D^B 为随机变量, 表示交易对手 B 的首次违约概率.

在图 14-12 中, 描绘了图 12-1 的推广, 只有当交易对手 B 在交易时间之前没有违约时才会进行支付. 因此, 在时间 t_0, 两个交易对手同意进行交易. 如果交易对手 B 在时间 T_1 之前没有违约, 则交易对手 A 将在时间 T_1 贷款 1€ 给 B. 在时间 T_2 没有违约的情况下, 交易对手 B 将在时间 T_2 返还 1 €, 并支付与时间 $T_2 - T_1$ 成正比的额外的

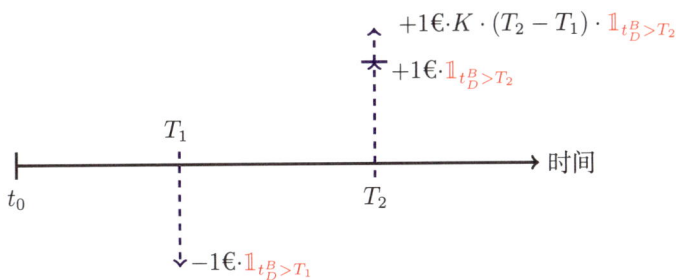

图 14-12　包含违约可能性的两个交易对手间的现金流.

累计利息, 即 $1\text{€} \cdot K \cdot (T_2 - T_1)$.

由于在时间 T_1 和 T_2 的支付不确定, 在计算交易的公平价值时, 我们需要纳入这些信息. 假设违约时间 t_D^B 和利率之间是独立的, 我们得到

$$V(t_0) = \mathbb{E}^{\mathbb{Q}} \left[\frac{-1}{M(T_1)} \mathbb{1}_{t_D^B > T_1} + \frac{1}{M(T_2)} \left(1 + K \cdot (T_2 - T_1) \right) \mathbb{1}_{t_D^B > T_2} \middle| \mathcal{F}(t_0) \right]$$

$$= P(t_0, T_2) \left(1 + K \cdot (T_2 - T_1) \right) \mathbb{E}^{\mathbb{Q}} \left[\mathbb{1}_{t_D^B > T_2} \middle| \mathcal{F}(t_0) \right]$$

$$- P(t_0, T_1) \mathbb{E}^{\mathbb{Q}} \left[\mathbb{1}_{t_D^B > T_1} \middle| \mathcal{F}(t_0) \right].$$

上式的期望现在关联生存概率, 即对 $i = 1, 2$,

$$\mathbb{E}^{\mathbb{Q}} \left[\mathbb{1}_{t_D^B > T_i} \middle| \mathcal{F}(t_0) \right] = \mathbb{Q} \left[t_D^B > T_i \right] = 1 - F_{t_D^B}(T_i) =: \mathrm{e}^{-\int_{t_0}^{T_i} h(s) \mathrm{d}s}, \qquad (14.76)$$

这里 $h(s)$ 表示确定性的风险率. 通常, 交易对手的风险率可以由信用衍生品确定, 像信用违约互换 (CDS).

期权价 $V(t_0)$ 可以写成

$$V(t_0) = P(t_0, T_2) \left(1 + K \cdot (T_2 - T_1) \right) D(t_0, T_2) - P(t_0, T_1) D(t_0, T_1), \qquad (14.77)$$

其中 $D(t_0, T_i) = \mathrm{e}^{-\int_{t_0}^{T_i} h(s) \mathrm{d}s}$. 等式 (14.77) 中的公平价 K, 使合同在初始时间 t_0 时的价值等于 0, 即 $V(t_0) = 0$, 由下式得到:

$$K = \frac{1}{(T_2 - T_1)} \left(\frac{P(t_0, T_1)}{P(t_0, T_2)} \frac{D(t_0, T_1)}{D(t_0, T_2)} - 1 \right). \qquad (14.78)$$

如同单曲线设定, 两个交易对手同意交换资金的公平的敲定价叫作 Libor 率, 记为 $\hat{\ell}_i(t) := \hat{\ell}(t; T_{i-1}, T_i)$. 然而在这个设定里, Libor 率 $\hat{\ell}_i(t)$ 依赖于在 $\tau_i = T_i - T_{i-1}$ 阶段的交易对手的信用价值,

$$\hat{\ell}(t; T_{i-1}, T_i) = \frac{1}{\tau_i} \left(\frac{P(t_0, T_{i-1})}{P(t_0, T_i)} \frac{D(t_0, T_{i-1})}{D(t_0, T_i)} - 1 \right), \qquad (14.79)$$

从业者经常将风险率 $h(s)$ 关联定义 $D(t_0, T_i)$ 作为不同期限无风险利率和未保障利率之间的利差. 这意味着 $D(t_0, T_i)$ 可以解释成贴现因子. 等式 (14.79) 表示, 为了确定未保

障的 Libor 率的公平价格, 我们需要一个有保障的且无风险的曲线, 而 ZCB $P(t_0, T_i)$ 正是从这条曲线计算出来的. 给出对每个期限结构 $\tau_i = T_i - T_{i-1}$, 基本利差 $D_{\tau_i}(t_0, T_i)$ 存在 (这里指标 τ_i 强调了 $D_{\tau_i}(t_0, T_i)$ 对应的特定期限), 我们定义一个新的未保障的ZCB $P_{\tau_i}(t_0, T_i)$, 如下:

$$P_{\tau_i}(t_0, T_i) := P(t_0, T_i) \cdot D_{\tau_i}(t_0, T_i). \tag{14.80}$$

等式 (14.80) 还说明了如何构造与特定期限 τ_i 相关联的曲线, 即从无风险曲线 (最短期限的曲线, 通常为 1 天) 的估计开始, 一旦构建了这个基础曲线, 对应特定的期限结构的函数 $D_{\tau_i}(t_0, T_i)$, 就可以用适当的市场工具确定.

有了等式 (14.80), 我们重写风险 Libor 率如下:

$$\hat{\ell}(t; T_{i-1}, T_i) = \frac{1}{\tau_i} \left(\frac{P_{\tau_i}(t, T_{i-1})}{P_{\tau_i}(t, T_i)} - 1 \right). \tag{14.81}$$

从上面的描述, 可以在给出无风险曲线 $P(t_0, T_i)$ 和风险曲线 $P_{\tau_i}(t_0, T_i)$ 下定价利率产品.

14.4.3 多曲线设定下的估价

在定价利率衍生品时, 应适当考虑违约风险. 当风险 Libor 率 $\hat{\ell}(t; T_{i-1}, T_i)$ 确定时, 重要的是贴现取决于这个 Libor 率的未来现金流. 通常情况下, 贴现是基于所谓的无风险利率, 然而如前所述, 与风险债券相关的利率并不代表无风险利率. 危机之后, 人们一致认为无风险利率的最佳近似值是隔夜指数互换利率 (OIS), 见 [Hull et al., 2012]. 隔夜指数互换的合约协议是交易对手支付固定利率, 并收到日复隔夜利率.

结合风险 Libor 率和 OIS 贴现, 在 T_k 远期测度 $\mathbb{Q}^{T_k}$ 下, 对如 (支付/接收) 利率互换 [如等式 (12.10)] 的基本利率衍生品的定价, 如等式 (11.61), 我们发现

$$V^{\mathrm{PS,RS}}(t_0) = \bar{\alpha} \cdot N \sum_{k=i+1}^{m} \tau_k P(t_0, T_k) \left(\mathbb{E}^{T_k} \left[\hat{\ell}_k(T_{k-1}) \middle| \mathcal{F}(t_0) \right] - K \right),$$

这里 $P(t_0, T_k)$ 现在是无风险债券对应的隔夜率.

如 [Bianchetti, 2010] 所阐述的, 目前市场的共识是用远期利率 $\hat{\ell}_k(t_0)$ 来近似上面的期望, 即

$$V^{\mathrm{PS,RS}}(t_0) \approx \bar{\alpha} \cdot N \sum_{k=i+1}^{m} \tau_k P(t_0, T_k) \left(\hat{\ell}_k(t_0) - K \right), \tag{14.82}$$

这里, 在推导的最后一步用了近似 $\mathbb{E}^{T_k}[\hat{\ell}_k(t) | \mathcal{F}(t_0)] \approx \hat{\ell}_k(t_0)$. 很明显, 这仅仅是一个近似值, 它没有基于什么适当的测度变换. 为了保持衍生品定价的一致性, 我们可以沿用 [Bianchetti, 2010] 中所描述的方法, 在外汇兑换世界类比, 其中风险利率和无风险利率之间的联系是通过所谓的 "量修正" 实现的, 或者遵循 [Mercurio, 2010] 中的方法, 那里使用了过程 $\bar{\psi}_k(t) = \mathbb{E}^{T_k} \left[\hat{\ell}_k(T_{k-1}) \middle| \mathcal{F}(t) \right]$.

习　题

习题 14.1　通过写出等式 (14.73) 的左端证明等式成立.

习题 14.2　考虑两个 SDE, 一个带时间依赖的波动率函数, 而另一个是常数波动率:

$$\mathrm{d}S(t) = \sigma(t)(\beta S(t) + (1 - \beta)S_0)\sqrt{V(t)}\mathrm{d}W_x(t),$$

$$\mathrm{d}\hat{S}(t) = \sigma(\beta \hat{S}(t) + (1 - \beta)\hat{S}_0)\sqrt{V(t)}\mathrm{d}W_x(t),$$

其中 $t_0 = 0$, $\hat{S}(0) = \hat{S}_0 = S_0$, 而两个过程使用同一个方差过程

$$\mathrm{d}v(t) = \kappa\left(v_0 - v(t)\right)\mathrm{d}t + \gamma\sqrt{v(t)}\mathrm{d}W_v(t),$$

这里 $\mathrm{d}W_x(t)\mathrm{d}W_v(t) = 0$.

　　a. 证明下列等式成立:

$$\mathbb{E}\left[g\left(\int_0^T \sigma^2(t)v(t)\mathrm{d}t\right)\right] = \mathbb{E}\left[g\left(\sigma^2\int_0^T v(t)\mathrm{d}t\right)\right],$$

　　其中

$$g(x) = \frac{S_0}{\beta}\left(2\phi\left(\frac{1}{2}\beta\sqrt{x}\right) - 1\right),$$

　　这里 $\phi(\cdot)$ 是一个正态累积分布函数.

　　b. 使用数值方法证明这个等式成立 (自己选择参数).

习题 14.3　考虑下列在 $\mathbb{Q}$ 测度下的股价过程的动态:

$$\mathrm{d}S(t) = \sigma(\beta S(t) + (1 - \beta)S_0)\mathrm{d}W^{\mathbb{Q}}(t),$$

其中 $r = 0$, $S_0 > 0$, $\beta \in [0, 1]$.

　　a. 找出 $S(t)$ 的解 (解析的和数值的).

　　b. 取 $\beta = 0.5$, $\sigma = 0.15$, $T = 2$, $S_0 = 1$, 计算欧式期权价, 其敲定价 K 的范围为 0.5 到 2, 步长为 0.1.

　　c. 计算这些欧式期权价对应的 Black-Scholes 隐含波动率 (用 $T = 3$). 画出结果并讨论隐含波动率关于方差参数 β 和 σ 的形状 (也试试负 β 值).

习题 14.4　"OIS" 是 "隔夜指数互换" 的缩写. 在标准设定下, 隔夜指数基于特定的公布的每日隔夜率指数. OIS 息票支付的时间范围从 1 周到 2 年. 我们记每日率为 $\ell(t, T_{i-1}, T_i)$, 其中 $\tau_i = T_i - T_{i-1} = 1d$ [字母 "d" 表示 "天" (day)], 证明在某时间段 $[T_0, T_m]$ 每日几何平均 (常常称为几何复合) 率等于在同样时间段的远期利率, 即证明:

$$\prod_{i=1}^m \left(1 + \tau_i \ell(t, T_{i-1}, T_i)\right) - 1 = (T_m - T_0)\ell(t, T_0, T_m).$$

习题 14.5 对 $\ell_i(t) := \ell(t, T_{i-1}, T_i)$, $\tau_i = T_i - T_{i-1}$, 证明下列等式成立:

$$P(t_0, T_{i-1}) = \mathbb{E}^{\mathbb{Q}}\left[\frac{1}{M(T_{i+1})}\left(1 + \tau_i \ell_i(T_{i-1})\right)\left(1 + \tau_{i+1}\ell_{i+1}(T_i)\right)\bigg|\mathcal{F}(t_0)\right],$$

$$P(t_0, T_{i-1}) = \mathbb{E}^{\mathbb{Q}}\left[\frac{1}{M(T_i)}\left(1 + \tau_i \ell_i(T_{i-1})\right)\bigg|\mathcal{F}(t_0)\right].$$

习题 14.6 在负利率环境中考虑天花板的定价问题, 见定义 12.2.1. 对一个时间 t_0 的天花板 $V_0^{\mathrm{CPL}}(t_0)$, 其中名义金额为 $N = 1$, 息期 $\tau_i = 1$, 到期日 $T = 5$, 远期利率 $\ell_i(t_0) = 4\%$, ZCB $P(t_0, T_i) = 0.85$ 且 $\theta_i = 4\%$, 我们观察下列价格 (见表 14-2). 计算 "偏移的隐含波动率" 并填写表中的空缺.

表 14-2 天花板期权价.

K	−2%	−1.5%	−0.5%	0%	1%	3%
天花板价	0.0522	0.0468	0.0383	0.0344	0.0302	0.0247
隐含波动率/%						

习题 14.7 对远期利率 $\ell_i(t) := \ell(t, T_{i-1}, T_i)$ 考虑所谓的 "双 *Heston* 模型", 其用下面的动态描述:

$$\mathrm{d}\ell_i(t)/\ell_i(t) = \sqrt{v_1(t)}\mathrm{d}W_{i,1}^i(t) + \sqrt{v_2(t)}\mathrm{d}W_{i,2}^i(t),$$

$$\mathrm{d}v_1(t) = \left(\bar{v}_1 - v_1(t)\right)\mathrm{d}t + \sqrt{v_1(t)}\mathrm{d}W_{v,1}(t),$$

$$\mathrm{d}v_2(t) = \left(\bar{v}_2 - v_2(t)\right)\mathrm{d}t + \sqrt{v_2(t)}\mathrm{d}W_{v,2}(t),$$

其中所有的相关系数等于 0.

找出过程 $\xi(t)$ 的参数, 使得该模型可以转型成下列模型:

$$\mathrm{d}\ell_i(t)/\ell_i(t) = \sqrt{\xi(t)}\mathrm{d}W_*^i(t),$$

$$\mathrm{d}\xi(t) = \left(\bar{\xi} - \xi(t)\right)\mathrm{d}t + \sqrt{\xi(t)}\mathrm{d}W_\#(t).$$

习题 14.8 对 Libor 率 $\ell_i(t) := \ell(t, T_{i-1}, T_i)$ 考虑 Heston 模型, 由下式给出:

$$\mathrm{d}\ell_i(t)/\ell_i(t) = \sqrt{v(t)}\mathrm{d}W_i^{T_i}(t),$$

$$\mathrm{d}v(t) = \kappa\left(\bar{v} - v(t)\right)\mathrm{d}t + \gamma\sqrt{v(t)}\mathrm{d}W_v(t),$$

带有基本模型参数.

考虑过程 $\sigma(t) = \sqrt{v(t)}$.

a. 应用 Itô 引理并证明过程 $\sigma(t)$ 相似于 Ornstein-Uhlenbeck 过程, 其中长期均值回归水平是状态依赖的并且非平稳. 应用 Itô 引理时会遇到什么问题?

b. 对新过程 $\sigma(t)$ 讨论 Feller 条件.

习题 14.9 考虑日期 $T_{i-1} = 5$, $T_i = 6$, 远期利率 $\ell_i(t_0) = 0.13$, 假定 Black-Scholes 模型对动态 $\ell_i(t)$:

$$\mathrm{d}\ell_i(t) = \sigma\ell_i(t)\mathrm{d}W_i^i(t).$$

用等式 (14.39)给出的 Breeden-Litzenberger 方法计算 $\mathbb{E}^{T_i}\left[\ell_i^2(T_{i-1})\right]$. 改变波动率参数 σ 并将得到的结果和 Monte Carlo 方法得到的结果进行比较.

参考文献

ANDERSEN L, ANDREASEN J, 2000. Volatility skews and extensions of the Libor Market Model[J]. Applied Mathematical Finance, 1(7): 1-32.

ANDERSEN L, ANDREASEN J, 2002. Volatile volatilities[J]. Risk Magazine, 15(12): 163-168.

ANDERSEN L, ANDREASEN J, 2010a. Volatility skews and extensions of the Libor market model[J/OL]. Applied Mathematical Finance, 7:1: 1-32. DOI: https://doi.org/10.1080/135048 600450275.

ANDERSEN L, PITERBARG V, 2010b. Interest rate modeling[J]. Atlantic Financial Press, I-III: 416.

BIANCHETTI M, 2010. Two curves, one price[J]. Risk, 23: 66.

BRACE A, GATAREK D, MUSIELA M, 1997. The market model of interest rate dynamics[J]. Mathematical Finance, 7(2): 127-155.

BRIGO D, MERCURIO F, 2007. Interest rate models – theory and practice: with smile, inflation and credit[M]. Springer Science & Business Media.

COX J, 1975. Note on option pricing I: Constant elasticity of variance diffusions[J]. Stanford University Working Paper: 229 - 263.

GEMAN H, KAROUI N E, ROCHET J, 1995. Changes of numéraire, changes of probability measures and pricing of options[J]. Journal of Applied Probability, 32: 443-458.

HARRISON J, KREPS D, 1979. Martingales and arbitrage in multiperiod securities markets[J]. Journal of Economic Theory, 20(3): 381-408.

HULL J, WHITE A, 2012. The FVA debate continued[J]. Risk, 10: 52.

JAMSHIDIAN F, 1987. Pricing of contingent claims in the one-factor term structure model[J]. Journal of Finance: 111-122.

JAMSHIDIAN F, 1989. An exact bond option formula[J]. Journal of Finance, 44: 205-209.

JAMSHIDIAN F, 1997. Libor and swap market models and measures[J]. Financ. Stoch., 1(4): 293-330.

LESNIEWSKI A, 2009. Notes on the CEV model[Z].

MARRIS D, 1999. Financial option pricing and skewed volatility[J]. Unpublished master's thesis, University of Cambridge.

MERCURIO F, 2010. Interest rates and the credit crunch: new formulas and market models[J]. SSRN,id 3225872.

MILTERSEN K, SANDMANN K, SONDERMANN D, 1997. Closed form solutions for term structure derivatives with lognormal interest rates[J]. Journal of Finance, 52(1): 409-430.

MUSIELA M, RUTKOWSKI M, 1997. Martingale methods in financial modelling[M]. Springer Finance.

PITERBARG V, 2005. Time to smile[J]. Risk Magazine, 18(5): 71-75.

REBONATO R, 2002. Modern pricing of interest-rate derivatives: The LIBOR market model and beyond[M]. Princeton University Press.

REBONATO R, 2005. Volatility and correlation: the perfect hedger and the fox[M]. Chichester UK: Wiley.

REBONATO R, 2009. The sabr/libor market model: Pricing, calibration and hedging for complex interest-rate derivatives[M]. First ed. Chichester UK: Wiley.

RUBINSTEIN M, 1983. Displaced diffusion option pricing[J]. Journal of Finance, 38(1): 213-217.

SCHRÖDER M, 1989. Computing the constant elasticity of variance option pricing formula[J]. Journal of Finance, 1:44: 211-218.

WU L, ZHANG F, 2008. Fast swaption pricing under the market model with a square-root volatility process[J]. Quantitative Finance, 8(2): 163-180.

第 15 章 ｜ 汇率模型

本章梗概

本章关注外汇兑换 (英文缩写 FX) 资产类. 在节 15.1 中介绍了 FX.

在前面章节用到的一些建模方法和计算技术会推广到 FX 模型. 特别地, 我们会详细展示关于 FX 率 (简称汇率) 的 Black-Scholes 模型. 然后, 我们讨论了 SDE 系统, 其中 Black-Scholes Hull-White FX 模型作为练习包含在本章中. 在节 15.2 中我们推导了 Heston 型 FX 模型, 其利率是和 FX 过程相关的短期利率过程. 这个模型中包含了全相关矩阵. 在实际业务中, 我们需要快速地求解模型以定价外汇期权, 尤其是模型校验环节. 这是第 13 章中介绍的线性化技术推广到 FX 率世界的主要动因. 在这节中的利率模型不能生成在利率市场上常常可以观察到的隐含波动率微笑或倾斜. 在节 15.3 中, 介绍了用利率由 Libor 市场模型驱动的 Heston 模型建模 FX 的 FX 利率混合模型. 通过测度变换, 从风险中性测度到以零息票作为计价单位的远期利率测度, 可以大大降低近似特征函数的维数.

本章关键词

外汇兑换 (FX), 资产类之间的相关性, 特征函数, Heston 型 FX 模型, Gauss 利率过程, Libor 市场利率, 远期测度.

15.1 FX 世界及其交易的介绍

我们首先简单回顾一下历史.

15.1.1 FX 市场

几十年来, 外汇市场发展迅猛. 众所周知, 在第一次世界大战之前, 汇率的角色是由商品黄金承担的. 黄金标准下每个国家都会用黄金价格来表示其货币. 例如, 两个国家 A 和 B 以本国货币对黄金的报价分别为 x 和 y, 那么汇率实际上是 x/y 或 y/x, 具体采用哪种方式取决于国家. 作为货币价值参考的金本位制在 1933 年结束, 当时罗斯福 (Franklin D. Roosevelt) 政府将大量的私人黄金所有权主要限制在珠宝商手中. 当金本位制被废除时, 许多国家将其汇率与美元挂钩, 而美元又与黄金价格直接挂钩. 自 1971 年以来, 美元不再与黄金价格挂钩, 由此, 货币不再与可以买卖或储存的商品挂钩. 因而, 货币的价值主要由供求关系和在当地市场交易的产品决定.

最初, 各国政府试图自行规定汇率, 以改善本国的贸易状况, 例如, 在一个国家将汇率定得比其他汇率低的情况下, 它将通过使出口货物相对更廉价的方式改善该国的出口, 但是在这种情况下从其他国家进口货物则相对昂贵. 然而这种企图在多个场合导致了贸易战. 另一方面, 对于那些依赖外债的国家来说, 较低的汇率意味着需要支付更多的分期付款, 特别是当贷款要用外币支付的时候. 目前, 主要货币汇率是由供求关系决定的 (即兑换率是 "浮动的"). 各国及其中央银行的通常做法是通过保持黄金储备或外汇 (称为外汇储备) 来 "微调" 汇率. 必要时, 他们买卖这些货币以稳定本币.

让我们考虑欧元 € 为本币而美元 \$ 为外币. 设 FX 率 $y_\$^€(t_0) =: y(t_0)$, 以本币为单位, 是一个单位的外币值. 如果汇率 $y_\$^€(t_0) = 0.85$, 我们要将 \$100 换成欧元, 计算如下:

$$\$100 \cdot y_\$^€(t_0) = \$100 \cdot 0.85\frac{€}{\$} = €85.$$

在这个例子中, 数量 \$100 叫作名义外币, 记为 N_f. 所以名义外币 $\$N_f$ 等于 $\$N_f \cdot y(t)$ 本币 (€).

> 更一般地, 在这一章, 我们用记号
>
> $$y(t) := y_f^d(t).$$
>
> 我们兑换一份外币的钱到我们的基础本币.

15.1.2 远期 FX 合约

最具流动性的外汇产品之一是所谓的 "完全外汇远期". 该合同是在未来某一日期以一个商定的价格进行资金实物交换的强制业务, 没有预付款. 这种远期合约通常很适合在单一付款日对冲外汇风险 (所谓的 "一次性付款"), 而不是一系列外汇付款. 一系列外汇支付通常含在一个叫作外汇互换的合同中. 然而在实践中, 远期有时会受到青睐, 因为它们在对冲工具中比互换更经济实惠, 尽管其效率较低.

> 远期合约相当于以两种不同的货币借贷相同的金额, 并将收益转换为本国货币. 由于借贷金额相同, 远期合约的初始价值必须为零, 通常在无套利条件下远期价格等于远期汇率的远期合约是这样的.

让我们考虑一份外汇远期合约的 (静态) 复制策略. 我们考虑两种货币, 欧元 € 和美元 \$, 以及它们市场上相应的利率, 分别用 $r_€$ 和 $r_\$$ 表示. 在表 15 1 中举例说明如何复制外汇远期合约. 在时间 t_0 借款发生时为美元. 支付的利率是 $r_\$$, 随后这些钱以当前汇率兑换成欧元. 货币兑换后, 将在欧元市场贷款, 并以利率 $r_€$ 增长. 在合同到期日 T 时, 上述交易将反过来.

表 15-1　FX 远期的复制策略.

时间 t_0	时间 T
借 \$: \$1	还: $\$1 \cdot \mathrm{e}^{r_\$ T}$
贷 €: $\$1 \cdot y(t_0)$	得: $\$1 \cdot y(t_0) \cdot \mathrm{e}^{r_€ T}$

远期汇率 $y_F(t_0, T)$ 定义为使得合同价值为零,

$$\$1 \cdot \mathrm{e}^{r_\$ T} \boxed{y_F(t_0, T)} = \$1 \cdot y(t_0) \cdot \mathrm{e}^{r_€ T}, \tag{15.1}$$

因此,

$$y_F(t_0, T) = y(t_0) \frac{\mathrm{e}^{r_€ T}}{\mathrm{e}^{r_\$ T}} =: y(t_0) \frac{P_\$(t_0, T)}{P_€(t_0, T)}, \tag{15.2}$$

这里外币和本币的零息票债券分别定义为 $P_\$(t, T) = \mathrm{e}^{-r_\$ T}$ 和 $P_€(t, T) = \mathrm{e}^{-r_€ T}$.

定义远期汇率的另一种方法是将其与从今天来看的未来汇率联系起来. 假设我们在将来某个时候 T 可以得到一种外币, 金额为 $N_\mathrm{f}(T)$, 有两种方法可以计算它今天的本币价值 d. 一方面, 名义金额 $N_\mathrm{f}(T)$ 用外币贴现到今天, 得到 $N_\mathrm{f}(T)/M_\mathrm{f}(T)$; 然后, 这个金额需要用今天的 (当前) 汇率兑换成本币, 从而产生

$$V^{\mathrm{FX}}(t_0) = \mathbb{E}^{\mathbb{Q}^\mathrm{f}} \left[y(t_0) \frac{N_\mathrm{f}(T)}{M_\mathrm{f}(T)} \middle| \mathcal{F}(t_0) \right] = y(t_0) \frac{N_\mathrm{f}(T)}{M_\mathrm{f}(T)}, \tag{15.3}$$

这里 $\mathbb{Q}^\mathrm{f}$ 记为外币的风险中性测度.

另一方面, 也可以把 $N_\mathrm{f}(T)$ 在时间 T 以汇率 $y(T)$ 兑换成本币, 则金额 $N_\mathrm{f}(T) y(T)$ 将以本币表达. 这个金额需要以本币利率贴现到时间 t_0, 即

$$V^{\mathrm{FX}}(t_0) = \mathbb{E}^{\mathbb{Q}} \left[\frac{y(T) N_\mathrm{f}(T)}{M_\mathrm{d}(T)} \middle| \mathcal{F}(t_0) \right] = \frac{N_\mathrm{f}(T)}{M_\mathrm{d}(T)} \mathbb{E}^{\mathbb{Q}} \left[y(T) | \mathcal{F}(t_0) \right], \tag{15.4}$$

这里 $\mathbb{Q} = \mathbb{Q}^\mathrm{d}$ 用来记作本币的风险中性测度 (通常情况下都是把本币兑换成外币). 计价单位可以从期望中取出, 因为我们在这节处理的是确定性利率.

用这两种方法应该得到相同的合约当前价值 (见图 15-1), 不然的话套利机会将产生. 将 (15.3) 和 (15.4) 相等, 即

$$y(t_0) \frac{N_\mathrm{f}(T)}{M_\mathrm{f}(T)} = \frac{N_\mathrm{f}(T)}{M_\mathrm{d}(T)} \mathbb{E}^{\mathbb{Q}} \left[y(T) | \mathcal{F}(t_0) \right], \tag{15.5}$$

这给出

$$y_F(t_0, T) := \mathbb{E}^{\mathbb{Q}}[y(T) | \mathcal{F}(t_0)] = y(t_0) \frac{N_\mathrm{f}(T)}{M_\mathrm{f}(T)} \frac{M_\mathrm{d}(T)}{N_\mathrm{f}(T)} = y(t_0) \frac{M_\mathrm{d}(T)}{M_\mathrm{f}(T)} = y(t_0) \frac{P_\mathrm{f}(t_0, T)}{P_\mathrm{d}(t_0, T)}. \tag{15.6}$$

换言之, 远期汇率 $y_F(t_0, T)$ 定义为远期当前汇率 $y(T)$ 的期望.

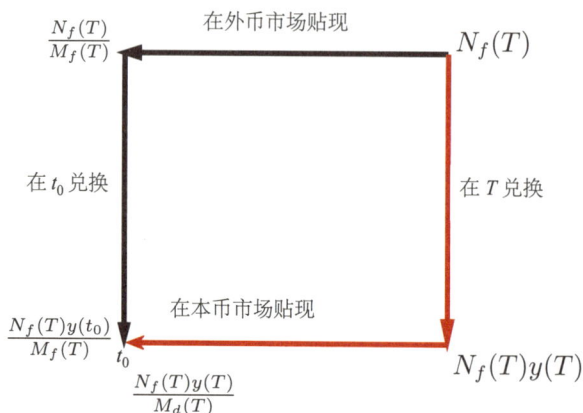

图 15-1 外币对本币贴现示意图.

15.1.3 FX 期权定价, Black-Scholes 情形

让我们考虑在汇率 $y(T)$ 上的欧式型期权定价任务, 其收益为 $\max(y(T) - K, 0)$. 为简化起见, 我们假设外币和本币利率分别为 r_{f} 和 r_{d}, 都为常数. 汇率 $y(t)$ 的随机过程定义如下:

$$\mathrm{d}y(t) = \mu y(t)\mathrm{d}t + \sigma y(t)\mathrm{d}W^{\mathbb{P}}(t). \tag{15.7}$$

这些动态在物理测度 $\mathbb{P}$ 下. 为了确定在本币风险中性测度下的动态, 无套利原理是首要的. 在外币市场的现金储蓄账户 $M_{\mathrm{f}}(t)$, 通过汇率表示成本币. 所以, 本币市场的外币储蓄账户的价值为 $y(t)M_{\mathrm{f}}(t)$.

任何本币市场的贴现资产是个鞅, 所以, $\chi(t) := y(t)\dfrac{M_{\mathrm{f}}(t)}{M_{\mathrm{d}}(t)}$, 需要在本币风险中性测度 $\mathbb{Q}^{\mathrm{d}}$ 下是个鞅. 应用 Itô 引理, 我们发现

$$\mathrm{d}\chi(t) = (r_{\mathrm{f}} - r_{\mathrm{d}})\frac{M_{\mathrm{f}}(t)}{M_{\mathrm{d}}(t)}y(t)\mathrm{d}t + \frac{M_{\mathrm{f}}(t)}{M_{\mathrm{d}}(t)}\mathrm{d}y(t)$$

$$= (r_{\mathrm{f}} - r_{\mathrm{d}})\frac{M_{\mathrm{f}}(t)}{M_{\mathrm{d}}(t)}y(t)\mathrm{d}t + \mu y(t)\frac{M_{\mathrm{f}}(t)}{M_{\mathrm{d}}(t)}\mathrm{d}t + \sigma\frac{M_{\mathrm{f}}(t)}{M_{\mathrm{d}}(t)}y(t)\mathrm{d}W^{\mathbb{P}}(t),$$

从而

$$\mathrm{d}\chi(t)/\chi(t) = (r_{\mathrm{f}} - r_{\mathrm{d}})\,\mathrm{d}t + \mu\mathrm{d}t + \sigma\mathrm{d}W^{\mathbb{P}}(t). \tag{15.8}$$

如果其动态没有漂移项, 过程 $\chi(t)$ 将是个鞅. 这隐含着下列测度变换:

$$\mathrm{d}W_{\mathrm{d}}^{\mathbb{Q}}(t) = \frac{r_{\mathrm{f}} - r_{\mathrm{d}} + \mu}{\sigma}\mathrm{d}t + \mathrm{d}W^{\mathbb{P}}(t). \tag{15.9}$$

回到 (15.7), 得到在本币风险中性测度 $\mathbb{Q}^{\mathrm{d}}$ 下 FX 过程 $y(t)$ 的下列动态:

$$\mathrm{d}y(t) = \mu y(t)\mathrm{d}t + \sigma y(t)\mathrm{d}W^{\mathbb{P}}(t)$$

$$= \mu y(t)\mathrm{d}t + \sigma y(t)\mathrm{d}W_{\mathrm{d}}^{\mathbb{Q}}(t) - \sigma y(t)\frac{r_{\mathrm{f}} - r_{\mathrm{d}} + \mu}{\sigma}\mathrm{d}t.$$

经过简化, 得到过程 $y(t)$ 的下列动态:

$$\mathrm{d}y(t) = (r_{\mathrm{d}} - r_{\mathrm{f}})\, y(t)\mathrm{d}t + \sigma y(t)\mathrm{d}W_{\mathrm{d}}^{\mathbb{Q}}(t).$$

请注意 $y(t)$ 是对数正态分布的随机变量, 其密度则为

$$f_y(T, y; t_0, y(t_0)) = \frac{1}{\sigma y \sqrt{2\pi(T - t_0)}} \exp\left(-\frac{\left(\log\frac{y}{y(t_0)} - \left(r_{\mathrm{d}} - r_{\mathrm{f}} - \frac{1}{2}\sigma^2\right)(T - t_0)\right)^2}{2\sigma^2(T - t_0)}\right).$$

$$(15.10)$$

有了 FX 过程, 在本币风险中性测度下定义的 FX 看涨期权的价值, 在确定利率下为

$$\begin{aligned} V_c^{\mathrm{FX}}(t_0) &= \mathbb{E}^{\mathbb{Q}}\left[\frac{M_{\mathrm{d}}(t_0)}{M_{\mathrm{d}}(T)} \max\left(y(T) - K, 0\right) \middle| \mathcal{F}(t_0)\right] \\ &= \mathrm{e}^{-r_{\mathrm{d}}(T - t_0)}\mathbb{E}^{\mathbb{Q}}\left[\max\left(y(T) - K, 0\right) \middle| \mathcal{F}(t_0)\right] \\ &= \mathrm{e}^{-r_{\mathrm{d}}(T - t_0)}\mathbb{E}^{\mathbb{Q}}\left[y(T)\mathbf{1}_{y(T) > K} \middle| \mathcal{F}(t_0)\right] - \mathrm{e}^{-r_{\mathrm{d}}(T - t_0)}K\mathbb{Q}\left[y(T) > K\right], \end{aligned}$$

所以解为

$$V_c^{\mathrm{FX}}(t_0) = \mathrm{e}^{-r_{\mathrm{f}}(T - t_0)}y(t_0)F_{\mathcal{N}(0,1)}(d_1) - K\mathrm{e}^{-r_{\mathrm{d}}(T - t_0)}F_{\mathcal{N}(0,1)}(d_2),$$

其中

$$d_1 = \frac{\log\frac{y(t_0)}{K} + \left(r_{\mathrm{d}} - r_{\mathrm{f}} + \frac{1}{2}\sigma^2\right)(T - t_0)}{\sigma\sqrt{T - t_0}}, \quad d_2 = d_1 - \sigma\sqrt{T - t_0}.$$

注释 15.1.1 (高级 FX 模型) 有关汇率建模的文献非常丰富, 可以找到许多随机模型. 业界标准是来自 [Sippel et al., 2002] 的模型, 其提出对数正态的 FX 动态, 使用 Gauss 单因子利率. 这个模型给出了基本 FX 期权产品平值价格的解析表达式.

混合 FX 模型是基于 FX 过程的 Heston 动态的, 结合相关的随机利率, 引出了一个有意思的模型. 在节 13.2 中已经讨论了随机利率的 Heston 模型, 其中利率过程是短期利率过程, 如 Hull-White 模型.

[Piterbarg, 2006] 用了 Gauss 利率模型, 其中应用局部波动率模型生成 FX 市场出现的隐含波动率倾斜. 有些文献研究了随机波动率的 FX 模型, 如 [van Haastrecht et al., 2010], 将 Schöbel-Zhu 模型结合短利率过程应用于定价 FX 率.

在 [Andreasen, 2006] 和 [Giese, 2006] 中, 提出了非直接地赋予 Gauss 短期利率和 FX 过程的相关性结构. 模型在直觉上非常有吸引力, 但是可能会包含大量参数 [Antonov et al., 2008]. 另一个模型由 [Antonov et al., 2008], [Antonov et al., 2006] 给出, 其校验公式通过 Markov 投影技术发展而来.

15.2 短期利率下的多币种 FX 模型

这里我们讨论与控制 FX 过程相关的 FX Heston 型模型, 其中利率是随机过程. 我们首先讨论带 Gauss 短期利率过程, 即 [Hull et al., 1990] 的 Heston FX 模型. 在这个模型中, 规定了一个全相关矩阵. 利率产品在平值时, 短期利率模型会提供非常满意的拟合结果.

在实际中, 我们预先标定好利率模型, 然后校验 FX 模型. 这要求一个高效快速的模型求解过程. 我们关注对香草 FX 期权的有效估价, 在混合过程中假设短期利率模型的参数已确定. 本节中的数值方法, 可以在几毫秒内完成对一组具有不同执行价的平凡香草欧式期权的定价.

模型描述了当前 FX $y(t)$, 其表示一个外币单位在本币单位下的值.

我们首先详细分析标的短期利率过程 $r_d(t)$ 和 $r_f(t)$, 在它们的当前测度下, 即 $\mathbb{Q}$ 本币测度和 $\mathbb{Q}^f$ 外币测度. 它们由 Hull-White [Hull et al., 1990] 单因子模型掌控,

$$\begin{cases} \mathrm{d}r_d(t) = \lambda_d(\theta_d(t) - r_d(t))\mathrm{d}t + \eta_d \mathrm{d}W_d^{\mathbb{Q}}(t), \\ \mathrm{d}r_f(t) = \lambda_f(\theta_f(t) - r_f(t))\mathrm{d}t + \eta_f \mathrm{d}W_f^{\mathbb{Q}^f}(t), \end{cases} \tag{15.11}$$

这里 $W_d^{\mathbb{Q}}(t)$ 和 $W_f^{\mathbb{Q}^f}(t)$ 是分别在 $\mathbb{Q}$ 和 $\mathbb{Q}^f$ 下的 Brown 运动. 参数 λ_d, λ_f 决定了均值回归到时间依赖的期限结构函数 $\theta_d(t)$, $\theta_f(t)$ 的速度, 而参数 η_d, η_f 是波动率系数.

这些过程, 在适当的测度下, 关于它们状态是线性的, 所以, 对给定的到期日 T, 和 $0 \leqslant t \leqslant T$, ZCB 有下面的形式:

$$\begin{cases} P_d(t,T) &= \exp\left(\bar{A}_d(t,T) + \bar{B}_d(t,T)r_d(t)\right), \\ P_f(t,T) &= \exp\left(\bar{A}_f(t,T) + \bar{B}_f(t,T)r_f(t)\right), \end{cases} \tag{15.12}$$

其中 $\bar{A}_d(t,T)$, $\bar{A}_f(t,T)$ 和 $\bar{B}_d(t,T)$, $\bar{B}_f(t,T)$ 是解析的已知函数.

该模型中货币市场的现金账户分别为

$$\mathrm{d}M_d(t) = r_d(t)M_d(t)\mathrm{d}t, \quad \mathrm{d}M_f(t) = r_f(t)M_f(t)\mathrm{d}t. \tag{15.13}$$

应用 Heath-Jarrow-Morton 无套利观点 [Heath et al., 1992], 如第 11 章, ZCB 在它们自己的测度下由现金储蓄账户生成的动态有下列结果.

结果 15.2.1（ZCB 在风险中性测度下的动态）到期日为 T 的 ZCB $P_d(t,T)$ 和 $P_f(t,T)$ 的无风险动态由下式给出:

$$\begin{cases} \dfrac{\mathrm{d}P_\mathrm{d}(t,T)}{P_\mathrm{d}(t,T)} = r_\mathrm{d}(t)\mathrm{d}t - \left(\int_t^T \bar{\sigma}_\mathrm{d}(t,z)\mathrm{d}z\right)\mathrm{d}W_\mathrm{d}^{\mathbb{Q}}(t), \\[3mm] \dfrac{\mathrm{d}P_\mathrm{f}(t,T)}{P_\mathrm{f}(t,T)} = r_\mathrm{f}(t)\mathrm{d}t - \left(\int_t^T \bar{\sigma}_\mathrm{f}(t,z)\mathrm{d}z\right)\mathrm{d}W_\mathrm{f}^{\mathbb{Q}^\mathrm{f}}(t), \end{cases}$$

这里 $\bar{\sigma}_\mathrm{d}(t,T)$, $\bar{\sigma}_\mathrm{f}(t,T)$ 分别是即时远期利率 $f_\mathrm{d}^r(t,T)$, $f_\mathrm{f}^r(t,T)$ 的波动率函数, 其动态为

$$\begin{cases} \mathrm{d}f_\mathrm{d}^r(t,T) = \bar{\sigma}_\mathrm{d}(t,T)\int_t^T \bar{\sigma}_\mathrm{d}(t,z)\mathrm{d}z\,\mathrm{d}t + \bar{\sigma}_\mathrm{d}(t,T)\mathrm{d}W_\mathrm{d}^{\mathbb{Q}}(t), \\[3mm] \mathrm{d}f_\mathrm{f}^r(t,T) = \bar{\sigma}_\mathrm{f}(t,T)\int_t^T \bar{\sigma}_\mathrm{f}(t,z)\mathrm{d}z\,\mathrm{d}t + \bar{\sigma}_\mathrm{f}(t,T)\mathrm{d}W_\mathrm{f}^{\mathbb{Q}^\mathrm{f}}(t). \end{cases}$$

时间 t 处的当前利率定义为 $r_\mathrm{d}(t) \equiv f_\mathrm{d}^r(t,t)$, $r_\mathrm{f}(t) \equiv f_\mathrm{f}^r(t,t)$.

通过波动率结构 $\bar{\sigma}_\mathrm{d}(t,T)$, $\bar{\sigma}_\mathrm{f}(t,T)$, 可以定义一些不同的短期利率过程. 在目前的设定下, 波动率函数选为 $\bar{\sigma}_\mathrm{d}(t,T) = \eta_d \exp\left(-\lambda_\mathrm{d}(T-t)\right)$ 和 $\bar{\sigma}_\mathrm{f}(t,T) = \eta_\mathrm{f} \exp\left(-\lambda_\mathrm{f}(T-t)\right)$. Hull-White 短期利率过程 $r_\mathrm{d}(t)$ 和 $r_\mathrm{f}(t)$ 从 (15.11) 可得, 我们还知道了期限结构函数 $\theta_\mathrm{d}(t)$ 和 $\theta_\mathrm{f}(t)$, 它们以即时远期利率表示. 波动率的选择决定了 ZCB 的动态如下:

$$\begin{cases} \dfrac{\mathrm{d}P_\mathrm{d}(t,T)}{P_\mathrm{d}(t,T)} = r_\mathrm{d}(t)\mathrm{d}t + \eta_\mathrm{d}\bar{B}_\mathrm{d}(t,T)\mathrm{d}W_\mathrm{d}^{\mathbb{Q}}(t), \\[3mm] \dfrac{\mathrm{d}P_\mathrm{f}(t,T)}{P_\mathrm{f}(t,T)} = r_\mathrm{f}(t)\mathrm{d}t + \eta_\mathrm{f}\bar{B}_\mathrm{f}(t,T)\mathrm{d}W_\mathrm{f}^{\mathbb{Q}^\mathrm{f}}(t), \end{cases} \tag{15.14}$$

其中 $\bar{B}_\mathrm{d}(t,T)$ 和 $\bar{B}_\mathrm{f}(t,T)$ 如 (15.12), 由下式给出:

$$\bar{B}_\mathrm{d}(t,T) = \frac{1}{\lambda_\mathrm{d}}\left(\mathrm{e}^{-\lambda_\mathrm{d}(T-t)} - 1\right), \quad \bar{B}_\mathrm{f}(t,T) = \frac{1}{\lambda_\mathrm{f}}\left(\mathrm{e}^{-\lambda_\mathrm{f}(T-t)} - 1\right). \tag{15.15}$$

15.2.1　具有相关性和 Guass 利率的模型

FX-HHW 模型, 对所有在本币风险中性测度 $\mathbb{Q}$ 下定义的过程具有下列形式:

$$\begin{cases} \mathrm{d}y(t)/y(t) = (r_\mathrm{d}(t) - r_\mathrm{f}(t))\,\mathrm{d}t + \sqrt{v(t)}\mathrm{d}W_y^{\mathbb{Q}}(t), \\[2mm] \mathrm{d}v(t) = \kappa(\bar{v} - v(t))\mathrm{d}t + \gamma\sqrt{v(t)}\mathrm{d}W_v^{\mathbb{Q}}(t), \\[2mm] \mathrm{d}r_\mathrm{d}(t) = \lambda_\mathrm{d}(\theta_\mathrm{d}(t) - r_\mathrm{d}(t))\mathrm{d}t + \eta_\mathrm{d}\mathrm{d}W_\mathrm{d}^{\mathbb{Q}}(t), \\[2mm] \mathrm{d}r_\mathrm{f}(t) = \left(\lambda_\mathrm{f}(\theta_\mathrm{f}(t) - r_\mathrm{f}(t)) - \eta_\mathrm{f}\rho_{y,\mathrm{f}}\sqrt{v(t)}\right)\mathrm{d}t + \eta_\mathrm{f}\mathrm{d}W_\mathrm{f}^{\mathbb{Q}}(t), \end{cases} \tag{15.16}$$

其中 $y(t_0) > 0$, $v(t_0) > 0$, $r_\mathrm{d}(t_0) > 0$, 还有 $r_\mathrm{f}(t_0)$. 参数 κ, λ_d 和 λ_f 决定了后面三个过程均值回归的速度, 它们的长期均值分别为 $\bar{v}$, $\theta_\mathrm{d}(t)$, $\theta_\mathrm{f}(t)$. 过程 $r_\mathrm{d}(t)$ 和 $r_\mathrm{f}(t)$ 的波动率系数由 η_d 和 η_f 给出, 而过程 $v(t)$ 的方差波动率参数是 γ.

在该模型中, 考虑了 Brown 运动 $\boldsymbol{W}(t) = \left[W_y^{\mathbb{Q}}(t), W_v^{\mathbb{Q}}(t), W_\mathrm{d}^{\mathbb{Q}}(t), W_\mathrm{f}^{\mathbb{Q}}(t)\right]^{\mathrm{T}}$ 的全相关矩阵,

$$
\mathrm{d}\boldsymbol{W}(t)(\mathrm{d}\boldsymbol{W}(t))^{\mathrm{T}} = \begin{pmatrix} 1 & \rho_{y,v} & \rho_{y,\mathrm{d}} & \rho_{y,\mathrm{f}} \\ \rho_{y,v} & 1 & \rho_{v,\mathrm{d}} & \rho_{v,\mathrm{f}} \\ \rho_{y,\mathrm{d}} & \rho_{v,\mathrm{d}} & 1 & \rho_{\mathrm{d,f}} \\ \rho_{y,\mathrm{f}} & \rho_{v,\mathrm{f}} & \rho_{\mathrm{d,f}} & 1 \end{pmatrix} \mathrm{d}t. \tag{15.17}
$$

在本币当前测度下, 短期过程 $r_\mathrm{f}(t)$ 的漂移项中多了一项, 即 $-\eta_\mathrm{f}\rho_{y,\mathrm{f}}\sqrt{v(t)}$, 这常被称为量修正项. 于是 r_f 过程在此测度下不再是 HW 过程. 当假定 FX 模型的波动率为确定时, r_f 将遵循 HW 过程. 另一简化方法是假定 $\rho_{y,\mathrm{f}} = 0$, 但这在实际中不真实.

r_f 过程中多出来的项保证了下列价格在本币当前测度下鞅的存在性 (更多的讨论见 [Shreve, 2004]):

$$
\chi_1(t) := y(t)\frac{M_\mathrm{f}(t)}{M_\mathrm{d}(t)}, \quad \chi_2(t) := y(t)\frac{P_\mathrm{f}(t,T)}{M_\mathrm{d}(t)},
$$

这里 $P_\mathrm{f}(t,T)$ 是外币的零息票 (15.14), 以及现金储蓄账户 $M_\mathrm{d}(t)$ 和 $M_\mathrm{f}(t)$ 如 (15.13).

为了验证 $\chi_1(t)$ 和 $\chi_2(t)$ 是鞅, 可以应用 Itô 乘法法则得到

$$
\mathrm{d}\chi_1(t)/\chi_1(t) = \sqrt{v(t)}\mathrm{d}W_y^{\mathbb{Q}}(t),
$$
$$
\mathrm{d}\chi_2(t)/\chi_2(t) = \sqrt{v(t)}\mathrm{d}W_y^{\mathbb{Q}}(t) + \eta_\mathrm{f}B_\mathrm{f}(t,T)\mathrm{d}W_\mathrm{f}^{\mathbb{Q}}(t).
$$

从外币当前测度到本币当前测度, 变换标的过程的动态, 也会影响到相关的具现金储蓄账户为计价单位在本币风险中性测度 $\mathbb{Q}$ 下的债券, 其满足下列表达式:

$$
\begin{cases} \dfrac{\mathrm{d}P_\mathrm{d}(t,T)}{P_\mathrm{d}(t,T)} = r_\mathrm{d}(t)\mathrm{d}t + \eta_\mathrm{d}\bar{B}_\mathrm{d}(t,T)\mathrm{d}W_\mathrm{d}^{\mathbb{Q}}(t), \\ \dfrac{\mathrm{d}P_\mathrm{f}(t,T)}{P_\mathrm{f}(t,T)} = \left(r_\mathrm{f}(t) - \rho_{y,\mathrm{f}}\eta_\mathrm{f}\bar{B}_\mathrm{f}(t,T)\sqrt{v(t)}\right)\mathrm{d}t + \eta_\mathrm{f}\bar{B}_\mathrm{f}(t,T)\mathrm{d}W_\mathrm{f}^{\mathbb{Q}}(t), \end{cases} \tag{15.18}
$$

其中 $\bar{B}_\mathrm{d}(t,T)$ 和 $\bar{B}_\mathrm{f}(t,T)$ 如 (15.15).

15.2.2 FX 期权的定价

在校验模型时, 我们需要对建立在 FX 率上基本种类的衍生品进行高效地定价, 记其为 $V_c^{\mathrm{FX}}(t)$, 这些基本衍生品由状态向量 $\boldsymbol{X}(t) = [y(t), v(t), r_\mathrm{d}(t), r_\mathrm{f}(t)]^{\mathrm{T}}$ 决定,

$$
V_c^{\mathrm{FX}}(t) = \mathbb{E}^{\mathbb{Q}}\left[\frac{M_\mathrm{d}(t)}{M_\mathrm{d}(T)}\max(y(T) - K, 0)\bigg|\mathcal{F}(t)\right],
$$

其中

$$
M_\mathrm{d}(t) = \exp\left(\int_0^t r_\mathrm{d}(z)\mathrm{d}z\right).
$$

于此, 我们考虑远期价 $\frac{V_c^{\mathrm{FX}}(t)}{M_\mathrm{d}(t)}$, 所以,

$$
\mathbb{E}^{\mathbb{Q}}\left[\frac{1}{M_\mathrm{d}(T)}\max(y(T) - K, 0)\bigg|\mathcal{F}(t)\right] = \frac{V_c^{\mathrm{FX}}(t)}{M_\mathrm{d}(t)}.
$$

由 Itô 引理, 我们找到

$$\mathrm{d}\left(\frac{V_c^{\mathrm{FX}}(t)}{M_{\mathrm{d}}(t)}\right) = \frac{1}{M_{\mathrm{d}}(t)}\mathrm{d}V^{\mathrm{FX}}(t) - r_{\mathrm{d}}(t)\frac{V^{\mathrm{FX}}(t)}{M_{\mathrm{d}}(t)}\mathrm{d}t. \tag{15.19}$$

远期价是个鞅, 从而其动态应该没有漂移项. 将此包含在 (15.19) 中给我们下列对 $V_c = V_c^{\mathrm{FX}}(t)$ 的 *Fokker-Planck* 远期方程:

$$r_{\mathrm{d}}V_c = \frac{1}{2}\eta_{\mathrm{f}}^2\frac{\partial^2 V_c}{\partial r_{\mathrm{f}}^2} + \rho_{\mathrm{d,f}}\eta_{\mathrm{d}}\eta_{\mathrm{f}}\frac{\partial^2 V_c}{\partial r_{\mathrm{d}}\partial r_{\mathrm{f}}} + \frac{1}{2}\eta_{\mathrm{d}}^2\frac{\partial^2 V_c}{\partial r_{\mathrm{d}}^2} + \rho_{v,\mathrm{f}}\gamma\eta_{\mathrm{f}}\sqrt{v}\frac{\partial^2 V_c}{\partial v\partial r_{\mathrm{f}}}$$

$$+ \rho_{v,\mathrm{d}}\gamma\eta_{\mathrm{d}}\sqrt{v}\frac{\partial^2 V_c}{\partial v\partial r_{\mathrm{d}}} + \frac{1}{2}\gamma^2 v\frac{\partial^2 V_c}{\partial v^2} + \rho_{y,\mathrm{f}}\eta_{\mathrm{f}}y\sqrt{v}\frac{\partial^2 V_c}{\partial y\partial r_{\mathrm{f}}} + \rho_{y,\mathrm{d}}\eta_{\mathrm{d}}y\sqrt{v}\frac{\partial^2 V_c}{\partial y\partial r_{\mathrm{d}}}$$

$$+ \rho_{y,v}\gamma y v\frac{\partial^2 V_c}{\partial y\partial v} + \frac{1}{2}y^2 v\frac{\partial^2 V_c}{\partial y^2} + \left(\lambda_{\mathrm{f}}(\theta_{\mathrm{f}}(t) - r_{\mathrm{f}}) - \rho_{y,\mathrm{f}}\eta_{\mathrm{f}}\sqrt{v}\right)\frac{\partial V_c}{\partial r_{\mathrm{f}}}$$

$$+ \lambda_{\mathrm{d}}(\theta_{\mathrm{d}}(t) - r_{\mathrm{d}})\frac{\partial V_c}{\partial r_{\mathrm{d}}} + \kappa(\bar{v} - v)\frac{\partial V_c}{\partial v} + (r_{\mathrm{d}} - r_{\mathrm{f}})y\frac{\partial V_c}{\partial y} + \frac{\partial V_c}{\partial t}.$$

这个四维 PDE 包含如平方根的非仿射项. 寻找这个 PDE 的数值解是相当费事的, 因此这种 PDE 公式不适合模型校验. 在下一小节, 我们再次讨论用于校验的模型近似. 其在校验中很有用.

本币远期测度下的 FX 模型

为了减少定价问题的复杂性, 我们实施一个变换, 也就是从本币市场的现金储蓄账户 $M_{\mathrm{d}}(t)$ 生成的本币当前测度变到本币远期 FX 测度, 这里计价单位是本币零息票 $P_{\mathrm{d}}(t,T)$. 远期汇率由 [Musiela et al., 1997], [Piterbarg, 2006] 给出:

$$\boxed{y_F(t,T) = y(t)\frac{P_{\mathrm{f}}(t,T)}{P_{\mathrm{d}}(t,T)},} \tag{15.20}$$

这里 $y_F(t,T)$ 表示在本币 T 远期测度下的远期汇率, 而 $y(t)$ 表示在本币当前测度下的汇率.

通过把本币风险中性测度 $\mathbb{Q}$ 变换到本币 T 远期测度 $\mathbb{Q}^T$, 贴现过程可以与计算期望过程解耦, 即

$$V_c^{\mathrm{FX}}(t) = P_{\mathrm{d}}(t,T)\mathbb{E}^T\left[\max\left(y_F(T,T) - K, 0\right)|\mathcal{F}(t)\right].$$

应用 Itô 公式来确定 (15.20) 中 $y_F(t,T)$ 的动态, 即

$$\mathrm{d}y_F(t,T) = \frac{P_{\mathrm{f}}(t,T)}{P_{\mathrm{d}}(t,T)}\mathrm{d}y(t) + \frac{y(t)}{P_{\mathrm{d}}(t,T)}\mathrm{d}P_{\mathrm{f}}(t,T) - y(t)\frac{P_{\mathrm{f}}(t,T)}{P_{\mathrm{d}}^2(t,T)}\mathrm{d}P_{\mathrm{d}}(t,T)$$

$$+ y(t)\frac{P_{\mathrm{f}}(t,T)}{P_{\mathrm{d}}^3(t,T)}\left(\mathrm{d}P_{\mathrm{d}}(t,T)\right)^2 + \frac{1}{P_{\mathrm{d}}(t,T)}\left(\mathrm{d}y(t)\mathrm{d}P_{\mathrm{f}}(t,T)\right)$$

$$- \frac{P_{\mathrm{f}}(t,T)}{P_{\mathrm{f}}^2(t,T)}\left(\mathrm{d}P_{\mathrm{d}}(t,T)\mathrm{d}y(t)\right) - \frac{y(t)}{P_{\mathrm{d}}^2(t,T)}\mathrm{d}P_{\mathrm{d}}(t,T)\mathrm{d}P_{\mathrm{f}}(t,T). \tag{15.21}$$

将 SDE (15.16), (15.18) 代入 (15.21), 我们得到下列 FX 远期动态:

$$\frac{\mathrm{d}y_F(t,T)}{y_F(t,T)} = \eta_{\mathrm{d}}\bar{B}_{\mathrm{d}}(t,T)\left(\eta_{\mathrm{d}}\bar{B}_{\mathrm{d}}(t,T) - \rho_{y,\mathrm{d}}\sqrt{v(t)} - \rho_{\mathrm{d,f}}\eta_{\mathrm{f}}\bar{B}_{\mathrm{f}}(t,T)\right)\mathrm{d}t$$

$$+ \sqrt{v(t)}\mathrm{d}W_y^{\mathbb{Q}}(t) - \eta_{\mathrm{d}}\bar{B}_{\mathrm{d}}(t,T)\mathrm{d}W_{\mathrm{d}}^{\mathbb{Q}}(t) + \eta_{\mathrm{f}}\bar{B}_{\mathrm{f}}(t,T)\mathrm{d}W_{\mathrm{f}}^{\mathbb{Q}}(t).$$

$y_F(t,T)$ 在本币 T 远期测度下是个鞅, 这意味着,

$$P_{\mathrm{d}}(t,T)\mathbb{E}^T[y_F(T,T)|\mathcal{F}(t)] = P_{\mathrm{d}}(t,T)y_F(t,T) =: P_{\mathrm{f}}(t,T)y(t),$$

在本币 T 远期测度下, 仍需要确定合适的 Brown 运动 $\mathrm{d}W_y^T(t)$, $\mathrm{d}W_v^T(t)$, $\mathrm{d}W_{\mathrm{d}}^T(t)$ 和 $\mathrm{d}W_{\mathrm{f}}^T(t)$.

从本币当前测度到本币 T 远期测度的测度变换要求从现金储蓄账户 $M_{\mathrm{d}}(t)$ 到零息票 $P_{\mathrm{d}}(t,T)$ 的计价单位改变. 一个全相关矩阵意味着, 当测度从当前到远期变换时所有过程的动态都要变. 引理 15.2.1 提供了在本币 T 远期测度 $\mathbb{Q}^T$ 下的模型动态.

引理 15.2.1 (FX-HHW 模型在 $\mathbb{Q}^T$ 测度下的动态) 在本币 T 远期测度下, (15.16), (15.20) 中的模型由下列动态掌控:

$$\frac{\mathrm{d}y_F(t,T)}{y_F(t,T)} = \sqrt{v(t)}\mathrm{d}W_y^T(t) - \eta_{\mathrm{d}}\bar{B}_{\mathrm{d}}(t,T)\mathrm{d}W_{\mathrm{d}}^T(t) + \eta_{\mathrm{f}}\bar{B}_{\mathrm{f}}(t,T)\mathrm{d}W_{\mathrm{f}}^T(t), \quad (15.22)$$

这里

$$\mathrm{d}v(t) = \left(\kappa(\bar{v} - v(t)) + \gamma\rho_{v,\mathrm{d}}\eta_{\mathrm{d}}\bar{B}_{\mathrm{d}}(t,T)\sqrt{v(t)}\right)\mathrm{d}t + \gamma\sqrt{v(t)}\mathrm{d}W_v^T(t),$$

$$\mathrm{d}r_{\mathrm{d}}(t) = \left(\lambda_{\mathrm{d}}(\theta_{\mathrm{d}}(t) - r_{\mathrm{d}}(t)) + \eta_{\mathrm{d}}^2\bar{B}_{\mathrm{d}}(t,T)\right)\mathrm{d}t + \eta_{\mathrm{d}}\mathrm{d}W_{\mathrm{d}}^T(t),$$

$$\mathrm{d}r_{\mathrm{f}}(t) = \left(\lambda_{\mathrm{f}}(\theta_{\mathrm{f}}(t) - r_{\mathrm{f}}(t)) - \eta_{\mathrm{f}}\rho_{y,\mathrm{f}}\sqrt{v(t)} + \eta_{\mathrm{d}}\eta_{\mathrm{f}}\rho_{\mathrm{d},\mathrm{f}}\bar{B}_{\mathrm{d}}(t,T)\right)\mathrm{d}t + \eta_{\mathrm{f}}\mathrm{d}W_{\mathrm{f}}^T(t),$$

其中, 全相关矩阵如 (15.17), 而 $\bar{B}_{\mathrm{d}}(t,T)$, $\bar{B}_{\mathrm{f}}(t,T)$ 如 (15.15).

证明 因为本币短期利率过程 $r_{\mathrm{d}}(t)$ 只包含一个不确定性源, 为方便起见, 改变状态变量的顺序到 $\boldsymbol{X}^*(t) = [r_{\mathrm{d}}(t), r_{\mathrm{f}}(t), v(t), y_F(t,T)]^{\mathrm{T}}$, 并将这个模型以独立的 Brown 运动 $\mathrm{d}\widetilde{\boldsymbol{W}}^{\mathbb{Q}}(t) = [\mathrm{d}\widetilde{W}_{\mathrm{d}}(t), \mathrm{d}\widetilde{W}_{\mathrm{f}}(t), \mathrm{d}\widetilde{W}_v(t), \mathrm{d}\widetilde{W}_y(t)]^{\mathrm{T}}$ 表示如下:

$$\begin{bmatrix} \mathrm{d}r_{\mathrm{d}} \\ \mathrm{d}r_{\mathrm{f}} \\ \mathrm{d}v \\ \frac{\mathrm{d}y_F}{y_F} \end{bmatrix} = \bar{\boldsymbol{\mu}}(t, \boldsymbol{X}^*(t))\mathrm{d}t + \begin{bmatrix} \eta_d & 0 & 0 & 0 \\ 0 & \eta_{\mathrm{f}} & 0 & 0 \\ 0 & 0 & \gamma\sqrt{v} & 0 \\ -\eta_{\mathrm{d}}\bar{B}_{\mathrm{d}} & \eta_{\mathrm{f}}\bar{B}_{\mathrm{f}} & 0 & \sqrt{v} \end{bmatrix} \boldsymbol{L} \begin{bmatrix} \mathrm{d}\widetilde{W}_{\mathrm{d}}^{\mathbb{Q}} \\ \mathrm{d}\widetilde{W}_{\mathrm{f}}^{\mathbb{Q}} \\ \mathrm{d}\widetilde{W}_v^{\mathbb{Q}} \\ \mathrm{d}\widetilde{W}_y^{\mathbb{Q}} \end{bmatrix}.$$

等价地, 它可以写成

$$\mathrm{d}\boldsymbol{X}^*(t) = \bar{\boldsymbol{\mu}}(t, \boldsymbol{X}^*(t))\mathrm{d}t + \bar{\boldsymbol{\Sigma}}\boldsymbol{L}\mathrm{d}\widetilde{\boldsymbol{W}}^{\mathbb{Q}}(t), \quad (15.23)$$

其中 $\bar{\boldsymbol{\mu}}(t, \boldsymbol{X}^*(t))$ 表示 $\boldsymbol{X}^*(t)$ 动态的漂移项, 而 $\boldsymbol{L}$ 是 Cholesky 下三角矩阵, 具有下列形式:

$$L = \begin{bmatrix} 1 & 0 & 0 & 0 \\ L_{2,1} & L_{2,2} & 0 & 0 \\ L_{3,1} & L_{3,2} & L_{3,3} & 0 \\ L_{4,1} & L_{4,2} & L_{4,3} & L_{4,4} \end{bmatrix} \stackrel{\text{def}}{=\!=} \begin{bmatrix} 1 & 0 & 0 & 0 \\ \rho_{\mathrm{f,d}} & L_{2,2} & 0 & 0 \\ \rho_{v,\mathrm{d}} & L_{3,2} & L_{3,3} & 0 \\ \rho_{y,\mathrm{d}} & L_{4,2} & L_{4,3} & L_{4,4} \end{bmatrix}. \tag{15.24}$$

上述表述似乎是有利的, 因为短期利率过程 $r_{\mathrm{d}}(t)$ 可以独立于其他过程而被单独处理.

以独立的 Brown 运动表示的矩阵表达式引出了下面的本币短期利率过程 $r_{\mathrm{d}}(t)$ 在测度 $\mathbb{Q}$ 下的动态:

$$\mathrm{d}r_{\mathrm{d}}(t) = \lambda_{\mathrm{d}}(\theta_{\mathrm{d}}(t) - r_{\mathrm{d}}(t))\mathrm{d}t + \varsigma_1(t)\mathrm{d}\widetilde{\boldsymbol{W}}^{\mathbb{Q}}(t),$$

而对本币的 ZCB:

$$\frac{\mathrm{d}P_{\mathrm{d}}(t,T)}{P_{\mathrm{d}}(t,T)} = r_{\mathrm{d}}(t)\mathrm{d}t + \bar{B}_{\mathrm{d}}(t,T)\varsigma_1(t)\mathrm{d}\widetilde{\boldsymbol{W}}^{\mathbb{Q}}(t),$$

其中 $\varsigma_k(t)$ 是第 k 个列向量, 从矩阵 $\bar{\boldsymbol{\Sigma}}$ 乘以 $\boldsymbol{L}$ 而来. 对 Hull-White 短期利率过程, 我们有 $\varsigma_1(t) := \begin{bmatrix} \eta_{\mathrm{d}}, 0, 0, 0 \end{bmatrix}$.

Radon-Nikodym 导数

$$\lambda_{\mathbb{Q}}^T(t) = \frac{\mathrm{d}\mathbb{Q}^T}{\mathrm{d}\mathbb{Q}}\bigg|_{\mathcal{F}(t)} = \frac{P_{\mathrm{d}}(t,T)}{P_{\mathrm{d}}(0,T)M_{\mathrm{d}}(t)} \tag{15.25}$$

的推导借助于 (15.25) 中 $\lambda_{\mathbb{Q}}^T(t)$ 的 Itô 导数,

$$\frac{\mathrm{d}\lambda_{\mathbb{Q}}^T(t)}{\lambda_{\mathbb{Q}}^T(t)} = \bar{B}_{\mathrm{d}}(t,T)\varsigma_1(t)\mathrm{d}\widetilde{\boldsymbol{W}}^{\mathbb{Q}}(t).$$

这隐含着从 $\mathbb{Q}$ 到 $\mathbb{Q}^{\mathrm{T}}$ 变换的 Girsanov 核为 $\bar{B}_{\mathrm{d}}(t,T)\varsigma_1(t)$, 即 T 债券的波动率由 $\eta_{\mathrm{d}}\bar{B}_{\mathrm{d}}(t,T)$ 给出, 即

$$\lambda_{\mathbb{Q}}^T(t) = \exp\left(-\frac{1}{2}\int_0^t \bar{B}_{\mathrm{d}}^2(z,T)\varsigma_1^2(z)\mathrm{d}z + \int_0^t \bar{B}_{\mathrm{d}}(z,T)\varsigma_1(z)\mathrm{d}\widetilde{\boldsymbol{W}}^{\mathbb{Q}}(z)\right).$$

所以我们发现

$$\mathrm{d}\widetilde{\boldsymbol{W}}^T(t) = -\bar{B}_{\mathrm{d}}(t,T)\varsigma_1^{\mathrm{T}}(t)\mathrm{d}t + \mathrm{d}\widetilde{\boldsymbol{W}}^{\mathbb{Q}}(t).$$

由于向量 $\varsigma_1^T(t)$ 实际上是个标量, 在 T 远期测度下的 Brown 运动由下式给出:

$$\mathrm{d}\widetilde{\boldsymbol{W}}^{\mathbb{Q}}(t) = \begin{bmatrix} \mathrm{d}\widetilde{W}_{\mathrm{d}}^T(t) + \eta_{\mathrm{d}}\bar{B}_{\mathrm{d}}(t,T)\mathrm{d}t, \mathrm{d}\widetilde{W}_{\mathrm{f}}^T(t), \mathrm{d}\widetilde{W}_v^T(t), \mathrm{d}\widetilde{W}_y^T(t) \end{bmatrix}^{\mathrm{T}}.$$

从向量表达式 (15.23), 推出

$$\boldsymbol{L}\mathrm{d}\widetilde{\boldsymbol{W}}^{\mathbb{Q}} = \begin{bmatrix} \eta_{\mathrm{d}}\bar{B}_{\mathrm{d}}\mathrm{d}t & +\mathrm{d}\widetilde{W}_{\mathrm{d}}^T \\ \rho_{\mathrm{d,f}}\eta_{\mathrm{d}}\bar{B}_{\mathrm{d}}\mathrm{d}t & +\rho_{\mathrm{d,f}}\mathrm{d}\widetilde{W}_{\mathrm{d}}^T + L_{2,2}\mathrm{d}\widetilde{W}_{\mathrm{f}}^T \\ \rho_{v,\mathrm{d}}\eta_{\mathrm{d}}\bar{B}_{\mathrm{d}}\mathrm{d}t & +\rho_{v,\mathrm{d}}\mathrm{d}\widetilde{W}_{\mathrm{d}}^T + L_{3,2}\mathrm{d}\widetilde{W}_{\mathrm{f}}^T + L_{3,3}\mathrm{d}\widetilde{W}_y^T \\ \rho_{y,\mathrm{d}}\eta_{\mathrm{d}}\bar{B}_{\mathrm{d}}\mathrm{d}t & +\rho_{y,\mathrm{d}}\mathrm{d}\widetilde{W}_{\mathrm{d}}^T + L_{4,2}\mathrm{d}\widetilde{W}_{\mathrm{f}}^T + L_{4,3}\mathrm{d}\widetilde{W}_y^T + L_{4,4}\mathrm{d}\widetilde{W}_v^T \end{bmatrix}.$$

回到在 T 远期测度下相依赖的 Brown 运动, 给我们:

$$\begin{cases} \frac{\mathrm{d}y_F(t,T)}{y_F(t,T)} = \sqrt{v(t)}\mathrm{d}W_y^T(t) - \eta_\mathrm{d}\bar{B}_\mathrm{d}(t,T)\mathrm{d}W_\mathrm{d}^T(t) + \eta_\mathrm{f}\bar{B}_\mathrm{f}(t,T)\mathrm{d}W_\mathrm{f}^T(t), \\ \mathrm{d}v(t) = \left(\kappa(\bar{v} - v(t)) + \gamma\rho_{v,\mathrm{d}}\eta_\mathrm{d}\bar{B}_\mathrm{d}(t,T)\sqrt{v(t)}\right)\mathrm{d}t + \gamma\sqrt{v(t)}\mathrm{d}W_v^T(t), \\ \mathrm{d}r_\mathrm{d}(t) = \left(\lambda_\mathrm{d}(\theta_\mathrm{d}(t) - r_\mathrm{d}(t)) + \eta_\mathrm{d}^2\bar{B}_\mathrm{d}(t,T)\right)\mathrm{d}t + \eta_\mathrm{d}\mathrm{d}W_\mathrm{d}^T(t), \\ \mathrm{d}r_\mathrm{f}(t) = \left(\lambda_\mathrm{f}(\theta_\mathrm{f}(t) - r_\mathrm{f}(t)) - \eta_\mathrm{f}\rho_{y,\mathrm{f}}\sqrt{v(t)} + \eta_\mathrm{d}\eta_\mathrm{f}\rho_{\mathrm{d},\mathrm{f}}\bar{B}_\mathrm{d}(t,T)\right)\mathrm{d}t + \eta_\mathrm{f}\mathrm{d}W_\mathrm{f}^T(t), \end{cases}$$

其中全相关矩阵由 (15.17) 给出. $\qquad\qquad\square$

引理 15.2.1 中的系统表明, 从本币当前 $\mathbb{Q}$ 测度到本币 T 远期 $\mathbb{Q}^T$ 测度变换之后, 远期汇率 $y_F(t,T)$ 不显式地依赖于短期利率过程 $r_\mathrm{d}(t)$ 和 $r_\mathrm{f}(t)$. 它不包含漂移项而只取决于 $W_\mathrm{d}^T(t)$, $W_\mathrm{f}^T(t)$, 见 (15.22).

注释 15.2.1 由于三个相关的正态分布随机变量之和, $Q = X + Y + Z$, 仍保持正态分布, 其均值等于三个单个的均值之和, 其方差等于

$$v_Q^2 = v_X^2 + v_Y^2 + v_Z^2 + 2\rho_{X,Y}v_X v_Y + 2\rho_{X,Z}v_X v_Z + 2\rho_{Y,Z}v_Y v_Z,$$

于是远期 (15.22) 可表为

$$\mathrm{d}y_F/y_F = \left(v + \eta_\mathrm{d}^2\bar{B}_\mathrm{d}^2 + \eta_\mathrm{f}^2\bar{B}_\mathrm{f}^2 - 2\rho_{y,\mathrm{d}}\eta_\mathrm{d}\bar{B}_\mathrm{d}\sqrt{v} + 2\rho_{y,\mathrm{f}}\eta_\mathrm{f}\bar{B}_\mathrm{f}\sqrt{v} - 2\rho_{\mathrm{d},\mathrm{f}}\eta_\mathrm{d}\eta_\mathrm{f}\bar{B}_\mathrm{d}\bar{B}_\mathrm{f}\right)^{\frac{1}{2}}\mathrm{d}W_F^T.$$
$$(15.26)$$

尽管表达式 (15.26) 减少了 y_F 动态中 Brown 运动的个数, 但仍需要找到合适的交叉项, 像 $\mathrm{d}W_F^T(t)\mathrm{d}W_v^T(t)$, 来决定它们的协方差项. 因而还是原来标准的式子更好用点.

近似和远期特征函数

由于远期汇率 $y_F(t,T)$ 的动态在本币远期测度下, 只包含短期利率过程的 Brown 运动 $W_\mathrm{d}^T(t)$ 和 $W_\mathrm{f}^T(t)$, 定价问题现在已得到大幅度简化.

为了推出远期特征函数, 如前, 考虑远期汇率 $y_F(t,T)$ 的对数转换 $X(t) := \log y_F(t,T)$, 其由下面的动态掌控:

$$\mathrm{d}X(t) = \left(\varsigma\left(t, \sqrt{v(t)}\right) - \frac{1}{2}v(t)\right)\mathrm{d}t + \sqrt{v(t)}\mathrm{d}W_y^T(t) - \eta_\mathrm{d}\bar{B}_\mathrm{d}\mathrm{d}W_\mathrm{d}^T(t) + \eta_\mathrm{f}\bar{B}_\mathrm{f}\mathrm{d}W_\mathrm{f}^T(t),$$
$$(15.27)$$

其中方差过程 $v(t)$ 为

$$\mathrm{d}v(t) = \left(\kappa(\bar{v} - v(t)) + \gamma\rho_{v,\mathrm{d}}\eta_\mathrm{d}\bar{B}_\mathrm{d}\sqrt{v(t)}\right)\mathrm{d}t + \gamma\sqrt{v(t)}\mathrm{d}W_v^T(t).$$

这里 $\bar{B}_\mathrm{d} := \bar{B}_\mathrm{d}(t,T)$, $\bar{B}_\mathrm{f} := \bar{B}_\mathrm{f}(t,T)$,

$$\varsigma\left(t, \sqrt{v(t)}\right) = \left(\rho_{y,\mathrm{d}}\eta_\mathrm{d}\bar{B}_\mathrm{d} - \rho_{y,\mathrm{f}}\eta_\mathrm{f}\bar{B}_\mathrm{f}\right)\sqrt{v(t)} + \rho_{\mathrm{d},\mathrm{f}}\eta_\mathrm{d}\eta_\mathrm{f}\bar{B}_\mathrm{d}\bar{B}_\mathrm{f} - \frac{1}{2}\left(\eta_\mathrm{d}^2\bar{B}_\mathrm{d}^2 + \eta_\mathrm{f}^2\bar{B}_\mathrm{f}^2\right).$$

通过鞅方法和 Feynman-Kac 定理, 导出下列关于远期特征函数的 PDE:

$$\phi_{\boldsymbol{X}} := \phi_{\boldsymbol{X}}(u; t, T) = \mathbb{E}^T\left(e^{iuX(T)}\big|\mathcal{F}(t)\right),$$

$$-\frac{\partial \phi_{\boldsymbol{X}}}{\partial t} = \left(\kappa(\bar{v} - v) + \rho_{v,\mathrm{d}}\gamma\eta_{\mathrm{d}}\sqrt{v}\bar{B}_{\mathrm{d}}\right)\frac{\partial \phi_{\boldsymbol{X}}}{\partial v} + \left(\frac{1}{2}v - \varsigma(t, \sqrt{v})\right)\left(\frac{\partial^2 \phi_{\boldsymbol{X}}}{\partial X^2} - \frac{\partial \phi_{\boldsymbol{X}}}{\partial X}\right)$$

$$+ \left(\rho_{y,v}\gamma v - \rho_{v,\mathrm{d}}\gamma\eta_{\mathrm{d}}\sqrt{v}\bar{B}_{\mathrm{d}} + \rho_{v,\mathrm{f}}\gamma\eta_{\mathrm{f}}\sqrt{v}\bar{B}_{\mathrm{f}}\right)\frac{\partial^2 \phi_{\boldsymbol{X}}}{\partial X \partial v} + \frac{1}{2}\gamma^2 v\frac{\partial^2 \phi_{\boldsymbol{X}}}{\partial v^2}.$$

这个 PDE 包含非仿射项 $\sqrt{v}$, 所以不容易通过 Fourier 方法找到它的解析解. 在节 13.2.1 中, 介绍了这些非仿射平方根过程的线性化, 该方法将非仿射平方根项映射到它们的第一阶矩.

对应 PDE 中非仿射项的近似则为

$$\sqrt{v(t)} \approx \mathbb{E}\left[\sqrt{v(t)}\right] =: G(t), \tag{15.28}$$

其中平方根 $v(t)$ 的期望如在节 13.2.1 中所确定的[a].

[a]在这个近似中, 我们也假定 $\mathbb{E}^{\mathbb{Q}}\left[\sqrt{v(t)}\right] \approx \mathbb{E}^T\left[\sqrt{v(t)}\right]$.

将非仿射项映射到它们的第一阶矩允许我们推出对应的远期特征函数 $\phi_{\boldsymbol{X}}$, 其具有下列形式:

$$\phi_{\boldsymbol{X}}(u; t, T) = \exp\left(\bar{A}(\boldsymbol{u}, \tau) + \bar{B}(\boldsymbol{u}, \tau)X(t) + \bar{C}(\boldsymbol{u}, \tau)v(t)\right),$$

这里 $\tau = T - t$, 具

$$\frac{\mathrm{d}\bar{B}}{\mathrm{d}\tau} = 0,$$

$$\frac{\mathrm{d}\bar{C}}{\mathrm{d}\tau} = -\kappa\bar{C} + (\bar{B}^2 - \bar{B})/2 + \rho_{y,v}\gamma\bar{B}\bar{C} + \gamma^2\bar{C}^2/2,$$

$$\frac{\mathrm{d}\bar{A}}{\mathrm{d}\tau} = \kappa\bar{v}\bar{C} + \rho_{v,\mathrm{d}}\gamma\eta_{\mathrm{d}}G(T-\tau)\bar{B}_{\mathrm{d}}(\tau)\bar{C} - \varsigma(\tau, G(T-\tau))\left(\bar{B}^2 - \bar{B}\right)$$

$$+ \left(-\rho_{v,\mathrm{d}}\eta_{\mathrm{d}}\gamma G(T-\tau)\bar{B}_{\mathrm{d}}(\tau) + \rho_{v,\mathrm{f}}\gamma\eta_{\mathrm{f}}G(T-\tau)\bar{B}_{\mathrm{f}}(\tau)\right)\bar{B}\bar{C},$$

其中 $G(t) = \mathbb{E}\left[\sqrt{v(t)}\right]$, $\bar{B}_j(\tau) = \lambda_j^{-1}\left(e^{-\lambda_j\tau} - 1\right)$ 对 $j \in \{\mathrm{d}, \mathrm{f}\}$. 初值为: $\bar{B}(\boldsymbol{u}, 0) = iu$, $\bar{C}(\boldsymbol{u}, 0) = 0$, $\bar{A}(\boldsymbol{u}, 0) = 0$.

对 $\bar{B}(\boldsymbol{u}, \tau) = iu$, 复值函数 $\bar{C}(\boldsymbol{u}, \tau)$ 是 Heston 型的, [Heston, 1993], 其解读为

$$\bar{C}(\boldsymbol{u}, \tau) = \frac{1 - e^{-d\tau}}{\gamma^2(1 - ge^{-d\tau})}\left(\kappa - \rho_{y,v}\gamma iu - d\right), \tag{15.29}$$

其中 $d = \sqrt{(\rho_{y,v}\gamma iu - \kappa)^2 - \gamma^2 iu(iu - 1)}$, $g = \frac{\kappa - \gamma\rho_{y,v}iu - d}{\kappa - \gamma\rho_{y,v}iu + d}$.

参数 κ, γ, $\rho_{y,v}$ 在 (15.16) 中给出.

函数 $\bar{A}(\boldsymbol{u},\tau)$ 由下式给出:

$$\bar{A}(\boldsymbol{u},\tau) = \int_0^\tau \Big(\kappa\bar{v} + \rho_{v,\mathrm{d}}\gamma\eta_\mathrm{d}G(T-z)\bar{B}_\mathrm{d}(z) - \rho_{v,\mathrm{d}}\eta_\mathrm{d}\gamma G(T-z)\bar{B}_\mathrm{d}(z)iu$$
$$+ \rho_{v,\mathrm{f}}\gamma\eta_\mathrm{f}G(T-z)\bar{B}_\mathrm{f}(z)iu\Big)\bar{C}(z)\mathrm{d}z + (u^2+iu)\int_0^\tau \varsigma(z,G(T-z))\mathrm{d}z,$$

其中 $\bar{C}(\boldsymbol{u},s)$ 如 (15.29) 中. 最方便的是数值求解 $\bar{A}(\boldsymbol{u},\tau)$, 例如用 Simpson 求积法则. 当相关系数 $\rho_{v,\mathrm{d}}$, $\rho_{v,\mathrm{f}}$ 等于零时, $\bar{A}(\boldsymbol{u},\tau)$ 的封闭表达式就可以得到 (具体见节 13.2.1).

我们记对完整版 FX-HHW 模型线性化的近似为 *FX-HHW1*. 很明显, 基于 Fourier 的数值方法可以有效求解 FX-HHW1 定价模型, 但无法求解 FX-HHW.

在 (15.28) 中, 通过映射 $\sqrt{v(t)}$ 到它们的第一阶矩, 对应的 PDE 的系数是仿射的, 写作

$$-\frac{\partial\phi_{\boldsymbol{X}}}{\partial t} = (\kappa(\bar{v}-v)+\Psi_1)\frac{\partial\phi_{\boldsymbol{X}}}{\partial v} + \left(\frac{1}{2}v - \varsigma(t,G(t))\right)\left(\frac{\partial^2\phi_{\boldsymbol{X}}}{\partial X^2} - \frac{\partial\phi_{\boldsymbol{X}}}{\partial X}\right)$$
$$+ (\rho_{y,v}\gamma v - \Psi_2)\frac{\partial^2\phi_{\boldsymbol{X}}}{\partial X\partial v} + \frac{1}{2}\gamma^2 v\frac{\partial^2\phi_{\boldsymbol{X}}}{\partial v^2}, \tag{15.30}$$

其中 $\phi_{\boldsymbol{X}} \equiv \phi_{\boldsymbol{X}}(u;T,T) = \mathbb{E}^T\left[\mathrm{e}^{iuX(T)}\big|\mathcal{F}(T)\right] = \mathrm{e}^{iuX(T)}$,

$$\varsigma(t,G(t)) = \Psi_3 + \rho_{\mathrm{d},\mathrm{f}}\eta_\mathrm{d}\eta_\mathrm{f}\bar{B}_\mathrm{d}(t,T)\bar{B}_\mathrm{f}(t,T) - \frac{1}{2}\left(\eta_\mathrm{d}^2\bar{B}_\mathrm{d}^2(t,T) + \eta_\mathrm{f}^2\bar{B}_\mathrm{f}^2(t,T)\right).$$

PDE (15.30) 中的三项, Ψ_1, Ψ_2 和 Ψ_3, 包含函数 $G(t)$:

$$\Psi_1 := \rho_{v,\mathrm{d}}\gamma\eta_\mathrm{d}\bar{B}_\mathrm{d}(t,T)G(t),$$
$$\Psi_2 := \left(\rho_{v,\mathrm{d}}\eta_\mathrm{d}\bar{B}_\mathrm{d}(t,T) - \rho_{v,\mathrm{f}}\gamma\eta_\mathrm{f}\bar{B}_\mathrm{f}(t,T)\right)G(t),$$
$$\Psi_3 := \left(\rho_{y,\mathrm{d}}\eta_\mathrm{d}\bar{B}_\mathrm{d}(t,T) - \rho_{y,\mathrm{f}}\eta_\mathrm{f}\bar{B}_\mathrm{f}(t,T)\right)G(t).$$

在解定价 PDE 时对 $t\to T$, 项 $\bar{B}_\mathrm{d}(t,T)$ 和 $\bar{B}_\mathrm{f}(t,T)$ 趋于零, 而包含近似的所有项都会消失. $t\to 0$ 时会变得简单, 因为 $\sqrt{v(t)}\xrightarrow{t\to 0}\mathbb{E}\left[\sqrt{v(t_0)}\right]$.

在本币 T 远期 FX 测度下, 把非仿射项映射到它们的第一阶矩上, 预期会提高精确度. 在节 15.2.3 中, 数值实验验证了这点.

15.2.3 FX-HHW 模型的数值实验

在本节中, 我们分析了求解 FX-HHW1 模型各种近似方法的数值误差. 如同 [Piterbarg, 2006] 中的设定, 利率曲线由 ZCB 建模, 用 $t_0 = 0$, $P_\mathrm{d}(0,T) = \exp(-0.02T)$ 和 $P_\mathrm{f}(0,T) = \exp(-0.05T)$. 进而,

$$\eta_\mathrm{d} = 0.7\%, \quad \eta_\mathrm{f} = 1.2\%, \quad \lambda_\mathrm{d} = 1\%, \quad \lambda_\mathrm{f} = 5\%.$$

我们使用下列参数以模拟不满足 Feller 条件的情形:

$$\kappa = 0.5, \quad \gamma = 0.3, \quad \bar{v} = 0.1, \quad v(0) = 0.1.$$

(15.17) 中的相关性结构由下式给出:

$$\begin{pmatrix} 1 & \rho_{y,v} & \rho_{y,\mathrm{d}} & \rho_{y,\mathrm{f}} \\ \rho_{y,v} & 1 & \rho_{v,\mathrm{d}} & \rho_{v,\mathrm{f}} \\ \rho_{y,\mathrm{d}} & \rho_{v,\mathrm{d}} & 1 & \rho_{\mathrm{d,f}} \\ \rho_{y,\mathrm{f}} & \rho_{v,\mathrm{f}} & \rho_{\mathrm{d,f}} & 1 \end{pmatrix} = \begin{pmatrix} 100\% & -40\% & -15\% & -15\% \\ -40\% & 100\% & 30\% & 30\% \\ -15\% & 30\% & 100\% & 25\% \\ -15\% & 30\% & 25\% & 100\% \end{pmatrix}. \tag{15.31}$$

对一些具有很多到期日和敲定价的 FX 期权, 在 FX-HHW 模型下, 用两个不同的定价方法进行定价.

第一个方法是普通的 Monte Carlo 方法, 用了 $50\,000$ 条路径和 $20 \cdot T_i$ 步, 对完整版 FX-HHW 模型, 没有任何近似.

在第二种定价方法中, 用了节 15.2.2 中基于 FX-HHW1 近似模型的特征函数. 基于概率密度函数 Fourier 余弦级数展开的 COS 方法有效地定价了平凡香草产品, 这里密度函数由 500 个 Fourier 余弦项重构出来.

实验设定了到期日为 $T_1, \cdots, T_{10}$, 敲定价由下列公式决定:

$$K_n(T_i) = y_F^{T_i}(0, T) \exp\left(0.1 c_n \sqrt{T_i}\right), \quad \text{其中} \tag{15.32}$$

$$c_n = \{-1.5, \ -1.0, \ -0.5, \ 0, \ 0.5, \ 1.0, \ 1.5\},$$

$y_F^{T_i}(0, T)$ 如同 (15.20) 中的项, 其中 $y(0) = 1.35$, 也就是初始当前 FX 率 (像美元 \$ 每欧元 €) 设为 1.35. 公式 (15.32) 对敲定价是方便的, 在 $n = 4$ 时, 敲定价 $K_4(T_i)$, $i = 1, \cdots, 10$, 等于时间 T_i 的远期 FX 率. 敲定价和到期日显示在表 15-2 中.

表 15-2　用于 FX-HHW 模型的 FX 期权的到期日和敲定价. 敲定价 $K_n(T_i)$ 的计算由 (15.32) 和 $y(0) = 1.35$ 给出.

T_i	$K_1(T_i)$	$K_2(T_i)$	$K_3(T_i)$	$K_4(T_i)$	$K_5(T_i)$	$K_6(T_i)$	$K_7(T_i)$
6 个月	1.1961	1.2391	1.2837	1.3299	1.3778	1.4273	1.4787
1 年	1.1276	1.1854	1.2462	1.3101	1.3773	1.4479	1.5221
5 年	0.8309	0.9291	1.0390	1.1620	1.2994	1.4531	1.6250
10 年	0.6224	0.7290	0.8538	1.0001	1.1714	1.3721	1.6071
20 年	0.3788	0.4737	0.5924	0.7409	0.9265	1.1587	1.4491
30 年	0.2414	0.3174	0.4174	0.5489	0.7218	0.9492	1.2482

两种模型产生的期权价格可以用隐含 Black 波动率表示. 近似模型 FX-HHW1 看起来对该模型考虑的参数非常精确. 观察到 (未报告) 最大误差约为 0.1% 的波动率, 其为到期日 30 年的平值期权. 而其他期权的误差小于 0.07%. FX 期权价标准差列在表 15-3 中. 敲定价 $K_4(T_i)$ 等于标的物价格 (即平值期权).

下面介绍针对外汇市场数据的校验结果.

基于市场数据的校验

在模拟实验中, 我们以参考文献 [Piterbarg, 2006] 中的 FX 市场隐含波动率作为基准讨论 FX-HHW 模型, 具体值见表 15-4. 在校验中, 用了近似模型 FX-HHW1. 相关

表 15-3 由 FX-HHW 模型得到的平均 FX 看涨期权价, 其中有 20 次 Monte Carlo 模拟, 50 000 条路径和 $20 \times T_i$ 步; MC 表示 Monte Carlo, COS 表示 FX-HHW1 的 Fourier 余弦级数展开技术, 展开项 500. 敲定价 $K_n(T_i)$ 使用了表 15-2 中的值.

T_i	方法	$K_1(T_i)$	$K_2(T_i)$	$K_3(T_i)$	$K_4(T_i)$	$K_5(T_i)$	$K_6(T_i)$	$K_7(T_i)$
6 个月	MC	0.1907	0.1636	0.1382	0.1148	0.0935	0.0748	0.0585
	标准差	0.0004	0.0004	0.0005	0.0004	0.0004	0.0004	0.0004
	COS	0.1908	0.1637	0.1382	0.1147	0.0934	0.0746	0.0583
1 年	MC	0.2566	0.2209	0.1870	0.1553	0.1264	0.1008	0.0785
	标准差	0.0007	0.0007	0.0007	0.0007	0.0007	0.0007	0.0007
	COS	0.2567	0.2210	0.1870	0.1554	0.1265	0.1008	0.0786
5 年	MC	0.4216	0.3709	0.3205	0.2713	0.2246	0.1816	0.1432
	标准差	0.0021	0.0021	0.0021	0.0020	0.0020	0.0019	0.0018
	COS	0.4212	0.3706	0.3203	0.2713	0.2249	0.1822	0.1441
10 年	MC	0.4310	0.3871	0.3420	0.2967	0.2521	0.2096	0.1702
	标准差	0.0033	0.0033	0.0033	0.0033	0.0033	0.0031	0.0030
	COS	0.4311	0.3873	0.3423	0.2971	0.2528	0.2106	0.1714
20 年	MC	0.3362	0.3109	0.2838	0.2553	0.2260	0.1966	0.1677
	标准差	0.0037	0.0037	0.0037	0.0037	0.0037	0.0036	0.0036
	COS	0.3358	0.3104	0.2833	0.2548	0.2254	0.1960	0.1672
30 年	MC	0.2322	0.2191	0.2046	0.1888	0.1720	0.1545	0.1367
	标准差	0.0050	0.0050	0.0050	0.0050	0.0049	0.0048	0.0048
	COS	0.2319	0.2188	0.2042	0.1883	0.1714	0.1539	0.1359

表 15-4 FX 期权的市场隐含 Black 波动率, 由 [Piterbarg, 2006] 给出. 敲定价 $K_n(T_i)$ 列入表 15-2 中.

T_i	$K_1(T_i)$	$K_2(T_i)$	$K_3(T_i)$	$K_4(T_i)$	$K_5(T_i)$	$K_6(T_i)$	$K_7(T_i)$
6 个月	11.41 %	10.49 %	9.66 %	9.02 %	8.72 %	8.66 %	8.68 %
1 年	12.23 %	10.98 %	9.82 %	8.95 %	8.59 %	8.59 %	8.65 %
5 年	13.44 %	11.84 %	10.38 %	9.27 %	8.76 %	8.71 %	8.83 %
10 年	16.43 %	14.79 %	13.34 %	12.18 %	11.43 %	11.07 %	10.99 %
20 年	22.96 %	21.19 %	19.68 %	18.44 %	17.50 %	16.84 %	16.46 %
30 年	25.09 %	23.48 %	22.17 %	21.13 %	20.35 %	19.81 %	19.48 %

性结构如 (15.31). 图 15-2 展示了部分的模型校验结果.

实验结果表明, 该模型可以很好地基于市场数据进行校验. 对于长期的到期时间和深度实值期权, 我们观察到市场和模型价格之间存在一些差异. 然而, 在用 Heston 模型 (与数值逼近没有关系) 处理时是很常见的, 因为 FX 率的倾斜/微笑模式对于长期到期日而言是不会变平的. 人们有时通过向模型中添加跳跃项来改进这一点 (Bates 模型, 在节 8.4.3 中讨论).

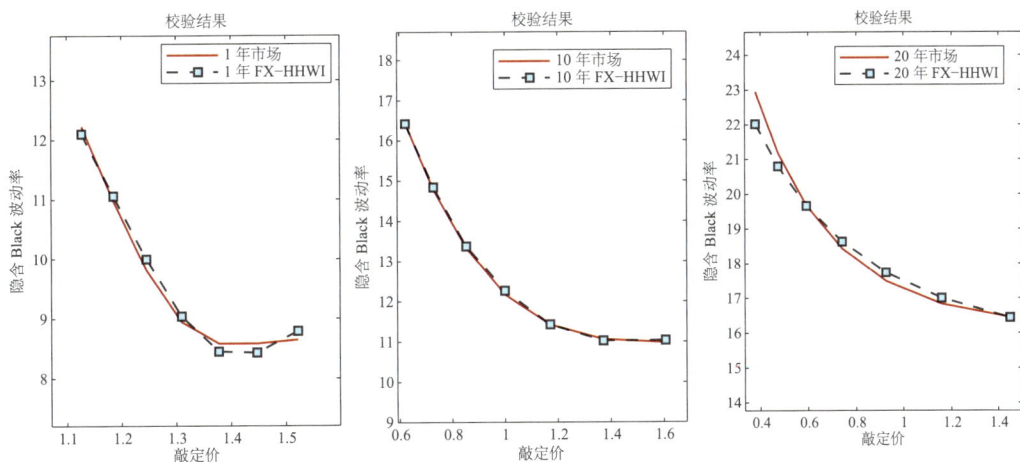

图 15-2　隐含波动率的比较, 从市场和 FX-HHW1 模型对 FX 欧式看涨期权在到期日 1 年, 10 年和 20 年的结果. 敲定价用表 15-2 的数据; $y(0) = 1.35$.

15.3　具利率微笑的多币种 FX 模型

本节中, 我们将介绍多币种模型下一种融合了利率微笑的扩展, 名为 *FX-HLMM* 的混合模型, 它建模了两种模式的市场隐含波动率微笑, 即对 FX 率的微笑和在本币与外币固定收益市场的微笑. 这个模型对暴露在利率微笑中的 FX 产品很有用. 这样的 FX 产品的描述可以在 Hunter 的手册 [Hunter et al., 2006] 中找到.

一些前节的 FX 模型在利率方面的推广, 展示在 Schlögl [Schlögl, 2002b] 或 Mikkelsen [Mikkelsen, 2001] 的工作中, 其中短期利率模型用 Libor 市场模型框架所取代. 具有随机波动率和 Libor 率的 FX 率模型由 [Takahashi et al., 2008] 提出, 其中假定了对数正态 Libor 率和 FX 变量的独立性. 在 [Kawai et al., 2007] 中, 将 Libor 率结合进了 FX 率的位移扩散模型.

如节 15.2, 随机波动率 FX 是 Heston 型的, 其在本币风险中性测度 $\mathbb{Q}$ 下, 服从下列动态:

$$
\begin{aligned}
\mathrm{d}y(t)/y(t) &= (\cdots)\mathrm{d}t + \sqrt{v(t)}\mathrm{d}W_y^{\mathbb{Q}}(t), \quad y(t_0) > 0, \\
\mathrm{d}v(t) &= \kappa(\bar{v} - v(t))\mathrm{d}t + \gamma\sqrt{v(t)}\mathrm{d}W_v^{\mathbb{Q}}(t), \quad v(t_0) > 0,
\end{aligned}
\tag{15.33}
$$

其中的参数如 (15.16). 由于模型将置于远期测度下, 第一个 SDE 的漂移项不需要设定 (本币远期 FX $y(t)P_f(t,T)/P_d(t,T)$ 的动态不包含漂移项).

假设本币和外币的 "利率模型" 基于各自市场提供的利率产品进行独立的校验. 为简单起见, 假设两种货币的期限结构相同. 即 $\mathcal{T}_\mathrm{d} \equiv \mathcal{T}_\mathrm{f} = \{T_0, T_1, \cdots, T_m \equiv T\}$ 和 $\tau_i = T_i - T_{i-1}$, $i = 1, \cdots, m$. 对 $t < T_{i-1}$, *Libor* 率 $\ell_{\mathrm{d},i}(t) := \ell_\mathrm{d}(t, T_{i-1}, T_i)$ (本币) 和 $\ell_{\mathrm{f},i}(t) := \ell_\mathrm{f}(t, T_{i-1}, T_i)$ (外币), 定义为

$$\ell_{\mathrm{d},i}(t) := \frac{1}{\tau_i}\left(\frac{P_{\mathrm{d}}(t,T_{i-1})}{P_{\mathrm{d}}(t,T_i)}-1\right), \quad \ell_{\mathrm{f},i}(t) := \frac{1}{\tau_i}\left(\frac{P_{\mathrm{f}}(t,T_{i-1})}{P_{\mathrm{f}}(t,T_i)}-1\right). \tag{15.34}$$

对每个币种的利率, 使用 DD-SV Libor 市场模型. 生成其计价单位 $P_{\mathrm{d}}(t,T)$ 和 $P_{\mathrm{f}}(t,T)$ 的 T 远期利率如下:

$$\begin{cases} \mathrm{d}\ell_{\mathrm{d},i}(t) = \nu_{\mathrm{d},i}\xi_{\mathrm{d},i}(t)\sqrt{\nu_{\mathrm{d}}(t)}\left(\mu_{\mathrm{d}}(t)\sqrt{\nu_{\mathrm{d}}(t)}\mathrm{d}t+\mathrm{d}W_i^{\mathrm{d},T}(t)\right), \\ \mathrm{d}\nu_{\mathrm{d}}(t) = \lambda_{\mathrm{d}}(\nu_{\mathrm{d}}(t_0)-\nu_{\mathrm{d}}(t))\mathrm{d}t+\eta_{\mathrm{d}}\sqrt{\nu_{\mathrm{d}}(t)}\mathrm{d}W_v^{\mathrm{d},T}(t), \end{cases} \tag{15.35}$$

和

$$\begin{cases} \mathrm{d}\ell_{\mathrm{f},i}(t) = \nu_{\mathrm{f},i}\xi_{\mathrm{f},i}(t)\sqrt{\nu_{\mathrm{f}}(t)}\left(\mu_{\mathrm{f}}(t)\sqrt{\nu_{\mathrm{f}}(t)}\mathrm{d}t+\mathrm{d}\widehat{W}_i^{\mathrm{f},T}(t)\right), \\ \mathrm{d}\nu_{\mathrm{f}}(t) = \lambda_{\mathrm{f}}(\nu_{\mathrm{f}}(t_0)-\nu_{\mathrm{f}}(t))\mathrm{d}t+\eta_{\mathrm{f}}\sqrt{\nu_{\mathrm{f}}(t)}\mathrm{d}\widehat{W}_v^{\mathrm{f},T}(t), \end{cases} \tag{15.36}$$

其中

$$\mu_{\mathrm{d}}(t) = -\sum_{k=i+1}^m \frac{\tau_k\xi_{\mathrm{d},k}(t)\nu_{\mathrm{d},k}}{1+\tau_k\ell_{\mathrm{d},k}(t)}\rho_{i,k}^{\mathrm{d}}, \quad \mu_{\mathrm{f}}(t) = -\sum_{k=i+1}^m \frac{\tau_k\xi_{\mathrm{f},k}(t)\nu_{\mathrm{f},k}}{1+\tau_k\ell_{\mathrm{f},k}(t)}\rho_{i,k}^{\mathrm{f}},$$

而这里

$$\begin{cases} \xi_{\mathrm{d},i} = \vartheta_{\mathrm{d},i}^*\ell_{\mathrm{d},i}(t) + (1-\vartheta_{\mathrm{d},i}^*)\ell_{\mathrm{d},i}(t_0), \\ \xi_{\mathrm{f},i} = \vartheta_{\mathrm{f},i}^*\ell_{\mathrm{f},i}(t) + (1-\vartheta_{\mathrm{f},i}^*)\ell_{\mathrm{f},i}(t_0). \end{cases}$$

在本币 T 远期测度下, Brown 运动 $W_i^{\mathrm{d},T}(t)$ 对应的是第 i 个本币 Libor 率 $\ell_{\mathrm{d},i}(t)$, 而在终端外币测度 T 下, Brown 运动 $\widehat{W}_i^{\mathrm{f},T}(t)$ 是关于第 i 个外币市场 Libor 率 $\ell_{\mathrm{f},i}(t)$.

在这个模型中, 参数 $\nu_{\mathrm{d},i}(t)$ 和 $\nu_{\mathrm{f},i}(t)$ 决定了利率隐含波动率微笑水平, 参数 $\vartheta_{\mathrm{d},i}^*$ 和 $\vartheta_{\mathrm{f},i}^*$ 控制了隐含波动率微笑的斜率, 而 λ_{d}, λ_{f} 决定了方差的均值回归速度并影响了利率波动率微笑随着互换期权到期日延长而拉平的速度 [Piterbarg, 2005]. 参数 η_{d}, η_{f} 决定了利率微笑的曲率.

两两之间的相关性结构如下:

FX 和其方差过程 $v(t)$:	$\mathrm{d}W_y^T(t)\mathrm{d}W_v^T(t)=\rho_{y,v}\mathrm{d}t,$
FX 和本币 Libor 率 $\ell_{\mathrm{d},i}(t)$:	$\mathrm{d}W_y^T(t)\mathrm{d}W_i^{\mathrm{d},T}(t)=\rho_{y,i}^{\mathrm{d}}\mathrm{d}t,$
FX 和外币 Libor 率 $\ell_{\mathrm{f},i}(t)$:	$\mathrm{d}W_y^T(t)\mathrm{d}\widehat{W}_i^{\mathrm{f},T}(t)=\rho_{y,i}^{\mathrm{f}}\mathrm{d}t,$
Libor 率在本币市场:	$\mathrm{d}W_i^{\mathrm{d},T}(t)\mathrm{d}W_j^{\mathrm{d},T}(t)=\rho_{i,j}^{\mathrm{d}}\mathrm{d}t,$
Libor 率在外币市场:	$\mathrm{d}\widehat{W}_i^{\mathrm{f},T}(t)\mathrm{d}\widehat{W}_j^{\mathrm{f},T}(t)=\rho_{i,j}^{\mathrm{f}}\mathrm{d}t,$
Libor 率本币 & 外币市场:	$\mathrm{d}W_i^{\mathrm{d},T}(t)\mathrm{d}\widehat{W}_j^{\mathrm{f},T}(t)=\rho_{i,j}^{\mathrm{d,f}}\mathrm{d}t.$

$$\tag{15.37}$$

剩下的过程之间设定了零相关, 即

- Libor 率和它们的方差过程,

$$\mathrm{d}W_i^{\mathrm{d},T}(t)\mathrm{d}W_\nu^{\mathrm{d},T}(t) = 0, \quad \mathrm{d}\widehat{W}_i^{\mathrm{f},T}(t)\mathrm{d}\widehat{W}_\nu^{\mathrm{f},T}(t) = 0,$$

- Libor 率和 FX 方差过程,

$$\mathrm{d}W_i^{\mathrm{d},T}(t)\mathrm{d}W_v^{T}(t) = 0, \quad \mathrm{d}\widehat{W}_i^{\mathrm{f},T}(t)\mathrm{d}W_v^{T}(t) = 0,$$

- 所有的方差过程,

$$\mathrm{d}W_v^{T}(t)\mathrm{d}W_\nu^{\mathrm{d},T}(t) = 0, \quad \mathrm{d}W_v^{T}(t)\mathrm{d}\widehat{W}_\nu^{\mathrm{f},T}(t) = 0, \quad \mathrm{d}W_\nu^{\mathrm{d},T}(t)\mathrm{d}\widehat{W}_\nu^{\mathrm{f},T}(t) = 0,$$

FX 和 Libor 率方差过程,

$$\mathrm{d}W_y^{T}(t)\mathrm{d}W_\nu^{\mathrm{d},T}(t) = 0, \quad \mathrm{d}W_y^{T}(t)\mathrm{d}\widehat{W}_\nu^{\mathrm{f},T}(t) = 0.$$

相关性结构以示意图的方式展示在图 15-3 中.

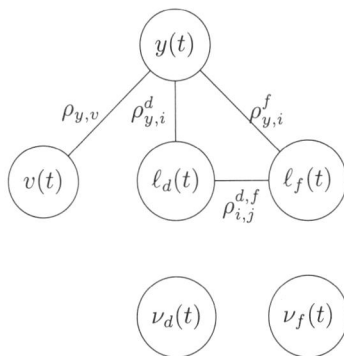

图 15-3　FX-HLMM 模型的相关性结构. 连线指非零相关.

我们假定 (15.35) 和 (15.36) 中 DD-SV 模型已经在有效的参数框架中, 如 [Piterbarg, 2005] 中. 这意味着近似的时间均匀的参数用于取代时间依赖的参数, 即 $\vartheta_i(t) \equiv \vartheta_i^*$ 和 $\nu_i(t) \equiv \nu_i^*$.

有了所描述的相关性结构, 远期 FX 的动态由下式给出:

$$y_F(t,T) = y(t)\frac{P_{\mathrm{f}}(t,T)}{P_{\mathrm{d}}(t,T)}, \tag{15.38}$$

也见 (15.20), 其中 $y(t)$ 是当前汇率, 而 $P_{\mathrm{d}}(t,T)$ 和 $P_{\mathrm{f}}(t,T)$ 是零息票.

当推导 (15.38) 的动态时, 需要 ZCB $P_{\mathrm{d}}(t,T)$ 和 $P_{\mathrm{f}}(t,T)$. 利用等式 (15.34), 我们可以得到下列关于债券的表达式:

$$\frac{1}{P_j(t,T)} = \frac{1}{P_j\left(t,T_{\bar{m}(t)}\right)} \prod_{k=\bar{m}(t)+1}^{m} (1 + \tau_k\ell_{j,k}(t)), \quad j = \{\mathrm{d},\mathrm{f}\}, \tag{15.39}$$

其中 $T = T_m$, $\bar{m}(t) = \min(k : t \leqslant T_k)$ (式 (15.39) 中空集的乘积定义为 1). (15.39) 里的债券 $P_j(t,T_m)$ 完全由 Libor 率 $\ell_{j,k}(t)$, $k = 1,\cdots,m$ 和债券 $P_j\left(t,T_{\bar{m}(t)}\right)$ 决定. 鉴于

Libor 率 $\ell_{j,k}(t)$ 由系统 (15.35) 和 (15.36) 定义, 债券 $P_j\left(t, T_{\bar{m}(t)}\right)$ 还没有在现行的框架里定义.

为了对零息票定义连续时间的动态, 要应用如同 [Schlögl, 2002a] 提出的线性插值方案, 其为

$$\frac{1}{P_j(t, T_{\bar{m}(t)})} = 1 + (T_{\bar{m}(t)} - t)\ell_{j,\bar{m}(t)}(T_{\bar{m}(t)-1}), \quad T_{\bar{m}(t)-1} < t < T_{\bar{m}(t)}. \tag{15.40}$$

在模型校验时, 这个插值技术表现良好. 结合 (15.40) 和 (15.39), 可得本币和外币的债券为

$$\frac{1}{P_{\mathrm{d}}(t,T)} = \left(1 + (T_{\bar{m}(t)} - t)\ell_{\mathrm{d},\bar{m}(t)}(T_{\bar{m}(t)-1})\right) \prod_{k=\bar{m}(t)+1}^{m} (1 + \tau_k \ell_{\mathrm{d,k}}(t)),$$

$$\frac{1}{P_{\mathrm{f}}(t,T)} = \left(1 + (T_{\bar{m}(t)} - t)\ell_{\mathrm{f},\bar{m}(t)}(T_{\bar{m}(t)-1})\right) \prod_{k=\bar{m}(t)+1}^{m} (1 + \tau_k \ell_{\mathrm{f,k}}(t)).$$

在推导 (15.38) 中的 $y_F(t,T)$ 动态时, $\mathrm{d}t$ 项应该设为零, 因为在计价单位 $P_{\mathrm{d}}(t,T)$ 下 $y_F(t,T)$ 是个鞅.

对于每个零息票 $P_{\mathrm{d}}(t,T)$ 或 $P_{\mathrm{f}}(t,T)$, 其动态过程可以在合适的 T 远期测度下被确定下来. 对 $P_{\mathrm{d}}(t,T)$, 是本币 T 远期测度, 而对 $P_{\mathrm{f}}(t,T)$, 是外币 T 远期测度. 零息票的动态是由 (15.35) 和 (15.36) 中 Libor 率的动态驱动, 现在为

$$\frac{\mathrm{d}P_{\mathrm{d}}(t,T)}{P_{\mathrm{d}}(t,T)} = (\cdots)\mathrm{d}t - \sqrt{\nu_{\mathrm{d}}(t)} \sum_{k=\bar{m}(t)+1}^{m} \frac{\tau_k \nu_{\mathrm{d},k}\xi_{\mathrm{d},k}(t)}{1 + \tau_k \ell_{\mathrm{d},k}(t)} \mathrm{d}W_k^{\mathrm{d},T}(t),$$

$$\frac{\mathrm{d}P_{\mathrm{f}}(t,T)}{P_{\mathrm{f}}(t,T)} = (\cdots)\mathrm{d}t - \sqrt{\nu_{\mathrm{f}}(t)} \sum_{k=\bar{m}(t)+1}^{m} \frac{\tau_k \nu_{\mathrm{f},k}\xi_{\mathrm{f},k}(t)}{1 + \tau_k \ell_{\mathrm{f},k}(t)} \mathrm{d}\widehat{W}_k^{\mathrm{f},T}(t),$$

其中的系数在 (15.35) 和 (15.36) 中定义.

在把计价单位从 $P_{\mathrm{f}}(t,T)$ 改到 $P_{\mathrm{d}}(t,T)$ 时, 外币债券中只有漂移项部分会发生改变. 由于 (15.38) 中的 $y_F(t,T)$ 是 $P_{\mathrm{d}}(t,T)$ 测度下的鞅, 故没有必要再去找合适的漂移修正.

在等式 (15.21) 的基础上, 对 (15.38) 一般的动态, 忽略所有 $\mathrm{d}t$ 项, 我们得到

$$\frac{\mathrm{d}y_F(t,T)}{y_F(t,T)} = \sqrt{v(t)}\mathrm{d}W_y^T(t) + \sqrt{\nu_{\mathrm{d}}(t)} \sum_{k=\bar{m}(t)+1}^{m} \frac{\tau_k \nu_{\mathrm{d},k}\xi_{\mathrm{d},k}(t)}{1 + \tau_k \ell_{\mathrm{d},k}(t)} \mathrm{d}W_k^{\mathrm{d},T}(t)$$

$$- \sqrt{\nu_{\mathrm{f}}(t)} \sum_{k=\bar{m}(t)+1}^{m} \frac{\tau_k \nu_{\mathrm{f},k}\xi_{\mathrm{f},k}(t)}{1 + \tau_k \ell_{\mathrm{f},k}(t)} \mathrm{d}W_k^{\mathrm{f},T}(t). \tag{15.41}$$

注意, (15.41) 中, $\widehat{W}$ 上的帽子从 Brown 运动 $W_k^{\mathrm{f},T}(t)$ 中消失, 这表明了对外币 Libor 率从外币到本币测度的测度变换.

由于 FX 的随机波动率过程 $v(t)$ 独立于本币和外币的 Libor 率 $\ell_{d,k}(t)$ 和 $\ell_{f,k}(t)$, 在 $P_d(t,T)$ 测度下的动态过程不变, 依然为

$$dv(t) = \kappa(\bar{v} - v(t))dt + \gamma\sqrt{v(t)}dW_v^T(t). \tag{15.42}$$

然而, (15.42) 中的随机方差和与 (15.41) 中主要标的过程间的相关性, 还是不满足仿射条件.

15.3.1　线性化和远期特征函数

(15.41) 中的模型不是仿射形式的, 因为它包含像 $\xi_{j,k}(t)/(1 + \tau_{j,k}\ell_{j,k}(l))$ 这样的项, 其中 $\xi_{j,k} = \vartheta_{j,k}^*\ell_{j,k}(t) + (1 - \vartheta_{j,k}^*)\ell_{j,k}(t_0)$, $j \in \{d,f\}$. 为了推出近似模型的特征函数, 我们将按标准做法, 冻结 Libor 率 (例如见 [Glasserman et al., 1999], [Hull et al., 2000], [Jäckel et al., 2000]), 即

$$\ell_{d,k}(t) \approx \ell_{d,k}(t_0) \quad \Rightarrow \quad \xi_{d,k} \equiv \ell_{d,k}(t_0),$$
$$\ell_{f,k}(t) \approx \ell_{f,k}(t_0) \quad \Rightarrow \quad \xi_{f,k} \equiv \ell_{f,k}(t_0). \tag{15.43}$$

这个近似给我们下列 $y_F(t,T)$ 动态:

$$\boxed{\begin{aligned}
\frac{dy_F(t,T)}{y_F(t,T)} &\approx \sqrt{v(t)}dW_y^T(t) + \sqrt{\nu_d(t)}\sum_{k\in\mathcal{A}}\psi_{d,k}dW_k^{d,T}(t) - \sqrt{\nu_f(t)}\sum_{k\in\mathcal{A}}\psi_{f,k}dW_k^{f,T}(t),\\
dv(t) &= \kappa(\bar{v} - v(t))dt + \gamma\sqrt{v(t)}dW_v^T(t),\\
d\nu_j(t) &= \lambda_j(\nu_j(t_0) - \nu_j(t))dt + \eta_j\sqrt{\nu_j(t)}dW_v^{j,T}(t),
\end{aligned}}$$

其中 $j \in \{d,f\}$, $\mathcal{A} = \{\bar{m}(t)+1, \cdots, m\}$, 相关性在 (15.37) 中给出并且

$$\psi_{d,k} := \frac{\tau_k\nu_{d,k}\ell_{d,k}(t_0)}{1 + \tau_k\ell_{d,k}(t_0)}, \quad \psi_{f,k} := \frac{\tau_k\nu_{f,k}\ell_{f,k}(t_0)}{1 + \tau_k\ell_{f,k}(t_0)}. \tag{15.44}$$

推导对数变换 $X(t) = \log y_F(t,T)$ 的动态, 我们需要计算扩散系数的平方[1].

用记号

$$a := \sqrt{v(t)}dW_y^T(t), \ b := \sqrt{\nu_d(t)}\sum_{k\in\mathcal{A}}\psi_{d,k}dW_k^{d,T}(t), \ c := \sqrt{\nu_f(t)}\sum_{k\in\mathcal{A}}\psi_{f,k}dW_k^{f,T}(t),$$
$$\tag{15.45}$$

对扩散系数的平方, 我们使用 $(a + b - c)^2 = a^2 + b^2 + c^2 + 2ab - 2ac - 2bc$. 从而, $X(t) = \log y_F(t,T)$ 的动态可表成

$$\begin{aligned}
dX(t) &\approx -\frac{1}{2}(a + b - c)^2 + \sqrt{v(t)}dW_y^T(t) + \sqrt{\nu_d(t)}\sum_{\mathcal{A}}\psi_{d,k}dW_k^{d,T}(t)\\
&\quad - \sqrt{\nu_f(t)}\sum_{\mathcal{A}}\psi_{f,k}dW_k^{f,T}(t),
\end{aligned} \tag{15.46}$$

---

[1] 如同标准的 Black-Scholes 分析, 对 $dS(t) = \sigma_1 S(t)dW(t)$, 对数变换给出 $d\log S(t) = -\frac{1}{2}\sigma_1^2 dt + \sigma_1 dW(t)$.

其中系数 a, b 和 c 由 (15.45) 给出. 因为

$$\left(\sum_{j=1}^{m} x_j\right)^2 = \sum_{j=1}^{m} x_j^2 + \sum_{\substack{i,j=1,\cdots,m \\ i \neq j}} x_i x_j, \quad \text{对 } m > 0,$$

得出

$$a^2 = v(t)\mathrm{d}t,$$

$$b^2 = \nu_\mathrm{d}(t)\left(\sum_{k \in \mathcal{A}} \psi_{\mathrm{d},k}^2 + \sum_{\substack{j,k \in \mathcal{A} \\ j \neq k}} \psi_{\mathrm{d},j}\psi_{\mathrm{d},k}\rho_{j,k}^\mathrm{d}\right)\mathrm{d}t \quad =: \nu_\mathrm{d}(t)A_\mathrm{d}(t)\mathrm{d}t, \tag{15.47}$$

$$c^2 = \nu_\mathrm{f}(t)\left(\sum_{k \in \mathcal{A}} \psi_{\mathrm{f},k}^2 + \sum_{\substack{j,k \in \mathcal{A} \\ j \neq k}} \psi_{\mathrm{f},j}\psi_{\mathrm{f},k}\rho_{j,k}^\mathrm{f}\right)\mathrm{d}t \quad =: \nu_\mathrm{f}(t)A_\mathrm{f}(t)\mathrm{d}t, \tag{15.48}$$

$$ab = \sqrt{v(t)}\sqrt{\nu_\mathrm{d}(t)}\sum_{k \in \mathcal{A}} \psi_{\mathrm{d},k}\rho_{k,x}^\mathrm{d}\mathrm{d}t,$$

$$ac = \sqrt{v(t)}\sqrt{\nu_\mathrm{f}(t)}\sum_{k \in \mathcal{A}} \psi_{\mathrm{f},k}\rho_{k,x}^\mathrm{f}\mathrm{d}t,$$

$$bc = \sqrt{\nu_\mathrm{d}(t)}\sqrt{\nu_\mathrm{f}(t)}\sum_{k \in \mathcal{A}} \psi_{\mathrm{d},k}\sum_{j \in \mathcal{A}} \psi_{\mathrm{f},j}\rho_{j,k}^\mathrm{d,f}\mathrm{d}t,$$

其中 $\rho_{k,x}^\mathrm{d}, \rho_{k,x}^\mathrm{f}$ 分别是 FX 和第 k 个本币和外币 Libor 率的相关系数. 第 j 个本币和第 k 个外币 Libor 率之间的相关系数为 $\rho_{j,k}^\mathrm{d,f}$.

通过设定 $\varsigma\left(t, \sqrt{v(t)}, \sqrt{\nu_\mathrm{d}(t)}, \sqrt{\nu_\mathrm{f}(t)}\right) := (2ab - 2ac - 2bc)/\mathrm{d}t$, (15.46) 中的动态 $X(t)$ 可表成

$$\mathrm{d}X(t) \approx -\frac{1}{2}\left(v(t) + A_\mathrm{d}(t)\nu_\mathrm{d}(t) + A_\mathrm{f}(t)\nu_\mathrm{f}(t) + \varsigma\left(t, \sqrt{v(t)}, \sqrt{\nu_\mathrm{d}(t)}, \sqrt{\nu_\mathrm{f}(t)}\right)\right)\mathrm{d}t$$
$$+ \sqrt{v(t)}\mathrm{d}W_y^T(t) + \sqrt{\nu_\mathrm{d}(t)}\sum_{\mathcal{A}} \psi_{\mathrm{d},k}\mathrm{d}W_k^{\mathrm{d},T}(t) - \sqrt{\nu_\mathrm{f}(t)}\sum_{\mathcal{A}} \psi_{\mathrm{f},k}\mathrm{d}W_k^{\mathrm{f},T}(t).$$

(15.44), (15.47) 和 (15.48) 中的系数 $\psi_{\mathrm{d},k}, \psi_{\mathrm{f},k}, A_\mathrm{d}$ 和 A_f 是确定的分段常数.

为了使模型为仿射, 漂移项中的非仿射项 $\varsigma\left(t, \sqrt{v(t)}, \sqrt{\nu_\mathrm{d}(t)}, \sqrt{\nu_\mathrm{f}(t)}\right)$ 通过到第一阶矩的映射进行线性化, 即

$$\varsigma\left(t, \sqrt{v(t)}, \sqrt{\nu_\mathrm{d}(t)}, \sqrt{\nu_\mathrm{f}(t)}\right) \approx \varsigma\left(t, \mathbb{E}\left(\sqrt{v(t)}\right), \mathbb{E}\left(\sqrt{\nu_\mathrm{d}(t)}\right), \mathbb{E}\left(\sqrt{\nu_\mathrm{f}(t)}\right)\right) =: G(t). \tag{15.49}$$

方差过程 $v(t), \nu_\mathrm{d}(t)$ 和 $\nu_\mathrm{f}(t)$ 是独立的 CIR 型过程, 所以它们乘积的期望等于期望的乘积. 函数 $G(t)$ 可以借助节 13.2.1 中引理 13.2.1 里的公式来确定.

(15.49) 中的近似线性化了对应的 PDF 所有非仿射项. 如前, 远期特征函数 $\phi_{\boldsymbol{X}} := \phi_{\boldsymbol{X}}(u; t, T)$, 定义为下列倒向 PDE 的解:

$$0 = \frac{\partial \phi_{\boldsymbol{X}}}{\partial t} + \frac{1}{2}\left(v + A_\mathrm{d}(t)\nu_\mathrm{d} + A_\mathrm{f}(t)\nu_\mathrm{f} + G(t)\right)\left(\frac{\partial^2 \phi_{\boldsymbol{X}}}{\partial X^2} - \frac{\partial \phi_{\boldsymbol{X}}}{\partial X}\right)$$

$$+ \lambda_{\mathrm{d}}(\nu_{\mathrm{d}}(t_0) - \nu_{\mathrm{d}}) \frac{\partial \phi_{\boldsymbol{X}}}{\partial \nu_{\mathrm{d}}} + \lambda_{\mathrm{f}}(\nu_{\mathrm{f}}(t_0) - \nu_{\mathrm{f}}) \frac{\partial \phi_{\boldsymbol{X}}}{\partial \nu_{\mathrm{f}}} + \kappa(\bar{v} - v) \frac{\partial \phi_{\boldsymbol{X}}}{\partial v}$$

$$+ \frac{1}{2} \eta_{\mathrm{d}}^2 \nu_d \frac{\partial^2 \phi_{\boldsymbol{X}}}{\partial \nu_{\mathrm{d}}^2} + \frac{1}{2} \eta_{\mathrm{f}}^2 \nu_{\mathrm{f}} \frac{\partial^2 \phi_{\boldsymbol{X}}}{\partial \nu_{\mathrm{f}}^2} + \frac{1}{2} \gamma^2 v \frac{\partial^2 \phi_{\boldsymbol{X}}}{\partial v^2} + \rho_{y,v} \gamma v \frac{\partial^2 \phi_{\boldsymbol{X}}}{\partial X \partial v}, \tag{15.50}$$

其中终值条件为 $\phi_{\boldsymbol{X}} \equiv \phi_{\boldsymbol{X}}(u; T, T) = \mathrm{e}^{iuX(T)}$. 由于 PDE 所有的系数是线性的, 因此解具有下列形式:

$$\phi_{\boldsymbol{X}}(u; t, T) = \exp \big(\bar{A}(\boldsymbol{u}, \tau) + \bar{B}(\boldsymbol{u}, \tau) X(t) + \bar{C}(\boldsymbol{u}, \tau) v(t)$$
$$+ \bar{D}_{\mathrm{d}}(\tau) \nu_{\mathrm{d}}(t) + \bar{D}_{\mathrm{f}}(\tau) \nu_{\mathrm{f}}(t) \big), \tag{15.51}$$

其中 $\tau := T - t$. 将 (15.51) 代入 (15.50) 给出下列 ODE 系统:

$$\frac{\mathrm{d}\bar{A}}{\mathrm{d}\tau} = G(t) \frac{\bar{B}^2 - \bar{B}}{2} + \lambda_{\mathrm{d}} \nu_{\mathrm{d}}(t_0) D_{\mathrm{d}}(\tau) + \lambda_{\mathrm{f}} \nu_{\mathrm{f}}(t_0) D_{\mathrm{f}}(\tau) + \kappa \bar{v} \bar{C},$$

$$\frac{\mathrm{d}\bar{B}}{\mathrm{d}\tau} = 0,$$

$$\frac{\mathrm{d}\bar{C}}{\mathrm{d}\tau} = \frac{\bar{B}^2 - \bar{B}}{2} + \big(\rho_{y,v} \gamma \bar{B} - \kappa \big) \bar{C} + \gamma^2 \bar{C}^2 / 2,$$

$$\frac{\mathrm{d}\bar{D}_{\mathrm{d}}(\tau)}{\mathrm{d}\tau} = A_{\mathrm{d}}(t) \frac{\bar{B}^2 - \bar{B}}{2} - \lambda_{\mathrm{d}} \bar{D}_{\mathrm{d}}(\tau) + \eta_{\mathrm{d}}^2 \bar{D}_{\mathrm{d}}^2(\tau) / 2,$$

$$\frac{\mathrm{d}\bar{D}_{\mathrm{f}}(\tau)}{\mathrm{d}\tau} = A_{\mathrm{f}}(t) \frac{\bar{B}^2 - \bar{B}}{2} - \lambda_{\mathrm{f}} \bar{D}_{\mathrm{f}}(\tau) + \eta_{\mathrm{f}}^2 \bar{D}_{\mathrm{f}}^2(\tau) / 2,$$

其初值条件为 $\bar{A}(\boldsymbol{u}, 0) = 0$, $\bar{B}(\boldsymbol{u}, 0) = iu$, $\bar{C}(\boldsymbol{u}, 0) = 0$, $\bar{D}_{\mathrm{d}}(0) = 0$, $\bar{D}_{\mathrm{f}}(0) = 0$. 其中 $A_{\mathrm{d}}(t)$ 和 $A_{\mathrm{f}}(t)$ 分别从 (15.47), (15.48) 而来, 而 $G(t)$ 如 (15.49).

对 $\bar{B}(\boldsymbol{u}, \tau) = iu$, $\bar{C}(\boldsymbol{u}, \tau)$ 的解类似于等式 (15.29) 中 FX-HHW1 模型的 ODE 解. 由于剩下的 ODE 包含分段常数函数 $A_{\mathrm{d}}(t)$, $A_{\mathrm{f}}(t)$, 其解必须是迭代确定的, 就像具分段常数参数的纯 Heston 模型 [Andersen et al., 2000], 也见节 8.4.2. 对一个给定的时间方向的网格, $0 = \tau_0 < \tau_1 < \cdots < \tau_m = \tau$, 函数 $\bar{D}_{\mathrm{d}}(\tau)$, $\bar{D}_{\mathrm{f}}(\tau)$ 和 $\bar{A}(\boldsymbol{u}, \tau)$ 可以表成

$$\bar{D}_{\mathrm{d}}(\tau_k) = \bar{D}_{\mathrm{d}}(u, \tau_{k-1}) + \chi_{\mathrm{d}}(u, \tau_k),$$

$$\bar{D}_{\mathrm{f}}(\tau_k) = \bar{D}_{\mathrm{f}}(u, \tau_{k-1}) + \chi_{\mathrm{f}}(u, \tau_k),$$

对 $k = 1, \cdots, m$, 以及

$$\bar{A}(\boldsymbol{u}, \tau_k) = \bar{A}(\boldsymbol{u}, \tau_{k-1}) + \chi_A(u, \tau_k) - \frac{1}{2}(u^2 + u) \int_{\tau_{k-1}}^{\tau_k} G(z) \mathrm{d}z,$$

其中 $G(z)$ 如同 (15.49) 中, 而 (解析地已知的) 函数 $\chi_j(u, \tau_k)$, $j \in \{\mathrm{d, f}\}$ 和 $\chi_A(u, \tau_k)$ 定义如下:

$$\chi_j(u, \tau_k) := \big(\lambda_j - \delta_{j,k} - \eta_j^2 D_j(u, \tau_{k-1}) \big) \big(1 - \mathrm{e}^{-\delta_{j,k} \Delta \tau_k} \big) \big/ \big(\eta_j^2 (1 - \ell_{k,j} \mathrm{e}^{-\delta_{j,k} \Delta \tau_k}) \big)$$

和

$$\chi_A(u, \tau_k) = \frac{\kappa \bar{v}}{\gamma^2} \big((\kappa - \rho_{y,v} \gamma iu - d_k) \Delta \tau_k - 2 \log \big((1 - g_k \mathrm{e}^{-d_k \Delta \tau_k}) / (1 - g_k) \big) \big)$$

$$+ \nu_{\mathrm{d}}(t_0)\frac{\lambda_{\mathrm{d}}}{\eta_{\mathrm{d}}^2}\left((\lambda_{\mathrm{d}} - \delta_{\mathrm{d},k})\Delta\tau_k - 2\log\left((1 - \ell_{\mathrm{d},k}\mathrm{e}^{-\delta_{\mathrm{d},k}\Delta\tau_k})\big/(1 - \ell_{\mathrm{d},k})\right)\right)$$

$$+ \nu_{\mathrm{f}}(t_0)\frac{\lambda_{\mathrm{f}}}{\eta_{\mathrm{f}}^2}\left((\lambda_{\mathrm{f}} - \delta_{\mathrm{f},k})\Delta\tau_k - 2\log\left((1 - \ell_{\mathrm{f},k}\mathrm{e}^{-\delta_{\mathrm{f},k}\Delta\tau_k})\big/(1 - \ell_{\mathrm{f},k})\right)\right),$$

这里

$$d_k = \sqrt{(\rho_{y,v}\gamma i u - \kappa)^2 + \gamma^2(iu + u^2)}, \quad g_k = \frac{(\kappa - \rho_{y,v}\gamma iu) - d_k - \gamma^2 C(u, \tau_{k-1})}{(\kappa - \rho_{y,v}\gamma iu) + d_k - \gamma^2 C(u, \tau_{k-1})},$$

$$\delta_{j,k} = \sqrt{\lambda_j^2 + \eta_j^2 A_j(t)(u^2 + iu)}, \quad \ell_{j,k} = \frac{\lambda_j - \delta_{j,k} - \eta_j^2 D_j(u, \tau_{k-1})}{\lambda_j + \delta_{j,k} - \eta_j^2 D_j(u, \tau_{k-1})},$$

其中 $\Delta\tau_k = \tau_k - \tau_{k-1}$, $k = 1, \cdots, m$, $A_{\mathrm{d}}(t)$ 和 $A_{\mathrm{f}}(t)$ 从 (15.47) 和 (15.48) 而来.

全型 FX-HLMM 模型的近似结果这里被称为 *FX-LMM1*.

15.3.2 FX-HLMM 模型的数值实验

我们考虑 FX-HLMM 模型并通过一些数值实验检查由不同近似所导致的 FX-HLMM1 模型的误差.

基本上, 我们用两个线性化步骤来定义 FX-HLMM1: 一是将 Libor 率冻在初值上, 另一个是将多个非仿射协方差项映射到一个确定函数上.

选择下列利率曲线, 具 $t_0 = 0$, $P_{\mathrm{d}}(0, T) = \exp(-0.02T)$, $P_{\mathrm{f}}(0, T) = \exp(-0.05T)$, 且如前, 对 FX 随机波动率模型,

$$\kappa = 0.5, \quad \gamma = 0.3, \quad \bar{v} = 0.1, \quad v(0) = 0.1.$$

在模拟实验中, 选择本币和外币市场的参数如下:

$$\vartheta_{\mathrm{d},k}^* = 95\%, \ \nu_{\mathrm{d},k} = 15\%, \ \lambda_{\mathrm{d}} = 100\%, \ \eta_{\mathrm{d}} = 10\%,$$

$$\vartheta_{\mathrm{f},k}^* = 50\%, \ \nu_{\mathrm{f},k} = 25\%, \ \lambda_{\mathrm{f}} = 70\%, \ \eta_{\mathrm{f}} = 20\%.$$

在相关矩阵中, 数个相关系数 (即矩阵的元素) 需要确定. 我们把每个市场 Libor 率之间的相关系数设置为很大正值, 这很符合在固定市场上观察到的现象 (见 [Brigo et al., 2007]), $\rho_{i,j}^{\mathrm{d}} = 90\%$, $\rho_{i,j}^{\mathrm{f}} = 70\%$, $i, j = 1, \cdots, m$ $(i \neq j)$. 为了生成 FX 率的隐含波动率倾斜, 我们规定 $y_F(t, T)$ 及其随机波动率过程 $v(t)$ 为负相关系数, 即 $\rho_{y,v} = -40\%$. FX 和本币 Libor 率的相关系数设为 $\rho_{y,k}^{\mathrm{d}} = -15\%$, $k = 1, \cdots, m$, 而 FX 和外币 Libor 率的相关系数是 $\rho_{y,k}^{\mathrm{f}} = -15\%$. 本币和外币的 Libor 率的相关系数是 $\rho_{i,k}^{\mathrm{d},\mathrm{f}} = 25\%$, $i, k = 1, \cdots, m$ $(i \neq k)$. 导出下列相关矩阵块:

$$C = \begin{bmatrix} \boldsymbol{C}_{\mathrm{d}} & \boldsymbol{C}_{\mathrm{d},\mathrm{f}} & \boldsymbol{C}_{y,\mathrm{d}} \\ \boldsymbol{C}_{\mathrm{d},\mathrm{f}}^{\mathrm{T}} & \boldsymbol{C}_{\mathrm{f}} & \boldsymbol{C}_{y,\mathrm{f}} \\ \boldsymbol{C}_{y,\mathrm{d}}^{\mathrm{T}} & \boldsymbol{C}_{y,\mathrm{f}}^{\mathrm{T}} & 1 \end{bmatrix},$$

其中本币 Libor 率之间的相关性为

$$
\boldsymbol{C}_{\mathrm{d}} = \begin{bmatrix} 1 & \rho_{1,2}^{\mathrm{d}} & \cdots & \rho_{1,m}^{\mathrm{d}} \\ \rho_{1,2}^{\mathrm{d}} & 1 & \cdots & \rho_{2,m}^{\mathrm{d}} \\ \vdots & \vdots & \ddots & \vdots \\ \rho_{1,m}^{\mathrm{d}} & \rho_{2,m}^{\mathrm{d}} & \cdots & 1 \end{bmatrix} = \begin{bmatrix} 1 & 90\% & \cdots & 90\% \\ 90\% & 1 & \cdots & 90\% \\ \vdots & \vdots & \ddots & \vdots \\ 90\% & 90\% & \cdots & 1 \end{bmatrix}_{m \times m},
$$

外币 Libor 率之间的相关性为

$$
\boldsymbol{C}_{\mathrm{f}} = \begin{bmatrix} 1 & \rho_{1,2}^{\mathrm{f}} & \cdots & \rho_{1,m}^{\mathrm{f}} \\ \rho_{1,2}^{\mathrm{f}} & 1 & \cdots & \rho_{2,m}^{\mathrm{f}} \\ \vdots & \vdots & \ddots & \vdots \\ \rho_{1,m}^{\mathrm{f}} & \rho_{2,m}^{\mathrm{f}} & \cdots & 1 \end{bmatrix} = \begin{bmatrix} 1 & 70\% & \cdots & 70\% \\ 70\% & 1 & \cdots & 70\% \\ \vdots & \vdots & \ddots & \vdots \\ 70\% & 70\% & \cdots & 1 \end{bmatrix}_{m \times m},
$$

本币和外币市场 Libor 率之间的相关性为

$$
\boldsymbol{C}_{\mathrm{df}} = \begin{bmatrix} 1 & \rho_{1,2}^{\mathrm{d,f}} & \cdots & \rho_{1,m}^{\mathrm{d,f}} \\ \rho_{1,2}^{\mathrm{d,f}} & 1 & \cdots & \rho_{2,m}^{\mathrm{d,f}} \\ \vdots & \vdots & \ddots & \vdots \\ \rho_{1,m}^{\mathrm{d,f}} & \rho_{2,m}^{\mathrm{d,f}} & \cdots & 1 \end{bmatrix} = \begin{bmatrix} 1 & 25\% & \cdots & 25\% \\ 25\% & 1 & \cdots & 25\% \\ \vdots & \vdots & \ddots & \vdots \\ 25\% & 25\% & \cdots & 1 \end{bmatrix}_{m \times m},
$$

而向量 $\boldsymbol{C}_{y,\mathrm{d}}$ 和 $\boldsymbol{C}_{y,\mathrm{f}}$, 给出

$$
\boldsymbol{C}_{y,\mathrm{d}} = \begin{bmatrix} \rho_{y,1}^{\mathrm{d}} \\ \rho_{y,2}^{\mathrm{d}} \\ \vdots \\ \rho_{y,m}^{\mathrm{d}} \end{bmatrix} = \begin{bmatrix} -15\% \\ -15\% \\ \vdots \\ -15\% \end{bmatrix}_{m \times 1}, \boldsymbol{C}_{y,\mathrm{f}} = \begin{bmatrix} \rho_{y,1}^{\mathrm{f}} \\ \rho_{y,2}^{\mathrm{f}} \\ \vdots \\ \rho_{y,m}^{\mathrm{f}} \end{bmatrix} = \begin{bmatrix} -15\% \\ -15\% \\ \vdots \\ -15\% \end{bmatrix}_{m \times 1}.
$$

由于两个市场的 Libor 率假定独立于它们的方差过程, 因而这些过程间的相关系数可以被忽略.

我们计算 (15.38) 中 FX 率的平凡香草欧式期权的价格. 本节的数值模拟使用了在节 15.2.3 中模拟 FX-HHW 同样的方法.

通过 Monte Carlo 模拟 (20 000 条路径和 T_{i-1} 和 T_i 间 20 个中间点, $i = 1, \cdots, m$) 得到了 FX-HLMM 的价值, 同时通过具 500 项余弦级数项的 COS 方法得到了 FX-HLMM1 模型的价值.

敲定价 $K_1(T_i), \cdots, K_7(T_i)$, 列在表 15-2 中. 价格和相关标准差展示在表 15-5 中.

在上面的参数设定下, 隐含波动率的最大误差在 $0.2\% \sim 0.5\%$, 这表明 FX-HLMM1 模型表现非常好.

表 15-5　FX 看涨期权平均价: 由 FX-HLMM 模型进行了 20 次 Monte Carlo 模拟而得, 其中生成了 50 000 条路径和 $20 \times T_i$ 个时间步, 其中 MC 表示 Monte Carlo 模拟, COS 表示 FX-HLMM1 模型下具有 500 个展开项的 Fourier 余弦展开技术. 不同的敲定价 $K_n(T_i)$ 列在表 15-2 中.

T_i	方法	$K_1(T_i)$	$K_2(T_i)$	$K_3(T_i)$	$K_4(T_i)$	$K_5(T_i)$	$K_6(T_i)$	$K_7(T_i)$
2 年	MC	0.3336	0.2889	0.2456	0.2046	0.1667	0.1327	0.1030
	std dev	0.0008	0.0009	0.0010	0.0010	0.0011	0.0011	0.0012
	COS	0.3326	0.2880	0.2450	0.2043	0.1667	0.1330	0.1037
5 年	MC	0.4243	0.3738	0.3234	0.2743	0.2274	0.1843	0.1457
	std dev	0.0012	0.0013	0.0014	0.0015	0.0016	0.0016	0.0016
	COS	0.4222	0.3717	0.3215	0.2727	0.2265	0.1838	0.1457
10 年	MC	0.4363	0.3928	0.3482	0.3031	0.2587	0.2162	0.1764
	std dev	0.0012	0.0016	0.0019	0.0023	0.0026	0.0027	0.0028
	COS	0.4338	0.3905	0.3461	0.3014	0.2576	0.2157	0.1767
20 年	MC	0.3417	0.3171	0.2907	0.2629	0.2342	0.2052	0.1768
	std dev	0.0010	0.0013	0.0015	0.0018	0.0021	0.0025	0.0030
	COS	0.3416	0.3176	0.2918	0.2647	0.2367	0.2085	0.1806
30 年	MC	0.2396	0.2281	0.2152	0.2011	0.1858	0.1699	0.1534
	std dev	0.0012	0.0015	0.0018	0.0021	0.0024	0.0029	0.0035
	COS	0.2393	0.2279	0.2152	0.2014	0.1866	0.1710	0.1548

对利率倾斜的敏感性

近似模型 FX-HLMM1 基于冻结 *Libor* 率的方法. 通过冻结 Libor 率, 即 $\ell_{\mathrm{d},i}(t) \equiv \ell_{\mathrm{d},i}(t_0)$ 和 $\ell_{\mathrm{f},i}(t) \equiv \ell_{\mathrm{f},i}(t_0)$, 我们用到了

$$\begin{cases} \xi_{\mathrm{d},i}(t) = \vartheta_{\mathrm{d},i}^* \ell_{\mathrm{d},i}(t) + (1 - \vartheta_{\mathrm{d},i}^*)\ell_{\mathrm{d},i}(t_0) = \ell_{\mathrm{d},i}(t_0), \\ \xi_{\mathrm{f},i}(t) = \vartheta_{\mathrm{f},i}^* \ell_{\mathrm{f},i}(t) + (1 - \vartheta_{\mathrm{f},i}^*)\ell_{\mathrm{f},i}(t_0) = \ell_{\mathrm{f},i}(t_0). \end{cases} \tag{15.52}$$

对 Libor 率 $\ell_{\mathrm{d},i}(t)$ 和 $\ell_{\mathrm{f},i}(t)$, 以及对所有 i, 在 DD-SV 模型中, 参数 $\vartheta_{\mathrm{d},i}^*$, $\vartheta_{\mathrm{f},i}^*$ 控制利率波动率微笑的斜率. 冻结的 Libor 率 $\ell_{\mathrm{d},i}(t_0)$ 和 $\ell_{\mathrm{f},i}(t_0)$ 等价于在 (15.52) 中 FX-HLMM1 近似中设定 $\vartheta_{\mathrm{d},i}^* = 0$ 和 $\vartheta_{\mathrm{f},i}^* = 0$.

通过 Monte Carlo 模拟, 在全型 FX-HLMM 模型中取不同值的 ϑ^*, 我们得到了 FX 隐含波动率结果, 并将它们和 FX-HLMM1 模型在 $\vartheta^* = 0$ 时的结果进行比较, 就可检查 $\vartheta_{\mathrm{d},i}^*$ 和 $\vartheta_{\mathrm{f},i}^*$ 对 FX 的影响. 在表 15-6 中, FX 欧式看涨期权在 FX-HLMM 和 FX-HLMM1 模型下的隐含波动率得以展示. 实验参数对不同的利率倾斜参数 ϑ_{d}^* 和 ϑ_{f}^* 结合后予以实行.

实验表明在此情况下, 不同的 $\vartheta_{\mathrm{d},i}^*$ 和 $\vartheta_{\mathrm{f},i}^*$ 值对 FX 隐含波动率的影响很小, 这意味着对于所研究的参数, 取参数 $\vartheta_{\mathrm{d},i}^* = \vartheta_{\mathrm{f},i}^* = 0$ 的近似模型 FX-HLMM1 对利率建模是有用的. 有了 $\vartheta_{\mathrm{d},i}^* \neq 0$ 和 $\vartheta_{\mathrm{f},i}^* \neq 0$, 从 FX-HLMM 模型得到的隐含波动率看起来比从 FX-HLMM1 得到的要高, 差别为 0.1%~0.15%, 这是非常令人满意的结果.

这一章包含许多我们希望在这本书里展示的内容. 一个使用了非平凡测度变换的

表 15-6 从 FX-HLMM 和 FX-HLMM1 模型所得的 FX 期权的隐含波动率, $T = 10$, 参数如同节 15.3.2. 圆括号里的数字是标准差 (实验进行了 20 次, 以及 $20 \cdot T$ 时间步).

敲定价 (15.32)	FX-HLMM (Monte Carlo 模拟)					FX-HLMM1 (Fourier)
	$\vartheta_{\mathrm{f}}^* = 0.5$			$\vartheta_{\mathrm{d}}^* = 0.5$		$\vartheta_{\mathrm{d}}^* = 0$
	$\vartheta_{\mathrm{d}}^* = 0$	$\vartheta_{\mathrm{d}}^* = 0.5$	$\vartheta_{\mathrm{d}}^* = 1$	$\vartheta_{\mathrm{f}}^* = 0$	$\vartheta_{\mathrm{f}}^* = 1$	$\vartheta_{\mathrm{f}}^* = 0$
0.6224	31.98 % (0.20)	31.91 % (0.17)	31.98 % (0.17)	31.99 % (0.15)	31.96 % (0.18)	31.56 %
0.7290	31.49 % (0.21)	31.43 % (0.16)	31.48 % (0.19)	31.51 % (0.15)	31.46 % (0.18)	31.12 %
0.8538	31.02 % (0.21)	30.96 % (0.17)	31.01 % (0.20)	31.04 % (0.15)	30.97 % (0.18)	30.69 %
1.0001	30.58 % (0.21)	30.53 % (0.17)	30.56 % (0.22)	30.61 % (0.15)	30.52 % (0.17)	30.30 %
1.1714	30.16 % (0.20)	30.11 % (0.17)	30.15 % (0.24)	30.20 % (0.15)	30.08 % (0.16)	29.93 %
1.3721	29.77 % (0.22)	29.73 % (0.16)	29.77 % (0.26)	29.82 % (0.16)	29.68 % (0.17)	29.60 %
1.6071	29.41 % (0.24)	29.38 % (0.17)	29.43 % (0.28)	29.48 % (0.17)	29.31 % (0.18)	29.30 %

SDE 系统被线性化, 从而我们可以导出其近似模型的特征函数. 之后我们就可以高效地使用 COS 方法对基本合同进行定价, 并将其与用全型模型的 Monte Carlo 方法得到的解进行了比较.

习　题

习题 15.1　证明结果 15.2.1 中的零息票动态.

习题 15.2　令 r_{d} 和 r_{f} 分别记为确定的本币和外币利率, 而 $M_{\mathrm{d}}(t)$ 和 $M_{\mathrm{f}}(t)$ 是对应的现金账户,

$$\mathrm{d}M_{\mathrm{d}}(t) = r_{\mathrm{d}}M_{\mathrm{d}}(t)\mathrm{d}t, \quad \mathrm{d}M_{\mathrm{f}}(t) = r_{\mathrm{f}}M_{\mathrm{f}}(t)\mathrm{d}t.$$

令 $y(t)$ 是当前 FX, 即以本币表示每单位的外币. 进一步,

$$P_{\mathrm{d}}(t,T) := \mathrm{e}^{-r_{\mathrm{d}}(T-t)}, \quad P_{\mathrm{f}}(t,T) := \mathrm{e}^{-r_{\mathrm{f}}(T-t)},$$

是本币和外币的零息票, T 是到期日.

　　所谓的时间依赖的 *FX-SABR* 模型定义于下列在本币风险中性测度 $\mathbb{Q}$ 下的动态:

$$\mathrm{d}y(t) = (r_{\mathrm{d}} - r_{\mathrm{f}})\, y(t)\mathrm{d}t + \omega(t)\sigma(t)\left(\frac{P_{\mathrm{d}}(t,T)}{P_{\mathrm{f}}(t,T)}\right)^{1-\beta} y^{\beta}(t)\mathrm{d}W_y^{\mathbb{Q}}(t), \quad y(0) = y_0,$$

$$\mathrm{d}\sigma(t) = \gamma(t)\sigma(t)\mathrm{d}W_\sigma^{\mathbb{Q}}(t), \quad \sigma(0) = 1,$$

其中 $\mathrm{d}W_y^{\mathbb{Q}}(t)\mathrm{d}W_\sigma^{\mathbb{Q}}(t) = \rho_{y,\sigma}\mathrm{d}t$ 且这里 $\rho_{y,\sigma}$, $\gamma(t)$ 和 β 分别记为相关系数、波动率的波动率参数和倾斜参数. 倾斜参数设为 $\beta = 0.5$. 波动率动态是标量, 其给出了一个期限结构参数 $\omega(t)$.

证明 FX 远期 $y_F(t, T_i) := y(t)\frac{P_f(t,T_i)}{P_d(t,T_i)}$, 在 T_i 远期测度下由下列动态定义:

$$\mathrm{d}y_F(t, T_i) = \left(\frac{P_f(t,T_i)}{P_d(t,T_i)}\right)^\beta \left(\frac{P_f(t,T_i)}{P_d(t,T_i)}\right)^{1-\beta} \omega(t)\sigma(t)\left(\frac{P_d(t,T_i)}{P_f(t,T_i)}\right) y^\beta(t)\mathrm{d}W_y^{T_i}(t),$$

由 ZCB 在确定利率下的定义 $P(T_i, T_N) = \frac{P(t,T_N)}{P(t,T_i)}$, 上式给出:

$$\mathrm{d}y_F(t, T_i) = \omega(t)\sigma(t)\left(\frac{P_d(T_i,T_N)}{P_f(T_i,T_N)}\right)^{1-\beta} (y_F(t,T_i))^\beta \, \mathrm{d}W_y^{T_i}(t).$$

证明对标量过程, 具有初值 $y(0, T_i) = 1$, 我们有

$$\mathrm{d}y_F(t, T_i) = \omega_1(t)\sigma(t) (y_F(t,T_i))^\beta \, \mathrm{d}W_y^{T_i}(t), \quad y_F(0, T_i) =: \bar{y}_0^{T_i} = 1,$$
$$\mathrm{d}\sigma(t) = \gamma(t)\sigma(t)\mathrm{d}W_\sigma^{T_i}(t), \quad \sigma(0) = 1,$$

其中 $\mathrm{d}W_y^{T_i}(t)\mathrm{d}W_\sigma^{T_i}(t) = \rho_{y,\sigma}\mathrm{d}t$ 且

$$\omega_1(t) := \omega(t)\left(\frac{P_d(T_i,T_N)}{y_F(0,T_i)P_f(T_i,T_N)}\right)^{1-\beta}.$$

习题 15.3 在本币 T_i 远期测度下, 我们处理下列 FX 对数正态动态 $y_F(t, T_i)$:

$$\mathrm{d}y_F(t, T_i) = \sigma(t)y_F(t,T_i)\mathrm{d}W_y^F(t,T_i), \quad y_F(0, T_i) = 1.$$

证明对时间 T_i 的期望的 ATM 收益有

$$\mathbb{E}\left[(y_F(T_i, T_i) - 1)^+\right] = \mathbb{E}[g(x)],$$

函数 $g(x)$ 为

$$g(x) := 2F_{\mathcal{N}(0,1)}\left(\frac{1}{2}\sqrt{x}\right) - 1, \quad x := \int_0^{T_i} \sigma^2(t)\mathrm{d}t,$$

这里, 如常, $F_{\mathcal{N}(0,1)}(x)$ 记为标准的正态累积分布函数.

运行一个 Monte Carlo 模拟程序并将得到的数值结果与解析结果进行比较.

习题 15.4 证明习题 15.3 中的函数 $g(\cdot)$ 的近似, 通过对应的 Taylor 展开产生

$$\mathbb{E}\left[(y_F(T_i, T_i) - 1)^+\right] = \frac{1}{\sqrt{2\pi}}\mathbb{E}\left[\sqrt{x}\right] + \epsilon_T^{(\ell)},$$

其中

$$\epsilon_T^{(\ell)} := \frac{2}{\sqrt{\pi}}\left(-\frac{1}{3}\mathbb{E}\left[z^3\right] + \frac{1}{10}\mathbb{E}\left[z^5\right] - \cdots\right), \quad z := \frac{1}{2}\sqrt{x/2}, \quad x := \int_0^{T_i} \sigma^2(t)\mathrm{d}t.$$

运行一个 Monte Carlo 模拟程序并将得到的数值结果与习题 15.3 的结果进行比较.

习题 15.5 基于 Black-Scholes Hull-White 模型, 类似于系统 (15.16), FX 在本币风险中性测度下的 SDE 系统为

$$dy(t)/y(t) = (r_d(t) - r_f(t))dt + \sigma_y dW_y^{\mathbb{Q}}(t),$$

$$dr_d(t) = \lambda_d \left(\theta_d(t) - r_d(t)\right) dt + \eta_d dW_d^{\mathbb{Q}}(t),$$

$$dr_f(t) = \lambda_f \left(\theta_f(t) - r_f(t) - \eta_f \rho_{y,f} \sigma_y\right) dt + \eta_f dW_f^{\mathbb{Q}}(t),$$

其中相关性为 $dW_y(t)dW_d(t) = \rho_{y,d}dt$, $dW_y(t)dW_f(t) = \rho_{y,f}dt$ 和 $dW_d(t)dW_f(t) = \rho_{d,f}dt$. 在本币 T 远期测度下, FX 远期汇率定义为

$$y_F(t,T) = y(t)\frac{P_f(t,T)}{P_d(t,T)},$$

其中 $y_F(t,T)$ 是 T 远期测度下的远期汇率, $y(t)$ 是本币当前测度下的外币汇率, 而 $P_d(t,T)$, $P_f(t,T)$ 分别表示本币和外币的零息票, 证明 FX 远期利率有下列动态:

$$dy_F(t,T)/y_F(t,T) = \eta_d \bar{B}_d(t,T) \left(\eta_d \bar{B}_d(t,T) - \rho_{y,d}\sigma_y - \rho_{d,f}\eta_f \bar{B}_f(t,T)\right) dt$$
$$+ \sigma_y dW_y^{\mathbb{Q}}(t) - \eta_d \bar{B}_d(t,T)dW_d^{\mathbb{Q}}(t) + \eta_f \bar{B}_f(t,T)dW_f^{\mathbb{Q}}(t). \quad (15.53)$$

习题 15.6 测度变换, 从本币当前测度到本币 T 远期测度, 要求改变计价单位, 从现金储蓄账户 $M_d(t)$ 到零息票 $P_d(t,T)$. 证明在本币 T 远期测度下, (15.53) 中的过程为

$$dy_F(t,T)/y_F(t,T) = \sigma_y dW_y^T(t) - \eta_d \bar{B}_d(t,T)dW_d^T(t) + \eta_f \bar{B}_f(t,T)dW_f^T(t). \quad (15.54)$$

其中 $\bar{B}_d(t,T)$, $\bar{B}_f(t,T)$ 和其他参数在节 15.2.2 中定义.

习题 15.7 确定 $\hat{\sigma}_y(t,T)$ 的值, 使得 (15.54) 中的 FX 过程 $y_F(t,T)$ 在分布意义下等于如下定义的 $\hat{y}_F(t,T)$:

$$d\hat{y}_F(t,T)/\hat{y}_F(t,T) = \hat{\sigma}_y(t,T)dW_*^T(t), \quad (15.55)$$

这里 $W_*^T(t)$ 独立于其他随机过程.

习题 15.8 具 $\xi_F(0) = \hat{y}_F(0,T)$ 时, 过程由下式掌控:

$$d\xi_F(t) = \sigma_* \xi_F(t)dW_*^T(t).$$

确定上式的 (常数) 参数 σ_* 在分布意义下等于 (15.55) 中对时间 t^* 的 $\hat{y}_F(t,T)$.

习题 15.9 确认你对习题 15.7 和 15.8 的回答, 运行合适的 Monte Carlo 模拟, 将原始的和其他过程模拟后的结果进行比较.

习题 15.10 在假定常数利率 r_d 和 r_f 下, 对 FX, 考虑下面的局部波动率模型:

$$dy(t) = (r_d - r_f)\,y(t)dt + \sigma_{LV}(t,y(t))y(t)dW_d^{\mathbb{Q}}(t) \quad (15.56)$$

$$=: a(y(t),t)dt + b(y(t),t)dW_d^{\mathbb{Q}}(t),$$

其中

$$\sigma_{LV}^2(t,x) = \frac{\frac{\partial V_c^{FX}(t_0,y_0;x,T)}{\partial T} + (r_d - r_f)x \frac{\partial V_c^{FX}(t_0,y_0;x,T)}{\partial x} + r_f V_c^{FX}(t_0,y_0;x,T)}{\frac{1}{2}x^2 \frac{\partial^2 V_c^{FX}(t_0,y_0;x,T)}{\partial x^2}} \quad (15.57)$$

这里 $V_c^{FX}(t_0,y_0;K,T)$ 是 FX 率上的看涨期权价, 其敲定价为 K, 到期日为 T. 证明等式 (15.57) 和 (15.56) 满足下列 Fokker-Planck 方程:

$$\frac{\partial f_{y(T)}(x)}{\partial T} + \frac{\partial(a(x,T)f_{y(T)}(x))}{\partial x} - \frac{1}{2}\frac{\partial^2(b^2(x,T)f_{y(T)}(x))}{\partial x^2} = 0.$$

习题 15.11 考虑常数波动率 $\sigma = 0.15$. 用这个波动率参数, 可以计算不同的敲定价 K 的 FX 看涨期权价值 $V_c^{FX}(t_0)$. 以此值用 Monte Carlo 方法模拟过程 (15.56), 并比较 $\sigma = 0.15$ 时的 Black-Scholes 模型和模拟等式 (15.56) 得到的期权价.

参考文献

ANDERSEN L, ANDREASEN J, 2000. Volatility skews and extensions of the Libor Market Model[J]. Applied Mathematical Finance, 1(7): 1-32.

ANDREASEN J, 2006. Closed form pricing of FX options under stochastic rates and volatility[Z]. Presentation at Global Derivatives Conference, Paris, 9-11 May.

ANTONOV A, MISIRPASHAEV T, 2006. Efficient calibration to FX options by Markovian projection in cross-currency Libor Market Models[Z].

ANTONOV A, ARNEGUY M, AUDET N, 2008. Markovian projection to a displaced volatility Heston model[Z].

BRIGO D, MERCURIO F, 2007. Interest rate models – theory and practice: with smile, inflation and credit[M]. Springer Science & Business Media.

GIESE A, 2006. On the pricing of auto-callable equity securities in the presence of stochastic volatility and stochastic interest rates[Z].

GLASSERMAN P, ZHAO X, 1999. Fast greeks by simulation in forward Libor models[J]. Journal of Computational Finance, 3(1): 5-39.

HEATH D, JARROW R, MORTON A, 1992. Bond pricing and the term structure of interest rates: a new methodology for contingent claims valuation[J]. Econometrica, 1(60): 77-105.

HESTON S, 1993. A closed-form solution for options with stochastic volatility with applications to bond and currency options[J]. Review of Financial Studies, 6: 327-343.

HULL J, WHITE A, 1990. Pricing interest-rate derivative securities[J]. Review of Financial Studies, 3: 573-592.

HULL J, WHITE A, 2000. Forward rate volatilities, swap rate volatilities and the implementation of the Libor Market Model[J]. Journal of Fixed Income, 10(2): 46-62.

HUNTER C, PICOT G, 2006. Hybrid derivatives- financial engines of the future[Z].

JÄCKEL P, REBONATO R, 2000. Linking caplet and swaption volatilities in a BGM framework: Approximate solutions[J]. Journal of Computational Finance, 6(4): 41-60.

KAWAI A, JÄCKEL P, 2007. An asymptotic FX option formula in the cross currency Libor Market Model[J]. Wilmott Magazine: 74-84.

MIKKELSEN P, 2001. Cross-currency Libor Market Models[Z].

MUSIELA M, RUTKOWSKI M, 1997. Martingale methods in financial modelling[M]. Springer Finance.

PITERBARG V, 2005. Time to smile[J]. Risk Magazine, 18(5): 71-75.

PITERBARG V, 2006. Smiling hybrids[J]. Risk Magazine, 19: 66-71.

SCHLÖGL E, 2002a. Advances in finance and stochastics: essays in honour of dieter sondermann[M]. Springer Verlag, Heidelberg: 197-218.

SCHLÖGL E, 2002b. A multicurrency extension of the lognormal interest rate market models[J]. Finance and Stochastics, 6(2): 171-196.

SHREVE S, 2004. Stochastic calculus for finance ii: continuous-time models[M]. New York: Springer.

SIPPEL J, OHKOSHI S, 2002. All power to PRDC notes[J]. Risk Magazine, 15(11): 531-533.

TAKAHASHI A, TAKEHARA K, 2008. Fourier transform method with an asymptotic expansion approach: an application to currency options[J]. International Journal Theoretical Applied Finance, 11(4): 381-401.

VAN HAASTRECHT A, PELSSER A, 2010. Generic pricing of FX, inflation and stock options under stochastic interest rates and stochastic volatility[J/OL]. Quantitative Finance: 655-691. DOI: https://doi.org/10.1080/14697688.2010.504734.

第 16 章 风险管理

本章梗概

在前面的章节, 我们讨论了市场上可用的金融产品, 在这一章, 我们将解释与这些合同的交易对手相关的一种特定形式的风险管理. 我们将重点讨论金融机构内部的一个具体的风险管理问题. 调整衍生品的原始公平价值, 以应对交易对手违约的可能. 考虑到交易对手违约的可能性, 人们通常在衍生品价格上减去一个额外费用. 在某些交易中, 交换抵押品也是减少因交易对手违约而造成损失的方法. 因此, 在不交换抵押品的场外交易中, 期权价值的调整很常见. 我们将在节 16.1 中详细说明信用价值调整 (CVA). 在这节我们还解释了交易对手的风险敞口, 它的建模和定价技术与金融期权估价非常相似. 因此, 到目前为止已有的技术和模型在 CVA 的环境中也是有用的. 混合模型在风险管理环境中也是很重要的, 特别是对 CVA 而言, 这里隐含波动率微笑和随机利率可能对某些量有显著的影响, 例如对潜在未来风险敞口 (PFE) 量. 本章将在节 16.2 中讨论在 Heston Hull-White 混合模型下 CVA 风险管理的应用. 在外汇互换的环境下信用价值调整也在这节里进行了讨论.

本章关键词

价值调整, 期望风险敞口, 潜在未来风险敞口, 交易对手违约, 风险管理 CVA, 负利率.

16.1 信用价值调整和风险管理

本书到目前为止, 我们对不同的金融衍生品进行了定价, 但是我们都 (隐含地) 假设了这些衍生品的交易对手都会履行支付义务.

让我们关注一个在两个交易对手 A 和 B 之间的基本利率互换 $V^S(t_0)$, 如节 12.1.4 所述. 总的来说, 这份合同基本上是一份以名义金额为 N 的固定利率与浮动利率的支付交换. 设想一种情况, 利率大幅变动, 因此 A 方将对交易对手 B 承担巨大的财务义务. 根据财务状况, A 方可能会遇到履行付款义务的困难. 此外, 交易对手 B 也可能因 A 方的违约而蒙受重大财务损失. 如果对方违约, 本方的损失将是合同的重置成本 (即当前市场价值).

交易对手信用风险

在金融术语中, 上述情况被定义为交易对手信用风险.

定义 16.1.1 (交易对手信用风险) 交易对手信用风险 (CCR) 是指交易对手在合同到期前违约, 无法支付金融合同要求的所有款项的情况.

2007 年发生了一场金融危机, 这场危机起源于美国的信贷和房地产市场, 并波及全球, 从金融市场进入实体经济. 有些声誉很高的金融机构都遭遇了破产或接受救助, 包括成立于 1850 年的投资银行雷曼兄弟 (Lehman Brothers).

在那场危机最糟糕的时候, 大型金融机构破产引发的所谓的违约风险通过金融网络而广泛传播. 这种现象引发了对金融衍生品估值标准和方法的彻底审查. 金融界的政策和规章制度在那场危机之后发生了巨大变化. 交易对手信用风险已成为需要特别关注的金融风险. 这是指金融合同的对方可能不能履行合同中约定的付款义务所含的风险, 也称为违约.

从那时起, 金融合同交易对手的违约概率就被纳入了金融衍生品的价格中, 从而在定价环境中发挥了重要的作用. 由于违约的可能性, 交易对手被收取了额外的溢价 (也就是交易主方得到一个差价), 该溢价被加到了衍生品的公平价格中. 这样, 对手未履行付款义务的风险就在合同中得到了补偿. 金融危机之后, 复杂金融衍生品, 因为风险更大, 所以交易总量大幅减少. 人们对金融体系缺乏信心可能是导致复杂性大幅降低的原因, 道理很简单, 因为基础金融产品的风险更容易估计, 而且放在口袋里的钱更安全.

由于 CCR 及其对金融衍生品价值的影响, 与有违约可能的交易对手签订的金融合同价值通常低于与无违约风险交易对手签订的合同; 交易对手的信用越低, 衍生品合同的市场价值就可能越低.

从衍生品定价的角度来看, 很明显, 考虑到交易对手可能违约的相关风险, 在风险中性测度下对衍生品进行定价是不够的. 通常, 交易对手的违约概率可以通过隐含的方式进行评估, 这意味着相关信息是从信用衍生品, 比如信用违约互换 (CDS) 的市场报价中获取的, 它给出了公司或国家信用质量; 或者可以通过如评级机构对公司和国家信用质量的计分和认识中推断出来.

在 CCR 下的衍生品定价是与特定交易对手的未来风险敞口相关的, 因为未来风险敞口给我们指明了在交易对手违约事件中可能的损失量.

数学上, (正的)风险敞口 $E(t)$ 定义为

$$E(t) := \max(V(t), 0), \quad V(t) := \mathbb{E}^{\mathbb{Q}}\left[\frac{M(t)}{M(T)}H(T, \cdot)\middle|\mathcal{F}(t)\right], \tag{16.1}$$

这里 $V(t)$ 表示衍生品合同在 t 时的价值, T 是合同的到期日.

例 16.1.1 (风险敞口的模拟) 作为一个例子, 我们考虑基于名义金额 N 的利率互换, 其价值由等式 (12.10) 定义, 即

$$V^S(t) = N \cdot \sum_{k=i+1}^{m} \tau_k P(t, T_k) \left(\ell(t; T_{k-1}, T_k) - K \right), \qquad (16.2)$$

其中 $\tau_k = T_k - T_{k-1}$ 而 $T_{i+1}, \cdots, T_m$ 是支付日.

如同前面讨论过的, 互换的当前价 (时间点 t_0) 完全由零息票 $P(t_0, T_k)$, $k = i, i+1, \cdots, m$ 确定. 这些债券可在货币市场上获得, 所以看起来我们不需要随机利率模型来对这个互换估价. 然而, 如果我们希望计算任何未来时间, $t > t_0$ 的价值来估计风险敞口, 则需要选择一个随机模型来对未来互换价值的不确定性建模.

一个用于模拟风险敞口的流行模型是 Hull-White 短期利率模型, 如 (12.33), 其期限结构参数 $\theta(t)$ 和 ZCB $P(t, T)$ 如同 (12.36).

要估计 (16.1) 中互换在最后一次支付前任何时间 t 的风险敞口 $E(t)$, 我们用 Monte Carlo 方法模拟 Hull-White 过程 (12.33), 得到 $r(t)$ 的实现. 有了这些模拟的路径, 我们就可以定价如 (12.36) 定义的任何 ZCB $P(t, T_k)$.

在图 16-1 中, 展示了互换价格及其风险敞口的典型形式. $V^S(t_0)$ 在开始时间 t_0 时等于 0. 而且当 t 趋于互换的最终支付时间 T 时, 互换的价值收敛到 0 (因为在最后支付后没有风险敞口了).   ◇

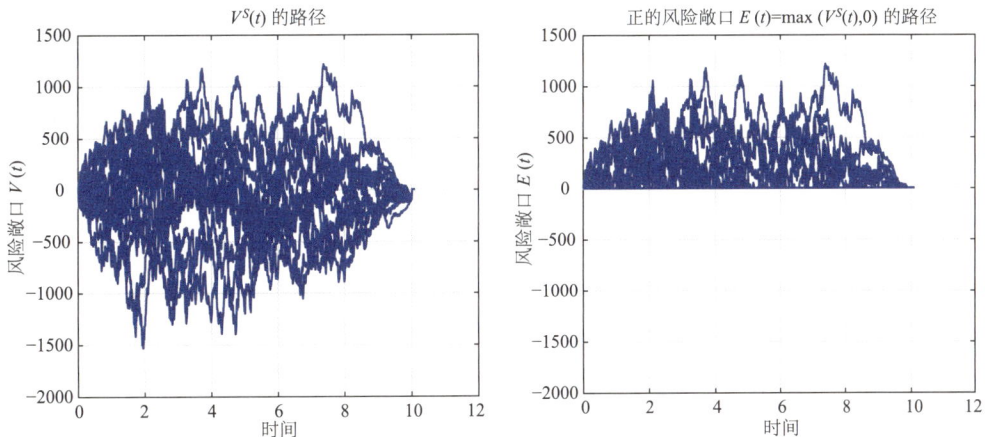

图 16-1 互换 $V^S(t)$ 的 Monte Carlo 模拟和全程的 $E(t)$ 的风险敞口路径.

给出风险敞口形式的描述 $E(t)$, 我们希望计算期望的 (正的) 风险敞口, 其由下式定义:

$$\mathrm{EE}(t_0, t) = \mathbb{E}^{\mathbb{Q}} \left[\frac{M(t_0)}{M(t)} E(t) \middle| \mathcal{F}(t_0) \right], \qquad (16.3)$$

这里 $E(T)$ 是 (16.1) 中正的风险敞口, 而 $M(T)$ 是现金储蓄账户; $\mathrm{d}M(t) = r(t)M(t)\mathrm{d}t$, 其中 $r(t)$ 是 Hull-White 短期利率过程. 风险敞口的期望这个概念对所谓的信用价值调整 (CVA) 的计算特别重要, 我们将在后面继续讨论.

潜在的未来风险敞口 (PFE)

另一个有助于 CCR 评估的指标, 特别是在风险管理的背景下, 被称为潜在未来风险敞口 (PFE). PFE 是在一定置信水平下计算的最大信用风险敞口. 在风险管理和为交易者设置交易限额时, PFE 通常被认为是最坏情况的敞口.

> 时间 t 时的 PFE, 即 $\mathrm{PFE}(t_0, t)$, 定义为风险敞口 $E(t)$ 的分位点, 如下:
>
> $$\mathrm{PFE}(t_0, t) = \inf\left\{x \in \mathbb{R} : p \leqslant F_{E(t)}(x)\right\}, \qquad (16.4)$$
>
> 这里 p 是置信水平, $F_{E(t)}(x)$ 是时间 t 时风险敞口的 CDF.

在 Basel II 协议 [Bank for International Settlements, 2004] 出现之前, EE 和 PFE 这两个概念已经出现, 通常用作信用敞口的代表性指标 [Gregory, 2010]. 于是, EE 表示未来的平均预期损失, 而 PFE 则可能表明在给定一定的置信水平下最坏的风险敞口. 这两个量分别从定价和风险管理的角度表示损失 [Gregory, 2010]. 关于 PFE 的计算一直存在争议, 究竟是在物理测度还是在风险中性测度下计算. 从风险管理的角度, 有人认为 PFE 的计算应基于物理测度下的模拟 [Kenyon et al., 2015], 因为这能够真实反映市场的未来发展.

在图 16-2 中, 作为例子, 画了时间依赖的 $\mathrm{EE}(t_0, t)$ 和 $\mathrm{PFE}(t_0, t)$ 的值的图像. 图中这些量崎岖不平是因为在每个时间点上发生了支付, 造成此时其价值的风险敞口会忽然下降.

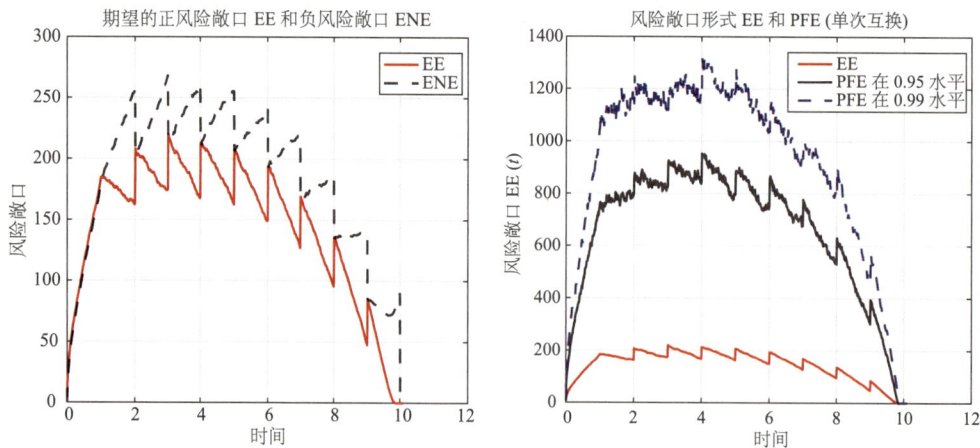

图 16-2 左: (正的) 期望的风险敞口 EE 和期望的负风险敞口 ENE, 其定义为 $\mathrm{ENE}(t) = \max(-V(t), 0)$; 右: EE 和两个分别具 0.95 和 0.99 水平的 PFE 值.

风险敞口的类型

在例 16.1.1 中, 我们基本上考虑的金融衍生品是利率互换. 然而在实际中, 带衍生品的投资组合要多很多, 从少量到数百万的交易产品都有. 对应的风险敞口则可分为三类:

1. 合同水平的风险敞口, 它是针对具体合同所带来的风险敞口, 如前面的例子. 对一个价值为 $V_1(t)$ 的衍生品, 合同水平的风险敞口由下式给出:

$$E(t) = \max(V_1(t), 0).$$

2. 交易对手水平的风险敞口, 这里的风险敞口基于和特定交易对手交易的所有衍生品. 在交易对手有价值分别为 $V_1(t)$ 和 $V_2(t)$ 两个衍生品的情形, 交易对手水平的风险敞口 $E_c(t)$ 由下式给出:

$$E_c(t) = \max(V_1(t), 0) + \max(V_2(t), 0) =: E_1(t) + E_2(t).$$

3. 净额风险敞口, 这是指抵消了两个或多个交易对手之间的多项交易后的价值. 如上, 对两个价值为 $V_1(t)$ 和 $V_2(t)$ 的合同, 净额风险敞口 $E_n(t)$ 定义为

$$E_n(t) = \max(V_1(t) + V_2(t), 0).$$

由于 $\max(x+y, 0) \leqslant \max(x, 0) + \max(y, 0)$, 净额风险敞口通常低于交易对手水平的风险敞口. 从风险敞口角度来看, 净额结算的概念有利于降低交易对手的风险. 然而并不是所有的交易都可以在净额结算中使用, 因为净额结算只适用于可以合法净额结算的所谓的同质交易 (例如在所谓的 ISDA 主协议中规定的那些交易, 这里 ISDA 代表国际互换和衍生品协会, 参见 https://www.isda.org/).

例 16.1.2 (**股票合同的封闭形式的风险敞口形式**) 考虑一个在时间 T 支付的合同, 其价值为股票 $S(T)$. 这个合同的今天价值可简单地表示为

$$V(t_0) = M(t_0)\mathbb{E}^{\mathbb{Q}}\left[\frac{S(T)}{M(T)}\bigg|\mathcal{F}(t_0)\right] = S(t_0), \tag{16.5}$$

由于贴现的股票过程在风险中性测度 $\mathbb{Q}$ 下是个鞅. 由定义, 在时间 t, 期望的风险敞口如下:

$$\mathrm{EE}(t_0, t) = \mathbb{E}^{\mathbb{Q}}\left[\frac{M(t_0)}{M(t)}\max(V(t), 0)\bigg|\mathcal{F}(t_0)\right]. \tag{16.6}$$

将 (16.5) 代入 (16.6) 得到

$$\mathrm{EE}(t_0, t) = \mathbb{E}^{\mathbb{Q}}\left[\frac{M(t_0)}{M(t)}\max\left(M(t)\mathbb{E}^{\mathbb{Q}}\left[\frac{S(T)}{M(T)}\bigg|\mathcal{F}(t)\right], 0\right)\bigg|\mathcal{F}(t_0)\right]$$

$$= M(t_0)\mathbb{E}^{\mathbb{Q}}\left[\frac{1}{M(t)}\max(S(t), 0)\bigg|\mathcal{F}(t_0)\right] = S(t_0). \tag{16.7}$$

所以, 收益的风险敞口, 其为在未来时间 T 的股票价值 $S(T)$ 的期望, 等价于该股票

上的零敲定价 $K = 0$ 的看涨期权, 事实上, 它等价于 $S(t_0)$.

$\Diamond$

例 16.1.3（利率互换的风险敞口形式） 利率互换的风险敞口可以找到封闭形式的表达式. 根据节 12.1.4 的推导, 利率互换今天的价值由等式 (16.2) 给出. 在时间 t 的期望的风险敞口现在为

$$
\begin{aligned}
\text{EE}(t_0, t) &= \mathbb{E}^{\mathbb{Q}} \left[\frac{M(t_0)}{M(t)} \max \left(V^S(t), 0 \right) \middle| \mathcal{F}(t_0) \right] \\
&= \mathbb{E}^{\mathbb{Q}} \left[\frac{M(t_0)}{M(t)} \max \left(N \sum_{k=i+1}^{m} \tau_k P(t, T_k) \left(\ell(t; T_{k-1}, T_k) - K \right), 0 \right) \middle| \mathcal{F}(t_0) \right],
\end{aligned}
$$

对 $t \geqslant T_i$.

请注意, 期望的风险敞口 $\text{EE}(t_0, t)$ 等价于节 12.2.2 所定义的敲定价为 K 的互换期权 $V^{\text{Swpt}}(t)$ 的价值:

$$
\text{EE}(t_0, t) = \mathbb{E}^{\mathbb{Q}} \left[\frac{1}{M(t)} V^{\text{Swpt}}(t, K) \middle| \mathcal{F}(t_0) \right],
$$

因为 $M(t_0) = 1$.

$\Diamond$

16.1.1 单边信用价值调整

我们展示了如何推导出一个单边的风险中性定价的调整, 即大家所知的信用价值调整 (CVA). 让我们从安全投资者的角度来考虑交易, 也就是说一个无违约风险的公司可能面临的交易对手风险. 用 $\bar{V}^D(t, T)$[1] 记时间 t 时贴现的收益 (终止时间为 T), 其遭受交易对手违约风险. 并用 $\bar{V}(t, T)$ 记相同的但没有交易对手风险的量 (即所谓的无风险合同).

用 $\bar{V}^D(t, T)$ 记未来 t 到 T 间在时间 T_i 产生的现金流 $C(T_i)$ 之和, 并且贴现到时间 t, 即

$$
\bar{V}^D(t, T) = \mathbb{E}^{\mathbb{Q}} \left[\sum_{i=1}^{N} \frac{M(t)}{M(T_i)} C(T_i) \middle| \mathcal{F}(t) \right] = \sum_{i=1}^{N} \mathbb{E}^{\mathbb{Q}} \left[\frac{M(t)}{M(T_i)} C(T_i) \middle| \mathcal{F}(t) \right]. \tag{16.8}
$$

注意, 有了上面的定义, 对任何时间 $s < T$, 下列关系成立:

$$
\begin{aligned}
\bar{V}^D(t, T) &= \bar{V}^D(t, s) + \mathbb{E}^{\mathbb{Q}} \left[\frac{M(t)}{M(s)} \bar{V}^D(s, T) \middle| \mathcal{F}(t) \right] \\
&= \bar{V}^D(t, s) + \mathbb{E}^{\mathbb{Q}} \left[\frac{M(t)}{M(s)} \sum_{i=j+1}^{N} \mathbb{E}^{\mathbb{Q}} \left[\frac{M(s)}{M(T_i)} C(T_i) \middle| \mathcal{F}(s) \right] \middle| \mathcal{F}(t) \right]
\end{aligned} \tag{16.9}
$$

---

[1]我们用一个不同的记号来记这些期权值, 头上带着条以及两个时间变量, 这有必要出现违约时间 t_D.

这里 j 是 $T_j = s$ 的指标. 由望远性质, 我们得到

$$
\begin{aligned}
\bar{V}^D(t,T) &= \bar{V}^D(t,s) + \mathbb{E}^{\mathbb{Q}}\left[\frac{M(t)}{M(s)}\sum_{i=j+1}^{N}\frac{M(s)}{M(T_i)}C(T_i)\bigg|\mathcal{F}(t)\right] \\
&= \mathbb{E}^{\mathbb{Q}}\left[\sum_{i=1}^{j}\frac{M(t)}{M(T_i)}C(T_i)\bigg|\mathcal{F}(t)\right] + \mathbb{E}^{\mathbb{Q}}\left[\sum_{i=j+1}^{N}\frac{M(t)}{M(T_i)}C(T_i)\bigg|\mathcal{F}(t)\right] \\
&= \sum_{i=1}^{N}\mathbb{E}^{\mathbb{Q}}\left[\frac{M(t)}{M(T_i)}C(T_i)\bigg|\mathcal{F}(t)\right],
\end{aligned}
\tag{16.10}
$$

其确认了 (16.8) 的定义.

关于交易对手违约时间 t_D 有不同的情形,

1. 如果交易对手的违约发生在衍生品最终支付后, 即 $t_D > T$, 时间 t 时的合同价就是简单的 $\mathbb{1}_{t_D > T}\bar{V}(t,T)$.

2. 如果违约发生在到期日之前, 即 $t_D < T$, 则

    (a) 我们将接收/支付所有直到违约时间的款项, $\mathbb{1}_{t_D \leqslant T}\bar{V}(t,t_D)$.

    (b) 根据交易对手, 我们也许可以找回部分未来的款项, 假定回收比例函数是 R_c, 其价值等于 $\mathbb{1}_{t_D \leqslant T}R_c\max(\bar{V}(t_D,T),0)$.

    (c) 另一方面, 如果我们欠违约方的钱, 我们不能持有它而必须完全支付给对方, 即 $\mathbb{1}_{t_D \leqslant T}\min(\bar{V}(t_D,T),0)$.

基于以上这些情形和相应的 (无风险) 衍生品价值, 对应的衍生品价, 即有风险的衍生品价 $\bar{V}^D(t,T)$ 由下式给出:

$$
\begin{aligned}
\bar{V}^D(t,T) = \mathbb{E}^{\mathbb{Q}}\Bigg[&\mathbb{1}_{t_D > T}\bar{V}(t,T) + \mathbb{1}_{t_D \leqslant T}\bar{V}(t,t_D) + \frac{M(t)}{M(t_D)}\mathbb{1}_{t_D \leqslant T}R_c\max(\bar{V}(t_D,T),0) \\
&+ \frac{M(t)}{M(t_D)}\mathbb{1}_{t_D \leqslant T}\min(\bar{V}(t_D,T),0)\bigg|\mathcal{F}(t)\Bigg].
\end{aligned}
$$

由于 $x = \max(x,0) + \min(x,0)$, 简化版为

$$
\begin{aligned}
\bar{V}^D(t,T) = \mathbb{E}^{\mathbb{Q}}\Bigg[&\mathbb{1}_{t_D > T}\bar{V}(t,T) + \mathbb{1}_{t_D \leqslant T}\bar{V}(t,t_D) + \frac{M(t)}{M(t_D)}\mathbb{1}_{t_D \leqslant T}\bar{V}(t_D,T) \\
&+ \frac{M(t)}{M(t_D)}\mathbb{1}_{t_D \leqslant T}(R_c - 1)\max(\bar{V}(t_D,T),0)\bigg|\mathcal{F}(t)\Bigg].
\end{aligned}
$$

表达式右端前面三项产生

$$
\begin{aligned}
&\mathbb{E}^{\mathbb{Q}}\left[\mathbb{1}_{t_D > T}\bar{V}(t,T) + \mathbb{1}_{t_D \leqslant T}\bar{V}(t,t_D) + \frac{M(t)}{M(t_D)}\mathbb{1}_{t_D \leqslant T}\bar{V}(t_D,T)\bigg|\mathcal{F}(t)\right] \\
&= \mathbb{E}^{\mathbb{Q}}\left[\mathbb{1}_{t_D > T}\bar{V}(t,T) + \mathbb{1}_{t_D \leqslant T}\bar{V}(t,T)\big|\mathcal{F}(t)\right] \\
&= \bar{V}(t,T)\mathbb{E}^{\mathbb{Q}}\left[\mathbb{1}_{t_D > T} + \mathbb{1}_{t_D \leqslant T}\big|\mathcal{F}(t)\right] \\
&= \bar{V}(t,T).
\end{aligned}
$$

这里, 我们再次用到 $\bar{V}(t,T)$ 代表发生在 t 和 T 之间贴现支付和的事实. 则我们可以用

$$\mathbb{E}\left[\bar{V}(t,s) + \frac{M(t)}{M(s)}\bar{V}(s,T)\right] = \mathbb{E}[\bar{V}(t,T)],$$

这里, 我们再把这两个和加起来.

通过假定常数回收率 R_c, 风险资产的价值 $\bar{V}^D(t,T)$ 为

$$\begin{aligned}
\bar{V}^D(t,T) &= \mathbb{E}^{\mathbb{Q}}\left[\bar{V}(t,T) + \frac{M(t)}{M(t_D)}\mathbb{1}_{t_D \leqslant T}(R_c - 1)\max(\bar{V}(t_D,T),0)\bigg|\mathcal{F}(t)\right] \\
&= \bar{V}(t,T) + \mathbb{E}^{\mathbb{Q}}\left[\frac{M(t)}{M(t_D)}\mathbb{1}_{t_D \leqslant T}(R_c - 1)\max(\bar{V}(t_D,T),0)\bigg|\mathcal{F}(t)\right] \\
&= \bar{V}(t,T) - (1 - R_c)\mathbb{E}^{\mathbb{Q}}\left[\frac{M(t)}{M(t_D)}\mathbb{1}_{t_D \leqslant T}\max(\bar{V}(t_D,T),0)\bigg|\mathcal{F}(t)\right] \\
&=: \bar{V}(t,T) - \mathrm{CVA}(t,T),
\end{aligned}$$

所以,

$$\mathrm{CVA}(t,T) = (1 - R_c)\mathbb{E}^{\mathbb{Q}}\left[\frac{M(t)}{M(t_D)}\mathbb{1}_{t_D \leqslant T}\max(\bar{V}(t_D,T),0)\bigg|\mathcal{F}(t)\right].$$

一般地, 我们发现, 对于对应的期权价:

$$\boxed{\text{风险衍生品} = \text{无风险衍生品} - \mathrm{CVA}.}$$

CVA 可表示成交易对手风险的价格, 即未来交易对手违约造成的期望损失的贴现. 有了回收率 R_c, $(1 - R_c)$ 被称为违约损失率 (LGD).

16.1.2 CVA 计算的近似

关于 CVA 的费用, 需要知道违约时间 t_D 和风险敞口的联合分布. 由期望的望远性质, 我们有

$$\begin{aligned}
\mathrm{CVA}(t,T) &= (1 - R_c)\mathbb{E}^{\mathbb{Q}}\left[\frac{M(t)}{M(t_D)}\mathbb{1}_{t_D \leqslant T}\max(\bar{V}(t_D,T),0)\bigg|\mathcal{F}(t)\right] \\
&= (1 - R_c)\mathbb{E}^{\mathbb{Q}}\left[\mathbb{E}^{\mathbb{Q}}\left[\frac{M(t)}{M(t_D)}\mathbb{1}_{t_D \leqslant T}\max(\bar{V}(t_D,T),0)\bigg|\mathcal{F}(t_D)\right]\bigg|\mathcal{F}(t)\right] \\
&= (1 - R_c)\mathbb{E}^{\mathbb{Q}}\left[\mathbb{1}_{t_D \leqslant T}\mathbb{E}^{\mathbb{Q}}\left[\frac{M(t)}{M(t_D)}\max(\bar{V}(t_D,T),0)\bigg|\mathcal{F}(t_D)\right]\bigg|\mathcal{F}(t)\right].
\end{aligned}$$

在违约时间 t_D 和风险敞口互相独立的假设下, 可以得到下列近似:

$$\begin{aligned}
\mathrm{CVA}(t,T) &= (1 - R_c)\int_t^T \mathbb{E}^{\mathbb{Q}}\left[\frac{M(t)}{M(t_D)}\max(\bar{V}(t_D,T),0)\bigg|t_D = z\right]f_{t_D}(z)\mathrm{d}z \\
&= (1 - R_c)\int_t^T \mathbb{E}^{\mathbb{Q}}\left[\frac{M(t)}{M(t_D)}\max(\bar{V}(t_D,T),0)\bigg|t_D = z\right]\mathrm{d}F_{t_D}(z)
\end{aligned}$$

$$\approx (1 - R_c) \sum_{k=1}^{m} \mathrm{EE}(t, T_k) \bar{q}(T_{k-1}, T_k), \tag{16.11}$$

其中期望的正风险敞口是

$$\mathrm{EE}(t, T_k) := \mathbb{E}^{\mathbb{Q}} \left[\frac{M(t)}{M(T_k)} \max(\bar{V}(T_k, T), 0) \bigg| \mathcal{F}(t) \right],$$

而 (T_{k-1}, T_k) 间的违约概率为

$$\bar{q}(T_{k-1}, T_k) := F_{t_D}(T_k) - F_{t_D}(T_{k-1}) = \mathbb{E}\left[\mathbb{1}_{T_{k-1} < t_D \leqslant T_k} \right]. \tag{16.12}$$

结果, CVA 费用可以近似地表为

$$\mathbf{CVA} \approx \underbrace{\mathrm{LGD}}_{\text{违约损失率}} \times \underbrace{\mathrm{PD}}_{\text{违约概率}} \times \underbrace{\mathrm{EE}}_{\text{期望的正风险敞口}}.$$

在上述推导中, 我们假定了交易对手的风险因素与由 $\bar{V}(t_D, T)$ 控制的标的敞口风险之间的独立性, 而交易对手风险由 $\mathbb{1}_{t_D \leqslant T}$ 建模. 这种独立性假设在某些情况下可能导致风险被低估, 从而造成潜在的重大损失. 与所谓的正位风险相比, 这种未建模的现象通常被称为错位风险 (WWR). WWR 的定义是发生在 "交易对手的风险敞口与交易对手的信用质量负相关" 时的风险. WWR 的一个例子是, 利率波动会导致某些衍生品交易的价值发生变化, 同时也会影响交易对手的信誉. 在这种情况下, 交易对手会受到同一个现象的两次影响.

假设一家银行与一家石油公司签订了一份互换合同, 银行支付一笔固定金额, 收到一笔浮动金额, 浮动金额将与石油价格挂钩. 在这个例子中, 当油价上涨时, 银行会期望从石油公司那里得到更多的钱. 另一方面, 石油公司的信用质量也可能恶化, 因为价格变动可能导致成本增加. 在正常情况下, 石油公司会通过签订长期石油衍生品合同, 而不是支付与石油价格挂钩的金额来寻求防止石油价格上涨的保护.

16.1.3 双边信用价值调整

在前一节讨论的单边 CVA 情形中, 我们看到由无风险的衍生品定价到交易对手可能违约的一般概念. 然而, 逻辑上这个问题可能是对称的. 因为任何金融交易有 (至少) 两个交易对手, 投资者 I 和交易对手 C, 视角不同, CVA 的费用可能不一样. 投资者 I 将计算衍生品的价格如下:

$$\bar{V}_I(t_0, T) = \bar{V}(t_0, T) - \mathrm{CVA}_I(t_0, T),$$

其中 $\mathrm{CVA}_I(t_0, T)$ 是在交易对手可能违约的假定下所产生的费用. 另一方面, 交易对手 C 将计算衍生品的价格如下:

$$\bar{V}_C(t_0, T) = \bar{V}(t_0, T) - \mathrm{CVA}_C(t_0, T).$$

一般地, $\mathrm{CVA}_I(t_0, T) \neq \mathrm{CVA}_C(t_0, T)$, 这是因为交易对手的信用风险值可能不同, 所以投资者 I 的调整价和交易对手 C 的调整价不相对. 换句话说, 双方可能对风险衍生品的调整价不能达成共识.

上面的原因驱动了用单边 *CVA* 情形的推广版本, 称为双边 *CVA (BCVA)*. 在 BCVA 中, 两个交易对手都可能违约的事实包括在建模中. 在推导 "风险资产" 的价格时, 我们不仅包括 CVA 部分, 还包括一个计算与自己违约风险相关的风险部分 (这一风险称为 "债务价值调整", $\mathrm{DVA}(t_0, T)$). 从不同的角度来看, 投资者收取的 $\mathrm{CVA}(t_0, T)$ 费用相当于交易对手收取的 $\mathrm{DVA}(t_0, T)$, 即 $\mathrm{CVA}_C(t_0, T) = \mathrm{DVA}_I(t_0, T)$ 以及 $\mathrm{CVA}_I(t_0, T) = \mathrm{DVA}_C(t_0, T)$.

对两个交易对手, 我们有下面的定价公式:

$$\bar{V}_I(t_0, T) = \bar{V}(t_0, T) - \mathrm{CVA}_I(t_0, T),$$

$$\bar{V}_C(t_0, T) = \bar{V}(t_0, T) - \mathrm{CVA}_C(t_0, T).$$

由于投资方和交易对手对这个价格无异议, 所以条件 $\bar{V}_I(t_0, T) = \bar{V}_C(t_0, T)$ 一定成立, 其隐含下列的调整:

$$\bar{V}_I(t_0, T) = \bar{V}(t_0, T) - \mathrm{CVA}_I(t_0, T) + \mathrm{CVA}_C(t_0, T)$$

$$=: \bar{V}(t_0, T) - \mathrm{CVA}_I(t_0, T) + \mathrm{DVA}_I(t_0, T),$$

等价地, 对交易对手,

$$\bar{V}_C(t_0, T) = \bar{V}(t_0, T) - \mathrm{CVA}_C(t_0, T) + \mathrm{CVA}_I(t_0, T)$$

$$=: \bar{V}(t_0, T) - \mathrm{CVA}_C(t_0, T) + \mathrm{DVA}_C(t_0, T).$$

这意味着 $\mathrm{DVA}(t_0, T)$ 为

$$\mathrm{DVA}(t, T) = (1 - R_c) \, \mathbb{E}^{\mathbb{Q}} \left[\frac{M(t)}{M(\hat{t}_D)} \mathbb{1}_{\hat{t}_D \leqslant T} \max(-\bar{V}(\hat{t}_D, T), 0) \Big| \mathcal{F}(t) \right],$$

这里 $\hat{t}_D$ 表示投资者自己的违约时间.

将 CVA 和 DVA 同时建模通常叫作双边 *CVA* (BCVA), 定义如下:

$$\mathrm{BCVA}(t, T) = \mathrm{CVA}(t, T) - \mathrm{DVA}(t, T).$$

请注意, $\mathrm{DVA}(t, T)$ 是一个正量, 从而可见其受益于自我违约, 这是模型的痛点.

16.1.4 用净额结算减少风险敞口

在任何现代金融机构中, 恰当地管理信用风险是至关重要的. 在交易对手违约的情况下, 对信用风险的适当管理不仅可以减少潜在损失, 甚至可以使金融机构免于破产. 一家机构可以采取许多措施来降低交易对手的风险. 一个有力的措施是净额. 在一个交

易对手违约的情况下, 净额结算协议有助于在法律框架下汇总与违约交易对手的所有金融交易.

例 16.1.4 (净额的影响) 为了说明净额结算原理, 考虑两个交易对手只有两项交易. 协议 1 有价值 €100 而协议 2 有亏损 −€50. 由于先前的讨论, 在一方交易对手违约的情况下, 另一方有义务承担任何剩余的金融债务, 在正值交易的情况下, 非违约方只能得到所有回收金额一定的百分比. 让我们假定回收率 $R_c = 40\%$. 在表 16-1 中, 展现了两个不一样的情形, 一个基于净额结算而另一个没有净额结算, 这里可以观察到在交易对手违约的情形下, 净额很大程度地影响到投资组合的价值.

表 16-1　在用净额结算和不用净额结算情况下总损益举例.

	没有净额结算的情形	净额结算的情形
协议 1	$40\% \times €100 = €40$	$€100 = €100$
协议 2	$−€50 = −€50$	$−€50 = −€50$
总和	$−€10$	$40\% \times €50 = €20$

两种情形的主要差别在于是否有回收率的出现. 在不用净额结算时, 回收率用在单独的交易的基础上. 当考虑净额结算时, 回收率用在投资组合的总和上. ◊

例 16.1.5 (减少利率互换的风险敞口) 本例是例 16.1.1 的扩展, 这里计算了利率互换 $V^S(t)$ 的风险敞口. 为了说明净额结算的效果, 将一个互换组成的投资组合扩展为一张利率互换的空头, 其只有一张息票, 付息只在时间 T_m 发生一次, 其值由下式给出:

$$V_2^S(t_0) = N\tau_m P(t_0, T_m)\ell(t_0; T_{m-1}, T_m). \tag{16.13}$$

完整的投资组合现在是 $V(t_0) = V^S(t_0) − V_2^S(t_0)$, 其中 $V^S(t_0)$ 如等式 (16.2) 而 $V_2^S(t_0)$ 由 (16.13) 定义. 在图 16-3 中, 展示了投资组合多出来的互换在风险敞口上 (正)

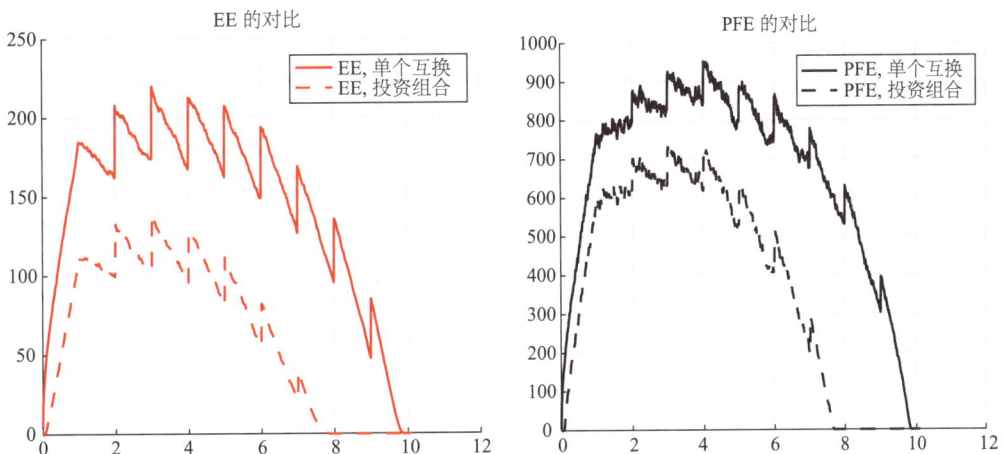

图 16-3　净额结算对减少风险敞口的影响. 左: 两个风险敞口的构图 (单个互换和投资组合). 右: 对应的 PFE (单个互换和投资组合).

的影响.

我们看见, 在左图中, 在交易对手违约的情况下, 期望的损失大约为 200, 但是, 如PFE 表明的, 潜在的损失可能是两倍于此. 这个风险敞口因为两个互换而减少 (右图), 但图形基本相同. ◇

16.2 混合模型下的 CVA 和风险敞口

本节将介绍如何在混合模型下计算 CVA 和风险敞口.

如同节 16.1 所述, 信用风险敞口定义为没有回收的潜在的未来损失, 见 (16.1),

$$E(t) := \max(V(t), 0), \quad V(t) := \mathbb{E}^{\mathbb{Q}} \left[\frac{M(t)}{M(T)} H(T, \cdot) \middle| \mathcal{F}(t) \right].$$

随着市场的波动, 风险敞口会随着时间的推移而变化, 而且往往无法以封闭的形式表示.

为了量化风险敞口, 在实际中未来损失的度量指标, 期望的风险敞口 EE (16.3) 和潜在未来风险敞口 PFE (16.4), 需要在一组时间步长上计算大量场景的风险敞口状况. 这是计算风险价值调整所涉及的部分之一. 由于缺乏解析解, 因此我们需要通过 Monte Carlo 模拟, 使用数值方法来估算金融合同的价值、风险敞口以及它们在整个合同生命周期内的分布. 这些数值方法基本上包含三个阶段, 即生成未来资产路径情景的前向阶段、对金融衍生品 (合同的 MtM 值) 进行估值的后向阶段和沿生成的未来资产路径计算风险敞口的后向阶段.

[Pykhtin et al., 2007] 构造了一个通用的 Monte Carlo 框架, 用于计算场外交易衍生品的风险敞口分布.

正向 Monte Carlo 方法通常生成从初始时间到到期时间的离散资产路径. 沿着这些路径, 我们就可以确定期权在每个CVA 监控日期的价格. 风险敞口轮廓的计算需要有效的数值方法, 因为计算量随着 MC 路径的数量迅速增长. 有限差分方法 [de Graaf et al., 2014] 主要适用于偏微分方程的近似数值解, 因为它得到标的价值网格上近似的期权价格. 这一特性可以在 EE 环境中利用, 因为它可以用来在所有网格点都生成期权概率密度函数.

计算整个投资组合的 CVA 时会遇到一个困难, 就是巨大的计算复杂度, 这是因为风险投资组合包含多个金融衍生品 (即这会导致高维度问题). 资产动态中的其他市场因素, 如随机资产波动率和随机利率, 也会增加计算工作量. 在实际问题中常常以 Monte Carlo 模拟为基础, 再使用统计回归方法来近似计算未来时间点的期望值, 并以此发展出了很多非常实用的变体方法, 这有助于解决风险管理中遇到的资产定价潜在的高维问题, 参见 [Longstaff et al., 2001], [Jain et al., 2015], [Feng et al., 2017], [Feng et al., 2016], [Feng, 2017].

16.2.1　CVA 和风险敞口

如节 16.1 所述, CVA 表示交易对手信用风险的价格. 它是在风险中性测度下计算的期望值 (期望的风险敞口, EE) . 我们将重点放在CVA 的计算, 我们还将计算风险中性测度下的 EE 和 PFE. 在物理测度下的 PFE 计算可以在 [Feng et al., 2016] 中找到.

CVA 计算中的三个关键要素分别是违约损失率、贴现风险敞口和交易对手的生存/违约概率 (回顾定义 1.1.1 中生存概率的定义). 通过假设它们之间的独立性, 由等式 (16.11) 给出了 CVA 的计算公式, 即

$$\text{CVA}(t,T) \approx \underbrace{(1-R)}_{\text{LGD}} \sum_{i=1}^{M} \text{EE}(t,T_i) \cdot \underbrace{(F_{t_D}(T_i) - F_{t_D}(T_{i-1}))}_{\text{PD}},$$

这里 LGD 假定为基于市场信息的一个固定比例, 违约概率 (PD) 可以通过 CDS 市场生存概率曲线而得 [Brigo et al., 2007].

16.2.2　欧式和百慕大期权的例子

我们将研究两个不同期权的 CVA、EE 和 PFE. 百慕大期权在本书中尚未详细讨论. 该期权可以提前实施, 即在预先指定的且先于到期日 T 的未来特定日期行权. 我们用 $\mathcal{T}_E$ 表示这组早期实施的日期.

期权在 t_i 时间点立即行权收到的收益为

$$H(t_i, S(t_i)) := \max\left(\bar{\alpha}(S(t_i) - K), 0\right), \quad \text{其中} \begin{cases} \bar{\alpha} = 1, & \text{看涨,} \\ \bar{\alpha} = -1, & \text{看跌,} \end{cases} \tag{16.14}$$

这里 K 是敲定价, $S(t_i)$ 是在时间 t_i 时的标的资产价.

期权持有人决定行权策略, 目标是 "最优收益". 在这里我们假设期权持有人在做出提前行权的决定时不受期权写方的信用质量的影响. 这可以概括如下, 见 [Feng, 2017].

最优停时, 见定义 10.2.1, 记为 t_s, 是持有人行权期权的最佳时间. 提前行权期权应该在时间 $t = 0$ 对期望收益取最大, 即

$$V^{\text{Berm}}(t_0) = \max_{t_s \in \mathcal{T}_E} \mathbb{E}\left[\frac{M(t_0)}{M(t_s)} \cdot H(t_s, S(t_s)) \bigg| \mathcal{F}(t_0)\right]. \tag{16.15}$$

通过 Monte Carlo 方法对百慕大期权进行定价的技术是寻找每个生成资产路径上的最佳行权策略. 在每个行权日 t_i, Monte Carlo 路径将达到某个资产价值 $S(t_i)$. 期权持有人将比较立刻行权的可能收益与继续持有期权而带来的期望的未来收益 (其基于期权的延续价值). 这样, 对于每个时间点 t_i 上特定的资产价值 $S^*(t_i)$, 最佳行权策略可以确定, 即通过作出不同决定 ("行权" 或 "不行权") 来获取较高的资产价值.

期权的延续价值在时间 t_i 可以表示为在稍后时间 t_{i+1} 贴现的期权价值的条件期望. 因此期权的延续价值可以写成

$$c(t_i) := \mathbb{E}\left[\frac{M(t_i)}{M(t_{i+1})}V(t_{i+1})\bigg|\mathcal{F}(t_i)\right], \tag{16.16}$$

这里 $V(t_{i+1})$ 是 t_{i+1} 时的期权价.

利用所谓的倒向动态规划定价百慕大期权给出倒向归纳格式, 如 [Longstaff et al., 2001], 可表示如下:

$$V^{\text{Berm}}(t_i) = \begin{cases} H(t_i, S(t_m)), & \text{对 } t_m = T, \\ \max\left\{c(t_i), H(t_i, S(t_i))\right\}, & \text{对 } t_i \in \mathcal{T}_{\text{E}}, \\ c(t_i), & \text{对 } t_i \in \mathcal{T}\backslash\mathcal{T}_{\text{E}}. \end{cases} \tag{16.17}$$

与定价百慕大期权类似, 欧式期权风险敞口在未来时间点的状况可以通过模拟来确定. 到期日为 T 的欧式期权价值等于收益函数 $V(t_m) = H(t_m, S(t_m))$. 在时间点 $t_i < T$, 欧式期权的价值等于贴现的条件期望收益, 即

$$V(t_i) := \mathbb{E}\left[\frac{M(t_i)}{M(t_m)} \cdot H(t_m, S(t_m))\bigg|\mathcal{F}(t_i)\right], \tag{16.18}$$

这里 $H(t_m, S(t_m))$ 是时间 $t_m = T$ 的收益函数.

利用期望的望远性质, 在 $t_i < t_m$ 时远期期权价也可以用逆向迭代来计算,

$$V(t_i) = \mathbb{E}\left[\frac{M(t_i)}{M(t_{i+1})} \cdot \mathbb{E}\left[\frac{M(t_{i+1})}{M(t_m)} \cdot H(t_m, S(t_m))\bigg|\mathcal{F}(t_{i+1})\right]\bigg|\mathcal{F}(t_i)\right]$$
$$= \mathbb{E}\left[\frac{M(t_i)}{M(t_{i+1})} \cdot V(t_{i+1})\bigg|\mathcal{F}(t_i)\right] = c(t_i). \tag{16.19}$$

随机波动率和利率的影响

已经有很多研究工作给出了定价百慕大期权精确而有效的方式, 如 Monte Carlo 方法 ([Longstaff et al., 2001], [Jain et al., 2015]), 以及 PDE 方法 ([Zvan et al., 1998], [d'Halluin et al., 2004], [Forsyth et al., 2002], [In 't Hout, 2017]).

在路径 j 和时间 t_i 上的风险敞口的计算方法为

$$E_i^j = \begin{cases} 0, & \text{如果期权行权}, \\ c(t_i), & \text{如果期权继续}. \end{cases}$$

EE 和 PFE 在时间点 t_i 上的值可以近似为

$$\text{EE}(t_0, t_i) \approx \frac{1}{N}\sum_{j=1}^{N} E_i^j,$$

$$\mathrm{PFE}(t_0, t_i) \approx \inf \left\{ x \in \mathbb{R} : 0.974 \leqslant F_{E(t_i)}(x) \right\},$$

其中 $\mathrm{PFE}(t_0, t_i)$ 如 (16.4). 对那些在某时间点 t_i 期权实施的路径, 当 $t > t_i$, 风险敞口在这些路径上时等于零, 因为此时期权已经终止.

下面我们分析随机波动率和随机利率对风险敞口状况和 CVA 的影响, 也参见参考文献 [Feng et al., 2017], [Feng, 2017]. 我们考虑了随机波动率和随机利率对未来损失度量 (即 CVA, EE, PFE) 的影响. 一个随机波动率过程可以解释金融衍生品市场隐含的波动率曲面. 利率过程的随机性会对金融衍生品价格, 尤其是那些长生命期的, 产生重要影响 [Lauterbach et al., 1990]. 这里选择的模型有 Black-Scholes (BS), Heston 模型和 Heston Hull-White (HHW) 模型 [Grzelak et al., 2011], 以及 Black-Scholes Hull-White (BSHW) 模型. 后两个过程已在第 13 章中讨论过.

假如有如下在时间上等分的离散型监测时间点:

$$\mathcal{T} = \{ 0 = t_0 < t_1 < \cdots < t_m = T, \ \Delta t = t_{i+1} - t_i \}.$$

在 MC 方法中应用二次指数 (QE) 格式来模拟 Heston 型模型.

这里 CVA 通过公式 (16.11) 来计算, 其中 LGD = 1. 期权将在监测日进行估价以确定风险敞口状况. 模拟使用 $N = 10^6$ 条 MC 路径以及 $\Delta t = 0.1$. 我们在模拟资产动态时采用了一个较小的时间步长以提高 CVA 计算的精确性, 并假设百慕大期权只能在特定日期, 即 $\mathcal{T}_{\mathrm{E}} \subset \mathcal{T}$ 行权.

生存概率假定为具常数强度并独立于风险敞口, 表成对时间段 $t \in [0, T]$,

$$F_{t_D}(t) = 1 - \exp\left(-0.03 t\right).$$

模型用下列参数, 见 [Feng et al., 2017], [Feng, 2017]:

$$S_0 = 100, v_0 = 0.05, r_0 = 0.02, \kappa = 0.3, \gamma = 0.6, \bar{v} = 0.05, \lambda = 0.01, \eta = 0.01,$$

$$\theta = 0.02, \rho_{x,v} = -0.3, \rho_{x,r} = 0.6. \tag{16.20}$$

我们设定了模型的参数, 使得到期日为 T 的欧式看跌期权在所有模型下的价格相同. 例如, 在 Black-Scholes 模型下使用了隐含利率, 即用了 $r_T = -\log(P(0,T))/T$, 并且我们还计算了隐含波动率. 使用上述参数, 在 Heston 模型下, 以此计算出相应的利率. 在 BSHW 模型下, Hull-White 过程的参数与上述相同, 还确定了合适的波动率.

如同 [Feng et al., 2017], 我们用定义百分比形式的 CVA 为 $(100 \cdot \frac{\mathrm{CVA}(t_0)}{V(0)})\%$. 表 16-2 表示了两个到期日, $T = 1$, $T = 5$, 以及敲定价为 $K = \{80, 100, 120\}$ 的欧式看跌期权的 CVA 百分比. 可以观察到 CVA 百分比关于敲定价没有多少变化. 然而, 到期日 $T = 5$ 的欧式期权展示了比到期日 $T = 1$ 有较高的 CVA 百分比. 有了选择的参数, 随机波动率和随机利率对 CVA 百分比仅有很小的影响.

图 16-4 展示了平值百慕大看跌期权的 EE 和 PFE 的值. 在图 16-4(b) 中, HHW 模型与 Heston 模型的 PFE 价值比较相近, 而 BSHW 模型相比于 BS 模型的 PFE 值

表 16-2　具 $T = 1$, $T = 5$ 和敲定价 $K = \{80, 100, 120\}$ 的欧式期权的 CVA(%).

	K/S_0	欧式期权, CVA (%)			
		BS	Heston	BSHW	HHW
	80%	2.951 (0.010)	2.959 (0.003)	2.953 (0.005)	2.949 (0.005)
$T = 1$	100%	2.956 (0.011)	2.958 (0.003)	2.952 (0.002)	2.952 (0.002)
	120%	2.955 (0.002)	2.959 (0.001)	2.953 (0.001)	2.952 (0.001)
	80%	13.93 (0.036)	13.94 (0.021)	13.88 (0.016)	13.93 (0.027)
$T = 5$	100%	13.95 (0.039)	13.96 (0.010)	13.90 (0.003)	13.94 (0.018)
	120%	13.92 (0.010)	13.95 (0.007)	13.90 (0.005)	13.94 (0.010)

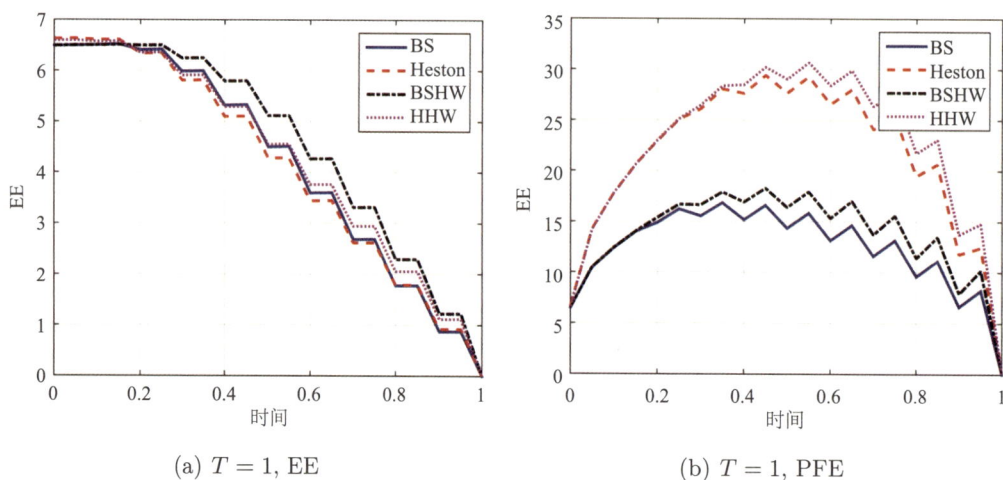

(a) $T = 1$, EE　　　　　　　　　　(b) $T = 1$, PFE

图 16-4　随机波动率和随机利率在不同资产模型中对 EE 和 PFE 的影响, 平值 $K = 100$.

很相似. 在模型假设和所定参数下, 随机波动率相比随机利率对 PFE 值有更大贡献. 随机波动率则对风险敞口右端的尾部比对 EE 值有更多的影响.

图 16-4(a) 和 (b) 显示了随机利率增加时, 百慕大期权远期的 EE 值也增加, 而随机波动率效果相反.

随机利率在长期衍生品中扮演了一个重要角色, 导致了 PFE 更大; 随机资产波动率显示出对合同早期阶段的 PEE 有影响.

16.2.3　FX 互换的 CVA

接下来, 我们介绍与外汇衍生品有关的 CVA, 并沿用第 15 章的符号.

FX 互换是交易双方互换固定和浮动 FX 率的金融衍生品. 一方接收浮动 FX 率 $y(T)$ 并对另一方支付固定利率 K. 支付的多少基于某外币的名义金额 N_{f}.

在到期日 T, FX 互换合约的价值, 以本币计为

$$V^{\mathrm{d}}(T) = N_{\mathrm{f}}\left(y(T) - K\right), \tag{16.21}$$

(记住 $y(t) := y_f^d(t)$) 而 FX 互换在时间 t 的价值等于

$$V^d(t) = M_d(t)\mathbb{E}^{\mathbb{Q},d}\left[\frac{N_f}{M_d(T)}\left(y(T) - K\right)\bigg|\mathcal{F}(t)\right]. \tag{16.22}$$

从 FX 远期汇率的定义, 我们有

$$y_F(t,T) = y(t)\frac{P_f(t,T)}{P_d(t,T)},$$

而通过测度变换, 从风险中性测度 $\mathbb{Q}^d$ 到远期测度 $\mathbb{Q}^{T,d}$, 就有

$$V^d(t) = M_d(t)\mathbb{E}^{T,d}\left[\frac{N_f}{M_d(T)}\frac{M_d(T)}{M_d(t)}\frac{P_d(t,T)}{P_d(T,T)}\left(y(T) - K\right)\bigg|\mathcal{F}(t)\right]$$

$$= P_d(t,T)N_f\mathbb{E}^{T,d}\left[\left(y(T) - K\right)|\mathcal{F}(t)\right].$$

利用等式 (15.6), 下列成立:

$$\mathbb{E}^{T,d}\left[y(T)|\mathcal{F}(t)\right] = y(t)\frac{P_f(t,T)}{P_d(t,T)} =: y_F(t,T),$$

从而我们有

$$V^d(t) = P_d(t,T)N_f\mathbb{E}^{T,d}\left[\left(y(T) - K\right)|\mathcal{F}(t)\right]$$

$$= P_d(t,T)N_f\left(y_F(t,T) - K\right).$$

注意, 引理 15.2.1 指明, 从本币当前测度到本币 T 远期测度变换后, 远期汇率 $y_F(t,T)$ 不包含漂移项, 从而它是个鞅.

等式 (16.3) 的 CVA 中期望的风险敞口, 其本币形式如下:

$$\mathrm{EE}^d(t_0,t) = \mathbb{E}^{\mathbb{Q},d}\left[\frac{M_d(t_0)}{M_d(t)}\max(V^d(t),0)\bigg|\mathcal{F}(t_0)\right]$$

$$= N_f\mathbb{E}^{\mathbb{Q},d}\left[\frac{M_d(t_0)}{M_d(t)}P_d(t,T)\max\left(y_F(t,T) - K, 0\right)\bigg|\mathcal{F}(t_0)\right].$$

将 ZCB 的定义 $P_d(t,T) = \mathbb{E}^{\mathbb{Q}}\left[M(t)/M(T)|\mathcal{F}(t)\right]$ 插入, 得到

$$\mathrm{EE}^d(t_0,t) = N_f\mathbb{E}^{\mathbb{Q},d}\left[\frac{M_d(t_0)}{M_d(t)}\mathbb{E}^{\mathbb{Q}}\left[\frac{M_d(t)}{M_d(T)}\bigg|\mathcal{F}(t)\right]\max\left(y_F(t,T) - K, 0\right)\bigg|\mathcal{F}(t_0)\right].$$

运用期望的望远性质, $\mathbb{E}\left[X \cdot \mathbb{E}\left[Y|\mathcal{F}(t)\right]|\mathcal{F}(t_0)\right] = \mathbb{E}\left[X \cdot Y|\mathcal{F}(t_0)\right]$, 我们得到

$$\mathrm{EE}^d(t_0,t) = N_f\mathbb{E}^{\mathbb{Q},d}\left[\frac{M_d(t_0)}{M_d(T)}\max\left(y_F(t,T) - K, 0\right)\bigg|\mathcal{F}(t_0)\right]$$

$$= N_fP_d(t_0,T)\mathbb{E}^{T,d}\left[\max\left(y_F(t,T) - K, 0\right)|\mathcal{F}(t_0)\right], \tag{16.23}$$

由于 $y_F(t,T)$ 在本币 T 远期测度下是个鞅.

现在假定远期汇率 $y_F(t,T)$, 在本币 T 远期测度下, 服从对数正态过程,

$$\mathrm{d}y_F(t,T) = \bar{\sigma}y_F(t,T)\mathrm{d}W^{T,d}(t),$$

欧式期权价等于期望的风险敞口, 公式如下:

$$\mathrm{EE}^{\mathrm{d}}(t_0, t) := V(t_0) = P_{\mathrm{d}}(t_0, T) N_{\mathrm{f}} \left(y_F(t_0, T) \Phi(d_1) - K \Phi(d_2) \right),$$

$$d_1 = \frac{\log\left(\frac{y_F(t_0, T)}{K} \right) + \frac{1}{2}\sigma^2(t - t_0)}{\sigma\sqrt{t - t_0}}, \quad d_2 = d_1 - \sigma\sqrt{t - t_0},$$

这类似于节 12.2.1 中天花板的定价.

FX 互换期望的风险敞口可以被看成 FX 远期汇率下的欧式期权.

习 题

习题 16.1 在例 16.1.2 中, 证明了 EE 的形式等价于欧式期权价, 其敲定价为 $K = 0$. 考虑股票 $S(t)$ 的 GBM 过程 (自己选择模型参数), 通过数值确认这点.

习题 16.2 用 CIR 动态而不是 Hull-White 短期利率动态, 调整计算程序来生成图 16-3 的结果. 注意 CIR 动态下的 ZCB 在节 11.3.3 中有展示.

在计算中配置不同的均值回归和波动率参数的影响如何?

你期望 CIR 和 HW 动态中哪一个参数的结果很相似?

习题 16.3 用图 16-3 的程序, 在配置文件中加两个互换, 一个到期日是 4 年, 另一个是 12 年. 画出对应的 EE 和 PFE 形式. 调整互换的名义金额并报告这个变化对结果的影响.

习题 16.4 考虑 BSHW 模型具 $S(t_0) = 1$, $\sigma = 0.08$, $\lambda = 0.5$, $\eta = 0.03$ 以及 $P(0, t) = \exp(-0.01t)$. 相关系数 $\rho_{x,r} = -0.5$. 考虑投资组合包含:

- 1 份股票;
- 1 份支付互换, 其起息日为 $T_1 = 1$ 年, 期满日 $T_2 = 10$ 年, 频率为 1 年 (互换率 K 的选择使得今天的互换价值等于 0), 名义金额 $N = 1$;
- 1 份股票的看涨期权, 其敲定价 $K = 1.2$, 到期日 $T = 12$ 年.

a. 设置违约概率等于 0.2 对所有互换支付日 T_i 和回收率 $R_c = 0.5$. 计算期望的风险敞口概况和分位数为 0.05 的 PFE.

b. 运用 Monte Carlo 模拟, 计算投资组合的价值和 CVA, 并讨论结果.

c. 哪种金融衍生品需要加进投资组合 (想一下净额), 使得 CVA 费用减少?

参考文献

Bank for International Settlements, 2004. Basel II: International Convergence of Capital Measurement and Capital Standards: A Revised Framework[R].

BRIGO D, MERCURIO F, 2007. Interest rate models – theory and practice: with smile, inflation and credit[M]. Springer Science & Business Media.

DE GRAAF C, FENG Q, KANDHAI D, et al., 2014. Efficient computation of exposure profiles for counterparty credit Risk[J/OL]. International journal Theoretical Applied Finance, 17(4): 1450024. DOI: 10.1142/S0219024914500241.

D'HALLUIN Y, FORSYTH P, LABAHN G, 2004. A penalty method for American options with jump diffusion processes[J]. Numerische Mathematik, 97(2): 321-352.

FENG Q, 2017. Advanced estimation of credit valuation adjustment[M]. PhD Thesis, Delft University of Technology, Delft, the Netherlands.

FENG Q, OOSTERLEE C, 2017. Monte Carlo calculation of exposure profiles and greeks for Bermudan and barrier options under the Heston Hull-White model[M]//R. MELNIK J B, R. Makarov. Recent Progress and Modern Challenges in Applied Mathematics, Springer Fields Inst. Comm. Springer Verlag: 265-301.

FENG Q, JAIN S, KARLSSON P, et al., 2016. Efficient computation of exposure profiles on real-world and risk-neutral scenarios for Bermudan swaptions[J]. Journal of Computational Finance, 20(1): 139-172.

FORSYTH P, VETZAL K, 2002. Quadratic convergence for valuing American options using a penalty method[J]. SIAM Journal on Scientific Computing, 23(6): 2095-2122.

GREGORY J, 2010. Counterparty credit risk: the new challenge for global financial markets[M]. Chichester UK: Wiley.

GRZELAK L, OOSTERLEE C, 2011. On the Heston model with stochastic interest rates[J]. SIAM Journal on Financial Mathematics, 1(2): 255-286.

IN 'T HOUT K, 2017. Numerical partial differential equations in finance explained: an introduction to computational finance[M]. Palgrave McMillan.

JAIN S, OOSTERLEE C, 2015. The Stochastic Grid Bundling Method: Efficient pricing of Bermudan options and their Greeks[J/OL]. Applied Mathematics and Computation, 269: 412 - 431. DOI: http://dx.doi.org/10.1016/j.amc.2015.07.085.

KENYON C, GREEN A, BERRAHOUI M, 2015. Which measure for PFE? the risk appetite measure A[J/OL]. SSRN Electronic Journal. DOI: 10.2139/ssrn.2703965.

LAUTERBACH B, SCHULTZ P, 1990. Pricing warrants: An empirical study of the Black-Scholes model and its alternatives[J]. Journal of Finance, 45(4): 1181-1209.

LONGSTAFF F, SCHWARTZ E, 2001. Valuing American Options by Simulation: A Simple Least-squares Approach[J/OL]. 14(1): 113-147. DOI: 10.1093/rfs/14.1.113.

PYKHTIN M, ZHU S, 2007. A guide to modelling counterparty credit risk[J]. GARP Risk Review: 16-22.

ZVAN R, FORSYTH P, VETZAL K, 1998. Penalty methods for American options with stochastic volatility[J]. Journal of Computational and Applied Mathematics, 91(2): 199-218.

第 17 章 | 信用风险评估模型

本章梗概

在本章的节 17.1 中, 将介绍基于随机过程的一些信用风险评估模型, 特别是违约风险评估模型. 而节 17.2 中, 这些模型被发展到评估信用等级变换风险. 应用这些模型对一些信用衍生品定价将在节 17.3 中讨论.

本章关键词

结构化方法, 约化法, Merton 模型, 违约, 信用等级变换, CDS.

不确定性是金融市场的本质, 这种不确定性将给所有市场参与者带来风险. 信用风险被认为是银行业等金融机构面临的最大的风险. 信用风险一般是指, 由于信用事件的发生导致相关资产的质量和价值发生变化的风险. 这里的信用事件, 包括交易对手违约、信用等级变换等. 由于信用事件是随机事件, 所以信用风险评估的关键就在于评估信用事件发生的可能性以及该事件发生所带来的风险敞口. 而信用衍生品的设计和发展就是为了减少、转移和管理这样的风险. 这是风险管理的重大进展.

在上一章我们讨论了在衍生品定价时如何根据信用风险进行调整. 在这一章将继续讨论如何为信用评估建立和应用数学模型.

信用风险是主要的金融风险之一, 传统地, 它主要指违约风险, 通常由交易对手不能履行其金融义务引起. 例如, 当贷款人提供抵押贷款或信用卡, 可能面临借款人不还款的风险; 同样, 如果一家公司向客户提前提供商品或服务, 存在着客户可能无法支付其账单的风险; 还有当债券发行人被要求支付的要求可能落空等. 信用风险评估是根据合同的交易对手按原合同条款履行合同的整体能力来衡量的. 近年来, 信用风险引起了越来越多的关注. 要评估金融机构的信用风险就要考虑其信用历史、偿还能力、资本、条件和相关抵押品等. 粗略地说, 信用风险可以通过违约的倾向及其概率来计算. 在信用风险研究中, 违约的研究结果相对来说比较丰富和先进.

17.1 违约模型

有很多度量违约风险的数学模型. 在业界, VaR 方法相当流行, 见 [Philippe, 2000]. 这里我们介绍两种主要的基于随机过程的模型: 约化模型和结构化模型, 它们都是有利有弊, 适合不同的情况. [Hu et al., 2012] 讨论了它们之间的关系.

17.1.1 约化模型

在一个约化框架中, 违约时间的建模是外生的. 该模型又被称为 Hazard 或风险强度模型, 来源于统计学, 特别是计量经济学, 它是对可用函数表示的内生变量进行系统求解的结果. 该研究假设违约是由外部因素引起或影响的, 如一般经济环境、市场和贸易惯例等.

这个模型应用强度来刻画违约的动态. 见 [Jarrow et al., 1995], [Lando, 1998], [Das et al., 1996], [Duffie et al., 1999], [Bielecki et al., 2002] 以及 [任学敏 等, 2014] 等等.

考虑一个过滤的概率空间 $(\Omega, \mathcal{G}, \mathbb{G})$, 其上定义了非负的随机违约时间 τ, 引入跳跃过程 $H_t = \mathbf{1}_{\{\tau \leqslant t\}}$ 和 $\mathbb{H} = (\mathcal{H}_t)_{t \in \mathbb{R}_+}$, 这里 $\mathcal{H}_t = \sigma(H_u : u \leqslant t) = \sigma(\mathbf{1}_{\{\tau \leqslant u\}} \mid u \leqslant t)$. 假定 $\mathcal{G}_t = \mathcal{H}_t \vee \mathcal{F}_t$, 这里 $\{\mathcal{F}_t\}_{t \geqslant 0}$ 包含一定已知的由同样的过程生成的市场信息, 如利率, GDP 等, 从而全部域流 $\mathbb{G}$ 定义成 $\mathbb{G} = \mathbb{F} \vee \mathbb{H}$. 等价地, σ 域 $\mathcal{G}_t = \mathcal{F}_t \vee \mathcal{H}_t$ 是由 σ 域 $\mathcal{F}_t$ 和 $\mathcal{H}_t$ 合并生成的 σ 域. 简言之, $\mathcal{G}_t$ 表示到时间 t 所得到的所有信息.

定义 17.1.1 设 $\{\Gamma_t\}_{t \geqslant 0}$ 是一个 Hazard 过程, 当且仅当

$$\mathbb{P}(\tau > t | \mathcal{F}_t) = \mathrm{e}^{-\Gamma_t}, \tag{17.1}$$

其中 Γ_t 是关于 $\mathcal{F}_t$ 可测的绝对连续非负增长的过程, 可写成

$$\Gamma_t = \int_0^t \lambda_s \mathrm{d}s, \tag{17.2}$$

这里 λ_t 是非负的关于 $\mathbb{F}$ 可测的过程, 被称为强度率.

一般地, $\Gamma_0 = 0$, 这意味着开始时违约没有发生, 也假定 $\Gamma_\infty = \infty$, 这意味着违约最终发生. 那么如何用 Hazard 过程建模违约时间?

假定 $\{\Gamma_t\}$ 是定义在 $(\Omega_1, \mathcal{F}_t^1, \mathbb{F}^1, \mathbb{P}^1)$ 上的适应于 $\mathbb{F}^1$ 的绝对连续增过程, 且 $\Gamma_0 = 0$, $\Gamma_\infty = \infty$, 而 η 是定义在 $(\Omega_2, \mathcal{F}_t^2, \mathbb{F}^2, \mathbb{P}^2)$ 上的 $(0,1)$ 均匀分布的随机变量. 考虑 $\Omega = \Omega_1 \times \Omega_2$, $\mathcal{F}_t = \mathcal{F}_t^1 \times \mathcal{F}_t^2$, $\mathbb{P} = \mathbb{P}^1 \times \mathbb{P}^2$. 定义随机变量 $\tau : \Omega \to \mathbb{R}^+$ 作为违约停时,

$$\tau = \inf\{t \in \mathbb{R}^+ : \mathrm{e}^{-\Gamma_t} < \eta\}. \tag{17.3}$$

则

$$\mathbb{P}(\tau > t) = \mathbb{P}(\eta < \mathrm{e}^{-\Gamma_t} | \mathcal{F}_\infty) = \mathbb{P}^2(\eta < \mathrm{e}^x)|_{x = -\Gamma_t} = \mathrm{e}^{-\Gamma_t}.$$

因而

$$\mathbb{P}(\tau > t | \mathcal{F}_t) = E_\mathbb{P}[\mathbb{P}(\tau > t) | \mathcal{F}_\infty) | \mathcal{F}_t] = \mathrm{e}^{-\Gamma_t}.$$

也就是, Γ_t 是 τ 在 $\mathbb{P}$ 下的 $\mathbb{F}$ Hazard 过程.

假设 $\mathcal{F}_t$ 由 $\{X_t\}_{t \geqslant 0}$ 生成, 其满足下列动态过程:

$$\mathrm{d}X_t = \mu(X_t, t)\mathrm{d}t + \sigma(X_t, t)\mathrm{d}W_t, \tag{17.4}$$

这里 W_t 是标准的 Brown 运动, $\mu: R \times R^+ \to R$, $\sigma: R \times R^+ \to R^+$.

假设 $\lambda_t = \lambda(X_t, t)$, 更确切地, λ_t 服从 CIR 过程 (见第 8, 11 章和 [Cox et al., 1985]):

$$\mathrm{d}\lambda_t = \kappa(\theta - \lambda_t)\mathrm{d}t + \sigma\sqrt{\lambda_t}\mathrm{d}W_t, \tag{17.5}$$

这里 κ, θ 和 σ 是正常数, 分别表示回复速度、均值水平和波动率.

应用过程 (17.5), 我们可以模拟违约时间.

例 17.1.1 (用约化模型定价可违约债券) 在概率空间 $(\Omega, \mathcal{G}, \mathbb{G}, \mathcal{G}_t = \mathcal{F}_t \vee \mathcal{H}_t \mathbb{P})$ 下考虑可违约债券. 其到期日是 T, 息率为 c_t, 面值是 F, 违约回收率为 R_t, 违约时间是 τ, 这里 c_t, R_t, r_t 关于 $\mathcal{F}_t$ 可测, τ 如前面 (17.3) 定义.

这样该债券价值 V_t 为

$$V_t = E\left[\int_t^{T \wedge \tau} \mathbf{1}_{\tau > s} c_s \mathrm{e}^{-\int_t^s r_u \mathrm{d}u} \mathrm{d}s + \mathbf{1}_{\tau > T} F \mathrm{e}^{-\int_t^T r_u \mathrm{d}u} + R_\tau \mathrm{e}^{-(\tau - t)} \mathbf{1}_{t < \tau < T} \mathrm{e}^{-\int_t^\tau r_u \mathrm{d}u}\right].$$

由定义 17.1.1, 我们有

$$V_t = \mathbf{1}_{\{\tau > t\}} E\left[\int_t^T \mathrm{e}^{-\int_t^s (r_u + \lambda_u)\mathrm{d}u}(c_s + \lambda_s R_s)\mathrm{d}s + F \mathrm{e}^{-\int_t^T (r_u + \lambda_u)\mathrm{d}u}\bigg|\mathcal{F}_t\right]. \tag{17.6}$$

假设 $\mathcal{F}_t$ 由 (17.4) 定义的 X_t 生成, 且 c_t, R_t, r_t 都是 (X_t, t) 的光滑函数, F 是 (X_T, T) 的光滑函数, 即 $c_t = c(X_t, t)$, $R_t = R(X_t, t)$, $r_t = r(X_t, t)$, $F = F(X_T, T)$, 则 (17.6) 可重写成

$$V(x, t) = E\left[\int_t^T \mathrm{e}^{-\int_t^s (r(X_u, u) + \lambda(X_u, u))\mathrm{d}u}\left(c(X_s, s) + \lambda(X_s, s)R(X_s, s)\right)\mathrm{d}s \right.$$
$$\left. + F(X_T, T)\mathrm{e}^{-\int_t^T (r(X_u, u) + \lambda(X_u, u))\mathrm{d}u}\bigg|X_t = x\right]. \tag{17.7}$$

由 Feynman-Kac 公式 (见第 5 章), 我们得到下列 PDE 终值问题:

$$\frac{\partial V}{\partial t} + \frac{\sigma(x, t)}{2}\frac{\partial^2 V}{\partial x^2} + \mu(x, t)\frac{\partial V}{\partial x} - (r(x, t) + \lambda(x, t))V + \lambda(x, t)R(x, t) + c(x, t) = 0,$$
$$V(x, T) = F(x, T).$$

特别地, 如果 $c_t = 0$, $r_t = \lambda$, $R_t = R$, $F_T = F$ 是常数, λ_t 满足 Vašiček 过程 (见第 11 章和 [Vašiček, 1977]):

$$\mathrm{d}\lambda_t = \kappa(\theta - \lambda_t)\mathrm{d}t + \sigma\mathrm{d}W_t, \tag{17.8}$$

这里 κ, θ, σ 是正常数, 则 (17.6) 可重写为

$$V(\lambda, t) = E\left[R\int_t^T \lambda_s \mathrm{e}^{-\int_t^s (r + \lambda_u)\mathrm{d}u}\mathrm{d}s + F\mathrm{e}^{-\int_t^T (r + \lambda_u)\mathrm{d}u}\bigg|\lambda_t = \lambda\right]. \tag{17.9}$$

而对应的 PDE 终值问题为

$$\frac{\partial V}{\partial t} + \frac{\sigma^2}{2}\frac{\partial^2 V}{\partial \lambda^2} + \kappa(\theta-\lambda)\frac{\partial V}{\partial \lambda} - (r+\lambda)V + \lambda R = 0, \tag{17.10}$$

$$V(x,T) = F. \tag{17.11}$$

◇

17.1.2 结构化模型

结构化模型是 Merton 首先利用未定权益评估信用风险的模型 [Merton, 1974]. 它基于具有信用风险的公司的债券进行定价, 将其价值看成公司资产的未定权益. 在这个模型中, 违约是由企业资产的变化决定的. 主要参考文献是 [Merton, 1974], [Black et al., 1876] 和 [Longstaff et al., 1995].

Merton 模型

Merton 模型是度量违约风险的第一个结构化模型. 它通过对债务价值的定价来衡量公司的信用风险. 在假设违约只可能发生在债务到期日时公司价值低于某个破产阈值情况下, Merton 模型被广泛用于了解一家公司履行财务义务和偿还债务的能力以及权衡其陷入信用违约的一般可能性. 结构化或 Merton 信用模型是单周期模型, 它们从公司资产价值不可观察的随机变化中得出违约概率. 然后, Merton 将破产事件用连续违约概率进行建模, 公司债券被视为公司价值随机过程的未定权益 [Merton, 1976].

考虑一个公司, 其发行一张面值为 F 的零息债券, 这是该公司唯一的债务. 公司的资产价值为 S_t, 在风险中性的世界和概率空间 $(\mathbb{R}, \mathcal{F}_t, \mathbb{P})$ 满足下列 Brown 运动:

$$\mathrm{d}S_t = (r-q)S_t\mathrm{d}t + \sigma S_t\mathrm{d}W_t, \tag{17.12}$$

这里 r 是无风险利率, q 是公司的分红率, σ 是波动率, 这些都是正常数. W_t 是 Brown 运动, 其生成域流 $\{\mathcal{F}_t\}$, 即 $\mathcal{F}_t = \sigma\{S_t, s \leqslant t\}$.

假设公司违约只发生在债券的到期日, 这时公司有义务偿还债券面值, 故债券未来价值的期望是

$$V_t = E[\mathrm{e}^{-r(T-t)}\min\{S_T, F\}|S_t = S]. \tag{17.13}$$

不难发现 $\mathrm{e}^{-rt}V_t = \mathrm{e}^{-rt}V(S_t, t)$ 是个鞅, 由 Itô 引理,

$$\mathrm{d}(\mathrm{e}^{-rt}V_t) = -r\mathrm{e}^{-rt}V_t\mathrm{d}t + \mathrm{e}^{-rt}\mathrm{d}V_t + o(\mathrm{d}t)$$
$$= \left(-r\mathrm{e}^{-rt}V_t + \mathrm{e}^{-rt}\left(\frac{\partial V}{\partial t} + (r-q)S\frac{\partial V}{\partial S} + \frac{1}{2}\sigma^2\frac{\partial^2 V}{\partial S^2}\right)\right)\mathrm{d}t$$
$$+ (r-q)S\frac{\partial V}{\partial S}\mathrm{d}W_t.$$

两边期望为零, 从而

$$\frac{\partial V}{\partial t} + (r-q)S\frac{\partial V}{\partial S} + \frac{1}{2}\sigma^2\frac{\partial^2 V}{\partial S^2} - rV = 0. \tag{17.14}$$

在 (17.20) 中, 令 $t = T$, 则终值条件就有

$$V|_{t=T} = \min\{S, F\}. \tag{17.15}$$

如果 $F = 1$, 我们可以将 V 看成生存概率, 而 $1 - V$ 就是违约概率 (PD).

首次穿越模型

首次穿越模型 ([Black et al., 1876]) 是 Merton 模型的推广. 在 Merton 模型中, 违约只能在到期日发生. Black 和 Cox 扩展了这个模型, 使得违约可能发生在债券生命期中的任何时刻. 违约发生在公司的价值低于某个预先确定的水平. 该模型设定了一个违约边界 $b(t)$, 当公司的价值触及这个边界或低于这个预先设定的阈值时, 违约就会发生.

假定这个阈值是 $0 < b(t) < +\infty$, 它也被称为违约边界. 在违约边界上, 债券价值为某回收值 $R(S_t, t)F$ $(0 \leqslant R < 1)$. 还假设该债券具有付息率为 $f(S_t, t)$ 的息票. 如同 Merton 模型, 公司资产价值满足随机过程 (17.20), 而违约时间是下列停时:

$$\tau = \inf\{t | S_t \leqslant b(t), t \in (0, T]\}.$$

在这种情况下, 债券价值 $u(x, t)$ 的现金流为

$$
\begin{aligned}
u(S, t) = E\bigg[&\int_t^{T \wedge \tau} f(S_t, s)\mathrm{e}^{-r(s-t)}\mathrm{d}s + \mathbf{1}_{\tau \leqslant T} R(S_\tau, \tau)\mathrm{e}^{-r(\tau-t)} \\
&+ \mathbf{1}_{\tau > T} \min\{S_T, F\}\mathrm{e}^{-r(T-t)} \bigg| S_t = S \bigg].
\end{aligned}
$$

如前, 我们得到债券价值 $u(S, t)$ 所满足的 PDE 的终值问题为

$$\frac{\partial u}{\partial t} + \frac{1}{2}\sigma^2 S^2 \frac{\partial^2 u}{\partial S^2} + (r - q)S\frac{\partial u}{\partial S} - ru = -f(S, t), \quad S \in (b(t), +\infty), t \in (0, T), \tag{17.16}$$

$$u|_{S=b(t)} = R(b(t), t), \quad t \in (0, T), \tag{17.17}$$

$$u|_{t=T} = \max\{S, F\}, \quad S \in (b(t), +\infty). \tag{17.18}$$

最简单违约边界是 $b(t) =$ 常数. 类似 Merton 模型, 如果 $F = 1$, $f = 0$, $R = 0$, 我们可将 u 看成生存概率, $1 - u$ 为违约概率.

17.2　信用等级迁移模型

长期以来, 人们认为主要的信用风险是违约风险, 最近, 信用评级迁移风险也显示出其重要性. 信用评级在金融市场中扮演着重要的角色. 例如, 如果投资者考虑购买债券, 债券的信用评级是要检验过的. 如果评级较低 (B 或 C), 发行人违约风险较高, 这样债券价格就会更便宜, 回报率也会更高. 相反, 如果债券有一个高评级 (AAA、AA 或 A), 则它被认为是安全的, 而且其价格较昂贵, 回报率也低.

最有名的评级公司是 Standard & Poor's (S&P)、Moody's 和 Fitch.

17.2.1 信用等级的 Markov 链

信用迁移矩阵用来描述和预测金融机构对资产和如债券等产品信用等级的迁移. 对应针对违约的约化法, 度量信用评级迁移风险是 Markov 链方法, 这在业界和学术界都是一种非常流行的方法. 评估信用迁移矩阵是这种方法的核心. 因此, 它的关键是精确校准迁移概率和/或强度矩阵. 风险管理者经常研究评级公司发布的关于评级的公开报告. 这个模型的优点是信用等级的数据容易获得, 但它的弱点就是这个宏观模型不能体现单个公司的信息的特别之处. 有关信用转移风险的 Markov 链模型的更多信息请参考 [Markov, 1906], [Jarrow et al., 1997], [Thomas, 200] 等.

例 17.2.1 让我们来看表 17-1, ([Gunnvald]), 它显示了 S&P 的信用等级迁移一年的百分比, 它可以被用来确定转移概率矩阵 $P(t)$. 现在, 我们用这样的数据来建立带信用等级变换风险的零息票的定价模型.

表 17-1   借贷公司一年评级迁移矩阵, S&P.

	AAA	AA	A	BBB	BB	B	CCC	D
AAA	90.81	8.33	0.68	0.06	0.12			
AA	0.7	90.65	7.79	0.64	0.06	0.14	0.02	
A	0.09	2.27	91.05	5.52	0.74	0.26	0.01	0.06
BBB	0.02	0.33	5.95	86.93	5.30	1.17	0.12	0.18
BB	0.03	0.14	0.67	7.73	80.53	8.84	1.00	1.06
B		0.11	0.24	0.43	6.48	83.46	4.07	5.20
CCC	0.22		0.22	1.30	2.38	11.24	64.86	19.79

考虑一个过滤的概率空间 $(\Omega, \mathcal{F}, \mathbb{P})$, 其上市场是完全的, 其中利率假设为正常数 r. 对于相关金融产品的参考公司有有限个等级. 每个信用等级由一个有限数集 $\kappa = \{1, 2, \cdots, N\}$ 里的元素表示. 为方便起见, 元素标号 N 总被假定为对应违约事件, 这时债券价值为 0. 下面引入的所有的随机过程都假定为适应于 $(\Omega, \mathcal{F}, \{\mathcal{F}_t\}_{\{t \geqslant 0\}}, \mathbb{P})$. 给一个公司的初始等级 M_0, 公司等级未来的变换可描述成一个连续时间的 Markov 链 M_t, 作为等级变换过程. 其在 κ 内取值, 且具有转移强度矩阵 $\Lambda = (\lambda_{ij})_{i,j \in \kappa}$, 这里其元素 $\lambda_{ij} (i \neq j, i \neq N)$ 是正常数, $\lambda_{ii} = -\sum_{j \neq i} \lambda_{ij}$, $\lambda_{Nj} = 0$. 强度矩阵的值可以通过一些方法从实际数据中得到, 如一系列不同时间的类似表 17-1 的数据. 违约状态是 M_t 的吸收状态. 违约时间是

$$\tau_{ij}(t) = \inf \left\{ s > 0 \,\middle|\, \int_0^s \lambda_{ij} \mathrm{d}s > -\ln \xi_{ij} \right\},$$

这里 $\xi_{ij} \sim U[0,1]$.

公司发行一张到期日为 T, 面值为 1 的零息票, 记 P_i 为债券处在等级 i 上的债券价值, 我们假定它的等级和公司等级相同.

债券 P_i $(i = 1, \cdots, N-1)$ 的现金流为

$$P_i(t) = E\left[\mathrm{e}^{-r(T-t)}\prod_{i\neq j}\mathbf{1}_{\{\tau_{ij}>T\}} + \sum_{j\neq i, j\neq N}\mathrm{e}^{-r(T-\tau_{ij})}P_j(\tau_{ij})\mathbf{1}_{\{\tau_{ij}<T\}}\Big|\mathcal{F}_t\right].$$

如同在节 17.1 中讨论的, 我们有

$$\mathbb{P}(\tau_{ij} > t|\mathcal{F}) = \mathrm{e}^{-\int_0^t \lambda_{ij}\mathrm{d}s},$$

而在等级 i 时债券价值为

$$P_i(t) = E\left[\mathrm{e}^{-(r+\sum_{j\neq i, j\neq N}\lambda_{ij})(T-t)} + \int_t^T \sum_{j\neq i, j\neq N}\mathrm{e}^{-(r+\sum_{j\neq i, j\neq N}\lambda_{ij})(s-t)}\lambda_{ij}P_j(s)\mathrm{d}s\right].$$

$$(17.19)$$

$\diamond$

注释 17.2.1 我们可以进一步通过假定其元素满足某随机过程来对强度矩阵建模.

17.2.2 同边信用等级变换的结构化模型

在结构化框架下, 信用等级风险评估模型由 Liang 和 Hu 等人建立, 后又多方面推广, 见 [梁进 等, 2015], [Hu et al., 2015], [Liang et al., 2016], [Liang et al., 2017] 等. 在这些研究工作中, 信用等级有明确的边界. 如果边界只依赖于资产, 则边界是确定的. 如果边界不仅依赖于资产, 还依赖于负债, 则其可以被考虑成自由边界.

模型假设

1. **公司资产价值的随机过程** 如同经典的结构化模型, 假定公司资产服从 Brown 运动. 然而, 在不同的等级区域, 公司有不同的表现. 我们自然假定它在不同的等级满足不同的 Brown 运动. 由于我们考虑的是风险中性测度, 这个不同会显示在波动率上. 设考虑的公司价值 S_t $(\Omega, \mathcal{F}, \mathcal{P})$ 是一个完全的概率空间. 设高低等级区域分别为 Ω_H 和 Ω_L, 其上 S_t 满足

$$\mathrm{d}S_t = rS_t\mathrm{d}t + (\sigma_H\mathbf{1}_{\Omega_H} + \sigma_L\mathbf{1}_{\Omega_L})S_t\mathrm{d}B_t,\qquad(17.20)$$

这里 r 是无风险利率, $\mathbf{1}_\Omega = \begin{cases}1, & \text{如果事件} \in \Omega, \\ 0, & \text{否则}.\end{cases}$ 且

$$\sigma_H < \sigma_L \qquad(17.21)$$

分别表示公司在高低信用等级时的波动率, 它们假定都是正数; B_t 是生成域流 $\{\mathcal{F}_t\}$ 的 Brown 运动.

式 (17.21) 的假设是自然的, 这是因为通常资产在高等级时比低等级时更稳定. 换句话说, 一般情况下, 高等级波动率小于低等级波动率.

2. **公司债务** 公司只发行一张零息票, 其面值为 F (不失一般性, 我们本章剩余部分都假定 $F = 1$), 到期日为 T. 我们聚焦信用等级变换对债券价值的影响, 为此考虑贴现的债券价. 这个债券价是公司资产价值的未定权益. 到了到期日, 明显地, 下式成立:

$$\Phi_T = \min\{S_T, 1\}.$$

3. **信用等级迁移边界** 我们考虑两种迁移边界:

   (a) **事先确定的边界** 这是一种简单的情况, 信用等级简单地依赖于公司资产的价值. 有一个事先确定的阈值 $K > F = 1$, 使得

   $$\Omega_H = \{S_t > K\}, \quad \Omega_L = \{S_t < K\}.$$

   (b) **自由边界** 信用等级门槛是信用等级变换的关键. 有许多因素影响信用等级变换. 由会计理论, 其主要因素是资产债务比, 这在会计上被叫作杠杆比, 即信用变换的门槛是

   $$\Phi_t/S_t = \gamma e^{-\delta(T-t)},$$

   这里参数 γ 就是杠杆比, 参数 δ 被称为信用贴现, 其意味着, 越接近到期日信用等级变换就对杠杆比越敏感. 自然地,

   $$0 < \gamma < 1, \quad \delta \geqslant 0, \tag{17.22}$$

   以及

   $$\Omega_H = \{\Phi_t/S_t < \gamma e^{-\delta(T-t)}\}, \quad \Omega_L = \{\Phi_t/S_t > \gamma e^{-\delta(T-t)}\}.$$

   由于信用等级迁移边界依赖于未知函数 Φ_t, 这条边界是自由边界.

4. **信用迁移时间** 由于公司资产服从一个随机过程, 债券价值 Φ_t 不管是在高等级还是在低等级区域, 都要跟随这个过程变化. 即当 $t = 0$, Φ_t 或者在 Ω_H 或者在 Ω_L, 随着时间发展, 它可能触碰等级变换门槛或者保持同等级直到到期日. 我们记等级迁移时间 τ_d 和 τ_u 分别是债券等级下降和上升的第一时间, 于是

$$\tau_d = \inf\{t > 0 | S_0 \in \Omega_H, S_t \in \Omega_L\},$$
$$\tau_u = \inf\{t > 0 | S_0 \in \Omega_L, S_t \in \Omega_H\}.$$

现金流

为了建模, 我们需要分析债券的现金流. 然而, 当信用评级迁移发生在到期日 T 之前, 没有现金流发生, 尽管持有人持有的债券发生了信用等级变更. 但我们可以假设当时确实发生了一笔交易, 即持有人卖出了一个高 (低) 信用等级的债券, 然后同时买了一个低 (高) 信用等级的债券. 我们称之为虚拟替代交易, 即债券实际上会被终止并被

一个新的另一信用评级债券取代. 债券将有一个虚拟的现金流. 用 $\Phi_H(y,t)$ 和 $\Phi_L(y,t)$ 分别表示在高低等级的债券. 那么, 如果在最初的时刻, 债券在一个高等级区域, 未来的进程有两种可能:

    1) 保持高等级直到到期日;

    2) 在到期日前触碰信用等级迁移边界. 如果这种情况发生, 债券转为低等级.

为了简化问题, 忽略在到期日之前违约的情形, 所以在高等级, 债券 Φ_H 价值的条件期望为

$$
\begin{aligned}
\Phi_H(y,t) - E_{y,t}\Big[& \mathrm{e}^{-r(T-t)}\min\{S_T, 1\}\cdot\mathbf{1}_{\tau_d\geqslant T} \\
& + \mathrm{e}^{-r(\tau_d-t)}\Phi_L(S_{\tau_d},\tau_d)\cdot\mathbf{1}_{\tau_d\in(t,T)}\Big| S_t = y\in\Omega_H\Big],
\end{aligned}
\tag{17.23}
$$

这里 $\mathbf{1}_{event} = \begin{cases} 1, & \text{如果 "事件" 发生,} \\ 0, & \text{否则.} \end{cases}$

类似地, 如果在初始时间在低等级, 则关于 Φ_L, 我们有

$$
\begin{aligned}
\Phi_L(y,t) = E_{y,t}\Big[& \mathrm{e}^{-r(T-t)}\min\{S_T, 1\}\cdot\mathbf{1}_{\tau_u\geqslant T} \\
& + \mathrm{e}^{-r(\tau_u-t)}\Phi_H(S_{\tau_u},\tau_u)\cdot\mathbf{1}_{\tau_u\in(t,T)}\Big| S_t = y\in\Omega_L\Big].
\end{aligned}
\tag{17.24}
$$

上面的公式这样来理解: 在时间 t, 根据信用等级状态, 债券有两个值, 分别用 Φ_H 和 Φ_L 表示. 如果公司在高信用等级, 债券未来有两种情况: 要么不改变信用等级直至到期日, 在到期前降级. 第一种情况下, 如果公司经营良好, 在到期日债权人得到债券面值, 否则公司资产不足以付面值, 债权人则获得全部公司剩余资产. 也就是说, 债券价值在到期日是 $\min\{S_T, 1\}$. 第二种情况下, 在信用等级转移时刻, 该债券等于低等级债券价值. 考虑到这两种情况, 同时考虑贴现和条件期望, 我们得到高等级债券在时间 t 的价值. 低等级债券的价值可以同样讨论.

利用 Feynman-Kac 公式 (见第 3 章), 不难得到 Φ_i $(i = H, L)$ 是公司资产 S 和 t 的函数. 它们在其区域里分别满足下列偏微分方程:

$$
\frac{\partial\Phi_H}{\partial t} + \frac{1}{2}\sigma_H^2 S^2\frac{\partial^2\Phi_H}{\partial S^2} + rS\frac{\partial\Phi_H}{\partial S} - r\Phi_H = 0, \quad S\in\Omega_H,\ t > 0,
\tag{17.25}
$$

$$
\frac{\partial\Phi_L}{\partial t} + \frac{1}{2}\sigma_L^2 S^2\frac{\partial^2\Phi_L}{\partial S^2} + rS\frac{\partial\Phi_L}{\partial S} - r\Phi_L = 0, \quad S\in\Omega_L,\ t > 0,
\tag{17.26}
$$

并具终值条件

$$
\Phi_H(S, T) = \Phi_L(S, T) = \min\{S, 1\}.
\tag{17.27}
$$

(17.23) 和 (17.24) 隐含着债券价值在通过等级门槛时是连续的. 即对任意的 $0 < t < T$,

$$
\Phi_H = \Phi_L, \quad \text{在信用等级迁移边界上.}
\tag{17.28}
$$

迁移边界

在市场上, 人们经常可以观察到, 当信用等级变化发布时, 债券价格会有跳跃. 然而在理论上, 迁移时间是瞬时的, 这个跳跃不会存在, 否则, 就会有套利机会. 事实上, 迁移可能已发生在公告之前, 市场更有可能采取延迟或提前行动响应信用等级迁移事件. 它确实会给有内幕信息的人一些套利机会, 但这不在我们的模型范围内.

很明显, 有一个信用等级变换边界, 我们将其记为

$$S = v(t), \ \text{在其上} \ \Phi_H(v(t), t) = \Phi_L(v(t), t).$$

在事先确定的信用等级迁移边界上, 由模型假设 3(a) 和 (17.28), 我们有

$$\Phi_H(K, t) = \Phi_L(K, t). \tag{17.29}$$

对应的自由边界, 由模型假设 3(b), 我们有

$$\Phi_H(v(t), t) = \Phi_L(v(t), t) = \gamma v(t) e^{-\delta(T-t)}. \tag{17.30}$$

为了求解关于 Φ_H 和 Φ_L 的问题, 不管是事先确定的还是自由的信用等级变换边界, 还需要在这些边界上加一个条件.

光滑接触条件是一个自然条件. 如果我们构造一个无风险的投资组合 Π, 持有一份多头债券, 并持空 Δ 份资产 S, 即 $\Pi_t = \Phi_t - \Delta_t S_t$ 并调整 Δ_t 使得 $d\Pi_t = r\Pi_t$, 这里

$$\Pi_t = \begin{cases} \Pi_{Ht} = \Phi_{Ht} - \Delta_{Ht}S_t, & \text{当} S_t \in \Omega_H, \\ \Pi_{Lt} = \Phi_{Lt} - \Delta_{Lt}S_t, & \text{当} S_t \in \Omega_L, \end{cases}$$

可以显式地解得: $\Pi_t = \Pi_T e^{-r(T-t)}$. 这个投资组合在跨过信用等级边界时也是连续的. 事实上, 当 $t = T$, $\Phi_{HT} = \Phi_{LT} = \min\{S_T, 1\}$,

- 对事先确定的信用等级变换点 $S_T = K$, 由于 $K > 1$, 在变换点上 $\Phi_{HT}(K) = 1 = \Phi_{LT}(K)$.
- 对自由边界点 $S_T = v_T$, $\Phi_{HT} = \gamma v_T < v_T$, 在该点和该点附近我们也有 $\Phi_{HT}(v_T) = 1 = \Phi_{LT}(v_T)$.

所以在该点上都有 $\Delta_{HT} = \frac{\partial \Phi_{HT}}{\partial S} = 0 = \frac{\partial \Phi_{LT}}{\partial S} = \Delta_{LT}$, 这也就是 $\Pi_{HT} = \Pi_{LT} = 1$. 从而 $\Pi_T = \begin{cases} 1, & \text{如果} S_T < 1, \\ 0, & \text{否则}. \end{cases}$ 所以在任意的 $0 < t < T$, 我们有

$$\Pi_H = \Pi_L, \quad \text{在信用变换边界} \ v(t) \ \text{上}, \tag{17.31}$$

或者用 (17.28),

$$\Delta_H = \Delta_L, \quad \text{在信用变换边界} \ v(t) \ \text{上}. \tag{17.32}$$

由 Black-Scholes 理论 (第 3 章), 这等价于

$$\frac{\partial \Phi_H}{\partial S} = \frac{\partial \Phi_L}{\partial S}, \quad \text{在信用变换边界} \ v(t) \ \text{上}. \tag{17.33}$$

即 Φ 关于 S 的导数跨过迁移边界时连续, 这就是光滑接触的含义.

在信用等级变换边界上的条件 (17.28), (17.33) 给了我们足够的信息来定价具有信用等级变换风险的债券, 尽管信用等级变换的边界依赖于定价解, 这个边界需要和定价解一起解出. 这就是为什么它是一个自由边界问题.

凸组合条件是一个近似条件, 以此我们可以解出封闭解. 对于事先确定的边界, 取代光滑接触条件, 我们用下列的近似凸组合来近似给出 Φ_i 在其上的值:

$$\Phi_H(K,t) = \Phi_L(K,t) = \lambda\hat{\Phi}_H(K,t) + (1-\lambda)\hat{\Phi}_L(K,t), \tag{17.34}$$

这里 $\lambda \in (0,1)$, 而且 $\hat{\Phi}_i(S,t), i = H, L$ 是问题

$$\frac{\partial\hat{\Phi}_i}{\partial t} + \frac{1}{2}\sigma_i^2 S^2 \frac{\partial^2\hat{\Phi}_i}{\partial S^2} + rS\frac{\partial\hat{\Phi}_i}{\partial S} - r\hat{\Phi}_i = 0, \quad S \in (0,\infty),\ t > 0, \tag{17.35}$$

$$\hat{\Phi}_i(S,T) = \min\{S, 1\}. \tag{17.36}$$

的解. 事实上, $i = H$, $\hat{\Phi}_i(S,t)$ 是债券总在高等级时的值, 而 $i = L$ 是其总在低等级时的值. 它们都有类似于 Black-Scholes 的封闭解. 所以凸组合条件意味着在迁移边界, 债券的价值介于这两者之间.

PDE 问题

现在, 应用经典的金融数学的方法, 我们可以将问题转换成具有信用等级迁移边界的偏微分方程的初值问题. 用标准的变换 $x = \log V$ 将 $T - t$ 改变成 t, 并定义

$$\phi(x,t) = \begin{cases} \Phi_H(\mathrm{e}^x, T - t), & \Omega_H, \\ \Phi_L(\mathrm{e}^x, T - t), & \Omega_L, \end{cases} \tag{17.37}$$

$$s(t) = \ln(v(t)), \tag{17.38}$$

还要用信用等级变换条件 (17.28) 和 (17.33) 或者 (17.34), 我们从 (17.25) 和 (17.26) 得到

$$\frac{\partial\phi}{\partial t} - \frac{1}{2}\sigma^2\frac{\partial^2\phi}{\partial x^2} - \left(r - \frac{1}{2}\sigma^2\right)\frac{\partial\phi}{\partial x} + r\phi = 0, \quad (x,t) \in \boldsymbol{R} \times (0,T), \tag{17.39}$$

这里 σ 是 ϕ 或 K 的函数, 即

$$\sigma = \begin{cases} \begin{cases} \sigma_H & \text{如果 } x > \log K, \\ \sigma_L & \text{如果 } x \leqslant \log K, \end{cases} & \text{对事先确定的迁移边界,} \\ \begin{cases} \sigma_H & \text{如果 } \phi < \gamma\mathrm{e}^{x-\delta t}, \\ \sigma_L & \text{如果 } \phi \geqslant \gamma\mathrm{e}^{x-\delta t}. \end{cases} & \text{对自由迁移边界.} \end{cases} \tag{17.40}$$

常数 $\gamma, \delta, \sigma_H, \sigma_L$ 由 (17.21) 和 (17.44) 定义. 由 (17.27), 方程 (17.39) 的初值条件是

$$\phi(x,0) = \min\{\mathrm{e}^x, 1\}, \quad x \in \boldsymbol{R}. \tag{17.41}$$

对事先确定的带凸组合迁移条件的迁移边界, 问题是一般的抛物型方程的初边值问题.

对于自由边界问题, 在文献 [Hu et al., 2015], [Liang et al., 2016] 中, 证明了 $\boldsymbol{R}$ 被由 $\phi(x,t) = \gamma\mathrm{e}^{x-\delta t}$ 确定的 $x = s(t)$ 分成了两部分, 高等级 $\{\phi < \gamma\mathrm{e}^{x-\delta t}\}$ 和低等级 $\{\phi > \gamma\mathrm{e}^{x-\delta t}\}$, 这里 $(\phi, s(t))$ 是先验未知的, 由问题和等式 $\phi(s(t), t) = \gamma\mathrm{e}^{s(t)-\delta t}$ 确定.

由于我们假定等式 (17.39) 在跨过自由边界 $x = s(t)$ 时在弱意义下是成立的, 我们从 (17.28), (17.33) 得到

$$\phi(s(t)-, t) = \phi(s(t)+, t) = \gamma\mathrm{e}^{s(t)-\delta t},$$
$$\phi_x(s(t)-, t) = \phi_x(s(t)+, t). \tag{17.42}$$

问题 (17.39) 至 (17.42) 是适定的, 就是数学中的自由边界问题. 解 $\phi(x,t)$ 和自由边界 $s(t)$ 是一对未知函数需要在问题中一起解出.

模型推广

根据不同的条件, 模型进行不同的推广. 原始模型只有一条信用等级迁移边界, 而在实际中往往有多个等级, 所以将模型推广到多等级情形是很自然的. 有了原模型的理论基础, 这种推广是第一步, 并不很困难. 如 [Wu et al., 2018], [Yin et al., 2018].

信用等级变换一般是"微观的", 即只关乎评级. 然而不可否认的是"宏观"不可避免地影响到评级结果. 如何将这种宏观因素考虑进模型, 用约化法引进机制转换是一种方式. 例如宏观状态分为"牛市"和"熊市", 它们之间的转换是概率性的, 而信用等级变换还是"结构性"的, [Wu et al., 2020] 研究了这个问题.

原模型假定了利率为常数. 在实际中, 利率是随机的. 所以一个自然的推广是引进随机利率. 然而, 多了一个随机变量, 相应的 PDE 模型的空间变量就多了一维, 信用等级迁移边界就成了二维自由边界面. 这个模型的难度增加了不止一点点. 但有一种情况可以降维, 就是利率满足 Vašiček 模型 (见第 11 章), 见 [Liang et al., 2017], [Yin et al., 2018], [Fu et al., 2020].

如果考虑的债券具有可违约或/和可赎回条款, 那么以此种债券评估的信用等级风险模型就会有相应修正. 如果可违约或/和可赎回条款只与公司资产有关, 那么相应的 PDE 模型只是在考虑的区域左边或右边加上边界条件, 利用 PDE 初边值问题的理论, 问题的求解没有增加实质性的困难. 这方面的研究见 [Wu et al., 2018], [梁进 等, 2018]. 然而, 如果可违约或/和可赎回是可选的, 这就是最优控制问题, 带来了另一类自由边界问题.

具有常数波动率的原模型需要的重要推广是引进随机波动率. 尽管作为模型初步的简单假设可以接受, 却不符合市场上可观察到的波动率微笑和倾斜现象, 在 [梁进 等, 2022] 中, 首次将 Heston 模型 (见第 8 章) 引入信用等级变换的结构化模型中.

数值结果

应用显式差分格式, 问题 (17.39) 至 (17.42) 值函数解和解在 T 时对行波解的收敛图像如图 17-1. 所取的参数, 左: $r = 0.05, \sigma_L = 0.3, \sigma_H = 0.2, F = 1, \gamma = 0.8, \delta = 0, T = 5$. 右: $\delta = 0.03, \sigma_L = 0.3, \sigma_H = 0.2, F = 1, \gamma = 0.6$.

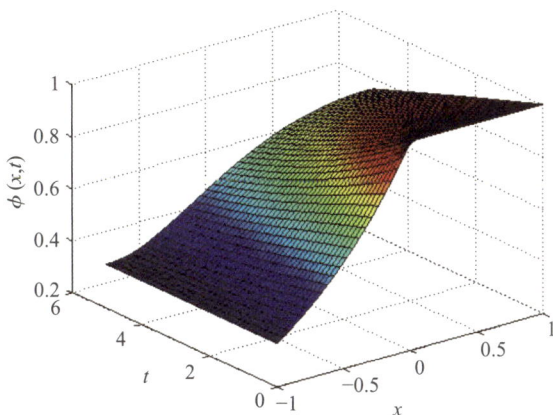

图 17-1　**值函数解** $\phi(x, t)$.

17.2.3　异边信用等级变换的结构化模型

上一节的单信用等级变换边界模型有一个缺陷, 就是由于资产的随机性, 在这个单信用等级边界附近, 等级不稳定, 变换可能会非常频繁, 于是陈新富和梁进对模型进行了改进 [Chen et al., 2021]. 这个改进的模型就是假定了信用等级变换的边界是非对称的, 即升级的边界和降级的边界不是同一条边界, 换句话说, 等级变换有了一条缓冲带. 这个新模型不仅对信用等级有意义, 还可以推广到更多的自动控制问题. 在这一节我们展示这个改进模型, 即异边信用等级变换的结构化模型.

模型改进

资产和债券的假定如上一节模型假设的 1 和 2. 公司只发行唯一的债券, 债券价值被认为是公司负债. 关于信用等级迁移时间需要新的假设.

异边信用等级迁移时间假设

如上一节, 信用等级变换条件有两种如下, 1 和 2 分别定义了固定和自由信用迁移边界:

1. 信用等级迁移由公司的资产 S_t 决定. 在 t 以高 (低) 等级开始, 第一次降级 (升级) 的时间定义为

$$\tau_d = \inf\{\tau > t | S_t < K^H, S_\tau \geqslant K^H\}, \quad (\tau_u = \inf\{\tau > t | S_t > K^L, S_\tau \leqslant K^L\}),$$

这里 K^H 和 K^L 分别记为降级和升级的资产门槛, 且

$$0 < K^H < K^L. \tag{17.43}$$

2. 信用等级迁移由公司的债务和资产比 $\gamma_t = \frac{V_t}{S_t}$ 决定, 在 t 以高 (低) 等级开始, 第一次降级 (升级) 的时间定义为

$$\tau_d = \inf\{\tau > t|\gamma_t < \gamma^H, \gamma_\tau \geqslant \gamma^H\}, \quad (\tau_u = \inf\{\tau > t|\gamma_t > \gamma^L, \gamma_\tau \leqslant \gamma^L\}),$$

这里 γ^H 和 γ^L 分别记为降级和升级债资比. 在 t 以高 (低) 等级开始, 第一次降级 (升级) 的时间定义为

$$\tau_d = \inf\{\tau > t|\gamma_t < \gamma^H, \gamma_\tau \geqslant \gamma^H\}, \quad (\tau_u = \inf\{\tau > t|\gamma_t > \gamma^L, \gamma_\tau \leqslant \gamma^L\}),$$

这里 γ^H 和 γ^L 分别记为降级和升级的债资比门槛, 且

$$0 < \gamma^L < \gamma^H < 1. \tag{17.44}$$

这个假设描述了信用评级迁移有一个缓冲区. 当高等级公司的资产 (债务资产比) 下降 (上升) 到 S^H (γ^H) 时, 评级将下降; 而当低评级公司的债务资产比上升 (下降) 到 S^L (γ^L) 时, 评级将上升. 对于一个刚升级的公司来说, 即使其资产 (债务资产比) 下滑 (攀升) 到 S^L (γ^L) 以下 (上), 其高信用评级也不会改变, 除非该比率达到 S^H (γ^H). 因此在 (17.44) 下, 单位时间内信用评级变化的预期次数是有限的. 这两条边界的中间就是等级变换的缓冲地带.

PDE 问题

如上小节的推导方式, 记 $\Phi^H(S,t)$ 和 $\Phi^L(S,t)$ 分别为高低等级的债券价值, 并设 $\hat{t} = T - t$ 仍记为 t, 以及 $x = \ln(Se^{r(T-t)}/F)$, 然后定义

$$v^i(x,\hat{t}) = \frac{\Phi^i(S,t)}{S} = \frac{\Phi^i(Fe^{x-r\hat{t}}, T-\hat{t})}{Fe^{x-r\hat{t}}}, \quad i = H, L, \tag{17.45}$$

以及初值函数

$$v_0(0) := \min\{1, e^{-x}\}, \quad \forall x \in \mathbb{R}. \tag{17.46}$$

就有

$$v_t^H(x,t) = \frac{1}{2}\sigma_H^2(v_{xx}^H + v_x^H), \quad \text{高等级},$$

$$v_t^L(x,t) = \frac{1}{2}\sigma_L^2(v_{xx}^L + v_x^L), \quad \text{低等级},$$

延拓 v^L 和 v^H 如下:

$$v^L(x,t) = \gamma^L, \quad x \geqslant \text{低等级迁移边界},$$

$$v^H(x,t) = \gamma^H, \quad x \leqslant \text{高等级迁移边界}.$$

类似于上小节的推导, 我们可以分别就异边信用等级迁移时间假设 1 和 2 推出, 这两个假设分别是固定和自由迁移边界的偏微分方程的耦合问题.

固定异边迁移边界

对异边信用等级迁移时间假设 1, 非对称信用等级变换的 PDE 问题为求 $(v^L, v^H) \in [C(\mathbf{R} \times [0, \infty))]^2$ 使得

$$\begin{cases} v_t^L(x,t) = \frac{1}{2}\sigma_L^2(v_{xx}^L + v_x^L), & x < \log K^L, t > 0, \\ v^L(x,t) = v^H(s^L(t), t), & x \geqslant \log K^L, t > 0, \\ v^L(x,0) = \max\{\gamma^L, v_0(x)\}, & x \in \mathbf{R}, t = 0, \\ v_t^H(x,t) = \frac{1}{2}\sigma_H^2(v_{xx}^H + v_x^H), & x > \log K^H, t > 0, \\ v^H(x,t) = v^L(s^H(t), t), & x \leqslant \log K^H, t > 0, \\ v^H(x,0) = \min\{\gamma^H, v_0(x)\}, & x \in \mathbf{R}, t = 0. \end{cases} \tag{17.47}$$

自由异边迁移边界

对异边信用等级迁移时间假设 2, 要同时寻找解和两条自由边界, 分别记为 $x = s^L(t)$ 和 $x = s^H(t)$, 在其上解满足

$$v^L(s^L(t), t) = v^H(s^L(t), t) = \gamma^L, \quad v^L(s^H(t), t) = v^H(s^H(t), t) = \gamma^H,$$

这样我们得到非对称信用等级变换的自由边界问题如下 (式中 v_0 在 (17.46) 中定义):

求 $(s^L, v^L, s^H, v^H) \in [C^\infty([0, \infty)) \times C(\mathbf{R} \times [0, \infty))]^2$ 使得

$$\begin{cases} v_t^L(x,t) = \frac{1}{2}\sigma_L^2(v_{xx}^L + v_x^L), & x < s^L(t), t > 0, \\ v^L(x,t) = \gamma^L = v^H(s^L(t), t), & x \geqslant s^L(t), t > 0, \\ v^L(x,0) = \max\{\gamma^L, v_0(x)\}, & x \in \mathbf{R}, t = 0, \\ v_t^H(x,t) = \frac{1}{2}\sigma_H^2(v_{xx}^H + v_x^H), & x > s^H(t), t > 0, \\ v^H(x,t) = \gamma^H = v^L(s^H(t), t), & x \leqslant s^H(t), t > 0, \\ v^H(x,0) = \min\{\gamma^H, v_0(x)\}, & x \in \mathbf{R}, t = 0. \end{cases} \tag{17.48}$$

注意到延拓在 $x \geqslant s^L(t)$ 时 $v^L(x,t) = \gamma^L$, 而自由边界条件 $v^L(s^H(t), t)) = \gamma^H$ 意味着 $s^H(t) < s^L(t)$. 进而对 $v^i(s^j(t), t) = \gamma^j$ 微分, 我们得到, 对 $i, j = H, L$ 和 $t \geqslant 0$, 有

$$\dot{s}^j(t) = \frac{\mathrm{d}s^j(t)}{\mathrm{d}t} = -\frac{v_t^i(s^j(t), t)}{v_x^i(s^j(t), t)} = -\frac{\sigma_i^2}{2}\left(1 + \frac{v_{xx}^i(s^j(t), t)}{v_x^i(s^j(t), t)}\right). \tag{17.49}$$

特别地, 对初值微分, 得

$$s^H(0) = -\ln\gamma^H, \quad s^L(0) = -\ln\gamma^L, \quad \dot{s}^H(0) = \dot{s}^L(0) = 0. \tag{17.50}$$

对某固定的 $t > 0$, 函数 $v^H(\cdot, t)$ 和 $v^L(\cdot, t)$ 的简图显示在图 17-2 中, 注意横坐标是 $x/\sqrt{t}$.

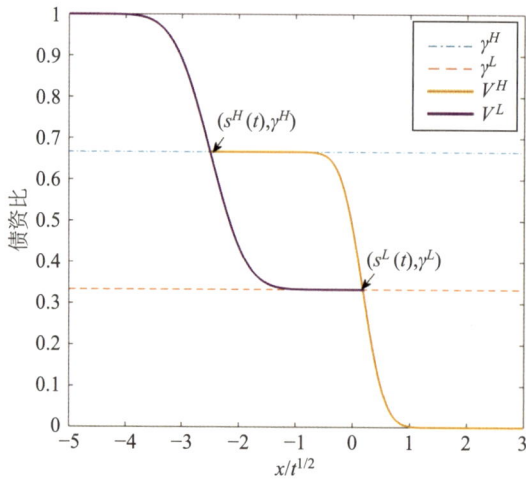

图 17-2　在高低等级下的债资比函数

17.3　具信用等级迁移风险的信用衍生品的定价

信用衍生品有信用违约互换 (CDS)、担保债务凭证 (CDO)、与信用有关的利率互换 (CCIRS) 等, 这些产品对管理信用风险非常有用. 其中, CDS 是最流行的一种, 它可以在定义的信用事件发生时将风险从买方转移到卖方. 这种衍生品有助于保护债券和投资者利益. 在本节中, 我们考虑其定价.

CDS 是指信用违约互换, 将在如债务违约、信用评级迁移等参考信用事件发生时补偿买方的损失. 换句话说, 这是卖方对买方的参考资产进行保险. 买方向卖方进行一系列支付 (CDS 保费), 作为回报, 可以期望在资产发生损失得到回报. 最多的 CDS 是针对违约事件, 例如对贷款, CDS 的买方收到补偿 (通常是贷款的面值), 而 CDS 的卖方得到的是有违约的贷款或以现金方式拥有了其市场价值. 然而, 市场得到的是任何人都可以购买一张 CDS, 即使其不持有所保的贷款, 也没有在贷款中有直接的保险利益 (这称为 "裸" CDS).

CDS 的价格主要取决于参考被保资产的违约概率, 而近来信用评级迁移风险也被考虑在内. 人们对信用风险的主要驱动因素进行了分析, 特别是可能影响 CDS 利差的相关因素. 除了估计违约概率, 还用回归或 VaR 方法对相应因素与 CDS 利差之间的关系进行建模.

在本节中, 结构化方法, 如前几节所述, 被应用并扩展到参考资产中带有违约和信用评级迁移风险的 CDS 进行定价. 在这个定价模型, 违约概率是通过求解前一节中的偏微分方程得到的. 将这个概率代入标准 CDS 模型中, 可得到 CDS 保费. 对于具有信用等级变换风险的 CDS 来说, 关键的区别在于, CDS 保费是根据参考资产在高低评级区域的相应的表达式.

作为一个金融衍生品, CDS 提供了针对特定公司中被称为债务违约的参考实体的保险. 这个公司违约称为信用事件. 事实上, 信用事件还应包括信用评级迁移. 虽然这种事件不会终止合同, 但会影响其价值. 这个保险的买方定期向合同的卖方以预定的固定利率支付, 直至公司违约或合同到期, 以这两件事较早发生者为准. 当违约发生时, 买方有权交付不值钱的债券给本合同的卖方, 以换取其面值. 这种面值被视为名义 CDS 价值. 结算有时是用现金, 因为债券还有回收率.

论文 [周鹏 等, 2007] 详细表述了标准的 CDS 在结构化框架下的定价模型. 考虑连续的情形, CDS 保费 ω^* 可表为

$$\omega^* = \frac{\int_t^T q(\tau)(1 - R)\mathrm{e}^{-r\tau}\mathrm{d}\tau}{\int_t^T q(\tau)u(\tau)\mathrm{d}\tau + \left(1 - \int_t^T q(\tau)\mathrm{d}\tau\right) u(T)}, \tag{17.51}$$

这里 $q(\cdot)$ 是违约时间的概率密度, $u(\tau) = \int_t^\tau 1 \cdot \mathrm{e}^{-rs}\mathrm{d}s$ 是在付款日按每年 1 的比率支付的现值. 如果我们能找到函数 $q(\cdot)$, 那么我们就可以为 CDS 定价了. 也就是说, 我们需要为 $q(\cdot)$ 建模.

这样, 定价一个 CDS 就转换成找违约概率 (PD), 回到前面的节, 我们有两个求 PD 的框架: 约化法和结构化方法, 其可转换成求一个零息票的债券. 有了 PD, 我们就有了 CDS 定价.

如果 CDS 的定价涉及信用评级迁移风险, 应用具信用等级迁移风险的零息票定价求得 PD 后, 定价过程也是相似的. 当然, 也有不同种类的 CDS, 例如具一篮子参考资产的 CDS, 考虑对手违约可能性的 CDS, 等等. 我们把它们留给读者练习.

其他具信用等级变换的信用衍生品也可以用类似方法定价, 如对含信用等级变换风险的利率互换衍生品的定价研究见 [Liang, 2020].

习 题

习题 17.1 比较 Black-Scholes 模型的解, 给出 Merton 模型违约概率的闭式解.

习题 17.2 假设一个公司的违约强度服从 Vašiček 过程 (17.8), 利用约化模型求出该公司发行的可违约零息票债券价格的闭式解, 即求解偏微分方程问题 (17.10), (17.11).

习题 17.3 利用 Merton 模型定价一个零息票, 即选择适当的参数求解 PDE 问题 (17.14), (17.15).

习题 17.4 利用首次穿越模型定价一个零息票, 即选择适当的参数求解 PDE 问题 (17.16) 至 (17.18).

习题 17.5 利用首次穿越模型定价一个在时间 $t = 0$ 时的零息票, 其面值为 1, 违约边界为 $S = 1$, 利率是 0.04, 波动率是 0.1, 到期日 $T = 2$, 而 $S_0 = 10$.

习题 17.6 建立一个具信用等级迁移风险的零息票的定价模型, 其具有三个信用等级.

习题 17.7 假定一个公司的违约强度服从 CIR 过程 (17.5), 找出一个以该公司债券为参考的标准 CDS 解析或数值解.

习题 17.8 运用结构化模型以及节 17.2 中的凸组合迁移边界条件定价一个具信用等

级变换风险的零息票债券, 即求解 PDE 问题 (17.25), (17.26), (17.27), (17.34).

习题 17.9 运用结构化模型以及节 17.2 中的光滑接触迁移边界条件定价一个具信用等级变换风险的零息票债券, 即求解 PDE 问题 (17.25), (17.26), (17.27), (17.29), (17.33).

习题 17.10 利用首次穿越模型, 使用习题 17.4 中的参数, 定价一个 CDS.

习题 17.11 考虑参考资产具信用等级变换风险的 CDS 的定价.

习题 17.12 考虑一个 CDS 的定价, 其具有两个参考资产, CDS 发行者将赔付第一个违约的资产.

习题 17.13 考虑一个 CDS 的定价, 其 CDS 发行者也具有违约风险.

习题 17.14 讨论并比较用约化法和结构化法定价的零息票债券, 找出两种方法的优缺点.

参考文献

梁进, 包俊利, 曾楚琨, 2018. 含信用等级迁移的可违约和可赎回公司债券的结构化定价 [J]. 系统工程学报, 33: 793-800.

梁进, 曾楚琨, 2015. 基于结构化方法的含信用等级迁移的公司债券定价 [J]. 高校应用数学学报（A 辑）, 30: 61-70.

梁进, 周汇慧, 2022. 据随机波动率含信用等级变换的债券价格研究 [J]. 系统工程理论与实践, 42: 304-317.

任学敏, 魏嵬, 姜礼尚, 等, 2014. 信用风险估值的数学模型与案例分析 [M]. 北京: 高等教育出版社.

周鹏, 梁进, 2007. 信用违约互换定价分析 [J]. 高校应用数学学报, 22: 311-314.

BIELECKI T R, RUTKOWSKI M, 2002. Credit risk: modeling, valuation and hedging[M]. Springer Science & Business Media.

BLACK F, COX J, 1876. Some effects of bond indenture provisions[J]. Journal of Finance, 31: 351-367.

CHEN X, LIANG J, 2021. A free boundary problem for corporate bond pricing and credit rating under different upgrade and downgrade thresholds[J]. SIAM Financial Mathematics, 12: 941-966.

COX J, INGERSOLL J, ROSS S, 1985. A Theory of the Term Structure of Interest Rates[J]. Econometrica, 53: 385-407.

DAS S, TUFANO P, 1996. Pricing credit-sensitive debt when interest rates, credit ratings, and credit spreads are stochastic[J]. Journal of Financial Engineering, 5: 181-198.

DUFFIE D, SINGLETON K J, 1999. Modeling Term Structures of Defaultable Bonds[J]. Review of Financial studies, 12(4): 687-720.

FU W, CHEN X, LIANG J, 2020. Asymptotic behaviors of a free boundary raised from corporate bond evaluation with credit rating migration risks[J]. Interfaces and Free Boundaries, 22: 285-316.

GUNNVALD R. Estimating probability of default using rating migrations in discrete and contin-

uous time[Z/OL]. https://www.math.kth.se/matstat/seminarier/reports/M-exjobb14/140908
.pdf.

HU B, JIANG L, J. LIANG H, et al., 2012. A fully non-linear pde problem from pricing cds with
counterparty risk[J]. Discrete and Continuous Dynamical System B, 17: 2001-2016.

HU B, LIANG J, WU Y, 2015. A free boundary problem for corporate bond with credit rating
migration[J]. Journal of Mathematical Analysis and Applications, 428: 896-909.

JARROW R, TURNBULL S, 1997. A markov model for the term structure of credit risk spreads[J].
Review of Financial studies, 10: 481-523.

JARROW R, TURNBULL S, 1995. Pricing derivatives on financial securities subject to credit
risk[J]. Journal of Finance, 50: 53-86.

LANDO D, 1998. On Cox processes and credit risky securities[J]. Review of Derivatives research,
2(2-3): 99-120.

LIANG J Y, WU Y, 2017. On a corporate bond pricing model with credit rating migration risks
and stochastic interest rate[J]. Quantitative Finance and Economics, 1: 300-319.

LIANG H C, J. Zou, 2020. Valuation of credit contingent interest rate swap with credit rating
migration[J]. International Journal of Computer Mathematics, 97: 2546-2560.

LIANG J, WU Y, HU B, 2016. Asymptotic traveling wave solution for a credit rating migration
problem[J]. Journal of Differential Equations, 281: 1017-1045.

LONGSTAFF F, SCHWARTZ E, 1995. A simple approach to valuing risky fixed and floating rate
debt[J]. Journal of Finance, 50: 789-819.

MARKOV A, 1906. Rasprostranenie zakona bol'shih chisel na velichiny, zavisyaschie drug ot
druga[J]. Izvestiya Fiziko-matematicheskogo obschestva pri Kazanskom universitete, 2-ya seriya,
15: 135-156.

MERTON R, 1974. On the pricing of corporate debt: the risk structure and interest rates[J].
Journal of Finance, 29: 449-470.

MERTON R, 1976. Option pricing when the underlying stocks are discontinuous[J]. Journal of
Financial Economics, 5: 125-144.

PHILIPPE J, 2000. Value at risk: The new benchmark for managing financial risk[M]. 3rd ed.
McGraw-Hill.

THOMAS L C, Allen D E, Morkel-Kingsbury N, 2002. A hidden markov chain model for the
term structure of bond credit risk spreads[J]. International Review of Financial Analysis, 11:
311-329.

VAŠIČEK O, 1977. An Equilibrium Characterization of the Term Structure[J]. Journal of financial
economics, 5(2): 177-188.

WU Y, LIANG J, 2018. A new model and its numerical method to identify multi credit migration
boundaries[J]. International Journal of Computer Mathematics, 95: 1688-1702.

WU Y, LIANG J, 2020. Free boundaries of credit rating migration in switching macro regions[J].
Mathematical Control and Related Fields, 10: 257-274.

YIN H M, LIANG J, WU Y, 2018. On a new corporate bond pricing model with potential credit
rating change and stochastic interest rate[J]. Journal of Risk and Financial Management, 11:
87-99.

索引

10 年零息票, 319

3/2 模型, 33

σ 代数, 8, 206

σ 域, 8–10, 178

A

Arrow-Debreu, 60, 61, 78

安全投资者, 450

B

Bachelier, 38

Bates 模型, 197, 222, 223, 428

    ODE 组, 222

    参数, 223

    动态, 223

    跳, 223

Bayes 定理, 178

Bayes 公式, 252

BCVA, 454

Bessel 过程, 202, 250, 393

Bessel 函数, 203

BGM 模型, 376

Black-76 定价, 394

Black-Scholes Hull-White, 346, 351, 368, 370, 441, 459

Black-Scholes, 49, 51, 69, 136, 155, 182, 236, 273, 376, 395

    Delta, 120, 259, 265

    FX 模型, 416

    PDE, 189

    Vega, 265

    波动率, 62

    动态, 58, 76, 118, 163, 273, 293

    对冲, 64

    对数变换, 188

    反求, 91

    方程, 51

    分红, 52

    风险中性, 183

    公式, 56, 239, 376

    价格, 115

    解, 54, 55, 63, 72, 75, 79

    理论, 75

    时间依赖的, 211

    世界, 124

    算子, 60

    随机利率, 350

    推导, 52

    隐含波动率, 71, 95, 208, 294, 409

    远期启动, 273

Black-Scholes 模型, 49

Black-Scholes 隐含波动率, 71

Black 波动率, 375

BM 在时间上的分布, 30

Breeden-Litzenberger 方法, 78, 82, 87, 88, 96, 101, 102, 387, 411

Brent 方法, 74, 100

Brown 桥, 255

Brown 运动

    定义, 187

    漂移的, 127

Brown 运动

    漂移, 115, 121

百慕大期权, 48, 265, 457–459

半解析解, 163

    Black-Scholes 方程, 45

半无界空间, 51

半鞍, 281

背对背交易, 64

本币风险中性测度, 416, 419

比例分红, 156

标准差, 27, 111, 137, 155, 228, 427, 437

标准离散, 242

标准平方的 Bessel 过程, 202

标准误差, 229

标准正态 CDF, 351

标准正态 PDF, 72, 147

标准正态分布, 230, 235

标准正态随机变量, 19

表现百分比, 272

波动率的波动率参数, 198, 208

波动率拉平, 278, 292

波动率期限结构, 351

波动率曲面, 210

补偿的 Poisson 过程, 106

补偿器, 292

不对称, 136

不分红股票, 73

不完全市场, 125

不相关的 Brown 运动, 388

C

cádlág, 9

CDF

    CIR, 197, 312, 358

    LMM CEV, 393

    QE 格式, 248

    敞口, 448

    对数正态, 185

    股价, 80, 92

    跳, 115

    正态, 3, 63, 274, 351

CDS 市场, 457

CGMYB 过程, 156

    测度变换, 181, 183–185, 251, 301, 314–316, 326, 328, 337, 347, 348, 351, 381, 382, 397, 420, 422, 424

    特征函数, 132

CGMYB 价格, 132

CGMYB 模型, 131

CGMY 过程, 130, 155

    模型, 156

实验, 160

特征函数, 131

Chebyshev

    多项式, 153, 154

    级数, 154

    级数展开, 153

    近似, 154

Cholesky 分解, 171, 172, 176, 204, 365

Cholesky 矩阵, 181, 422

CIR 过程, 204, 208

COS FX 结果, 428, 438

COS 方法, 145, 147

    Heston, 216

    二维, 288

    积分区域, 154

    结果, 159, 219, 437

    贴现, 350

    误差分析, 152

Cox-Ingersoll-Ross

    模型, 199

Cox-Ingersoll-Ross, CIR, 197, 242, 275, 312, 358, 434

CVA, 448, 452, 454, 457, 459

    FX, 460

    百分比, 459

    单边, 453, 454

    费用, 452, 453

    风险敞口, 456

    计算, 356, 456

    监控日期, 456

    近似, 452

参数估计, 37

参数局部波动率模型, 389

测度变换, 347

测度不唯一, 125

常数方差弹性, CEV, 280, 281, 389

    分布, 391

    过程, 96, 391

常微分方程, ODE, 188, 192, 313, 334

    H1-HW, 362

    Heston, 215

    解析解, 188

场外, OTC, 48, 65, 327, 456

超额峰度, 76, 127, 136

尺度 Gamma 过程, 130

尺度参数, 127, 135, 162

冲击重估法, 258

重期望, 10, 62, 63

重置区间, 279

重置延迟, 377

初始收益率曲线, 384

从属过程, 127

错位风险, WWR, 453

D

DD-SV LMM 模型 398, 430, 431, 438

delta 方法, 359, 393

Delta 对冲, 49, 64, 66, 75

Dirac delta 函数, 6, 60, 62, 83, 89, 283

Duffie-Pan-Singleton, 188, 192

Dupire 局部波动率项, 91, 285, 291, 293

Dupire, 76

大 O, 26

大数定律, 227, 229, 230

大跳, 122

代数收敛, 153, 162

单曲线, 406, 407

单资产, 161

当前 Libor 测度, 383, 385

当前利率测度, 383

倒向动态规划, 458

倒向归纳, 458

到期日, 46

等价鞅测度, 124, 125, 129, 204

地板, 279, 332, 376, 387, 389, 400

垫底, 332

蝶式期权, 60, 61

　　套利, 94, 98, 102

蝶式条件, 94

定价公式, 53

动态 Delta 对冲, 49, 65, 66

动态对冲, 64

动态组合, 49

冻结 Libor 率, 398, 433, 438

冻结技术, 398

独立, 452

独立的 Brown 运动, 131, 171, 173, 176, 185, 204, 213, 225, 240, 253, 289, 347, 348, 365, 397, 398, 422, 423

独立增量, 9, 15, 17, 38, 121, 176

短期利率, 299, 303

　　HW, 315

　　多因子, 357

　　混合模型, 346

　　远期测度, 316

短期利率动态, 303

短期利率过程, 301

　　FX, 418

短期利率模型, 306

　　仿射, 310

对称参数, 135

对称随机变量, 117

对称跳, 112, 118

对称协方差矩阵, 371

对称正半定, 173

对称正定矩阵, 172

对冲表现, 271

对冲参数, 51

对冲策略, 64

对冲方法, 204

对冲基金, 40, 41

对冲频率, 67, 118

对冲投资组合, 52, 119

　　Heston, 206

对冲外汇, 414

对偶抽样, 255

对数变换的 GBM, 34

对数动态, 188

对数过程, 114, 190, 217

对数价格, 55, 62, 156

对数似然, 38, 39

对数收益, 76

对数正态, 273

对数正态 FX 动态, 417

对数正态 Libor 率, 380

对数正态 LMM, 380

对数正态方差, 364

多币种 FX 模型, 429

多币种模型, 429

多层 Monte Carlo 方法, 256
多曲线, 406, 408
多项式根, 218
多种类资产, 345

E

Euler-Maruyama 格式, 234
Euler 格式, 234, 239
    GBM 过程, 235
    反射, 244
    截断, 243
Euler 公式, 143
Euler 近似, 236
Euler 离散, 99, 236, 238, 239, 242, 286, 290, 291,
    364, 366
二次多项式, 217
二次方程, 246
二次模型, 33
二次收敛, 73
二次指数格式, 245, 247, 248, 289, 367, 459
二维 Itô 引理, 177
二维 SDE 系统, 198
二维函数, 99
二维几何 Brown 运动, 176
二维结构, 97
二维密度, 6
二维实验, 240
二维特征函数, 190, 191
二维系统, 190

F

Feller 条件, 199, 200, 242, 244, 245, 292, 312,
    360
    高维, 176
Feynman-Kac 定理, 51, 53, 55, 61, 68, 112, 214
Fokker-Planck PDE, 89
Fokker-Planck 远期方程, 421
Fourier-Stieltjes 变换, 3
Fourier 变换, 161, 350
    存在性, 145
    密度, 3
Fourier 对, 144
Fourier 方法

类, 163
Fourier 级数, 144
    收敛, 153
Fourier 技术, 59, 364
Fourier 逆变换, 347
Fourier 余弦级数, 144
Fourier 余弦逆变换, 159
Fourier 余弦系数, 149, 154
Fourier 余弦展开, 144, 145, 147, 350, 427
Fourier 展开, 144, 288
FX Heston 模型, 418
FX 互换期望的风险敞口, 462
FX-HHW1 模型, 426
FX-HHW 模型, 419
    实验, 426
FX-HHW 远期模型, 422
FX-HLMM 模型, 429, 436
FX-LMM1 模型, 436
FX-LMM 模型
    实验, 436
FX-SABR 模型, 439
FX 产品, 414
FX 过程, 416
FX 互换, 414, 460
FX 校验, 427
FX 介绍, 413
FX 利率微笑, 429
FX 模型, 413
    多币种, 418
    高级, 417
    混合, 417
    随机波动率, 417
    远期测度, 421
FX 期权, 418, 427
    Black-Scholes, 416
    定价, 420
    解析, 417
FX 期望的风险敞口, 461
FX 世界, 413
FX 市场, 413
FX 隐含波动率, 438
FX 远期动态, 421
FX 远期汇率, 414, 424, 461

FX 远期特征函数, 424

FX 资产类, 413

反射 Euler 格式, 244

反射边界, 203, 391–393

反射原点, 241

方差 Gamma 过程, VG, 126

    漂移调整, 129

    实验, 160

方差波动率参数, 419

方差互换, 83

    Heston, 210

    VIX, 85

    定价, 211

    收益, 84

仿射, 213, 214, 310

    过程, 220

仿射 Heston 混合模型, 357, 368

仿射短期利率, 317

仿射扩散, 188, 190

    过程, 187, 190, 213

    框架, 206

    类, 171, 187, 188, 199

    模型, 192

    条件, 187

    跳, 191

仿射跳扩散过程, 187, 192, 221

    类, 191

    模型, 192

仿射形式, 187, 191, 356, 433

非爆炸解, 202, 389

非标准欧式衍生品, 96

非参数 LV 模型, 86

非参数方法, 286

非参数形式, 280

非对称双指数, 111

非仿射平方根项, 425

非中心参数, 199, 246, 275, 358, 367, 390, 393

非中心分布, 199, 200, 231, 245, 246, 276, 289, 358, 359, 367, 390, 393

分段参数, 220

分股, 136

分红, 32, 49, 52

    比例, 32

红利, 52

分红收益, 32, 52

风险被低估, 453

风险敞口, 329, 445, 446, 448, 449, 452, 453, 456

    封闭形式, 449

    减少, 454, 455

    模拟, 447

    正, 446

风险敞口, 456

风险敞口角度, 449

风险敞口形式, 447, 450

风险管理, 40, 163, 164, 258, 266, 330, 356, 375, 401, 405, 445, 448

风险率, 407

风险中性 ZCB 动态, 305

风险中性测度, 36, 129

风险中性动态, 129

风险资产, 452

封顶率, 332

封顶期权, 332

峰度, 136

浮动 FX 率, 414, 460

浮动-浮动利率互换, 405

浮动利率, 332, 445

浮动利率票据, FRA, 298, 324, 326

浮动息票, 298

浮动债券, 323

负利率, 401

负相关, 436

复合 Poisson 过程, 115

复利, 24

复平面, 3, 146

复制, 125, 129

复制策略, 414

复制投资组合, 49, 50, 197, 205, 206

G

Gamma 函数, 127, 131, 198, 201, 358, 393

Gauss 求积, 84

GBM Libor 率, 389

GBM 过程, 23, 57, 281

GBM 在时间上的分布, 30

GBM 价格, 34, 71

GBM 模型, 52, 117, 131, 156
Gibbs 现象, 151
Girsanov 定理, 178, 180, 182, 315, 381, 385
Girsanov 核, 316, 348, 423
Green 函数, 58, 59, 144
Green 函数理论, 393
概率测度, 9, 34, 35, 125, 178, 179
概率空间, 9, 10, 178, 187, 281
概率密度函数, PDF, 1
    CEV, 392
    CGMY, 130
    Gamma, 127
    Heston, 197, 204
    Kou, 111
    Lévy, 123, 130
    LV, 99
    Merton, 111
    NIG, 134
    $S(t)$, 31
    VG, 130
    $X(t)$, 30
    定义, 1
    对数正态, 147, 417
    多变量, 350
    方差, 200, 246, 358
    非中心卡方, 200, 276
    股票, 78, 89
    厚尾, 127
    例子, 3
    平方的 Bessel, 201, 392
    时间演化, 31, 89
    市场隐含, 280
    双变量, 7
    条件, 11
    微分, 264
    吸收, 391
    隐含密度, 60, 79
    正态, 2, 60, 147
    重构, 147
    转移, 62, 279
概率密度函数和特征函数, 144
高维 Itô, 176
高维 Feynman-Kac, 176

高维 Itô 引理, 175
高维 SDE, 237, 314
高维过程, 170
高维过程, 174
高维样本, 240
隔夜指数互换利率, 408
股票分红, 49
股票份额, 259
固定利率, 326, 343, 408, 460
固定收益证券, 298
固率债券, 299
光滑, 232, 233
过程, 130

H

H1-HW 模型, 361, 361
Heath-Jarrow-Morton, HJM, 299, 300, 375, 418,
        299, 300, 375, 418
Heston FX 模型, 417
Heston Hull-White 模型, 353, 356, 365, 353, 356,
        365
Heston SLV 模型, 271, 289
Heston SV 模型, 63, 197, 199, 204, 353
    COS 方法, 218
    COS 公式, 218
    Delta, 261
    Kappa, 209
    Monte Carlo, 248
    ODE, 215, 216
    PDE 解, 218
    PDE, 205, 206
    标准, 400
    波动率曲面, 212
    参数, 209
    动态, 207, 214
    方差过程, 199, 246
    分段参数, 220
    风险中性测度, 205
    过程, 212
    校验, 208, 210
    看涨期权, 210
    模拟, 245, 254
    期权价格, 206

实验, 219
特征函数, 213, 215, 216, 217, 277
条件密度, 206
微笑, 208
物理测度, 204
隐含波动率, 210
远期定价, 277
远期启动, 278
远期隐含波动率, 277
Heston 类 Libor 模型, 397
Heston 动态
    AD 类, 213
Heston 混合模型
    近似, 357
Heston 随机局部波动率, 271
Hilbert 空间, 10
HJM 即时远期利率, 304
HJM 波动率, 307, 398
HJM 框架, 301, 303, 306, 312, 376, 378, 380
HJM 模型, 314
HJM 漂移条件, 305
HJM 条件, 302
H-SLV 模型, 271
Hull-White FX 模型, 413
    短期利率过程, 419
Hull-White, HW, 347
    SDE, 308
    动态, 306, 315
    短期利率过程, 307, 309
    分解, 309, 311
    利率过程, 352
    模型, 297, 307, 308, 333, 335, 338
    模型, 307
    特征函数, 309
HW 贴现的特征函数, 310
合同水平的风险敞口, 449
厚尾, 127, 139, 154
互换, 327
    定义, 327
互换测度, 337
互换接收方, 327
互换率, 329, 337, 396, 462
互换期权, 316, 336, 337, 357, 376

波动率, 396
到期日, 430
互换支付方, 327
黄金标准, 413
回测, 40
回收, 451
回收率, 452, 455, 462
汇合的超几何函数, 358
汇率, 414
汇率模型, 413
混合 Heston 模型, 356
    模拟, 364
混合模型, 345
混合衍生产品, 354

I

Itô 引理, 25, 28, 29, 50, 88, 110, 175, 206, 207, 281, 308, 313, 315, 347, 379, 399, 416
    Poisson, 107
Itô-Taylor 展开, 236
Itô 表, 84, 176
Itô 过程, 28, 236, 237, 281
Itô 积分, 11, 12, 16, 230
    存在, 16
    解, 17, 28
    性质, 20, 54, 178
    鞅, 17, 183
Itô 算法, 28
Itô 同构, 14, 16, 20, 34
Itô 微分, 108, 305

J

积分 CIR 过程, 249, 250
积分区域, 145, 149, 152, 153, 219
积分区域截断, 152
基本定理, 298
基本过程, 12, 13, 16
基本解, 59
基差互换, 405
基础曲线, 408
基点, 298, 324, 328, 329, 355, 401
基函数, 153, 265
基金账户, 64

基于 Taylor 的离散化, 255
基于 Taylor 的模拟, 243
基于 Fourier 的期权定价, 163, 426
即时短期利率, 299, 303
即时远期利率, 297, 300, 302, 311, 378, 379
几乎必然, 9, 13, 121
几乎精确模拟, ASE, 253, 254, 255, 268, 289, 292
几何 Brown 运动, GBM, 49
　　在 P 下的动态, 23
几何复合, 409
几何平均, 409
脊椎点, 330
计价单位变换, 186
假定的极限, 26
尖峭, 127
渐近的波动率公式, 98
渐近展开, 96, 163, 286
交易对手, 324, 445, 454, 456
　　敞口, 445, 453
　　违约, 445, 446, 454
交易对手风险, 450, 452
交易对手风险敞口, 449
交易对手违约, 445
交易对手信用, 446
交易对手信用风险, CCR, 446, 457
交易资产, 107, 178
校验, 76, 163, 306, 330, 336, 346
　　Heston, 208, 210, 279
　　SDE, 346
　　波动率微笑, 398
　　产品, 330
　　程序, 91, 280
　　公式, 417
　　混合模型, 357
　　结果, 368
　　历史, 37
　　模型, 421
　　市场模型, 388
　　问题, 330
接收方互换期权, 336
结构化模型, 468
截断的 Euler 格式, 243, 244
截断积分, 145

解不唯一, 202, 389
解析表达式, 160, 259
　　期望, 359
解析解, 111, 160, 221, 231, 362
　　Black-Scholes 方程, 55, 239
　　期权价格, 113
金额, 62
金钱时间价值, 24
金融术语, 297, 333
金融衍生品定价, 49, 227
近似 Heston 模型, 363
近似奇异表现, 199, 201
精确模拟, 236, 245, 248
净额, 454
净额的影响, 455
静态投资组合, 49
局部波动率 FX 模型, 417
局部波动率分量, 280
局部化序列, 283
局部鞅, 281, 283
矩爆炸, 217
矩的映射, 434
矩量母函数, MGF, 3, 4, 275, 276
　　CIR, 275
　　卡方分布, 276
矩匹配, 33, 34, 246
卷积, 11, 59
均值回归参数, 336, 357
均值回归过程, 198, 308, 309
均值回归平方根过程, 199
均值回归水平, 309
均值回归速度, 198, 199, 204, 209, 312, 346, 353,
　　418, 419, 430

K

Kolmogorov PDE, 89, 285
Kolmogorov 方程, 88, 285
Kou
　　模型, 74
Kou 模型, 111, 117
　　密度, 111
　　特征函数, 117
Kou 模型, 154, 155

看跌期权, 45, 47
　　收益, 47
看涨期权, 45, 88
　　CGMY 模型, 160
　　COS 方法, 152
　　DD 模型, 395
　　Delta, 260
　　FX, 417, 438
　　Heston 模型, 220, 255
　　Monte Carlo, 239
　　VG 模型, 162
　　ZCB, 317
　　等价, 449
　　定价, 118, 155, 394
　　动态, 283
　　对冲, 64, 120
　　积分, 88
　　解, 55, 114
　　欧式, 46, 280, 292
　　实验, 159
　　收益, 46, 51
　　跳, 115
　　现金或空值, 151, 160
　　隐含波动率, 71
　　远期启动, 272, 273
可测性, 17, 38, 179
可达的, 179
可交易 ZCB, 337
可交易资产, 186, 301, 329
可能违约的交易对手, 446
可数测度, 122
空头, 50
恐慌指数, 85
控制变量, 256
控制收敛, 12
快速 Fourier 变换, FFT, 163
捆绑, 分箱, 287

L

Lebesgue 测度, 121, 122
Lévy-Khintchine 指数, 124
Lévy-Khintchine 表式, 133
Lévy-Khintchine 定理, 131

Lévy 不完全市场, 125
Lévy 测度, 121, 122, 130
　　VG, 133
Lévy 过程, 120, 122, 156
　　定义, 121
　　计算, 158
　　双曲型, 134
　　特征函数, 156
　　无穷活动, 126
　　有限活动, 123
Lévy 价格过程, 125
Lévy 框架, 125
Lévy 密度, 130
　　CGMY, 130
Lévy 模型, 105
　　COS 方法, 158
　　无穷活动, 126
Lévy 模型, 76
Lévy 三要素, 124, 130
　　CGMYB, 132
　　NIG, 135
Libor 率, FX, 429
Libor 率冻住, 436
Libor 模型
　　Heston, 397
　　计价单位, 383
Libor 市场模型, LMM
　　测度变换, 381
　　定义, 375
　　对数正态, 380
　　终端测度, 382
Libor 固定, 323
Libor 率, 323, 333, 376
　　CEV, 389
　　DD, 393, 393
　　HJM 框架, 376, 378
　　本币, 430, 432
　　定义, 323
　　动态, 377, 381
　　方差, 430, 431
　　浮动, 325, 326
　　欧式期权, 394
　　外币, 430, 432

远期, 324
Libor 率动态, 382
Libor 市场 SV 模型, 388
Libor 市场模型, LMM, 314, 375
Libor 远期率, 324
Lipschitz 条件, 25, 28, 180
LMM CEV, 390
    CDF, 393
    密度, 392
    模型, 394
    隐含波动率, 390
Longstaff-Schwartz 方法, 265
累积, 4
    概述, 157
累积量, 5, 155, 156, 165, 219
累积母函数, 4
累积特征函数, 3
离散 Fourier 变换, 153, 166
离散地重新平衡, 383
离散动态, 238
离散过程, 75, 243
离散和, 41
离散路径, 36, 106, 231
离散模型, 259
离散平均, 138
离散期限结构, 383
离散时间模型, 32
离散随机变量, 113
离散型监测时间点, 459
离散余弦变换, 151
离散远期 Libor 率, 375
离散资产路径, 456
历史股价, 37, 40, 136
立即行权, 457
利差, 407
利率波动率微笑的斜率, 438
利率垫底, 332
利率封顶, 332, 333
利率上的欧式期权, 333
利率衍生品, 323
利润, 46, 48, 60, 65, 279
利息, 24
利息支付, 24

联合 CDF, 6
联合 PDF, 6, 288
联合分布, 6, 364, 452
联合密度, 287
两值期权, 58, 69, 99, 150, 151, 184, 233, 239, 260, 268
量修正项, 420
零息债券, 零息票, ZCB, 301, 302, 323, 328, 335, 339, 347, 376, 378, 382, 447
    FX 世界, 418
    Hull-White 模型, 307
    SDE, 313
    本币, 415, 421, 423
    导数, 311
    定价, 313, 335
    动态, 313, 315, 348, 418, 431, 432
    负利率, 402
    公式, 310
    计价单位, 400, 413
    看跌期权, 336
    利率产品, 318
    其他推导, 312
    贴现, 302
    外币, 415
    未保障, 407
    无风险, 324
    远期利率, , 302, 304
流动性, 79
路径敏感性, 258
路径敏感性方法, 260
路径依赖期权, 62, 78, 197, 227, 228, 271
履行期, 277

M

MacLaurin 展开, 5
Margrabe 公式, 195
Markov 过程, 24, 202, 391
Markovian 仿射过程, 187
Markovian 投影, 286
Markov 投影, 417
Markov 性质, 24
Merton 模型, 111, 112, 153, 154
    特征函数, 115

Merton 跳, 115

Merton 跳扩散, 117, 118

Milstein 格式, 234, 236, 237

Monte Carlo AES 算法, 289

Monte Carlo FX 结果, 428

Monte Carlo 方法的标准误差, 229

Monte Carlo 收敛, 255

Monte Carlo 方法, 163, 227

    SLV, 286

    分箱, 286, 287

    风险敞口, 447

Monte Carlo 估计, 228

Monte Carlo 积分, 229, 231

Monte Carlo 基础, 227

Monte Carlo 路径, 259

Monte Carlo 模拟, 227

    FX-HHW, 428

    Heston, 248

    HHW, 366

    HSLV, 292

    HW, 402

    LV, 100

    方差缩减, 256

    改进, 255

    混合, 364

    双变量, 239

    提前实施, 265

    跳, 240

    重要性抽样, 257

Monte Carlo 收敛, 232

Monte Carlo 算法, 228

Monte Carlo 希腊字母, 258

    路径敏感性, 259

    似然率, 264

    有限差分, 259

Monte Carlo 资产路径, 228

卖空, 50

美式期权, 48, 265

密度衰减, 149

密度形状, 162, 201

密度重构, 143, 147, 148, 161, 162, 370

名义金额, 24, 297, 298, 325, 333, 341, 385, 415,
    445

名义外币, 414

N

Newton 迭代, 330, 331

Newton-Raphson 迭代, 72, 208

NIG 模型, 156

Nyquist 关系, 163

逆 Fourier 变换, 5

逆 Gauss, 134

逆二次插值, 74

年金测度, 337

年金函数, 329

年金因子, 328

O

OU, Ornstein-Uhlenbeck, 198, 308, 367, 410

OU 过程, 309

欧式互换期权, 336, 338, 340, 341

欧式期权, 45

欧洲银行同业拆借利率基差互换, 405

P

$P(t, T)$ 的动态, 304

$\mathbb{P}$ 测度价格, 34

PDE 术语, 59

PnL, 64

Pochhammer 符号, 358

Poisson 过程, 106, 115, 241, 276

Poisson 过程, 105, 106, 108, 191, 206, 221, 240

    Itô 引理, 107, 110

Poisson 随机变量, 105

Poisson 跳, 107

偏度参数, 135

偏微分方程, PDE, 49, 51, 53

偏微分积分方程, PIDE, 110, 111, 124

偏移对数正态, 394

偏移分布, 231

偏移隐含波动率, 410

漂移参数, 23, 36, 50, 126, 127, 156

漂移调整, 107

漂移修正, 109, 129, 132, 135, 156, 158, 432

票据期限, 324, 325, 405

平的波动率, 278

平凡香草 FX 期权, 437

平凡香草利率互换, 327
平凡香草期权, 49, 88, 124, 148, 150, 271
平凡香草收益函数, 78
平方表达, 130
平方的 Bessel 过程, 201, 202, 250, 391
平方根模型, 398
平面外推, 102
平稳和独立增量, 128
平稳性, 123
平稳增量, 106, 121
平值, ATM, 48, 77, 81, 209, 388
评价函数, 256, 264

Q

ℚ 测度价格, 36
ℚ 鞅, 177
期满时间, 46
期权, 45
期权 Delta, 51
期权 Gamma, 52
期权 Vega, 72
期权到期日, 46
期权定义, 45
期权合约, 45
期权期满, 46
期权收益, 46
期权写方, 45, 46, 49, 52, 125, 136, 457
期望的（正）风险敞口, 447, 453
期望的风险敞口, EE, 447, 448, 456, 461
期望方差, 119
期望收益, 457
期望值, 227
　　零, 109
　　贴现, 112
　　鞅, 50
期限结构, 382, 383, 404, 408, 429
奇异期权, 48, 62, 77, 271
迁移边界, 474, 475, 479
潜在未来风险敞口, PFE, 448, 455, 456, 458
强度, 459
强收敛, 234, 238
倾斜和微笑, 388
求根算法, 72, 339

求积方法, 151, 228
曲率, 119
　　参数, 208
　　微笑, 97
　　隐含波动率, 208, 222
全 Fourier 级数, 153
缺口期权, 151

R

Radon-Nikodym 导数, 178, 179, 182, 251, 256,
　　314, 315, 337, 347, 381, 384
Riccati ODE, 188, 192, 195, 215, 220, 313, 363,
　　371
Runge-Kutta 方法, 188, 220
日历价差, 94
弱收敛, 234, 235, 237
　　阶, 239

S

SABR 模型, 96
　　参数化, 98
　　公式, 102
　　模拟, 255
　　隐含波动率, 96
Samuelson 模型, 24, 123, 126
Schöbel-Zhu Hull-White 模型, 345, 353, 368
Schöbel-Zhu 过程, 198
Schöbel-Zhu 模型, 63, 198, 280, 353, 367, 417
Shannon 小波, 164
SLV 分量, 285
SLV 框架, 280, 285
SLV 模拟, 289
SLV 模型, 280
SLV 期望, 286
Stratonovich, 14
SV-LMM, 388, 400
SWIFT, 164
生存概率, 2, 407, 457, 459
时间变化, 202, 203
时间变化的 Bessel 过程, 391
时间变化的 Brown 运动, 201
时间变化的函数, 391
时间标签, 187

时间依赖波动率, 33

时间依赖参数, 398

实值, ITM, 48, 71, 73, 79, 93, 255

市场完备性, 300

似然比, 256

似然比方法, 258, 264, 265

似然比权重, 264

收敛性

    强收敛, 234

    弱收敛, 234

收益率, 329

    期望, 401

收益, 46

收益率曲线, 301, 304, 308, 329, 334, 357, 401

    构造, 329, 331

    脊椎因子, 332

    配置, 330

受扰动的 Monte Carlo 路径, 260

受益于自我违约, 454

数值积分, 143, 144, 163, 234, 360

衰减, 166, 201

    密度, 89, 350

衰减率, 130, 149, 153, 201

双 Heston 模型, 410

双边 CVA, BCVA, 454

双边信用价值调整, BCVA, 453

双变量样本, 239

算术 Brown 运动, 27, 37, 38, 68, 403

算术平均, 21

随机 Euler 格式, 234

随机波动率, 456

随机波动率 LMM, 388

随机波动率模型, 197

    引入, 197

随机过程, 7

随机积分, 11

随机阶梯函数, 13

随机局部波动率过程, 279, 280

随机利率, 375

随机连续性, 121

随机时间, 137

随机网格集束方法, SGBM, 266

随机种子, 292

损益, 67, 68

T

Tanaka-Meyer 公式, 281

Taylor 级数, 176

Taylor 展开, 24, 25, 87, 116, 176, 236, 259, 359, 393, 440

T_{i-1} 远期测度, 381

T_i 远期测度, 377

套利, 33, 34, 48, 86, 91, 93, 207, 337, 404, 415

    插值, 96

    蝶式, 93, 98

    机会, 95, , 415

    价差, 93

    日历价差, 93

    条件, 71

特征函数, ChF, 3

    BSHW, 346

    CGMY, 131

    CIR, 312

    FX-HHW1, 427

    Gamma, 127

    Heston, 211

    HHW, 357, 361

    HW, 309, 334

    Kou, 117

    Lévy-Khinchine, 126

    Merton, 115

    NIG, 135

    Vašiček, 311

    对数正态, 147

    仿射扩散, 187

    模型, 156

    跳扩散, 118

    贴现, 187, 273

    远期, 272, 273

    远期 Black-Scholes, 273

    远期 FX, 425

    远期 FX 过程, 424

    远期 Heston, 275

    正态, 147

特征函数概述, 154

特征函数和 Feynman-Kac 定理, 58, 59

特征函数和 PDE, 142
提前实施条款, 48
体积, 228
替代模型, 71, 76, 105, 126, 271
替代资产价格模型, 197
天花板, 332, 333, 335, 376, 389, 403, 462
    SV-LMM 模型, 400
    定价, 398
    解, 389
天花板估价, 335, 401
天花板价值, 336
天花板隐含波动率, 336, 375
条件 SABR 过程, 94
条件 PDF, 7
条件抽样, 248, 249, 252, 255
条件分布, 24, 38
条件概率, 58
条件密度, 11, 392
条件期望, 7, 10, 11, 38, 113, 128, 285, 287, 288,
    458
条件随机变量, 38
条件特征函数, 250
调整, 450
调整的对数资产价格, 150
调整过的路径, 244
跳动态, 135
跳风险, 125
跳扩散, 110
跳扩散动态, 240
跳量, 105, 108, 111, 114, 117, 240
跳强度, 109, 130, 189
跳跃, 118
贴现的波动率, 303
贴现的短期利率, 303
贴现的股价过程, 36, 449
贴现的期权价, 52, 53
贴现的期望价值, 63, 112
贴现的期望收益, 113, 206
贴现的特征函数, 59, 187, 190, 309, 346, 361
贴现的现金流, 328
贴现的债券, 325
贴现可交易的资产, 34
贴现支付, 452

贴现资产, 416
贴现资产过程, 35
停过程, 282
停时, 281, 282
同等的分布, 34, 62, 203
同质交易, 449
凸函数, 47, 94
凸性, 385, 386
凸修正, 377, 385, 386
推广的 Heston 模型, 220

V

Vašiček 模型, 309, 311
VIX 指数, 85, 87, 88, 211

W

Wald 等式, 113
Wiener 增量, 25, 30, 198, 230
Wiener 过程, 10, 11, 27, 54, 127, 229, 353
    相关性, 175
外汇兑换, FX, 413
完全市场, 124, 129
望远和, 18, 328
望远性质, 15, 62, 63, 113, 115, 116, 335, 451,
    452, 458, 461
微笑形状, 279
违约, 297, 446, 465
违约, 交易对手, 405
违约风险, 406, 446
违约概率, 446, 453
违约概率, 457
违约时间, 452
违约损失率, 452, 457
唯一解, 202, 389, 391
唯一解 SDE, 202
唯一可测, 207
唯一强解, 392
唯一贴现曲线, 406
唯一性, 14
唯一鞅测度, 124
唯一因子分解, 172
维数, 228
未保障 Libor, 407

未来汇率, 415

位移参数, 394

位移扩散, 388, 393

    模型, 393, 396

    欧式期权, 394

    微笑和倾斜, 396

位移扩散, DD, 398

    模型, 194, 394

位移扩散 Libor 市场模型, 375, 398

位移扩散随机波动率, 396

无风险利率, 35, 36, 207

无风险投资组合, 207

无风险现金储蓄账户, 50

无风险债券, 408

无模型, 87

无穷次跳跃, 121

无穷和, 30, 125, 164

无穷活动, 122, 268

无穷活动过程, 121, 131, 139, 159, 162

无穷活动跳模型, 74

无穷积分区域, 147

无穷级数, 111

无套利, 125, 315, 416

    HJM, 315, 418

    插值, 71, 93

    短期利率, 323

    模型, 96, 98

    市场, 377

    条件, 93, 99, 393

    约束, 390

无套利, 52, 89, 300, 302, 406

    假设, 88, 125, 129, 136

    漂移条件, 303

    收益率曲线模型, 308

无套利动态, 376

无套利模型, 302

无套利期权价, 41, 76, 89, 91, 213

无套利条件

    HJM, 303

无违约风险交易对手, 446

无限方差, 123

误差分析, 149, 152, 293, 363

X

吸收边界, 390

吸收条件, 393

希腊字母, 51, 56, 152

希腊字母 COS 方法, 152

希腊字母 Delta, 51

希腊字母 Gamma, 52

希腊字母 Vega, 72

息票, 297

下不完全 Gamma 函数, 200, 393

下鞅, 35, 37, 391

现金, 48, 75, 125

现金储蓄账户, 24

现金或空值, 58

现金流, 49, 298, 324, 326, 327, 329, 405, 408

线性插值, 98

相对债券价格, 384

相关参数, 208, 280, 289, 398

相关的 Brown 运动, 171, 172, 204, 346, 349

相关的 SDE, 174

相关的 SDE 系统, 171

相关的 Wiener 过程, 353

相关的股票, 176

相关过程, 171

相关矩阵, 171, 181, 352, 419

相关利率, 417, 419

相关系数, 7

相关性, 181, 199, 204, 382

    HHW, 356

    非零, 356

    负 172, 256

    随机, 243

    正, 172, 355

相关性结构, 170, 417, 426, 427, 430

相依赖的 brown 运动, 424

箱方法, 288

    Monte Carlo, 271

向量值过程, 193

小 o 记号, 26

小波, 164

协方差矩阵, 356

信用等级迁移风险, 469

信用风险, 465

信用价值调整, CVA, 445, 448, 450, 456

信用违约互换, CDS, 407, 446

信用衍生品, 480

信用质量分, 446

形状参数, 127

修正的 Bessel 函数, 134, 200

虚值, OTM, 48, 73, 79, 91, 95, 210, 255

Y

压力测试, 40

亚式期权, 138, 261, 262

延续价值, 457

衍生品定价, 49, 60, 227

鞅, 7

    Itô 积分, 17

    期权, 52

    资产价格, 34

鞅表示定理, 17, 178

鞅测度, 123

鞅等式, 377

鞅方法, 52

    Heston, 205

    随机波动率, 205

    跳, 110

鞅性质, 7, 10, 20, 34, 52, 107, 282

    随机波动率, 206

样条插值, 96

业绩期权, 271

业界标准, 417

一次性付款, 414

银行账户, 48, 50 120, 128, 345, 401

隐含 Black 波动率, 427

隐含波动率, 278, 390

    ATM, 351, 352

    BSHW, 352, 352

    CEV, 390

    DD 倾斜, 396

    DD 微笑, 396

    FX, 438

    FX 微笑, 429

    Heston, 208

    定义, 72

    概念, 71

    结构, 346

    例子, 73

    期限结构, 77, 352

    倾斜, 75, 78, 208, 390

    曲面, 75, 388

    曲线, 206

    随机利率, 351

    天花板, 336

    跳, 118

    微笑, 75, 78, 132, 136, 208, 390

    斜率, 118

    远期, 275, 277

隐含波动率拉平, 352

隐含波动率倾斜

    FX, 417

隐含波动率形状, 118, 208, 409

隐含分布, 87

隐含利率, 459

隐含密度函数, 60, 71, 78, 79

隐含远期利率, 300, 330

隐含资产信息, 41

应计区间, 377

有风险的衍生品, 451

有界 Jacobi 过程, 242, 243

有限测度, 123

有限差分, 91, 258, 278, 291

有限次数的跳, 121, 125

有限方差, 123, 131

有限活动过程, 121, 122, 131

有限活动跳模型, 76

有效波动率, 398

有效参数, 431

有效倾斜, 398

余弦级数, 153

域流, 8, 9, 121, 128, 180, 272, 282, 352

域流概率空间, 24, 391

原生矩, 4

远期, 300

远期 FX 测度, 421

远期 FX 合约, 414

远期 FX 价格, 420

远期 FX 率, 420, 427

远期 Libor 率, 324, 383

远期测度, 375

远期股价, 349

远期利率协议, 325

远期率, 300, 329, 375, 376, 414, 421

    Libor, 324

    波动率, 378

远期启动, 271

远期启动期权, 271

远期特征函数

    汇率, 424

远期隐含波动率, 275, 277

约化模型, 466

Z

债券, 297, 300, 325, 354, 383

    产品, 323

    浮动, 324

    固定利率, 299

    价格, 329, 333

    零息债券, 零息票, 314, 315, 323

    模型, 320

    市场, 297

    收益, 329

    数学理论价, 308

    贴现的, 325

    投资组合, 354

    外币, 432

    无风险, 408

    相对价, 384

债务价值调整, 454

长期平均值参数, 198

涨跌平价公式, 48, 69, 79, 81, 83, 160, 165, 224, 318

正风险敞口, 446

正态逆 Gauss, 122

    过程, 134

支付方互换期权, 336

支付延迟, 377

芝加哥期权交易所, 88

直方图, 232, 282

指数 Lévy 过程, 123, 125, 155, 156, 158, 159

指数 VG 动态, 128

指数函数, 116, 247, 317

指数期权, 163

指数收敛, 144, 145, 151

指数衰减, 131

指数项, 276

指数增长, 25, 228

中心极限定理, 227, 230

中心误差, 259

终端测度, 382

钟, 203

重要性抽样, 256, 257

资产, 45, 46, 49, 271, 279, 325, 349, 354

    跳, 137

资产波动率, 460

资产动态, 33, 271, 459

资产方差, 197, 199

资产或空值期权, 58, 184

资产价格, 8, 67

资产价格过程, 105

资产类, 96, 346

资产路径, 8, 42, 99, 126, 227, 241, 268

资产密度函数, 59

资产模型, 33

资产收益, 42, 76

自我违约, 454

自由度

    参数, 289

自由度参数, 199, 202, 254, 358, 390

组合求根法, 73, 74, 100

最大似然估计, MLE, 38

最坏风险敞口, 448

最优停时, 457

左边界, 234

左尾, 199

中英文名词对照

A

Arrow-Debreu 证券 (Arrow-Debreu security)

B

Bates 模型 (Bates model)

Bayes 定理 (Bayes theorem)

Bessel 函数, 过程 (Bessel function, process)

Black-Scholes 模型, 方程, 公式 (Black-Scholes model, equation, formula)

Breeden-Litzenberger 方法 (Breeden-Litzenberger method)

Brown 运动 (Brownian motion)

拔靴带法 (bootstrap method)

半解析解 (semi-analytic solution)

保险 (insurance)

边值条件 (boundary condition)

标的 (underlying)

标准差 (standard deviation)

标准误差 (standard error)

波动率 (volatility)

波动率的波动率 (volatility-of-volatility)

波动率倾斜 (volatility skew)

波动率微笑 (volatility smile)

不完全市场 (incomplete market)

C

CDS 保费 (CDS spread)

Chebyshev 分解, 多项式 (Chebyshev decomposition, polynomial)

Cholesky 分解, 矩阵 (Cholesky decomposition, matrix)

Cox-Ingersoll-Ross 过程, 模型 (Cox-Ingersoll-Ross process, model)

参数 (parameter)

测度 (measure)

测度变换 (measure transformation)

插值 (interpolation)

常数方差弹性过程 (constant elasticity of variance process, CEV)

常微分方程 (ordinary differential equation)

场外 (over-the-counter, OTC)

冲击重估法 (bump and revalue method)

初始收益率曲线 (initial yield curve)

初值条件 (initial condition)

从属过程 (subordinated process)

错位风险 (wrong way risk)

长期均值 (long-term mean)

重构 (recover)

重置期权 (reset option)

重置区间 (reset interval)

D

Delta 对冲, Δ 对冲 (Delta hedge)

Dirac 函数 (Dirac function, delta function)

Dupire 局部波动率 (Dupire local volatility)

大数定律 (law of large numbers)

大数据 (big data)

当前 Libor 测度 (spot-Libor measure)

当前测度 (spot measure)

当前率 (spot rate)

倒向 Kolmogorov 方程 (backward Kolmogorov equation)

倒向动态规划 (backward dynamic programming)

倒向归纳 (backward induction)

到期日 (maturity)

到期收益率 (yield to maturity, YTM)

等价鞅测度 (equivalent martingale measure)

抵押 (collateral)

地板 (floor)

垫底率 (floor rate)

垫底期权 (floorlet)

迭代期望定律 (law of iterated expectations,)

蝶式价差 (butterfly spread)

动态 (dynamic)

动态对冲 (dynamic hedging)

动态规划 (dynamic programming)

冻结技术 (freezing technique)

陡度 (steepness)

短期利率 (short rate)

短期利率模型 (short-rate model)

对冲 (hedge)

对数正态 (lognormal)

多头 (long position)

多因子 (multi-factor)

多重收益率曲线 (multiple yield curve)

多资产 (multiple asset)

E

Euler 公式, 离散, 近似, 格式 (Euler formula, discretization, approximation, scheme)

Euler-Maruyama 格式 (Euler-Maruyama scheme)

二次指数格式 (quadratic exponential scheme)

F

Feynman-Kac 公式, 定理 (Feynman-Kac formula, theorem)

Feller 条件 (Feller condition)

Fokker-Planck 方程 (Fokker-Planck equation)

Fourier 变换, 展开, 余弦级数, 逆变换 (Fourier transform, expansion, cosine series, inversion)

Fubini 定理 (Fubini theorem)

FX 率, 汇率 (FX rate)

反射边界 (reflecting boundary)

方差 (variance)

方差波动率 (volatility-of-variance)

方差互换 (variance swap)

方差缩减技术 (variance reduction technique)

仿射 (affine)

仿射过程 (affine process)

仿射结构 (affine structure)

仿射扩散 (affine diffusion)

仿射形式 (affine form)

非参数方法 (non-parametric method)

非中心卡方分布 (noncentral chi-squared distribution)

分布 (distribution)

分箱 (bins)

风险 (risk)

风险敞口 (exposure)

风险管理 (risk management)

风险率 (hazard rate)

风险中性 (risk neutral)

风险中性测度 (risk neutral measure)

封闭解 (closed form solution)

封顶率 (cap rate)

封顶 (cap)

峰度 (kurtosis)

浮动汇率 (floating FX rate)

浮动利率 (floating rate)

浮浮利率互换 (floating-floating IRS)

复合 Poisson 过程 (compound Poisson process)

复利 (compounded interest)

复制 (replicating, replication)

复制策略 (replicating strategy)

复制投资组合 (replicating portfolio)

G

Gamma 过程 (Gamma process)

Gauss 分布 (Gauss distribution)

Gauss 积分 (Gauss integrate)

Gibbs 现象 (Gibbs'phenomenon)

Girsanov 定理 (Girsanov theorem)

Green 函数 (Green function)

Gumbel 分布 (Gumbel distribution)

概率 (probability)

概率测度 (probability measure)

概率空间 (probability space)

概率密度函数 (probability density function,PDF)

杠杆 (leverage)

隔夜利率 (overnight rate)

隔夜指数互换 (overnight indexed swap, OIS)

股票 (stock)

固定利率 (fixed rate)

固定收益证券 (fixed-income security)

归纳法 (induction)

H

Hagan 插值 (Hagan interpolation)

Hazard 模型, 过程 (Hazard model, process)

Heston 模型 (Heston model)

HJM 即时远期利率 (HJM instantaneous forward rate)

Hull-White 模型, 分解 (Hull-White model, decomposition)

红利 (dividend)

厚尾 (fat tail)

互换接收方 (receiver swap)

互换率 (swap rate)

互换期权 (swaption)

互换支付方 (payer swap)

回报 (return)

回收率 (recovery)

汇率 (currency exchange rate, FX rate)

汇率互换 (FX swap)

汇率期权 (FX option)

混合模型 (hybrid model)

货币 (currency)

I

Itô 引理, 公式, 同构, 积分 (Itô's lemma, formula, isometry, integral)

Itô-Taylor 展开 (Itô-Taylor expansion)

J

Jacobi 过程 (Jacobi process)

基本解 (fundamental solution)

基差互换 (basis swap)

基础过程 (elementary process)

基础曲线 (base curve)

基点 (basis point)

即时波动率 (instantaneous volatility)

即时利率 (instantaneous rate)

即时远期利率 (instantaneous forward rate)

几何 Brown 运动 (geometric Brownian motion)

几何平均 (geometric averaging)

几乎处处 (almost everywhere)

几乎精确模拟 (Almost Exact Simulation)

几乎必然 (almost surely)

脊椎点 (spine points)

计价单位 (numéraire)

价差, 利差 (spread)

渐近性 (asymptotic behavior)

交易对手 (counterparty)

交易对手风险 (counterparty risk)

交易对手风险敞口 (counterparty-level exposure)

交易对手信用风险 (counterparty credit risk)

结构化模型 (structural model)

截断 (truncation)

解析解 (analytic solution)

金钱 (money)

金融工程 (financial engineering)

金融工具 (financial instrument)

金融衍生品 (financial derivative)

近似 (approximation)

精确模拟 (exact simulation)

净额 (netting)

局部波动率 (local volatility)

局部鞅 (local martingale)

局部鞅 (local martingale)

矩 (moment)

矩爆炸 (moment explosion)

矩量母函数 (moment-generating function, MGF)

均值 (mean)

均值回归速度 (speed of mean reversion)

校验 (calibration)

K

Kolmogorov 方程 (Kolmogorov equation)

Kou 模型 (Kou model)

Kummer 函数 (Kummer function)

看跌期权 (put option)

看涨期权 (call option)

可交易资产 (tradable asset)

可违约交易对手 (defaultable counterparty)

空头 (short position)

L

Laplace 变换 (Laplace transform)

Lévy-Khintchine 定理, 表示, 指数 (Lévy-Khinchine theorem, representation, exponent)

Libor 率 (Libor rate)

Lipschitz 条件 (Lipschitz condition)

累积分布函数 (cumulative distribution function, CDF)

累积量 (cumulant)

离散格式 (discretization scheme)

离散模型 (discrete model)

利率 (interest rate)

利率互换 (interest rate swap, IRS)

利润 (profit)

联合分布 (joint distribution)

联合累积分布 (joint CD)

联合密度函数 (joint density function)

两值期权: 现金或空值, 资产或空值 (binary option: cash-or-nothing, asset-or-nothing)

零息票 (zero coupon bond, ZCB)

路径敏感性 (pathwise sensitivity)

路径依赖模型 (path dependent model)

路径依赖期权 (path dependent option)

伦敦银行同业拆借利率 (London Interbank Offered Rate, Libor)

M

Margrabe 公式 (Margrabe formula)

Markov 过程, 链 (Markov process, chain)

Merton 模型 (Merton model)

Milstein 格式 (Milstein scheme)

Monte Carlo 路径 (Monte Carlo path)

美式期权 (American option)

名义金额 (notional amount)

模拟 (simulation)

模型 (Model)

模型校验 (model calibration)

N

Newton 迭代 (Newton iteration)

Newton-Raphson 求根算法 (Newton-Raphson root-finding algorithm)

Pochhammer 符号 (Pochhammer symbols)

Poisson 过程 (Poisson process)

拟合 (fit)

年金 (annuity)

年金测度 (annuity measure)

年金函数 (annuity function)

年金因子 (annuity factor)

O

欧式期权 (European option)

欧洲银行同业拆借利率 (Europe Interbank Offered Rate, Euribor)

P

偏度 (skewness)

偏微分方程 (partial differential equation, PDE)

偏微分积分方程 (partial integro-differential equation, PIDE)

偏移对数过程 (shifted-lognormal process)

漂移项 (drift)

平凡香草期权 (plain vanilla option)

平方的 Bessel 过程 (squared Bessel process)

平稳增量 (stationary increments)

平值 (at the money)

Q

期货 (future)

期满日 (expiry date)

期权 (option)

期权到期日 (option expiry, option maturity)

期权定价 (option pricing)

期权金 (premium)

期权收益 (option payoff)

期望 (expectation)

期望收益 (expected payoff)

期限结构 (term-structure)

奇异期权 (exotic option)

潜在未来风险敞口 (potential future exposure)

强解 (strong solution)

强收敛 (strong convergence)

敲定价 (strike price)

求根算法 (root-finding algorithm)

全型模型 (full scale model)

R

Radon-Nikodym 导数 (Radon-Nikodym derivative)

Riccati 常微分方程 (Riccati ODE)

Runge-Kutta 算法 (Runge-Kutta method)

日历价差 (calendar spread)

日复隔夜利率 (daily-compounded overnight rate)

弱解 (weak solution)

弱收敛 (weak convergence)

S

Schöbel-Zhu 模型 (Schöbel-Zhu model)

Simpson 求积法则 (Simpson's quadrature rule)

时间序列 (time series)

时间依赖模型 (time-dependent model)

实施 (行权)(exercise)

实值 (in the money)

市场指数 (market Index)

似然比 (likelihood ratio)

收敛速率 (convergent rate)

收敛性 (convergence)

收益 (payoff)

收益率曲线 (yield curve)

首次穿越模型 (first passage time model)

数值分析 (numerical analysis)

数值解 (numerical solution)

算术平均 (arithmetic averaging)

随机变量 (random variable)

随机波动率 (stochastic volatility)

随机分析 (stochastic analysis)

随机过程 (stochastic process)

随机局部波动率模型 (stochastic-local volatility model)

随机率 (stochastic rate)

随机配置的 Monte Carlo(Stochastic Collocation Monte Carlo, SCMC)

随机事件 (random event)

随机网格集束方法 (stochastic grid bundling method, SGBM)

随机微分方程 (stochastic differential equation, SDE)

损失 (loss)

损益 (profits and losses, P&L)

T

T 远期测度 (T-forward measure)

Tanaka-Meyer 公式 (Tanaka-Meyer formula)

Taylor 级数展开 (Taylor series expansion)

套利 (arbitrage)

特征函数 (characteristic function, ChF)

提前实施 (early exercise)

天花板 (caplet)

条件分布 (conditional distribution)

条件密度 (conditional density)

条件概率密度函数 (conditional PDF)

条件期望 (conditional expectation)

条件随机变量 (conditional random variable)

条件特征函数 (conditional characteristic function)

条件样本 (conditional sampling)

跳扩散 (jump diffusion)

跳量 (jump magnitude)

跳频率 (jump frequency)

跳跃过程 (jump process)

贴现 (discount)

贴现的期望收益 (discounted expected payoff)

替代 (其他) 模型 (alternative model)

停时 (stopping time)

投资组合 (portfolio)

V

Vašiček, Vašiček 模型 (Vašiček, Vašiček model)

VIX 指数 (VIX index)

W

Wald 等式 (Wald's equation)

Wiener 过程 (Wiener process)

完全市场 (complete market)

望远性质 (tower property)

违约 (default)

违约传染 (default contagion)

违约风险 (default risk)

违约概率 (default probability)

违约时间 (default time)

维数 (dimension)

维数灾难 (curse of dimensionality)

未定权益 (contingent claim)

位移扩散模型 (displaced diffusion model, DD model)

无套利原理 (arbitrage free principle)

无限跳 (infinite activity jump)

物理测度 (real world measure)

误差 (error)

误差分析 (error analysis)

无风险利率 (risk free interest rate)

X

行波解 (traveling wave)

行权 (exercise)

希腊字母 (Greek, 包括 Delta: Δ, Gamma: Γ, Vega)

息票 (coupon)

系统性风险 (systematic risk)

现金储蓄账户 (money savings account)

现金流 (cash flow)

线性插值 (linear interpolation)

相对价 (relative price)

相关矩阵 (correlation matrix)

相关系数, 参数 (correlation coefficient, parameter)

相关性 (correlation)

相关性结构 (correlation structure)

箱方法 (bin method)

小波 (wavelet)

协方差 (covariance)

信用等级 (credit rating)

信用等级变换 (credit rating migration)

信用风险 (credit risk)

信用风险敞口 (credit exposure)

信用违约互换 (credit default swap, CDS)

信用衍生品 (credit derivative)

信用质量分 (score credit quality)

虚值 (out the money)

Y

亚式期权 (Asian option)

衍生品 (derivative)

鞅 (martingale)

鞅表示定理 (martingale representation theorem)

鞅测度 (martingale measure)

样本 (sampling)

样条插值 (spline interpolation)

一次性付款 (bullet payment)

一篮子期权 (basket option)

银行账户 (bank account)

隐含波动率 (implied volatility)

应计费用 (accrual cost)

应计期间 (accrual period)

永久期权 (perpetual option)

有限差分 (finite difference)

有限跳跃 (finite activity jump)

域流 (filtration)

远期合同 (forward contract)

远期汇率 (forward FX)

远期利率 (forward interest rate)

远期率 (forward rate)

远期启动期权 (forward start option)

约化模型 (reduced form model)

域流概率空间 (filtered probability space)

Z

债券 (bond)

涨跌平价公式 (call-put parity)

正态分布 (normal distribution)

正向 Kolmogorov 方程 (forward Kolmogorov equation)

证券 (security)

指数期权 (index option)

中心极限定理 (central limit theorem)

终值条件 (terminal condition)

重要性抽样 (importance sampling)

转移概率密度 (transition probability density)

资产 (asset)

资产波动率 (asset volatility)

资产方差 (asset variance)

资产回报 (asset return)

自融资 (self-financing)

自由边界 (free boundary)

最差风险敞口 (worst-case exposure)

最大似然估计 (maximum likelihood estimation, MLE)

最佳实施 (optimal exercise)

最佳实施边界 (optimal exercise boundary)

最优停时 (optimal stopping time)

缩写词注释

ABM: arithmetic Brownian motion, 算术布朗运动

AD: 1. Arrow-Debreu, 2. affine diffusion, 仿射扩散

AES: almost exact simulation, 几乎精确模拟

AJD: affine jump diffusion, 仿射跳扩散

ATM: at-the-money, 平值

BBA: British Banker's Association, 英国银行协会

BCVA: bilateral credit value adjustment, 双边信用价值调整

BP: basic point, 基点

BS: Black-Scholes

BSHW: Black-Scholes Hull-White

BTM: binary tree method (model), 二叉树方法（模型）

CBOE: Chicago Board Options Exchange, 芝加哥期权交易所

CCICRS: credit contingent interest rate swap, 与信用攸关的利率互换

CCR: counterparty credit risk, 交易对手风险

CDF: cumulative distribution function, 累积分布函数

CDS: credit default swap, 信用违约互换

CDO: collateralized debt obligation, 担保债务凭证

CEV: constant elasticity of variance process, 常数方差弹性过程

CGMY: generalization of the VG model by Carr-Geman-Madan-Yor, Carr-Geman-Madan-Yor 推广的 VG 模型

CGMYB: CGMY-Brownian motion, CGMY 布朗运动

ChF: characteristic function, 特征函数

CIR: Cox-Ingersoll-Ross

COS: cosine series, 余弦级数

CPI: consumer price indices, 消费价格指数

CPU: central processing unit, 中央处理单元

CVA: credit value adjustment, 信用值调整

DCT: discrete cosine transformation, 离散余弦变换

DD: displaced diffusion, 位移扩散

DFT: discrete Fourier transformation, 离散 Fourier 变换

DVA: debt value adjustment, 借贷值调整

EMM: Equivalent Martingale Measure, 等价鞅测度

EONIA: EURO over night index average, 欧洲隔夜指数平均

Euro: 欧元

Euro Stoxx 50: 欧洲斯托克 50 指数

FRA: forward rate agreement, 远期利率合约

FRN: floating rate note, 浮动率票据

FX: foreign-exchange, 外汇

GBM: geometric Brownian motion, 几何布朗运动

HHW: Heston Hull-White

H1-HW: approximated HHW, 近似 HHW

HJM: Heath-Jarrow-Morton

HLMM: Heston LMM

HW: Hull-White

IRS: interest rate swap, 利率互换

ITM: in-the-money, 实值

JPY: Japanese Yen, 日元

LGD: loss given default, 违约损失率

Libor: London Interbank Offered Rate, 伦敦银行同业拆借利率

LMM: Libor market model, Libor 市场模型

LSM: Longstaff-Schwartz method, Longstaff-Schwartz 方法

LV: local volatility, 局部波动率

MC: Monte Carlo

MGF: moment-generating function, 矩量母函数

MLE: maximum likelihood estimation, 最大似然估计

MtM: market to market, 盯市

NIG: normal inverse Gaussian, 正态逆 Gauss

ODE: ordinary differential equation, 常微分方程

OTC: over-the-counter, 场外

OTM: out-the-money, 虚值

OIS: overnight indexed swap, 隔夜指数互换

OU: Ornstein-Uhlenbeck

PDE: partial differential equation, 偏微分方程

PDF: probability density function, 概率密度函数

PFE: Potential Future Exposure, 潜在未来敞口

PIDE: partial integro-differential equation, 偏微分积分方程

P&L: profits and losses, 损益

QE: quadratic exponential, 二次指数

SABR: stochastic Alpha Beta Rho, 随机 ABR 模型

SCMC: stochastic collocation Monte Carlo, 随机配置的 Monte Carlo

SDE: stochastic differential equation, 随机微分方程

SGBM: stochastic grid bundling method, 随机网格集束方法

SLV: stochastic local volatility, 随机局部波动率

S&P: Standard & Poor's, 标准普尔

SV: stochastic volatility, 随机波动率

SWIFT: Shannon wavelet inverse Fourier transformation, Shannon 小波逆 Fourier 变换

SZHW: Schöbel-Zhu Hull-White

USD: United States Dollar, 美元

VaR: value at risk, 风险价值

VG: variance Gamma, 方差 Gamma

VIX: volatility index, 波动率指数, 恐慌指数

VSTOXX: 欧洲恐慌指数

WWR: Wrong Way Risk, 错位风险, 错向风险

YTM: yield to maturity, 到期收益率

ZCB: zero coupon bond, 零息票